KB115546

불안의 개념

세창클래식 016

불안의 개념

초판 1쇄 인쇄   2024년 3월 28일
초판 1쇄 발행   2024년 4월 11일

—

지은이   쇠렌 키르케고르
옮긴이   이동용
펴낸이   이방원

책임편집   이희도   **책임디자인**   양혜진
마케팅   최성수·김 준   **경영지원**   이병은

펴낸곳   세창출판사

신고번호 제1990-000013호   주소 03736 서울시 서대문구 경기대로 58 경기빌딩 602호
전화 02-723-8660   팩스 02-720-4579   **이메일** edit@sechangpub.co.kr   **홈페이지** http://www.sechangpub.co.kr
블로그 blog.naver.com/scpc1992   페이스북 fb.me/Sechangofficial   인스타그램 @sechang_official

—

ISBN   979-11-6684-307-5   93160

불안의 개념

쇠렌 키르케고르 지음

이동용 옮김

세창클래식 016

세창출판사

불안의 개념

원죄의 교리적 문제에 관한
단순한 심리학적 고찰

비길리우스 하우프니엔시스* 지음

---

*   비길리우스 하우프니엔시스(Vigilius Haufniensis)는 키르케고르의 필명이고, '빛을 밝히는 코펜하겐
     사람' 혹은 '코펜하겐의 관찰자'라는 뜻이다. 중세 코펜하겐의 이름은 하운(Havn)이었는데, 키르케고
     르가 이것을 자신의 이름으로 선택한 것이다. 그의 이름에는 중세의 흔적이 남아 있지만, 그는 근대
     의 정신, 특히 신학을 지양하고 심리학을 지향하며 생철학의 길을 개척한다. 중세의 마지막 증인인
     동시에 근대의 시각을 선보이는 선구자 혹은 창시자임을 이 필명과 함께 밝히는 것이다.

차별의 시대는 종말을 고했다. 체계가 그 시대를 극복했다.*

오늘날 차별 같은 것에 얽매이는 사람은,

이미 오래전에 사라져 버린 것에 마음을 빼앗기고 있는

이상한 사람일 것이다. 소크라테스는 자신의 단순한 논리를 통해

기이한 방식으로 차별을 실천하여 자신의 언행을 일치시켰다.

2000년이나 지난 뒤에 괴짜 하만은 그것에 대해 감탄하며

이렇게 말했다. "소크라테스가 위대해진 것은 그가 이해한 것과

이해하지 못한 것에 차별을 둔 데 있다."

---

* '차별'로 번역한 원어는 '운터샤이둥(Unterscheidung)'이다. 이 단어에는 구별이란 뜻도 있지만, 소크라테스의 철학적 이념은 현실과 그 현실의 현상과는 차별을 둔 이데아와 연결되고 있기 때문에 의도적으로 '차별'로 번역하였음을 밝혀 둔다. 그의 주장에 따르면 현상은 본질의 그림자에 불과하다. 현실은 가치가 없는 것이고, 오로지 이데아만이 진정한 가치를 지니고 있다는 것이다. 눈에 보이는 것이 가짜라는 이런 인식에 저항한 최초의 철학자가 키르케고르가 아닐까 싶다. 그리고 키르케고르는 이런 차별의 시대를 끝장낼 수 있었던 계기로 '쥐스템(System)'의 등장을 언급했고, 이것을 '체계'로 번역한 것이다. 체계의 다른 뜻으로는 '조직'이나 '분류'도 있다. 즉 키르케고르는 '이것은 이것이고, 저것은 저것이다'라는 식으로 구별을 시도함으로써 혼동 속에 빠져 있던 인류의 시선을 구원해 내고 있는 것이다. 여기서 얻어야 할 중요한 인식은 이데아를 거부하고 현상을 변호한다는 그런 일방적인 논리가 아니다. 키르케고르의 철학적 시도는 사물을 구별하여 설명하는 데에서 시작된다. 그의 철학적 가치 또한 그런 의미에서 발견되어야 할 것이다.

작고하신 포울 마르틴 묄레르Poul Martin Møller[*] 교수님께,

그는 그리스 문화를 사랑했고,

호메로스를 존경했으며, 소크라테스와 함께 생각했고,

아리스토텔레스를 해석해 냈습니다.

〈덴마크의 기쁨〉에 나오는 덴마크의 기쁨이며,

비록 "멀리 떠났지만"

항상 "덴마크의 여름이면 기억나는"

내가 존경하고, 그리워하는 그분께,

이 글을 헌정합니다.

---

[*] 포울 마르틴 묄레르(Poul Martin Møller, 1794-1838)는 덴마크 출신의 철학자, 신학자, 작가, 번역자이다. 특히 코펜하겐대학의 교수였던 그는 키르케고르에게 큰 영향을 끼쳤음을 이 헌정글을 통해 알 수 있지만, 그가 어떤 철학을 펼쳤는지에 대해서는 알려진 바가 거의 없다. 하지만 키르케고르의 증언에서 전해지는 정보만으로도 수많은 것을 추측해 낼 수 있다. 첫째, 그가 고대 그리스 문화에 조예가 깊었다는 사실이다. 즉 신들의 세계가 전하는 신들의 이야기, 말하자면 신화에 대한 이해가 남달랐을 것이라는 얘기다. 고대를 향한 동경은 근대 르네상스 이후 고전주의와 낭만주의를 거치면서 지속적으로 이어졌다. 생철학의 최고봉이라 간주할 수 있는 니체도 자신의 첫 번째 작품 『비극의 탄생』에서부터 비극 공연을 중심에 둔 고대의 디오니소스 축제를 철학적으로 다루면서 비극과 축제라는 그 수수께끼 같은 공식과 현상을 고민의 대상으로 삼았다. 둘째, 호메로스를 향한 그의 남다른 사랑이다. 호메로스가 전하는 이야기 자체가 신화이다. '그리스 로마 신화'라는 제목이 등장한 것은 수천 년이 지난 이후의 사건일 뿐이다. 문제는 신들의 세계가 전하는 메시지이다. 키르케고르에게 큰 영향을 준 스승이 신들의 이야기 속에서 무궁무진한 영감을 받았을 것이라는 사실은 부정할 수 없을 것이다. 셋째, 그가 소크라테스나 플라톤의 철학적 이념보다는 특히 아리스토텔레스를 선호했다는 사실이다. 이상을 좇기보다는 현실을 주시했다는 것이다. 저세상에서 얻게 될 행복한 삶보다는 이 세상에서 제대로 살기 위해 필요한 것이 무엇인지, 그것에 철학적 고민을 집중시켰다는 얘기다. 죽어도 살리라는 메시지보다 죽기 전에 살고 싶다는 의지가 더 크게 작동했을 것이다. 넷째, 조국을 향한 그의 사랑이다. 이것을 언급한 키르케고르의 의도도 읽어 내야 한다. 당시 국가의 이념은 기독교의 교리로 무장한 상태였다. 기독교에 대한 논쟁은 그 자체로서 이미 국가에 대한 저항으로 받아들여졌을 것이다. 그래서 키르케고르는 묄레르가 자신의 조국을 사랑했다고 밝힌다. 마치 플라톤이 자신의 스승 소크라테스가 아테네에 대해 반감을 갖고 있지 않았다고 변호했던 것처럼 말이다. 묄레르의 제자 키르케고르는 이렇게 스승이 누구인지 밝히고 그를 변호하면서 자신이 가야 할 철학의 길을 걸었다.

머리말

책을 쓰려는 사람은 자신이 다루고자 하는 사물들에 대해 다각도로 잘 살펴보고 고민하는 것이 중요하다고 생각합니다. 그와 같은 사물들을 다룬 책들이 이미 출간되어 있다면 가능한 한 읽어 보고 그 내용을 스스로 경험해 두는 것도 나쁘지 않다고 생각합니다.[1] 만약 이렇게 독서 여행을 하는 도중에 자신이 다루고자 했던 사물들 중 어떤 한 부분에 대해서라도 나무랄 데 없이 심도 있게 연구해 온 사람을 만나게 된다면, 그야말로 신랑의 친구가, 기다리던 신랑의 목소리를 듣고 잠자리에서 일어나 기뻐했던 것과 같이 기뻐할 것입니다.[2] 만약 그가 이런 일을 깊은 침묵 속에서,

---

1 독서에 대한 요구 자체는 근대를 이끈 정신, 즉 새로운 세상을 여는 정신의 형식으로 간주해도 무방하다. 가장 대표적인 사례로 세르반테스의 『돈키호테』를 들 수 있겠다. 그는 "이런 종류의 책을 읽느라 매일 밤을 뜬눈으로 지새웠고, 낮에는 낮대로 독서에만 열중했다. 이런 나날이 계속되자 마침내 그는 정신을 잃게 되었다."(미겔 데 세르반테스, 『돈끼호떼』, 동서문화사, 2014, 35쪽) 이런 식으로 정신을 잃는 것은 틀에 박힌 생각을 해방시키는 효과로 이어졌다.

2 "신부를 취하는 자는 신랑이나 서서 신랑의 음성을 듣는 친구가 크게 기뻐하나니 나는 이러한 기쁨으로 충만하였노라."(요한복음 3:29) 키르케고르는 자신의 철학적 이념을 설명하기 위해 상당 부분 성경의 비유들을 사용한다. 그 시대 사람들이 성경 이야기에 익숙하고, 그것을 가장 잘 이해했을 것이기 때문이다. 하지만 무엇보다 성경의 틀 안에서 성경이 나아가야 할 길을 개척하고자 했기 때문이다. 당시 국가의 모든 행정은 기독교와 그 교리가 섬령하고 있었다. 특히 종교재판과 마녀사냥이 여

그것도 사랑에 빠진 듯이 뜨거운 열정으로, 그러면서도 지속적으로 고독을 찾아가는 일을 멈추지 않았다면, 그에게는 더 이상 아무것도 필요하지 않을 것입니다. 그때가 되면 새가 노래를 부르듯이 단숨에 책을 써 내려갈 것입니다. 사람들이 그의 책에서 유익이나 기쁨을 얻게 된다면 그보다 더 좋은 일은 없을 것입니다.[3] 또 그때가 되면 자기가 모든 것을 결정지었느니, 자기 책이 이 대지 위의 모든 종種으로부터 축복을 받았다느니[4] 하는 식으로 자랑하지 않고 아무 걱정 없이 그리고 아무 거리낌 없이 그 책을 세상에 내놓을 수 있을 것입니다. 누구에게나 자신이 감당할 수 있는 과제가 있듯이, 앞으로 다가올 일이나 지나간 일들에 대해 지나치게 염려할 필요는 없습니다. 사람이라면 누구나 똑같이 매일 주어지고 또 오로지 자신이 감당해야 할 짐을 져야 합니다. 그리고 그때에는 오로지 자신을 돕기

전히 지속되고 있던 시점이라는 것을 감안하면 쉽게 이해할 수 있을 것이다. 세상은 바뀌어야 한다. 그리고 세상은 바뀌고 있었다. 이런 인식하에서 키르케고르는 필명을 사용하며 집필했던 것이다. 이 책 때문에 발생할 혹시 모를 불행을 미연에 방지하기 위해 이 책과 자신의 관계를 모연하게 해 놓고자 하는 영리한 전술이었던 것이다. 게다가 자신이 원하는 해석을 담은 책을 접한다는 것 자체가 이미 그토록 고대하고 기다리던 신을 만난다는 것과 같다는 논리 앞에서 우리는 키르케고르의 철학적 대전제가 무엇인지 깨달아야 한다. 키르케고르는 무신론자나 이교도가 아니다. 그도 신을 필요로 한다. 그도 신의 목소리를 간절히 듣고 싶어 한다. 다만 '신'의 이름으로 사람들을 평가하며 정죄하고, 재단하며 처단하려는 당시 행정 요원들의 생각과는 달랐을 뿐이다.

3   여기서 키르케고르는 자신이 명성을 얻기 위해 책을 쓰는 것이 아니라고 고백하는 것이다. 성경 교리 학자들이 신의 이름을 드높이기 위해 신앙고백을 펼치지만, 결국에는 신 앞에 선 자신을 증명해 내기 위해 온갖 노력을 다했다면, 키르케고르는 사람들에게 끼칠 영향에만 신경을 쓰고 있음을 밝히고 있는 것이다. 바로 이런 의도에서 저자는 자신의 이름조차 필명으로 바꾸어 숨겨 놓은 것이다.

4   "너를 축복하는 자에게는 내가 복을 내리고 너를 저주하는 자에게는 내가 저주하리니 땅의 모든 족속이 너로 말미암아 복을 얻을 것이라 하신지라."(창세기 12:3) 키르케고르는 벌써 두 번이나 성경의 비유를 사례로 들었다. 키르케고르가 철학적으로 든 비유들은 보물찾기와 비교할 수도 있다. 신학과 철학의 절묘한 조합이 일궈 낸 작품이라는 얘기다. 키르케고르의 책 속에서 성경의 비유들은 마치 모래 속에 숨겨 놓은 보물 같다. 지금까지 발견된 것만으로 그 보물들을 다 찾았다고 주장할 수도 없다. 아직도 찾지 못한 비유가 있을 수도 있다. 마음의 문을 열어 놓고 독서에 임하는 것이 키르케고르에 대한 예의가 아닐까 싶다.

위해 최선을 다해야 할 것입니다. 그런 일을 위해서라면 모든 동시대인과 함께 조국이 보장하는 복지 체제 안으로 귀속될 필요도 없고, 자신의 책을 새해를 맞이하며 벌이는 불꽃놀이처럼 미래를 약속하는 연설로 바꿔 놓을 필요도 없으며, 먼 미래까지 내다볼 수 있는 약속으로 충만한 암시를 해 줄 필요도 없고, 새로운 실수와 그 실수에 의해 펼쳐질 새로운 시대를 경고하는 의미에서 의심스러운 외국 화폐 위에 확인 도장까지 찍어 놓을 필요도 없습니다. 등을 구부리고 있다고 해서 모두 아틀라스가 아닌 것처럼, 하나의 세계를 짊어지고 있다고 해서 모두 등이 구부러지는 것도 아닙니다. "주여, 주여!" 하는 사람이 모두 오로지 그 말을 했다고 해서 천국에 가는 것도 아닙니다.[5] 세상의 모든 사람 앞에서 자신을 보증인으로 내세운다고 해도 자신이 믿을 만한 사람이 되거나 자신을 스스로 책임질 수 있는 사람이 되는 것도 아닙니다. 또 "브라보, 젠장, 굉장한데!"[6] 하고 외치는 사람들이라고 해서 모두 자신과 함께 자신이 놀라고 있는 그 이유를 제대로 이해하고 있다고 말할 수도 없습니다.

사실 나는 보잘것없는 사람입니다. 그래서 숨길 것도 별로 없습니다. 나는 작가이지만 땅 한쪽도 소유하지 못한 왕에 불과합니다. 두려움과 커다

란 떨림[7] 속에 있지만 어떤 요구도 하지 않는 작가일 뿐입니다. 아울러 내가 라틴어로 된 이름을 하나 가지고 있다는 이유로 지극히 어리석어 보이거나 현학적으로 비칠 우려도 있고, 이 이름 때문에 귀족들로부터 질투를 사거나 심각한 비판을 받을 수도 있습니다. 만약 그럴 가능성이 조금이라도 엿보인다면 나는 기꺼이 이름을 크리스텐 마드센Christen Madsen[8]이라고 고치겠습니다. 이 또한 내가 좋아하는 이름이기 때문입니다.[9] 사람들은 나를 사색에 빠진 평신도로 간주할 수도 있겠지만, 사실 나는 그런 사색과는 거리가 먼 사람입니다. 로마인들이 자신의 신을 두려워함에 있어서 관대했던 것처럼, 나 또한 권위 앞에서는 그저 깊은 신앙심을 드러낼 뿐입니다. 나는 권위 앞에서 그저 겸손할 뿐입니다. 세상 사람들이 일반적으로 말하는 권위, 즉 세속적인 권위에 관해서 나는 그저 주물 숭배자에 해당할 것입니다.[10] 왜냐하면 나는 모든 것에 대해 똑같은 열정으로 기도할 수 있기

---

7 『두려움과 떨림』(1843)은 『불안의 개념』(1844)보다 1년 전에 '요한네스 데 실렌티오(Johannes de Silentio)', 즉 '침묵하는 세례 요한'이라는 저자 이름으로 출간된 책이다. 이런 식으로 키르케고르는 자신의 책이나 그 책의 내용을 직접적으로 언급하거나 인용하지만, 마치 둘 사이에는 전혀 상관없는 것처럼 간주함으로써 항상 일정 거리를 유지한다.

8 번역하면 '기독교인 마드센'이고, '마드센'은 그리스도의 제자이다. 신약의 첫 번째 책 마태복음의 저자인 '마태'를 의미하는 이름이며, 특히 덴마크 사람들이 즐겨 사용하는 성(姓) 중의 하나이다.

9 자신이 기독교인으로 간주되어도 상관없다는 입장을 훌쩍 넘어, 스스로 자신을 '마태'와 비교하고 싶고 그와 비교될 정도의 인물로 인식되고 싶어 하는 키르케고르의 속내를 읽을 수 있는 대목이다. 그의 이런 솔직한 바람이야말로 그의 철학의 형식을 규정하는 데 중요한 기준이 되어야 마땅하다. 신학의 철학화 내지 철학의 신학화 등을 인정할 때만 들을 수 있는 소리들, 즉 이전의 형식으로는 이해할 수 없는 소리들이 쏟아지겠지만, 이 소리들 또한 기존의 것을 완전히 무시한 결과물이 아니라는 얘기다.

10 '주물 숭배자'로 번역한 원어는 '페티쉬스트(Fetischist)'이다. 이 말은 라틴어 '팍티키우스(facticius)'에서 유래했고, 특별한 기술을 통해 뭔가를 만들어 낸다는 의미이다. 주물 숭배는 나무가 되었든 돌멩이가 되었든 상관없이 그것을 신성으로 간주하고 그것에 대해 신앙심을 품는 것을 뜻한다. 그래서 프랑스에서는 한때 '마법'이라는 의미로 사용되기도 했다. 키르케고르가 자신을 주물 숭배자로 간주한다는 얘기는 자신이 믿는 신앙의 대상을 어느 하나로 제한하고 거기에 집착하지 않는다는 것을 인정하는 것이다.

때문입니다.[11] 아울러 어떤 인물이 올해의 권위자로 또 출판을 허가해 주는 사람으로 등극했노라고 어느 누가 북을 두드리며 크게 소리쳐 주기라도 한다면, 나는 그를 똑같은 열정으로 숭배하며 찬송가를 불러 댈 것입니다. 그들이 결정하는 내용은 나의 오성의 범위를 벗어난 일입니다. ― 그들의 결정이 복불복 제비뽑기에 의한 것인지, 아니면 비밀 투표에 의한 것인지, 그것도 아니면 명예직을 대할 때처럼 순서대로 자리에 오르게 되는 것인지, 나로서는 도저히 알 길이 없습니다.[12]

이 이상 덧붙일 말은 없습니다. 나의 생각[13]에 깊이 공감하는 사람이나,

---

11 이 말을 우리식으로 표현하자면, '절에 가면 절을 하고, 교회에 가면 기도한다'는 것이다. 이를테면, 절에 가서 여호와를 찾지 않고, 교회에 가서 부처님을 내놓으라 하지 않는다는 것이다. 이 문장에는 대상이 무엇이 되었든 간에 똑같은 열정으로 믿을 수 있다는 데 방점이 찍혀 있다.

12 귀족 사회가 여전히 버티고 있던 시절임을 감안하면, 키르케고르의 이러한 비판적 시각은 지극히 위험한 발언이기도 하다. 사태나 사건을 대하는 귀족 사회의 방법에는 기준이 없다. 자기들 마음대로 이랬다저랬다 하는 것이다. 이럴 땐 이런 기준으로, 저럴 땐 저런 기준으로 사태를 파악한다. 귀족이 아니었던 시민들은 속이 탈 지경이었을 것이다. 귀족과 시민 사이에는 도저히 넘어서지 못할 심연이 놓여 있었다는 얘기다. 이런 현실 인식하에서 키르케고르는 귀족과 시민 사이, 그 경계 지점에서 위험하게 줄타기하는 방식으로 철학에 임하고 있는 것이다. 물론 그의 철학은 기존의 틀을 깨고자 하는 방향으로 나아갔다. 다만 선구자의 입장에서 하지 말아야 할 말과 하고 싶은 말을 가려 가며 하고 있을 뿐이다. 사서 고생할 필요는 없기 때문이다.

13 '나의 생각'은 의역을 한 상태이다. 원어는 '마이네 안샤우웅(meine Anschauung)'이다. 직역하면, '나의 표상'이 된다. '표상'이라는 개념을 철학서에서 치열하게 다룬 이는 쇼펜하우어(Schopenhauer, 1788-1860)다. 그는 자신의 대표 저서인 『의지와 표상으로서의 세계』(1819)에서 세계가 사람에게 어떤 의미인지를 철저하게 또 근원적으로 추궁했다. 세계는 사람의 이야기이기 때문에 철학적 문제가 된다. 사람이 사람으로 산다는 것이 무엇인지를 알고 싶으면, 사람이 생각하는 세계를 관찰하지 않을 수 없다. 사람이 어떤 세계에서 살고 있는가? 그것은 객관적인 듯하면서도 동시에 주관적이다. 누구는 행복하게 살아가고 있는 반면, 누구는 불행하게 살아가고 있다. 이 동시성이 바로 우리가 살아가고 있는 세계가 보여 주는 수수께끼 같은 현상이다. 중세 천 년 동안 사람들은 천국 이야기에 귀를 열고 살았지만, 이제 키르케고르는 사람 사는 세상 이야기를 철학적으로 들려주고자 할 뿐이다. 다만 키르케고르는 이 개념을 따로 정의한다거나 철학적으로 심도 있게 다루지 않았기 때문에, 쉽고 넓은 의미에서 '생각'으로 번역했음을 밝힌다. 지금은 이 '표상'이라는 개념이 생각의 범주에서 이해될 수 있다는 것 정도로만 받아들이면 된다. 사람은 생각하기 전에, 생각이 생각으로 구축되기 이전에 뭔가 바라보는 것이 있다는 얘기다. 소위 '뜬구름 잡는' 생각부터 한다는 얘기다. 사람이 하는 이런 표상 작용은 이성 때문에 발생하는 것이다. 사물이 이성이라는 거울에 비치면, 각 개인의 특성과 속

반대로 격한 반감을 느끼는 사람이나, 또 이 책을 읽는 사람이나, 이 머리말만 읽고도 충분하다고 말하며 책을 덮어 버리는 사람이나, 모두 잘 살아 주기를 솔직한 마음으로 기원할 뿐입니다.

코펜하겐에서
정중하게 인사드리며
비길리우스 하우프니엔시스

성과 본성 따위의 이유로 인해 천차만별로 변화를 일궈 낸다. 누구는 이런 생각, 누구는 저런 생각 등으로 달라진다는 얘기다. 이런 다양한 현상을 앞에 두고 쇼펜하우어는 '마야의 베일'을 운운하기도 했다. 그것은 지양과 극복의 대상임을 설명한 것이다.

서문

이 책이 다루는 고찰의 대상이

심리학적으로 흥미를 유발하는 과제라는 것은 어떤 의미인가?

심리학적인 과제나 흥미를 유발한 뒤에

그것이 곧바로 교리를 지향한다는 것은 또 어떤 의미인가?[1]

문제가 무엇이 되었든 간에 학문적으로 다뤄지는 문제는 그것을 다루
는 학문이라는 거대한 범주 안에서 정해진 자신의 특별한 자리와 목적 그

---

1   여기서 대립 구조에 신경을 쓴 키르케고르의 의도가 엿보인다. 한쪽은 심리학이고, 다른 한쪽은 교
리로 대변되는 신학이다. 과거 선배들이라 일컬어졌던 신학자들은 중세 천 년 동안 누적된 논리로
탄탄한 이야기를 구축해 놓은 상태에서 안전하게 학문의 길을 걸었다. 남들이 한 말을 반복한다고
해서 욕먹을 일도 아니었다. 교리로 번역한 독일어는 '도그마틱(Dogmatik)'이다. 교리는 말 그대로
기독교의 신앙 체계와 논리를 설명한 학문이다. 쉽게 풀어 말하면, 무엇을 믿어야 하는지, 또 어떻게
믿어야 하는지 등을 구체적으로 설명해 놓은 학문이라는 얘기다. 이런 식으로 모든 것이 정해져 있
었고 선이 그어져 있었다. 키르케고르는 이에 맞서 심리학적인 입장에서 글을 쓰기 시작한다. 심리,
즉 마음의 입장이다. 과거 선배들이 신의 입장에서 논리를 펼쳤다면, 이제 키르케고르는 마음의 입
장, 즉 사람의 입장에서 논리를 펼칠 것이다. 과거 선배들이 모든 것을 신에게 맡겼다면, 키르케고르
는 모든 것을 스스로 책임을 져야 하는 인간적인 길을 선택하고 있는 것이다. 지극히 인간적인 소리
지만, 지극히 위험한 발언이기도 한 셈이다. 기존의 입장에서 보면 당연히 이단적인 발언이기 때문
이다.

리고 한계를 지니게 된다. 그리고 바로 그 자리에서 전체와 조화를 이루며 융화되어야 하고, 또 전체가 나타내는 말들과 어울리며 규칙적으로 함께 소리를 내야 한다. 그러니까 뜨겁게 열광하거나 우수에 찬 열정만이 그 학자를 고귀하게 만들어 준다는 식으로, 또 그런 것만이 경건한 소망이라고 말하는 실수는 저지르지 말아야 한다는 얘기다.

학자가 전체와 결부하여 그 안에서 봉사하는 것은 신성한 의무이기도 하다. 아울러 학자는 제 마음대로 하는 무법칙성이나 시야에서 대륙을 쉽게 놓쳐 버리는 그런 개인적인 욕정 따위는 철저히 근절하려고 애써야 한다. 그리고 지엽적이고 개별적인 모든 연구에서도 그 중요성을 인지하고 있어야 한다. 아무리 개별적인 연구라 해도 거기서 자신이 집에 있다는 사실을 망각하면 동시에 자신까지도 망각할 수 있기 때문이다.

말이라고 하는 것은 이상하게도 같은 말을 하고 있어도 동시에 애매해질 때가 많다. 학자가 어디에 있는지를 망각하면, 그 말이라는 것은 결국 자기 의지와는 상관없는 것이 되어 버리고, 그때 그가 하는 말은 모든 것을 사랑스럽게 만들고 연출해 내지만 그 형식은 의심스러운 것으로 완료될 뿐이다.[2]

---

2   원문에서는 여기까지가 하나의 문장으로 이루어져 있다. 그리고 또다시 지금까지의 분량만큼 지속된 뒤에 겨우 첫 번째 문단이 완료된다. 하나의 문단을 겨우 두 개의 문장으로 만들어 놓았다는 뜻이다. 이토록 긴 문장의 형태는 우리에게 익숙하지 않아서, 또 가독성을 높이기 위해, 의도적으로 문장을 쪼개고 문단을 짧은 형태로 나눠 놓았음을 밝혀 둔다. 여기서 잠시 짚고 넘어가야 할 것이 있다면, 이런 만연체에 대한 이해이다. 『불안의 개념』에서 가장 많이 언급되는 이름은 '헤겔'이다. 키르케고르는 당연히 그의 책을 탐독했을 것이다. 만연체로 일관하는 이 첫 번째 문장에서 벌써 우리는 그 헤겔의 문체를 접하는 기분이 들기도 한다. 헤겔의 문체도 만연체로 유명하기 때문이다. 39년 전에 니체는 『반시대적 고찰』에서 이런 헤겔의 문체를 두고 '헤겔적 진창'이라고 지적하기도 했다. 이런 니체의 시각에서 이 문장을 바라본다면 키르케고르는 아직 그 진창에서 완전히 빠져나오지 못한 상황이라고 말할 수 있다. 하지만 길을 앞서 나간 선구자의 입장에서는 과도기의 상황을 염두에 두지 않을 수 없다. 유행을 무시할 수도 없는 노릇이기 때문이다.

이처럼 개별적인 문제들이 학문적 질서 속으로 소환되고 그것을 주의하는 일에 소홀해지면, 그 문제들은 그 자체로 거부될 것이다. 그것들은 마치 가면무도회장으로 질주하듯이 서로 앞을 다투어 나가려 할 것이고, 그런 질주를 통해 더러는 어떤 정신의 풍요로움[3]에 도달하기도 하고, 더러는 도저히 잡을 수 없는 것을 손에 거머쥐고서 사람들의 주의를 끌기도 할 것이며, 또 더러는 불안정한 말들로 잔치를 벌여서 다양한 것들을 아우르는 통일된 모습을 선보이기도 하겠지만, 이런 모든 것은 그저 서로 아무런 관련도 없는 사항들의 조작에 지나지 않기 때문에, 결국 불법적으로 취득한 모든 소득이 법의 이름으로 처벌받게 되는 것처럼, 시민적으로나 학문적으로나 절대로 소유할 수 없을 것이다.[4]

만약 누군가가 『논리학』이란 책에서 마지막 장에 이르러 '현실성'[5]이라

---

3 '정신의 풍요로움'은 '가이스트라이히히카이트(Geistreichigkeit)'를 번역한 말이다. 키르케고르는 이 말을 자주 부정적인 의미로 사용한다. 물론 '가이스트라이히'라는 형용사 자체는 긍정적인 의미로서, '똑똑한', '재치 있는', '재기 발랄한' 등의 의미를 지니기도 하지만, 키르케고르는 이 말을 그런 티를 내는 혹은 현학적인 태도를 비유하는 개념으로 사용한다.

4 여기까지가 첫 번째 문단이다. 키르케고르가 여기서 말하고자 하는 바는 그 당시 학계에서 학문의 이름으로 널리 퍼져 있던 경향에 대한 비판이다. 이를테면 학문이 무엇을 학문적으로 다루려 하는지도 불분명하고, 그 무엇에 대한 문제가 무엇인지에 대한 한계 설정도 애매모호하다는 얘기다. 학자들은 그저 시대적으로나 사회적으로 이슈를 만들어 오로지 그것으로 유명해지기를 바랄 뿐, 진리에 대한 소명 의식은 부재한 경향을 비판한 것이다. 두 번째 문단은 번역 텍스트로 택한 원서를 기준으로 하여 페이지 수만 살펴보아도 여섯 쪽에 달하지만, 앞서 언급했다시피 이것을 의도적으로 나누었다. 앞으로 이 문제에 대해 내용적으로 설명이 필요한 특별한 상황이 발생하지 않는 한, 더 이상 언급하지 않더라도 너그럽게 이해해 주기를 바란다.

5 여기서 '현실성'으로 번역한 개념은 '비어클리히카이트(Wirklichkeit)'이다. 이 단어의 뿌리에는 '비어켄(wirken)'이라는 동사가 자리 잡고 있다. 그 뜻은 '영향을 미치다', '작용하다', '효과를 나타내다' 등이다. 지금 여기에서 무엇이 작동하고 있는가에 대한 인식이 현실의 현실성을 구축해 낸다는 얘기다. 물론 '현실성'에 대한 고민은 철학의 역사만큼이나 길기도 하다. 플라톤은 현실을 두고 이데아의 그림자라고 말했고, 이런 이념을 이어받은 독일의 관념론은 이상만을 좇은 오류를 범했다. 이들이 말하는 '현실의 현실성'에는 사실 진정한 현실이 빠져 있었던 것이다. 이제 키르케고르는 이 '현실성'이라는 개념으로 시선을 좁혀 나간다. 진정한 현실에서 진실로 충만한 현실성을 추구한다. 현실은 분명 사람 사는 곳의 문제다. 현실이 현실로 인식되는 것은 사람이기 때문에 가능한 일이다.

는 개념을 표제로 달아 놓았고 한다면, 그것을 통해 그는 이미 자신이 말하고자 하는 논리학에서 최고의 것, 혹은 이렇게 말해도 된다면, 최소한의 것에 도달한 듯 보이는 장점이 있다. 하지만 그렇게 함으로써 발생하는 손실도 눈에 띌 수밖에 없다. 왜냐하면 그것은 논리학에도 현실성에도 아무런 영향을 끼치지 못하기 때문이다. 첫째, 그것은 현실성에 아무런 영향도 끼치지 못한다. 왜냐하면 논리학은 현실성 속에 본질적으로 내재되어 있는 우연성이라는 것을 끌어들일 수 없기 때문이다. 둘째, 그것은 논리학에 아무런 영향도 끼치지 못한다. 만약 논리학이 현실성을 생각했다면, 그렇다면 그 논리학은 이미 소화해 낼 수 없는 그 무엇인가를 끌어들였다는 얘기가 되고, 그것은 결국 미리 준비되어 있어야 할 그 무엇인가를 원하지도 않은 채 미리 선취해 놓은 꼴이 되기 때문이다.

논리학이 이런 식으로 진행된다면 결과는 불 보듯 뻔할 것이다. 현실성이라고 말하는 모든 고민은 그 자체로 이미 어려워지고 말 것이다. 경우에 따라 시간이 흐를수록 거의 불가능한 것이 되어 버릴지도 모른다. 왜냐하면 말이라고 하는 것에는 스스로 생각하는 바를 드러내기 위한 일정 동안의 시간이 필요하기 때문이다. 하지만 여기서 말하며 지나가는 시간은 그저 실수를 덮어 버리고 망각하기 위한 것일 뿐이다.

현실에 대한 문제는 사람의 숫자만큼이나, 더 확대하여 말하면, 생각의 가능성만큼이나 무궁무진하다. 키르케고르는 그 거대한 개념을 향해 조심스럽게 운을 떼고 있는 것이다. 그런데 어떤 학자는 키르케고르가 남겨 놓은 텍스트 속의 이런 맥락은 무시하고, 여기서 언급되고 있는 '현실성'을 헤겔의 『논리학』과 연결시켜, 특히 이 책의 마지막 장이 아니라 두 번째 책 마지막 장의 제목에 이 '현실성'이 등장하고 있다는 사실을 밝혀낸다. 그리고 그가 잘못 설명했다고 주장함으로써, 그의 철학적 이념에 흠집 내는 데 열을 올리기도 한다. 물론 『불안의 개념』에서 가장 자주 언급되는 철학자가 헤겔이다 보니 그렇게 주장할 수도 있다. 하지만 분명한 것은 키르케고르가 여기서 '현실성'과 '논리학'의 관계를 설명하려 했던 것도 아니고, 또 헤겔의 책 속에서 모순을 밝히려 했던 것도 아니라는 사실이다. 그는 그저 학문적 텍스트 속에서 주제로 삼을 수 있는 어떤 개념을 제대로 규명하지 않은 채 사용하면 어떤 일이 벌어지는지를 설명하려 했을 뿐이다.

만약 교리를 다루는 상황 속에서 신앙이라는 개념을 보다 정확한 설명도 없이 그저 직접적인 그 무엇으로 언급한다면, 필연성에 대해서 누구나 확신하고 있다는 인식을 전하는 장점이 있을 수는 있겠으나, 신앙의 대상으로 삼는 것 그 자체 곁에 머물 수는 없게 된다. 달리 말해 이때 사람들은 신앙을 품은 자에게서 이런 것을 암암리에 동의하도록 강요하는 것이 된다는 사실이 문제라는 얘기다. 그럴 경우 신앙을 품은 그 자는 사태를 제대로 파악하지도 못할뿐더러, 나중에도 이런 오해와 그 오해의 원인을 절대로 통찰해 내지 못할 것이다. 이것이야말로 근원적인 실수[6]에 해당한다. 이때 발생하는 손실은 눈에 띄지 않을 수 없다. 이때 신앙을 품은 자는 자신의 신앙을 통해 자신에게는 진정으로 합법적인 것, 즉 자신이 살아온 역사 전체를 빼앗기기 때문이다. 상황이 이렇게 진행될 경우 교리는 어쩔 수 없이 처음에 시작했던 그 자리, 즉 그 이전에 의도했던 그 자리에 있지 못하게 된다.

신앙은 늘 무엇인가를 믿기 이전에 출발점을 전제하기보다 오히려 그것을 무시하면서 진행된다. 논리학이 이야기를 펼쳐 나가듯이 그렇게 새롭게 시작하려는 것이다. 이 논리학이란 것은 언제나 그렇듯이 가장 일시적인 것[7]과 함께 시작하기 때문이다. 이 일시적인 것은 예외 없이 가장 추

---

6 키르케고르는 '근원적인 실수'를 고대 그리스어 '프로톤 프세우도스(πρῶτον ψεῦδος, Proton Pseudos)'라고 적어 놓았는데, 이것을 독일어로 번역하면 '그룬트이어툼(Grundirrtum)'이 되고, 우리말로 번역하면 '근원적 실수'가 된다. 쉽게 말하면 '처음부터 잘못됐다', 소위 '첫 단추부터 잘못 끼웠다'는 말이 되는 것이다.

7 '일시적인 것'으로 번역한 원어는 '플뤼히티히슈테(Flüchtigste)'이다. 이 낱말의 뿌리에는 '도주', '도망' 등의 뜻을 품은 '플루흐트(Flucht)'가 자리 잡고 있다. 달아나는 것, 도망치는 것, 그중에서도 최상급을 사용하여 가장 잘 도망치는 것을 의미하는 말이다. 논리학은 늘 그다음을 신경 쓰게 할 뿐, 그 과정 자체를 주시하지 못하게 하는 한계를 지녔다. 논리학이 늘 덧없는 곳에서 시작하려 하기 때문에 그 논리를 통해 도달하게 되는 곳 또한 덧없는 곳이 될 수밖에 없다는 것이 문제의 핵심이다. 아무리 생각을 거듭해도 그 생각 속에 현실의 현실성이 제대로 형성되어 있지 않다면 그 생각은 그

상적인 것을 눈앞에 펼쳐 놓을 것이다. 그리고 그것을 마치 직접적인 것인 양 착각하게 만들어 놓고 말 것이다. 아무리 논리적으로 올바르게 형성된 것이라 해도, 그것에 의해 양산된 것은 그 자체로부터 직접적으로 형성된 것을 스스로 지양해 나간다는 식으로 말하는 헛소리, 즉 그것은 교리 속에서 헛소리를 지껄이게 되는 것이다.[8]

논리가 만들어 낸 직접적인 것 옆에는 아무것도 함께할 수가 없다. 이 직접적인 것에는 더 상세한 설명도 필요 없다. 그것은 오로지 순간 속에 존재할 뿐이다. 그 순간에 언급되는 모든 것은 한순간에 지양되겠지만, 이는 마치 몽유병 환자가 바로 그 순간에 깨어나는 것과 같은 꼴이다.[9]

사변적 지식에 대한 명칭들 혹은 인식 주체[10]가 무엇인지를 설명해 주는 그 동일성에 대한 명칭들, 특히 주체 그리고 객체와 관련한 인식자의 동일성에 대한 명칭들에 대해 지금까지 이루어진 모든 연구는 그저 초보

저 공허한 소리만을 양산해 낼 뿐이다. 키르케고르는 바로 이 점을 지적하고 있는 것이다.

8 "논리를 통해 형성해 낸 것은 교리 안에서 헛소리가 된다"는 말은 기독교 전체를 향한 엄청난 비판이다. 교회와 성경이 신을 말씀의 형식으로 설명함으로써 말하는 존재로 살아야 하는 인류 전체의 이상을 아우르는 신을 독점하게 되었지만, 그 말의 형식 속에서 형성될 수 있는 신을 향한 모든 이야기는 그저 논리에 의해 구축된 것에 지나지 않음을 지적하는 말이기 때문이다. 논리 속에서 낡은 논리가 새로운 논리를 낳지만, 그것은 결국 논리의 추상적인 결과물일 뿐이라는 비판이다.

9 몽유병 환자에 대한 비유는 놀랍고도 신선하다. 신앙을 품은 자를 헛된 꿈을 꾸는 존재의 형식으로 설명하고 있기 때문이다. 여기서 키르케고르는 아무리 꿈속에서 사랑하는 자와 함께하는 행복을 누렸어도, 꿈에서 깨고 나면 모든 것은 현실로 되돌아와야 하고, 또 동시에 꿈속의 모든 것은 순식간에 물거품처럼 사라지고 말 것이라는 사실을 있는 그대로 설명하고 있을 뿐이다.

10 '인식 주체'로 번역한 원어는 '에어켄넨데스 주브옉트(erkennendes Subjekt)'이다. 사실 이 개념에 대한 논쟁은 헤겔의 철학에 대립적인 입장을 취했던 쇼펜하우어에 의해 수면 위로 떠올랐다. 헤겔은 사변적인 추상화를 통해 주체와 객체의 통일을 이루었지만 그것이 실존의 영역에서는 의미를 상실하게 되는 실수를 저질렀다. 반면 쇼펜하우어는 특히 '의지의 주체'를 전면에 내세우면서 헤겔의 철학과 첨예하게 대립했지만, "우리가 의욕의 주체인 한, 우리에게 지속적인 행복도 마음의 안정도 결코 주어지지 않는다"는 식으로 설명함으로써 주체에 있어서도 지극히 부정적인 측면에만 집착하는 시각을 드러내고 말았다. 이에 반해 키르케고르는 이 둘의 해석을 뛰어넘어 생철학적 개념으로 나아가고자 한다.

적인 지식의 수준에 머물러 있을 뿐이다. 게다가 화해[11]라는 단어만 놓고 보더라도, 그 말을 사용하고 있는 저자의 생각이 너무나 풍부하고, 바로 그 풍부한 생각의 도움으로 수수께끼 전체를 풀어 놓은 듯한 인상까지 주기도 한다. 특히 학문적인 서적에서는 단 한 번도 그토록 조심스럽게 다뤄보지 못한 것들이지만, 마치 그런 것들이 일상에서는 당연하다는 듯이 말을 한다. 낯설기만 한 그것들은 눈으로 확인하기도 전에 이미 수많은 수수께끼같은 단어들과 어울리고 있는 상황인데도, 모두가 정확하게 들어 알고 있는 듯이 말하는 그런 상황을 고려하면 이런 측면을 쉽게 발견할 수 있을 것이다.

수수께끼 같은 허무맹랑한 소리를 중단하거나 포기하는 자는 그것과는 비교할 수도 없는 유용한 것을 손에 거머쥐게 된다. 그 유용한 것이란 바로 모든 것을 자기 스스로 직접 설명해 냄으로써 하나의 새로운 수수께끼를 내놓게 되는 것이다. 대부분의 사람들은 그런 수수께끼로 인해 아무것도 깨닫지 못하고 삶을 망칠 수도 있겠지만, 스스로 그런 수수께끼를 만들어 내고 풀 수 있는 자는 전혀 다른 상황을 접하게 될 것이고, 더 나아가 거기서 자기만을 위한 일종의 해명까지 획득하게 될 것이다.

고대 철학과 중세 철학은 모두 한결같이 인간의 사고 행위 자체가 실재

---

11 '화해'는 '페어죄눙(Versöhnung)'을 번역한 말이다. '조율'이라고 번역해도 된다. 출판사의 편집자는 이 낱말을 이탤릭체로 하여 강조해 놓았다. 이는 키르케고르의 의도를 반영해 놓은 것이다. 이 개념은 특히 헤겔 철학에서 중요한 역할을 담당한다. 헤겔은 이 화해라는 말을 중재의 개념으로 사용했다. 그는 변증법적 과정의 마지막에 이르러 모든 모순이 하나의 종합으로 지양된다고 설명했다. 이런 과정을 통해 개념과 존재가 통일에 이른다는 것이다. 하지만 이런 식의 설명이 바로 독일 관념론의 특징이다. 여기에는 생철학적 시각이 결여되어 있다. 마치 공상과학소설처럼 있을 수 있는 이야기 같지만 현실에서는 절대로 일어날 수 없는 사건들과 그에 어울리는 개념들을 나열해 놓은 느낌이 들기도 한다. 수학적 계산과 논리로는 가능할지 몰라도 삶의 현장에서는 불가능한 것이 대부분이다. 그래서 아무리 헤겔의 철학서를 읽어도 거기서 삶의 지혜를 얻어내기란 쉽지 않은 것이다. 마치 하늘의 별들을 바라보며 대지 위를 걸어가는 것처럼 지극히 위험한 발상에 지나지 않을 뿐이다.

성을 소유하고 있다고 전제한다. 이 전제 조건은 칸트에 의해 의심을 받게 되었다. 헤겔이 철학적으로 칸트의 이런 회의를 정말로 철저하게 파헤쳤다고 인정하더라도(이 점에 대해서는 의심할 여지 없이 그렇지 않다고 말하고 싶다. 물론 헤겔이 '방법'과 '계시'라는 개념을 학계 전반에 걸쳐 퍼트린 업적을 인정한다고 하더라도 말이다. 그의 이런 업적에 의해 셸링이 '지적 직관'이나 '구성'이라는 개념을 통해 보다 공개적으로 이야기되고 있던 것을 덮어 버리는 효과도 있었다. 이는 분명 인정할 만한 업적이다. 왜냐하면 칸트의 회의는 셸링에 의해 하나의 새로운 시작 지점으로 인식되기도 했기 때문이다), 또 거기에 덧붙여 그 이전의 것이 더 높은 형식으로 재구성된다고 인정하더라도, 게다가 생각하는 행위가 전제 조건 없이는 실재성을 지닐 수 없다고 치더라도, 바로 생각하는 행위에 의해 이렇게 의식적으로 구축된 실재성이 곧 화해라는 말인가?[12]

만약 헤겔이 말하듯이 화해가 그런 것이라면, 그의 철학은 그저 옛날 사람들이 옛날에 시작했던 바로 그 지점에 되돌아가 있을 뿐인 격이 된다. 그런데 그 옛날 그 시대의 화해는 그저 끔찍한 의미를 지니고 있었다는 얘기가 되는데도 말이다.[13] 이런 말을 이해하기 위해 사람들은 낡았지만 주

---

12 키르케고르가 만연체로 형성한 이 질문의 요지를 제대로 인식해 내는 것이 관건이다. 사람이 행하는 생각의 형식과 내용에 대한 질문이기 때문이다. 정말 헤겔이 말하듯이 사람이 생각을 통해 그런 화해의 경지에 도달하게 되는 것일까? 그런 것을 꿈꿔도 되는 것일까? 그 궁극이 도달할 때까지 혹은 그 궁극에 도달할 때까지 살아남을 사람은 아무도 없다. 그래서 늘 그것이 의문이다. 지금 키르케고르는 헤겔의 철학을 설명함과 동시에 자신의 목소리를 내기 위한 조건을 마련하고 있음을 깨달아야 한다. 빛을 인식시키기 위해 어둠을 조장하는 상황쯤으로 이해하면 되는 것이다. 헤겔의 낭만적인 생각을 이해하고 나면, 키르케고르의 생철학이 펼치는 생각이 무엇인지도 쉽게 접근할 수 있기 때문이다. 하지만 사람의 삶 내지 인간의 인생을 설명하기란 상당히 까다로운 일이다. 신과 신의 존재를 설명하기 위해 중세 천 년이 소요되었듯이, 키르케고르는 생철학의 이념, 즉 사람의 삶을 설명하기 위해, 수많은 선배의 이야기를 끌어들이고 있을 뿐이다.

13 이는 중요한 지적이다. 헤겔이 말하듯이 세상이 정반합의 논리에 의해 발전만 거듭했다면 과거의 현상은 끔찍한 것으로 인식되어야 마땅하다. '끔찍한 의미'로 번역한 독일어는 '운게호이어레 베도이퉁(ungeheuere Bedeutung)'이고, 여기서 형용사인 '운게호이어(ungeheuer)'는 그 자체로 명사의 형태로 쓰이기도 하는데, 이때는 특히 '괴물'이라는 의미로 사용된다. 이런 낱말을 형용사로 사용한

목할 만한 철학적 용어가 되어 버린 테제, 안티테제, 진테제[14]를 끌어들여야 하는 꼴이다. 하지만 솔직하게 말해 보자. 새로운 용어를 사용한다고 해서, 그 용어와 함께 중재가 세 번째 자리를 꿰차게 되고, 그것을 지극히 질서 정연하게 진행된 진보라고 말할 수 있단 말인가?

위에서 언급한 중재[15]에는 이미 두 가지 의미가 있다. 왜냐하면 그것은 둘 사이의 관계를 의미하는 동시에 그 관계의 결과를 의미하기도 하기 때문이다. 즉, 중재라고 하는 행위는 관계 속에서 이미 서로 관계해야만 했을 그것인 동시에 서로 관계하고 있는 그것 자체라는 얘기이다. 그래서 중재는 곧 움직임인 동시에 평정이기도 한 상태를 의미하는 것이다.[16] 움직

데는 키르케고르의 특별한 의도가 엿보인다. 과거를 괴물로 만드는 철학을 앞에 두고서 어떻게 대해야 할지를 고민하는 키르케고르의 입장이 엿보인다는 얘기다. '왜 저를 낳으셨나요?' 하며 부모를 탓하는 소리처럼 들리기도 하기 때문이다. 발전을 거듭하는 자신은 좋은 쪽으로 나아가지만, 그에 반해 과거를 부정적으로만 치부하는 철학은 환영할 수 없다는 것이다.

14 '테제(These), 안티테제(Antithese), 진테제(Synthese)'는 너무나 유명한 개념이라고 판단해서 독일어 발음을 그대로 음역한 상태이다. 굳이 이것을 번역하자면, 첫 번째가 '정(正)'이 되고, 두 번째가 '반(反)'이 되며, 세 번째가 '합(合)'이 된다. 이것을 합쳐서 말하면 '정반합'이 되는 것이다. 헤겔의 철학의 대전제는 반드시 하나의 '정'이 있어야 한다는 것이다. 이는 마치 기독교의 세계관에서처럼, 하나의 시작, 즉 '태초'가 필요하다는 인식과 맞물리기도 한다. 사람의 삶 혹은 사람의 행동이 이런 식으로 설명 가능한 것일까? 키르케고르는 자신의 목소리를 내기 위해 치열하게 고민해 나간다.

15 '중재'로 번역한 독일어는 '메디아치온(Mediation)'이다. 이 낱말은 어원학적으로 '메디우스(medius)'에서 유래했고, 그 의미에는 '중재하는'이라는 내용이 담겨 있다. 중간에 끼어서 이것과 저것을 관계 맺게 한다는 뜻이다. 키르케고르도 이 개념의 중요성을 인식했다. 중재, 즉 관계 맺음의 힘을 생각의 힘으로 인식했던 것이다.

16 이 또한 중요한 지적이다. 생각하는 존재는 생각으로 위기를 초래할 수도 있지만 그 생각으로 마음의 평정을 유도해 낼 수도 있다는 말을 하고 싶은 것이다. '움직임' 자체는 동요와 함께 불안의 요인이 되겠지만, 그 불안을 제대로 인식하기만 하면 구원의 요인으로도 작동할 수도 있다는 얘기다. 지금 이런 말을 할 단계는 아니라서 설명은 여기서 중단하기로 한다. 지금 해야 할 일은 키르케고르의 말에 귀를 열어 두는 것이다. 키르케고르의 의도를 제대로 이해하기 위해 우선 '움직임'이라는 말에 주의를 기울여야 한다. '움직임'은 독일어 '베베궁(Bewegung)'을 번역한 말이다. 그 의미는 '움직임'을 뜻한다. 독일어에 '행동(Tat)'이라는 말이 따로 있지만, 그것을 사용하지 않고 '베베궁'을 선택한 데는 나름대로 의도된 바가 있으리라 생각되어 조금 어색한 면이 있지만 '움직임'으로 번역했다. 크게 보면 '삶' 자체를 그런 식으로, 즉 '움직임'으로 표현했다고 보아도 무방하다.

임인 동시에 평정이기도 한 이 중재야말로 궁극적으로 완전성[17]을 의미하는지에 대해서는 많은 변증법적 논의와 심층적인 토론과 검증을 거친 뒤에야 비로소 판단할 수 있을 것이다. 그러니까 이 완전성의 의미에 도달하기 위해서는 그저 오랫동안 기다려야 한다는 것이 문제. 여기에 불행이 있다면 이 기다림 자체가 그것을 의미할 뿐이다.[18] 여기서 잠시 나의 의도를 대충이나마 밝히고자 한다면, 진테제를 제거하고 중재를 그 자리에 대체하고자 한다는 것이다.

그런데 생각이 풍부한 사람들은 더 많은 것을 원하는 자리에서 화해를 입에 담는다. 도대체 무엇이 화해로부터 도출된 결과란 말인가? 그 결과는 사람들이 이전에 연구한 업적들이 전혀 마음에 들지 않았다는 것을 스스로 폭로하는 꼴이다. 바로 이 이전의 연구들이야말로 하나의 제목은 얼

---

17 '중재는 완전성을 의미한다'는 이 주장은 생철학의 명제로 간주해도 무방하다. 쉽게 말하면 생각하는 존재에게 생각 자체는 아무 문제 없다는 얘기다. 무엇을 어떻게 생각하느냐가 문제이지, 선과 악, 천국과 지옥, 여호와 하나님과 악마 등으로 편을 갈라놓고 생각하는 것이 문제가 아니라는 것이다. 이 또한 많은 훈련을 거듭해야 이해할 수 있는 대목이다. 키르케고르가 여기서 펼치는 '중재 이론'은 이것과 저것을 아우르는 능력에 대한 설명이다. 이것이냐 저것이냐, 그것이 문제가 될 뿐이다. 그것은 선택의 문제이지, 옳고 그름의 문제가 아니라는 설명이다. 이런 것을 설명하기 위해 키르케고르는 이미 『이것이냐 저것이냐』(1843)라는 제목으로 두 권에 달하는 책을 세상에 내놓기도 했다. 그는 특히 이 책의 저자로서 '빅토르 에레미타(Victor Eremita)'라는 필명을 사용했다. 번역하면 '승리를 거둔 이민자'라는 뜻이다. 즉 '성공한 이민자'라고 의역할 수 있다. 이민자는 다른 곳에서 이곳으로 들어온 자 혹은 그곳으로 들어간 자를 뜻한다. 여기서는 특히 생각이라는 영역에서의 이민자로 해석해도 된다. 생각을 전혀 다르게 하는 자가 기존의 틀에 박힌 생각 속으로 이민을 와서, 살아남는 데 성공을 거두었다고 이해해도 무방하다. 이런 태도야말로 키르케고르의 전형적인 철학적 형식과 내용을 형성해 준다. 무엇보다도 그는 이미 있던 것을 부정하고 내치면서 자기 자리를 차지하려는 잔인한 태도를 보이지 않는다는 데 방점이 찍혀 있음을 깨달아야 한다.

18 행복과 불행은 사람의 문제다. 모든 사람은 행복하기를 바란다. 그 얘기는 또한, 모든 사람이 불행을 알고 있다는 뜻이기도 하다. 하지만 키르케고르의 가르침 속에서 불행은 그저 기다려야 하는 상황으로 설명되고 있다는 것이 일종의 희망적인 소식으로 들려오기도 한다. 아무리 불행해도 깨닫고 나면 아무 문제 없다. 깨달은 자에게 불행은 그저 지나온 긴 터널과 같은 것이 될 뿐이다. 어둠에 대한 인식은 빛을 보았을 때 혹은 빛의 존재를 알고 있는 상황에서만 진정한 의미를 취하게 되는 것과 같은 논리이다.

을지 몰라도 그것으로 인해 진리가 선명하게 드러나는 것도 아니고 또 한 사람의 영혼이 천국에 이르는 것도 아닌 것으로 치부되기 때문이다.

게다가 화해로부터 위와 같은 결과가 도출되고 있는 경우, 여기에는 어김없이 윤리학과 교리라는 두 학문이 뿌리에서부터 혼란을 일으키고 있다. 사람들은 여기서 화해라는 단어와 함께 어떤 것이 입장할 수 있게 허락하고, 이때 입장하게 되는 대표적인 것이 바로 논리학과 로고스[19]의 혼란, 즉 논리학과 교리적인 것으로서의 로고스가 서로 뒤섞여 사용되는 것이다. 사람들은 마치 논리학이 로고스를 다루는 학문 자체인 듯이 떠벌리고 있는 것이다.

윤리학과 교리는 운명적으로 주어진 한계라는 영역에서 화해를 위해 애쓴다. 후회와 죄의식은 이 화해를 윤리적으로 해결해 주기를 강요한 반면, 교리는 거기서 제공된 화해를 기꺼이 받아들임으로써 일종의 역사적으로 구체화된 직접성을 관계시킨다. 이런 직접성과 함께 교리는 자신이 개인적으로 한 말을 학문적으로 인정받은 위대한 발언의 형식으로 바꿔놓은 것이다. 이런 행위를 통해 발생하는 결과는 과연 무엇일까? 그것은 추측컨대 언어 자체가 위대한 안식년을 지켜야 한다는 사실이다.[20] 이때

---

19 키르케고르는 고대 그리스어를 사용하여 '로고스(λόγος, logos)'를 눈에 띄게 표기해 놓았다. 교리 철학은 바로 이 로고스를 신의 영역으로 끌어들이고 동시에 끌어올리면서 신성의 차원으로 승화시켰다. 그 대표적인 철학자가 토마스 아퀴나스이고 그는 특히 아리스토텔레스의 철학, 무엇보다도 논리학적 방법론을 이용해 신의 존재를 증명하는 데 주력했다. 이런 철학에는 "태초에 말씀이 계시니라"(요한복음 1:1) 혹은 "태초에 하나님이 천지를 창조하시니라"(창세기 1:1) 하는 성경의 목소리가 동원되었다. 말씀이 곧 하나님이라는 이 공식이 인정되면서 모든 것은 창조의 대상이 되고 만 것이다. 논리가 형성되고 나니 교리의 탄생은 그것에 의한 당연한 결과물이 될 수밖에 없었던 것이다.

20 '말이 말을 낳는다'는 말이 있다. 거짓말이 거짓말을 낳는 것과 같은 논리이다. 한번 거짓말을 시작하면 그것을 지키기 위해 또 다른 거짓말을 할 수밖에 없는 것이다. 신의 존재를 말의 형식으로 간주함으로써 발생하는 상황은 신을 말하며 살아야 하는 사람들의 영역으로 끌어들이면서도 그것이 신성하다는 인식을 부여하는 묘한 상황이 펼쳐지고 만다. 사람이 신을 입에 담으며 발생하는 신성한 감정은 실로 수수께끼 같은 현상이 아닐 수 없다. '사바트(Sabbat)'는 히브리어이고, 그 뜻은 소위

는 말도 생각도 쉽게 해야 한다.[21] 이와 함께 사람들은 태초와 함께 시작할 수 있는 기회를 얻게 되는 것이다.

사람들은 논리학에서 부정적인 것[22]을 앞으로 나아갈 수 있는 힘의 의미로 사용한다. 그 힘은 모든 것을 움직임 속에 앉혀 놓는다.[23] 사람들이 논리학 속에서 움직임을 사용하고 있다는 얘기다. 여기서 말하는 움직임은 사람들이 습관적으로 말하듯이 선善과 함께 움직이느냐 혹은 악惡과 함께 움직이느냐 하는 것을 의미한다.[24] 사람이 움직이려 할 때 부정적인 것

'쉬는 날'이다. 이것을 유대인들은 '안식일'이라고 말한다. 그런 말을 하면서 이들은 신에게로 향한다. 어느 하루를 정해서 그날을 사바트라고 칭하면서 세상에 등지고 신에게로 향하는 것을 양심으로 만들어 놓은 것이다.

21 여기서 '쉰다'는 말은 '루엔(ruhen)'을 번역한 말이다. 이 단어는 중세 철학 중에서도 스콜라 철학에서 대표적인 이념으로 자리 잡는다. 고대 그리스어 '스콜라스티코스(σχολαστικός, scholastikos)' 자체가 쉰다는 의미를 내포하고 있다. 쉰다의 부정적인 표현은 게으름이다. 한편으로는 게으름을 피우지만, 그 게으름은 다른 쪽으로의 열정을 표출하도록 길을 터주는 형식이다. 독일어에서 '슈투덴트(Student)'는 학생, 특히 대학생을 의미하지만, 그 의미는 일상에서 벗어나 정해진 틀 안에서 공부를 한다는 뜻으로 이해된다. 키르케고르는 이런 모순을 간파한 것이다. '쉬어야 한다'는 소리가 미덕인 것처럼 들리지만, 그 말 안에는 일종의 거부할 수 없는 명령이 내재해 있음을 그는 폭로하고 있다. 일종의 '~해야 한다!'는 소리를 들은 것이다. 예를 들어 '일요일에는 교회에 가야 한다!'는 그런 독단이 펼쳐지고 있다. 이날에는 생각을 해도 오직 신만 생각해야 한다는 그런 엄청난 법률이 탄생하고 있는 것이다.

22 키르케고르는 '부정적인 것'을 이탤릭체로 강조해 놓았다. 이는 주목해 달라는 신호이다. 부정적인 것을 어떻게 다뤄야 하는지, 이제부터 키르케고르가 하는 소리로부터 그것을 배워야 한다는 요구이다.

23 앞에서도 언급했다시피, '움직임'은 독일어 '베베궁(Bewegung)'을 번역한 말이다. 그 의미는 '행동(Tat)'과 비슷하면서도 다르다. 행동은 정신적 영역에서의 실천적 의미까지 포함하여, 즉 큰 의미에서 사용되지만, 움직임은 그에 비해 현실적이고 사실적인 의미에서, 즉 축소된 의미에서 사용된다. 접두어 '베(be)'는 적극적이고 능동적인 어감을 부여하고, '베궁(wegung)'은 '베겐(wegen)'이란 단어에서 유래한 명사형의 형태이고, 그 뜻은 '위하여'라는 의미이다. 키르케고르는 바로 이 '움직임'의 의미에서 생철학적 가치를 발견하고 있다. 움직일 수 있는지 없는지, 그것이 바로 인생의 의미를 가늠하는 기준이 된다는 말이 되기도 한다. 하지만 논리학에서 말하는 움직임은 현실성과 사실성이 배제되어 있기에 키르케고르는 그 비현실성을 밝히고자 한다.

24 선악의 등장은 주목해야 할 대목이다. 선과 악은 삶의 영역에서 운명적으로 인식해야 할 대상이기 때문이다. 악이 없다는 천국의 현상 따위는 교리의 세계관으로 넘기고, 생철학이 담당해야 할 것은 오직 이 선과 악의 공존 현상을 공정하게 이해하는 것이다.

은 도움의 손길을 내민다. 그리고 만약 부정적인 것이 도울 수 없는 상황이라면, 말장난이나 관용구가 이런 일을 대신할 수도 있다. 이 경우 부정적인 것은 스스로 하나의 말장난이 될 수 있을 것이다.

사실 논리학 속에서는 어떤 움직임도 발생해서는 안 된다. 왜냐하면 논리학은 그 자체로 있을 뿐이고, 모든 것은 그저 논리적으로만 있을 뿐이기 때문이다. 하지만 논리적인 것의 이러한 무기력 증세는 변화로 향하는 논리학의 이행을 의미한다. 오로지 움직임이 배제된 무기력의 변화 속에서 실존과 현실이 모습을 드러내고 있을 뿐이다.[25] 만약 논리학이 자신이 다루고자 하는 범주들을 정해 놓고 거기서만 고집을 피우면, 모든 것은 태초부터 지속된 상태 그대로 머물 수도 있을 것이다.[26]

사람들이 순간을 표현하기 위해 이 움직임이라는 개념을 사용하고자 하는 한, 모든 움직임은 그저 내재적인 움직임에 불과해진다.[27] 당연한 일

---

25 말 속에서 말뿐임을 알게 되면, 현실을 인식할 수 있는 기회가 주어진다. 즉 허무한 말 속에서 인식이 형성되면 그 인식이 허락된 앎을 기반으로 하여 현실을 인식하게 된다는 얘기다. 논리에서 논리적인 것이 힘을 잃으면 거기서 생각이 멈추고 그 결과 쓰러질 것 같지만, 오히려 그때가 되어서야 비로소 생각의 전환, 혹은 발상의 전환이 일어날 수 있는 계기가 마련된다. 키르케고르는 이런 진정한 인식을 유도하기 위해 논리학의 한계를 지적하고 또 그것을 보여 주려고 애쓰는 것이다.

26 키르케고르는 『두려움과 떨림』에서 아브라함과 이삭의 이야기를 펼쳤고, 지금 『불안의 개념』에서는 아담과 이브의 이야기를 펼치게 될 것이다. 여기서 그는 본론으로 들어가기 전에 커다란 밑그림을 그리고 있다고 볼 수 있다. '태초'가 말썽이다. 창세기의 저자가 말한 그 '태초'가 문제라는 얘기다. 아직 키르케고르도 이에 대해 본격적으로 말하기 이전이니, 우리도 독자로서 이에 대해 그냥 문제의식을 갖는 정도만으로도 충분하다.

27 움직임과 변화는 현상의 원리이며 내용이다. 무엇이 움직이고 있는지, 또 무엇이 변화하고 있는지에 대한 고민이야말로 생철학이 주목하는 생명의 현장이다. 삶은 살아 있음을 의미하는 명사형이고, 그 명사를 통해 밝히고자 하는 것은 오로지 살아가는 현상에 대한 설명이 될 뿐이다. 그런데 '태초'에 세상을 창조하고 있는 현장 속에서의 움직임은 신비롭기만 하다. 무슨 의도로 움직임이 일어나고 있는지 그것조차 은폐되어 있다. 소위 '그때 그 시절'의 모든 의도는 그저 '내재적'이기만 하다. 여기서 '내재적인 움직임'으로 번역한 원어는 '임마넨테 베베궁(immanente Bewegung)'이다. 그러나 '내재적'이라는 형용사와 '움직임'이라는 명사는 서로 어울릴 수 없는 낱말이다. 움직임 자체는 현상의 영역인데 드러난 게 아무것도 없다는 말이기 때문이다. 키르케고르는 이런 상황을 폭로하고 있

이겠지만 여기서 말하는 움직임은 보다 깊은 의미까지 따지고 들면 결코 움직임이라 말할 수 없다. 이것을 설득하는 것은 정말 쉬운 일이다. 여기서 움직임이라는 그 개념 자체가 이미 논리학에서는 어디서도 자리를 잡을 수 없는 일종의 초월적인 것임을 생각하지 않을 수 없기 때문이다.[28]

부정적인 것은 논리학에서 그저 움직임의 내재성을 의미할 뿐이다. 왜냐하면 그것은 사라지게 될 것인 동시에, 지양된 것이기 때문이다.[29] 만약 모든 것이 이런 식으로 일어난다면, 아무것도 일어나지 않는 것이 된다. 그리고 이때 부정적인 것은 그저 유령이 될 뿐이다.[30] 그러나 부정적인 것이 유령이 됨으로써 논리학 속에서는 어떤 일이 벌어지게 된다. 사람들은 그 부정적인 것을 더 큰 어떤 것으로 만들어 내고 있는 것이다. 이때 부정적인 것은 대립을 양산해 내는 어떤 것이 되고 만다. 그것은 말하자면 하나의 부정 그 자체가 아니라, 하나의 대척 지점을 양산해 내고 있는 것이다. 이런 과정을 통해 부정적인 것은 내재석인 움직임을 나타내는 소리 없

고, 그러면서 자신의 목소리를 다듬어 가는 중이다. 생철학적인 자신만의 목소리를.

28 논리학이 초월적인 것을 다루게 될 경우, 재미난 현상이 벌어진다. 일종의 허무맹랑한 이야기의 탄생도 가능해진다. 말도 안 되는 이야기가 논리의 옷을 입게 될 경우, 말도 안 되게 말이 되는 경우가 발생한다는 얘기다. 기독교의 교리 학자들이 펼쳐 놓은 성경의 이야기들과 그 해석들. 또한 독일 관념론이 '내재적'인 것과 '초월적'인 것을 서로 엮어가며 펼쳐 놓는, 그럴듯하게 변신을 거듭한 철학적 이야기들을 향한 키르케고르의 비판적 시각은 바로 이런 데서 선명하게 드러난다.

29 '사라지게 될 것'은 미래를 지향하고 있고, '지양된 것'은 과거를 의미한다. 논리학에서 부정적인 것은 결코 현실적이지 못하다는 말을 하고 싶은 것이다. 말로만 하는 부정은 실존적 의미에서의 부정이 아니다. 싫어하는 것을 싫다고 말하는 것은 진정한 부정이 될 수 없는 것과 같은 이치인 것이다. 그래서 키르케고르는 '내재적인 움직임'이라 말했다가, 다시 '움직임의 내재성'이라 말함으로써 의미를 차츰 구체화하고 또 강화해 나가고 있는 것이다. 그것은 현실 속에서 현실적으로 증명하거나 실존적으로 해명할 수 없는 사안임을 지적한 말이다.

30 문제는 인간이란 존재가 '유령도 본다'는 사실이다. 우리 식으로 말하면, '귀신도 본다'는 얘기다. 유령을 유령으로 인식하기란 쉽지 않다. 사람은 누구나 자신이 본 것을 사실로 간주한다. 하지만 누구나 자신의 방식으로 사물을 바라볼 뿐이다. 그래서 하나의 사물을 두고서도 바라보는 내용이 서로 다를 수밖에 없다. 여기서 주의해야 할 점은 키르케고르가 부정적인 것 자체를 부정하지 않는다는 사실이다.

는 말이 되는 것이 아니라, 움직임을 실현하기 위해, 즉 논리학을 위해 반드시 필요한 '필연적인 타인'이 된다. 그것은 결코 진정으로 부정적인 것이라 말할 수 없다.

만약 사람들이 이런 식으로 진행되는 논리학을 버리고 윤리학으로 넘어간다면, 헤겔 철학 전체를 통해 지속적으로 활동하고 있는 부정적인 것을 다시 만나게 되고, 또 그런 부정적인 것이 주축을 이루고 있는 그의 철학 속에서 사람들은 그의 뻔뻔스러운 면모를 접하게 된다. 즉 그는 이 부정적인 것을 악이라고 서슴없이 말하고 있는 것이다.[31] 이제 이런 혼란은 모든 과정 속에서 요동치게 된다. 그의 철학이 연출해 내는 정신의 풍요로움은 한계를 모르고 진행된다. 이는 셸링 철학이 사람을 평생 정신으로 풍요롭게 만든다고 한 스탈 홀스타인Staël-Holstein 부인의 말을 떠올리게 한다.[32] 왜냐하면 이 말은 지금 헤겔 철학에 딱 맞아떨어지기 때문이다.

헤겔 철학이 보여 주는 논리학 속에서는 움직임들이 얼마나 비논리적으로 진행되고 있는지 쉽게 발견해 낼 수 있다. 그는 부정적인 것이 악이라고 말하고 있기 때문이다. 또한 그의 논리학 속에서는 그 움직임들이 얼마나 비윤리적으로 설명되고 있는지도 쉽게 확인할 수 있다. 그는 또한 악

---

31 악이 부정적인 것일까? 악을 오로지 부정적인 것으로 간주해야만 하는 것일까? 부정적인 것이 악이라 불려도 되는 것일까? 이는 키르케고르가 내놓은 질문이다. 키르케고르는 이런 논리를 펼친 헤겔의 철학에 대해 뻔뻔함이라는 말까지 동원하며 비판하고 있다. 선악의 문제가 그렇게 일방적 논리에 의해 해결될 수 있는 것일까? 선을 여호와 하나님의 것으로 인정하고, 그 외의 모든 것을 악으로 간주하는 논리를 받아들여야 할까? 생철학은 여기서 중요한 문제를 제시해 주고 있다. 이제 우리는 키르케고르의 질문에 대답을 내놓아야 한다. 이제 우리는 현실을 현실 그 자체로 인정하며 철학을 해야 한다는 숙제를 떠안게 되는 것이다.

32 스탈 홀스타인 부인은 프랑스의 여류 문학가로서 『독일론』이라는 책을 집필하기도 했다. 혹자는 홀스타인이 이 책에서 셸링이라는 이름을 콕 집어 설명한 게 아니라고 비판하기도 한다. 이런 비판은 너무 주관적이고 지엽적인 측면이 있다. 아니 비판을 위한 비판처럼 들리기도 한다. 키르케고르가 이 부인이 썼다는 그 책의 제목 『독일론』을 분명하게 언급한 것이 아니기 때문이다. 그 부인이 어디선가 그런 말을 했을 수도 있다는 가능성은 열어 두고 독서에 임하는 게 나을 것 같다.

이 부정적이라고 말하고 있기 때문이다.[33] 부정적인 것이 되었든 악이 되었든 간에, 그것은 논리학에서는 너무 많은 것을 의미하고, 윤리학에서는 너무 적은 것을 의미할 뿐이다. 그 둘 중 어떤 학문에서도 그것은 적합하지 않음에도 불구하고, 그것을 두 학문에서는 꿰맞추려고 애를 쓰고 있을 뿐이다. 만약 윤리학이 그 어떤 초월적인 것도 지닐 수 없다면, 그것은 그저 본질적인 의미에서 논리학에 불과할 뿐이고, 논리학이 윤리학에서 고집스럽게 주장하고 있듯이 그토록 많은 초월적인 것을 지니고 있다면, 그것은 이미 더 이상 논리학이 아니다.

이 책이 다루고 있는 장소와 관련하여 말하자면, 여기 이 장소 안에서 발전된 것은 어쩌면 이 정도로도 충분히 상세한 것으로 인정할 수 있을 것이다. 하지만 여기서 다뤄진 사실과 관련하여 말하자면, 그것은 어쩌면 약간 과장되어 그 진정한 사실과는 거리가 멀리 떨어져 있을 수도 있다. 아무리 그렇다고 하더라도 그것은 결코 흘러넘칠 정도로 지나치지는 않을 것이다. 여기 이 글이 대상으로 삼는 것은 그저 개별적인 것들에 한해서만 선택되었을 뿐이기 때문이다. 그 개별적인 사례들은 광범위하게 수집되었기 때문에, 그것들이 보여 주는 영역은 거대할 것 같지만, 사실 작은 의미에서 보면 그저 반복되는 이야기 수준을 벗어나지 못할 것이다. 그리고 약간의 오해가 있다고 하더라도 서로 비슷한 이해 수준에 머물 것이며, 그 결과 또한 거의 해롭지 않은 수준에서 형성될 것이다. 체계를 갖춘 책을 집필하고자 하는 저자의 외관을 보이고 싶은 자는 큰 의미에서의 책임을 져야 하겠지만, 수필가처럼 가벼운 글을 쓰고자 하는 자는 그저 작은 것에

---

33 키르케고르가 비판하는 논리학적 사고와 윤리학적 사고의 차이점을 확실하게 확인할 수 있는 대목
이다. 그는 '부정적인 것을 악'이라고 말하는 것을 논리학적 사고의 맹점이라고, '악을 부정적인 것'
이라고 말하는 것을 윤리학적 사고의 실수라고 설명하고 있는 것이다. 그의 주장을 직설적으로 표
현하면, '부정적인 것은 악'이 아니고, 또 '악을 부정적인 것'이라고 말하는 것은 실수라는 얘기다.

충실하면 그만이다. 그는 그럴 수 있고 또 그래야 한다.[34]

이 책에서는 '불안'이라는 개념을 심리학적으로 다루는 것을 과제로 삼았다.[35] 다만 원죄에 관한 교리를 우리가 일상적으로 알고 있는 그 의미대로[36] 다루고, 그것을 눈앞에서 놓치지 않는 방식을 고수할 것이다.[37] 일반

---

34 참으로 솔직한 말이다. 이 단락 전체에서 풍기는 키르케고르의 고백에는 진심이 담겨 있다. 게다가 선구자의 길을 걷고 있는 키르케고르의 마음을 읽을 수 있는 부분이라 더욱 소중하게 여겨진다. 이 책이 다루는 범위, 즉 그 한계 안에서는 내용을 충분히 상세하게 다뤘다. 하지만 그 안에서 언급되는 사실만큼은 과장되었을 수도 있다. 사실이 사실과는 거리가 멀 수도 있다. 오해가 있을 수도 있다. 거짓 정보가 난무할 수도 있다는 얘기다. 하지만 그것이 심각한 상처를 입힐 정도로 해롭지는 않을 것이다. 사례들은 광범위하게 수집되었지만, 그것은 결국 반복되는 수준에서 머물 것이다. 이런 문장들을 통해 전해지는 이미지는 부드럽고 상냥하며 감수성이 예민한 작가의 모습이다. 이 글에서는 작가로서 글쓰기에 임하는 자세와 각오, 그리고 독자를 배려하는 섬세한 길잡이 노릇까지 엿보인다. 하지만 키르케고르는 이렇게 미리 말을 해 놓음으로써 스스로 약간의 오해와 거짓 정보에 대한 자유로운 접근까지 허락해 놓는다. 영리한 전략이다. 아무도 밟아 보지 않은 길을 스스로 개척하며 걸어야 하는 입장에서는 이런 말을 할 수밖에 없다. 그 누구도 입 밖에 내놓지 않은 말을 해야 할 때는 조심해야 하기 때문이다. 중세 천 년의 세월을 관통하며 길들여진 정신에 새로운 길을 가리켜 보여 주기란 쉽지 않은 일이다.

35 이제야 비로소 이 책의 주제인 '불안'을 처음으로 언급한다. 불안은 '앙스트(Angst)'를 번역한 말이고, 그 뜻으로는 불안 외에도 '걱정', '근심', '고민', '공포' 등이 있다. 걱정 때문에 발생하는 두려움이라고 말하면 더 설득력이 있을지도 모르겠다. 키르케고르는 생철학자로서 삶 자체를 설명하는 개념으로 이것을 사용한다. 즉 사람은 불안을 느끼는 존재이다. 이것이야말로 키르케고르가 말하는 인간에 대한 정의가 된다. 불안은 인간이기에 떠안고 살아야 하는 것이다. 불안은 죄를 지어서 벌을 받아 얻게 된 것이 결코 아니다. 불안을 죄의 결과물 혹은 벌의 형식으로 받아들여서는 안 된다. 그렇다면 불안은 어떻게 생겨나는 것일까? 이제부터 키르케고르는 이것을 치열하게 설명할 것이다. 우리는 키르케고르가 이 불안이라는 개념을 가지고 어디까지 나아가고 있는지 그것을 주시해야 할 것이다. 그리고 지금 도식적으로 알아 둬야 할 점이 있다면 그것은 신학에 버금가는 심리학의 등장이다. 신학은 말 그대로 보이지 않는 신의 존재 증명에 매달렸다면, 마찬가지로 심리학은 같은 형식으로, 즉 보이지 않는 사람 마음을 연구의 대상으로 삼아, 그것의 존재에 대한 증명에 몰두하게 될 것이다. 지금 당장은 심리학의 등장 자체에 대한 인식부터 가져야 한다. 중세 천 년 동안 신에게 집중되었던 시선을 이제부터 사람 마음으로 돌려놓아야 한다는 것이 중대한 사안임을 깨달아야 한다. 그리고 사람의 본질로서 불안을 눈앞에 제시해 놓은 상태임을 깨달아야 한다.

36 이 개념은 라틴어 '인 멘테(in mente)'로 적혀 있고, 그 의미는 직역하면 '의미 안에서'라는 뜻이다. 이 부분을 라틴어로 적어 놓은 데는 특별한 이유가 있을 것이다. 무엇보다도 그 부분을 부각시키려는 의도가 엿보인다.

37 '심리학적 의미의 불안' 대 '교리학적 의미의 원죄'. 이것은 바로 생철학자 키르케고르가 이 책 안에서 논쟁을 붙이고자 하는 두 개의 거대한 주제이다. 그동안 신이 승리자였다면, 키르케고르는 불안

적 의미의 죄의 개념과 관련하여 침묵하려 해도 결국에는 원죄의 교리를 다루지 않을 수 없을 것이다. 물론 죄라는 것은 심리학적 관심사가 아니기 때문에, 그것을 그런 식으로 다루고자 할 때는 아무리 정신이 풍부해도 오해가 난무하게 될 것이다.

죄는 그 자체로 이미 정해진 자리를 갖고 있다. 더 정확히 말하자면, 죄는 자신에게 정해진 자리를 전혀 갖고 있지 않다는 것이다. 죄는 그 자신에 의해 정해진 것 자체이기 때문이다.[38] 만약 사람들이 이 죄를 다른 장소에서 다루고자 한다면, 사람들은 그런 시도와 함께 죄를 다른 것으로 변질시키고 말 것이다.[39] 이런 경우 사람들은 죄를 비본질적인 광선, 즉 굴절된 반사 광선 속으로 집어넣어 바라보는 실수를 범하는 것이다.

개념[40]이 변하면, 그와 더불어 그것과 관련한 어감[41]도 파괴된다. 그때

이라는 개념으로 인간의 편에 서서 교리를 향해 도전장을 내민다. 이는 신을 향한 무모한 도전이다. 인간이 신을 이길 수 없기 때문이다. 하지만 어떤 방식으로 어떻게 논쟁을 이끌고 가는지, 우리는 그것에 집중하기만 하면 되는 것이다.

38 말이 돌고 도는 것 같지만, 그것을 통해 중세 기독교가 펼친 교리로부터 독립을 시도하고 있다는 사실을 깨달아야 한다. 키르케고르는 과거 선배들이 펼쳤던 설명의 형식과 논리를 거칠지만 정당하게 비판한다. 죄는 그냥 있는 그대로 있는 것이지, 마치 신이 있어서, 신에 의해, 신이 내린 벌의 결과로 있게 된 것처럼 말하는 기존의 교리적인 설명에 대해 치열하게 저항하는 키르케고르의 목소리를 들을 수 있어야 한다.

39 앞서 키르케고르는 이 책에서 다루고 있는 '장소'에 대해 언급했다. 그리고 그 장소 안에서 발전시켜 놓은 것은 충분히 상세할 것이라고 자부하기도 했다. 그런데 지금은 전혀 다른 '장소'를 언급하고 있다. 여기서 두 개의 서로 다른 장소를 떠올려야 하는 숙제가 주어진다. 하나는 심리학적 의미의 장소이고, 다른 하나는 신학적 내지 교리로서의 장소를 의미한다고 보면 된다. 지금 당장 깨달아야 할 사안이라면, 키르케고르가 죄 자체를 거부하지 않고 오히려 인정하고 있다는 사실이고, 또 그가 생각하는 죄를 신학적으로 설명하지 않고 심리학적으로 설명하고자 하는 그의 도전 정신에 대한 철학적 의도이다.

40 키르케고르는 지속적으로 개념을 언급한다. 개념으로 번역된 원어는 '베그리프(Begriff)'이다. 이 단어는 동사 '베그라이펜(begreifen)'에서 유래했고, 그 의미는 일차적으로 '잡다', '쥐다', '만지다', 혹은 '거머쥐다' 등이다. 그것을 의역하면 '이해하다', '파악하다', '납득하다' 등의 의미까지 포괄한다. 이런 의미를 지닌 낱말에서 유래한 명사 '베그리프'는 '개념', '관념', '지식' 등의 의미로 사용된다. 키르케고르는 라틴어나 다른 말로도 '불안'을 언급할 수 있었을 테지만, 그가 유독 '베그리프'를 선택한 데

개념은 자신에게 어울리는 올바른 어감을 상실한다. 그렇게 되면 사람들은 그 개념과 함께 진정한 어감이 연출해 내는 항구성과는 전혀 상관없는, 즉 진정성이 배제된 어감의 경솔하고 천박한 장난, 말하자면 속임수로 일관하는 요술쟁이의 장난 같은 것만을 접하게 될 것이다.

만약 죄가 이런 식으로 변질되어 미학 속으로 들어가게 된다면, 그것의 어감은 너무 가벼워지거나 너무 무거워지고 만다. 왜냐하면 거기서는 죄가 놓여 있는 범주 자체가 희극적이 되든가 아니면 비극적이 되는 식으로 일종의 모순을 일으키기 때문이다. 그러니까 미학 속에서 어감이 변질되는 이유는 간단하게 설명할 수 있다. 죄와 관련한 어감은 오로지 진지함뿐이기 때문이다. 그리고 그 죄의 개념도 변질되고 만다. 그 모순이 희극적

도 나름대로 특별한 의도가 있을 것으로 예상된다. 그 의도라면 바로 이 '거머쥐다'라는 인식론적인 동시에 경험론적 의미가 아닐까 싶다. 말하자면 개념은 자기 것이 되었을 때 힘을 발휘한다는 얘기다. 남이 한 말을 반복하면서도 그것이 마치 자기 것인 양 착각하게 되면 자신의 생각 자체가 이미 남의 것이 되고 만다. 그런 경고의 메시지가 이 '불안의 개념'이란 말에 포함된 듯이 보인다. 중세 신학자들이 가르쳐 준 이념대로, 즉 수동적으로 생각에 임하지 말고, 이제부터 자신이 일러 주는 내용으로 그 개념을 파악해 달라는 그런 신호인 것이다.

41 '슈팀뭉(Stimmung)'을 '어감'으로 의역한 상황이다. 이 단어의 사전적 의미는 '기분', '정서', '분위기' 등임을 밝혀 둔다. 그런데 독일어 원문을 읽게 되면, 이 단어로 향하는 일종의 일관된 여정이 엿보이기도 한다. 몇 줄 위에서는 '베슈팀멘(bestimmen)'이라는 동사가 과거분사의 형태로 변하여 형용사의 역할을 하고 있는 '베슈팀텐(bestimmten)'이 언급되었고, 바로 그다음 줄에서는 '베슈팀뭉(Bestimmung)'이라는 명사형이 등장하고 있다. 이 단어들이 서로 얽히고설켜 마치 거미처럼 작동하고 있는 것이다. 뿌리가 되는 단어는 '목소리', '음성' 등의 의미를 지닌 '슈팀메(Stimme)'이다. 여기에 접두어 '베(be)'가 붙어서 만들어진 동사 '베슈팀멘'은 '결정하다', '확정하다', '규정하다' 등의 의미를 지닌다. 이것의 명사형 '베슈팀뭉'은 '결정', '규정', '정의' 등의 의미를 지닌다. 이런 단어들을 연속적으로 사용한 것은 분명 의도된 연출이라 해야 할 것이다. 굳이 그 의도를 밝히자면, 어떤 하나의 개념에 주어진 '어감'도 규정되고 결정되어 있다는 것을 부각하기 위함이 아닐까 싶다. 아무리 다양한 설명을 덧붙인다고 해도 그 하나의 개념에 주어진 어감 자체는 바뀔 수 없다는 말을 하려 했던 것이 아닐까 싶다는 얘기다. '슈팀뭉'을 '분위기'로 번역한다면, 그 개념이 품은 내용들에 의해 형성되는 상황을 연상하면 된다. 어쨌거나 개념 때문에 발생하는 분위기라 해도 거기엔 '목소리'가 근근을 이루고 있다는 것이 문제의 핵심이다. 모든 개념은 사람의 '목소리'에 의해 규정되고 결정된다는 것이 인식의 대상이라는 얘기다.

이든 비극적이든 간에 상관없이, 모순이라는 개념 자체는 극복되었다 하더라도, 그 모순 자체는 오로지 하나의 형식으로 존속하고 있기 때문이거나 하나의 비본질적 영역에서 지양된 것으로 머물기 때문이다.[42] 희극적인 것과 비극적인 것은 보다 심오한 의미에서 본다면 어떤 적敵도 갖지 않는다. 그것은 그저 우리를 울게 하거나 웃게 하는 허깨비를 갖고 있을 뿐이다.[43]

만약 죄가 형이상학 속에서 다뤄져야 한다면, 그 어감은 변증법적인 냉담함이나 무관심을 동반하게 될 것이고, 또 그런 냉담함이나 무관심에 의해 생겨난 죄에 대해서는 어떤 사상가도 저항할 수 없는 것으로 생각되고 설명될 것이다. 이때 그 개념은 어쩔 수 없이 변질되고 말 것이다. 형이상학 속에서 죄라는 것은 비록 극복된다고 하더라도 사상가가 자신의 삶을 통해 개인적으로 깨달을 수 있는 어떤 것으로 극복되는 것이 아니라, 그것이 실존의 형식으로 존재하기는 하지만 그저 모두에게 관련된 어떤 것으

---

42 예를 들어 사랑이라는 개념을 두고 시대마다 다른 소리를 내놓을 수 있다. 사랑이라는 개념은 극복될 수 있지만, 그 사랑이 품고 있는 내용 자체는 영원의 형식으로 존재할 뿐이다. 아무리 사랑을 부정적으로 설명한다고 해도, 그 본질에 있어서는 부정할 수 없는 의미가 긍정과 동경의 형식으로 주어져 있다는 얘기다. 여기서 특별한 의미로 부각되고 있는 것은 모순에 대한 키르케고르의 시각이다. 키르케고르는 모순 그 자체를 하나의 형식으로 존속하거나 하나의 비본질적 영역에서 지양된 것으로 간주하고 있다. 모순은 현상의 논리이며, 그것이 이 현상의 영역에 머무는 한 늘 어김없이 지양된 형식으로만 인식할 수 있다. 또 그것이 지양된 형식이 아니라면 모순은 인식의 대상도 되지 못한다. 이런 시각은 키르케고르의 철학을 지탱하는 대전제가 된다. 모순이 없는 현상은 없지만, 그런 현상이야말로 진정한 삶의 현장이 된다는 변호의 목소리가 되기도 한다.

43 여기서도 생철학적으로 중요한 인식이 요구된다. 희극적이든 비극적이든 그것은 서로가 적대적이지 않다. 어느 하나가 다른 하나를 배제하려는 것이 결코 아니다. 그리고 행복이든 불행이든 그것은 모두 그것을 대하는 사람의 몫이 되는 것이지, 그것 자체로 존재하는 것이 결코 아니다. 여기서 '허깨비'에 대한 키르케고르의 인식도 주목해야 할 대목이다. 즉 그가 허깨비의 존재 자체를 부정하거나 거부하지 않고 있다는 점이 중요하다. 이렇게 살거나 저렇게 살거나 누구나 모순을 떠안을 수밖에 없고, 그 모순으로 인해 누구는 행복하게 또 누구는 불행하게 살 수밖에 없다. 그 허깨비를 어떻게 대하고 다룰 것인가, 그것이 관건이 될 뿐이다.

로만 극복될 뿐이기 때문이다.

또 만약 죄가 심리학에서 다뤄져야 한다면, 쉬지 않고 관찰하려는 집요함이나 스파이 정도 되어야 가질 법한 대담성 따위를 지닌 어감은 생겨나겠지만, 그 죄 자체를 이겨 내고 승리감에 충만한 채 진지한 의미에서 해방되는 일은 없을 것이다. 이때 그 개념은 하나의 다른 개념이 된다. 죄는 심리학에서 하나의 상태로 다뤄질 뿐이기 때문이다. 하지만 죄라고 하는 것은 절대로 어떤 상태가 될 수 없다. 죄의 이념은 죄의 개념이 스스로 지속적으로 지양하는 데 있다.[44]

죄는 가능성에 따른 상태로 존재하지 않는다.[45] 죄는 오로지 현실에 따

---

44 죄는 상태가 될 수도 없고 되어서도 안 된다. 죄의 이념은 죄의 개념이 지속적으로 지양되는 것이기 때문이다. 이 논리는 생철학적으로 사고하는 데 매우 중요한 열쇠가 된다. '상태'는 어쩔 수 없는 것이다. 어떤 상태가 되었든 간에 거기서는 어쩔 수 없이 수동적이 될 수밖에 없다. 어떤 상태에 빠지게 되면 그 상태의 상황 논리에 무기력해지고 마는 것이다. 이런 경우 사람은 자신을 합리화하거나 자신에 대해 변명하려는 의지도 발생시킬 것이다. 하지만 죄라고 하는 것은 상태의 형식으로, 즉 이미 있음의 형식으로 존재하는 것이 아니다. 죄가 되는 죄목을 살펴보면 그 현상을 쉽게 알 수 있다. 시대마다 또 나라마다 죄의 내용은 달라진다. 그때의 죄는 지금은 죄가 아닐 수도 있고, 그때 당연했던 것이 지금은 죄가 될 수도 있는 것이다. 어떤 나라에서는 히잡을 안 썼다고 해서 사형선고를 내리기도 한다. 이런 나라의 죄의식은 지양되어야 마땅하다. 지금 키르케고르는 다양한 낱말을 동원하여 '개념'에 대한 논쟁을 이어가고 있고, 그렇게 하여 일종의 철학적 훈련을 시키고 있다. 이미 수많은 개념을 접했다. '죄의 개념' 또한 '불안의 개념'이라는 목적지에 도달하기 위한 에움길이 아닐 수 없다. 여기서 인식해야 하는 것은 '죄냐 무죄냐'는 식으로, 즉 이분법적으로 사안을 다루고 있지 않다는 것이다.

45 죄라는 것에는 죄인이 되느냐 죄인이 안 되느냐의 문제로 다가서면 안 된다. 철학에서는 죄를 지었느냐 죄를 짓지 않았느냐는 식으로 사람을 대해서는 안 된다는 얘기다. 그런 식의 판단은 사회 안에서 그 사회의 법을 지켜야 할 의무를 지고 있는 경찰이나 검찰 등의 관심사가 될 뿐이다. 하지만 철학에서 만약 그런 일이 벌어진다면, 죄라는 상태를 미리 정해 놓고 사람을 그것에 꿰맞춰 판단하게 되는 실수를 저지르는 것이다. 마치 프로크루스테스의 침대에서처럼 여행객을 그 침대 위에 눕혀 보고 다리가 밖으로 나오면 자르고 다리 길이가 침대 길이보다 모자라면 더 길게 늘이려는 것과 같은 어처구니없는 일이 발생하기 때문이다. 이 비유에서 문제의 핵심은 침대가 기준이 되면 안 된다는 사실이다. 이것을 키르케고르의 말로 바꿔 놓으면, 상태를 정해 놓고 거기서 가능성을 운운하는 것이 된다. 죄를 지었나 안 지었나에 대한 가능성을 추구하는 것이 된다는 얘기다. 이것은 논리적으로는 납득할 수 있으나, 지극히 비현실적인 결과를 초래하는 원인이 될 뿐이다. 죄 없이 죄인이 되

라 혹은 현실 속에서 존재하고 또 거듭 반복해서 나타난다. 이런 경우 심리학이 연출해 내는 어감은 감정이 메마른 호기심이 될 뿐이다. 이에 반해 진정한 어감을 형성해 주는 것은 오로지 진심에서 우러나오는 진지한 것의 저항일 뿐이다. 그럼에도 심리학의 어감은 발견에 대한 불안으로 일관하고 있다.[46] 말하자면 심리학 자체가 불안 속에서 죄라는 것을 설명하고 있으니, 자신이 직접 또 스스로 설명해 낸 그 죄라는 그림 앞에서 불안을 반복해서 느끼게 되는 것이다.[47] 만약 죄가 이런 식으로 다뤄지면, 죄 자체는 과도한 권력을 취하게 된다. 심리학은 죄에 대해 스스로 위축되어, 말하자면 여성적인 태도로 접근하기 때문이다.[48] 이런 경우 그러한 상태가

어야 하는 상황, 즉 비극적인 상황에 빠진 억울한 사람 한 명을 만들어 낼 수 있는 소지가 있다는 얘기다.

46 심리학이 '발견에 대한 불안'에 휩싸여 있다는 말에 귀를 기울일 필요가 있다. 죄에 대한 기존의 해석은 중세 천 년 동안 귀에 박힐 정도로 들어서 잘 알고 있다. 하지만 키르케고르는 지금 '진심에서 우러나오는 진지한 것의 저항'이라는 말로 자신의 목소리를 가다듬고 있다. 특히 '발견에 대한 불안'으로 번역한 원어는 '엔트데켄데 앙스트(entdeckende Angst)'이다. 여기서 주목해야 할 부분은 '엔트데켄데'라고 하는 낱말로서, 즉 현재분사형의 형태로 사용된 형용사이다. 키르케고르는 근대 르네상스인들이 유행시켰던 '엔트데쿵(Entdeckung)', 즉 '발견'이란 말을 몰랐을 리 없다. 이들은 자신의 시대를 '발견의 시대'로 규정하는 데 머뭇거리지 않았다. 발견을 하려면 떠나야 한다. 떠나야 할 곳은 예를 들어 베이컨이 『신기관』의 표지에서 그림의 형식으로 보여 주었듯이 헤라클레스의 기둥으로 묘사되고 있다. 기존의 형식은 헤라클레스의 힘처럼 강력하기만 하다. 하지만 그 힘의 지배에서 벗어나려면 그곳을 떠나야 한다. 헤라클레스의 지배에서 벗어난다는 얘기는 그의 보호를 받지 못한다는 뜻이 되기도 한다. 그래서 떠남의 이미지로 선택된 항해(航海)는 용기를 필요로 하기도 하는 것이다. 르네상스인들은 자신이 살아왔던 세상과는 등지지만 새로운 세상을 발견하려는 의지로 현실과 마주할 뿐이다.

47 이는 악순환이다. 불안 속에서 만들어 낸 모든 것은 불안의 결과물이 될 뿐이다. 죄를 그런 식으로 양산해 내면 죄에 대한 모독이 될 수도 있다. 거인 프로메테우스가 품었던 죄의식은 오히려 인류를 위한 것이었다. 그것은 죄라고 불릴 수 없는 죄였다. 그래서 그는 '죄 없이 죄인이 되어야' 하는 비극의 주인공으로 제격이었던 것이다. 제우스의 시각으로 보면 프로메테우스는 죄인이 맞다. 하지만 인류의 입장에서 보면 프로메테우스는 영웅이다. 그는 인류에게 신의 전유물이었던 불을 훔쳐 전해 준 거인이다. 그런 그가 암벽에 끊어지지 않는 쇠사슬로 묶여 날마다 날아오는 독수리의 부리에 의해 고통을 당하는 모습을 바라보며 인류는 비극적 상황을 인식하게 되는 것이다. 여기서 중요한 것은 불안을 잘못 사용하면 스스로 불안에 희생될 수 있다는 가능성에 대한 인식이다.

자신에게 주어진 진리를 갖게 되는 것은 당연할 것이고, 윤리적인 것이 모습을 드러내기도 전에 그런 상태 자체가 모든 사람의 삶 속에서 많든 적든 간에 나타나는 것도 당연할 것이다. 하지만 그런 식으로 다루면 죄라는 것은 죄가 아닌 죄가 되고 말 것이다. 죄보다 크거나 작은 것이 될 뿐이라는 얘기다.

만약 사람들이 죄의 문제를 어떻게 다루는지를 보면, 그 개념이 정당하게 다뤄지고 있는지 그 어감에서부터 즉시 알아차릴 것이다. 예를 들어 죄가 일종의 질병처럼, 즉 비정상이나 독극물 혹은 부조화라는 식으로 언급되고 있다면, 그 개념을 왜곡하는 것이 된다.[49]

솔직히 말하자면 죄는 어떤 학문에도 속해 있지 않다. 죄는 그저 설교의 대상일 뿐이다. 하지만 이때 행해지는 설교는 그저 개인이 개인으로서 개인을 향해 말을 할 뿐인 것이다. 우리의 시대에 일하는 목사들은 학문적으로 잘난 체하기 바쁜 듯하다. 그들은 학문에 종사하는 교수의 일을 지키는 간수가 된 양 거들먹거린다. 그런 현학적인 태도가 학문에 도움이 되기라도 한다는 듯이 말하고 있다. 그런 식으로 설교하면서 자신의 위엄을 과

---

48 여기서 말하는 '여성적인 태도'는, 당연한 말이겠지만, '남성적인 태도'를 전제한다. 이것은 물론 현대의 인식으로는 여성 비하 발언으로 취급될 수 있는 여지가 있다. 다만 이 말을 통해 키르케고르가 무슨 말을 하려고 하는지를 깨달아야 한다. 즉 하나의 학문이라 불리는 심리학이 자신이 다뤄야 할 대상인 죄를 능동적으로 다루지 못하는 꼴을 지적하고 비판한 것이다. 늘 과거 신학이 만들어 놓은 틀 안에서 답을 찾으려 하는 수동적인 태도를 비판적으로 말한 것으로 이해하면 된다는 얘기다.

49 이 문단은 원문에 있는 그대로 옮겨 놓았다. 문단을 따로 나누지 않았다는 것이다. 긴 문단들 사이에 끼어 있는 하나의 문단이라는 얘기다. 이는 마치 모래 속에서 발견되는 단단한 돌멩이처럼 보인다는 뜻이기도 하다. 단 두 개의 문장으로 이뤄진 하나의 문단, 그 외모가 연출해 내는 인상은 강렬하기만 하다. 왜 저자는 이 문단을 이런 식으로 나눠 놓았을까? 이는 분명 여기에 저자의 의도가 담겨 있기 때문이다. 문제가 되는 것은 개념이다. 죄 자체가 문제가 아니라 그 개념이 문제라는 얘기다. 그 개념이 어떤 형식으로 규정되어 있는지가 관건이다. 죄가 질병이다? 죄가 비정상이다? 이런 식으로 매도해도 되는 것일까? 죄를 그런 식으로 취급해도 되는 것일까? 키르케고르가 품고 있는 아주 중요한 문제의식이 이토록 짧은 하나의 문단 속에 담겨 있음을 깨달아야 한다.

시하고 있는 것이다. 그래서 사람들이 교회의 설교를 일종의 하찮은 기술 정도로 간주하는 것은 전혀 놀랄 일이 아니다.

설교는 모든 기술 중에서도 가장 어려운 것이며, 본래 소크라테스가 예찬했던 대화할 수 있는 기술이다. 그러니까 공동체로부터 정해진 대답을 들려줘야 할 사람은 아무도 없다는 것도 당연한 소리이고, 마찬가지로 말하는 사람을 지속적으로 끌어들이는 것도 아무 소용 없다는 것 또한 당연한 소리이다. 소크라테스가 소피스트들과 논쟁을 벌이면서 그들을 훈계한 부분은 그들은 말은 잘 할 수 있을지 모르지만 대화는 전혀 할 수 없다는 것이었다. 소크라테스는 그들과의 대화를 이끌면서 그들이 모든 사물에 대해 수많은 말을 할 줄은 알아도, 공감하여 동화될 수 있는 동기는 그들 자신에게 결여되어 있다는 것을 증명했다. 공감에 의한 이 동화야말로 대화가 대화에 의해 도달할 수 있는 신비로운 비밀이 아닐 수 없다.

죄의 개념과 관련한 것은 오로지 진지함뿐이다. 죄가 최초로 자신의 자리를 점유한 학문이 있다면 그것은 바로 윤리학일 것이다. 하지만 여기서부터 이미 커다란 어려움이 도사리고 있다. 윤리학은 여전히 하나의 이상적인 학문으로 군림하고 있기 때문이다. 여기서 이상적인 학문이란, 그 하위 개념 속에 모든 학문이 속해야 한다는 의미로 한 말이다. 윤리학은 현실 속으로 이상적인 것을 끌어들이고 그것을 보여 주려 했지만, 있는 그대로의 현실 자체를 이상적인 것으로 승화시키는 쪽을 향해 나아가지는 못했다.[50]

---

50 키르케고르에게는 현실을 이상적인 것으로 보려는 경향이 있다. 현실은 그 자체로 이미 이상적이라는 말을 하고 싶은 것이다. 헤겔처럼 현실을 정반합의 논리에 의해 지속적으로 지양되어야 할 대상으로 보지 않는다는 것이 문제의 핵심이다. 현실은 현실일 뿐이다. 무엇을 현실로 보느냐가 문제일 뿐이다. 현실에 대한 철학적 인식은 서두르지 않도록 해야 한다. 늘 인식은 모든 것이 제대로 갖춰진 뒤에야 따라오기 때문이다. 그러므로 지금 키르케고르는 현실을 문제 삼고 있다는 사실만 염두

윤리학은 이상성을 자신의 과제로 제시한다. 그렇게 함으로써 윤리학은 인간이 그저 그 이상성을 위한 조건으로서만 존재한다는 사실을 전제하게 될 뿐이다.[51] 인간을 그런 식으로 치부함으로써 윤리학은 스스로 어려움과 불가능함을 동시에 보여 주는 모순을 일으키고 있다. 윤리학은 법에서 말한 것만 인정한다. 윤리학은 훈육하고 양육하는 초등교사의 역할을 담당한다. 그래서 윤리학은 어떤 것도 새롭게 잉태하거나 낳지 않을 것을 요구하고 지시한다.

하지만 그리스의 윤리학은 예외적으로 달랐다. 그것은 본래 의미에서 결코 윤리학이라 말할 수가 없는 것이었다. 그것은 일종의 미학적 동기를 지니고 있었기 때문이다. 이러한 경향은 미덕의 의미를 규정하는 데서, 특히 아리스토텔레스가 『니코마코스 윤리학』[52]에서 자주 펼친 사상 속에서 분명하게 찾을 수 있다. 그는 여기서 정감 있는 그리스적 천진난만함으로 다음과 같이 밝히고 있다. "사람이 행복해지거나 만족하기 위해서는 덕만 필요한 게 아니라, 건강과 친구들, 현세적인 재산도 있어야 하고, 가정도 행복해야 한다." 윤리학이 이상적으로 되면 될수록 더 좋다.[53] 그런 윤리

에 두면 된다.

51 신학에서 신의 존재가 주가 되듯이, 윤리학에서는 윤리 그 자체가 주가 되는 실수를 범하고 있다는 지적이다. 현실조차 그 어떤 이상성이라는 전제하에서 결정되고 규정된다고 판단한다면 그것은 크나큰 실수이다. 그 현실을 현실로 인식하는 주체는 다름 아닌 사람 자신이기 때문이다. 사람이 없는 현실은 말장난에 불과하다. 현실이 현실다우려면 사람과의 관계를 외면하지 말아야 한다. 신을 앞세워 세상의 출현을 설명하려 한다든가, 윤리를 앞에서 옳고 그름을 나누고, 그렇게 하여 상황을 정리하려 하면 안 된다. 사람은 이상성을 이상답게 만들어 주는 조건으로서 존재하는 것이 결코 아니다. 사람의 존재는 그보다 더 위대한 무엇인가가 있다. 키르케고르는 그것을 증명하려 애쓰고 있을 뿐이다.

52 아리스토텔레스의 윤리학은 플라톤의 윤리학과 대립 구조를 이룬다. 스승은 이상이 좋아서 이상적인 이상향을 지향했다면, 제자는 사람이 좋아서 사람 사는 곳을 설명하는 데 주력했다. 그는 "우리가 찾고 있는 것은 인간의 고유의 기능이다"(아리스토텔레스, 『니코마코스 윤리학』, 천병희 옮김, 숲, 39쪽)라고 밝히면서 자신의 철학이 지향하는 바를 규정해 놓기도 했다. 키르케고르는 아리스토텔레스의 이런 현실적인 생각을 이어가며 자신의 실존 철학을 발전시켜 나간다.

학은 불가능한 것을 요구함으로써 쉽게 무의미해지는 잡담으로 인해 길을 잃고 방황하게 내버려두지 않을 것이기 때문이다.

불가능한 것은 그 자체로 이미 비윤리적인 것이다. 그런 것을 말하는 것 자체가 비윤리적이라는 얘기다. 윤리학이란 어떤 면에서도 그런 것을 두고 말하지 않는다. 윤리학은 그런 것을 위한 시간도 경우도 결코 지니지 않는다. 윤리학은 그런 것을 내놓고 팔아먹는 학문이 아니다. 그런 것을 통해서는 결코 현실에 도달할 수 없다. 만약 사람들이 그런 불가능한 것을 바란다면 모든 움직임 자체가 변하고 말 것이다. 물론 윤리학은 이상적이 되려는 경향이 있다는 사실을 간과해서는 안 된다. 이상적이 되려는 윤리학의 이런 경향이 가끔은 형이상학적으로, 때로는 미학적으로, 또 심리학적으로 나아가며 그 범주 안에서 서로 뒤섞인 채 이상적인 것을 다루려는 유혹에 빠지게 된다. 하지만 윤리학은 그런 모든 방식에 저항하고 그것을 거부해야만 한다. 그렇게 함으로써만 다른 모든 범주와 뒷손으로 은밀하게 거래하는 부패한 윤리학 따위는 아무도 쓸 수 없게 되는 것이다.

죄는 오로지 회개의 도움을 받아 그 회개의 개념 앞에서 무너질 때만 윤리학에 속한다.[54] 만약 윤리학이 죄를 받아들여야 한다면, 그와 동시에 윤

---

53 아리스토텔레스는 이것은 좋고 저것은 나쁘다는 식, 즉 배타적 이분법으로 사물을 바라보지 않는다. 이것도 좋고 저것도 좋다. 이것이 좋기 위해서는 저것도 좋은 것으로 인식해야 한다. 다만 중요한 것은 세상이 모든 사물을 그것의 현상과 함께 본질에 따라 분류하고 정리해 두는 일이다. 모든 것은 나름대로 유용하고, 그래서 그때그때 필요한 지식을 사용하는 능력이 요구될 뿐이다. 그가 말하는 이상의 이상성은 바로 이런 현실적인 감각을 기반으로 하고 있다는 데 특별함이 있는 것이다.

54 기독교 교리에 미적인 감각이 있다면, 그것은 단연 '회개의 미학'일 것이다. 더 큰 범주로 표현하자면, '후회의 미학'이라 할 수 있다. 신이 등장하기 전에 세례 요한이 광야에서 '회개하라!'고 외친 것은 신의 존재를 규명하는 최고의 전술이었다. 요한이 예수를 신으로 인정함으로써 예수가 신으로 살 수 있게 해 준 것이다. 정말 기발한 발상이다. 바로 이런 발상이 눈에 들어올 때 '회개의 개념'이 눈에 밟히게 되는 것이다. 신학자들은 이런 상황에서 윤리학으로 나아간다. 그때 죄라는 것이 도움의 손길을 내밀고 있는 것이다. 후회의 감정을 거둬진 채 죄를 언급해 버리면 사람들은 옴짝달싹하지 못하게 된다. 후회를 하지 않는 사람은 아무도 없기 때문이다. 그래서 후회의 감정으로 인해 죄

리학이 품었던 이상성은 물거품이 되고 만다. 윤리학이 자신의 이상성 속에 더 많이 머무르면 머물수록 그 윤리학은 결코 현실성을 시야에서 잃어버릴 정도로 비인간적인 것이 되지는 않을 것이다. 그때 그 윤리학은 자신이 제시하는 이상성을 그 현실과 교류를 하면서만 구축하고, 동시에 모든 사람에게 오로지 그것을 통해서만 자신의 과제를 제시해 줄 것이기 때문이다.[55] 이런 과제는 오직 모든 사람을 진실한 인간, 완전한 인간, 즉 탁월한 인간으로 만들기 위함이다. 하지만 그런 과제에 집중할수록 어려움은 더욱 첨예해질 것이다.[56] 이런 식으로 윤리학적 과제를 실현하기 위한 투쟁에서 죄는 결코 우연한 방식으로 우연히 개인에게 주어진 어떤 것으로서가 아니라, 그 개인이 넘어서고 극복해야 할 전제 조건보다도 훨씬 더 깊고 깊은 곳으로 끌고 들어가면서도 스스로 더욱 깊어지기만 하는 그런 전제 조건으로 모습을 드러낸다.

그런데 지금 그래야만 할 윤리학이 모든 것을 상실했다. 모든 것이 오로지 그 윤리학을 위해서만 상실되고 만 것이다. 윤리학 자체가 모든 것을 잃게 하는 그런 비인간적인 방향으로 나아가고 있었던 것이다. 이러면서 자신의 한계를 완전히 벗어나 있는 하나의 범주가 모습을 드러냈다. 그

의식이 후회의 개념 앞에서 무릎을 꿇게 될 때, 결국 죄 자체는 윤리학의 소유물이자 내용으로 전락하는 것이다.

55 여기서도 짚고 넘어가야 할 것이 있다면 그것은 이상성에 대한 키르케고르의 철학적 입장이다. 그는 이상성 자체를 부정하지 않는다. 한마디로 그는 이상성을 인정한다. 다만 그 이상성이 현실과 관련을 맺고 있느냐 하는 것이 관건이 될 뿐이다. 현실과의 교류를 전제로 한 이상성이라면 얼마든지 받아들일 용의가 있다는 얘기다. 그러므로 그가 철학적으로 지향하는 바는 이상과 현실의 균형과 조화라고 말해도 될 것이다.

56 중세에 살고 있는 사람들이라면 '신을 아는 것' 혹은 '신의 뜻을 아는 것'이 제일 어렵다고 말했을 테지만, 지금 키르케고르는 실존 철학의 선구자로서 '인간의 인간적인 것을 아는 것' 혹은 '사람의 사람다움을 아는 것'보다 더 어려운 것은 없다고 말하고 있다. 이때 '어렵다'고 하는 말의 진정한 의미는 그것이 제일 중요하다는 인식을 근간으로 하고 있을 뿐이다.

것은 바로 원죄라는 개념이다.[57] 이 원죄는 모든 것을 더욱 깊은 절망 속에 빠지게 했다. 그 원죄와 관련된 이야기는 윤리학의 도움을 받지 않고 교리에 의해 구축됨으로써 그 모든 어려움을 지양할 수 있게 되었기 때문이다.[58] 물론 고대의 모든 인식과 사변도 생각 자체가 실재성을 내포하고 있다는 전제하에 진행되었듯이, 또한 고대의 모든 윤리도 마찬가지로 미덕이 실재의 영역으로 실현될 수 있으리라는 것을 전제하고 있기는 했다. 상황을 그렇게 인정한다고 하더라도, 죄를 의심하는 것은 이들 이교도의 생각 속에 존재하지 않았다.[59] 말하자면, 고대의 윤리적인 의식 속에서 언급

57 '원죄'는 '에어프쥔데(Erbsünde)'를 번역한 말이다. 이것은 '이어받다', '상속받다' 등의 의미를 지닌 '에어벤(erben)'이라는 동사와 '죄'라는 뜻의 '쥔데(Sünde)'가 합쳐져서 만들어진 말이다. 그런데 어원학적으로 '쥔데'는 '부끄러움' 내지 '수치심'의 뜻을 지닌 '샴(Scham)'과 맥락을 같이 한다. '수치심'과 '죄의식'은 같은 사물의 다른 측면을 의미한다고 말할 수 있다. 부끄러운 줄 아니까 죄의식이 발동되는 것이다. 죄의식이 있으니까 수치심을 느끼는 것이다. 무엇이 먼저라고 말할 수 없을 정도로 둘은 서로의 조건이 되어 작동하고 있을 뿐이다. 하지만 이것을 교리로 먼저 틀을 형성하고 그 안에서 설명해 버리는 결과는 뻔하다. 즉 사람의 마음을 구속하는 결과가 초래될 수 있다는 얘기다. 교리로 설명되고 증명된 이런 수치심에 대한 저항은 거의 반세기가 지난 뒤에 이뤄진다. 벌거벗은 상태를 즐기는 '자유로운 육체 문화', 혹은 '자유 육체 문화'라고 직역할 수 있는 '에프카카(FKK. Freikörperkultur)'에 의해 진행되었다. 물론 기록에 의하면 19세기 초반부터 그 움직임이 감지되었다고는 하지만, 그것이 이슈가 된 것은 한참 뒤의 일이라고 말할 수 있다. 어찌 되었든 간에 이 문화가 저항했던 것은 다른 게 아니라 '샴게퓔(Schamgefühl)', 즉 '수치심' 그 자체였다. 사람이 자신의 몸에 대해 금지를 갖는 것을 당연하게 여기고자 하는 그런 마음과 태도는 긍정적으로 해석되어야 한다는 것이 그 문화의 기조를 이루는 한결같은 목소리였다.

58 교리에 의해 모든 어려움이 지양될 수 있었다는 얘기는 교리를 통해 모든 상황을 평정하고 기존의 모든 논리를 정복했다는 뜻도 된다. 늘 하나의 논리가 형성되고 나면 그다음의 일은 어쩔 수 없이 그 이전에 해둔 말에 의해서만 꿰맞춰질 수밖에 없다. '태초'의 사건이 역사적 사실로 간주되고 나면 어쩔 수 없이 그 사실에 의해 그다음의 이야기가 펼쳐질 수밖에 없는 것과 같은 것이다. 이 경우 '사실'이 '사실'을 낳은 이상한 일이 벌어지는 것이다. 즉 말이 말을 낳는다는 그런 이상한 일이 벌어지는 것이다. 그래서 중세 신학자들은 천 년 동안 신의 존재를 증명하는 데 그토록 열을 올렸던 것이다.

59 '이교'는 '하이덴툼(Heidentum)'을 번역한 말이다. 이교라는 말을 사용한 사람들은 기독교인들이었다. 그들의 입장에서 타인을 바라보며 한 말이 '이교'라는 말이었다. '하이덴툼'의 원래 의미는 로마 시대 게르만 언어의 전통으로까지 소급한다. 그 당시 게르만 민족은 기독교인이 아니라는 말로 '하이다노(heidano)'라는 말을 사용했다. 그러면서 '시골'이니 '고향'이니 하는 의미를 지닌 '하이데(Heide)'라는 말도 탄생하게 되었다. 독일의 낭만주의 도시로 유명한 '하이델베르크(Heidelberg)'는

되는 죄라는 것은 인식 과정에서 발생하는 실수를 의미할 뿐이고, 그것은 아무것도 증명하지 않는 개별적인 예외에 속할 뿐이었다.[60]

이런 교리와 함께 이상한 학문이 시작되었다. 즉 현실에서 시작하고, 엄격한 의미에서 이상적이라고 말할 수 있는 학문과는 대립을 이루는 학문이 시작되었던 것이다. 그 학문도 현실과 함께 논리를 펼치기는 하지만, 그것은 오직 자신이 바라는 그 이상성 안에서 지양되기 위한 처사였을 뿐이다. 그 학문은 죄가 있다는 것을 부정하기보다는 오히려 그것을 전제하고 설명함으로써, 궁극적으로는 원죄를 전제하는 상황까지 연출해 낸다.

하지만 교리가 그 자체로 순수하게 다뤄지는 일은 거의 없다. 교리는 늘 어김없이 원죄라는 개념을 자신의 영역 안으로 끌어들이며 논리를 펼칠 뿐이다. 그래서 교리가 아무리 다양한 기원을 소개하고 있다고 하더라도, 그것에 대한 인상은 확연하게 눈에 띤다기보다는 오히려 그것 때문에

직역하면 '시골 산' 혹은 '고향 산천' 등으로 번역될 수 있다. 또 스위스의 여류 작가 요한나 슈피리(Johanna Spyri, 1827-1901)의 작품으로 유명한 『알프스 소녀 하이디』(제1권 1880, 제2권 1881)도 '하이디'라는 이름을 직역하면 '알프스 산골에 사는 시골 소녀'라는 뜻이 된다. 하지만 이런 게르만적인 어감을 품고 있는 개념을 기독교인들이 사용하면서 상대를 폄하는 의미로 사용되고 만 것이다. '너희들은 하이다노데!', '너희는 하이디들이다!', 이런 식으로 말할 경우, 기독교인들은 자신이 기준이 되어 상대를 평가하는 소리를 하는 것이다. 기독교 신학자들은 이것을 '너희들은 이교도다!' 이런 식으로 번역한 것이다. 즉 '너희들은 다른 종교를 믿는 사람들'이라는 것을 노골적으로 드러내는 말이 된 것이다. 여기서는 후배에 해당하는 중세 사람들이 고대 선배들이 살았던 신들의 세계를 향해서 '이교'라고 말한다는 것의 진정한 의미를 인식하는 것이 중요하다.

60 키르케고르는 여기서 죄의 현상에 관한 중요한 정보를 제공해 주고 있다. 고대 신들의 세계에서도 '죄'와 '죄의식'은 존재했다. 하지만 그때의 '죄'는 개인적인 판단의 실수에 지나지 않았다. 그 실수가 이끌어 내는 것이 실존의 형식을 무너뜨리는 비극으로 작동했던 것이다. 그런데 중세 이후, 즉 중세의 신학자들과 교리 학자들이 죄에 대해 다른 설명을 내놓으면서 상황은 전혀 다른 현상으로 비치기 시작했다. 즉 신을 전제함으로써, 말하자면 사람이 스스로 그 신의 피조물이 됨으로써, 신의 뜻을 제대로 헤아리지 못한 결과, 죄를 짓고 말았다는 논리가 형성되고 있는 것이다. 이런 생각의 형식은 고대에는 존재하지 않았다. 신 중의 신으로 군림했던 제우스조차 그런 식으로 다른 신들의 생각을 구속하지는 않았던 것이다. 그에게도 한계가 있었다. 하지만 그런 한계에 직면하여서도 결코 중세 신학자들이 설명하고 있는 그런 식의 '죄의식'을 발동시키지는 않았다.

혼돈에 빠지기 일쑤이다. 사람들은 거기서 오로지 천사에 의해, 혹은 성스러운 글, 즉 성경 등에 의해 펼쳐지는 도그마만을 발견하게 되기 때문이다.[61] 그 결과 교리는 원죄를 직접적으로 설명하지 않고, 오로지 교리가 원죄를 전제함으로써 교리가 원죄를 설명하는 꼴이 된다. 이는 마치 그리스 철학에서 자연의 현상에 대해 상상력으로 펼친 이야기 중에 어떤 학문도 그 존재를 설명할 수 없다는 소용돌이와 같다.[62] 그것은 다양하게 덧붙여진 이야기에 의해 펼쳐질 뿐만 아니라, 자기 스스로도 살아 움직이는 그 무엇으로 소개되고 있기 때문이다.

교리와 관련하여 방금 말한 것들이 정말 맞는 소리라면, 이런 학문적 의미에서 슐라이어마허가 말한 불멸의 공적이라는 개념을 접한다 해도 쉽게 인정하게 될 것이다.[63] 사람들이 헤겔의 편에 섰을 때 이미 슐라이어마허는 잊힌 존재가 되었지만, 그래도 그가 헤겔에 비하면 아름다운 그리스적 의미에서 말할 수 있는 사상가였다는 사실은 인정해야 할 것이다. 그는

---

61 키르케고르는 교리와 도그마를 하나의 문장 속에 담아냈다. 교리는 '도그마틱(Dogmatik)'을 번역한 말이고, '도그마(Dogma)'는 단어 자체의 음차이다. 그리스어에서 '도그마(δόγμα, dogma)'는 '의견', '결정문', '법령' 등을 의미한다. 소위 교리란 어떤 형식으로든 논리를 '신의 뜻'이나 '신의 계명'과 연결시키려 한다. 오로지 그것만이 교리의 목적이 되는 셈이다.

62 이것은 그리스 철학자 데모크리토스(Democritus, 기원전 460-370년경)의 사상을 의미한다. 그의 이론 중심에는 원자들에 대한 설명이 자리 잡고 있다. 그는 스스로 이 원자들이 움직이고 있지만 그 원인을 알 수 없다고 말했다. 다만 이 원자들의 움직임이 영원하다는 것에는 확신을 갖고 있었다. 그에게 있어 움직임은 변화를 의미했고, 변화는 곧 다양한 현상을 의미했다. 그러므로 현상의 모든 다양성은 원자의 움직임에 기인한다는 것이다.

63 슐라이어마허(Friedrich Schleiermacher, 1768-1834)는 낭만주의 시대를 대표하는 독일 철학자들 중의 한 명이다. 그는 무엇보다도 플라톤의 저서들을 독일어로 옮겨 놓은 업적으로 유명하고, 특히 '헤어메노이티크(Hermeneutik)', 즉 현대 해석학의 기틀을 마련한 철학자로 인정받고 있다. 해석학의 대전제는 해석을 해야 할 대상, 즉 텍스트가 이미 존재한다는 것이고, 플라톤의 철학에서 대전제가 되는 것은 현상의 원형이 되는 이데아가 불멸의 형식으로 실존한다는 것이다. 그는 이런 생각의 형식 속에서 기독교 교리의 철학화에 일조했다. 말하자면 그는 성경이 펼쳐 놓은 이야기들에서 일종의 불멸의 형식을 발견하였고, 그것을 철학적으로 설명하는 데 주력했던 것이다.

그나마 자신이 알고 있는 것만을 말했기 때문이다. 이에 반해 헤겔은 자신의 뛰어난 성격적 본성과 엄청난 학식에도 불구하고 늘 어떤 희생을 치르더라도[64] 반드시 모든 것을 설명해야만 한다는 일종의 위대한 기준에 따르고 있다는 독일적 의미에서의 철학 교수라는 이미지를 떠올리게 했다.

새롭다고 말하는 그 학문은 결국 교리와 함께 진행된다. 이는 마치 내재적인 것을 운운하는 학문이 형이상학과 함께 시작한 것과 같다.[65] 바로 이 지점에서 윤리학이 하나의 새로운 학문이라는 자격으로 자신의 자리를 발견하고 있다. 즉 윤리학은 교리라는 의식을 철저하게 갖춘 학문이 되고, 그런 의식 속에서 현실은 그저 자신이 말하고 싶은 현실을 위한 과제가 될 뿐이다. 이런 윤리학이 죄를 무시하거나 간과할 리는 결코 없다. 오히려 이 때 윤리학의 이상성은 이상 그 자체를 펼치는 데 있는 것이 아니라, 현실로 간주된 의식 속에 고립되어 있을 뿐이다. 이런 의식 속에서 현실은 그저 죄를 근거로 한 현실일 뿐이며, 그것은 또한 형이상학적 경솔함이나 심리학

---

64 키르케고르는 이 구문을 'à tout prix'라는 프랑스어로 적어 놓음으로써 돋보이게 해 놓았고, 이 말은 독일어로 '움 예덴 프라이스(um jeden Preis)'라는 격언처럼 사용되는 구문이며, 그 의미는 '값은 고하간에', '어떠한 희생을 치르더라도', '여하튼 간에' 등으로 번역된다. 좀 더 쉽게, 혹은 좀 더 노골적으로 번역하는 것을 허락한다면, '뭐! 어쩌라고!' 하는 식의 어감이다. 당시 헤겔이 설명해 놓은 것에 대해 아무도 제대로 된 반박을 내놓지 못한 것은 사실이다. 그는 만연체라는 문체의 형식을 통해 너무나 영리하게 조목조목 논리적으로 설명을 해 놓았기 때문이다. 하지만 기준을 정해 놓고, 거기에 얽매이고 있다는 것 자체가 비현실적이라는 것을 파악한 사람이 키르케고르이다. 헤겔이 내세우고 설명한 그 기준 속에서 그가 한 말을 읽으면 모든 것은 아무런 문제가 없는 듯이 보이나, 한 발자국만 떨어져서 그것을 바라보면 전혀 다른 현상이 보일 수 있다는 것을 키르케고르는 발견했고, 그는 자신이 본 것을 설명하고자 할 뿐이다. 헤겔이 펼친 철학적 문제와 논리적 논조는 거의 반박을 불허하게 해 놓았지만, 그런 문제 앞에서 키르케고르는 '뭐! 어쩌라고!' 하는 식의 막무가내 논리를 발견한 것이다.

65 '교리'와 '형이상학'은 학문적으로 하나의 형식을 공유한다. 말하자면 '형이상학'은 자연에서 자연적으로 발견할 수 있는 것을 대상으로 하지 않고 오로지 생각으로 생각해 낼 수 있는 것만을 대상으로 삼는 반면, '교리'는 위대하고 성스럽게 만든 신성한 기준을 전제로 하여서만 이야기가 펼쳐질 수 있기 때문이다.

적 욕정 없이도 쉽게 간파할 수 있을 것이다.[66]

지금 우리가 말하고자 하는 윤리학이 전혀 다른 사물의 질서에 속해 있으며 그것이 연출해 내는 움직임이 완전히 다른 어떤 것이라는 사실은 쉽게 알 수 있을 것이다. 이 첫 번째 윤리학은 개인이 저지르는 죄의 속성에 부딪혀 무너지고 말았다. 윤리학은 이 개인적인 죄의 속성조차 설명해 내지 못하고 있기 때문이다. 개인이 저지르는 죄를 온 인류의 죄로 확장시켜 언급했을 때, 이미 어려움은 더 커지고 말았고, 그와 함께 그것은 더 수수께끼처럼 얽히고 말았다. 바로 이때 원죄에 대한 교리에 도움의 손길을 내민 것이다. 새로운 윤리학은, 말하자면 교리를, 또 그 교리와 함께 원죄를 전제로 한다. 그리고 이 윤리학은 교리와 원죄를 통해 개인의 죄를 설명했고, 동시에 이상성을 과제로 제시했지만, 그 이상성은 위에서 아래로의 움직임이 아니라 아래에서 위로의 움직임 안에 있을 뿐이었다.

아리스토텔레스는 잘 알려져 있다시피 제일 철학이라는 개념을 사용했고, 그 개념으로 인류 역사상 최초로 형이상학적인 것을 지칭했다.[67] 물론

---

66 형이상학도 형이상학 나름이고, 심리학도 심리학 나름이다. 형이상학이라고 말하면서 어떤 신적인 기준을 운운한다든가, 심리학이라고 말하면서 사람의 숨겨진 마음을, 특히 나쁜 것을 지향하는 마음의 실체를 들춰내는 일을 본업으로 간주한다면, 그것은 진정한 학문이라 말할 수 없다. 그것을 두고 키르케고르는 형이상학이 신의 신성에 얽매이는 것도 경솔한 것이고, 심리학이 사람의 나쁜 마음에 얽매이는 것도 욕정을 부리는 것이라 말하는 것이다. 특히 여기서 '욕정'으로 번역한 개념은 '콘쿠피스첸츠(Konkupiszenz)'이고, 이것은 라틴어 '콩쿠피스켄티아(concupiscentia)'에서 유래했으며, 그 뜻은 '격렬한 욕구', '욕정' 등으로 이해된다. 중세 신학을 이끈 교부 철학자들과 스콜라 철학자들 모두 한결같이 이 '콘쿠피스첸츠'라는 개념으로 설명하고자 했던 것은 본능적으로 악을 지향하는 사람의 마음이었다. 소위 색안경을 끼고 사람의 마음을 바라봤던 것이다. 그들에게 욕정은 악과 죄를 지향하고 있으니 나쁜 것이라는 논리였다.

67 키르케고르는 아리스토텔레스가 처음으로 사용했다는 '제일 철학'을 그리스어 '프로테 필로소피아(πρώτη φιλοσοφία, prote philosophia)'로 적어 부각시켜 놓았다. 그는 아리스토텔레스가 이 개념으로 형이상학을 지칭하기는 했지만, 새로운 시각으로, 즉 존재자를 자연 속에서 자연스럽게 존재하는 자로서, 간단히 말해 존재자의 존재를 연구하려 했던 진의를 파악했다. 이런 의도는 그의 책 제목에서 이미 드러나고 있다. '타 메타 타 피지카(τὰ μετὰ τὰ φυσικά)'라고 하는 제목을 우리는 '형이상학'이라

그는 우리의 개념으로는 신학에 속해야 할 사안들을 상당 부분 이 학문으로 끌어들이기도 했다. 하지만 이교에서 신학을 이런 식으로 취급하는 것은 지극히 당연한 일이다. 게다가 이교에는 무한한 반성 작용이 결핍되어 있었기에 예배 형식의 연극이 실재성을 갖기도 했던 것이다.[68]

만약 우리가 철학에 대해 두 가지의 서로 다른 의미를 도식화하고자 한다면, 우선 우리는 이 제일 철학이라는 개념을 이교가 말하는 것처럼 하나의 학문적인 총체성으로 이해해도 무방하다. 이런 이교적인 총체성의 본질은 내재성인데, 이것을 그리스어로 말한다면, 기억이 될 것이다. 그리고 제이 철학이라는 개념으로 이해하는 바는 본질적으로 초월성이나 반복을 의미하는 것이다.[69]

고 단순하게 옮겨 놓고 있을 뿐이지만, 이를 직역하면 '자연 뒤에, 자연 곁에'가 된다. 즉 형이상학의 출발점은 자연이 되는 셈이다. 말하자면 아리스토텔레스는 형이상학이라는 개념을 자연과의 관련 속에서만 다루려 했고, 그런 시도를 통해, 곧 그가 철학적으로 규명하려 했던 존재론이 탄생하게 된 것이다. 그는 지속적으로 자연과 그 현상을 주목했고, 거기서 다양한 것을 찾아내고 분류하며 체계를 갖춰 나갔다. 이런 일련의 철학적 행위의 근간으로 그는 지식욕을 제시했다. "모든 인간은 자연적으로 지식을 추구한다."(I 1, 980 a 21) 그의 이런 철학적 시도는 의사였던 아버지에게서 영향을 받은 것이 아닐까 추정된다. 마치 히포크라테스가 눈에 보이는 육체를 조사하고 관찰하며 눈에 보이지 않는 인체의 신비를 알고자 했던 것과 비교될 수 있기 때문이다. 이러한 인식의 근거에 대한 대표적인 사례는 아리스토텔레스가 『정치학』에서 히포크라테스를 '위대한'이란 개념으로 수식하며 찬양 조로 소개한 데서 발견할 수 있다.

68 이 문장을 이해하려면 연극사적 지식이 필요하다. 연극이 연극으로 이해된 것은 근대 이후의 사건이다. 고대에는 연극이 연극으로 인식되지 않고 사실 그 자체로 받아들여졌다. 디오니소스 축제는 일종의 비극 경연 대회였지만, 무대 위에서 벌어지는 것에 대해 고대인들은 결코 의심하지 않았다. 중세에도 이런 현상은 이어졌고, 소위 무대 위에는 신이나 악마가 등장했고, 또 그와 함께 천국과 지옥이 연출되었지만, 사람들은 그것을 진실로, 즉 사실로 받아들였다. 하지만 근대 르네상스 시대가 되어서야 현실과 무대 위의 상황에 대한 분리 의식이 실현되었고, 19세기에 와서야 오늘날 우리에게 익숙한 무대 형식, '상자 무대'로 번역할 수 있는 '구크카스텐뷔네(Guckkastenbühne)'가 등장했고, 커튼을 사용해 현실과 무대 상황을 구별하기 시작했던 것이다.

69 '제이 철학'을 키르케고르는 '세쿤다 필로소피아(secunda philosophia)'라고 라틴어로 적어 놓았다. 그는 이 개념으로 '피시스(phýsis)', 즉 자연을 연구한다는 식의 아리스토텔레스의 이념을 설명하는 것이 아니라, 나름대로 자신의 생각을 펼치고 있다. 즉 서로 다른 두 철학을 설명하고 있다. 말하자면 제일 철학으로는 플라톤 철학에서 핵심을 이루는 기억이 관여하는 이상적 영역을 의미하고, 제

죄라는 개념은 원래 어떤 학문에도 속하지 않는다. 오직 제이 윤리학만이 죄의 의미를 밝혀낼 수 있을 뿐이다.[70] 하지만 여기서도 그 죄의 기원을 다루지는 못한다. 어떤 다른 학문이 죄를 다루고자 하는 한, 그 죄라는 개념은 혼란에 빠지고 말 것이다. 물론 우리의 의도대로, 즉 이런 시도를 심리학이 시도하고자 할 때도 같은 현상이 발생할 것이다.

심리학은 움직임 속에서도 편히 쉬고 있는 것에 몰두해야 한다. 그것은 결코 지속적으로 자신을 생산하거나 억압하려는 불안한 것과는 구별되어야 한다. 하지만 존재의 형식으로 머무르는 것은 지속적으로 죄를 양산해 낸다는 것이 문제다. 하지만 그것은 필연성에 의한 것이 아니다. 필연성에 의한 발생은 예를 들어 전체 식물계의 역사와 같은 상태를 의미하기 때문이다. 이와는 반대로 존재자가 죄를 양산해 내는 방식은 자유에 근거한다. 이 자유야말로 진정으로 존재하는 것이며, 방향을 잡아 주는 전제 조건이고, 죄를 실재하게 하는 가능성이다. 이런 자유가 바로 심리학이 관심을 가지는 대상이다.[71]

이 철학으로는 현실과 비현실로 나눌 수 있는 영역을 의미하고 있다. 예를 들어 '반복'은 현실의 현실성을 의미한다면, '초월성'은 비현실적이지만 그렇다고 해서 학문에서 제외하거나 배제할 수 없다는 것을 의미한다.

70 이 또한 키르케고르식의 구분법이다. 제일 철학과 제이 철학을 구분한 것처럼, 제일 윤리학과 제이 윤리학으로 구분해서 이해하면 된다. 제일 윤리학이 이상성을 지향하는 기억에 의존하는 반면, 제이 윤리학은 현실과 비현실의 대립 구조를 대전제로 삼는다고 보면 된다.

71 사람은 자유로운 존재이다. 사람에겐 의지가 있어서 그 의지에 따라 살아갈 수 있는 존재라는 얘기다. 하지만 식물에게는 자유가 없다. 그 얘기는 동어 반복이긴 하지만, 식물에게 의지라는 것이 없다는 말로 이해해도 된다. 사람과 자유의 관계, 이것을 키르케고르가 철학적으로 제시하는 실존적 의미라 할 수 있겠다. 실존은 사람의 문제이고, 사람은 자유로운 존재이기에 실존이 문제 될 수 있는 것이다. 자유로운 존재가 자유를 상실할 수도 있어서 이런 문제가 발생하는 것이다. 그러므로 키르케고르가 철학적으로 지향하는 바는, 죄의 원인이 되는 자유를 가진 존재가 불안에 떨며 사는 게 아니라 그런 혼란 속에서도 마음의 평정을 유지하면서 편안하게 사는 것이라 할 수 있겠다. 이 자유의 문제는 『불안의 개념』 결말에 이르러 다시 가능성과 얽히면서 매우 중요한 열쇠로 작동하게 되니, 지금부터 시야에서 결코 놓쳐서는 안 되는 이념임을 깨달아야 한다.

심리학이 전념할 수 있었고 앞으로도 전념할 수 있는 것은 어떻게 죄가 생겨나는가 하는 것이지, 죄가 생겨나고 있다는 사실이 아니다. 심리학은 자신의 관심사를 통해 죄가 마치 이웃에 대하여 있는 듯이 보이게 하는 쪽으로도, 즉 죄가 있다는 것에도 질적인 차이가 있다는 것을 설명하는 쪽으로도 나아갈 수 있다. 이제 이러한 전제 조건을 심리학적으로 신중하게 관찰하고 조사할 때 어떻게 점점 더 확대되어 현상으로 드러나게 되는지, 그것을 심리학은 관심을 두고 바라보게 될 것이다. 이때 주의해야 할 것은 죄가 이미 존재하고 있다는 식으로 설명하는 망상에 빠질 수도 있다는 사실이다. 이러한 망상이야말로 심리학을 무기력하게 만들고 또 쓸데없이 확장되었다는 것을 보여 줄 뿐이다.

심리학적으로 보아 인간의 자연적인 본성이 죄를 지을 수 있도록 만들어져 있다고 말한다면, 그것은 전적으로 옳은 말이기는 하지만, 죄의 이러한 가능성이 죄의 현실성을 만들어 낼 수 있다는 말은 기존의 윤리학을 분노하게 할 뿐만 아니라 교리에는 거의 신성모독처럼 들릴 수도 있다. 자유는 결코 가능하지 않기 때문이다. 만약 자유가 실현 가능하다면, 옛날 어떤 철학에서 말했듯이, 신의 존재가 가능하다면 그것은 필연적이어야 한다고 한 말처럼, 이와 똑같은 의미로 현실적이어야 한다.[72]

---

72 여기서 말한 '옛날 어떤 철학'에 대한 대표적인 사례로는 라이프니츠(Gottfried Wilhelm Leibniz, 1646-1716)의 사상을 말할 수 있겠다. 그는 기독교의 교리를 바탕으로 자신의 철학적 체계를 갖춘 철학자이다. 이런 그의 철학적 경향을 인정해 준 사람들은 그가 죽었을 때 그의 관 위에 라틴어로 '옴니아 아드 우눔(OMNIA AD UNUM)'이라고 적어 주었고, 그 뜻은 '모든 것은 하나로 이어진다' 혹은 '모든 것은 하나로 향한다'이다. 그의 저서 중에 『신정론(Theodizee)』(1710)에 등장하는 그의 명언, 즉 그의 철학적 이념을 대변하는 구절이 하나 있는데, 그것은 "디 베스테 알러 뫼클리쉔 벨텐(Die beste aller möglichen Welten)"이고, 이를 번역하면 우리가 살고 있는 이 세계가 "모든 가능한 세계 중에서 가장 좋은 세계"라는 것이다. 우리가 살아가고 있는 '이 세상이 최고의 세상'이라는 인식은 이 세상이 신의 창조물이라는 전제 조건이 있었기에 가능할 수 있었다. 그래서 그의 책 제목도 신을 의미하는 '테오스(theos)'와 변호를 의미하는 '디케(dike)'가 합쳐진 형태이다. 즉 '신을 변호한다' 혹은 '신의

죄가 현실적으로 자리를 잡을 경우, 그 즉시 윤리학이 달려들어 옭아매고, 그 이후 모든 발걸음은 이 윤리학에 의해 진행된다. 어떻게 죄가 발생하게 되는지, 그것을 윤리학이 주목하는 게 아니라, 윤리학이 끈질기게 주장하려 하는 바는 이때부터 한결같은 목소리에 담긴다. 즉 죄는 죄로서 이 세상에 들어왔다는 것이다.[73] 또 윤리학이 죄의 발생에 대해 전혀 고민을 하지 않는 대신, 오로지 이 죄의 가능성을 지배하거나 통제한 조용한 삶의 방식만을 주목한다는 것이다.[74]

여기서 이제 질문을 좀 더 정확하게 해야 할 것 같다. 심리학은 자신이 관찰하고 있는 대상을 어떤 의미에서 또 어느 정도까지 추적할 수 있는

뜻을 변호한다'는 의미이고, 그것이 곧 라이프니츠의 철학적 이념이다. 그는 모든 것을 기독교적 유일신 사상으로 향하게 했고, 거기서 모든 것에 대한 대답을 만들어 내려고 시도했다. 그는 기독교의 이 뉴일신이야말로 진지전능할 뿐만 아니라 선하기까지 하다고 주장했다. 이런 인식은 독일의 계몽주의 철학과 함께 독일 관념론의 시작을 알리는 계기가 되었다. 이런 철학의 대전제가 되는 것은 '이성'이고, 이 이성에 의해 시작되는 모든 것은 신의 뜻으로 소급될 수 있는 '필연'이라는 논리의 굴레에서 벗어나지 못한다는 것에 대해 무한한 긍지를 가지고 있었다. 그 신적인 이성이 없었다면 모든 것은 시작도 못 했을 것이라고 주장한다. 모든 것은 오로지 거기서 시작했으니, 그 결과 또한 모든 것은 그에게로 향할 수밖에 없다는 필연적인 논리가 탄생하게 된 것이다.

73 '죄가 세상에 들어왔다.' 이 교리적 주장은 「불안의 개념」이 풀리는 문제의식이다. 키르케고르는 이 정의를 문제로 제시해 주고 있다. 이제부터 이 문제를 어떻게 풀어내야 할지를 고민해야 할 것이다. 키르케고르는 치열하게 고민하고, 그런 과정 속에서 수수께끼 같은 모순들과 그와 관련된 다양한 문제점들을 백일하에 드러낼 것이다. '죄가 세상에 들어왔다'는 이 문제가 해결되면 '불안의 개념' 자체가 우리 손안에 들어오게 되고, 그때가 되면 비로소 이 개념 자체가 불안의 원인이 되는 것이 아니라 오히려 우리의 생각을 편안하고 확실하게 이끄는 북극성으로 작동할 수 있게 된다.

74 '조용한 삶'은 독일어 '슈틸레벤(Stilleben)'을 번역한 것이다. 키르케고르도 이 단어를 독일어로 적어 놓았다. 현대 정서법으로는 'Stillleben'이라 해야 한다. 문제는 그것이 아니라, 그 말로 의미하는 바가 무엇이냐 하는 것이다. 중세에는 이 낱말로 일상적인 활동이 배제된 삶의 형식을 의미했고, 그런 정적인 삶을 성스럽고 이상적이라고 규정했다. 이런 이유에서 중세 예술가들은 자신의 작품 속에서 현세적인 실재성을 거부하고 배제하는 데 주력했다. 중세적 판단에서 현세에서의 삶은 그저 본래적이고 영원한 삶으로 가기 위한 과도기로 여겨졌고, 그래서 그런 현상을 예술 작품 속에 담아낼 가치를 느끼지 못했던 것이다. 키르케고르는 중세의 윤리학도 그 당시 예술의 경향이 보여 준 것과 같이 생동감이 사라져 버린 삶의 현상을 지향했을 뿐이라는 점을 비판하기 위해 '조용한 삶'이라는 개념을 사용한 것이다.

가? 이런 질문이 구체화될수록 그에 대한 대답은 이미 앞서 언급했던 내용들을 통해 자연스럽게 얻을 수 있을 것이다. 그것은 바로 이미 생각해 놓은 현실의 형식 속에서 죄의 현실을 관찰하는 것은 심리학으로 귀속되는 것이 아니라 윤리학으로 귀속된다는 사실이다. 윤리학은 절대로 관찰하지 않고, 오로지 고발하고 평가하고 문제를 다루려 하기 때문이다.

더 나아가 앞서 언급했던 내용들을 통해 다음과 같은 사실도 자연스럽게 이해할 수 있을 것이다. 즉 심리학은 현실에서 경험적으로 접할 수 있는 부분들을 오로지 죄의 범위 밖에 있는 정도로만 다루고 있다는 사실이다. 물론 학문으로서 심리학은 자신에게 주어진 것을 세부적인 사항까지 절대 경험적으로 다룰 수는 없겠지만, 그렇다고 해도 심리학은 그 세부적인 것들을 통해 학문적인 내용으로 그럴싸하게 연출해 낼 수는 있을 것이다. 우리의 시대에는 이런 학문이 대세를 이루고 있는 실정이다. 이런 학문은 삶의 다양성을 물거품처럼 설명하는 데 몰두하고 있고, 그런 식으로 몰두해도 된다고 허락까지 해 주는 것 같다. 그래서 그런지는 몰라도 이런 학문 자체가 마치 절제하고 금욕하는 방식으로 자신을 스스로 괴롭히는 것처럼 보이기도 한다.

이 모든 것은 심리학 자체에 문제가 있어서가 아니라, 그 심리학을 다루고 취급하는 자들의 잘못이다. 죄와 관련한 현실적인 모든 내용은 배제되어 있다. 그 내용이 있다고 해도 겨우 심리학이 감당할 수 있는 가능성의 정도까지만 허용되고 있을 뿐이다. 윤리적으로 생각해 보자면, 죄의 가능성은 절대로 자연스럽게 모습을 드러내지는 못할 것이다. 윤리학은 스스로 불빛 뒤를 따르도록 허락하지 않을 것이고, 그런 식으로 펼치는 고민 따위에 소중한 시간을 허비할 뜻도 없기 때문이다. 이와 반대로 심리학은 바로 이 가능성을 사랑한다. 그래서 이 심리학이 그 가능성의 윤곽을 그려 내거나 그 가능성의 구석진 곳까지 생각해 내야 할 때 마치 아르키메데스

처럼 스스로 자신을 방해받도록 내버려두지 않는다.[75]

하지만 심리학이 이런 방식으로 죄의 가능성에 몰입함으로써 자기도 모르게 다른 학문에 봉사하게 되고 말았다. 이 학문은 심리학이 자신의 일을 끝낼 때까지 기다리고만 있다가, 심리학이 자신의 일을 끝낸 바로 그 자리에서 마침내 자신의 일을 시작한다. 그때 이 학문은 심리학을 도와 심리학이 해내지 못한 설명을 할 수 있도록 유도하려 한다. 그런데 이 학문은 윤리학이 아니라 바로 교리이다. 윤리학은 죄의 가능성과는 전혀 관련이 없는 학문이기 때문이다. 그리고 이 교리와 함께 재차 모습을 드러내는 문제가 바로 원죄라는 것이다.

심리학이 죄의 실재적 가능성을 연구하는 반면, 교리는 원죄를 설명하려 든다. 그리고 이런 설명과 함께 죄의 이념적 가능성이 설명된다.[76] 그럼에도 제이 윤리학은 죄의 가능성이나 원죄의 가능성을 가지고 그 어떤 것도 창조해서는 안 된다. 말하지면 제일 윤리학은 죄를 무시하지만, 제이 윤리학은 죄의 현실성을 자신의 범주 안에 끌어들이고, 그런 다음 그 범주의 원 안으로 윤리학이 오해라는 관문을 통해 들이닥친 꼴이다.

만약 여기서 전개된 말들이 모두 옳다고 간주할 수 있다면, 지금 내가 도대체 어떤 권리로 여기 놓인 이 책을 심리학적 고민이라고 말하고 있는지를 어렵지 않게 깨닫게 될 것이다. 내가 여기서 펼치고자 하는 심리학적

---

75 아르키메데스에 대한 이야기는 위기 속에서도 위대한 업적을 지향하는 의지를 엿보게 한다. 전설에 따르면 로마가 시라쿠사(Siracusa)를 정복했을 당시 한 병사가 어느 조용한 정원에서 그 철학자를 발견하여 체포했는데, 그때 그는 땅바닥에 기하학적 도형을 그려 놓고 골똘히 생각에 잠겨 있었다고 한다. 그리고 병사가 다가서려 했을 때 그는 "나의 원을 방해하지 말라!"는 말로 경계했다고 한다.

76 죄의 이념적 가능성이란 말로만 설명될 수 있는 가능성을 의미한다. 없던 죄도 만들어 낼 수 있는 종교재판이나 마녀사냥의 법정을 떠올려도 좋겠다. 이런 법정은 일방적일 뿐이다. 죄를 추궁하는 쪽에서는 어떤 말을 해도 다 말이 되고, 법정에 선 죄인의 입장에서는 그 어떤 말을 해도 다 쓸데없는 소리가 된다. 오히려 이런 법정에서는 죄인이 자신의 입장을 변호할수록, 즉 말을 할수록 자신에게 불리한 증거가 된다.

고찰이란, 그것이 학문과 관계를 의식적으로 맺고 있는 한, 한편으로는 심리학에 속하고 동시에 다른 한편으로는 교리를 향하고 있다는 사실이다.

심리학은 지금까지 주관적인 정신을 다루는 학문이라고 불려 왔다.[77] 하지만 누군가가 이 주장을 죄의 문제와 관련하여 조금이라도 더 추적해 본다면, 그는 절대적인 정신의 이론 속으로 빠져들고 만다는 사실도 깨닫게 될 것이다. 바로 이 절대적인 정신의 이론 속에 교리가 똬리를 틀고 있다. 제일 윤리학은 형이상학을 전제로 하고 있고, 제이 윤리학은 교리를 전제로 하고 있다. 말하자면 제이 윤리학은 이 전제가 모든 점에 있어서 완벽하게 모습을 드러낼 때만 완성될 뿐이다.

이상으로 이 서론의 역할을 마치기로 한다. 물론 여기서 한 말들이 모두 옳다고 해도, 불안의 개념에 대한 본래적인 고찰 자체가 틀릴 수도 있다는 것을 배제하지 않겠다. 이 고찰이 정말 틀렸을지는 지금부터 살펴보기로 한다.

---

77 예를 들어 헤겔은 『철학강요(Enzyklopädie der philosophischen Wissenschaften)』(1817)의 제3권에서 '주관적 정신'을 다뤘고, 그 '주관적 정신'을 다루는 학문들 중 하나로 심리학을 소개했다. 이런 내용을 근거로 훗날 생철학에 큰 영향을 끼친 책으로 평가되기도 한다.

원죄의 전제로서의 불안과 원죄를 원인으로 소급해 설명하는 불안

1
원죄 개념과 관련한 해석들의
역사적 윤곽

아담의 죄라고 하는 이 첫 번째 죄의 개념이 인간의 타락이라고 하는 개념과 동일한 것일까? 대부분의 경우 사람들은 그렇게 이해했고, 그래서 원죄에 대한 설명을 아담의 죄에 대한 설명과 동일한 과제로 제시했던 것이다. 바로 이 지점에서 이런 생각은 여러 가지 어려움에 봉착했고, 그 결과 사람들은 하나의 탈출구를 선택하게 되었다. 하지만 여기서 사람들이 뭔가를 설명해 내려 할 때, 어쩔 수 없이 하나의 공상적인 전제를 내세울 수밖에 없고, 인간의 타락의 결과는 바로 이런 전제를 상실할 때 발생한다. 이런 설명에도 장점이 있긴 한데, 그것은 서술된 것처럼 대지 위에는 그런 상황이 존재하지 않았다는 것을 잘 알면서도 그런 것을 모든 사람이 기꺼이 시인한다는 것이다. 게다가 여기서도 이런 것에 대한 의심은 일종의 다른 의심이었다는 사실조차 망각하고 있다. 그런 상황이 예전에 있었다고 한다면, 그것은 이런 상황을 상실하기에는 너무나 필연적이었을 것이다.

인류의 역사는 하나의 공상적인 시작 지점을 취하게 되었고, 아담은 공상적으로 거기서 내쫓기게 되었지만, 이와 동시에 경건한 감정과 공상은 그 인류의 역사가 요구했던 것, 즉 신이 등장하는 서곡을 획득했다. 하지만 이런 생각으로는 아무것도 얻어 낼 수가 없다. 어떻게 해서 아담이 배제되었는지에 대한 이야기에는 두 가지 측면에서 공상적인 방식이 적용되었다. 하나는 그 전제 자체가 변증법적인 의미에서 공상적이라는 얘기다. 이런 측면은 무엇보다도, 아담은 신이 선물한 초자연적이고 기적과 같은 선물을 잃어버렸다고 하는 가톨릭의 주장 속에서 찾을 수 있다.[1] 또 다른 하나는 그 전제 자체가 역사적인 의미에서 공상적이라는 사실이다. 이런 측면은 특히 개신교의 계약 교리에 의해 주장된 사실 속에서 발견된다.[2] 이 계약 교리는 어떻게 해서 아담이 전 인류에 대한 권력을 위임받은 자로서 등장하게 되었는지에 대한 설명을 그 극적으로 진행되는 공상적인 발상 안에서 완전히 빼놓고 있다. 두 가지 설명 모두, 지극히 당연한 소리겠지만, 아무것도 설명해 주지 않는다. 하나는 그 설명 자체가 형성될 수 있었던 내용을 빼놓고 있고, 다른 하나는 아무것도 설명해 주지 않는 그 무엇을 끌어들여 소설을 쓰고 있기 때문이다.

---

1 키르케고르는 '신이 선물한 초자연적이고 기적과 같은 선물'을 라틴어로 적어 놓았다. 원문은 다음과 같다: "도눔 디비니투스 다툼 수프라나투랄레 에트 아드미라빌레(donum divinitus datum supranaturale et admirabile)."

2 '계약 교리'는 '푀더랄레 도그마틱(föderale Dogmatik)'을 번역한 말이고, 이것은 특히 루터의 종교개혁 이후 신학에서 대세를 이루는 교리가 된다. 과거와 연을 끊으려는 시도는 로마 바티칸을 중심으로 체계를 갖춘 교회를 '구교', 즉 구식의 교회, 옛날 교회 혹은 옛날 방식의 교회라고 칭하며 거리를 두기 시작했고, 자신들의 교회는 새로운 방식을 따른다는 의미로 '신교'라고 칭한 동시에, 그런 구식적인 구교에 저항한다는 의미로 과감하게 '프로테스탄티스무스(Protestantismus)'를 신앙고백 내지 신조의 내용으로 간주하면서 시작되었다. 루터는 네 가지 강령을 근간으로 하여 종교개혁을 이끌었다. 첫째는 '솔루스 크리스투스(solus Christus, 오직 예수)', 둘째는 '솔라 그라티아(sola gratia, 오직 은혜)', 셋째는 '솔라 피데(sola fide, 오직 믿음)', 넷째는 '솔라 스크립투라(sola scriptura, 오직 성경)'이다. 루터는 신부에게 죄를 고함으로써 신부가 신의 이름으로 대신 그 죄를 사해 준다는 방식을 거부한 반면, 신과 인간의 필연적 관계를 제시하였고, 그것을 근거로 하여 구원에 이르는 길을 '설교'로 가르쳤다. 이후 설교는 개신교의 예배 방식으로 자리 잡게 된다. 모든 설교의 주된 내용은 신과 인간 사이의 끊을 수 없는 관계를 설명하는 데 주력했다. '관계'는 독일어로는 '분트(Bund)'라고 하고, 그것을 라틴어로 바꾸면 '포에두스(foedus)'가 되며, 그 말에서 유래하여 독일어로 굳어진 형용사가 '푀더랄(föderal)'이다.

원죄라는 개념이 지금 언급되었던 첫 번째 죄의 개념과 구별되고 있는가? 말하자면 개인이 오로지 아담에 대한 자신의 사적인 관계에 의해 원죄에 참여하고 있는 것이지 자기 스스로 죄와 직접적인 관계에 의해 원죄에 참여하고 있지 않다는 말을 이해하고 있는가? 만약 상황이 이렇게 전개될 경우 아담은 또다시 공상적인 의미에서 역사 밖으로 내쫓기게 될 뿐이다. 또 이렇게 되면 그의 죄는 과거에 주어진 것보다 많은 어떤 것, 즉 과거보다 이른 과거완료의 형식을 떠안는다.[3]

원죄는 현재적인 것인 동시에, 죄의 속성 자체이다. 또한 아담은 유일한 사람이었다. 그리고 그 유일한 존재에게는 원래 그 어떤 죄의 속성도 내재해 있지 않았다. 그 죄의 속성은 오로지 아담을 통해서 형성되기 때문이다.[4] 그럼에도 사람들은 아담의 죄를 설명하려는 노력은커녕 그런 시도조차 하지 않고, 오로지 그의 죄로 인해 발생하게 된 결과 속에서 원죄가 무엇인지를 설명하려는 데만 주력하고 있다.[5] 아무리 생각해도 그런 생각

---

3 '과거보다 이른 과거완료의 형식'을 키르케고르는 괄호를 사용하여 제시했고, 그 문구는 문법을 가르치는 용어로서 라틴어로 적어 놓았다. 원문은 다음과 같다. "플루스 쾀 퍼펙툼(plus quam perfectum)." 문법에서는 이 말을 일반적으로 '과거완료형'이라고 번역한다.

4 키르케고르의 철학적 이념을 위해서도 이 대목은 매우 중요하게 작동한다. 아담은 사람이었고, 그가 무죄하다는 사실은 실존 철학, 더 넓게 말하면 생철학의 근간을 이루는 대전제가 되기 때문이다. 반복만이 인식에 이르는 길이라는 것을 인정한다면, 여기서 키르케고르가 말하고자 하는 바를 미리 언급해도 될 것 같다. 즉 모든 인간은 자유로운 상황에 처해 있다는 것이 그의 변함없는 주장이다. 아담이 죄를 지은 것은 신이 하지 말라는 것을 해서가 아니라는 말을 하기가 그렇게 어려운 것이다. 중세 천 년 동안 신의 뜻, 즉 신이 한 말 내지 신의 계명에서 해방될 생각조차 하지 못했다. 법이 있었고 첫 번째 사람인 아담은 그 법을 어겼다는 논리에 키르케고르는 저항한다. 아담은 사람으로서 이럴 수도 있고 저럴 수도 있는 자유의 현장 속에 있었을 뿐이다. 사람이라면 누구나 '지금 여기의 형식' 속에서 이런 선택을 강요당하고 있다고 볼 수 있다. 그때 어떤 선택을 내리든 상관없이 선택하지 않은 것에 대한 후회는 떠안아야 하는 것이 사람의 운명이다. 그것을 두고 결과론적으로 '네 죄를 네가 알렸다!' 하는 식으로 상황을 정리하려 들면 안 되는 것이다.

5 지금 키르케고르가 무엇을 비판하고 있는지 깨달아야 한다. 즉 키르케고르는 죄 자체를 거부하거나 부정하지 않는다는 사실을 인식해야 한다. 죄는 있다. 모든 사람은 어떤 형식으로든 죄를 지을 수 있다. 사람은 죄로부터 자유로울 수 없다. 고대에도 죄를 물었다. 죄도 없이 죄인이 되어야 하는 이

으로는 그 어떤 것도 설명해 주지 않는다.

상징적인 비유를 끌어들여 그것들을 엮어 놓은 글 속에서 펼쳐지고 있는 말들로는 어떤 설명도 불가능하다는 말을 이제 쉽게 이해할 수 있을 것이다. 슈말칼덴 조항에서는 다음과 같이 명확히 가르치고 있다: 원죄는 어떠한 인간의 지성으로도 알 수 없으며, 단지 성경의 계시로만 인정하고 깊이 믿을 수 있는 본성의 고약한 타락이다. 이런 말들은 앞의 여러 가지 설명과 완전히 일치한다. 이 설명들에는 생각들이 규정된 형태로 모습을 드러내지 못하고 있고, 또 윤리적인 것과 관련한 성스러운 감정이 원죄에 대해 분노하는 분위기를 조성하고 있기 때문이다. 게다가 이 성스러운 감정이 고발자의 고소 역할까지 떠안고 있지만, 거의 여성적인 열정으로만, 즉 사랑에 빠진 소녀들이 공상에 젖은 잡담을 늘어놓는 형식으로만 일을 한다. 이 성스러운 감정이 유일하게, 그러니까 단 한 가지 애쓰고 있는 부분은 죄의 속성을 혐오스럽게 표현하는 일이다. 죄의 속성은 그 자체로 이미 늘 혐오스럽다는 것이다. 죄의 속성이 혐오스럽다고 말하기 위해 동원된 말들 중에 모든 개인이 그 죄의 속성에 관여하고 있다는 말보다 더 고약한 말은 없다.[6] 이런 관점에서 다양한 신앙고백 내지 신조를 살펴보면 일종

야기를 비극의 형식으로 담아내는 기술자들이 비극 작가들이었다. 봄맞이 축제로 알려진 디오니소스 축제를 맞이하여 그런 이야기로 '아곤(Agon)'이라는 비극 경연대회를 개최하기도 했다. "죄인이 죄인이 아니었다"는 사실을 깨닫는 순간 카타르시스, 즉 감정의 정화가 일어나고, 그런 기분 속에서 축제의 현장이 실현될 수 있었던 것이다. 그런데 중세 기독교인들은 죄의 형식을 틀에 가둬 놓고 말았다. 신의 뜻에 어긋나는 것이 죄라고 말함으로써 인간적인 모든 사안을 감옥 속에 가둬 놓게 된 것이다. 사람의 외모까지, 즉 남녀가 서로 다른 외모를 가지고 있다는 것까지 수치심으로 해석해 내는 몰염치를 보인 것이다. 다름은 부끄러워해야 할 일이 전혀 아닌데도 사람들은 이유도 없이 처음부터, 즉 날 때부터 이미 부끄러워해야 하는 상황 속에 처하고 만 것이다. 실존 철학은 이런 지경에 처한 사람의 입장을 구원하고자 한다.

6 '사람이 죄인'이라는 논리를 비판하는 대표적인 대목이다. 실존 철학의 선구자 키르케고르는 '삶이 잘못'이라는 논리를 절대로 인정할 수 없었던 것이다. 사는 게 잘못일까? "살고 싶다!"라는 말을 혐오해야만 할까? "천국 가고 싶다!"는 말은 결국 "죽고 싶다!"라는 말을 곱게 포장해 놓은 게 아닐

의 등급 차이가 확인된다. 거기에는 말하자면 프로테스탄트적인 깊은 신앙심이 승리자의 목소리로 군림하고 있다.

고대 그리스 시대의 교회는 원죄를 첫 번째 아버지의 죄라고 명명했다.[7] 말하자면 이 시대의 교회는 이 원죄를 가리킬 만한 개별적인 개념을 갖고 있지 않았다는 얘기다. 이 단어 자체는 역사적 정보만 제공하고 있을 뿐, 특정 대상을 두고 형성된 개념은 아니기 때문이다. 즉 그것은 그저 역사적으로 완결된 것에 대해 이어가는 이야기가 될 뿐이라는 것이다. 그리고 이것은 테르툴리아누스의 개념으로 말하자면 기원을 이루는 죄라는 뜻이다. 그러나 이것 또한 하나의 개념이긴 하지만, 언어의 형태로 보자면 역사적인 것을 더 중요하게 간주하고 있다는 사실이 발견된다. 또 아우구스티누스가 처음부터 전해진 것이라는 의미로 사용한 개념인 근원적인 죄는 원인이 되는 죄와 원인이 된 죄 사이에 차이를 둠으로써 더욱 분명하게 규명될 수도 있는 개념이다.

프로테스탄티즘은 신의 형상의 결여, 즉 근원적인 의로움의 상실이라

까? 이 세상을 부정하고 저세상으로 가고 싶은 욕망을 종교적 내세관으로 치장해 놓은 것이 아닐까? 비판은 쉽게 할 수 있어도, 그것이 인정받고 사회를 이끄는 시대의 이념으로 자리 잡게 하기까지는, 즉 생철학적이고 실존 철학적인 이념을 정신사적으로 대세를 이루게 하기까지는 아직 넘어야 할 산이 너무나 많다. 하늘나라가 여전히 너무나 매력적으로 보이는 반면, 대지 위에 발을 붙이고 살아야 하는 삶은 기어코 땅 위에 쓰러뜨리고야 말겠다는 중력의 의지와 함께 땅 밑의 지옥에 대한 생각까지도 떠안아야 하기에 여전히 너무나 버겁게 느껴지기 때문이다.

7 키르케고르는 '첫 번째 아버지의 죄'를 그리스어로 '아마티마 포토파토이온(ἁμάρτημα πρωτοπατορικόν)'라고 돋보이도록 적어 놓았다. 이를 독일어로 번역하면, '디 쥔데 데스 에어슈텐 파터스(die Sünde des ersten Vaters)'가 된다. 여기서 '첫 번째 아버지'는 아담을 뜻한다. 즉 아담의 죄를 이렇게 표현한 것이다. 인류 전체를, 즉 인류 자체를 죄인으로 몰고 가기 위한 첫 단추는 여기서부터 형성되어 꿰맞춰진다. 첫 번째 아버지가 지은 죄라는 말에서 원죄를 도출해 놓은 것이다. 즉 없는 개념을 만들어 냄으로써 말이 만들어지고 있다는 것을 주장하는 것이다. 더 노골적으로 표현하자면, 당시 기득권으로 군림하고 있었던 교회 신학자들이 말을 만들어 내는 주범이었다는 얘기도 된다. 교회의 교리 자체도 이런 말 만들기에 의해 구축된 공든 탑 정도로 인식될 수 있는 여건이 여기서 마련되고 있다고 판단할 수 있다.

는 스콜라학파의 규정들을 거부했고, 아울러 〈아우구스부르크 신앙고백서의 변증〉에서 등장하는 구문, 이 반대자는 정욕은 죄가 아니라 벌이라고 주장했다는 말, 즉 벌로서의 원죄 사상도 거부했다. 하지만 프로테스탄티즘도 역시 결함이 있었다는 것에서 죄가 발생했고, 그 죄를 의도적으로 범했기에 죄의식이 생겨났다는 식으로 마치 황홀경에 빠진 정신처럼 앞뒤 가리지 않고 말들을 점점 거세게 쏟아내고 말았다.

세상 사람들은 보통 깨어지고 부서져 통렬하게 회개하는 영혼이 쏟아내는 웅변 소리에 귀를 기울이는 경향이 있다. 바로 그런 이유로 인해 사람들은 지금까지 원죄에 관한 말에 귀를 기울이는 데서 더 나아가 그 속으로 빠져들어 스스로 거기서 영향을 받게 하였고, 급기야 완전히 다른 생각, 즉 마침내 아담의 사례 이후 죄를 저지른 모든 이에게까지도 신의 노여움이 도달하게 되었다는 생각까지 탄생시키고 말았던 것이다. 게다가 깨어지고 부서져 통렬하게 회개하는 이 영혼은 이런 생각을 결코 사소하게 다루지 않는다. 이 영혼은 원죄가 의미하는 끔찍한 현상에 빠져 이런 생각을 말로 드러내고 있을 뿐이다.

여기서 귀결되는 것은 우리 모두가 아담과 이브의 불순종으로 인하여 신으로부터 미움을 받게 되었다는 사실이다. 이것이 바로 일치 신조를 이끄는 이념이다.[8] 그런데 일치 신조는 이런 생각에 저항하여 계속해서 논쟁을 이끌어 가지는 않는다.[9] 여기서 언급된 이 신조를 있는 그대로 받아

---

8   '일치 신조'는 라틴어 '포물라 콘코르디아에(Formula Concordiae)'를 번역한 말이고, 이것은 루터교가 1577년에 내놓은 마지막 고백서로 알려져 있다. 이 개념의 독일적 표현은 '콘코어디엔포어멜(Konkordienformel)'이고, 이 고백서의 첫 장은 바로 원죄에 대해 언급하고 있는데, 여기서 원죄는 인간의 본질로 소개되고 있다. 말하자면 인간이라는 존재 자체가 죄의 속성을 지니고 있다는 판단이 이 고백서의 기조를 이루고 있다는 얘기다.

9   키르케고르는 이 문장의 동사를 라틴어에서 유래한 '프로테스티어렌(protestieren)'으로 사용했다. 말하자면 일반적으로 신교 내지 개신교로 번역되고 있는 '프로테스탄티스무스(Protestantismus)'를 연

들일 경우 죄 자체가 인간의 실체로 등장하기 때문이다. 어쨌거나 이런 식으로 열광하는 신앙고백이나 깨어지고 부서진 영혼의 웅변 소리가 사라지고 나면, 그 즉시 일종의 규정들이 도움의 손길을 내밀기 시작한다. 이 규정들은 뱀처럼 사악한 생각을 쉽게 할 수 있게 해 주고, 자신을 오로지 죄를 고백해야 한다는 압박감에 포위당하게 해 놓는다. 그리고 더 이상은 아무것도 생각할 수 없게 만들어 놓는다. 하지만 아무리 다른 규정들까지 필연적이라는 이유로 끌어들여 놓아도, 또 아무리 그 규정들이 아테네의 입법자 드라콘이 법으로 규정하여 말하듯이 필연성을 의미한다고 주장해 놓아도,[10] 이 모든 것은 결국 그 시대의 완전성에 대해 의심해야 할 증거가 될 뿐이다.

그리고 여기서 밝혀진 이런 식의 공상적인 이야기는 속죄라 불리는 또 다른 교리에서 완전히 일치할 정도로 반복된다.[11] 소위 속죄론이라 불리는

상하게 해 놓았다는 것에 주목할 필요가 있다. 그 말의 원래 뜻은 '저항하다'라는 의미를 품고 있다. 즉 개신교가 개신교다우려면 끊임없이 '저항해야' 한다. 그런데 더 이상 저항하지 않고 인정하며 어느 신조에서 머무르는 모습을 보이고 있다는 모순을 키르케고르는 견지한 것이다.

10 드라콘(Drakon, 기원전 650년경)은 아테네의 입법자로 알려져 있다. 그는 무엇보다도 두 가지의 아테네 법 개정에 있어서 핵심적인 역할을 담당했다고 한다. 그 하나는 의도한 살인과 의도하지 않은 살인에 대해 구별하자는 것이었고, 다른 하나는 그 서로 다른 살인에 대해 각각 서로 다른 법정을 마련하여 사건을 다루자는 것이었다. 게다가 그의 법은 고대 그리스 시대에 특별하게 보일 수 있도록 끔찍하게도 '피로 적혀 있었다'고 한다. 바로 이런 의미에서 혐오스러울 정도로 과장된 강력한 법령이나 그런 법령의 집행을 일컬을 때 '드라콘적'이라는 말이 속담처럼 탄생하게 된 것이다. 여기서 드라콘이 자신의 법을 그토록 강력하게 주장했던 의도의 배경에 대해서도 생각해 봐야 한다. 즉 그 당시에는 의도된 살인이 너무나 많았다는 사실도 감지하게 된다. 의도된 살인은 이유 여하를 막론하고 따로 엄격하게 다루자는 뜻이기 때문이다. 이 말의 의미를 키르케고르의 문맥 속에서 따져 보면 다음과 같이 해석할 수 있다. 즉 교리를 만드는 학자가 자신의 말과 주장을 아무리 드라콘처럼 피로 적어 가며 필연적이라고 강조해 놓는다고 하더라도 그 교리는 의심스러울 수밖에 없다는 뜻이 되는 것이다.

11 여기서 '속죄'는 독일어 '페어죄눙(Versöhnung)'을 번역한 것이다. 독일어 문법상 접두어 '페어(ver)'는 적극적이고 능동적인 어감을 부여하고, '죄눙(söhnung)'은 '존(Sohn)', 즉 '아들'이라는 단어에서 파생되었다. 말하자면 어떤 권력으로부터 허락을 받아 아들이 되는 것 혹은 그런 허락을 근거로 하

교리에서는 무엇보다도 그리스도가 원죄를 대신하여 보상해 주었다고 가르친다. 그러나 이야기가 이렇게 되면 아담은 어떻게 되는 것일까? 만약 아담이 원죄를 세상 속으로 끌어들인 장본인이라면, 그의 내면에는 이미 죄가 현실적 의미에서 활동을 개시하고 있어야 마땅하지 않을까?[12] 게다가 아담에게 덮어씌워진 이런 원죄의 굴레가 인류라 불리는 각각의 개인에게까지 확장되어도 된다는 말인가? 이런 경우가 사실이라면 그 원죄라는 개념은 지양되는 것이 마땅할 것이다.[13] 좀 더 노골적으로 말해 아담이 한평생 오로지 원죄의 삶을 살았단 말인가? 첫 번째 죄가 그의 내면에서 또 다른 현실적인 죄들을 낳은 것은 아닐까? 이런 질문을 거듭하다 보면 교리가 논리를 통해 저지른 실수가 확연하게 드러날 것이다. 왜냐하면 또 다른 공상적인 의미에서 오로지 아담만이 속죄로부터 따돌림당하고 열외되어, 즉 오로지 그만이 속죄받을 수 없는 외로운 존재가 되어 역사 밖으로 내던져지기 때문이다.[14]

여 아들로 받아들이는 것 등을 의미한다. 교리는 이 개념을 하나님과의 화해를 설명하는 데 사용한다. 즉 '페어죄눙'은 아들 자격을 박탈하고 내쫓았다가 다시 자신의 자식으로서의 자격을 부여하여 그의 아들로 받아들이는 과정을 이야기하는 교리적 개념이 되는 것이다. 키르케고르식으로 말하자면 이 또한 말이 말을 낳는, 말을 꿰맞춰 만들어 낸 공상적인 이야기에 불과할 뿐이다.

12 키르케고르는 아담을 이런 식으로 매도해도 되는지를 묻는 것이다. 아담의 내면에는 오로지 죄로 가득 차 있다고 말해도 되는 것일까? 아담은 나쁜 놈이고 그리스도는 좋은 놈이라는 식의 이분법적 흑백 논리로 이야기를 펼쳐도 되는 것일까? 키르케고르는 지금 교리가 연출해 내는 이야기 속의 모순을 파헤치는 데 주력하고 있다.

13 아주 중요한 지적이다. '원죄'와 '속죄'의 교리적 논리는 결국 돌고 도는 이야기가 되고, 그것은 결국 닫힌 형식을 연출해 내고 있기 때문이다. 마치 시작이 있었고, 그 시작은 잘못되었으나, 그리스도가 나타나 모든 것을 해결했다는 식으로 이야기가 일방적으로 흘러가고 있을 뿐이지만, 그 이야기에는 어떤 다른 가능성도 허용하지 않는 닫힌 형식을 보여 줄 뿐이다. 그리고 키르케고르는 여기서 "개념이 지양된다"는 표현을 사용했는데, 그 말은 반어법으로 이해해야 한다. 즉 "개념은 지양될 수 없다"는 말을 하려 했던 것이다. 모든 개념은 그 자체로 남겨질 뿐이다.

14 아담은 마치 유다의 운명처럼 안타깝기만 하다. 둘의 운명은 악의 멍에를 쓴다는 데서 공통점이 발견된다. 유다의 배신이 없었더라면 예수는 십자가에서 희생당할 기회가 주어지지 않았을 것이다. 성스러운 이야기를 완성하기 위해 최고의 반전을 준비한 인물 중의 인물이 유다가 아닐까 싶다. 마찬

이 문제가 어떻게 제기되든 상관없이, 아담이 공상적으로 역사 밖으로 내쫓기자마자 모든 것은 혼란에 빠져들고 만다. 이런 이유로 인해 아담의 죄를 설명한다는 것은 원죄를 설명하는 것이 된다. 그리고 만약 하나의 설명이 아담을 원죄로 엮어 내지 못한다거나 원죄를 아담으로 엮어 내지 못한다면, 그것은 어떤 도움도 되지 못한다. 아담과 원죄의 관계는 인간적인 실존의 본질적인 영역에서 가장 깊고 심오한 근거를 밝혀 준다. 말하자면 인간은 개인이고, 그런 개인으로서 그는 동시에 자신이며, 전 인류가 된다.[15] 그래서 전 인류는 개인에게 그리고 개인은 전 인류에게 관여해야 한다는 숙제가 주어진다. 이것을 견고하게 붙잡지 못하고 놓치면 어처구니없는 실수를 저지르고 말 것이다. 즉 펠라기우스적이거나 소시누스적이거나 박애주의적인, 즉 하나에 집착하는 생각에 빠지거나,[16] 스스로 또 하나의 공상적인 것에 빠져들게 될 것이다. 무미건조한 생각들은 인류 자체를 '하나 곱하기 하나'라는 공식 속에 빠뜨리고 만다.[17] 그때 공상적인 생각

가지로 아담도 이야기의 완성을 위해 동원된 인물에 해당한다. 그의 역할은 원죄를 세상에 끌어들이는 데서 끝나 버린다. 그 이후 어디에서도 그에 대해 기억해 주는 일이 없다. 그는 역사 속에서 잊히고만 존재에 불과한 것이다.

15 이 인식은 실존 철학이 전하는 매우 중요한 메시지이다. 중세 천 년 동안 신의 존재 규명에 헌신했다면, 이제부터 우리 모두는 이 메시지에 몰두해야 할 것이다. 신이 있던 자리에 인간을 대체해 놓아야 하는 숙제가 바로 이런 것이다. 인간은 개인인 동시에 자신이며 동시에 전 인류가 될 수 있다는 이 가능성 앞에서 천 년의 세월을, 아니 굳이 양적인 의미를 고려해서 말하자면, 이제 반세기 정도를 보내야 한다는 얘기다. 인간은 이성적 존재이고, 이성은 생각의 능력을 낳고, 그 생각의 능력 때문에 동시적인 존재들을 감당해 내야 한다. 이럴 수도 있고 저럴 수도 있다. 그것을 어떻게 감당해 내느냐 문제인 것이다. 지금 이 순간에도 다양한 선택의 가능성이 각 개인의 상황 앞에 놓여 있다. 그것을 인식해야 하는 것이 바로 인간의 운명인 것이다. 선택한 것은 늘 힘겹기만 하고, 선택받지 못한 것에 대한 미련과 후회는 늘 생각의 발목을 잡는다. 모든 인간이 겪는 한계 지점이다. 그래도 인간은 자신의 인생을 책임지고 끝까지 살아가야 한다. 이런 말을 하기 위해 키르케고르는 지금 실존 철학이 나아가야 할 길을 개척하고 있는 것이다.

16 5세기의 '펠라기우스주의(독일어로 Pelagianismus)'와 17세기의 '소시누스주의(독일어로 Socinianismus)'는 원죄론을 거부하기는 했지만, 개인과 개인성까지 거부하는 실수를 저지른 교리들이다. 기독교에서는 이들을 모두 이단으로 규정한 바 있다.

이 생겨나는 것이다. 그 공상적인 생각의 대표적인 사례는 아담이 전 인류를 아우르려는 좋은 의도를 지녔다든가, 아니면 그 인류 밖에 서 있기에 제대로 알 수 없는 애매모호한 의도를 지녔다는 식으로 명예를 부여하는 것이다.

다시 말하지만 매 순간 개인은 자신인 동시에 전 인류이다. 이 동시성이 실현되어야 개인은 인간으로서 완성에 도달하게 되고, 우리는 그 완성을 그의 상태라고 말할 뿐이다. 그런데 이 동시성이 모순을 일으키지만, 그 모순에 대한 인식이 더 나아가 하나의 과제를 밖으로 드러내 의식하게 하는 계기가 된다. 그러나 이 과제는 곧 움직임을 의미하게 되는데, 이 움직임은 자신이 알아보았던 그 자체로 향하게 하여 그 자체의 과제를 풀게 한다. 이것이 곧 역사적인 움직임이다. 그래서 개인에게는 역사가 있다. 그러나 개인에게 역사가 있다면 인류에게도 마찬가지로 역사가 있다. 모든 개인이 그 자체로서 완전성을 지니고 있다는 말은 곧 그 개인들이 그저 숫자상으로 분열될 수 있는 존재들이 아니라는 뜻이 된다.[18] 이와 마찬가지로 인류라는 개념도 결코 환영으로 돌변할 수 없다.

---

17 '하나 곱하기 하나'의 정답은 하나이다. 즉 아무리 하나에 또 다른 하나를 곱해도 결과는 똑같다. 이런 식으로 인류에 대한 이념이 탄생한다. 인류라고 말하면서 다양한 하나가 곱해진 상태를 의미하는 것이다. 하지만 이런 인류야말로 오해이다. 인류를 그렇게 생각해 낼 때 독단이 탄생한다. 자기 생각이 전체의 생각으로 확장되는 실수를 저지르게 된다는 것이다. 신학에서 신은 유일신을 설명하다 보니 논리가 선명할 수 있겠지만, 인문학에서 인간과 인류를 설명할 때 그런 논리로는 어림도 없다. 한마디로 복잡하고 어렵다. 그래도 인문학을 포기해서는 안 된다. 인문학을 감당할 때 진정한 인간적인 세상이 펼쳐지게 될 것이다.

18 '두 사람만 모여도 진리는 문제가 된다'는 말이 있다. 신학에서 신을 언급할 때는 하나의 존재를 염두에 두면 그만이지만, 인문학에서 인간을 언급할 때는 상황이 복잡해진다. 사람이라 불리는 존재의 형식은 무궁무진한 내용으로 채워질 수밖에 없다. 신을 생각하며 전지전능한 이미지를 떠올리고, 거기서 긍정적인 인식을 유도해 낼 수 있듯이, 사람을 생각하며 무궁무진한 이미지를 떠올리고, 거기서 긍정적인 인식을 유도해 낼 수 있는 것이 관건이다. 한 사람은 하나의 존재이긴 하지만, 그 존재가 하나로 머물 수 없다는 것이 문제의 핵심이다.

모든 개인은 본질적으로 다른 모든 개인의 역사에 관여한다. 그런데 그 모든 개인 역시 본질적으로 오로지 자신의 관심사에만 관여하고자 한다. 그래서 자신 안에서의 만족스러운 완성은 전체에 대한 완전한 관여에 의해 실현될 뿐이다. 어떤 개인도 전 인류의 역사에 대해 무관심할 수 없는 것처럼, 인류 또한 개인의 역사에 대해 무관심할 수 없다. 인류의 역사가 앞으로 나아갈수록 개인 또한 지속적으로 앞으로 나아간다. 개인은 개인 자신인 동시에 전 인류이고 바로 이 동시성 안에서 전 인류의 역사가 되기 때문이다.

아담은 최초의 인간이다. 그는 자신인 동시에 전 인류이다. 아담을 이해하기 위해 미학적인 아름다움이라는 기준을 끌어들이지 않아도 된다. 그를 모든 것에 대한 죄인으로 붙들어 놓기 위해, 말하자면 방치해 놓지 않기 위해 고결하고 숭고한 감정이 필요한 것도 아니다. 아무리 동정에 열광하게 하고 경건함을 설득한다 해도, 아들이 아버지와 함께 죄를 나눠 가지려 하는 것처럼 아담과 함께 죄를 나눠 가지려는 욕망을 우리 안에 불러일으키지는 못한다. 아울러 아무리 동정심을 가르쳐서 아담과 협정을 맺어야 할 것을 찾아 진정으로 협정을 맺으라고 설득해도, 강요된 동정심으로는 그를 곁에 붙잡아 둘 수도 없다.

우리가 아담을 필요로 하는 것은 힘차게 생각에 임하기 위함이다. 아담의 존재 의미를 인류의 조상으로, 즉 그의 종족에서 인류가 탄생했다는 식으로, 게다가 그가 신과 처음으로 계약을 맺은 자라고 설명하는 한, 이런 교리적인 설명들을 떠올리는 한, 모든 것은 혼란 속에 빠진다.[19] 아담은 본

---

19 인문학적으로 생각할 때 주의하라는 키르케고르의 신호가 바로 여기에 있다. 개인은 개인 자신인 동시에 인류가 될 수 있는 존재이다. 이 말은 지극히 당연한 소리다. 그런데 아담을 개인으로 놓고, 그의 실수 때문에 인류가 죄의 굴레를 쓰게 되었다는 논리는 교리적 설명에는 모순이 있다는 말이다. 아담이 이야기의 형식 속에서 개인인 것은 맞지만, 그에게 이 세상의 모든 것에 대한 원인을 부

질적으로 인류와 다르지 않다. 그렇지 않았다면 인류는 존재하지 않았을 것이기 때문이다. 하지만 그는 인류 자체가 아니다. 마찬가지로 그랬다면 인류가 존재할 수 없었을 것이기 때문이다. 간단히 말해, 그는 자신이면서 동시에 인류이다. 그래서 아담이라는 존재가 설명하고 있는 것은 인류인 동시에 그 반대도 되는 것이다.[20]

여하고 묻는 것은 무리한 비약이다. 아무리 이런 교리가 논리적이라 해도, 그 논리에 의해 현실적으로 해결되는 것은 아무것도 없다.

20 아담을 알면 인간을 알 수 있다. 교리적 의미에서가 아니라 실존 철학적 의미에서 그렇다. 사람은 누구나 개인이기에 어떤 개인을 두고 관찰해도 된다. 그 개인에게서 자신을 발견해 낼 수 있는 것은 사람뿐이다. 아담도, 돈키호테도, 파우스트도 다 고전이 된 인물들이다. 이들이 전하는 이야기는 개인적이지만, 그 안에 인류의 문제가 제시되고 있다는 것을 인정할 수 있다면, 인문학적 사고의 틀은 형성될 수 있다.

2

'첫 번째 죄'라는 개념

전통적인 개념에 따르면 아담이 저질렀다는 첫 번째 죄와 모든 인간이 개별적으로 저지르는 첫 번째 죄는 다르게 인식되는데, 그 차이는 다음과 같다. 아담이 저지른 죄는 결과로서 죄의 속성에 대한 전제 조건이 되는 반면, 모든 인간이 개별적으로 저지르는 첫 번째 죄는 조건으로서 죄의 속성을 전제한다.[21] 만약 이야기를 이렇게 꾸려 나갈 경우, 아담은 결국 인류의 밖으로 내몰리게 되고, 그 결과 이 인류는 아담과 함께 시작하는 것이 아니라, 그 인류 자신이 밖에서 스스로 시작하는 꼴이 되며, 이때부터 그 시작과 관련한 이야기는 모든 개념과 모순을 일으킨다.[22]

이 첫 번째 죄라는 개념이 예를 들어 다른 수많은 죄와 똑같이 취급될

---

21 도식화하여 간단하게 다시 말하자면, 아담의 죄는 모든 죄의 조건이 되는 반면, 모든 사람의 죄는 죄라는 속성을 전제한다는 얘기다. 여기서 무엇보다도 키르케고르가 왜 이 점을 지적하고 있는가 하는 철학적 문제 상황을 인식해 내야 한다. 그것은 죄와 관련하여 기독교의 교리가 어떻게 형성되고 있는가 하는 핵심을 백일하에 드러내는 작업이다. 죄는 아담 때문에 세상에 들어왔고, 그 결과 죄가 세상에 존재한다는 것은 기정사실이 되며, 그래서 신의 명령이 필연성을 꿰차게 되는 것이다. 그리고 이런 속내가 밝혀지고 나면 기독교가 주장하는 명령적 이념은 그 힘을 상실하게 될 것이다.

22 한마디로 말이 안 된다는 얘기다. 어떻게 인류 밖에 있는 아담이 인류의 원인으로 작동할 수 있는가? 이것 자체가 이미 모순이기에, 그다음부터 이뤄지는 모든 이야기는 모순에 모순을 거듭하는 꼴이 되고 만다.

수 있는 하나의 죄를 의미하는 것인지, 아니면 2번과 관련된 1번이라는 의미로서 하나의 죄를 의미하는 것인지는 쉽게 알 수 있다. 첫 번째 죄는 질적인 규정이고, 이때 첫 번째 죄는 특별하게 규정된 죄다.[23] 바로 여기에 첫 번째 비밀이 숨겨져 있다. 또 여기에 한 번은 아무것도 아니지만, 여러 번 반복되는 것은 완전히 어리석은 어떤 것이 되고 만다는 의견을 품어 내는 추상적인 분별력을 방해하는 걸림돌이 놓여 있다. 그 분별력은 여러 번의 의미가 매번 그 첫 번째와 똑같은 것을 반복한다거나 아니면 그 여러 번 반복된 것을 모두 합하면 그 첫 번째와는 비교도 안 된다는 뜻을 의미하고 있기 때문이다.[24]

만약 사람들이 논리학에서 가정하듯이, 미리 결정해 놓은 규정들, 즉 양적으로 정해 놓은 규정들에 의해 새로운 질이 탄생한다고 생각한다면 그것은 그저 미신에 불과하다.[25] 만약 헤겔이 실수를 저지르고 있듯이, 이런 것을 논리적인 움직임 속으로 끌어들임으로써, 그것의 결과가 마치 전체

23 2번과 관련한 의미에서의 1번, 또 그런 의미에서의 '하나'란 뜻에는 부정관사를, 그리고 여기 '특별하게 규정된 그런'으로 번역한 것은 사실 정관사를 의역한 것이다. 정관사는 말 그대로 정하고 규정하며 확정하는 뜻을 지니는데, 문맥상 그런 뜻을 밝혀 놓기 위해서는 우리말의 '이(것)', '저(것)', '그(것)' 등만으로는 부족한 면이 없지 않다. 그래서 조금 더 부연 설명하는 형식을 취하게 된 것이다. 그리고 키르케고르는 바로 이 부정관사와 정관사를 이탤릭체를 적용하여 부각시켜 놓았는데, 바로 여기에 그의 특별한 의도가 감지되고 있다. 죄 일, 죄 이, 죄 삼 등으로 이어지는 일련의 죄목들 중에서 하나일 뿐인 그 하나의 죄가 아담의 죄일 뿐인데, 그 죄가 전 인류의 죄로 이어지는, 혹은 그렇게 이어놓는 발상을 지적하고 있는 것이다. 이런 발상이라면 당연히 악의적인 발상이라고 말해도 무방할 것이다.

24 대개 한 번은 용서해 준다. 법정에서의 법률적 판단에서도 초범일 경우에는 정상 참작을 해 주는 것이 보통이다. 또한 그것이 인간적이다. 그런데 아담의 경우 예외가 없다는 것이 특이한 점으로 인식된 것이다. 키르케고르는 이것을 설명하고 있는 것이다.

25 이것은 인문학적 관점에서 매우 중요한 지적이다. 수학에서는 예를 들어 1을 정의하고 거기에 1을 더하면 2가 된다고 가르친다. 하지만 현실로 돌아오면 그 절대적인 1에 해당하는 사물은 존재하지 않는다. 하물며 같은 사과라 해도 똑같은 사과는 존재하지 않기 때문이다. 그런데도 수학에서는 '사과 더하기 사과는 2'라고 가르친다. '사과 더하기 태양도 2'가 된다는 이런 논리를 진리라고 간주하면 그것은 그저 미신이 된다는 이 말에 귀를 기울여야 할 것이다.

적으로 논리적인 고유성이라고 주장한다면, 그 순간 아무리 약간의 다른 점을 인정한다고 하더라도, 거기에는 비밀을 은폐하려는 용서할 수 없는 침묵이 스며들어 있는 것이다.[26] 이 새로운 질이 논리의 움직임 속에서 모습을 드러내자마자 이미 비약은 시작된다. 비약은 수수께끼 같은 갑작스러움과 함께 연출에 임할 뿐이다.

만약 첫 번째 죄가 숫자가 부여된 의미로서 하나의 죄를 의미한다면, 거기에는, 즉 그 하나에 의해서는 어떤 이야기도 생겨나지 않을 것이고, 그렇다면 하나의 의미뿐인 죄는 개인적으로도 인류적으로도 어떤 이야기도 만들어 내지 못할 것이다. 그럼에도 불구하고 이야기가 만들어지려면, 즉 이런 이야기의 형성에 대한 조건은 바로 그 이야기 자체이기 때문이다.[27] 사실 인류의 역사는 개인의 역사와 아무런 상관이 없는 것처럼, 개인의 역사도 인류의 역사와 아무런 상관이 없다. 하지만 예외로 상관이 있다고 한다면, 거기에는 모순 자체가 지속적으로 과제를 제시해 주고 있을 뿐일 것이다.

첫 번째 죄와 함께 죄가 세상 속으로 들어왔다.[28] 이 이야기는 더 나중

---

26 이 대목에서 수많은 학자는 나름대로 다양한 각주를 달아 놓았다. 대개는 헤겔 철학을 변호하는 내용들이다. 키르케고르의 목소리는 안중에도 없다. 그가 하고자 하는 말의 진의를 추궁하려 들지 않는다. 사실 그가 헤겔의 철학을 제대로 이해했는지 그렇지 않은지에 대해서는 독서에 아무런 도움이 되지 않는다. 여기서 중요한 것은 키르케고르의 말을 알아들을 수 있는가이다. 지금 헤겔을 끌어들이며 키르케고르가 뭐라고 말을 했는지에 귀를 열어야 한다. 헤겔은 모든 것을 논리적으로 풀어 내려고 했다. 그것은 사실이다. 하지만 논리로 삶이 해결되지 않는다는 것이 문제의 핵심이다. 오히려 논리적인 결과로서의 정답은 수많은 진실을 은폐해 놓는 또 다른 결과를 초래할 수도 있다. 한 남자를 이단자라고, 또 한 여자를 마녀라고 아무리 증거와 사실을 제시해도, 그것이 아무리 진리이고 진실이라 해도, 이단자와 마녀에 대한 기준 자체를 이미 규정한 상태에서는 모든 것이 그저 미신의 결과가 될 뿐이다. 이것이 키르케고르가 들려주고 싶은 말이다.

27 예를 들어 아무리 '성경'이라고 간주해도, 그것 또한 '하나'의 이야기에 불과하다. 그것이 진리를 독점할 수는 없는 노릇이다. 그것이 이미 정해진 이야기, 즉 '그런' 이야기로 간주될 수는 없다.

28 키르케고르는 이 말을 시시때때로 반복한다. 이미 다 알고 있는 주장이지만, 그 주장을 반복해서 설명한다. 바로 여기에 키르케고르의 철학이 담긴다. 세상은 이미 있었다. 죄가 그 세상 속으로 들어왔

제1장 원죄의 전제로서의 불안과 원죄를 원인으로 소급해 설명하는 불안 **75**

에 등장하는 모든 사람에게도 적용된다. 누구나 나름대로 첫 번째 죄와 맞닥뜨리게 되기 때문이다. 세상 사람들이 저지르는 바로 이런 첫 번째 죄와 마찬가지로 죄가 세상 속으로 들어오게 되는 것이다. 아담의 첫 번째 죄 이전에 그 어떤 죄도 존재하지 않았다고 하는 말은 죄 자체와 관련하여 볼 때 완전히 우연한 발상에 지나지 않는다. 그것은 사실과는 아무런 관계도 없고 최소한의 의미도 갖지 못한다. 게다가 아담의 죄가 더 크다거나 모든 다른 사람들의 첫 번째 죄가 더 사소하다고 함부로 말할 권한도 없다.

만약 어떤 사람이 저지른 죄의 속성이 마치 이미 오래전에 양적으로 규정되어 있었다고, 그래서 그 죄의 속성이 자연적인 발생에 의해 그 첫 번째 죄를 자기 안에 이미 품게 된 것처럼 주장하려 한다면, 그것이야말로 논리적이고 윤리적인 이단의 짓거리가 된다. 그런 일은 거의 일어날 수가 없다. 이는 마치 양적인 규정, 즉 분량적인 면에서는 남부러울 게 없었던 트롭[29]이 학사 학위 후보 자격을 얻어 내려는 것과 같은 어리석은 짓일 뿐이다. 수학자나 천문학자라면 영원 속으로 사라져 가는 지극히 작은 것이나 큰 것에도 가능하면 도움을 받으려 해야겠지만, 그런 것으로 하나의 시험에 합격한다고 해도 살아가는 데는 별로 도움이 되지 않는다. 하물며 정신을 설명하는 자리에서는 아무런 쓸모도 없다는 것이 자명한 사실이다. 만약 이후에 등장하는 각각의 모든 사람이 저지르게 될 첫 번째 죄가 이런 죄의 속성에서 유래하는 것이라면, 그 첫 번째 죄는 사실 첫 번째로서는

다. 그 죄의 결과가 인류의 탄생이다. 이런 식의 논리 속에서 벗어날 길이 있을까? 키르케고르는 여기서 그 길을 치열하게 모색하는 것이다. 나갈 길을 찾으려면 자신이 들어서 있는 길부터 인식해야 한다. 성경이 가르쳐 준 그 길, 중세 천 년 동안 길들어져 버린 그 길, 또 그 길 위에 서 있는 자신의 정신을 인식해야 한다. 그 길에서 모순을 인식해 내야 한다.

29 '트롭(Trop)'은 요한 루트비히 하이베르크(Johan Ludvig Heiberg, 1791~1860)의 희극 『평론가와 동물(Der Rezensent und das Tier)』(1826)에 등장하는 인물이다.

비본질적인 것이 될 것이고, 만약 이런 생각이 옳은 판단이라면, 인류의 점점 줄어드는 보편적 상환 자금 속에서 연속되는 일련의 번호에 따라 정해 나가는 것이 본질적인 것이 될 것이다. 하지만 세상일이라는 것이 그런 식으로 진행되지는 않는다. 게다가 최초의 죄를 발명한 자가 바로 자기라는 식으로 자신의 명예를 운운하는 자가 있다면, 그런 의도야말로 정말 나쁜 것이다. 그런 의도가 연출해 내는 것은 비논리적일 뿐만 아니라 비윤리적이며 더 나아가 비기독교적이라고 말할 수밖에 없다.[30] 또 그런 의도는 다른 모든 사람이 할 수 있는 것을 행했을 뿐이라고 말하면서 자신은 어떤 반성도 하지 않고 슬쩍 뒤로 빠지는 그런 파렴치한 의도 외에는 아무것도 아닌 것이다. 사람 안에 있는 죄의 속성, 선례의 힘 등, 이런 모든 것은 그저 양적 규정일 뿐이며, 그것으로 설명할 수 있는 것은 아무것도 없다. 한 개인이 인류라고 가정한다고 해도, 모든 개인이 그 자체로서 자신이며 동시에 인류가 되는 것은 아니기 때문이다.

창세기가 최초의 죄에 관해 이야기하고 있는 것을 무엇보다도 우리 시대는 정말 아쉽게도 그저 겉만 보고 일종의 신화로 간주하기도 한다. 그 이유를 지금 설명하고자 한다. 무엇보다도 부정할 수 없는 것은 사람들이 그 이야기를 하기 위해 신화라는 형식을 대체물로 사용했다는 점이다. 게다가 그것은 정말 저급한 신화에 불과하다. 인간의 오성이라는 것이 신화

---

30 여기서 우리는 잠시 키르케고르가 말하는 '기독교적인 것'에 대해 고민해야 한다. 창세기에서 말하듯이 죄가 인간에게 들어왔다면, 그래서 그런 죄 때문에 신으로부터 신뢰를 잃고 실낙원을 당해야 했고, 그 결과 불안을 느끼게 되었다면, 그런 기독교야말로 인류에게 쓸데없는 종교가 될 뿐이다. 물론 키르케고르가 말하는 '기독교적인 것'이 무엇인지에 대해서는 뚜렷하고 선명하게 설명할 수 없다. 거기에는 일종의 한계가 있기는 하지만, 우리는 이 책 전체의 흐름 속에서 키르케고르가 인간이 가질 수밖에 없는 죄의식과 불안에 대해 어떻게 설명하고 변호하고 있는지를 관찰해야 할 것이다. 그래도 굳이 지금 당장 그가 말하는 '기독교적인 것'에 대해 한마디 내놓으라고 한다면, 그는 인간의 편에 선 기독교를 추구하고 있다고 말할 수 있을 것 같다.

적인 것에 빠지고 나면 쓸데없는 잡담 외에 그 어떤 것이 나오는 것은 거의 드문 일이 되기 때문이다. 창세기의 이야기는 정말 유일한 견해이고 변증법적으로만 철두철미하게 이루어진 논리를 형성한 견해이다. 그러니까 창세기가 말하고 있는 전체적인 내용은 하나의 문장 속에 집약시킬 수도 있다. 죄는 죄를 통해 세상에 들어왔다. 만약 그렇지 않다면, 죄는 그저 우연한 것에 의해 세상 속으로 들어온 것이 될 것이고, 그런 우연적인 것에 대해서는 가능한 한 설명하려고 애를 써서도 안 될 것이다.

하지만 이해하기 어려운 부분은 바로 이런 이야기에 대한 설명이 성공했고 당당하게 승리를 거두었다는 사실이다. 죄가 스스로를 전제하고, 그런 방식을 통해 세상에 들어왔다는 것, 즉 죄가 전제하는 것은 죄 자신이라는 이런 의미심장한 결론 도출 자체가 이해하기 어려운 것이다. 이런 논리라면, 죄는 그저 갑작스럽게 세상 속으로 들어온 것이 된다. 말하자면 비약을 통해 돌발적으로 세상에 들어온 것이 된다. 게다가 이런 비약은 동시에 질적인 부분을 규정한다. 그러니까 질적인 부분이 규정됨과 동시에 이미 비약은 질적인 부분으로 변신을 거듭하게 되고, 그 순간에 이미 질적인 규정에 의해 비약은 스스로 전제되고 만다. 이것이야말로 생각을 방해하는 요소로서 화를 낼 수밖에 없는 일이며, 그러므로 그것은 그저 신화에 불과한 것이 된다. 이런 지경에서는 생각 자체가 신화를 대신하게 되고, 그런 신화는 비약을 품고 있다는 사실을 부정하며, 돌고 도는 동그라미에서 하나의 직선을 연출해 낸다. 상황이 이런 지경에 이르고 나면 이제 모든 것은 그저 자연스러운 것이 되고 만다.

생각은 어떤 거리낌도 없이 상상의 나래를 펼치며 인간이 원죄 이전에는 어떠했을까를 고민한다. 생각은 말을 만들기 시작하고, 동시에 잡담을 펼친다. 애초에 생각했던 순진무구함이 거듭되는 이야기 속에서 서서히 죄의 속성으로 바뀌고 만다. 그렇고 그래서 결국에는 죄의 속성이 거기 있게 되는 것이다.[31] 이 경우 생각이 연출해 내는 것은 단어의 유사한 모음을 가지고 노는 어린아이들의 말장난과 같다. 이런 놀이에 어린아이들은 재미를 느낀다는 것이 문제다. 폴 하나는 마이스터, 폴 둘도 마이스터 … 그러다가 폴리차이마이스터(경찰)가 탄생하는 것이다.[32] 이런 식으로 결국에는 거기에 그것이 정말로 존재하고 만다. 게다가 선행된 것들에 의해 아주 자연스럽게 결과물로 도출되는 것이다.

생각이 만들어 낸 위의 신화 속에 무엇인가가 들어 있다면, 그것은 말할 것도 없이 죄의 속성이 죄를 앞선다는 사실일 것이다.[33] 만약 죄의 속성이 죄 이외에 다른 어떤 것에 의해 세상 속으로 들어왔다고 한다면, 죄의 속

---

31 여기서 '거기 있다'로 번역된 구문의 원문은 "단 이스트 지 다(dann ist sie da)"이다. 특히 동사 '이스트(ist)'의 원형은 '자인(sein)'이고, 부사 '다(da)'는 '여기' 혹은 '저기' 등을 가리키는 지시대명사인데, 이것을 합쳐 만든 말이 '다자인(Dasein)'으로서 실존 철학의 커다란 개념으로 성장하게 된다. '다자인'을 직역하면 '여기 있다' 혹은 '저기 있다' 등이 된다. 여기서 여기니, 저기니 하는 식으로 규정할 수 있는 것은 사람에게 대상으로 인식되는 것들이다. 라틴어의 '엑시스텐티아(Existentia)'가 밖으로 드러난 것을 의미하는 것과 같은 맥락에서 이해할 수 있다. '엑시스텐티아'를 독일어로 번역한 개념이 '다자인'이라고 말해도 상관없다. 아울러 철학사적 개념으로서 '엑시스텐츠필로조피(Existenzphilosophie)'는 야스퍼스나 하이데거에 의해 대변되는 '실존 철학'으로, 또 '엑시스텐티알리스무스(Existentialismus)'는 사르트르나 카뮈 등에 의해 진행된 '실존주의'로 번역되는 일련의 철학의 흐름도 결국에는 이 '다자인'에 대한 논의를 거듭하고 있음을 알 수 있다. 그리고 키르케고르로 다시 돌아가면, 실존의 형식으로 등장하고 있는 현상을 목격할 수 있다. 죄의 등장은 이야기 속에서 형성된 현상일 뿐이다. 결국 실존이라 말을 하면서도 그것은 진정한 실존이 아니고, 현상이라 말을 하면서도 진정한 현상이 아니다. 이런 것이 문제 될 수 있다는 것이 바로 생각하는 존재의 문제다.

32 독일어로 '일'과 '이' 혹은 '하나'와 '둘'은 '아인스(eins)'와 '츠바이(zwei)'라고 말한다. 그리고 고대 그리스어에 근간을 둔 '경찰'이라는 단어는 독일어로 '폴리차이(Polizei)'라고 한다. 이는 마치 어린아이 말장난처럼 들리기도 한다. 아인스가 츠바이가 되더니, 결국에는 폴리차이가 된다는 식의 논리이기 때문이다. 인간은 이성적 동물이지만, 그 이성이 양산해 내는 논리는 때로 전혀 엉뚱한 것으로 치달을 수 있다는 것을 이런 식으로 설명한 것이다.

33 '죄의 속성이 죄를 앞선다.' 키르케고르는 이것이 창세기의 논리임을 밝히고 있다. 실존주의 철학자 사르트르의 명언과 비교해도 좋을 듯하다. 그는 『실존주의는 휴머니즘이다』에서 "실존은 본질에 앞선다"(장 폴 사르트르, 『실존주의는 휴머니즘이다』, 박정태 옮김, 이학사, 2014, 29쪽)라고 주장한 바 있다. 현상계가 본질계를 앞선다는 뜻이기도 하다. 하지만 이 정반대의 논리가 바로 창세기의 논리인 것이다. 즉 "죄의 속성이 죄를 앞선다"에서는 본질이 현상을 앞서는 논리이기 때문이다.

성이라는 개념 자체는 의미를 상실하고 말 것이기 때문이다. 그런데 죄의 속성이 죄에 의해 세상에 들어왔다고 하니, 이 말은 곧 죄가 죄의 속성보다 앞선다는 뜻이 된다. 이것이야말로 모순이다. 하지만 이 모순은 오로지 변증법적으로 논리적인 모순일 뿐이다. 이 모순은 결국 비약뿐만 아니라 비약 이후에 발생하게 될 모든 가능성까지 지배하기 때문이다.

다시 한번 말하지만, 아담이 저지른 최초의 죄로 인해 죄가 세상 속으로 들어왔다. 이 문장은 일상의 표현으로 작성되기는 했지만, 그럼에도 철두철미하게 표면적인 것만 보여 줄 뿐이다. 이것은 수많은 오해의 여지를 남겨 놓고 있다. 비록 죄가 세상 속으로 들어온 것이 맞는 말이라고 간주하더라도, 아담 스스로는 그 죄와 아무런 관련도 없다. 보다 섬세하고 정확하게 표현한다면, 첫 번째 죄에 의해 죄의 속성이 아담 속으로 들어왔다고 말해야 할 것이다. 아담의 뒤를 이어 태어나는 사람들 중 어느 누구도 자신의 첫 번째 죄에 의해 죄의 속성이 세상 속으로 들어왔다고 말할 수는 없다. 그럼에도 아담에 의해 어떤 방식으로 죄의 속성이 세상 속으로 들어왔다. 그 방식을 어떤 방식이라 얼버무려도 별반 다른 방식이 될 수는 없다. 죄의 속성은 죄를 통해서만 들어올 수 있기 때문이다.

사람들이 아담에 대해서만 다르게 말해 온 것에 대해서 특별히 지적해 달라고 한다면, 그것은 오로지 인류에 대한 아담의 공상적인 관계의 결과가 곳곳에서 밝혀지고 있다는 데서 찾아야 할 것이다. 아담의 죄는 원죄이다. 그 외에는 그에 대해 아는 바가 거의 없다. 그럼에도 이 원죄는 아담의 시각에서 보면 그저 말에 의해 생겨난 첫 번째 죄에 불과하다. 도대체 아담이 어떤 역사도 갖고 있지 않은 유일한 개인이란 말인가? 만약 그렇다면 인류는 어떤 개인도 아닌 개인에 의해 시작되었던 것이 된다. 그리고 이야기가 이렇게 흘러갈 경우 인류라는 개념뿐만 아니라 개인이라는 개념까지도 의미를 상실한다. 만약 인류의 다른 한 개인이 자신의 역사를 가지고 인류의 역사를 위해 의미심장하다고 말할 수 있다면, 아담 역시 그러할 것이다. 만약 아담이 오로지 말로 형성된 첫 번째 죄를 통해서만 언급될 수 있다면, 그때 역사라는 개념 자체가 쓸데없는 것이 되고 만다. 즉 그때는 역사가 시작하는 바로 그 순간에 이미 지나간 것이 되기 때문이다.[34]

만약 인류가 처음부터 모든 각각의 개인들과 함께 시작하지 않는다면, 인류가 지닌 죄의 속성은 역사를 획득하겠지만, 그 역사는 오로지 양적 규정 속에서만 진행될 것이다. 하지만 개인은 이와 반대로 질적인 규정 속으로 비약이 이뤄질 수밖에 없다. 그래서 인류가 처음부터 각각의 개인들과 함께 시작하지 않고, 모든 개인이 인류와 함께 시작할 수밖에 없는 것이다. 그렇지 않다면 인류 자체가 존재할 수 없을 것이다.

그리고 만약 사람들이 아담의 죄가 인류의 죄를 세상 속으로 가져왔다고 말한다면, 그것은 모든 개념을 쓸데없는 것으로 만들어 버릴 정도로 공상적인 것을 의미하거나 자신의 첫 번째 죄를 통해 죄의 속성이 세상 속으로 들어오게 되었다는 말을 모든 개인에 대해서도 똑같은 의미로 할 수 있게 된다. 죄의 속성이 어떤 방식에 의해 저질러진 죄와 함께 시작되었다고 말하는 신화나, 인류 바깥에 존재하는 개인을 끌어들여 인류가 시작하게 되었다는 신화 모두 생각이 만들어 낸 상상의 작품에 불과하다. 하지만 바로 이 지점에서 사람들은 문제의식을 고쳐시켜야 한다는 사실을 명심해야 할 것이다. 여기서 문제가 되고 있는 것은 지금 이야기를 통해서는 2번

---

34 이것이 키르케고르의 기본 입장이다. 그는 지속적으로 바로 이 점을 부각하려고 애를 쓴다. 키르케고르는 소위 닭이 먼저냐 달걀이 먼저냐는 식의 논쟁이 연출해 내는 무의미함을 폭로하려는 것이기도 하고, 동시에 이런 말이 지닌 위력을 밝히려는 것이기도 하다. 이성은 생각하는 능력이고, 생각은 논리를 추구하다 보니, 상상을 초월하는 이런 형이상학적 논리 앞에서는 어떤 저항도 하지 못하고 끌려 들어갈 수도 있다. 이것을 두고 이성의 한계라고 말해도 된다. 키르케고르는 바로 이런 점, 즉 이성이 빠질 수밖에 없는 그 자체의 함정을 가시화하는 데 주력한다.

인간이 언급되고 있지만 사실 그는 1번 인간이었고, 그 1번 인간은 원래 0번 인간이 되어야 했다는 끝도 없는 말장난이다.[35]

종종 자신을 속이고 또 온갖 종류의 공상적인 생각을 하도록 돕는 것이 있다면, 그것은 바로 세대가 갖는 상황이나 조건에 대한 인식이다. 예를 들면 하나의 가문 중에서도 나중에 태어난 사람이 첫 번째 사람과는 본질적으로 다를 것이라는 판단이 그런 생각을 하게 하는 것이다. 가문은 그저 인류의 역사 속에서 지속성을 의미하는 표현일 뿐이다. 게다가 가문이라는 개념은 어디까지나 양적인 의미에서만 규정될 수 있을 뿐, 어떤 경우에서도 개인적인 규정에는 개입할 수가 없는 것이다. 동물 세계를 예로 들면, 수천 또다시 수천의 세대가 등장한다고 해도 결단코 개인을 생산해 내지는 못하기 때문이다.

물론 아담의 가문이 없었다면 두 번째 인간은 결코 두 번째 인간이 될 수 없었을 것이고, 그저 공허한 반복만이 거듭되었을 것이다. 그런 반복을 통해서는 인류도 개인도 생겨날 수 없었을 것이다. 이때는 모든 개별적인 아담이라는 것이 그저 자신을 위한 하나의 모습에 지나지 않을 것이다. 이는 마치 고아원에서 아이들을 숫자로 부르는 것과 별반 다를 바가 없을 것이다. 여기서 의미하는 숫자는 보다 불완전한 의미에 지나지 않으며, 그것은 또한 무의미한 규정에 의한 존재의 규정에 지나지 않는 것을 의미한다. 게다가 모든 각각의 개인이 기껏해야 자신에게 국한된 존재에 불과하

---

35 이 문제가 바로 이성의 기회이기도 하고 한계이기도 한 것이다. 끝도 없이 말을 생산해 낼 수 있는 이성의 능력 때문에 무한한 세계로 속으로, 즉 구원의 인식 속으로 들어갈 수 있는 기회가 주어지기도 하지만, 이성이 틀에 박힌 생각만을 고집하려 들면 끝도 없는 지옥 속으로 빠져들 수도 있다는 것이 한계로 제시되고 있는 것이다. 특히 결과를 놓고 원인을 추궁하는 방식에서도 생각은 긍정적인 방향과 부정적인 방향이 공존한다. 사람은 누구나 '나'에 대한 인식을 가질 수밖에 없다. 그런데 그 '나'라는 개인적인 존재가 문제가 되고, 거기서부터 원인을 추궁하려 들면 끝도 없이 펼쳐질 수 있다. 생각은 문제가 문제를 낳은 방식으로 거듭될 수밖에 없기 때문이다.

다면, 그는 자신도 아니고 인류도 아닌 것이 된다. 이런 경우 그 각각의 개인은 마치 천사처럼 역사를 상실하게 된다.[36] 천사야말로 그저 자신일 뿐인 존재에 불과하고 그런 이유에서 그 어떤 역사에도 참여할 수 없게 될 뿐이다.

더 이상 무슨 말을 해야 할까. 이러한 생각들이 일종의 펠라기우스주의를 탄생시킨 것은 아니라고 말해야 할까. 펠라기우스주의는 모든 각 개인이 역사에 대해서는 관심조차 보이지 않는다고 보았고, 그 결과 자신의 작은 역사조차 자신의 개인 극장 무대 위에서만 펼쳐질 수 있게 해 놓고 말았다. 하지만 누가 뭐라 해도, 인류의 역사는 자신이 가야 할 길을 조용히 걸어가고 있다. 게다가 그 길 위에서는 어떤 개인도 같은 장소에서 시작하지 않을 것이다. 모든 개인은 또 다른 두 번째 개인과 다를 뿐이다. 모든 개인은 어디서든 처음부터 시작할 것이다. 역사 속에서 시작해야 하는 그 똑같은 순간 속에서도 개인 각자는 자신만의 시작 지점을 갖게 될 것이다.

---

36 실존 철학적 의미에서 중요한 인식으로 간주될 수 있는 부분이다. 키르케고르는 인간을 이야기하면서 역사를 운운한다. 인간은 역사적 존재라는 얘기다. 사람이라면 자신의 역사를 알아야 하고, 더 나아가 자기가 속한 가문이나 사회, 더 크게는 조국이나 민족의 역사도 알아야 하며, 궁극적으로는 인류의 역사까지 아우를 수 있는 존재로 거듭나야 한다. 이렇게 존재의 범주를 확장할 수 있는 것도 이성 때문이다. 인간에겐 이성이 주어져 있고, 그 이성을 책임지는 것은 오로지 인간 자신뿐이다. 누구더러 대신 생각해 달라고 부탁할 수도 없는 것이 바로 이성의 역할이다. 이성적 존재는 어떤 범주로든 또 어떤 형식으로든 역사에 참여하는 행위를 실현해 내야 한다.

3
순진무구함의 개념

우리가 살아가고 있는 이 시대에 하나의 교리적인 정의를 원한다면, 교리를 돕기 위해 헤겔이 발견해 낸 것들을 먼저 잊어버리는 일부터 해야 할 것이다. 그것이 조건으로 실현되어야 우리가 하고자 하는 일이 수월해질 것이기 때문이다. 만약 사람들이 일반적으로 옳다고 여겨지는 교리들을 운운하면서 헤겔이 좋아했던 설명들을 끌어들인다면 이야기가 이상하게 흘러갈 수도 있다. 그는 지양되는 것이야말로 직접적인 것의 규정이라고 말하기 때문이다. 게다가 그는 직접성과 순진무구함이 동일한 것이라고 말하기도 한다.

헤겔은 모든 교리적 개념을 철두철미하게 현학적 표현으로 전환한다. 그는 오로지 논리적인 것을 위해 축소된 존재만을 주시한다. 그의 논리에 따르면 직접적인 것은 지양되어야 마땅하지만, 헤겔의 이 말 자체가 이미 불필요한 것이다. 그가 이 말을 했다고 해서 불멸이 될 자격이라도 얻은 듯이 간주하면 안 된다. 이 말은 아무리 논리적으로 생각해 보아도 완전히 틀린 것이다. 그가 말하는 직접적인 것은 단 한 번도 존재하지 않았고 그래서 결코 지양될 수도 없기 때문이다.[37]

개념으로서 직접적인 것은 오로지 논리 속에서만 작동할 뿐인 반면에,

개념으로서 순진무구함은 윤리학에서만 유용할 뿐이다. 그리고 이 각각의 개념은 그저 그 개념이 속한 학문에서만 취급되어야 마땅하다. 그러니까 그 각각의 개념은 자신의 학문 안에서만 혹은 사람들이 그것을 전제하고 학문적으로 발전시켜 나가는 것에 의해서만 적합성을 따질 수 있다는 얘기다.

사안이 그러하긴 해도, 순진무구함이 지양되어야 한다고 말하는 것은 비윤리적이다. 설사 그 순진무구함이 그 말 자체를 입에 담는 바로 그 순간에 이미 지양되었다고 간주하더라도 윤리학은 그 순진무구함이 오로지 죄를 범함으로써만 지양될 수 있다는 것을 잊지 말 것을 명령하고 있기 때문이다. 만약 사람들이 이런 순진무구함을 직접성과 똑같은 형식으로 말하게 된다면, 그것은 논리적인 형식을 띨지는 모르겠으나 너무 집요한 면이 없지 않을 것이고, 게다가 너무 두루뭉술한 이야기로 변질될 가능성도 높다. 게다가 이 직접성이야말로 가장 사라지기 쉬운, 일종의 허무한 것에 불과할 뿐이다. 이미 있었던 사실이나 이미 사라진 것에 대해 미학적이라든가 감상적인 개념을 떠올리게 된다면, 그것은 그저 현학적인 측면만 부각하는 꼴이 되며, 그때는 이미 핵심은 망각되고 말 것이기 때문이다.[38]

---

37 '직접적인 것은 단 한 번도 존재한 적이 없었다'는 지적은 실존 철학적으로 대단히 중요한 사안이다. 이는 마치 태초에 대한 이념과도 같은 것이다. 태초가 있다고 생각하니 그다음이 궁금해지는 논리와 같은 것이다. 그 어떤 원인으로부터도 자유로운 것, 말 그대로 직접적인 것은 수학의 공식처럼 존재할 뿐이다. 공식을 인정하고 나면 계산이 이루어지듯이, 직접적인 것이 무엇인지를 가정하고 나면 지양할 것이 무엇인지 그때가 되어서야 가시화될 뿐이다. 마치 괄호의 역할을 인정하고 나면 그 괄호 안에 무엇을 채울 것인가를 고민하는 것과 같은 논리인 것이다.

38 이 문장에서 '현학적'으로 번역된 독일어는 '가이스트라이히(geistreich)'이고, 키르케고르는 이 단어를 외국어인 독일어로 적어 놓았다고 한다. 말하자면 키르케고르가 이 개념을 이런 식으로 적용한 데는 특별한 의도가 있었던 것이다. 물론 '가이스트라이히'는 '똑똑한' 혹은 '재치 있는' 등 긍정적으로 번역할 수도 있는 개념이다. 하지만 '재주를 피운다'는 식으로 잔꾀를 부리는 의미로 해석할 수도 있다는 것이 문제다. 지금 키르케고르가 이 개념을 과거 지향적인 시각을 비판하고 있는 자리에서 사용했다는 것은 부정할 수 없는 사안이다. 그렇다면 부정적인 의미로 해석해야 함은 당연한 것이

아담이 죄를 지으면서 순진무구함을 상실한 것처럼, 모든 인간도 그런 식으로 자신의 순진무구함을 상실할 것이다. 만약 그가 죄를 짓지 않고서 무엇인가를 상실했다면, 그때 그가 상실한 것은 순진무구함이 아닐 것이다.[39] 게다가 그때 그는 죄를 짓기 전에 이미 순진무구하지 않았다는 얘기가 되고, 그렇다면 그는 결단코 죄를 짓는 죄인이 될 수도 없었을 것이다.

아담의 순진무구함과 관련하여 말하자면 그것은 그저 공상적인 생각의 실패한 결과물에 지나지 않는다고 말해야 할 것이다. 아담의 순진무구함은 지금처럼 교회의 설교단 전체가 인류의 시작 지점에서와 마찬가지로 개방되어 있지 않았던 시절에는 지극히 상징적인 의미를 꿰찼을 것이다. 그때는 이런 종류의 이야기를 가지고서도 충분히 모험적이고 동화적인 이야기를 펼칠 수 있었을 것이다. 그런 이야기는 문학이 고안해 내는 의심스럽고 수상한 이야기보다 훨씬 이상한 내용까지도 품을 수 있었을 것이다.

아담에게 입힌 옷이 환상적으로 화려해질수록 그 안에 있는 아담의 본질에 대해서는 해명이 더욱 불가능해진다. 그런 식의 이야기를 통해서는 그와 그의 죄는 그가 죄를 지을 수 있었던 것보다 훨씬 더 끔찍해지기만 할 뿐이다. 이와 동시에 그는 자신의 아주 멋진 부분까지도 한순간에 우스꽝스럽게 만들고 말 것이다. 이런 모습을 바라보며 사람들은 감상에 빠지기도 하고 농담을 내뱉기도 하며 우울해지기도 하고 쉽게 무너지기도 한

다. 은어를 동원하도록 허락한다면, '헛똑똑이'라든가 '허당' 등이 이 단어의 의미가 될 것이다. 뭔가 말은 멋지게 한 듯한데, 그 내용은 엉터리라는 말을 하고 있기 때문이다.

39 지금 키르케고르가 설명하고 있는 사안은 단어의 형태를 감안하면 더욱 쉽게 이해할 수 있다. 즉 죄는 '슐트(Schuld)'이고, 순진무구함은 '운슐트(Unschuld)'이다. 말하자면 뿌리가 되는 단어가 같다는 것을 쉽게 알 수 있다. '슐트'라는 단어에 부정을 나타내는 접두어 '운(un)'이 붙어서 '운슐트'가 탄생한 것이다. 결국 '순진문구함'이 '죄'와 무관하지 않다는 것은 기정사실이 되고 있는 것이다. 순진무구함의 상실은 오로지 죄를 지음으로써만 가능하다는 주장은 그래서 설득력을 얻게 된다. 지금 키르케고르는 태초에 아담이 순진무구함의 존재였고, 그래서 그가 죄를 지음으로써 그 순진무구함을 상실했다는 성경 속 이야기의 핵심을 좇아가고 있는 것이다.

다. 아담의 그런 우스꽝스러운 모습을 대하고 나서 보이는 사람들의 반응이라고 하는 것은 그저 역사적인 의미에서는 파괴된 정신에 불과하고 망상적인 의미에서는 이상한 쾌활함에 지나지 않을 뿐이다. 게다가 거기서 파악된 핵심이라는 것 또한 결코 윤리적이라 말할 수도 없는 지경에 이르고 만다.

나중에 태어난 사람들의, 즉 아담과 이브를 제외한 모든 사람의 순진무구함과 관련해서라면, 누가 어떠한 생각을 해도 부족할 수밖에 없다. 하물며 윤리적인 원칙에 입각한 엄격주의라면 윤리학의 한계 따위를 더더욱 간과하고 말 것이다.[40] 솔직히 말해 윤리적 엄격주의는 그저 사람들과 관련하여 모든 것을 믿지 않는 데서부터 시작할 뿐이다. 이 엄격주의의 논리에 따르면 사람들은 기회만 주어지면 달아날 궁리만 한다는 것이다. 말하자면 사람들은 자신에게 주어진 한계를 인정하기보다는 그 한계를 뛰어넘어 새로운 것을 쟁취할 생각만 한다는 것이다. 이러한 생각은 사실 경솔하기 짝이 없다. 그런 경솔한 생각으로는 아무것도 붙잡을 수 없다.

순진무구함은 오로지 죄를 통해서만 상실된다. 이 말은 곧 모든 인간은 본질적으로 아담이 자신의 순진무구함을 상실해 버린 것과 똑같은 방식으로 자신의 순진무구함을 상실한다는 것을 의미한다. 하지만 윤리학은 이런 이야기에 대해 전혀 관심조차 보이지 않고 있다. 우리가 알고 있는 윤리학은 오로지 아담의 이야기에 집착할 뿐, 죄의 속성 자체를 살피려는

---

40 한계를 모르면 이상한 논리가 탄생한다. 현상의 세계에서는 한계에 대한 인식이 필연적으로 요구된다. 중세 신학이 무궁무진한, 즉 한계를 벗어난 논리에 집착했다면, 키르케고르는 지속적으로 한계에 대한 인식을 요구한다. 신학이 한계도 없는 무궁무진한 이야기로 희망을 줬다면, 이제 키르케고르는 한계가 있는 이야기를 가지고 어떻게 사람들에게 희망을 줄 수 있는가 하는 문제에 직면하게 된다. 한계가 있지만 그 한계가 오히려 기회로 작동할 수 있는 계기를 마련해 주는 것이야말로 실존철학이 추구하는 궁극적인 목적이라 말할 수 있을 것이다.

의도도 관심도 보이지 않고 있다는 것은 사실로 인정되어야 할 것이다. 게다가 이런 윤리학은 모든 사람을 죄인으로 만드는 데에만 몰두한다. 이것이야말로 교리의 진정한 관심사이다. 교리는 모든 사람을 속죄에 관심을 가지게 하고 또 그 속죄에 관여하는 관객으로 만들어 놓는 데는 성공을 거두었을지 모르지만, 결단코 사람들 스스로 그 속죄를 성공해 낸 주인공이 되지는 못하게 해 놓은 것이다.[41]

과거 우리가 학교에서 교리나 윤리학 시간에 그토록 심각하게 고민했어야 했던 내용들을 아무리 다시 꺼내 생각해 보아도 궁금한 점을 완전히 제거해 내지는 못한다. 그중에 대표적인 것이 바로 아담이 죄를 짓지 않았다면 무슨 일들이 벌어졌을까 하는 것이다. 이런 궁금증이 발생하고 나면 모든 교리적 논리는 그저 우스꽝스러운 분위기를 연출해 낸다. 그것은 그저 말도 안 되는 틀린 개념을 부각해 놓을 뿐이다.

순진무구한 자는 질문을 만들어 낼 수 있는 상황에 절대 처할 수 없다. 순진무구한 자가 질문 때문에 발목 잡히는 일은 없다. 만약 그가 질문을 하게 되면, 그 순간 이미 그는 죄인이 된다. 스스로 죄를 지은 자만이 질문을 내놓을 수 있기 때문이다. 그러니까 만약 죄를 지은 자가 질문을 한다면, 그는 자기 스스로 죄의 속성을 세상 속으로 가져왔다는 것, 즉 순진무구함이 죄를 통해 상실되었다는 사실조차 자신의 미학적 호기심 속에서

---

41 여기서 키르케고르의 철학이 지향하는 바를 추론해 낼 수도 있다. 사람이 스스로 속죄에 이르는 길을 모색하는 것. 그것이 바로 그의 철학이 지향하는 이념이 될 수도 있다는 얘기다. 여기서 돌고 도는 순환 논리도 발견된다. 순진무구함은 죄를 통해 상실되지만, 사람이 다시 속죄를 통해 순진무구함을 획득할 수도 있는 것이다. 지양하고 지양해서 다시 원점이 되는 순환 논리이기 때문이다. 하지만 이것은 결코 악순환이 아니다. 사람은 운명적으로 죄의식으로부터 자유로울 수 없지만, 그 죄의식을 갖고도 자유롭게 살 수만 있다면 행복의 주인공이 될 수 있다. 생각은 자유이고, 생각이 자유로울수록 길은 언제나 발견의 대상이 될 수 있다. 길은 있다. 길은 언제나 실존의 형식으로 이미 존재하고 있다. 그것을 발견하고 못 하고는 우리의 책임일 뿐이다.

무시하고자 할 것이다. 교리적 논리에서는 있을 수도 없는 일이다.

그래서 순진무구함은 직접적인 어떤 것과는 전혀 상관이 없다. 직접적인 것은 늘 지양되어야 할 대상일 뿐이다. 직접적인 것에 대한 규정은 오로지 지양되어야 한다는 그 조건에 의해서만 실현된다. 이와 반대로 순진무구함은 원래는 존재하지 않는 어떤 것이다. 그런데 그 순진무구함은 지양됨으로써만 존재할 수 있다. 즉 지양될 때만 실존의 형식으로 모습을 드러낸다는 얘기다. 이런 식으로 생겨난 것이 존재의 형식으로 실존할 수 있다는 것이다. 지양되기 전에 있었던 것은 이제 지양되었다는 형식으로만 존재한다는 것이다.

이에 반해 직접적인 것의 직접성은 간접성에 의해 지양되지 못한다. 간접성이 모습을 드러냄으로써, 바로 그 동일한 순간에 직접성은 지양된다. 그래서 직접성의 지양이라는 말은 직접성 속에 내재해 있는 움직임이라 말해도 되고, 완전히 정반대로 간접성 속에 내재해 있는 움직임이라 말해도 된다. 그 어떤 경우에서도 간접성은 직접성을 전제로 할 뿐이다. 하지만 순진무구함은 초월적인 것에 의해 지양되는 어떤 것이다. 순진무구함이 바로 이런 초월적인 것에 의해 지양되는 어떤 것이기 때문에 그것은 완전히 다른 어떤 것으로 탄생할 수밖에 없다. 이것은 헤겔이 직접성, 즉 그 순수한 존재와 관련하여 내놓은 개념인 무와는 전혀 다른 어떤 것이다.[42] 간접성은 바로 직접성이기도 하기 때문이다.

순진무구함은 하나의 질적인 것과 관련한 개념이다. 순진무구함은 하나의 상태이다. 그 상태는 충분히 있을 수 있는 사안이다. 말하자면 충분

---

42 '무'는 '니히츠(Nichts)'를 번역한 말이다. 아무것도 없다는 말로, 없을 무(無) 자를 떠올리면 된다. 헤겔의 철학에서는 무의 형식이 직접적인 것으로 인식되고, 그 직접적인 것이 순수한 존재로 주어진다는 논리이다.

히 존재할 수 있는 것이라는 얘기다. 그래서 그 상태를 지양해 내기 위해 논리적으로 서둘러야 할 필요도 없다. 이때 논리적인 서두름은 어떤 형식으로든 의미를 상실할 것이다.[43] 반대로 직접성이라면 말이 달라진다. 즉 직접성은 논리 안에서 논리적으로 조금이라도 더 빨리 서둘러야 할 필요가 있기 때문이다. 직접성은 늘 뒤늦게 도착하기 때문이다. 그것은 늘 도착해 봐야 너무 늦게 도착할 뿐이다. 아무리 서둘러도 소용없다.

또 순진무구함은 완전함이 아니다. 사람이라면 누구나 그런 것을 바라겠지만 순진무구함은 그런 것이 아니다. 그런 것을 바라는 순간 이미 그 순진무구함은 상실될 것이기 때문이다. 게다가 그런 것을 바란다는 것은 이미 새로운 죄가 될 것이다. 그런 것을 바라면서 소중한 인생이라는 시간을 허비하고 있기 때문이다.[44] 그렇다고 해서 순진무구함이 머물러 서 있

---

43 여기서 '논리적인 서두름'은 '다스 로기쉐 아일렌(das logische Eilen)'을 직역한 말이다. 사실 이 말에 어울리는 우리식 표현이 있다면, 그것은 '비약적 논리'라고 말할 수 있겠다. 하지만 이렇게 의역할 경우 키르케고르의 언어가 전하는 어감에 손상을 끼칠 것 같아 직역을 선택한 것이다. 우리의 언어적 습관에서는 학문적 개념이라 할 수 있는 '논리'에 의미를 둔 반면, 키르케고르는 '서두름'이라는 인간적인 행위에 무게를 둔 것이라고 말할 수 있겠다. 그의 생각을 좀 더 이어가자면, 이성적 존재에게 이성은 존재, 즉 이성을 활용하는 그 사람의 책임이 된다는 것이다. 이성을 활용하는 데 있어서 서두르지 않고 여유를 갖고 임하는 것이 관건이라는 얘기도 된다. 어떤 상황에서든 '논리적 서두름'은 부정적 의미를 취하고 있고, 그래서 언제나 지양의 대상이 된다. 하지만 이 문제를 순진무구함과 연결할 때는 무의미한 사안이 되고 만다. 비약을 하려면 전제되는 이념이 있어야 하지만, 순진무구함 자체는 어떤 전제도 허용하지 않기 때문이다. 이에 반해 바로 다음에 언급되는 '직접성'과 관련한다면, 그것은 오롯이 순진무구함과 맞물리는 개념이 된다. 순진무구함은 모든 사물과 직접적으로만 관련한다. 그 어떤 것의 개입도 허락되지 않고, 허락될 수도 없다. 말 그대로 순진무구하기 때문이다. 쉽게 말해, 순진한 사람은 뭐든지 먼저 직접 체험한 다음, 얼마간의 시간이 흐른 뒤에 논리를 형성하는 법이다. 이를 굳이 철학적으로 설명하자면, 인식은 언제나 뒤늦게 찾아온다는 말로 형용할 수도 있겠다.

44 시간을 허비한다는 표현은 생철학적으로 매우 중요한 사안이다. 인생은 시간으로 채워져 있다. 시간에 대한 인식이 곧 인생의 본질로 인도해 줄 것은 틀림없는 사실이다. 인생은 시간의 형식으로 진행될 것이고, 모든 시간은 한계를 지니고 있으며, 그래서 누구나 그 한계에 직면할 수밖에 없는 운명에 처해 있는 것이다. 하지만 그 한계를 가까이 두느냐 아니면 멀리 두느냐는 생각하기 나름이다. 그 한계를 벽으로 간주한다면 벽을 가까이 두고 살면 인생 자체가 감옥처럼 연출될 것이고, 그 벽

을 수 없을 정도로 불완전함을 의미하는 것도 아니다. 순진무구함은 그 자체로도 이미 충분히 만족하고 있을 것이기 때문이다. 그리고 죄를 지어서 순진무구함을 상실한 게 아니라, 말하자면 그것을 상실할 수 있는 유일한 방법으로 상실한 자는, 자신의 순진무구함을 희생시켜서 완전함을 얻었노라고 자랑할 생각 따위는 할 수도 없을 것이다.

창세기의 이야기는 순진무구함에 대해서도 올바른 해명을 주고 있다. 여기서 순진무구함은 무지이다. 그러니까 순진무구함은 결코 직접적인 것의 순수한 존재를 의미하는 것이 아니라, 그것은 그저 아무것도 모르는 무지 자체인 것이다. 만약 이 무지의 상태를 무지 밖에서 바라보고 더 나아가 정반대의 개념인 앎이라는 사안을 고려하여 규정하고자 한다면, 그것은 무지 자체와는 전혀 상관이 없는 것이 될 것이다.

이 정도면 이제 이런 견해가 펠라기우스주의를 낳은 원인이 결코 아니라는 사실이 밝혀졌을 것이다.[45] 인류는 자신의 역사를 가지고 있고, 그 역사 안에서 죄의 속성은 지속적인 동시에 양적인 의미로 규정되고 있지만, 이에 반해 순진무구함은 오로지 개인의 질적인 비약을 통해서만 상실될 뿐이다. 비록 인류의 진보가 이런 죄의 속성에 의해 진행되는 것이기는 하나, 개개인의 경우에 있어서는 그 죄의 속성이 그저 많거나 적은, 즉 양적 의미에서 규정되는 것일 뿐이다. 개개인은 이 죄의 속성을 자신의 행동으

을 아득히 먼 곳에 두면 삶 자체가 무한한 자유의 공간을 제공해 줄 것이다. 그래서 사람들은 '시간이 없다'고도 말하고 '시간이 있다'고도 말을 하게 되는 것이다. 둘 다 맞는 말이다. 하지만 어떤 말을 하느냐에 따라 주어지는 상황은 완전히 다르게 펼쳐진다. 시간을 허비하지 않고 살기! 정말 실천하기 힘든 요구다. 쉬는 것도 휴식이 되고 건강 회복의 의미로 진행되어야지, 소중한 시간을 무의미하게 죽이는 식으로 살아서는 안 된다는 얘기다.

45 벌써 몇 번이나 반복된 주장이다. 키르케고르는 펠라기우스주의를 옹호한 적도 없고 자신의 철학이 그런 이단을 탄생시킬 어떤 근거도 없음을 역설하고 있다. 키르케고르는 지금 펠라기우스주의에서처럼 원죄 자체를 거부하는 것이 아니라, 그것과 관련된 이야기의 허술한 부분, 즉 그 맹점을 파헤치고 있을 뿐이다.

로 옮기면서 그저 크거나 작은 역할을 증명해 낼 수 있을 뿐이기 때문이다. 그래서 그것 자체만으로는 죄의 개념을 구성해 낼 수 있는 것이 결코 아니다.

4
타락의 개념

만약 순진무구함이 무지라고 한다면, 아담의 순진무구함과 그 이후에 태어나는 모든 사람의 순진무구함 사이에 일종의 차이가 있는 것처럼 생각될 수도 있다. 이런 경우 인류가 지닌 죄의 속성은 양적인 의미에서 규정될 뿐이고, 개개인의 무지 속에 깃들어 있을 뿐이며, 더 나아가 오로지 자신의 행동에 의해서만 자신의 죄가 증명될 것이기 때문이다. 이것에 대한 대답은 이미 주어졌다. 즉 양적으로 많다고 해서 그것이 질적인 부분을 구성할 수는 없다는 사실이다.

또 만약 순진무구함이 무지라고 한다면, 이는 마치 더 나중에 태어난 어느 한 사람이 어떻게 해서 순진무구함을 상실했는지를 설명하는 것이 더 쉬운 것처럼 생각될 수도 있다. 하지만 그것은 그저 그렇게 보일 뿐인 망상에 지나지 않는다. 질적인 비약은 양이 많다고 설명될 수 있는 것도 아니고 양이 적다고 해명될 수 있는 것도 아니다. 또 내가 더 나중에 태어난 한 사람의 죄를 설명할 수 있다면, 나는 그것을 아담에게서도 똑같은 수준으로 설명해 낼 수 있을 것이다. 첫 번째의 것이 마지막의 것보다 쉬운 것처럼 보이는 것은 습관적이고 생각 없이 내뱉은 말이며 윤리적으로도 어리석은 판단일 뿐이다. 이런 식으로 철저히 논리를 갖춘 태양의 강렬한 빛이 정수리를 비출 때 사람은 누구나 먼지 구덩이에서 벗어나려 하는 욕망을 갖게 된다.

죄의 속성이 무엇인지 알고 싶으면, 스스로 그 안에 들어가 보고, 그것을 견뎌 보면 된다. 죄의 속성 안으로 들어가는 것은 노력이 필요한 일도 아니다. 죄의 속성은 결코 전염병이 아니다. 그것은 소들조차 병들게 하여 쓰러뜨리듯이 그런 식으로 사람을 쓰러뜨리는 것이 절대로 아니다. 그것은 '모든 입을 막는 것'도 아니다.[46] 어느 한 사람이 자신의 어머니가 죄를 지어서 자신을 얻었노라고[47], 그래서 참혹한 가정에서 태어났노라고 아주 진지하게 말을 할 수도 있겠지만, 그가 스스로 죄를 세상 속으로 가져왔다는 인식을 가질 때만 그는 진정으로 슬픔에 잠길 수 있게 된다. 세상의 이 모든 것이 자기 때문이라는 인식이 들어야 진정으로 슬픔에 잠길 수 있기 때문이다. 게다가 이때 죄의 속성에 대해서 미학적으로 슬퍼하고자 한다는 것은 모순에 지나지 않는다.

죄 없이 죄의 속성에 대해 슬퍼한 사람은 오로지 그리스도뿐이다. 하지

---

46 '모든 입을 막는 것'은 로마서에 등장하는 비유와 비교할 수 있다. "우리가 알거니와 무릇 율법이 말하는 바는 율법 아래에 있는 자들에게 말하는 것이니 이는 모든 입을 막고 온 세상으로 하나님의 심판 아래에 있게 하려 함이라."(로마서 3:19) 키르케고르는 이 구절에 따옴표를 찍어 놓았다. 그것은 바로 이 성경 구절을 떠올리도록 유도해 놓은 것이라 보아도 된다. 이 구절에서 키르케고르가 하고자 한 말을 알아듣는 것이 관건이다. 율법이라면 사람들의 입을 틀어막는 효과가 있겠지만, '죄의 속성'은 그런 것이 아니라는 말이다. '죄의 속성'은 여호와 하나님의 뜻과는 상관없다는 말이 되기도 한다. 그것은 오로지 사람의 뜻에 해당될 뿐이라는 얘기로 이해해도 무방하다.

47 "어머니가 죄 중에서 나를 잉태하였나이다."(시편 51:5) 이 구절은 마음을 지극히 불편하게 한다. 하나님의 편에 서기 위한 고백으로서는 좋은 의도일 수 있으나, 자기의 어머니가 젊어서 행한 사랑의 행위를 이런 식으로 매도하는 것은 어머니의 입장에서 지극히 기분 나쁜 판단이 될 수도 있기 때문이다. 성관계를 더럽고 흉하게 인식하는 전통에서 판단하는 것이라면 충분히 환영받을 일이지만, 지극히 인간적인 삶의 영역으로 들어와서 그것을 바라보면 너무나 일방적인 인식의 결과물이다. 성관계도 하지 않고 아들을 낳은 마리아는 성모로, 즉 하나님을 낳은 어머니로 추앙받게 해 놓은 반면, 성관계를 통해 자기를 낳은 어머니를 '죄 중에' 있게 하는 이런 식의 논리와 판단은 편파적이라는 지적을 피할 수 없다.

만 그는 자신의 운명에 대해서 슬퍼한 것이 결코 아니다. 비록 예수 그리스도가 그런 운명 속에서 자신을 발견해야만 했다고 하더라도, 그 상황에서조차 그는 신으로써 스스로 자유롭게 결정할 수도 있었을 것이다. 그는 운명을 고려하지 않고서도 세상의 죄를 짊어질 수 있었을 것이고[48], 자의적으로 벌을 받을 수도 있었을 것이다. 하지만 이 모든 것은 미학적인 규정이 아니며, 그런 것이 될 수도 없다. 그리스도는 개인의 존재 형식을 훌쩍 뛰어넘어 있기 때문이다.

더 나아가 순진무구함이 무지라고 한다면, 그 순진무구함이 도대체 어떻게 상실될 수 있다는 말인가? 이 질문에 대답하기 위해서 지금 여기서 의미는 풍부할지 모르지만 어리석기 짝이 없는 가설들을 하나하나 나열하는 것은 나의 의도가 아니다. 사상가들이라고는 말하지만 스스로 그저 공상에 빠져 있을 뿐인 이들이 흥미를 느끼고 죄라고 불렀던 그 거대한 인류의 관심사를 조목조목 따지는 것도 나의 의도가 아니다. 인류의 시작 지점에 부가되기는 했지만 하나의 호기심 덩어리 자체인 그 죄를 둘러싼 이야기들을 하나씩 벗겨 내는 것도 나의 관심사가 아니다.

이런 일들을 지양하는 이유는, 무엇보다도 나는 내가 나의 소중한 시간을 허비해 가며 그런 어리석기 짝이 없는 가설들에 대한 인식들을 조목조목 보고하는 것도 허락하고 싶지 않고, 또 설사 그런 일들이 벌어진다 해도 그것들을 읽어 가며 발생하게 될 다른 사람들의 시간 허비를 결코 허락

---

48 "이튿날 요한이 예수께서 자기에게 나아오심을 보고 이르되 보라 세상 죄를 지고 가는 하나님의 어린 양이로다."(요한복음 1:29) 요한복음의 저자 사도 요한이 자신이 한 말이라고 소개한 구절이다. 그 말 안에 하나님을 언급하는 식의 논리이다. 이런 이야기 형식을 통해 하나님이 인물화 되고 인격화 되고 있다는 사실을 깨닫고 나면 성경이 새롭게 읽힐 수도 있다. 이런 식으로 사실이 형성될 수만 있다면 아직도 우리가 모르는 신의 이야기도 충분히 존재할 수 있게 되는 것이다. 신은 전지전능한 존재일 뿐이고, 그런 존재가 펼쳐 낼 이야기는 끝도 없이 펼쳐질 수 있는 무한한 공간 속에서 자유롭게 연출될 뿐이다.

하고 싶지 않기 때문이다. 게다가 죄와 관련된 가설들 전체가 그저 빛이 턱없이 부족한 상태 속에 놓여 있어서 마녀들이나 공상에 빠져 있는 이들이 빗자루나 소시지를 꿴 꼬챙이를 타고 내기를 하듯 날아다니는 꼴을 재현할 생각은 추호도 없기 때문이다.

타락으로 인한 죄를 설명해야 할 학문이 있다면 그것은 심리학일 것이다. 하지만 이 학문도 그 자체로 한계가 있어 그저 설명할 수 있는 데까지만 설명할 수 있을 뿐이다. 게다가 이 학문이 다른 어떤 학문도 설명할 수 없는 것을 설명할 수 있다는 식으로 과장해서 말하는 일은 결코 없어야 할 것이고, 이 학문이 윤리학을, 그것도 교리를 통해서만 전제될 수 있는 그런 윤리학을 보다 정확하게 설명할 수 있다는 식의 허풍은 절대로 떨지 않도록 조심해야 할 것이다. 만약 사람들이 심리학적인 설명을 몇 번 반복하고 나서 죄가 이런 방식으로 세상에 들어온 것은 아니라는 결론을 도출한다면 실로 엄청난 혼란에 빠지게 될 것이다. 심리학은 자신의 한계를 지켜야 마땅하다. 아울러 심리학은 자신의 한계를 지킬 때만 자신의 학문적 설명이 의미를 취할 수 있을 것이다.

우리는 타락과 관련한 심리학적 설명의 훌륭한 예를 우스테리Usteri의 『바울의 교리에 대한 해설서』라는 글 속에서 찾을 수 있을 것이다.[49] 오늘날 신학은 너무나 사변적인 것이 되어 버렸고, 그 결과 거기서 언급되는

---

49 레온하르트 우스테리(Leonhard Usteri, 1799-1833)는 스위스의 종교개혁자였고, 취리히 김나지움의 교장이었다. 우스테리는 취리히 대학 교수의 아들이었고 히브리어에 능통했다. 그는 취리히 대학에서 신학을 공부했고, 목사 자격증도 받았지만, 목사의 길을 걷지는 않았다. 1820년 그는 베를린으로 건너갔고, 그곳에서 슐라이어마허의 제자가 되었다. 1823년에 그는 취리히로 되돌아왔고 그곳에서 교수가 되었으며 김나지움의 교장이 되기도 했다. 여기서 키르케고르가 읽은 것으로 확신할 수 있는 그의 책은 1824년에 취리히에서 출간되었던 것이고, 그 책의 원래 제목은 『신약 성경과 관련한 바울의 교리에 대한 해설서: 하나의 해석학적이고 교리적인 시도(Entwickelung des Paulinischen Lehrbegriffes mit Hinsicht auf die Übrigen Schriften des Neuen Testamentes: Ein Exegetisch-Dogmatischer Versuch)』이다.

모든 것은 그저 우스꽝스러운 결과물을 연출해 내고 있을 뿐이다. 직접적인 것은 지양될 수 있는 것이라고 너무나 쉽게 설명하고 있는 지경이 되었고, 경우에 따라 신학이 쏟아 내는 말들이 사람들의 마음을 더 편하게 해준다고 인정하는 상황까지 펼쳐지고 있다. 더 나아가 신학 자체가 이런 사변적인 설명을 숭배하는 자들의 눈앞에서 슬그머니 모습을 감춰도 그것을 인식하는 자들이 없다.

이에 반해 우스테리의 설명은 눈길을 끈다. 그는 선악과 먹는 것 자체가 금지되어 있었다는 사실을 주목했고, 그러한 금지 사항 자체가 아담 안에서 죄를 낳게 했다고 설명한다.[50] 여기서 놀라운 사실은 그러한 죄가 윤리적인 것을 결코 간과하지 않았다는 것이고, 더 나아가 그 죄가 아담 속으로 질적인 비약을 감행하게 되는 것이 동시에 이미 규정되어 있었다는 사실을 인정한다는 것을 밝힌 데 있다. 하지만 지금 여기서 내가 우스테리의 설명과 그 핵심 이론을 강연하고 싶은 생각은 없다. 누구나 그의 생각을 책을 통해 읽을 수 있을 것이고 저자가 의도했던 바를 접할 수 있을 것이기 때문이다.

하지만 우스테리의 이러한 설명에도 부족한 면이 있다. 그것은 그 설명이 진정으로 심리학적이고자 하지 않았다는 데 있다. 물론 그렇다고 해서 그의 설명 자체를 탓할 수는 없다. 그의 설명은 전혀 다른 과제를 품었기 때문이다. 그의 과제란 바울의 교리를 설명하고자 함과 동시에 스스로 성경적인 것과 연결되고자 하는 것이었다. 하지만 그의 이런 견해에도 불구하고 성경은 자주 해로운 결과를 초래했다. 말하자면 하나의 고민을 시작

---

50 여기서 우리는 키르케고르의 종교적 교리와 관련한 철학적 시각과 신념을 발견할 수 있다. 즉 그는 스위스 종교학자의 이론을 빌려서 금지가 죄의 원인이었다는 사실을 밝히고 있다. 신이 그런 금지 사항을 언급하지 않았다면 죄는 발생하지 않았을 것이라는 논리이다.

하려 할 때 설명이나 지식을 얻으려 하기보다는 기존의 특정한 입장이나 고전적인 견해를 고집하려고만 한다면, 모든 것은 그저 이미 존재했던 그런 입장과 견해를 개작하는 것에 그칠 것이고, 그럴 경우에 모든 것은 완전히 이상한 것이 되고 말 것이다.

자연스러울수록 좋다. 무엇을 원하든 상관없이 자신의 설명 자체는 경외심 속에서 성경의 판단에 맡겨야 할 것이고, 만약 그 설명이 성경의 판단 앞에 서 있을 수 없을 때조차 최소한 그것을 시도해야 할 것이다.[51] 설명을 이런 식으로 진행할 경우 설명이 설명되기도 전에 그 설명을 이미 이해하고 있는 어처구니없는 상황은 벌어지지 않을 것이다. 더 나아가 설명을 이런 식으로 진행할 경우 페르시아의 왕이 이집트인들에게 대항하기 위해 그들의 성스러운 동물을 자기를 지켜 주는 도구로 활용하는 잔꾀 같은 것도 부릴 필요가 없어질 것이다.

만약 금지 명령을 타락의 조건으로 삼고자 한다면, 그 금지 명령과 함께 어쩔 수 없이 하나의 욕망을 일깨울 수밖에 없을 것이다.[52] 이 욕망에 대한 이론과 함께 심리학은 이미 자신에게 주어진 권한의 한계를 넘어서고 말았다. 여기서 말하는 욕망이란 허물에 대한 규정이 될 뿐이다. 그것은 허

---

51 이것이 키르케고르의 철학이다. 성경의 판단에 맡기는 것, 이것이야말로 그가 원하는 바다. 성경의 판단에 경외심을 가지고 설명에 임하기, 그것이 그의 철학의 핵심을 이룬다. 물론 과거의 견해를 이어받고 그것을 조금씩 변형시켜 가며 설명을 전개할 경우 안전하다는 이로움이 있을 수는 있겠지만, 학문적인 발전을 꾀할 수는 없게 된다. 과거의 것을 답습하는 데서는 학문적인 발전을 기대할 수 없다. 모든 발전에는 때로 위험을 감수하는 용기도 요구된다.

52 키르케고르는 여기서 '욕망'으로 번역된 단어를 라틴어 '콘쿠피스켄티아(concupiscentia)'라고 적어 놓았다. 사실 이 개념은 중세 신학에서 중요한 역할을 담당했다. 당시 신학자들은 이것을 악이나 죄를 지향하는 인간의 경향을 지적하는 데 사용했다. 이런 인식은 교부 철학자들이나 스콜라 철학자들, 또 종교개혁 이후 로마 가톨릭교회와 개신교 교회의 신학자들 모두에게서 공통적으로 나타난다. 심지어 이것은 오늘날 신앙고백을 가르치는 신학교들에서조차 지속적으로 논의의 대상이 되고 있는 실정이다.

물과 죄에 앞서는 죄가 되며, 허물과 죄 그 자체로 머물지 않고 죄를 통해서만 규정되는 죄일 뿐인 것이다.[53] 이 경우 질적인 비약은 힘을 상실하고, 타락은 일종의 지속적인 어떤 것이 되고 만다.

아울러 어떻게 해서 금지 명령이 이러한 욕망을 일깨우게 되었는지에 대한 설명도 애매모호한 상태이다. 인간의 욕망이 금지된 것을 지향한다는 것을 이교적으로나 기독교적으로 충분히 경험될 수 있는 사안이라고 인정한다고 해도 이 문제는 간단하게 풀리지 않는다. 게다가 경험이라는 것을 그렇게 간단하게 소환할 일도 못 된다. 사람들은 인간의 욕망이란 것이 인간의 삶의 단계 중 어떤 지점에서 생겨나는지 보다 정확하고 자세하게 묻기를 원하기 때문이다.

또 욕망이라는 것은 이것과 저것 사이에 끼어 있는 중간 규정이기는 하지만, 그렇다고 해서 의미가 애매모호하게 중첩되는 것은 아니다. 만약 욕망의 본질을 그렇게 설명한다면, 그것은 이미 심리학적인 설명이 되지 못한다. 개신교 교회가 가장 강력하게 또 가장 공들여서 주장하고 있는 바는 원죄가 인간 속에 존재한다는 사실인데, 이것조차 오로지 바로 그 인간이 욕망을 갖고 태어났다는 것을 인정할 때만 가능한 소리이다. 자연스럽게 태어난 모든 인간은 죄와 함께 태어난다. 이 말은 곧 신에 대한 두려움 없이, 또 신에 대한 신뢰도 없이 오로지 욕망과 함께 태어날 뿐이다. 그럼에

---

53 키르케고르는 지금 매우 중요한 것을 지적하고 있다. 예를 들어 하지 말라는 것을 말함으로써 하지 말라고 한 것을 행하는 행위가 죄가 되게끔 만들어 놓은 상황을 폭로하고 있는 것이다. 달리 말해, 금지 명령을 하나님의 것으로 만들어 놓음으로써 그 성스러운 명령을 어길 수밖에 없는 상황을 연출해 놓은 것이다. 이것이야말로 악순환이 될 뿐이다. 어쩔 수 없는 것을 죄라고 말하는 순간, 이미 모든 것은 그 틀에서 벗어날 수 없는 것이 되고 말기 때문이다. 상황을 역전시켜 설명해도 된다. 금지 명령이 가능했던 조건은 욕망이라는 사실이다. 욕망이 있었기 때문에 금지 명령이 설득력을 얻게 되는 것이다. 인간에게 주어진 욕망이 없었더라면 금지 명령은 말도 안 되는 것이 될 뿐이다. 이런 모든 내용을 무시할 경우, 어쩔 수 없이 독단이 탄생할 수 있는 길을 터주고 마는 것이다.

도 이 개신교의 가르침은 누군가가 이런 식으로 언급할 수도 있는 순진무구함, 즉 나중에 태어난 인간의 순진무구함과 아담의 순진무구함 사이의 본질적인 차이를 설정하고 보여 주는 데 주력하고 있을 뿐이다.

심리학적 설명은 핵심적인 내용을 잡담의 형식으로 흐려 놓아서는 안 된다. 심리학적 설명은 이중적 의미와 관련하여 그 속에 머물면서 탄력적으로 대처해야 할 것이다. 바로 이 이중적 의미에 의해 죄가 질적인 비약을 실현해 낼 것이기 때문이다.

5
불안의 개념

순진무구함은 무지이다. 하지만 인간은 이런 순진무구함 안에서 정신으로 규정되지 않는다. 인간은 오로지 자신의 자연성과 함께 직접적인 통일 안에서 영적으로 규정된다. 정신은 인간 안에서 꿈을 꾸고 있다.[54] 이 견해는 성경의 견해와 완전히 일치한다. 그것은 순진무구함 속에 있는 인간에게서 선과 악 사이의 구별할 수 있는 인식 능력을 거부함으로써 가톨릭 교단이 제멋대로 유용하게 써먹었던 온갖 종류의 망상을 파괴해 버린다.

이런 상태에 평화와 안식이 있기는 하지만, 동시에 다른 어떤 것도 있다. 그 다른 것은 불화나 다툼을 의미하는 것은 아니지만, 스스로 다투게 하는 그 무엇도 존재하지 않는다는 것이다. 그렇게 되면 무엇이 존재하는 것일까? 무가 존재할 뿐이다. 하지만 무는 어떤 작용을 하는 것일까? 무는

---

54 이 주장은 매우 중요하게 인식해야 할 사안이다. 인간이 있고 정신이 있는 것이지, 정신이 있어서 인간이 있는 것이 아니라는 주장이기 때문이다. 인간 안에 정신이 있다. 그런데 그 정신은 인간이라는 존재 안에서 그저 꿈을 꾸고 있는 것이다. 그 꿈의 상태에서 깨어나 의식의 차원으로 전환을 일궈 내는 것은 인간 자신의 존재론적 숙제이다. 인간에게는 정신이 있어서 꿈을 꿀 수도 있지만, 바로 그 꿈 때문에 정신을 차릴 수도 있는 것이다. 정신이 꿈을 꾸지 않고 제정신을 차리게 될 때 사람은 온전한 인간으로 거듭날 수 있는 것이다.

불안을 낳는다. 순진무구함이 지닌 심오한 비밀은 그 순진무구함 자체가 동시에 불안이라는 사실 속에 있다. 정신은 꿈을 꾸면서 자신의 현실성을 투영해 바라본다. 하지만 이러한 현실성이야말로 무일 뿐이고, 바로 이 무가 자기 앞에 펼쳐지고 있는 순진무구함을 지속적으로 바라보게 되는 것이다.

불안은 꿈을 꾸고 있는 정신의 규정이고, 그것은 이러한 규정을 근거로 하여 심리학에 속한다. 깨어 있을 때는 자신과 자신이 아닌 것 사이에 구별이 존재하지만, 잠을 자고 있을 때 그 구별은 중단되고 만다. 그런데 꿈을 꾸고 있을 때 그 구별은 암시된 무가 된다. 정신의 현실성은 지속적으로 자신의 가능성을 시도하는 하나의 형상으로 나타난다. 그러나 정신이 그 형상을 잡으려 하는 순간 그것은 이미 사라지고, 그때 그 현실성은 불안을 야기하는 무가 되고 만다. 이렇게 되면 정신의 현실성은 그저 자신을 보여 줄 뿐, 더 이상 할 수 있는 것이 아무것도 없다.

불안의 개념이 심리학에서 다뤄진 적은 단 한 번도 없다. 그래서 나는 바로 이 점에 주목해야 할 필요성을 느끼고 있다. 불안의 개념은 어떤 특정한 대상과 관련하여 생겨나는 공포라든가 그와 비슷한 개념들과는 완전히 다르다. 불안은 가능성을 위한 가능성으로서 존재하는 자유의 현실성이다. 그래서 본성상 정신으로 규정될 수 없는 동물의 경우에서는 그 어떤 불안도 찾을 수 없는 것이다.[55]

---

55 키르케고르는 불안이 인간의 문제라는 점을 지적하고 있다. 정신을 갖고 살아야 하는 인간만의 문제가 바로 불안이라는 얘기다. 이성은 인간의 전유물이란 말이 있듯이, 그 이성 때문에 발생할 수밖에 없는 것이 불안이라는 것이다. 결국 인간은 불안의 존재가 된다. 불안은 인간의 조건인 동시에 운명이 된다. 이성은 사람이 생각하게 하고, 생각은 자유의 형식 속에서 이뤄지지만, 그 자유는 불안의 원인으로 작동한다. 불안의 크기는 생각의 크기만큼이나 성장할 수 있다. 생각을 많이 하는 사람일수록 불안 또한 많이 감당해 내야 하는 것이 사람의 운명인 셈이다.

만약 우리가 불안을 변증법적인 규정의 형식으로 고찰하고자 한다면, 바로 이 불안이야말로 심리학적인 이중성을 지니고 있다는 사실을 쉽게 알 수 있다. 즉 불안은 공감하는 반감이자 반감을 품은 공감이다. 여기서 나는 사람들이 어떤 통찰을 얻어 낼 수 있으리라 생각한다. 그것은 불안이 앞서 언급했던 욕망과는 완전히 다른 의미에서의 심리학적 규정이라는 사실이다. 이를 증명하기 위해 일상에서 사람들이 하는 말을 관찰해 보아도 좋다. 예를 들어 사람들은 달콤한 불안이라든지, 달콤하게 불안에 휩싸인다든지, 기이한 불안이라든지, 부끄러운 불안 등을 대표적인 사례들로 언급한다.

순진무구함 속에 들어 있는 불안은 첫째로 죄가 아니며, 둘째로 감당하기 어려운 부담도 아니었다. 그것은 고통도 아니다. 그것은 순진무구함의 성스러움과 조화를 이루지 못하는 괴로운 사건도 아니다. 이런 것은 어린아이들을 관찰해 보면 잘 알 수 있다. 어린아이들이 모험적인 것이나 동화적인 것 혹은 섬뜩한 것이나 수수께끼 같은 것을 추구하고자 할 때 이러한 불안은 보다 선명하게 드러나는 마음 상태이다.[56]

물론 어린아이들이라고 해서 다 어떤 것을 추구하고 있고 그러면서 불안을 느낀다는 얘기는 아니다. 그렇다고 해도 그것이 반대되는 다른 무엇인가를 증명하는 것은 결코 아니다. 동물에게서도 추구함의 행위는 발견

---

56 불안은 죄가 아니다. 죄를 지어 불안을 느끼는 것도 아니다. 이것은 키르케고르의 용기 있는 변호에 해당한다. 그의 선구자적 견해가 바로 이런 데서 발견되고 있다. 사람이 죄를 지어서 불안을 느끼는 것이 아니라, 사람이라서 불안을 느낄 수밖에 없는 지경에 처해 있을 뿐이다. 사람은 낯선 것을 원할 뿐이고, 그것을 위해서라면 불안을 떠안을 수밖에 없다. 사람은 새로운 것을 원할 뿐이고, 그것을 위해서라면 불안은 극복해 내야 하는 것에 불과하다. 사람이 직면하는 모든 도전과 모험은 두려움을 동반할 수밖에 없고, 그런 두려움이 불안이라 불리고 있을 뿐이다. 모르니까 불안한 것이다. 알고 나면 외면할 수도 있고 피해 갈 수도 있을 것이다. 길을 알고 나면 그 길을 따라갈 수도 있고, 다른 길을 택할 수도 있다. 삶에서 정해진 것은 아무것도 없다. 그래서 사람이 삶과 직면하여 불안을 느끼는 것은 당연하다. 키르케고르는 이 사실을 변호하고자 하는 것이다.

되지 않는다. 말하자면 정신이 적을수록 불안도 적을 수밖에 없다.[57] 이런 불안이야말로 어린아이들에게는 본질적인 것이다. 불안을 느끼지 않는 어린아이는 존재하지 않는다는 사실만 놓고 보더라도 이것은 진실에 해당한다. 불안이 어린아이들을 엄습하여 불안에 떨게도 하겠지만, 그때조차 불안은 어린아이를 그저 달콤한 상태에서 불안에 휩싸이게 할 뿐이다.

국가의 경우도 마찬가지이다. 어린아이와 같은 순수한 정신이 꿈을 꾸고 있는 국가는 불안을 느낄 수밖에 없다. 하지만 그 불안의 깊이가 심오할수록 국가의 깊이 또한 심오하기 마련이다.[58] 이런 것을 분열이나 파괴의 조짐 따위로 간주하는 것은 수준 낮은 정신이 자신의 어리석음을 증명하는 것이라고 말할 수도 있다. 이런 해석이라면 불안은 그저 우울증과 같은 의미에 지나지 않는다고 말할 수도 있을 것이다. 그것도 아주 심각한 우울증의 상태를 반영하고 있을 뿐이라고 주장할 수도 있다는 얘기다. 하지만 그것은 자유의 정신이 가장 심오한 의미에서 자신이 되고자 할 때 발생하는 위대한 역사적인 사건일 뿐이다. 역사의 발전 단계에서 자유의 정신이 불완전한 형태를 취하기는 했어도 그 모든 것을 견뎌 내고 이겨 냈다면, 그 자유는 결국 자신의 모습을 드러내고야 말 것이다.

불안이 불안을 느끼는 대상과의 관계를 고려해서도 같은 이야기를 펼

---

57 정신이 많을수록 불안도 많다. 이것 또한 실존 철학적 입장에서는 위대한 발언이다. 정신이 깨어 있을수록 싸워야 할 대상도 많다. 남들은 보지 못하는 것도 깬 정신은 볼 수 있다. 그래서 앞서가는 선구자의 행위를 대중이 오해할 수 있는 여지가 발생하는 것이다. 그가 왜 그런 행동을 하는지 깨닫지 못하기 때문이다. 키르케고르는 지금 불안과 정신의 관계를 설명하고 있다. 이것이야말로 선구자적 행위에 해당한다. 정신이 있으니 불안도 있는 것이다. 이는 "사람이니 불안을 느끼는 것이다"라고 말하는 것과 같은 논리이다.

58 불안을 많이 느끼는 국가일수록 그 국가의 국민이 생각해 낸 결과물도 많을 수밖에 없다. 생각이 많을수록 불안의 흔적도 많을 수밖에 없다. 위대한 국가일수록 심각한 불안을 딛고 일어선 변화의 지점들을 역사의식으로 승화시켰을 것이다. 그런 역사들이 세계사를 형성하고 다른 나라들에 모범이 되게 하는 것이다.

칠 수 있다. 즉 그 대상은 실제로는 무가 되는 어떤 것이 될 수도 있다는 얘기다. 이것을 일상의 표현으로 말하면 더 이해하기 쉬울 것이다. 말하자면 아무것도 아닌 것에 대해 불안을 느낄 수도 있다는 말을 떠올리면 된다.[59] 결국 불안이 불안을 느끼는 것이 무라는 것은 완전히 이중적 의미를 지닌다. 그것은 또한 순진무구함이 죄가 될 수 있는 발상의 전환을 가능하게 한다. 이것이야말로 변증법적인 사안이 된다. 그러면서 동시에 이런 설명은 심리학적 사안임을 증명해 줄 뿐이다.[60]

그럼에도 질적 비약은 모든 이중적 의미를 벗어나서 발생한다.[61] 말하자면 누군가가 자신이 느끼는 불안 때문에 자신의 죄를 의식하고 있다면 그야말로 순진무구한 사람일 뿐이다. 그를 덮친 것은 자신이 아니라 불안이라는 낯선 힘이기 때문이다. 게다가 그는 이 힘을 사랑한 적도 없었고, 더 나아가 이 힘 앞에서 불안을 느꼈을 뿐이다. 그럼에도 그는 죄인이다. 불안에 침잠해 있기 때문이다. 말하자면 그는 이 불안을 무서워함으로써 그것을 사랑하고 있었던 것이다.

세상에 이것보다 더 이중적인 것은 존재하지 않는다. 게다가 이런 설명 자체가 이미 유일한 심리학적 설명이다. 그럼에도 이것을 반복하여 질적

---

59 불안은 객관적인 사안이 아니다. 불안은 오로지 주관적인 의미에서만 힘을 발휘한다. 그 얘기는 사람마다 불안을 느끼는 대상이 다를 수밖에 없다는 말이 되기도 한다. 누구는 아름다운 장미꽃을 바라보면서도 가시를 떠올리며 불안을 느끼기도 하는 것이다. 우리의 격언 중에도 "자라 보고 놀란 가슴 솥뚜껑 보고 놀란다"는 말이 있다. 이것은 사람마다 경험의 내용이 다르고, 그 다른 경험의 내용 때문에 불안의 대상도 달라질 수밖에 없다는 얘기다.

60 키르케고르는 지금 변증법과 심리학이 별개의 것이 아니라는 말을 하고 있다. 키르케고르는 자기 나름의 해석을 내놓고 있다. 말하자면 그는 사람이니까 변증법적으로 대처할 수밖에 없고, 그것은 심리학적으로 충분히 해석할 수 있다는 말을 하고 있다. 이런 해석이 실존 철학의 본질을 형성하고 있는 것이다.

61 불안이 불안을 느끼는 대상의 출현은 논리적이지 않다는 얘기다. 그것은 예상 밖의 일이 될 수도 있다는 것이다.

비약을 설명해 주는 것으로 만들고자 한다면 어처구니없는 일이 되고 만다. 예를 들어 금지 명령 자체가 아담을 부추겨 명령을 어기게 만들었다느니 유혹자가 등장하여 그를 속였다고 하는 온갖 생각들은 의미가 풍부한 이 이중성을 그저 수박 겉핥기식으로 설명해 놓은 것에 불과할 뿐만 아니라, 윤리학에까지 손을 뻗어 불순물을 섞어 놓고 말았으며, 양적 규정에 있어 의도적으로 영향력을 행사했고, 그런 식으로 해서 심리학의 도움을 받기는 했지만 결국에는 윤리적인 것을 희생시켜 가면서까지 사람들의 비위를 맞추고자 했던 것에 지나지 않는다. 하지만 윤리적으로 성숙한 사람이라면 이 새롭기도 하고 심오하기만 한 유혹 앞에서 일종의 변질된 윤리적인 것을 인식해 내고 단호하게 거절할 수밖에 없을 것이다.

불안이 모습을 드러낸다는 것, 바로 이것이 모든 것의 핵심이다.[62] 인간은 하나의 종합이며, 그것에는 영혼과 관련한 것들과 육체와 관련한 것들이 서로 어우러져 있다. 즉 이 두 가지 부분은 서로 합일을 이루면서 제3의 것 속으로 들어간다. 그렇지 않는다면 종합이라는 결과물은 생각할 수도 없는 것이 되고 만다.[63] 이 제3의 것이 바로 정신이다. 순진무구함의 상태에서조차 인간은 그저 단순한 동물이 아니다. 만약 인간이 생애의 단 한 순간이라도 단순한 동물이었다면, 그는 결코 인간이 될 수 없었을 것이다.

정신은 실존한다. 정신은 인간과 함께 더불어 존재한다. 그런데 그 정

---

62 불안은 내재되어 있는 것이다. 그 불안은 때가 되면 결국 모습을 드러내고 만다. 사람은 불안을 떠안고 살아야 하고, 그것이 말썽을 피우면 대처할 줄도 알아야 한다. 불안이 드러낸 모습은 자신의 또 다른 현상이기에, 불안 자체는 언제나 자신의 책임이다. 키르케고르가 지속적으로 설명하고자 하는 것은 불안이 무의 형식이라는 것이다. 알고 나면 아무것도 아닌 것이 될 수 있다는 그 비결을 알려 주고자 하는 것이다.

63 인간이란 존재는 영혼과 육체가 합쳐진 제3의 존재 형식이다. 인간은 개념이지만, 그 개념으로 무엇을 말하게 되는지는 수수께끼와 같다. 그래서 '나는 누구인가?'는 인간에게 주어진 영원한 질문이다. 그래서 아폴론 신전에 적혀 있었다는 말 '너 자신을 알라!'도 설득력을 얻는 것이다. 자신을 아는 것이야말로 신이 인류에게 명령하고 가르친 최고의 교훈이다.

신은 직접적인 형식으로 또 꿈꾸는 형식으로 존재할 뿐이다.[64] 정신이 존재하는 현재성 속에서 정신은 일종의 적대적인 힘이다.[65] 정신은 영혼과 육체 사이에서 형성되는 관계 형성에 있어서 지속적으로 방해를 일삼기 때문이다. 그 관계는 때로는 있기도 하고, 때로는 없기도 하다. 그것은 오로지 정신에 의해서만, 즉 정신을 통해서만 있기도 하고 없기도 하기 때문이다. 그래서 이러한 영혼과 육체의 관계는 정신의 방해로부터 자유로울 수 없는 것이다.

다른 한편으로 정신은 우호적인 힘을 과시하기도 한다. 이때 정신은 영혼과 육체의 관계를 공고하게 구축해 내는 역할을 감당해 낸다. 결국 인간은 이러한 이중적인 힘으로 인해 자신과의 관계가 복잡해지고 만다. 즉 영혼과 육체의 관계와 관련하여 인간은 자신에 대해 또 자신의 조건에 대해 어떤 태도를 취하고 있는가? 이것이 문제가 된다는 얘기다.

어떤 경우에서든 간에 정신은 불안과 관련될 수밖에 없다. 정신은 흔들

---

64 정신의 존재 형식이 직접적이라는 말은, 그 정신의 존재를 설명하기 위해 다른 어떤 것을 증거로 제시할 수 없다는 것을 말한다. 정신이 있는가 혹은 정신이 없는가 하는 문제는 직접적으로만 설명될 수 있을 뿐이다. 타인이 자신을 대신해서 정신을 차려 줄 수도 없다. 정신을 차리고 안 차리고는 오로지 인간 자신의 책임일 뿐이다. 우리는 정신에도 근육이 있다는 뜻으로 정신력이라는 말도 사용한다. 한마디로 약한 정신도 있고 강한 정신도 있다는 것이 문제. 무거운 짐을 감당해 낼 수 있는 육체의 근육처럼, 정신에도 감당하기 힘든 생각까지 생각으로 감당하게 하는 힘이 있으며, 그 힘은 언제든지 그리고 얼마든지 강화될 수 있다는 뜻이기도 하다. 또 정신의 두 번째 존재 형식으로 키르케고르는 꿈을 언급한다. 이것은 생각이라는 범주가 연출해 내는 내적인 세계를 일컫는 것으로 이해하면 된다. 보이는 세계가 다가 아니라는 말을 인정하면 되는 것이다. 생각이 보여 주는 세계는 자신만이 알고 있는 세계라는 뜻이 되기도 한다.

65 '적대적인 힘'은 자신을 적으로 인식해 내는 능력이기도 하다. 거울 앞에서 여타 동물이 자신을 인식하지 못하고 적으로 인식해 내는 것과는 차원이 다르다. 동물은 말하자면 진정한 적으로서 자신과 마주하지만, 인간은 거울 앞에서 자신을 인식함과 동시에 자신과 싸울 수 있는 능력을 지니고 있다. 자신을 알면서도 자신을 이겨 보고자 하는 욕망을 거둬들일 수 없다는 것이 인간이 처한 모순이다. 사람은 누구나 자기가 누군지 안다. 하지만 그 현재성 속에서 만족하는 이는 드물다. 잠시 만족할 수는 있어도 상황이 달라지면 또다시 다른 욕망에 내몰리고 말 것이다. 사람은 죽을 때까지 이 '적대적인 힘'과 대결을 일삼을 수밖에 없는 운명인 것이다.

어서 떨쳐 버릴 수 있는 그런 것이 아니다. 정신은 스스로 붙잡을 수도 없다. 정신은 자기 안에 있으면서 자기 밖에도 존재한다. 그래서 인간은 식물처럼 침잠한 상태에서 살아갈 수 없는 것이다. 정신은 결코 불안으로부터 달아날 수 없다. 정신은 바로 이 불안을 사랑하고 있기 때문이다.[66]

사실 정신은 그 불안을 사랑할 수 없다. 정신은 그 불안으로부터 언제나 달아나려 하기 때문이다. 이런 상황 속에서 순진무구함이 그 불안의 정점을 장식한다. 순진무구함은 아무것도 모르는 무지 상태이다. 아무리 그렇다고 해도 그 무지는 짐승 같은 잔혹성을 연출해 내지는 못한다. 그것은 그저 정신에 의해 규정되지 않은 무지에 지나지 않는다. 바로 이런 이유 때문에 그것은 불안을 느끼는 것이다. 이때 순진무구함의 무지는 무의 본성에 어울릴 뿐이다. 여기서는 선도 악도 무용지물이 된다. 그런 것을 알아야 할 이유도 없다. 그럼에도 불구하고 그 앎이 보여 주는 현실 전체는 오로지 불안 속에서 투영된다. 결국 그 불안 속에서 현실은 무지의 끔찍한 무의 현상으로 비칠 뿐이다.

아무리 부정해도 순진무구함은 존재한다. 하지만 그것을 위해서는 오로지 단 하나의 단어가 들려주는 소리에만 귀를 기울이면 된다. 그러니까 그것은 아는 게 하나도 없는 무지의 상태에 집중하게끔 유도한다. 물론 이

---

66 사랑이 주인공이다. 사랑이 철학의 핵심 내용이다. 신학이라면 신을 향한 사랑을 운운하겠지만, 생철학 내지 실존 철학은 사랑이라 말하면서 신을 대신하는 인간을 운운한다. 인간의 인생이라 말하든, 사람의 삶이라 말하든 상관없다. 인간과 인생은 한자어이고, 사람과 삶은 한글이라는 점만 다를 뿐이다. 사람이 사랑하는 것은 불안이다. 훗날 니체도 '운명애'라는 것을 철학적 개념으로 사용하기도 한다. 신이 된 철학자가 자서전을 쓰면서 남겨 놓은 운명을 사랑하라는 말이 바로 '아모르 파티'다. 이런 말들이 신학에 대항하는 인문학적 개념이다. 아무도 불안을 좋아하지 않을 것이고, 아무도 운명을 사랑하려 하지 않기 때문이다. 사람이라면 누구나 천국에 가서 신과 함께하는 영생을 꿈꾼다. 죽음은 죽어도 싫다는 것이 인간적인 소리다. 그래도 실존 철학은 실존을 버리지 못하게 한다. 실존을 바라보게 한다. 어쩔 수 없다면 운명임을 가르치고자 한다. 살면서 어쩔 수 없이 불안을 느끼며 살아야 하는 현실을 인식하게 한다.

단어 자체가 순진무구함을 자연스럽게 이해시켜 줄 수 있는 것도 아니다. 하지만 불안은 순진무구함이 직면하게 되는 첫 번째 먹잇감이다. 그 순간 불안은 무에 대한 인식 대신에 수수께끼 같은 말을 떠올린다.

창세기에서는 신이 아담에게 이렇게 말했다고 한다. "선악을 알게 하는 나무의 열매는 먹지 말라." 이 상황에서 분명한 것은 아담이 이 말을 전혀 이해할 수 없었다는 사실이다. 도대체 어떻게 그 순진무구한 아담이 선과 악을 구분하여 이해할 수 있었으며, 그가 무엇인가를 먹고 싶어 하는 욕망은 어디서 유래할 수 있었다는 말인가.

만약 금지 명령이 욕망을 일깨웠다는 사실을 인정하면, 그 논리 속에는 무지 대신에 이미 앎이 존재하는 꼴이 된다. 이런 논리라면 아담은 시작 지점부터 자유에 대해 알고 있었다는 얘기가 된다. 만약 욕망이 자유의 형식 속에 본질로 자리 잡고 있었다면, 아담은 또한 이 욕망을 사용할 수 있는 상황이 펼쳐진다. 이 모든 설명은 그저 부차적인 설명에 지나지 않는다. 즉 금지 명령이 아담의 내면에서 자유의 가능성을 일깨웠기 때문에 그 금지 명령이 아담을 불안하게 만들었다는 논리가 되기 때문이다. 말하자면 불안이라는 무가 순진무구함을 앞서는 것인데, 그 불안이 지금은 아담 속으로 들어가 있고, 그 불안이 다시 불안하게 만드는 가능성을 발생시킬 수 있는 무가 되어 있는 것이다.

아담의 이러한 능력이 무엇을 지향하고 있는지는 그 자신조차 전혀 인식하고 있지 않다. 당연한 얘기지만, 나중에 발생하는 것은 선과 악이 서로 다르다는 것을 전제할 수밖에 없다. 거기에는 오로지 능력의 가능성만 있을 뿐이다.[67] 결국 불안을 느낄 수 있는 아담의 능력이 보여 주는 것은

---

67 여기서 '능력의 가능성'으로 번역된 원어는 '뫼클리히카이트 데스 쾬넨(Möglichkeit des Können)'이다. '뫼클리히카이트(Möglichkeit)'는 '가능성'을, 그리고 '쾬넨(können)'은 '할 수 있다'는 동사를 명사화한

무지에 대한 보다 높은 형식의 것이거나 불안에 대한 보다 높은 표현일 뿐이다. 이 능력은 보다 높은 의미 속에 있기도 하고 그렇지 않기도 하기 때문이고, 아담은 그 능력을 보다 높은 의미에서 사랑하기도 하고 피하기도 하기 때문이다.

금지 명령 다음에는 저주가 이어진다. 만약 그 명령을 어길 시에는 반드시 죽으리라는 것이다.[68] 물론 이 상황에서 아담은 아무것도 파악하지 못했을 것이다. '죽는다'는 의미가 무엇인조차 전혀 알아듣지 못했을 것이다. 하지만 이와 반대로 이런 말들이 자신을 향해 있다는 것을 인정하게 될 경우에는 어김없이 그에게 끔찍한 생각을 하도록 중재했을 것이다.

사실 동물조차 인간의 말을 납득할 수는 없지만 움직임으로 보여 주는 동작이나 말하는 사람의 음성 속에서 드러나는 억양 정도는 충분히 이해할 수 있는 능력을 갖고 있다. 이런 식으로 상황을 설명한다고 하더라도, 만약 금지 명령이 욕망을 일깨웠다는 것이 사실이라면, 이 금지의 말 안에 끔찍한 생각을 일깨울 수 있도록 벌에 대한 말까지 허락해 놓았어야만 한다. 하지만 이렇게 될 경우 모든 것이 혼란스러워진다. 아담은 신이 말한 것이 무슨 뜻인지 이해하지 못했을 것이기 때문이다. 그래서 이때 발생하

것이다. 키르케고르는 이 말들이 합쳐지면서 발생하는 의미를 추궁하고 있다. 사람에게 주어진 능력으로서 특히 가능성을 인식하는 능력에 주목하는 것이다. 신학이 주목했던 신의 뜻, 즉 하나님의 뜻은 이미 있는 것에 대한 설명의 형식으로 이뤄졌다면, 생철학이나 실존 철학, 즉 인문학이 학문으로 대해야 하는 것은 가능성의 형식이라는 사실을 이런 식으로 접근하는 것이다. 가능성은 그것이 무엇이 되었든 간에 그것을 가능하게 하는 자의 몫이다.

68 "선악을 알게 하는 나무의 열매는 먹지 말라 네가 먹는 날에는 반드시 죽으리라."(창세기 2:17) 여기서 우리는 키르케고르의 시선을 좇아가야 한다. 그가 바라보고 있는 사물이 무엇인지를 깨닫고 인식해야 한다. 이 구절에서 선명하게 드러난 것은 지금 신이 죽음을 예고한다는 사실이다. 신은 거짓말하지 않는다. 신은 뱀처럼 유혹하지도 않는다. 신은 오로지 진실만을 알려줄 뿐이다. 그런데 그 신이 죽음을 선포한 것이다. 이것이야말로 저주의 소리다. 만약 하지 말라고 한 것을 하게 되면 넌 반드시 죽을 것이라는 그 소리가 저주를 품고 있다는 얘기다. 키르케고르는 이제 죽음의 기원에 대해서 주목하고 있다. 우리는 그가 이 죽음의 문제를 어떻게 다루는지를 관찰해야 한다.

는 끔찍한 생각은 그저 불안의 원인이 될 뿐이다. 그러니까 또다시 불안의 이중성이 문제되는 것이다. 말하자면 금지 명령에 의해 능력의 무한한 가능성이 더욱 선명해진 반면, 그 가능성은 다시 자신의 가능성의 결과물로서 또 다른 가능성을 만들어 내고 있다는 사실이다.[69]

이렇게 하여 순진무구함은 가장 위험한 극단에 이른다. 순진무구함이 불안에 의해 금지된 것과 관계를 맺게 되고, 그 관계의 결과로서 벌을 받는다. 순진무구함은 원래 죄가 없었지만, 그와 함께 불안이 있었고, 바로 그 불안 때문에 순진무구함이 상실된 결과이다.

더 이상 심리학이 해낼 수 있는 것은 없다. 심리학이 해낼 수 있는 것은 지금 다 했다. 이제부터 해야 할 일은 심리학이 해낸 일들을 계속해서 반복 증명하는 일뿐이다. 그것도 사람의 삶을 관찰하면서 증명해야 할 일들이다.

나는 이제 이 성경 이야기와 관련하여 결론을 말하고자 한다. 나는 금지 명령과 벌을 준다는 목소리가 밖에서 들려오도록 연출했다. 이런 식의 설명이 지극히 당연하다는 듯이 인정받게 되었고, 그러면서 그것이 수많은 사상가를 괴롭혔던 것이다. 하지만 이런 식으로 주는 고통은 그저 사람을 웃길 뿐이다. 그러니까 순진무구함이란 그저 말로만 설명할 수 있는 것에 지나지 않는다. 말하자면 그것과 관련해서 쏟아 내는 모든 정신적인 것은 오로지 말 안에서만 그것에 어울리는 표현을 찾을 수 있다는 것이다.

---

69 여기서 중요한 것은 가능성은 신의 작품이 아니라는 사실이다. 사람에겐 능력이 주어져 있고, 그 능력으로 인해 사람은 무궁무진한 가능성과 직면할 수밖에 없다. 성경은 그 가능성을 죄의식으로 엮어 내려고 했지만, 키르케고르는 그것을 실존의 의미로 엮어 내려고 할 뿐이다. 성경이 연출해 내는 이야기는 모순투성이지만, 그 모순 자체가 사람 사는 이야기에서는 충분히 가능하다는 것이 문제의 핵심이다. 모든 것이 가능하다는 인식이 주어지고 나면 뭐든지 생각해 낼 수도 있다는 가능성까지 포용할 수 있기 때문이다.

더 나아가 아담은 스스로 자신과 대화했다는 사실을 인정할 필요가 있다. 이런 예외적인 상황을 인정해야만 성경 이야기에 있는 부족한 부분이 거우 충족될 수 있다. 그런 예외를 인정하지 않는다면, 다른 아담이 말을 했는데, 이 아담이 그 말을 이해하지 못했다는 이 어처구니없는 상황을 도대체 어떻게 설명할 수 있단 말인가. 보다 정확히 말하자면, 아담에게는 말할 수 있는 능력이 있는데, 그가 말귀를 제대로 알아듣지 못했다는 것은 있을 수 없는 일이다.

지금 하는 말은 무엇보다도 선과 악의 구별과 관련한 것이다. 그것은 말로는 이해할 수 있으나 그 말이 의미하는 바는 자유에 맡겨질 뿐이다. 비록 순진무구한 정신이 이 구별에 대해서 말할 수 있다고 간주하더라도, 구별이 순진무구한 정신을 위해서 존재하는 것은 아니다. 구별은 순진무구한 정신을 위한 어떤 의미를 지니고 있을 뿐이다. 우리는 지금까지 그 의미를 서술하는 데 애썼던 것이다.

6

원죄의 전제로서의
불안과 원죄를 원인으로 소급해
설명하는 불안

이제 우리는 창세기의 이야기를 보다 정확하게 살펴보고자 한다. 제일 먼저 해야 할 일은 창세기가 일종의 신화라는 고정 관념부터 포기하는 시도이다. 그리고 나서 우리는 그 어떤 시대도 우리 시대처럼 이토록 능력이 탁월하지 않았다는 사실을 명심해 두어야 할 것이다. 그 능력은 생각이 만들어 낸 신화를 연출해 보여 주었다.[70] 지금 우리의 시대는 자신의 신화를 만들어 내고 있는 상황이다. 게다가 바로 이러한 신화의 탄생과 함께 다른 온갖 신화들이 제거될 위기에 처해 있다.

---

70 '생각이 만들어 낸 신화'는 '페어슈탄데스-뮈텐(Verstandes-Mythen)'을 의역한 것이다. '페어슈탄트 (Verstand)'는 일반적으로 '오성'으로 번역되고, 일종의 생각의 능력을 말한다. 생각의 능력을 말해 주는 또 다른 개념으로 '페어눈프트(Vernunft)'가 있는데, 이것은 주로 '이성'으로 번역된다. '페어눈프트'는 논리성을 근거로 한 생각을 설명할 때 동원되는 개념인데 반해, '페어슈탄트'는 특히 비논리까지도 논리의 영역으로 끌어들일 수 있는 능력을 말할 때 요구되는 개념이다. 창세기를 굳이 신화의 형식으로 설명하면 그것은 '페어슈탄트'의 의미에서 '생각이 만들어 낸 신화'에 해당한다는 얘기다. 고대의 신화는 다양한 인물이 등장하여 복잡하게 얽힌 이야기가 펼쳐지는 형식이다. 여기서 이들은 언제나 상대적이다. 그런데 창세기의 이야기는 단 하나의 절대적인 생각에서 뻗어 나가는 수많은 갈래를 연출해 내고 있을 뿐이다. 결국 그 이야기는 생각을 지배하는 또 다른 절대적인 생각이 만들어 낸 것에 지나지 않는다. 키르케고르는 자신의 시대가 중세의 이러한 세계관을 이어가고 있는 힘을 지니고 있음을 경계라는 의미로 이런 말을 하는 것이다.

아담은 창조된 존재다. 아담은 동물들에게 이름을 지어줘야 하는 임무를 떠안는다. 여기서 이미 그가 말을 이해할 수 있었다는 증거가 발견된다. 이는 비록 불완전한 방식이기는 하지만 어린아이들을 관찰해 보아도 잘 알 수 있는 대목이다. 특히 어린아이들이 말을 배우는 과정을 관찰하면 많은 것을 얻어 낼 수 있다. 어린아이들은 우화를 읽으며 그 속에서 동물을 인식해 내고, 그 인식과 함께 이들은 즐거워한다.

그런데 아담에게는 함께 지낼 친구가 없다. 이것이 이브가 창조되는 이유가 된다. 게다가 그의 갈비뼈로 이브가 창조되었다고 한다. 그와 그녀의 관계는 이토록 내면적이다. 성경의 이야기는 이런 식으로 내면적 의미로 파고들었다. 그럼에도 이 관계에 대한 이야기 자체는 지금까지 오로지 외적인 관계를 이야기하는 데 이용되어 왔다. 아담과 이브는 그저 하나의 반복에 지나지 않는다. 그것도 숫자가 덧붙여진 그런 의미의 반복일 뿐이다. 이야기를 이런 식으로 진행시키면 수천의 아담이 등장한다고 해도 단 하나의 아담에 지나지 않는 결과를 초래하고 말 것이다. 상황이 이런데도 불구하고 성경은 하나의 부부로부터 인류라는 종의 계보를 탄생시킨다.

사람들은 자연이 의미 없는 것들로 흘러넘치는 과잉 상태로 방치해 두는 것을 좋아하지 않는다. 만약 사람들이 인류라는 종이 더 많은 쌍들로부터 탄생했다는 사실을 인정한다면, 그때 자연도 일종의 무의미한 과잉일 수 있는 순간을 인정해야만 할 것이다. 이런 상황 속에서 세대 간의 관계도 형성되는 것이다. 그리고 이런 식으로 세대 간의 관계가 형성되고 나면 어떤 인간도 더 이상 쓸데없는 존재가 되지 않는다. 그때 모든 인간은 각자 개인으로 존재하게 될 것이고 자신이면서 동시에 그 자체로 하나의 종이기 때문이다.

이 모든 것이 이해되었다면, 이제 금지 명령과 신의 판단에 대한 이야기를 꺼내 들 수 있게 된다. 사실 뱀의 등장은 비약이다. 여자를 유혹했다는

그 뱀이 에덴동산의 그 어떤 동물들보다 더 간교했다는 것도 비약이다.[71]

이 모든 것을 신화라고 말하고 싶다면 잊지 말아야 할 것이 있다. 그것은 바로 생각이 만들어 낸 신화의 정반대의 형식을 연출해 내고 있다는 사실이다. 이 신화에서 허투루 내뱉은 말은 하나도 존재하지 않는다. 그 어떤 말도 절대적인 생각을 방해하지 않는다. 그 어떤 개념도 혼란스럽게 사용되지 않는다. 이런 신화가 내면적인 것 속에서 일어나는 것을 밖으로 드러내 이야기하고 있는 사태를 발생시키고 만 것이다.

여기서 무엇보다도 먼저 주목해야 할 점은 여자가 먼저 유혹을 당했고, 그다음에 남자가 유혹을 당했다는 점이다. 나는 나중에 다른 장에서 이 문제가 어떤 의미를 지니고 있는지에 대해서 개진해 나가도록 하겠다. 즉 이 문제와 관련하여 밝혀져야 할 대목은 사람들이 흔히 말하듯이 여자가 더 약한 종이라면 그것이 어떤 의미인지, 그리고 불안이 남자보다 여자에게 더 많이 속해 있다면, 이 또한 어떤 의미를 지니는 것인지 하는 것들이다.

앞서 언급된 사항들 속에서 나는 여러 차례 기억하고 명심해 줄 것을 요구했다. 그것은 바로 이 글 속에서 소개되는 이러한 견해가 죄의 속성이 세대 안으로 전파되고 이식된다거나, 죄의 속성이 세대 안에서 자신의 역사를 가진다는 식으로 이론을 제기한 것이 아니라는 사실이다.[72] 앞에서

---

71 "그런데 뱀은 여호와 하나님이 지으신 들짐승 중에 가장 간교하니라."(창세기 3:1) 여기서 키르케고르는 성경의 논리를 발견하고 있다. 일단 공식을 제시하고, 그 공식에 알맞은 내용을 제시하는 방식으로 이야기를 펼치고 있다는 사실을 발견한 것이다. '그런데 뱀'이 있었다. 이것은 앞뒤 맥락이 없는, 뜬금없는 등장이다. 그리고 그 뱀이 '가장 간교'했다. 이 뱀의 능력에 대한 언급 또한 앞뒤 맥락이 없는 제시에 해당한다. 이는 마치 "태초에 말씀이 계시니라"(요한복음 1:1) 하는 식의 이야기 형식과 맥락을 같이 한다.

72 이 지적은 실존 철학적 이념으로 매우 중요한 사안이다. 죄의 속성은 세대를 바꿔 가며 이어지는 것이 아니라는 지적이 창세기의 이야기에 정면으로 충돌하기 때문이다. 아담과 이브의 후손들은 조상의 죄에 의해 자동적으로 죄의 자식이 될 수밖에 없는 상황을 연출해 내고 있지만, 키르케고르는 바로 이 점의 모순을 지적하고 있다. 우리의 역사에서 잠시 있었던 연좌제와 같은 것으로 이해하면 도

언급한 사항들을 통해 내가 말하고자 했던 것은 죄는 항상 개인의 질적인 비약을 통해 세상에 들어오는 반면, 이 죄의 역사라는 것은 세대 안에서 오로지 양적인 규정 속에서만 의미를 갖는다는 사실이었다.

세대가 양적으로 규정된다는 것이 무엇을 의미하는지는 이미 여기서 알 수 있을 것이다. 이브는 파생되어 탄생한 존재이다. 그녀는 비록 아담과 똑같은 방식으로 창조되긴 했지만, 먼저 창조된 것에 의해 창조되었을 뿐이다. 그녀는 비록 아담처럼 똑같이 순진무구하지만, 그녀에겐 어떤 상황을 파악할 수 있는 소질 같은 것이 주어져 있고, 그것을 예감할 수 있는 능력 같은 것이 주어져 있다. 그녀에게 주어진 이 예감 자체는 죄의 속성은 아닐지라도, 그것만으로 이미 죄의 속성에 대한 암시처럼 보일 수는 있다. 하지만 그녀에게 있어 죄의 속성은 재생산된 것에 불과할 뿐이며 파생된 것에 지나지 않는다. 이 파생된 것은 이미 개인에게 미리 준비되어 있었던 것이고, 이제는 그 개인이 없어도 본질적으로 죄를 지은 자로 만들기에는 충분조건이 된다.

여기서 나는 제5절에서 언급했던 금지 명령과 저주의 말들을 다시 소환해야만 할 것 같다. 그때 나는 이렇게 설명했다. 만약 누군가가 아담에게 그가 전혀 알아들을 수 없는 무슨 말을 해야만 했다는 것이 창세기 이야기의 결함이라면, 말하는 자가 말 자체라는 것, 즉 아담이 스스로 말하고 있다는 것을 생각할 수만 있으면 그 결함은 해소될 것이라는 설명을 기억할

움이 될 것 같다. 죄의 속성은 다음 세대로 이어진다고 판단하는 생각이야말로 비인간적인 것이다. 사람은 개인으로서, 즉 개별적인 개체로서 누구에게나 개성이 주어지기 마련이고, 그 개성을 존중해야 하는 것 또한 당연한 사안이기 때문이다. 이것은 누구 때문에 죄를 함께 질 수 있다는 연대책임처럼 발상 자체에 이미 무리한 것이 내포되어 있다. 더 나아가 세대 안에서 죄에 역사가 있다는 것도 독단이다. 마음은 바뀔 수 있고, 생각도 바뀔 수 있으며, 사람 자체도 전혀 다른 사람이 될 수 있다. 한번 죄인이라고 죽을 때까지 죄인 취급하는 것은 이런 변화의 가능성 자체를 무시하는 처사가 될 뿐이다.

것이다.

이제는 뱀에 대해 이야기할 차례가 되었다. 나는 잔머리를 굴리는 사람과는 친구가 될 수 없다. 나는 신이 원하는 것처럼 뱀의 유혹에 저항할 것이다.[73] 뱀은 태초, 즉 시작 지점에서도 아담과 이브를 유혹했고, 지금처럼 시간이 흐른 뒤에도 저자들을 향해 잔머리를 굴려 보라고 유혹하고 있다. 나는 차라리 공개적으로 나의 무능함을 인정하고 싶다. 나는 뱀과 연합하여 특정한 생각에 엮일 능력이 없다.

게다가 뱀과 관련하여 발생하는 문제는 전혀 다른 것이다. 그 문제란 사람들이 받게 되는 유혹을 밖에서 오게 한다는 데 있다.[74] 사실 이 말이 문제 될 수 있는 것은 성경적 교리와는 논쟁을 일으킬 수 있는 상반된 인식을 근거로 하기 때문이다. 예를 들어 이 말은 누구나 잘 알고 있는 성경의 인물 야고보가 보여 주는 전통적인 입장과도 상반된 이야기를 펼치고 있다. 즉 야고보는 이렇게 서술하고 있다. 하나님은 아무도 유혹하지 않

---

73 키르케고르는 '신이 원하는 것처럼'을 라틴어로 적어 놓았다. 이런 대목에서 전해지는 저자의 속내는 선명해진다. 키르케고르는 '신이 원하는 대로' 생각하고 행동하고 글을 쓰고 있다는 사실이다. 기존의 신학자들이 선배들로부터 전통적으로 지켜 오던 말들을 반복하지 않는다고 해서 욕먹을 일은 결코 아니라는 사실을 이런 대목에서 은폐의 형식으로 역설하고 있는 것이다.

74 여기서 '유혹'으로 번역한 원어는 '페어주헨(versuchen)'이란 동사이다. 사전적인 뜻에서 '시험하다'가 가장 우선적으로 언급되고 있다. 하지만 이 단어가 '페어주허(Versucher)'라고, 즉 사람을 칭할 때는 '유혹자' 내지 '악마'로 해석되기도 한다. 뱀이 하는 일이라면 유혹이 될 것이고, 하나님이 하는 일이라면 시험이 될 것이다. 어쨌든 지금 키르케고르는 뱀에 대한 이야기를 하고 있으니 유혹으로 번역했다. 문제는 유혹에 대한 키르케고르의 입장이 독특하다는 데 있다. 키르케고르는 『불안의 개념』을 쓰기 1년 전에 『유혹자의 일기』도 집필했다. 거기서 그는 사람을 유혹하는 사람의 행위에 대해서 나름대로 철학적 고민을 펼쳤다. 유혹은 사람의 일이다. 사람이라면 누구나 자신이 좋아하는 사람과 함께 사랑에 빠지기를 원한다. 그런데 문제는 사람의 마음이다. 사람의 마음은 여호와 하나님처럼 하나의 이념으로 정해져 있지 않다는 것이 문제다. 사람의 마음을 얻는다는 것은 또 다른 형식으로 기적이라 말할 수 있다. 사람과 사랑에 빠지는 것 자체가 기적에 해당할 수 있다는 얘기다. 그만큼 어렵다는 뜻이기도 하다. 유혹은 결코 밖에서 오는 것이 아니다. 아무리 누군가가 나를 유혹해도 내가 마음이 없으면 그 유혹은 의미를 상실하고 만다. 이 말의 의미를 이해할 수 있어야 키르케고르가 이끄는 길로 들어설 수 있는 것이다.

으며, 누구에 의해서도 유혹당하지 않는다. 하지만 사람이라면 누구나 자신에 의해 유혹당하기 마련이다.[75]

만약 사람들이 뱀이 아담이라는 사람을 유혹했다는 것과, 신이 그런 사람들을 구원해 준다는 것, 그리고 야고보의 문장에서처럼 "하나님은 친히 아무도 유혹하지 않는다"는 말에 동의한다면, 사람들은 그다음 문장에서 모순되는 반대의 목소리를 듣게 될 것이다. "하나님은 그 누구에 의해서도 유혹당하지 않는다"라는 말은 의미가 전혀 다르기 때문이다.

인간을 향했던 뱀의 공격은 사실 다른 시각에서는 동시에 간접적인 의미에서이기는 하겠지만 신을 향한 유혹 행위이기도 하다. 뱀의 공격 자체가 이미 신과 인간 사이의 관계 속으로 들어온 개입을 의미하기 때문이다. 여기까지의 논리를 따라왔고 또 그 의미를 충분히 이해했다면, 이제 우리는 "사람은 누구나 자신 때문에 유혹을 당한다"는 세 번째 문장과 남다른 충돌을 경험하게 된다.

바로 이 지점에서 타락이라는 경우의 수가 발생할 수 있는 계기가 마련된다. 사실 이 타락에 대한 문제는 심리학적으로 해명할 수 없다. 그것은 질적인 비약을 의미하기 때문이다. 그래서 우리는 짧게나마 타락에 의한 결과가 어떠했는지를 살펴보고자 한다. 성경의 이야기가 연출해 내는 그 결과가 어떠했는지를 알아야 원죄의 전제 조건이 되는 불안을 향해 시선을 집중시킬 수 있고, 그 불안이 어떤 것인지를 알아볼 수 있기 때문이다.

타락에 의한 결과는 두 가지로 나눌 수 있다. 하나는 죄가 세상에 들어

---

75 키르케고르는 상반된 논리를 대립의 형식으로 잘 설명해 놓았다. 창세기의 이야기는 뱀이라는 존재를 끌어들여 유혹이 마치 밖에서 오는 듯이 연출해 놓았지만, 키르케고르는 이에 정반대의 증거로 야고보가 남겨 놓은 구절을 끌어들여 설명한다. "사람이 시험을 받을 때에 내가 하나님께 시험을 받는다 하지 말지니 하나님은 악에게 시험을 받지도 아니하시고 친히 아무도 시험하지 아니하시느니라 오직 각 사람이 시험을 받는 것은 자기 욕심에 끌려 미혹됨이니."(야고보서 1:13-14)

왔다는 것이고, 다른 하나는 성적인 것이 주어졌다는 것이다. 여기서 하나는 다른 하나와 떨어져서 설명될 수 없다. 이것이야말로 가장 중요한 사안이다. 이것이 바로 인간의 근원적인 상태를 보여 줄 수 있기 때문이다. 만약 인간이 일종의 제3의 것 속에 뿌리를 두고 있는 종합적인 존재가 아니라고 한다면, 단 하나의 존재가 두 가지의 결과물을 내놓을 수는 없었을 것이다. 만약 인간이 영혼과 육체가 종합을 이룬 존재가 아니라고 한다면, 또 그 종합이 정신에 의해 실현된 것이 아니라고 한다면, 성적인 것은 결단코 죄의 속성과 함께 세상 속으로 들어오지도 않았을 것이다.

나는 개인적인 생각을 투영시켜 말을 만들어 내는 일에는 관심이 없다. 그런 일에는 주의를 기울이고 싶지도 않다. 그렇지만 우리는 지금 성적인 구별 의식이 타락 사건 이전에는 존재한 적이 없었다는 것이 아니라 그 이전에도 존재했었다는 사실을 단순하게라도 인정해야 할 것이다.[76] 무지한 상태에서는 이런 구별 의식이 존재할 수 없기 때문이다. 이런 견해라면 우리는 성경 속에서 다양한 동조의 소리를 찾아낼 수 있을 것이다.

순진무구한 상태에서 아담은 정신을 지닌 존재이긴 했지만, 그의 정신은 꿈을 꾸고 있는 것에 불과했다. 그에게 정신은 아직도 종합적인 수준으로 승화되지는 못했던 것이다. 서로 다른 것을 연결시킬 수 있는 것이 바로 정신의 힘인데, 그런 힘이 그의 정신에서는 발견되지 않기 때문이다. 동물의 경우라면 성적인 구별이 본능에 의해 발전될 수 있겠지만, 인간에게 있어서는 그런 식의 발전은 불가능하다. 왜냐하면 인간은 말 그대로 하

---

76 여기서 키르케고르는 매우 중요한 발언을 한다. 성경의 이야기는 신의 창조 행위에 의해 남자와 여자의 성적 구별이 생겨났다고 설명하고 있지만, 키르케고르는 남자와 여자 사이의 성적 구별이 애초부터 존재했었다고 말하기 때문이다. 인간은 남자와 여자로 이루어져 있고, 그 구별 의식은 인간의 문제가 된다. 이것은 타락 사건을 끌어들여 해석할 문제가 아니라 인간 본연의 문제가 될 뿐이라는 주장이다.

나의 종합적인 존재이기 때문이다.

인간의 정신은 그것이 작동하는 순간에 이미 자신의 종합적인 존재를 의식하게 되고, 바로 그 순간에 이미 스스로 그 의식 속으로 들어갈 수 있게 된다. 말하자면 인간의 정신은 그 순간에 이미 자신의 그 종합적인 존재의 본질을 구별하면서 스스로 자신의 생각을 진행시키게 되는 것이다. 그리고 그 구별 의식이 직면하게 되는 감각적인 것의 극단에는 성적인 것이 자리를 잡고 있을 수밖에 없다.

놀랍게도 인간은 이러한 감각적인 극단에 일순간에 도달한다.[77] 정신이 그 일에 개입하여 영향력을 행사하고 있기 때문이다. 바로 이 순간 이전의 상태에서 인간은 동물도 아니고 그렇다고 진정한 인간도 아니다. 인간이 인간이 되는 바로 이 순간이 가능했던 것은 인간이 동시에 동물이었기 때문이고, 인간이 동물일 수 있는 바로 그 순간에 인간은 진정한 인간이 될 수 있는 것이다.

죄의 속성은 감각적인 것과는 상관이 없다. 하지만 이 말은 죄가 없었다면 성적인 것도 없었을 것이고 성적인 것이 없었다면 역사도 없었을 것이라고 말하는 것이 결코 아니다. 신학자들이 말하는 완전한 정신 상태, 즉 부활 때에나 경험하게 될 완전한 정신은 이것도 저것도 아닌 그 무엇일 뿐이다. 그것은 부활과 함께 성적인 구별 의식을 지양해 버렸기 때문이

---

77 '극단'은 '오이서스테(Äußerste)'를 번역한 것이다. '오이서스테'는 형용사에 뿌리를 둔 최상급의 명사형이며 '가장 외적인 것'이라고 직역할 수 있다. 가장 바깥에 있는 것이 '오이서스테'이다. 그 가장 외적인 것에, 그 가장 먼 곳에 인간은 순식간에 도달한다. 인간이 외부의 정보를 내면으로 받아들이는 그 가장 바깥쪽에 감각이라는 것이 자리 잡고 있다. 그런데 그 감각이 순간적인 의미로 인식된다는 것이 놀라울 따름이다. 물론 사람이 보고 느낀 것을 해석하는 데는 다소 시간이 걸릴 수 있다. 무엇을 보았는지 깨닫지 못하는 사람도 있기 때문이다. 또 깨달아도 그 깨달은 내용에 대한 결과물은 사람마다 다를 수 있다. 인식의 결과물이 단 하나의 것으로 결정될 수 있다면 의견의 자유니, 생각의 자유니 하는 말이 미덕으로 주어질 이유는 없는 것이다.

다. 어떤 천사에게도 역사가 없다는 것이 그 증거이다.[78] 비록 미카엘이 파견되어 성공적으로 완수해 낸 업적들 전부를 낱낱이 나열해 놓는다 해도, 그것은 그의 역사가 되지 못한다.

거우 성적인 것이 주어져야 종합이 가능한 것이 된다. 종합은 대립을 전제하기 때문이다.[79] 이 대립의 존재 여부와 함께 거우 과제가 인식의 대상으로 주어지고, 그런 인식과 함께 드디어 역사가 시작된다. 이때 역사는 자유의 가능성을 전제하고 있는 현실이 된다. 하지만 자유의 가능성은 선이나 악을 선택할 수 있는 상황 속에서 실현되는 것이 아니다. 이런 식의 생각은 성경적으로도 사상적으로도 어울리지 않는다. 그것은 한마디로 생각이 모자란 사상에 불과할 뿐이다.

자유의 가능성은 오로지 할 수 있다는 능력 속에 존재한다. 현실 속에서 가능성이 모든 것을 압도한다는 말은 논리적인 체계 안에서 충분히 이해할 수 있고 인정할 수 있지만, 정작 현실 속에서 그 가능성을 실현하기

---

78 '천사에게는 역사가 없다'는 지적은 중요하다. "부활 때에는 장가도 아니 가고 시집도 아니 가고 하늘에 있는 천사들과 같으니라."(마태복음 22:30) "사람이 죽은 자 가운데서 살아날 때에는 장가도 아니 가고 시집도 아니 가고 하늘에 있는 천사들과 같으니라."(마가복음 12:25) 남자가 장가를 안 갈 수 있게 되고, 여자도 시집을 안 갈 수 있는 존재로 거듭나는 곳이 부활의 순간이다. 그러나 그 순간이 과연 희망적일까? 그런 부활이 즐거운 것일까? 이것과 저것에 대한 구별 의식도 없는데, 절망도 모르는데, 희망을 바랄 수나 있을까? 부활 이후의 존재에 대해서는 수수께끼 같은 말들만이 어울릴 뿐이다. 이 세상에서는 인간이 부활을 인식할 수 없기 때문이다. 반대로, 키르케고르는 '인간에게는 역사가 있다'라고 말하는 것이기도 하다. '역사의식'이야말로 존재를 위한 근원적인 조건이 되는 것이다. 개인적인 역사에서부터 가족의 역사, 더 나아가 국가의 역사, 보다 크게 보아, 인류의 역사까지 아우를 수 있어야 인간다운 인간이 탄생하는 것이다.

79 여기서 '대립'은 '비더슈프루흐(Widerspruch)'를 번역한 것이다. 직역하자면 '반대하는 말' 혹은 '거역하는 말'이 된다. 사전적인 뜻으로는 '모순'도 있다. '모순'이 되었든 '대립'이 되었든, 그 내용을 이해하는 것이 관건이다. 삶의 현장에서 반대의 목소리는 있을 수밖에 없다. 그것을 어떻게 받아들이고 해소하느냐가 문제일 뿐이다. 아무리 사랑하는 관계가 형성된다 해도 영원히 사랑할 수는 없는 노릇이다. 언젠가는 싸우기도 하는 것이다. 사랑하는 사람들도 싸운다는 것이 문제다. 싸움이 발생하면 누구나 이기고 싶은 욕망에 휩싸일 것이다. 이것을 긍정적으로 표현하면 모순과 대립을 극복하고 종합의 경지로 나아간다는 말이 된다.

란 너무나 어렵다. 바로 이 현실 속에서는 중간 규정이 필요하기 때문이다.[80] 이 중간 규정이 바로 불안이다. 이때 불안은 질적 비약을 설명해 주는 것도 아니고, 그 질적 비약을 윤리적으로 옹호해 주는 것도 아니다.

불안은 필연성을 규정해 주는 것도 아니고, 자유를 규정해 주는 것도 아니다. 불안은 그저 구속된 자유일 뿐이다.[81] 이때 자유는 자신 안에서 자유롭지 못하고, 필연성 안에서도 자유롭지 못하다. 자유는 이 모든 것 속에서 그저 구속된 형태에 지나지 않는다. 그럼에도 자유는 오로지 자신 안에 존재한다. 만약 죄가 필연성과 함께 세상 속으로 들어왔다면, 불안은 없었을 것이다. 그런 이야기는 모순일 뿐이다. 또 만약 죄가 자유의지라는 추상적인 행동을 통해서 들어왔다고 인정해도 불안은 없었을 것이다. 하물며 자유의지는 세상의 시작을 알려 주었던 태초에도 존재하지 않았을 뿐만 아니라 그 이후에도 존재하지 않았다. 그것은 그저 공상이 만들어 낸 괴물과 같다.

죄가 세상 속으로 들어왔다는 것을 논리적으로 설명하고자 하는 자는, 어떤 말을 해도 자신의 어리석음을 증명할 뿐이다. 이런 어리석음은 오로

---

80 '중간 규정'은 '츠비쉔베슈팀뭉(Zwischenbestimmung)'을 의역한 것이다. '츠비쉔'은 원래 '사이'란 뜻이고, '베슈팀뭉'은 '규정'이란 뜻이다. 이것과 저것이 인식되어야 그 관계를 형성하는 또 다른 제3의 인식이 주어질 수 있다. 인식에 의해 탄생하는 새로운 인식은 늘 낯설다. 남자와 여자가 사랑을 하여 낳는 존재는 제3의 인물일 뿐이다. 남자와 여자가 모두 그 제3의 존재와 관계는 있지만, 그 제3의 존재는 별개의 존재로 세상에 존재하는 것이다. 이 제3의 존재가 탄생할 수 있는 여건은 남자와 여자의 관계 형성에서 시작될 뿐이다. 현실 인식도 마찬가지이다. 모든 인간이 개인적으로 직면하는 자신만의 현실은 어떤 것과 또 어떤 것의 관계를 맺으면서 탄생할 수밖에 없다. 현상의 세계에서는 관계에 대한 인식이 모든 것의 근원이 된다는 말이 되기도 한다.

81 '구속의 자유'를 제일 먼저 외친 자는 종교개혁을 이끌었던 루터였다. 그는 『그리스도인의 자유』에서 여호와 하나님께 구속되는 것이 진정한 자유를 획득하는 것이라고 가르쳤다. 하지만 지금 키르케고르는 전혀 다른 의미로 '구속의 자유'를 가르치고 있다. 말하자면 사람은 현실에 구속되어 있다. 현실을 벗어날 수가 없다. 사람은 자신의 현실 속에서 자유를 행사할 수 있을 뿐이다. 그래서 키르케고르는 현실적이라는 의미에서의 구속과 생각하는 존재에게 주어져 있는 생각의 자유를 합친 개념으로 '구속된 자유'를 언급하는 것이다.

지 그런 것을 염려하는 자들에 의해서만 양산된다. 그런 것을 염려하는 자들이 그런 것에 대한 설명을 요구하는 것이다. 하지만 그런 사람들이야말로 우스운 존재들이다.

만약 여기서 나의 개인적인 희망 사항을 말해도 된다면, 나는 지금 이말을 하고 싶다. 제발 어떤 독자도 "아담이 죄를 짓지 않았더라면?" 하고 그 심오하기 짝이 없는 질문일랑 꺼내지 말았으면 하는 것이다. 이런 질문을 꺼내는 순간 이미 현실은 그런 생각에 지배당하기 때문이다. 그렇게 되면 가능성은 무가 되고 만다. 또 무가 모든 사람, 특히 생각이 모자란 사람들을 유혹에 빠뜨린다.

그런데 학문은 어째서 사람들을 가르치려 들지 않는 것일까? 어째서 사람들에게 재갈을 물릴 생각조차 하지 못하는 것일까? 만약 누군가가 어리석은 질문을 꺼내 놓으면 그 질문에 엮여 있는 어리석은 사태까지도 파악할 줄 알아야 할 것이다. 만약 사람들이 그 어리석은 질문에 대해 대답을 내놓지 않는다고 해도, 그 질문자만큼 어리석은 것은 아니라는 사실도 알아주었으면 한다.

질문의 진정한 어리석음은 질문 자체 속에 있는 것이 아니라, 그 질문을 학문적으로 엮어 내고 있다는 데 있다. 만약 누군가가 영리한 엘제처럼 집안에 틀어박혀 공상에만 몰두하고 그런 공상과 똑같은 생각에만 열중하는 친구들하고만 어울린다면, 자신의 어리석음에 대해서는 조금도 깨닫지 못할 것이다.[82] 하지만 학문은 그런 것을 설명해 줄 수도 없다. 모든 학문은 논리적인 내재성 안에 있거나 아니면 학문적으로는 도저히 설명할

---

82 '영리한 엘제'는 '클루게 엘제(kluge Else)'를 번역한 것이고, 이것은 그림(Grimm) 형제가 수집한 동화들 중에 등장하는 인물이다. 이 아이는 생각이 너무나 많아서 남들은 생각지도 못한 것까지 생각해 내는 능력이 있었다. 하지만 엘제는 '미래에 닥칠 불행'(그림 형제, 『그림동화전집』, 김유경 옮김, 동서문화사, 2010, 227쪽)까지도 미리 생각해 내면서 울게 된다는 어처구니없는 이야기의 주인공일 뿐이다.

수 없는 초월성 속에서의 내재성 안에 있을 뿐이다.

죄는 초월성의 범주에 속하면서도, 일종의 전환점이 된다. 그 지점에서 죄는 개인적인 것이 되어 개인 속으로 들어온다. 다른 방식으로는 죄가 세상 속으로 들어오지 못한다. 죄가 세상 속으로 들어올 수 있는 방법은 오로지 이 방법밖에 없다는 얘기다. 만약 개인이 마치 그와는 아무런 상관도 없는 사물에 대해 질문을 던지듯이 그런 식으로 죄에 대해 질문을 던질 정도로 어리석다면, 그는 정말로 바보가 되어 질문을 던지고 있는 것이나 다름없다. 왜냐하면 그는 자신이 경험할 수도 없는 것에 대해 말을 함으로써 자신이 무슨 말을 하고 있는지 전혀 알고 있지 못하거나, 어떤 학문도 설명할 수 없는 그것을 혼자서만 잘 알고 있거나 이해하고 있는 것이 되기 때문이다.

물론 학문이 가끔 남의 비위를 맞춰서 일한 때도 있다. 그때 학문은 다양한 감상적인 소망을 다루도록 스스로 허락하기도 한다. 그것을 위해 학문은 그저 생각으로만 가능한 가설들을 기반으로 하여 논리를 전개하기도 한다.[83] 그러면서도 학문은 마지막에 가서 설명이 충분하지 못하고 너무 부족했노라고 이런 비겁한 변명까지 쏟아 놓는다. 물론 이것은 맞는 말이지만, 그런 학문의 짓거리를 통해 양산되는 것은 혼란뿐이다.

허무맹랑한 가설들을 근거로 하여 논리를 전개해 나가는 이런 학문이 만들어 낸 혼란은 쉽게 해결되지 않는다. 그것이 궁극적으로 해결될 수 있

---

83 특히 중세 시절에 학문은 교회의 노예였고 교회의 나팔수였다. 즉 교회가 원하는 것이라면 다 했다. "필로소피아 앙칠라 테오로기아에(Philosophia ancilla theologiae)", 즉 "철학은 신학의 시녀이다"라는 말은 당시 격언처럼 사용되기도 했다. 이런 중세의 그림자는 키르케고르의 시대에도 여전했다. 학문은 여전히 현실에 대해서는 싸늘한 반응만 보였다. 학문이라고 말하면서도 여전히 교회의 교리를 정리하고 전파하는 데 총력을 기울이고 있었을 뿐이다. 키르케고르는 이런 천편일률적인 행태에서 벗어나 자기만의 길을 개척하고 있다. 그는 '죄'와 '불안' 같은 개념의 존재 자체를 부정하는 게 아니라, 그런 개념을 어떻게 이해하고 다뤄야 하는지를 연구하고 추궁하고 답을 찾고 있는 것이다.

으려면 오로지 학문 스스로가 그 어리석은 질문들에 쓸데없이 힘을 낭비하지 말아야 할 것이고, 기독교적으로 신앙심이 깊은 사람들에게 언젠가는 학문적으로 충만한 사람이 등장해서 멋진 미래를 설계해 줄 것이라는 믿음을 키워 줘야 할 것이다. 이 학문적인 사람은 정의로운 것을 찾아내는 것만으로도 자신의 할 일을 다했노라고 외칠 수 있는 그런 사람일 것이다.

어떤 사람들은 6000년 전에 이미 죄가 세상 속으로 들어왔노라고 말한다. 이들이 말하는 방식도 다를 바가 없다. 즉 허무맹랑한 가설들을 기반으로 하여 논리를 펼치고 있을 뿐이다. 또 어떤 사람들은 느부갓네살 Nebukandnezar이 이미 4000년 전에 소가 되었노라고 말하기도 한다.[84] 만약 사람들이 이 이야기들을 이런 식으로 받아들이고 그것을 사실로 간주한다면, 그런 허무맹랑한 설명이 진정으로 진실을 운운하는 것이라고 확신을 갖고 말하게 되는 것은 결코 놀라운 일이 아니다.

세상에서 가장 단순하고 자명한 것조차 사람 사는 세상에서는 가장 복잡하고 어려운 것이 될 수 있다. 죄가 이미 6000년 전에 세상 속으로 들어왔다는 말은 사실이 아님을 정말 단순한 사람이라 해도 너무나 잘 알고 있을 것이다. 그럼에도 학문은 이 문제를 어려운 문제로 제시할 생각조차 하지 못하고 있다. 하물며 미래를 설계하는 사람의 역할과 기술을 동원할 생각은 전혀 하지도 못하고 있는 실정이다. 거짓말을 거짓말로 인식해 내는 일이야 말로 진정 어려운 문제다. 이 문제는 단 한 번도 만족할 만한 대답을 만들어 내놓지 못한 지경에 처해 있다.

어떻게 해서 죄가 세상에 들어온 것인지는 오로지 사람만이 알고 있고

---

84 "바로 그 때에 이 일이 나 느부갓네살에게 응하므로 내가 사람에게 쫓겨나서 소처럼 풀을 먹으며 몸이 하늘 이슬에 젖고 머리털이 독수리 털과 같이 자랐고 손톱은 새 발톱과 같이 되었더라."(다니엘 4:33)

이해할 수 있다. 그 얘기는 죄가 오로지 사람이라는 존재, 즉 자신을 통해서만 세상에 들어올 수 있는 것이라는 말을 증명해 주기도 한다. 만약 사람들이 이 문제를 다른 어떤 존재를 통해서 배우고자 한다면 그 행위 자체가 이미 실수를 범하게 해 줄 뿐이다. 그런 배움을 통해서는 오로지 오해만 키울 뿐이다.

지금 여기서 조금이라도 학문답게 제시할 수 있는 학문은 심리학뿐이다. 그럼에도 이 심리학은 자신을 학문으로 설명하지 않고, 더 이상 학문으로 설명할 수도 없으며, 학문으로 설명하고자 하지도 않는다고 스스로 고백하고 있다. 어떤 학문이 그것을 설명할 수 있다면, 그 모든 설명은 헛소리에 지나지 않을 것이다. 심리학을 학문적으로 대하려면 우선 학자는 스스로를 잊어버려야 한다.[85] 하지만 불안해 할 이유는 없다. 오히려 그런 상황을 큰 행복으로 간주할 수도 있어야 한다. 죄는 학문적인 문제가 아니어도 상관없다. 오히려 그런 것이 진정한 행복이라 말할 수도 있어야 한다.

학자는 굳이 미래를 설계해야 한다는 의무감에 짓눌릴 필요도 없다. 그런 일일랑 잊어버려도 된다. 어떻게 해서 죄가 세상 속으로 들어오게 되었는지를 설명함으로써 미래를 설계해야 한다는 식의 허무맹랑한 일은 잊어버리는 것이 상책이다. 이런 일들이 선행되어야 심리학이 진정으로 실현될 수 있다. 학자가 자신을 잊고자 해도 된다는 이 말이 지극히 거만하게 들릴 수도 있다. 이런 발언은 마치 학자가 자신의 노력을 통해 인류 전체를 설명하고자 하는 의도로 읽힐 수도 있다. 하지만 이것이야말로 우스

---

85 신학자들은 언제나 신으로부터 은총을 받았다거나 계시를 받았다는 식으로 자신이 하는 말에 권한을 부여하는 일부터 해야 했다. 하지만 심리학에서 학자는 우선 그런 일부터 잊어야 한다. 이는 마치 우리가 비너스상을 감상할 때 그것을 만든 조각가의 의도를 묻지 않듯이, 심리학에서 설명될 심리의 상태와 그 현상에만 몰두하면 된다. 인간의 심리를 연구하기 위해 누군가로부터 자격과 권한을 얻어 내야 하는, 그런 절대적인 존재는 존재하지 않는다는 얘기다.

운 일이다. 이것은 마치 궁전에서 일하는 집사가 똑같은 수준으로 열심히 일을 했고 자신의 명함을 이런저런 사람에게 나눠 주지만 결국 자신의 이름을 잊어버리는 것과 같다. 혹은 책방 주인 솔딘Soldin이 자기 아내 레베카Rebbeca에게 열광하여 자기조차 망각한 상태에서 농담조로 던진 말을 떠올려도 좋을 것 같다. "레베카, 지금 말하고 있는 것이 나예요?" 이와 마찬가지로 학자도 자신의 철학적 열광 속에서 자신을 잊어버릴 수도 있다. 그때 그는 솔딘처럼 신실하고 검소한 아내를 필요로 할 뿐이다.

물론 나와 동시대에 살고 있는 여러 학자, 그것도 존경받고 있는 학자들은 지금 내가 하는 말을 비학문적이라고 판단할 수도 있다. 특히 전체 교구를 아우르며 사회 체계를 걱정하는 학자들이라면 더더욱 이런 판단을 내놓을 것이다. 이들은 사회 속에서 죄가 어디에 있는지 밝히는 데만 주력할 뿐이다. 그 죄를 찾아 처단하는 것이야말로 그들이 해야 하는 일 중에 최고라고 판단하는 것이다. 이런 자들의 시각에서 내가 하는 일이 비학문적으로 비치는 것은 당연하다. 그들의 시각에서는 이런 판단이 지극히 정상적이기 때문이다. 하지만 만약 전체 교구와 함께 어울리며 그들과 함께 답을 찾으려 하고 이런 심오한 구도자들까지도 자신들의 성스러운 기도 속에 포함할 수만 있다면, 이토록 편협한 이들이라 하더라도 불에 타고 있는 밧줄을 붙잡고 있으면 그 뜨거움을 즉각적으로 알 수 있듯이, 그렇게 죄가 숨어 있을 그 자리를 확실하게 찾아낼 것이다.

제2장

원죄로서의 불안에 대한
진보된 형식

성에 대한 의식은 죄에 대한 의식과 함께 규정되었다. 이들 둘이 출현했던 바로 그 순간에 인류의 역사도 함께 시작되었다. 인류에게 주어진 죄의 속성이 양적인 규정에 의해 작동했던 것처럼, 불안도 똑같은 방식으로 작동했다. 원죄의 결과물 혹은 개인 속에 있는 원죄의 존재가 바로 불안이다. 이 불안은 아담의 불안과 비교하면 그저 양적으로만 구별될 뿐이다. 순진무구한 상태라는 것은 아담보다 나중에 태어난 사람들에 대해서도 말할 수 있는 것이다. 이런 상태에서 원죄는 변증법적 이중성을 지니고, 바로 이 이중성에 의해 죄가 질적인 비약 속에서 모습을 드러낸다.

이에 반해 불안은 조금 다른 현상을 보인다. 즉 나중에 태어난 개인 속에 있는 불안은 아담 속에 있는 것보다 반성적인 것이라고 할 수 있다. 왜냐하면 그 안에서는 양적인 측면에서 성장이 이루어졌을 것이기 때문이다. 인류가 그런 성장 과정 속에서 탄생하게 된 것 또한 틀림없는 사실이다. 그러나 불안은 단 한 번도 불완전성의 형태로 사람에게 주어지지 않는다. 그리고 사람들은 그 반대의 현상을 다음과 같이 말할 수 있어야 한다. 사람은 근원적일수록 불안이 깊어진다고.[1]

죄의 속성에 대한 전제 조건은 오로지 개인적인 삶이라는 것뿐이다. 그것이 없다면 죄는 불가능한 것이 된다. 그러니까 인간은 개인적인 삶이 주어져 있기 때문에 인류의 역사 속으로 진입할 수 있는 것이다. 개인은 누구나 인류의 역사와 함께 어울리며 그 역사에 적응하며 살아야 한다. 이런 경우에서만 죄의 속성은 보다 위대한 힘을 얻을 것이고, 원죄에 대한 이념도 성장을 거듭할 것이다. 반대로 그 어떤 불안도 느끼지 않는 사람이 있을 수 있다고 가정한다면, 아담 또한 그 어떤 불안도 느끼지 않을 수 있었을 것이라고 충분히 인정할 수 있을 것이다. 이때 그는 아마 그저 동물처럼 존재할 수도 있었을 것이다.

나중에 태어난 개인이라 해도 아담처럼 종합적 존재일 뿐이며, 이 종합은 정신이 감당해 내야 할 뿐이다. 달리 말해, 이 종합은 파생된 존재라는 뜻이며, 이런 의미에서 그 종합 안에는 필연적으로 인류의 역사가 함께 동참한다. 그 안에는 많든 적든 간에 불안이 들어 있을 것이고, 후대의 개인도 그것을 느낄 것이다. 하지만 이런 불안은 죄에 대한 불안이 결코 아니다. 여기에는 선과 악에 대한 구별 의식이 빠져 있기 때문이다. 게다가 선과 악의 구별은 오로지 자유의 현실에 의해서만 존재의 형식으로 모습을 드러낼 수 있을 뿐이다.[2] 또 선과 악 사이의 구별이 이런 식으로 존재하게

---

1 이 말은 '생각이 깊을수록 걱정도 많아진다'는 말로 이해해도 무방하다. '앙스트(Angst)' 자체의 의미에는 '불안'도 있고 '걱정'도 있기 때문이다. 또 '근원적'이라는 개념이 전하는 의미는 지극히 형이상학적이다. 보이지 않는 뿌리를 향한 시선까지 인정해야 할 대목이기 때문이다. 눈에 보이는 사물을 보고서도 사람들은 순간적으로 생각에 임해야 한다는 것이 문제일 뿐이다. 생각은 거듭될수록 볼 수 없는 곳으로 깊게 들어갈 수밖에 없다. 깊은 생각일수록 어둡기만 했던 그곳까지, 즉 더 깊은 곳까지 빛을 비춰 주는 효과를 연출해 낼 것이다. 하지만 깊이 들어갈수록 더 큰 위험과 맞닥뜨릴 수밖에 없다는 것 또한 감당해 내야 한다. 들어가는 길의 길이만큼 나오는 길도 길어질 수밖에 없기 때문이다. 이성이 이끄는 길은 논리를 통해서만 형성될 뿐이고, 그 논리를 놓치면 이성은 어둠 속에 갇히는 꼴이 되고 말 것이다. 결국 불안은 이성이 처한 현실 인식이나 다름없지만, 그 현실을 빛 속에 두느냐, 어둠 속에 두느냐는 생각의 몫이다. 용기가 있다면 이성의 불을 밝혀 사물을 보려 할 것이고, 용기가 없다면 눈을 감고 움츠리거나 그 현장에서 벗어나 몸을 숨길 수밖에 없다. 무엇을 선택하느냐, 그것이 관건이 될 뿐이다.

되었다면, 그것은 동시에 예감된 생각의 형식 속에서 형성된 결과물일 것이고, 그런 생각들은 다시 인류의 역사를 통해 평가되어 많든 적든 나름대로 의미를 취할 뿐이다.

나중에 태어난 개인의 불안이 인류의 역사에 참여함으로써 얻게 된 결과물보다 더 반성적일 수 있다.[3] 제2의 본성이라 말할 수 있는 습관을 통해서는 질적인 측면이 변화를 새롭게 겪게 되는 것이 아니라 오로지 양적으로 진보된 것을 변화의 형식으로 접할 수 있을 뿐이다.[4] 이런 사실은 불안이 다른 의미에서 세상 속으로 들어왔다는 사실에 대한 근거를 제시하는 것이다.

죄는 불안 속으로 들어갈 수도 있고, 죄가 불안을 다시 데려올 수도 있

---

2   키르케고르는 선과 악 자체를 부정하는 철학을 펼치고 있는 것이 아니다. 선과 악 자체는 인간이 사는 세상에서 제거될 수 있는 사안도 아님을 인정한다. 다만 그것을 위해서는 자유가 전제되어야 함을 설명하는 것이다. 그가 말하는 '자유의 현실'은 모든 것을 허락하는 힘이다. 사람은 때로는 악하게 또 때로는 선하게 행동할 수 있고, 무엇을 가치 있다고 판단하고 선택적으로 행동할지는 상황에 따라 달라질 뿐이다.

3   개인의 정서를 담은 시집 한 권과 인류의 역사를 시대별로 담아낸 역사서 중에 무엇이 더 위대한 책일까? 이런 질문은 의미가 없다. 윤동주의 『하늘과 바람과 별과 시』 한 권을 읽는 것이 한국사 한 권을 읽으며 얻는 역사의식이나 역사 인식보다 더 클 수도 있는 것이다. 괴테는 지극히 자기 욕망에만 집중하는 파우스트라는 인물을 통해서 자신의 한계를 넘어 인류를 위해 가치 있는 일을 할 수 있다는 고전주의적 이상형을 제시하기도 했다. "개인이냐, 전체냐" 하는 그런 극단적인 질문에 집착할 것이 아니라, 둘을 동시에 아우를 수 있는 유연한 사고가 요구될 뿐이다.

4   여기서 잠시 '진보'에 대해서 고민을 해 볼 필요가 있다. 키르케고르는 이 장의 제목에도 '진보된 형식'이라는 말을 언급했기 때문이다. 사실 '진보된 형식'은 의역이다. 키르케고르는 원래 '형식'이라는 말은 하지 않고, '진보'를 부사로 처리해 놓은 상태이다. 이 장의 제목은 '원죄로서의 불안은 진보하여' 혹은 '원죄로서의 불안은 진보적으로' 등으로 직역할 수 있다. 이렇게 '진보'를 부사로 처리할 경우, 그 부사는 자신의 역할을 완수하기 위해 동사를 필요로 한다. 그런데 제목에는 동사가 언급되어 있지 않다. 여기에는 키르케고르의 확신이 스며 있기도 하다. 진보라는 말을 꺼내 놓으면 그것으로 충분하다는 그런 확신이 근간을 이루고 있다는 얘기다. 지금 당장 우리가 이해의 대상으로 주목해야 할 것은 바로 이 '진보'라는 개념이다. '진보'는 '프로그레스(Progress)'를 번역한 것이다. 이 단어의 의미를 직역하면 '앞으로 내딛는 발걸음'이란 뜻이다. 그래서 '진보'는 '전진'이나 '진전'을 의미하기도 한다. 한 걸음만 달라지면 보이는 세상도 달라진다. 키르케고르는 불안이 불안으로 머무는 것이 아니라, 그 불안으로 인해 새로운 세상이 펼쳐질 수 있다고 말하고 싶은 것이다.

다. 죄의 현실도 하나의 현실이기는 하지만, 그것은 한마디로 항구 불변의 현실은 아니다. 한 측면에서는 죄의 지속이 불안을 일으키는 가능성으로 나타나고, 다른 한 측면에서는 반대로 구원의 가능성이 무의 형식으로 나타난다. 개인은 이런 무를 사랑하기도 하고 무서워하기도 한다. 왜냐하면 가능성이 개인과 관계할 때는 항상 이런 형국이 펼쳐질 수밖에 없기 때문이다.

구원이 실제로 주어진 상태라면, 그 순간이 되어서야 겨우, 불안은 극복된다.[5] 피조물로서 사람이 품고 있는 마음 중에 불안에 휩싸여 겁을 먹고는 있지만 학수고대하는 마음도 있다. 이런 마음은 사람을 우울하게 만들기보다는 정반대의 현상을 연출해 낸다. 그것은 달콤한 동경이 되기도 한다. 이런 동경이 가능한 곳이라면, 그곳에서는 죄의식이 무장을 해제하고 있을 것이다.

죄의 상태와 함께 지낼 수 있는 자는 불안한 상태에서의 학수고대나 달콤한 동경이라는 경우를 충분히 이해할 것이다. 이것은 죄의 존재가 구원을 기대하게 하고, 그것을 진실로 신뢰하게 할 수 있게 한다는 사실을 인

---

5 "불안은 극복된다"라는 발언은 매우 중요하다. 극복은 '위버빈덴(überwinden)'을 사전적 의미로 번역한 말이다. 말의 형태를 살펴보면 재미난 것을 발견할 수 있다. '빈덴(winden)'은 얽히고 꼬인다는 것을 의미하는 동사이고, 여기에 위에 혹은 위로 등을 뜻하는 접두어 '위버(über)'가 붙은 형태이다. 결국 극복은 얽히고 꼬인 것을 넘어서는 것이다. 벽이 있으면 그 벽을 넘어서는 것이고, 산이 있으면 그 산의 정상에 오르는 것이며, 문제가 있으면 그 문제를 딛고 멀리 바라볼 수 있는 지경으로 올라서는 것이다. 불안은 문제이지만, 그 불안 자체가 문제의 상태로 머물지는 않는다는 것이 키르케고르의 주장이다. 불안은 극복의 대상이 될 뿐이다. 극복되고 나면 정신은 더 높은 곳에 이를 것이고, 거기서는 세상이 다른 풍경으로 보일 것이다. 살면서 얼마나 많은 불안을 극복했는가? 삶에서는 그것만이 관건이 될 뿐이다. 얼마나 많은 문제를 접해 보았는가? 그것이 사상가를 만들고 심지어는 철학자로 만들어 줄 것이다. 물론 극복을 다루는 최고의 철학자는 니체이다. 니체가 이 글을 읽었는지는 확인할 길이 없다. 하지만 키르케고르와 니체의 사상이 바로 이런 지점에서 서로 통하고 있다는 사실만큼은 부정할 수가 없다. 니체는 극복하는 인물을 '초인'이라는 개념으로 설명했다. 이 초인을 키르케고르식으로 옮기면, 불안을 알고, 불안을 떠안으며, 불안을 사랑하지만, 결국에는 불안을 극복한 인물 혹은 불안을 극복하고 있는 인물 등으로 설명할 수 있겠다.

정하는 논리와 같다. 죄의식을 갖고 산다는 것은 사람이 자신의 미학적 뻔뻔함을 위해서 아주 약간 자신을 압박하며 괴롭히는 것과 같다.

기대하는 한, 사람은 죄의 힘을 무시할 수 없다. 이 기대하는 것이야말로 자연적인 의미에서 당연히 적대적 행위이기 때문이다. 하지만 이 문제에 대해서는 나중에 다루도록 하겠다. 지금은 간단히 언급하는 것으로 만족하기로 하자. 구원이 있다면, 그런 생각을 인정할 수 있다면, 똑같은 열정으로 불안도 떠안아야 한다. 불안이 주는 압박감은 구원에 대한 믿음만큼 강렬할 것이다. 이 모든 것은 그저 가능성의 형식으로 주어질 뿐이다. 결국 지금 하고 싶은 말은, 불안은 제거될 수 없다는 사실이다. 불안은 올바른 방법으로 사용할 줄만 안다면, 그것을 가지고 사람은 끊임없이 장난을 칠 수 있을 것이고, 스스로도 전혀 다른 역할을 수행할 수도 있을 것이다. 이것에 대해서는 제5장까지 기다려 줄 것을 요구하는 바이다.

죄가 가져올 불안은 근본적으로 개인이 스스로 죄를 지을 때만 형성된다. 하지만 이때 불안은 많을 수도 있고 적을 수도 있다. 그것은 오로지 인류의 역사 속에서 양적인 의미를 취하며 어둡게 존재할 뿐이다. 그래서 우리는 누군가가 스스로 죄를 지었다고 생각하고, 그럼으로써 그가 자신 앞에서조차 불안에 떨고 있는 현상과 직면할 수도 있게 된다. 문제는 바로 이런 현상이 아담에게서는 발견되지 않는다는 점이다.

모든 개인은 무의식중에 오로지 자신을 통해서, 즉 스스로 죄를 지을 수도 있다. 그때 세대와의 관계 속에 있는 양적인 것은 최고 수준에 도달한다. 또 그때 최고 수준에 도달한 이 양적인 것은 관찰을 위한 모든 시선을 혼란 속에 빠뜨릴 수도 있다. 사람의 상황이 이런 지경에 처할 수 있는 이유는 양적인 것과 질적인 비약 사이에 존재하는 구별에 대한 의식을 간과하기 때문이다.

이러한 현상은 나중에 논의의 대상이 될 것이다. 지금 당장 지적하고 넘어가야 할 사안은, 이런 현상이 일반적으로는 무시되어 왔다는 것이다. 이런 현상과 관련해서라면 가장 단순한 것에서까지 완전히 무시되어 왔던 것이 지금의 현실임을 깨달아야 한다. 지금까지 사람들은 이런 현상을 때로는 우울하게 바라보기도 했고, 침착하지 못하고 당황하여 어설프게 파악하기도 했으며, 하물며 겁에 질려서 공감하기도 했던 것이다.

현상을 무시하는 이런 짓은 누군가가 마치 신에게 누구처럼 되지 않아서, 즉 그가 원하지 않는 어떤 자들이 되지 않아서 감사하다고 말하는 자들의 부끄러운 고백과 같은 것이다.[6] 이런 자들이야말로 그런 식의 감사 표현이 정작 신과 자신에 대한 배반임을 깨닫지 못하는 생각이 모자란 자들이고, 삶 자체가 그런 비슷한 현상들을 품고 있다는 사실을 제대로 인식하지도 못하는 어리석은 자들이다. 다시 한번 말하지만, 그런 비슷한 현상들로부터 벗어날 수 있는 사람은 단 한 명도 존재하지 않는다.

여기서 공감 자체를 문제 삼고 있는 것은 절대 아님을 알아줬으면 한다. 사람들이 공감을 느끼는 것은 지극히 당연한 일이다. 하지만 한 사람에게 생긴 일이 모두에게도 일어날 수 있는 일이라고 인정할 때 하는 공감만이 정당한 것이다. 공감은 이런 경우에만 자신에게도 또 타인에게도 이로운 것이다. 그런데 누군가가 마치 정신병원에서 일하는 의사처럼, 오로지 자신만이 정상적일 뿐만 아니라 영원히 영리하리라고 말하거나 자신에게 있는 약간의 생각하는 능력이 삶 속에서 직면할 수 있는 온갖 손해로부터 지켜 줄 것이라 판단하고 있다면, 그야말로 진정 바보 같은 자일 것이다. 그런 사람이야말로 비록 어떤 의미에서는 더 영리할지는 몰라도, 동시에 그

---

6   "또 자기를 의롭다고 믿고 다른 사람을 멸시하는 자들에게 이 비유로 말하시되 두 사람이 기도하러 성전에 올라가니 하나는 바리새인이요 하나는 세리라 바리새인은 서서 따로 기도하여 이르되 하나님이여 나는 다른 사람들 곧 토색, 불의, 간음을 하는 자들과 같지 아니하고 이 세리와도 같지 아니함을 감사하나이다."(누가복음 18:9-11)

정신병원의 미친 자들보다 어리석을 뿐이고, 바로 그런 이유에서 그곳의 많은 사람이 앓고 있는 질병을 고칠 수도 없을 것이다.

그러니까 불안은 두 가지를 의미한다. 하나는 불안 속에 개인이 있다는 것이다. 즉 그 불안 속에서 개인은 질적인 비약을 일삼게 되고, 그런 비약을 통해 죄를 짓는다. 그리고 다른 하나는 개인이 죄를 지을 때, 그 죄와 함께 불안이 세상 속으로 들어온다는 사실이다. 그때 불안은 오로지 양적인 의미에서 세상 속으로 들어온 것이 된다.

이쯤에서 다시 한번 밝혀 둬야 할 것이 있다. 나의 의도는 여기서 학술서를 집필하는 것이 아니다. 문헌학적으로 근거를 밝혀 가며 글을 쓰려는 것도 아니다. 나는 나의 소중한 시간을 그런 데 허비할 생각이 추호도 없다. 게다가 정작 심리학이라는 이름으로 집필된 글들이나 심리학적인 방식으로 집필된 글들 속에는 흔히 진정한 의미에서의 심리학적인 권위도 없거니와 동시에 시적인 능력까지도 결여되어 있을 때가 너무나 많다는 것을 지적하지 않을 수 없다.

지금까지 심리학적 자료들은 마치 고립된 사실을 다룬 것처럼, 게다가 권위 있는 기관으로부터 공증을 받은 증거물처럼 활용되어 왔다. 이런 현실 앞에서 사람들은 웃어야 할지 울어야 할지도 모르고 있다. 하물며 심리학자들은 고독과 외로움에 찌들고 뻣뻣하게 서서 고집을 피우는 염소처럼 완고하기 짝이 없는 그런 사람이 되어 있다. 그런 고집스러운 사람들이 일종의 규칙들을 운운하며 만들어 내는 꼴이란 눈뜨고 봐 줄 수가 없을 정도이다.

하지만 사실 심리학을 연구하거나 심리학적 관찰 방식과 관련하여 진정한 의미에서 정상적이고 합법적인 기준을 찾고자 하는 자는 보편적인 의미에서의 인간적인 유연성을 획득할 것이다.[7] 이런 유연성으로부터 도움을 받게 되면 심리학적 의미에서 모범적인 사례들을 스스로 만들어 낼 수도 있을 것이다. 이런 유연성을 기반으로 하여 탄생한 사례들은 공증받은 서류처럼 권한과 권력을 행사할 수는 없어도 전혀 다른 의미에서 중요한 의미를 지니게 된다.

심리학적으로 관찰하고자 하는 자는 줄타기 광대처럼 날렵하고 숙련된 모습을 보여 주어야 한다.[8] 그는 허리를 굽혀 사람들의 마음을 들여다볼 줄도 알아야 하고 그 사람들의 입장에서 세상을 바라볼 줄도 알아야 한다. 게다가 침묵으로 신용을 얻을 줄도 알아야 하고 그런 침묵으로 사람을 유혹할 줄도 알아야 하며 더 나아가 상대의 욕망까지 불타게 할 줄도 알아야 한다.[9]

---

7   지금 키르케고르는 '고독과 외로움에 찌들고 뻣뻣하게 서서 고집을 피우는 염소처럼 완고하기 짝이 없는 그런 사람'들이 펼치는 틀에 박힌 현실 속의 심리학에 대항하는 의미로 '보편적인 의미에서의 인간적인 유연성'을 언급하고 있다. 심리학은 신학이 아니다. 신학이라면 분명한 명령이 있고 그에 따라 기준 또한 선명하게 드러나 있다. 하지만 심리학은 말 그대로 인간의 마음을 연구하는 학문이고, 여기서는 자유가 허용되어야 마땅하다. 어떤 마음이 기준에 합당하다고 말하는 심리학자는 이미 뻣뻣한 염소처럼 고집을 피우고 있는 것이나 다름없다. 키르케고르는 철학자로서 심리학이 나아가야 할 새로운 길을 선택했고, 그가 가는 길을 설명하고자 한다. 선구자는 이런 식으로 늘 위험을 감수해야 한다. 모두가 한결같이 말하고 행동하는 곳에서 다르게 말하고 행동해야 하기 때문이다.

8   '줄타기 광대'에 대한 비유는 니체의 『차라투스트라는 이렇게 말했다』의 첫 번째 강의 장면을 떠올리게 한다. 차라투스트라는 인간애의 실천으로 가르침을 펼치고자 하산했고, 그 첫 번째 강의가 바로 시장터에서 군중을 대상으로 하여 열렸다. 그런데 그곳에서 군중은 '줄타기 광대의 공연'을 기다리고 있었다. 차라투스트라는 그 줄타기하는 기술과 그 기술자를 비유로 들어 극복의 이념, 즉 초인에 대해서 강의한 것이다. 초인은 저세상에서의 영생을 가르치는 것이 아니라 사람 사는 세상에서의 삶의 비밀을 가르치고자 한다. 니체는 자신이 '글 속에 담아낸 공기'를 호흡할 줄 아는 기술을 가르치고자 한다. 생각으로 자유롭게 춤을 출 수 있는 기술을 전수하고자 한다. 이런저런 생각을 다 할 줄 아는 정신을 설명하고자 한다. 좌로나 우로나 치우치지 않는, 균형 잡힌 생각의 비결을 알려 주고자 한다. 이런 거대한 비유의 탄생은 이미 키르케고르에 의해서 씨앗이 뿌려진 상태라는 것이 놀라울 따름이다.

9   침묵은 전형적으로 인간적인 기술이다. 말을 하며 정답을 가르치고자 했던 것은 과거 신학이 보여 주었던 전형적인 방법이었다. 신의 뜻이 있었고 신의 명령이 있었다는 그 지점에서부터 말이 시작되고 있었음을 증명하는 데 주력했던 것이다. 하지만 인간을 연구하는 학문, 특히 사람의 마음을 연구하는 심리학이라면 상황은 전혀 달라진다. 오히려 말을 할수록 상황은 꼬이고 만다. 문학적으로 비유하자면, 침묵으로 말하는 기술이 필요하다. 자신의 뜻을 강요하지 않고 상대방의 자유를 허락하

사람의 마음속에 은폐되어 있는 것과 그 마음이 원하는 바를 찾아내고 그 의미를 알아내는 것은 결코 쉬운 일이 아니다. 마음은 껍질을 하나씩 벗겨 내듯이 다가서야 한다. 마음은 언제나 그렇듯이 오로지 자신과 대화를 하고 있을 뿐이고, 자신과 대화를 할 때조차 자신의 모습을 아주 조금만 보여 줄 뿐이다. 하물며 그런 마음을 밖에서 보면 그저 은밀한 곳에 또 정적 속에 있는 듯이 보일 뿐이다.

그래서 심리학적인 의미에서 관찰하고자 하는 자는 문학적인 자질도 갖추고 있어야 한다.[10] 자신의 영혼을 문학적인 것에 근원을 두지 못한 자는 심리학을 제대로 실현할 수가 없기 때문이다. 심리학자는 사람의 마음을 들여다볼 때 그 개인 속의 그것이 보여 주는 부분적이면서도 불규칙적인 것을 하나도 놓치지 않고 관찰해야 하고 동시에 그것을 통해 전체적이면서도 규칙적인 것을 인식해 내야 하는 숙제를 떠안고 있다.

만약 심리학자가 관찰할 때 완벽을 기하고자 한다면, 자신이 관찰하고 있는 대상을 마치 강물에서 갓 떠올린 물처럼 신선하게 취급하고 조심스럽게 다뤄야 한다. 그 물을 휘저어 보기도 하고 그때 발생하는 색깔이 어떤 것인지도 신중하게 관찰해야 한다. 그때 그는 자신이 관찰하고 있는 대상을 기존의 문학적 이야기를 참고하여 그것을 끼워 넣어 해석해서는 절대로 안 되고 그 관찰의 대상 속에서 반쯤 죽은 자신의 기억을 떠올리거나

면서도 그를 유혹할 수 있는 기술이 무엇보다도 절실한 것이다.

10 키르케고르는 문학과 철학의 어울림을 요구하고 있다. 사람의 마음을 연구하고자 한다면 문학과 철학이 어울릴 수밖에 없음을 인식한 것이다. 문학은 현상을 철학은 본질을, 문학은 소재를 철학은 주제를, 문학은 내용을 철학은 형식을, 이런 식으로 서로의 역할을 나눠 가며 사물에 조심스럽게 다가서야 한다. 함부로 이래라저래라 말하고 나면 마음은 절대로 자신의 모습을 드러내지 않을 것이기 때문이다. 마음을 가지고 살아야 하는 주인조차 사실 자신의 마음을 잘 모를 때가 많다. 오로지 은폐의 형식으로 숨어 있는 마음을 현상의 의미로 끌어내기 위해서는 문학적인 소질이 필연적임을 키르케고르는 인식한 것이다.

대입시켜서 설명해서도 안 된다.

심리학자는 죽은 자를 연구하는 사람이 아니다. 죽은 자의 마음을 쫓는 사냥꾼도 아니다. 그는 무엇인가를 인식해 내기 위해 죽은 자를 요구할 필요도 없다. 모든 것은 그 반대일 뿐이다. 심리학자는 조용히 자신의 방 안에 앉아 있을 줄 알아야 한다. 마치 경찰처럼 사물을 대할 줄도 알아야 한다. 그는 자기 앞에서 펼쳐지는 일이 무슨 뜻인지 그 모든 것을 잘 알고 있지만 결코 그것을 내색하지 않는 기술도 터득하고 있어야 한다.

심리학자는 자신에게 필요한 것을 스스로 즉시 만들어 낼 줄도 알아야 한다. 그는 필요하다면 그것이 무엇이 되었든 간에 자신의 일반적인 실험을 통해 그것을 즉시 손에 거머쥘 수도 있어야 한다. 그래야 잘 지은 집에서 일할 수 있게 된다. 굳이 넓은 길을 건너가서 물을 찾아가야 하는 쓸데없는 짓은 하지 않아도 된다. 그 집 자체가 이미 하나의 층을 이루고 있으며, 거기에 이미 높은 압력으로 물을 저장하고 있기 때문이다.

만약 심리학적으로 관찰할 때 의심이 들기라도 하면 오로지 사람의 삶을 주목하면 된다.[11] 사람의 삶을 관찰할 때 그의 눈은 종교재판에서 심문하는 검사처럼 날카로워야 함은 말할 것도 없다. 그는 찾고자 하는 것을 찾아내는 법을 알고 있어야 하며, 실험을 위해 적합한 개인의 속성까지도 완성된 형태로 발견해 내는 방법까지 섭렵하고 있어야 한다.

더 나아가 심리학자가 관찰해 낸 것은 다른 무엇보다도 믿을 만해야 한다. 이것은 관찰에 임한 그 심리학자가 그 어떤 이름이나 인용문을 밝히거나 제시하지 않는다고 해도 믿을 수 있도록 작성해 놓아야 한다는 것이다.

---

11 키르케고르는 철학자로서 심리학을 설명하고 있고, 사람의 삶(Menschenleben)만이 심리학이 관찰해야 할 대상임을 재차 역설한다. 심리학을 철학의 영역으로 끌어들이려는 철학자는 '사람의 삶' 이외에 그 어떤 것도 주목할 필요가 없음을 강력하게 주장한다.

예를 들어, 작센에서 살고 있는 한 시골 소녀가 있었는데, 그 소녀를 관찰했던 한 의사의 의견에 따르면, 혹은 로마에 한 황제가 살았는데, 그 황제에 대해 보고한 한 역사가의 의견에 따르면 하는 식으로 심리학을 전개할 필요는 없다는 얘기다. 특히 로마 황제에 대한 이야기는 그것이 역사적 사실이라고 하더라도 이미 수천 년 전에 발생한 일일 뿐이다.

그렇다면 과연 심리학이 어떤 특정 대상에 대해 특별한 관심을 가져야 한단 말인가? 아니, 그런 것은 존재하지 않는다. 심리학이 관심을 가질 만한 대상은 일상에서 매일 발생한다. 필요한 것이 있다면 심리학적으로 관찰해야 하는 자가 제때 그 자리에 있어야 한다는 것뿐이다. 하지만 심리학자가 관찰한 것에는 반드시 신선한 것이 두각을 나타내야 하고 현실의 관심사가 내재해 있어야 한다.

무엇보다도 심리학자는 조심성이 있어야 한다. 심리학적으로 관찰할 때 그는 언제나 신중해야 한다. 그는 자신의 관찰 자체를 통제할 줄 알아야 한다. 이런 목적을 위해서라면 그는 어떤 공기를 접해도 신선하게 호흡할 줄 알아야 한다. 어떤 영혼의 상태를 접해도 신선한 공기로 숨을 쉴 수 있어야 한다. 그런 영혼의 상태를 그는 발견할 줄 알아야 하고, 그런 상태에 스스로 동참하고 따를 줄도 알아야 한다.

이에 덧붙여 심리학자는 타인을 그러한 자신의 흉내 내기를 통해 왜곡하고 있지는 않은지, 또는 자신이 서술하고 있는 그 사람의 상태를 엉뚱한 생각을 근거로 하여 자신의 창조물로 변조시켜 소개하고 있는 것은 아닌지 등을 검증할 줄도 알아야 한다. 만약 심리학자가 이런 능력 없이 그저 타인의 상태를 왜곡하는 형식으로 관찰하고 서술한다면 그는 자신의 열정을 통해 오로지 자신의 개인을 드러내는 결과를 초래할 뿐이다.

그리고 심리학자가 하는 일에는 비밀 유지가 관건이다. 왜냐하면 타인의 비밀을 공유해야 하기 때문이다. 타인의 비밀과 관계하는 모든 것에 대해 그는 침묵할 줄 알아야 한다. 심리학은 오로지 은밀한 가운데 이루어져야 가치가 있는 것이다. 그래서 이 학문에서는 정적, 침묵, 은밀성만이 가치 있는 것으로 간주되어야 마땅하다. 심리학자는 이 모든 것을 충분히 연습한 이후에 자기가 배운 것을 실행에 옮겨야 한다. 그는 이런 식으로 타인을 완벽하게 속일 수 있을 때야 마침내 학자로서 일할 수 있는 상황에 있게 되는 것이다.

이 모든 것을 거듭된 훈련을 통해 완벽한 수준으로 습득한 상황이라면 심리학자는 이제부터 자신의 열정만 믿고 따르면 된다. 그때 그의 눈앞에는 초자연적인 위대함이 멋지게 펼쳐질 것이다. 심리학적 결과물이 이런 식의 관찰 과정에 의해 형성된 것이라면 개인은 말할 수 없는 완화를 경험할 것이고 최고의 만족을 느낄 것이다. 이런 완화와 만족은 마치 정신력이 미약한 자가 느끼는 것과 같은 수준으로 평가될 수도 있다.[12] 왜냐하면 그때 개인은 자신의 고정관념을 발견하였지만 그것을 문학적으로 포착해 내고 더 나아가 그것을 자신의 언어로 덧붙이고 있기 때문이다. 하지만 그 심리학적 결과물이 이런 식의 결과물로 나타나지 않는다면, 그것은 그 개인을 취급하는 과정에서 잘못된 방법을 취했거나, 그 개인 자체가 하나의 나쁜 사례에 해당했을 뿐일 것이다.

---

12 '정신력이 미약한 자'로 번역한 개념은 '가이스테스슈바허(Geistesschwacher)'이다. '정신'을 의미하는 '가이스트(Geist)'와 '약한'이라는 뜻의 형용사 '슈바흐(schwach)'가 합쳐진 형태다. 하지만 '정신이 약한 것'을 정신병자로 번역하기에는 무리가 있다. 말 그대로 정신은 있으나 그것의 수준이 미약할 정도라는 얘기다. 키르케고르의 설명을 그대로 옮긴다면 자신의 고정관념을 발견하고 나서 그것을 객관적으로 바라보거나 해석해 내지 못하고 주관적으로 판단하고, 거기에 덧붙여 문학적 상상력까지 동원해 가며 해석해 내는 사람이야말로 정신이 약한 사람이라는 얘기다.

1

객관적 불안

만약 우리가 '객관적 불안'이라는 표현을 사용한다면, 그것은 순진무구함 속에서 느끼는 불안을 떠올리게 할 수도 있다. 이런 불안이야말로 어쩔 수 없이 가능성 속에서 자신이 직면하고 있는 자유의 이념과 관련되기 때문이다. 그래서 만약 사람들이 이 점과 관련하여 지금 우리가 연구를 통해 다뤄야 할 문제인데도 지금까지 다루지 못한 것이 아니냐고 항의한다면 위의 대답만으로는 충분한 것이 되지 못한다.

하지만 이런 것이 문제가 되고 있다면, 우선 '객관적 불안'이라는 개념이 주관적 불안과의 구별 속에서 떨어져 나왔다는 사실을 떠올리는 것이 상황을 호전시키는 데 더 유익하다. 이 주관적 불안은 아담의 순진무구함의 상태와는 전혀 상관없기 때문이다. 엄밀한 의미에서 주관적 불안은 개인 안에 있는 불안이다. 이런 불안은 자신의 죄에 대한 결과로 인해 형성되는 것이다. 이런 의미에서의 불안에 대해서는 나중에 다른 장에서 다루도록 하겠다.

만약 사람들이 이 단어를 이런 식으로만 이해한다면, 주관적 불안의 반대가 온데간데없이 사라지고 마는 꼴이 된다. 그리고 불안은 그 자체로 이미 주관적인 것이라는 식으로 모습을 드러낼 뿐이다. 그렇기 때문에 객관적 불안과 주관적 불안 사이의 구별은 이 세상을 관찰할 때만 사용해야 하는 것일 뿐이다. 그런 구별은 더 나중에 태어난 개인의 순진무구함을 관찰할 때만 의미를 취할 수 있기 때문이다.

여기서 부분적이기는 하지만 그나마 분명하게 드러나는 것은, 주관적 불안이 지금 개인의 순진무구함 속에 있는 불안을 의미한다는 것이고, 이런 불안은 아담의 불안과 같은 것이기는 하지만, 세대의 양적인 규정에 의해 양적으로 구별되고 있다는 사실이다. 이와 반대로 객관적 불안이라는 말을 할 때 우리가 그것에 대해서 이해하고 있는 것은 이 세계 전체 안에서 저 세대의 죄의 속성이 반영되는 것을 의미할 뿐이다.

앞 장의 2절에서 나는 "아담의 죄에 의해 죄의 속성이 세상 속으로 들어왔다"라는 표현을 사용한 바 있다. 그런데 바로 이것에 일종의 외적인 반영의 의미가 있음을 알 수 있을 것이다. 그래서 바로 여기에, 바로 이 표현 속에 진리에 어울리는 것, 즉 진리에 대한 문제를 해석하고 해결할 수 있는 열쇠가 들어 있다. 우리는 지금 그 열쇠를 손에 거머쥐고자 하면 되는 것이다.

지금 분명하게 깨달아야 할 사안은, 아담이 죄를 지었던 바로 그 순간에 이미 우리의 관찰은 곧바로 그에게서 등을 돌리고 말았다는 사실이다. 그러면서 우리의 관찰은 더 나중에 태어나는 개인이 떠안아야 할 죄의 시작 지점을 주목하는 방식으로 진행되었던 것이다. 왜냐하면 바로 그 순간 하나의 세대가 형성되고 있다고 생각했기 때문이다. 하지만 만약 아담의 죄로 인류가 떠안아야 할 죄의 속성이 마치 직립 보행과 같은 의미로 일방적이고 단순하게 규정되었다고 한다면, 개인이라는 개념은 이미 의미를 상실하고 말 것이다.

이런 문제와 관련해서는 이미 앞 장에서 충분히 다뤘다. 그리고 동시에 나는 거기에서 죄를 마치 골동품처럼 다루는 실험적인 호기심에 대해 반박하는 입장을 피력해 놓기도 했고, 아무것도 모르면서 질문해 대는 질문자와 무엇인가를 알고 있으면서도 아무것도 모른다고 독단적으로 강력하게 말함으로써 새로운 죄를 짓고 있는 그런 인물을 날조해 만들어야 하는 딜레마를 제시하기도 했다.

만약 이 모든 것이 분명해졌다면, 이제 우리가 해야 할 일은 저 객관적 불안이라는 표현에서 진리에 어울리는 부분에 대해 한계를 정하는 것이다. 그 첫 번째로 규정되어야 할 것은 바로 질과 관련한 내용일 것이다. 말하자면 아담에게는 죄가 이미 자기 안에 있었지만, 그것이 결국에는 인류의 것으로 확대되어 나간다는 이야기이기 때문이다. 게다가 인류라는 개념은 그 자체로 이미 너무나 추상적이기만 하다. 그런 개념으로 죄와 같은 구체적인 범주를 설명하기에는 부담이 너무 크다. 죄는 개인 스스로가 개인 자체로 규정될 수 있을 때만 규정될 수 있는 것일 뿐이기 때문이다.

이에 반해 인류에게 있다고 하는 죄의 속성은 그저 태초에 아담에게 있었던 것과 양적인 의미에서 근사치를 보여 줄 뿐이다. 바로 이 지점에서 말할 수 있는 것은, 바로 아담이야말로 인류의 모든 다른 개인에 앞서 책임지고 있고 책임져야 할 엄청난 의미를 지닌 존재라는 사실이다. 바로 여기에 저 객관적 불안이라는 표현의 진리가 내포된 것이다. 하지만 이런 주장은 결국 정통 교회가 주장하는 교리의 내용과 일치하는 것이기도 하다.

어쨌든 창세기가 펼쳐 놓은 창조의 이야기 전체는 오로지 죄가 세상 속으로 들어왔다는 것을 설명하는 데 주력하고 있을 뿐이다. 오직 그것만이 중요한 사안인 것처럼 연출해 놓은 것이다. 이런 인식을 근거로 하여, 인간적인 것이 아닌 존재 안에서 벌어지는 이러한 죄의 작용을 나는 객관적 불안이라고 명명했던 것이다.

내가 여기서 이 개념을 사용하며 의도했던 것에 대해서는 좀 더 설명이 필요할 것 같다. 이것을 위해서라면 무엇보다도 내가 로마서 8장 19절에 등장하는 '피조물이 고대하는 바는'[13]이라는 성경 속의 개념을 인용했었다는 사실을 다시 한번 떠올려 주면 좋겠다. 불안에 휩싸여 있는 학수고대에 관한 것이 무엇을 의미하는지에 대해서는 저절로 이해될 것이다. 이 말 안에는 피조물 자체가 이미 불완전성의 상태에 놓여 있다는 사실을 전제하기 때문이다.

아쉽게도 동경이나 불안에 휩싸여 있는 학수고대 혹은 기대감 같은 표현들이나 그런 규정들을 접할 때 사람들은 흔히 이런 불완전한 상태를 이미 본질적으로 내포하고 있다는 사실을 간과하기 쉽다. 그런 상태야말로 진정으로 현실적이고, 동시에 그런 상태에서만 동경에 의해 발생하는 모든 것이 유효한 의미가 있다. 학수고대하는 자야말로 그가 그 자신으로 존재할 수 있는 상태 속에 있는 것이다. 그는 그런 상태 속으로 우연히 빠져들게 되는 것이 결코 아니라, 오히려 그 스스로가 그러한 상태를 동시적으로 만들어 내는 것이다.

이런 동경을 표현하는 말이 바로 불안이다.[14] 불안 속에는 하나의 상

---

13 키르케고르는 이 대목을 그리스어로 인용해 놓았다. 그 시대의 독자들이 그 정도의 개념은 당연히 읽어 낼 수 있었던 것 같다. 여기서는 독일어로 옮긴 표현을 인용하도록 한다. '다스 앵스트리셰 하렌 데어 크레아투어(das ängstliche Harren der Kreatur)'이고, 이것을 직역하면 '피조물이 불안에 떨며 학수고대하는 것'이라 할 수 있겠다. 즉 피조물의 내면은 불안한 감정과 희망에 찬 학수고대가 서로 대립을 이루며 형성되고 있다는 것을 반영한 것이다. 인간은 불안하지만 학수고대하며 살아가는 존재이다. 불안한 상황에서도 학수고대하는 마음으로 살아갈 수 있는 존재이다. 학수고대하는 능력이 불안을 극복하게 해 준다. 불안해도 상관없다. 왜냐하면 학수고대할 수 있기 때문이다. 이런 식으로 다양하게 설명될 수 있는 구절이 바로 로마서 8장 19절을 이끄는 주어이다. 이 대목에 대해 키르케고르는 이미 앞에서도 언급한 바 있고, 그때도 반복해서 자신의 생각을 심도 있게 피력했다. 즉 이것이야말로 키르케고르의 철학적 이념을 대변하는 구절이라고 보아도 되는 것이다.

14 키르케고르가 동경과 불안을 같은 선상에서 다루고 있다는 점이 독특하다. 이런 등식이 의미하는 바는, 동경하는 행위를 통해 현실에 불만을 느끼고 있다는 것을 스스로 고백하는 것이고, 현실에서 불만을 느끼고 있으니 불안한 것은 당연한 것이 된다. 하지만 그 불안한 상황이 동경을 일으키게 하는 요인이 된다. 여기에서 순환 논리가 발견되기도 하지만, 바로 그런 순환 논리가 '사람의 삶'을 설명하는 최고의 인식으로 작동하고 있다.

태가 예고되고 있고, 그 상태에서 학수고대하는 자가 밖을 향해 동경하게 되기 때문이다. 바로 이런 이유로 인해 그 불안 속에는 자신이 스스로 예고되는 결과를 초래하기도 하는 것이다. 왜냐하면 동경하는 하나의 행위 자체만으로는 학수고대하는 자의 자신을 구원할 수가 없기 때문이다.[15]

신성했던 창조가 아담의 죄로 인해 타락 속에 빠져들었다는 것이 어떤 의미인지, 또 자유가 오용됨으로써, 즉 그 자유가 가능성의 반영이나 함께 관심을 가져야 할 것에 대한 전율 등을 창조의 과정에 어떤 식으로 제공하게 되었는지, 더 나아가 인간은 종합적인 존재이고, 그 종합적인 존재가 앞으로 계속해서 맞닥뜨릴 극단적인 대립들은 인간의 죄에 의해 발생했다는 그 이전의 대립보다도 훨씬 더 극단적이어야 하겠기에, 도대체 저런 일들이 어느 정도까지 강제적으로 이뤄지게 되었는지, 이 모든 것은 심리학적으로 고민해야 할 사안이 아니다. 심리학 속에는 이런 문제를 위한 자리가 존재하지 않는다. 하지만 교리라면 얘기가 달라진다. 방금 제시된 모든 질문은 오로지 교리 속에서 의미를 취한다. 교리 중에서도 속죄론이 이 모든 것을 숙제로 다룬다. 이 속죄론의 설명과 함께 교리는 학문이 되고, 이 학문은 다시 죄의 속성이 존재할 수 있는 가능성을 설명하기에 이른 것이다.

---

15 키르케고르도 '구원'을 이야기한다. 그의 철학에도 나름대로 '구원론'이라는 것이 있다는 얘기다. 그가 말하는 구원의 논리는 불안을 느끼는 자가 동경을 통해 스스로를 구원하는 구원자가 된다는 것이다. 동경을 불안의 다른 얼굴쯤으로 간주하는 한, 사람은 스스로 구원자로 거듭날 기회를 거머쥔 존재가 된다. 물론 키르케고르도 여기서 인정하고 있는 것은 그런 동경 하나만으로 구원이 이루어지는 것은 결코 아니라는 사실이다. 동경은 불안을 떠안을 수 있을 때 진정한 힘을 발휘하기 때문이다. 그것이 동경의 한계가 되는 것일 뿐이다. 동경의 한계에 대한 이런 고백에도 불구하고, 그런 동경이 자신의 구원을 위한 씨앗이 될 수 있다는 희망을 전해 주고 있어서 키르케고르의 가르침은 일종의 복음처럼 들리기도 한다.

창조의 과정에서 등장하는 불안을 객관적 불안으로 명명한다 해도 결코 틀린 말이 아니다. 이 불안은 창조에 의해 창조된 것이 아니기 때문이다. 이 불안은 아담이 지은 죄로 인해 감각적인 것을 경멸하게 하는 결과를 낳았고, 그것이 하나의 죄로서 다시 세상 속으로 들어온 이상, 그것은 감각적인 것을 계속해서 경멸할 수밖에 없는 지경이 펼쳐지고 만다. 감각적인 것은 죄의 결과물인 동시에 죄의 속성을 의미하기 때문이다.

이러한 속죄론적 교리의 해석이 합리론적인 견해를 거부하고, 그런 거부의 결과로 감각적인 것이 저런 죄의 속성을 지닐 수밖에 없다는 의미로 나아가고 있다는 사실은 어렵지 않게 인식해 낼 수 있을 것이다. 이런 해석을 기준으로 하여 생각하자면, 죄가 세상 속으로 들어온 이후 죄는 매번 반복해서 세상 속으로 들어오고 있다는 얘기가 된다. 그리고 그때마다 감각적인 것은 죄의 속성으로 향하고 있을 뿐이다.

하지만 문제는 감각적인 것의 의미가 변해서 그렇게 된 것이지, 그 이전부터, 즉 처음부터 감각적인 것이 죄의 속성에 속해 있지는 않았었다는 데 있다.[16] 프란츠 바더는 세상의 비참함이 감각적인 것 때문이라든가, 감각적인 것이 그런 죄의 속성 자체라는 식의 주장에는 지속적으로 저항해 왔다.[17] 그럼에도 사람들은 그의 주장 속에서 그의 목소리에는 관심조차 보

---

16 사람의 성기도 원래는 신의 작품이었다. 그것에 대한 인식이 문제가 될 뿐이다. 사람의 성기를 바라보며 무슨 생각을 해야 할까? 그 생각의 내용은 생각하는 자의 몫이 될 뿐이다. 신의 작품을 바라보며 부끄러워하는 것도 자기 책임이고, 신의 작품을 바라보며 신성과 함께 승화되는 것도 자기 책임이다. 사람의 몸은 원래부터 이렇게 생겨 있었다. 키르케고르는 그것에 대한 해석이 문제임을 지적하는 것이다.

17 프란츠 폰 바더(Franz von Baader, 1765-1841)는 독일 뮌헨 출신의 의사이며 철학자다. 그는 잉골슈타트와 빈에서 의학과 자연과학을 공부했고, 이후 의사로 잠시 활동하기도 했지만 관심사가 다르다는 것을 알고 곧 포기한다. 1796년경 그는 셸링의 자연 철학을 접하며 열광했고, 1797년에는 야코프 뵈메 등 다양한 철학자의 이념에 몰두한다. 나폴레옹 전쟁이 끝난 직후, 1815년에 그는 국가는 오로지 기독교에 의해, 즉 정의와 사랑과 평화의 이념에 의해서만 인도를 받아야 한다는 주장을 펼치면서

이지 않았고, 오히려 완전히 다른 쪽에 서 있는 이념, 즉 펠라기우스주의
자가 펼친 말들만 떠올렸을 뿐이다. 그러니까 프란츠 바더는 자신의 주장
속에 인류의 역사까지 끌어들였던 것은 아니다. 좀 더 구체적으로 말하자
면, 인류가 양적으로 증가하면서, 즉 비본질적인 의미에서, 감각적인 것은
죄의 속성을 지니게 된 것이다. 이것을 다시 개인과 관련하여 말하자면,
만약 개인이 스스로 죄를 저지름으로써 자신의 감각적인 것을 죄의 속성
속으로 집어넣을 때만 감각적인 것은 죄의 범주 안에 들어가는 것이다.

셸링 학파의 모든 학자는 하나 같이 창조 당시에 집중했던 인간의 죄 지
음보다 앞선 것으로서 변화의 이념에 주목했다. 그들 또한 불안에 대해서
언급하는 것을 잊지 않았지만, 그들은 이 불안을 생명체가 존재하지 않는
자연 속에 있는 것으로 간주하는 실수를 범하고 말았다. 결국 그들의 주장
은 한 목소리를 연출해 내는 데는 성공을 거두었지만 어처구니없는 이론
으로 전락하고 말았다. 왜냐하면 사람들은 그들의 주장을 철학적 문제를
교리의 도움을 받아 현학적으로 취급했다고 말해야 했거나, 기계적으로
작동하며 현란하게 빛나는 불빛을 바라보며 좋아하는 일종의 교리적 해
석에 불과하다고 말해야 했기 때문이다.

할 말은 너무나 많지만 여기서 이만 그치기로 하겠다. 내가 방금 여기
서 보여 주고자 했던 것은 사실 이 저서의 목적에도 어울리지 않을뿐더러
그 한계를 훌쩍 넘어선 것들이기 때문이다. 지금 당장 하고 싶은 말은, 불
안이 아담의 마음속에 있었던 것처럼, 그 불안은 두 번 다시 반복해서, 즉
재차 돌아올 수는 없다는 것이다. 왜냐하면 아담을 통해서 이미 이 죄의
속성이 세상 속으로 들어왔기 때문이다.

사회 개혁을 선도하기도 했다. 그는 지속해서 전제군주처럼 군림하는 교회의 독재에 저항했다. 이를
근거로 1838년 바이에른의 내무장관은 그의 종교 철학을 금지 대상으로 지정하기도 했다.

바로 이런 이유로 인해 아담의 불안과 비슷한 것이 두 가지 더 생겨난 것이다. 하나는 자연 속에 있는 객관적 불안이고, 다른 하나는 개인의 주관적 불안이다. 이것을 아담의 불안과 비교하면, 주관적 불안은 좀 더 많은 것이 되고, 객관적 불안은 좀 더 적은 것이 된다.[18]

---

18 이것은 말 그대로 받아들이면 될 것 같다. 주관적 불안은 말 그대로 사람 숫자만큼 다양할 것이고, 객관적인 불안은 객관적인 전제를 충족시켜야 하기 때문에 보다 간단하고 단순해질 수밖에 없을 것이다.

2

주관적 불안

거듭되는 반성을 통해 불안을 느끼게 될수록 그 불안이 죄의식 속에 휩싸이게 되는 것처럼 비칠 수도 있다. 여기서 중요한 것은 좀 더 많은 것이니, 좀 더 적은 것이니 하는 근사치의 개념 규정에 방해를 받지 않는 것이다. 왜냐하면 '더 많다'고 해서 비약이 일어나는 것도 아니고, '더 적다'고 해서 설명이 진리에 가까워지는 것도 아니기 때문이다. 이 점을 확고하게 인식하고 있지 않으면 두 가지 측면에서 실수를 범할 위험이 있다. 첫 번째 위험은 갑자기 모든 것이 단순하게 보이고 불안과 관련한 일련의 과정 또한 쉽게 진행되는 듯이 보이는 하나의 현상과 부딪칠 수 있다는 것이다. 두 번째 위험은 순수한 경험적 직관이 결코 멈출 수 없듯이 자신의 생각을 절대로 멈출 수 없게 된다는 것이다.

비록 이 불안에 대해 반성을 거듭한다고 해도, 또 그것을 아무리 고민의 대상으로 삼는다고 할지라도 그 불안 속에서 질적인 비약과 함께 양산되는 죄의식은 아담의 죄와 같은 수준의 책임능력을 떠안을 수밖에 없을 것이다. 그리고 마찬가지로 불안도 역시 아담이 직면했던 것과 같은 형식의 이중성과 마주하게 될 것이다.[19]

나중에 태어난 개인도 아담의 경우에서 확인할 수 있었던 그런 종류의 순진무구함의 상태에 놓일 수 있고 놓여 있다고 하는 말 자체, 더 나아가 그런 말이 전제하는 것까지 인정하며 논쟁거리로 삼고 싶다면 누구나 분노를 참을 수 없을 것이다. 아담과 같은 그런 지경을 인정하고 나면 모든 생각은 더 이상 펼쳐지지 않게 되고 생각이라는 행위 자체가 멈출 것이기 때문이다. 그때는 개인이 존재하는 것이 아니라 그런 종류에 해당하는 표본으로 간주될 수 있는 형식의 존재로 있게 될 뿐이다. 그것은 결코 개인이라 말할 수 없는 존재일 뿐이다. 비록 개인이 무엇인가 하는 개념 규정을 굳이 고려하지 않더라도 개인이라면 당연히 죄가 있다고 규정될 수밖에 없기 때문이다.

사람들은 불안을 일종의 현기증과 비교할 수도 있다. 예를 들어, 하품을 하는 사람의 목구멍 속이 보여 주는 심연을 들여다볼 때 현기증을 느끼기도 한다. 하지만 도대체 무엇이 이 현기증의 원인이란 말인가?[20] 그 원

---

19 불안의 현상은 이중성을 전제로 한다. 이럴 수도 있고 저럴 수도 있다. 이런 가능성이 불안을 초래하는 요인으로 작동하는 것이다. 키르케고르는 이런 경우를 앞서 '변증법적 이중성'으로 설명한 바 있다. 테제와 안티테제 사이에 놓여 있는 한 안정은 요원한 것이 되고 만다. 그 사이에 존재하는 한 존재의 형식을 오로지 불안의 요인으로만 해석이 가능해진다. 하지만 불안의 변증법은 헤겔이 철학적으로 연출해 낸 변증법과는 사뭇 다르다. 즉 헤겔의 변증법은 절대정신으로 향해 나아가는 과정을 의미하지만, 키르케고르가 불안을 통해 이야기하고 있는 변증법은 죄의식으로 빠져들어 가는 과정을 의미하기 때문이다. 헤겔의 변증법은 낙천적인 의미를 품고 있는 반면, 키르케고르의 변증법은 불안이라는 요인으로 인해 비관적인 의미가 본질로 굳어지고 있을 뿐이다. 하지만 키르케고르는 이 불안이란 것이 이런 식으로 그저 일방적인 방향으로 나아가지 않는다는 것을 철학적으로 증명해 내고자 한다. 우리는 지금부터 그 반전이 발생하는 현상에 주목해야 한다.

20 우리는 이 질문을 매우 중요하게 인식해야 한다. 키르케고르는 불안을 현기증과 비교해도 무방하다고 말했다. 현기증은 자기만의 문제일 뿐이다. 세상은 흔들리지 않기 때문이다. 예를 들어 고소공포증을 떠올려도 좋다. 누구는 높은 곳에서도 일을 멋지게 해내지만, 누구는 그런 곳에서 공포에 휩싸이기도 한다. 키르케고르가 비유로 든 사례도 충분히 이해할 만하다. 소용돌이치는 물결이 보여 주는 깊은 곳을 주시하고 있으면 아찔한 생각이 들 때도 있다. 키르케고르는 이런 식으로 불안을 설명하고 있다는 것을 인식해야 한다. 불안은 '나'의 문제이고, 그래서 오로지 '내'가 해결해야 할 문제일 뿐이다. '나'의 불안을 누구에게 해결해 달라고 요구할 수도 없다. 불안은 '내' 안에 있지만, 그 불안을 딛고 일어서야 하는 것도 '나'다. 이런 식의 순환 논리가 사람의 삶이 품고 있는 존재론적 문제인

인은 자신의 눈에 있기도 하고 그 심연에 있기도 하다. 어느 원인이 다른 원인보다 앞서거나 뒤서는 것이 아니다. 둘은 똑같은 형식으로 또 동시적으로 작동하고 있다.

만약 그가 그 끝도 없이 깊은 곳을 연출해 내는 심연을 들여다보지 않았다면 그에게 무슨 일이 벌어졌을까? 대답은 간단하다. 즉 만약 그랬다면 그에게는 아무 일도 일어나지 않았을 것이다. 그때 불안은 그 당시 모습을 드러내고 있던 현기증으로부터 자유로웠을 것이다. 만약 정신이 종합을 이루고자 한다면, 또 정신이 자신의 가능성 속에서 자신의 자유를 바라보고 있다면, 그리고 궁극적으로 정신이 자신의 한계를 인식한다면, 정신은 자신을 붙들고 있을 수 있게 된다.

하지만 현기증을 일으키고 그런 현기증에 내몰릴 때 정신에게 주어진 자유의 가능성은 그 현기증 속에서 스스로 희생 제물이 되고 만다. 이런 지경에 빠진 정신에게는 심리학도 더 이상 도움이 되지 못한다. 심리학 스스로도 그런 것을 원하지 않기 때문이다. 반대로 정신이 자신의 자유를 다시 의식하면, 그 순간 모든 것은 변화를 겪는다. 그 변화 속에서도 자유는 자신이 죄를 짓고 있는 현상을 바라보고 있을 수밖에 없다.[21] 그런데 바로 자유와 죄 사이, 이 두 가지의 서로 다른 순간들 사이에서 비약이 발생한다.[22] 이 비약에 대해서는 지금까지 어떤 학문도 설명하지도 않았고 설명

것이다. 사람은 자신의 삶을 살아야 사람 자격을 얻게 되고, 삶은 살아 주는 사람에 의해 증명될 뿐이다. 이런 논리와 주장이 생철학적이고 실존 철학적인 가르침의 주류를 형성하고 있는 것이다.

21 "자유는 자신이 죄를 짓고 있는 현상을 바라보고 있을 수밖에 없다"라는 말은 의역한 것이다. 좀 더 간단하게 의역하면 '자유는 죄다'라는 논리가 탄생한다. 생각은 자유고, 자유를 생각하는 한 생각 자체는 무궁무진한 영역을 예상하지 않을 수 없고, 그런 지경에서 생각은 무궁무진한 것의 반대의 존재로 자신을 깨달을 수밖에 없다. 스스로 해야 할 일이 얼마나 많은가? 그것에 대한 대답은 스스로 자유를 인식하는 만큼 주어질 것이다.

22 '비약'은 '슈프룽(Sprung)'을 번역한 것이다. 점프나 도약 등을 의미하는 개념이다. '비약'은 뛰어넘는다는 의미가 강하다. 니체의 개념으로 바꾸면, 이것은 곧 '극복'을 의미할 수도 있다. 극복하려면

할 능력도 없었던 것이다.

불안 속에서 죄의식을 불러일으키는 자보다 이중적으로 죄의식에 휩싸이는 사람은 없을 것이다. 불안은 여성적인 무기력 증상과 같다.[23] 그 안에서 자유가 의식을 잃고 말기 때문이다.[24] 이런 증상을 심리학적 문체로 표현하자면, 타락으로 인한 죄가 일종의 무기력 증상 속에서 지속적으로 발생한다고 말할 수 있겠다. 불안보다 더 자신과 관련한 것은 없기 때문이다.[25] 마찬가지로 자신과 관련한다면, 자유라는 말보다 더 구체적인 표현도 없다. 이 말 또한 가능성의 의미를 담아내는 다른 모든 구체적인 표현과 함께 자신의 것과 같은 맥락에서 이해하면 될 것이다.

이런 자신의 것이야말로 개인의 이중적, 즉 공감적인 동시에 반감적인 관계를 규정하는 주된 요인으로 작동한다. 말하자면 불안 속에는 자신의 것이 무궁무진하게 존재한다. 그 무한대의 형식이 가능성으로 나타나는

극복할 대상부터 인식해야 한다. 울지 않으려면 울어야 했던 사건부터 인식해야 한다. 마찬가지로 비약에 임하려면 서로 상충하는 두 가지 상황을 먼저 인식해야 한다. 서로 충돌하는 것이 무엇인지를 알아야 정신은 이들 사이에서 종합을 지향해 낼 수 있을 것이기 때문이다.

23 '여성적인 무기력 증상'은 '바이프리헤 온마흐트(weibliche Ohnmacht)'를 번역한 것이다. 특히 '마흐트(Macht)'는 '권력'이나 '힘'을 의미하는데, 이 단어 앞에 주로 전치사로 쓰이는 '오네(ohne)', 즉 '없는' 혹은 '없이' 등의 뜻을 지닌 말을 접두어로 붙여 만든 합성어이다. 일상에서는 가부장적 제도 안에서 여성의 입장을 언급할 때 이 말을 쓰기도 한다. 남성은 '마흐트'를 지닌 상황이지만, 여성은 이와는 반대로 '마흐트'를 지니지 못한 상황이라는 얘기를 이런 식으로 표현한 것이다.

24 '자유가 의식을 잃는다'는 표현은 키르케고르의 문장을 직역한 것으로 낯설게 들릴 수도 있다. 하지만 이 의식을 자유 의식이나 자유에의 의식 등으로 이해하면 문제가 해결될 것 같다. 왜냐하면 이런 의식은 죄의식과 대칭을 이루며 정반대의 의미를 형성해 주기 때문이다. 자유 의식 대 죄의식, 물론 이렇게 간단하게 논리를 펼치는 것은 위험한 시도이기는 하겠지만, 그렇다고 완전히 틀린 것은 아니라고 생각한다.

25 '니히츠 젤프스티셔레스(nichts Selbstischeres)'를 '더 자신과 관련한 것은 없다'라고 번역했다. '젤프스트(Selbst)'는 사전적 의미로 '자기' 혹은 '자신'을 뜻한다. 가끔 '이히(Ich)', 즉 '자아'로 번역해야 하는 경우도 있다. 여기 이 문장 속에서는 '자신'을 뜻하는 것이 분명하다. 키르케고르는 지금 불안은 지극히 자신의 문제임을 강조하고 있다는 그 의미만 이해하면 된다. 불안을 문제 상황으로 본다면, 그 불안보다 자신과 관련한 문제는 없다는 식으로 이해하면 된다는 얘기다.

것이다. 이 가능성은 하나의 선택을 통해 사람을 미혹에 빠뜨리는 것이 아니라, 반대로 그 가능성 자체가 지닌 달콤한 불안함으로 사람을 불안하게 만드는 것이다.[26]

더 나중에 태어난 개인 속에서 불안은 더욱 반성적이다. 이런 주장 속에서 소위 무無가 불안의 대상이라는 것이 밝혀진다. 그 무에 지나지 않은 불안이 세대를 거듭하며 조금씩 커지다가 결국 하나의 어떤 것이 되고 만다. 우리는 결코 그것이 실제로 어떤 것이 되는 현상은 보지 못한다. 그것이 실제적으로 어떤 것을 의미한다는 것도 확인할 길이 없다.

그렇다고 해서 우리가 지금 무가 있던 자리에 죄라든가 그 외의 어떤 다른 것이 대체해 있노라고 말하는 것은 결코 아니다. 더 나중에 태어난 개인의 순진무구함도 아담의 순진무구함과 동일하기 때문이다. 다만 확실한 것은 이 모든 것이 자유의 형식 속에서만 존재한다는 사실이다.[27] 더 구

---

26 '달콤한 불안함으로 사람을 불안하게 만든다'는 것은 '베엥스티궁 엥스틱트(Beängstigung ängstigt)'를 직역한 것이다. '불안함이 불안하게 한다'는 이 말은 동어반복이라는 지적을 받을 수도 있겠지만, 이 기적인 측면에서는 가능한 상황이 연출될 수 있다. 불안함의 속성에도 달콤한 것이 있다는 것을 인정하지 않을 수 없고, 그런 불안함이 엄습해 올 때는 설렘도 동반할 것이다. 예를 들어, 누구나 오랫동안 고대하던 여행을 떠나게 되었다면, 그 여행 직전에 이런 마음이 들었을 것이다. 자신이 원했던 일과 관련된 모든 도전이나 모험적인 행위는 이런 두근거리는 심정을 떠안을 수밖에 없을 것이다.

27 불안은 존재한다. 다만 자유라는 형식 속에 존재할 뿐이다. 불안을 느끼는 것도 자유이고, 불안을 느끼지 않는 것도 자유이다. 불안은 자유의 이름과 함께 언급될 수밖에 없는 개념이다. 사람이 자유로운 존재인 만큼 불안도 더불어 주어질 수밖에 없다. 인식하는 자유의 크기만큼 인식되는 불안의 크기도 클 것이다. 힘이 센 만큼 적으로 예상되는 자의 힘 또한 크게 느껴질 것이다. 인간의 이성은 이런 식으로 비교를 가능하게 하고, 그 비교의 능력으로 인해 인간은 아무리 힘이 세도 두려움 자체를 제거할 수는 없는 운명에 처하는 것이다. 사람은 자신의 힘을 능가하는 그 무엇을 어떤 식으로든 생각해 내고야 말 것이기 때문이다. 그리고 이 문장의 동사로 키르케고르는 '엑시스티렌(existieren)'이라는 단어를 사용하고 있다. 이 단어에서 뿌리가 되는 개념은 라틴어 '엑시스텐티아(existentia)'이고, 그 뜻은 독일어로 '다자인(Dasein)'이다. 여기서 '다(da)'는 '여기', '저기', '이것', '저것', '그것' 등의 의미로 일종의 지시하는 역할을 담당하고, '자인(sein)'은 '있다'의 뜻을 의미한다. 이것을 직역하면 '밖에 드러나 있다'는 뜻이 된다. 이 단어의 활용에 대해서는 관심을 가지고 주목해야 한다. 왜냐하면 훗날 야스퍼스나 하이데거에 의해 '엑시스텐츠필로조피(Existenzphilosophie)', 즉 '실존 철학'으로 또

체적으로 말하면, 이 모든 것은 오로지 개인이 자기 스스로 질적인 비약을 통해 죄를 인식함으로써만 존재한다.

'불안은 무'라는 이 표현은 여기서 예감으로 채워진 하나의 복합체임을 말한다. 사람은 누구나 자기 안에서 자신을 반성의 대상으로 삼는 능력을 지니고 있다. 그런데 이때 사람은 자기의 개인에게 조금씩 다가섬과 동시에 그 개인을 옴짝달싹하지 못하게 포박하고 만다. 즉 무에 지나지 않는 불안임에도 그것을 본질적인 것으로 인식하여 결국에는 그 개인을 괴롭히게 되는 것이다.

솔직하게 말하면 인간에게 무는 무가 아니다.[28] 그런 무가 존재한다면 개인은 그것과 무관한 것이 되어야 마땅하다. 무가 아닌 무는 일종의 무가 되며, 이것은 순진무구한 무지와 함께 의사소통한다. 이런 반성 상태는 모든 것을 앞서서 인간에게 미리 준비된 것이다. 이것은 일종의 이성적 능력으로서 본질적으로는 무에 지나지 않는 것에 의해 개인이 죄인이 되기도 전에 이미 작동하게 된다는 것을 의미한다. 이때 개인은 사람이 질적인 비약을 통해 죄인이 되어야 할 때 자신을 뛰어 넘어 밖으로 나가게 하는 전제 조건이 된다. 왜냐하면 죄는 자신을 전제하기 때문이다. 즉 그 죄를 지어야 하는 자신이라는 존재를 전제해야 하기 때문이다. 이 말은 죄가 그 자체로 이미 존재한다는, 즉 미리 준비되어 있는 형식으로 존재하는 것이

사르트르나 카뮈에 의해 '엑시스텐티알리스무스(Existentialismus)', 즉 '실존주의'로 발전을 거듭하기 때문이다. 키르케고르의 철학과 관련해서 지금 당장 의식의 수준으로 끌어올려야 하는 사안은 '불안'이 '무'의 형식인 동시에 '자유'의 형식으로 이해되고 있다는 사실이다. 무도 존재하고 자유도 존재한다. 불안의 존재는 이들 두 존재를 포괄한다는 얘기가 된다.

28 무는 무가 아니다. 절대적인. 즉 고유한 의미로서의 무는 존재하지 않는다. 무는 언제나 그 반대의 형식인 유를 전제하는 개념일 뿐이다. 그림자를 보고 괴물을 연상해 내거나 허공을 바라보며 귀신을 보는 것도 인간의 문제. 무와 직면하고서도 유를 생각해 내는 것이 생각하는 존재의 한계이다. 이런 한계는 극복되어야 마땅하다. 키르케고르는 바로 그 비결을 고민한 것이다.

아니라, 죄는 죄가 있다는 것을 인정할 때만 자신을 비로소 전제할 수 있게 되는 것이다.

이제 우리는 저 어떤 것에 대해서 좀 더 정확하게 고민해 보고자 한다. 저 어떤 것은 나중에 태어난 개인 속에서 무에 지나지 않는 불안의 결과물이라 말할 수 있다. 이것을 심리학적 범주로 끌어들여 말하자면, 그 어떤 것은 심리 현상의 하나로서 결국 실제로 존재하는 그 무엇이 되고 마는 것이다. 하지만 이런 심리학적 고찰에서 주의해야 할 점은, 개인이 그런 어떤 것에 의해 어쩔 수 없이 죄인이 되어야 한다는 식으로 결론에 도달해서는 절대 안 된다는 사실이다. 만약 그렇게 될 경우 이 모든 심리학적 관찰은 의미 없는 것이 되기 때문이다.

여기서 단어 자체가 지닌 의미로 엄밀히 말하자면, 이 어떤 것이야말로 결국에는 원죄를 의미한다.[29]

1) 세대 관계의 결과

여기서 언급되는 내용은 의사가 기형적으로 태어난 누군가를 진료하듯이, 그런 진료를 하기 위한 내용이나 진료할 수 있는 그런 내용이 결코 아니라는 사실은 자연스럽게 이해될 것이다. 또한 이 연구의 목적은 도표의 형식으로 작성될 수 있을 정도로 선명하게 조감할 수 있는 결과물을 제공하고자 하는 것도 아니다. 여기서 지향하는 바는 오로지 규정하는 내용이

---

29 '단어 자체가 지닌 의미로 엄밀히 말하자면'은 키르케고르가 라틴어로 적어 놓았고, 그것은 '스트릭 테 식 딕타(stricte sic dicta)'이다. 즉 이 말 자체를 강조해 놓은 것이다. 바꿔 말하자면, 원죄는 아무 것도 아닌 그 무엇에 불과하지만, 그것은 반성을 거듭하며 진행되는 생각의 과정에서 결국 어떤 실존의 형식으로 변신한다는 말이다. 무는 무가 아니라 결국 유가 되고 마는 상상을 초월하는 결과를 초래한다는 얘기다.

올바른 규정이 되도록 하는 데 있다.

만약 우박이 쏟아지거나 기형이 발생하는 것을 두고 악마의 짓이라고 가르친다면, 그것은 좋은 의도로 한 말이라 할지라도 본질적으로는 지극히 종교적인 발언에 지나지 않으며, 이는 또한 악이라는 개념을 약화할 뿐만 아니라 그 개념에 농담 섞인 어감을 부여하는 꼴이 되고 만다. 악이 그런 것이라고 가정한다면, 아무리 예술적으로 기교를 부려서 말한다 해도, 결국에는 일종의 '어리석은 악마'에 대해서 말해 놓은 것에 지나지 않는다.

마찬가지로 만약 '신앙'이라는 개념 속에서 역사적인 것을 그런 식으로 일방적으로만 강조한다면, 개인 속에 내재한 소박한 근원성을 망각하는 것에 지나지 않을 것이며, 그런 일방적 강조를 통해서는 자유로운 무한성조차 사소한 유한성으로 변질되고 말 것이다.[30] 신앙에 대해 생각을 이런 식으로만 펼치면 그 생각의 결과는 지극히 희극적인 것이 될 것이다.

이는 마치 홀베르크Holberg의 희극에 나오는 제로니무스Jeronimus가 자신의 신앙에 대해 말하는 내용과 같은 것이 될 것이다. 말하자면 이 극 속에는 제로니무스가 에라스무스는 이상한 신앙 속에 빠져서 망상에 사로잡힌 의견을 쏟아내고 있을 뿐이라며 앵무새처럼 그의 말을 따라하는 장면이 있다. 하지만 사실 에라스무스는 진리를 이야기하고 있었을 뿐이다. 그는 대지는 둥글다는 가정을 인정했고, 그런 이유에서 모든 세대가 산 위에 올

---

30 키르케고르가 '개인'을 설명하기 위해 동원하는 개념들이 예사롭지 않다. 개인 속에 내재한 것은 '소박한 근원성'에 불과하지만, 그것이 연출해 내는 세상은 '자유로운 무한성'과 직면하게 한다. 소박하지만 자유롭고, 근원을 이루지만 무한하다. 모순이 모순을 엮어 내는 형국이지만 다 맞는 말이 되고 있다. 특히 '소박한'으로 번역한 단어는 '프리미티프(primitiv)'라는 형용사이고, 이것은 라틴어 '프리무스(primus)'에서 유래했으며, 그 뜻은 원래 '첫 번째'를 의미한다. 이것은 고대 자연 철학자들이 '아르케(Arche)', 즉 만물의 '시초'나 '근원'에 대해 추궁했던 것을 떠올리게 한다. 이에 반해 키르케고르는 개인을 만물의 근원으로 간주한다. 개인이 씨앗이 되고, 그 씨앗이 성장하여 어느 정도까지 뻗어 나갈지는 아무도 모른다. 그 씨앗의 미래는 그저 '자유로운 무한성'으로만 예고될 수 있을 뿐이다.

라가 대지를 바라보고 그 대지가 평평하다고 믿어 왔지만 사실은 그게 아니라고 말했을 뿐이다. 이런 식으로 사람들은 믿는 바에 따라 실수를 저지를 수 있다. 만약 모든 사람이 산 위에서 꼭 맞는 바지만 입고 다니는데, 그중에 누군가가 헐렁한 바지를 입고 다닌다면, 그 사람을 향해 잘못된 신앙을 들이댈 수도 있다.

만약 누군가가 죄의 속성과 관련하여 통계를 내고 그 결과들을 도표화하거나, 더 나아가 그것과 관련하여 현실감을 살리기 위해 높이의 차이에 따라 다른 색깔까지 칠해서 등고선까지 연출해 냄으로써 한눈에 조망할 수 있는 그런 종류의 지도를 그려 내고자 하는 자는 죄를 자연 속의 특별한 결과물처럼 다루려 하는 시도와 같다. 말하자면, 그는 이런 죄를 지양될 수 있는 것으로 간주하지 않고, 공기의 압력이나 강수량처럼 계산해 낼 수 있는 것으로 간주하는 실수를 저지르는 것이다.

이런 식으로 공기의 압력이나 강수량을 계산해 내듯이 산술적 계산을 통해 얻은 평균값이나 평균치 같은 것들은 죄와 관련하여서는 별 의미가 없다. 그런 것은 순수하게 경험을 다루는 학문에서 전혀 다른 의미를 지닌, 그래서 그저 터무니없는 난센스에 지나지 않는다. 그럼에도 누군가가 이런 말을 진지하게 내뱉고 있으면 이는 마치 수리수리마수리라고 중얼대는 마술사나 마법사의 주문 소리처럼 지극히 우스운 소리가 되고 말 것이다.

모든 사람에게는 3과 3/8인치에 해당하는 죄의 속성이 있다느니, 랑그도크Languedoc에서는 죄의 속성이 2와 1/4인치인데 브르타뉴Bretagne에서는 3과 7/8인치나 된다고 말하는 것이야말로 헛소리 그 자체일 것이다. 하지만 이런 사례들은 서론에서 언급한 것들보다 절대로 지나치지도 않고 쓸모없는 것도 아니다. 왜냐하면 이런 사례들이야말로 다음에서 다루게 될 문제들의 영역과 완전히 무관하지 않기 때문이다.

죄를 통해서 감각적인 것이 죄의 속성으로 변했다. 이러한 명제는 두 가지를 의미한다. 하나는 죄를 통해서 감각적인 것이 죄의 속성으로 변했다는 것이고, 다른 하나는 아담을 통해서 죄가 세상 속으로 들어왔다는 것이다. 이 두 가지의 명제는 서로가 서로를 지탱해 주는 조건이 된다. 이렇게 서로가 서로를 지탱해 주지 않으면 두 명제는 모두 진리로서 자격을 박탈당하게 될 뿐이다. 말하자면 감각적인 것이 과거의 한때 그 언젠가 죄의 속성으로 변했다는 것은 세대의 역사일 뿐이지만, 그럼에도 감각적인 것이 현재 죄의 속성으로 변하게 되는 것은 오로지 개인의 질적인 비약에 해당할 뿐이기 때문이다.

앞서 제1장 6절에서 이미 이브의 창조가 세대 관계의 결과라는 사실을 성경의 구절과 그 내용을 근거로 하여 언급한 바 있다. 거기서 이브는 일종의 파생적인 것으로 특징지어졌다. 여기서 파생적이라는 말은 파생되기 이전의 것, 즉 그 근원적인 원래의 것과 비교하자면 절대로 완벽하지 못하다는 뜻이 된다. 그럼에도 이러한 구별은 여기서 그저 양적인 구별에 지나지 않는다. 말하자면 더 나중에 창조된 개인도 본질적으로는 처음 창조된 개인과 마찬가지로 근원적이라는 것이다. 즉 더 나중에 태어난 모든 개인에게 공통적으로 적용되는 구별은 그저 파생되었다는 사실이다. 하지만 각각의 개인들과 관련하자면 그 파생의 과정에서 결과물로 얻어지는 것은 많을 수도 있고 적을 수도 있다는 또 다른 문제가 발생한다.

여자가 파생적 존재라는 말은 왜 여자가 남자보다 약한지, 또 그것이 어떤 의미를 지니고 있는지에 대해 분명하게 설명한다. 이 말은 터키의 군사령관이 했든 낭만적인 기사가 했든 모든 시대에 걸쳐 인정받아 온 것이다. 하지만 이러한 구별은 남자와 여자가 이들의 차이점에도 불구하고 본질적으로 동일하다는 것보다 더 큰 의미를 지니지는 못한다. 다만 분명하게 구별이 나타나는 곳이 있다면, 그것은 이브의 불안이 아담의 불안보다 더 반성적이라는 부분이다.

이브의 불안이 아담의 불안보다 더 반성적인 이유는 여자가 남자보다 더 감각적이라는 데 있다. 물론 당연한 얘기지만, 여기서 언급되는 내용은 경험적 상황과 관련한 것도 아니고 평균치와 관련한 것도 아니다. 그것은 오로지 종합을 이루는 데서 발생하는 차이점과 관련한 것일 뿐이다. 그리고 이 종합의 한 부분에서 조금 더 많은 것이 있다면, 그것은 정신이 주어져 있어서 발생한 결과이고, 구별에 의해 벌어진 틈의 깊이를 더욱 깊게 해 주며, 이때 불안은 자유의 가능성 속에서 더욱 넓은 활동 공간을 취한다. 창세기의 이야기 속에서 이브는 아담을 유혹하는 인물로 묘사되어 있다. 하지만 이것을 통해 이브의 죄가 아담의 죄보다 크다는 결론에 도달해서는 절대로 안 된다. 또 그때 불안이 불완전했다는 식으로 말하는 것도 허락되지 않는다. 이런 식의 논리와는 반대로 불안의 크기가 완전성의 크기를 예고하기 때문이다.

이상의 연구에서 이미 알 수 있는 것은 감각적인 것과 관련한 것이 불안이 관련한 것과 서로 내용 면에서 얽혀 있다는 사실이다. 말하자면 세대 관계가 이야기 속에 등장하자마자 이브와 관련된 모든 것은 곧바로 아담과 관련된 것이 되고, 그것은 더 나중에 태어난 모든 개인까지도 아담과 관계한다는 것에 대한 암시가 된다. 결국 세대 안에서는 감각적인 것이 커질수록 그에 비례하여 불안도 커질 수밖에 없는 상황이 펼쳐진다.

세대 관계의 결과는 일종의 보다 많은 것을 의미하는 것이기도 하지만, 그것은 어떤 개인도 아담과의 관계와 무관할 수 없다는 것을 의미하기도 한다. 말하자면 나중에 태어나는 개인들도 자신이 지닌 그보다 많은 것이 아담과의 관계로 소급될 수밖에 없다는 얘기고, 그것이 양적으로 조금 더 많은 것이라 해도 결국에는 아담과 본질적으로 구별될 수가 없다는 것이 된다.

하지만 이 문제로 넘어가기 전에 나는 먼저 여자가 남자보다 더 감각적이라는 것과 그래서 여자가 더 많은 불안을 느끼게 된다는 저 명제를 좀 더 자세하게 밝혀 보고 싶다.

여자가 남자보다 감각적이라는 것은 무엇보다도 여자의 육체적 구조가 잘 보여 준다. 그러나 이 점에 대해 상세하게 서술하는 것은 내가 해야 할 일이 아니라 생리학이 감당해야 할 과제일 뿐이다. 이와는 반대로 나는 나의 명제를 다른 방식으로 증명하고자 한다. 즉 나는 여자를 미학적인 관점에서 보고 싶다. 말하자면 대상을 미학적 의미에서 이상적으로 만드는 관점으로 여자를 바라보고 싶은 것이다. 여자를 이상적으로 만드는 관점에서 두드러진 것은 다름 아닌 아름다움이다. 이 아름다움과 관련한다면, 나는 무엇보다도 여자의 상황 그 자체를 떠올릴 수밖에 없다. 여자의 상황이란 말 그대로 그 여자를 이상적으로 만드는 관점을 말하는 것이며, 그것은 여자가 남자보다 더 감각적이라는 것을 증명하고 있을 뿐이다.

그런 다음 나는 여자를 윤리적으로 다룰 것이다. 대상을 윤리적 의미에서 이상적으로 만드는 관점으로 여자를 살펴볼 것이라는 얘기다. 여자를 윤리적 의미에서 이상적으로 만드는 관점에서 독보적인 것은 출산이다. 이 출산과 관련한다면 나는 무엇보다도 여자에게만 주어진 상황 그 자체를 떠올릴 수밖에 없다. 여기서도 여자는 남자보다 더 감각적이라는 것을 증명할 뿐이다.

만약 아름다움이 무엇인지 규정되어 있다면, 그 아름다움은 정신이 배제된 곳에서 형성되는 종합을 일궈 낼 것이다. 이것이야말로 모든 그리스 문화가 보여 주는 신비롭고 비밀스러운 점이다. 물론 그리스의 아름다움 위에는 조용한 안정감과 정적인 장중함이 드리워 있기는 하지만, 그와 동시에, 바로 그렇기 때문에 불안도 더불어 가미되어 있다. 물론 이 불안에 대해서 그리스인들 스스로는 전혀 눈치채지 못했다. 그럼에도 그리스인들의 조각 작품들이 보여 주는 아름다움은 불안 속에서 떨고 있었던 것이다.

그리스적인 아름다움 속에서 일종의 걱정이나 근심이 보이지 않았던 이유는 바로 정신이 배제되어 있었기 때문이다. 또한 바로 그 때문에 거기에는 설명할 수 없을 정도로 깊은 슬픔이 담겨 있었던 것이다. 그리고 정신이 배제되어 있었기 때문에 감각적인 것은 결코 죄의 속성이 될 수 없었고, 사람을 불안하게 만드는 것은 설명할 수 없는 수수께끼가 될 수 있었던 것이다. 또한 바로 그 때문에 설명할 수 없는 무, 즉 불안이라는 그 무에 의해 자연 그대로의 소박함이 인도될 수 있었던 것이다.

비록 그리스의 아름다움이 남자와 여자를 본질적으로 동일한 방식으로, 말하자면 정신적인 측면은 배제하고 파악했지만, 바로 이런 동일한 방식 속에서도 구별을 보여 주었다. 그것은 정신적인 것이 특히 얼굴에서 자신만의 표정을 가진다는 데 있었다. 비록 조각 예술이 보여 주는 영원한 청춘이 깊은 정신적인 것의 출현을 지속적으로 방해한다고 인정한다고 하더라도, 남성들의 아름다움에서는 얼굴의 윤곽과 얼굴의 표정이 여성들의 아름다움에 있어서보다 본질적이다.

하지만 이런 것을 자세하게 설명하는 것도 내가 해야 할 일이 아니다. 내가 시도하고 싶은 나의 일이란 그저 유일한 지시 사항으로 바로 그 차이점을 증명해 내는 일이다.[31] 예를 들어 비너스는 본질적으로 아름답다는

---

31 여기서 '차이점'으로 번역한 단어는 '페어쉬덴하이트(Verschiedenheit)'이다. 앞서는 자주 '운터쉬트(Unterschied)'를 사용했고, 이것을 여기서는 '구별'이나 '차별' 등으로 번역한 바 있다. 하지만 두 단어가 의미하는 바는 본질적으로는 다르지 않다. 다만 형태에 의해 전달되는 어감만 조금 다를 뿐이다. '운터쉬트'에서 접두어 '운터(unter)'는 '아래'라는 뜻이고, 그 말 때문에 보이지 않는 곳에 존재하는 다른 점이라는 의미가 지배적인 반면, '페어쉬덴하이트'에서는 접두어 '페어(ver)'의 뜻이 적극적이고 능동적이라는 점을 감안하면 뭔가를 눈에 띄게 다르게 해 놓는다는 의미가 더 강하다. 즉 키르케고르는 지금 이 단어의 선택을 통해 자신이 인식한 내용을 적극적이고 능동적으로 설명하고 있다는 의미에서 '페어쉬덴하이트'를 사용한 게 아닌가 하는 생각이 든다.

것에 대해서는 동일하다. 그녀는 비록 잠을 자고 있는 모습으로 형상화된다고 해도 마찬가지의 현상이 발생한다. 어쩌면 그녀는 바로 이때, 즉 잠을 자고 있을 때가 가장 아름다울지도 모른다. 하지만 잠을 자고 있다는 것 자체가 이미 정신이 부재하고 있다는 사실에 대한 표현일 뿐이다.

반대의 의미로 일상의 현상을 살펴보면 사안은 더욱 선명해질 수 있다. 즉 사람은 나이가 들수록 잠자는 모습이 조금씩 아름답지 못한 모습으로 변해 감과 동시에, 자신의 성격이 정신적인 측면에서 더욱 두드러지게 발전해 간다. 이와는 반대로 잠자는 어린아이의 모습은 참으로 아름답다. 아니 가장 아름답다고 말해도 괜찮다.

비너스는 떠올랐다고 한다. 그리고 그녀는 대체로 편안하게 쉬고 있는 모습이나 그런 자세로 형상화된다. 이런 모습이나 자세 속에서 표정 따위는 그리 중요한 요소가 되지 못한다. 여기서 바로 이런 표정은 그저 비본질적인 것으로 축소되고 만다. 하지만 이와 정반대로 아폴로의 경우에서 잠자는 모습은 찾아볼 수조차 없다.[32] 예술가는 그가 잠을 자게 내버려두지 않았다. 아니 내버려 둘 수 없었는지도 모른다. 주피터의 경우에서도 마찬가지로 잠자는 모습은 결코 찾을 수가 없다.

만약 아폴로가 잠을 자고 있는 모습으로 형상화되었다면 그것은 결코

32 '비너스(Venus)'와 '아폴로(Apollo)'둘 다 로마 신화의 이름들이다. 이들의 그리스 신화 이름은 각각 '아프로디테(Aphrodite)'와 '아폴론(Apollon)'이다. '비너스'나 '아프로디테'나 같은 신을 두고 부르는 다른 이름일 뿐이며, '아폴론'이나 '아폴로'도 마찬가지다. 어느 시대의 이름을 선택하느냐에 따라 그에 맞춰 통일을 기해야 한다. 키르케고르가 선택한 이름은 로마 신화의 이름이었기에 번역은 이것에 맞춰 통일한 것일 뿐이다. 지금 당장 키르케고르의 설명에서 가장 중요한 부분으로 인식해야 하는 것은 비너스와 아폴로의 비교이다. 여자의 대표로 비너스가, 그리고 남자의 대표로 아폴로가 선택되었다. 둘은 서로 다른 이미지를 구현해 내고 있다. 대체로 비너스는 잠자는 모습으로 형상화된 반면, 아폴로는 깨어 있는 모습으로 형상화되고 있다는 것이 가장 큰 차이점이다. 키르케고르는 이런 차이점을 설명해 줌으로써 철학적으로 어떤 목적을 지향하고 있고 도달하게 되는지, 우리는 그것을 관찰해야 한다.

아름답지 못했을 것이고, 주피터가 그런 식으로 표현되었다면 정말 우스운 모습으로 비쳤을 것이다. 물론 바쿠스의 경우는 예외로 삼아야 할 것이다. 하지만 그리스 예술이 형상화하는 그의 모습에서 발견되는 대표적인 모습은 남성적인 아름다움과 여성적인 아름다움 사이의 무차별성이다. 즉 그는 여성적이기도 하고 남성적이기도 한 모습으로 형상화되고 있다. 또 가니메데ganymede의 경우도 예외로 해야 한다.[33] 왜냐하면 그의 얼굴에는 이미 특별한 표정이 본질적인 측면에서 드러나기 때문이다.

비록 이런 그리스적인 아름다움이 낭만주의 시대에는 다른 아름다움으로 비치기는 했지만, 그래도 본질적으로는 동일한 것을 반복하여 다르게 표현하는 정도에 그치고 있을 뿐이다. 정신의 비밀은 말하자면 정신에 역사가 있다는 것인데, 그런 정신의 역사는 남자의 표정 속에서 각인되었다. 이런 인상이 너무나 강해서 다른 모든 것은 망각될 정도이다. 하물며 글로 표현된 역사조차 그것이 아무리 분명하고 고귀하다 할지라도 예술이 표현해 낸 이런 남자의 표정에 비하면 상대가 되지 못한다. 이런 남자의 표정과는 반대로 여자의 경우에는 모든 것이 전혀 다른 방식으로 표현되고 있음을 알 수 있다. 물론 고전주의 시대에도 잠시 여성의 얼굴을 표현하는 데 남다른 의미를 부여하기는 했지만, 전체적으로 보면 여성의 경우에서는 얼굴 표정이 본질적인 측면에서 지배적이지 못했다.[34] 즉 여자의 경우

---

33 '가니메데'는 젊고 아름다운 트로이의 왕자였다. 어느 날 우연히 그 소년을 본 제우스는 그를 사랑하게 되었고, 독수리로 변신하여 그를 납치한다. 수많은 예술가는 이 이야기를 바탕으로 하여 나름대로 작품을 만들어 냈다. 대표적으로 이탈리아의 르네상스 화가 안토니오 다 코레조(Antonio da Correggio, 1489-1534)의 〈가니메데의 납치〉(1530)에서 연출되는 소년의 얼굴 표정에서는 호기심 가득한 미소까지 확인할 수 있다. 반대로 네덜란드의 바로크 시대 화가 렘브란트(Rembrandt, 1606-1669)의 〈독수리에게 잡힌 가니메데〉(1635)가 보여 주는 가니메데는 유아기의 어린아이에 불과하고 그 표정에서는 울고 있는 모습이 확인되기도 한다. 즉 나이가 들수록 이성이 강해진다는 키르케고르의 주장과는 모순되기에, 그는 가니메데도 예외로 인정한 것이다.

34 여기서 '고전주의시대'로 번역한 단어는 '클라시치테트(Klassizität)'이고, 시기적으로는 1770년부터

에 얼굴의 표정은 역사가 없는 하나의 총체성이어야만 한다는 것이 통상적 인식이다. 그래서 여자에게 침묵이 최고의 지혜일 뿐만 아니라 최고의 아름다움으로까지 인식되었던 것이다.

윤리적 의미에서만 보면, 여자의 인생은 출산과 함께 절정에 이른다. 바로 이런 연유에서 성경에서조차 여자가 열망하는 것은 남자라고 말하는 것이다.[35] 물론 남자도 여자에 대한 욕망이 있기는 하지만, 그 욕망만으로 남자의 인생이 절정에 도달하는 것은 아니다. 여자를 향한 욕망이 남자를 지배했다면 그의 인생은 방탕에 빠져 나빠지거나 길을 잃어 몰락의 길을 걷고 말았을 것이다. 하지만 여자는 그런 욕망 속에서 절정에 도달하게 되었다는 사실은 여자야말로 더 감각적인 존재라는 명제를 증명하고 있는 것이다.

여자는 남자보다 불안을 많이 느낀다.[36] 이것은 여자의 육체적 힘이나 그 외의 어떤 육체적 조건들이 보다 미약하거나 부족해서 발생한 것이 아

1840년 사이에 유럽을 지배한 예술 양식을 의미하며, 이 양식은 훗날 바로크와 로코코로 이어지게 된다. 내용적으로 보면 '클라시치테트'는 고대의 예술 양식을 모범으로 하여 그 시대의 예술을 재현해 내는 데 주력했던 것이 특징이다. 이런 경향 때문에 누구는 '의고주의'라고 번역하기도 한다. 하지만 이 개념은 여전히 예술사적 개념으로 정립되지 못한 듯하고, 그래서 낯선 느낌이 들기도 해서 아쉬운 대로 '고전주의시대'로 번역한 것이다.

35 이 구절은 창세기의 구절을 염두에 두고 한 말 같다. "너는 남편을 원하고 남편은 너를 다스릴 것이니라."(창세기 3:16) 하지만 이런 여자의 욕망은 선악과를 따먹고 난 이후에 신이 한 말로서 일종의 처벌에 해당한다. 남자, 특히 남편을 향한 욕망은 여자에게 주어진 벌이라는 얘기다. 우리는 지금 키르케고르가 이런 성경적 논리에 대해 어떻게 대응하고 있는지 관찰하면 된다.

36 "여자는 남자보다 불안을 많이 느낀다." 이 말은 일견, 여자를 폄하하는 발언처럼 들릴 수도 있다. 하지만 키르케고르는 그런 식으로 일방적인 논리를 펼치지 않는다. 말은 하나여도, 그것에 대한 해석은 다양할 수 있다. 우리는 그것을 인식의 대상으로 삼아야 한다. 키르케고르는 치열하게 불안을 사람의 문제로 인정하고 그것을 변호하려 하고 있다는 사실을 잊어서는 안 된다. 즉 여자가 불안을 더 많이 느낄 수 있는 존재라는 말 안에는 이미 여자가 더 인간적이라는 주장까지 내포된 것이기도 하다. 물론 그래서 여자가 남자보다 더 낫다는 식으로 우열을 가리고자 하는 것이 결코 아니다. 불안을 느끼는 그 상황 자체에 대해 접근하는 키르케고르의 전략과 전술을 주시해야 한다.

니다. 저런 불안은 육체적 힘과는 전혀 관련이 없다. 여자가 남자보다 불안을 많이 느끼는 이유는 여자가 남자보다 더 감각적인 존재라는 데 있을 뿐이다. 그럼에도 여자는 남자와 마찬가지로 정신적으로도 본질을 형성하고 있다.

일상에서는 사람들이 흔히 여자가 더 약한 존재라고들 말한다. 물론 나는 이런 말을 하고 싶지 않지만, 그렇다고 무시할 수는 없다. 물론 여자가 약하기는 하지만 그래도 남자보다 적게 불안을 느낄 수도 있다. 문제의 핵심은 전혀 다른 곳에 있다. 그것은 불안이 여기서 항상 자유와의 관계 속에만 존재한다는 사실이다.[37]

창세기의 내용은 일반적인 생각과는 반대로 여자가 남자를 유혹하게 해 놓았다. 이것은 조금만 더 깊게 생각해 보면 그 이야기 자체가 이미 남자의 질서 속에 있음을 알 수 있다. 일반적인 생각과 다르다는 얘기는, 성경에서 소개된 이 유혹 사건이 여자에 의해 발생한 사건이고, 아담은 그저 이브의 도움으로 뱀에게 유혹당하고 있을 뿐이라는, 즉 여성적인 유혹에 대한 희생물처럼 묘사되고 있기 때문이다. 하지만 일반적으로는, 이런 유혹 사건과 관련하여 속인다거나 설득한다와 같은 말은 남자에게 더 어울리는 표현일 것이다.

모든 경험을 통해서 증명되는 것, 즉 우리가 인정해야만 하는 것을 나는 또 하나 증명하고자 한다. 즉 그것을 나는 오로지 단 하나의 실험적인 관찰을 근거로 하여 증명해 보겠다. 예를 들어 지금 나는 젊고 순진무구한 한 소녀를 상상해 본다. 그리고 그 곁에서 한 남자가 욕정에 가득 찬 시선

---

37 이것은 매우 중요한 주장이다. 불안은 자유를 아는 만큼 커질 수 있다는 얘기다. 자유를 아는 만큼 사람은 어쩔 수 없이 그 자유의 크기에 버금가는 불안을 떠안을 수밖에 없다. 수학적 개념을 동원하면 말하자면, 불안과 자유는 정비례 관계다. 사람이라면 누구나 자유를 원하기 마련이고, 자유를 원하는 사람인 이상, 사람은 언제나 불안과 직면할 수밖에 없는 것이다.

으로 그녀를 뚫어져라 쳐다보고 있다. 이런 경우라면 그 소녀는 당연히 불안을 느끼게 될 것이다. 물론 그녀가 분노를 느끼고 화를 낼 수도 있겠지만, 그래도 무엇보다도 먼저 느끼게 되는 것은 불안일 것이다. 하지만 반대로 한 여자가 욕정에 가득 찬 눈빛으로 순진무구한 젊은 남자를 뚫어져라 쳐다보고 있다면, 이때 그는 불안을 느끼기는커녕 역겨움을 동반한 수치심을 느낄 수도 있을 것이다. 왜냐하면 그는 정신적으로 더 많이 규정되어 있을 것이기 때문이다.

아담의 죄를 통해 죄의 속성이 세상 속으로 들어왔다. 그리고 그와 동시에 성적인 것도 세상 속으로 들어왔다. 그런데 이 성적인 것은 아담에게 있어서 죄의 속성과 관련한 의미로 해석된다. 성적인 것이 이런 식으로 규정되고 만 것이다. 세상에는 순진무구함의 순진성과 관련하여서도 어리석은 말들이 너무나 많다. 그것은 입으로도 글로도 넘쳐나고 있다. 순진무구함이란 순진한 것 자체를 의미하는 것도 맞지만, 그것은 아무것도 모르는 무지를 의미하는 것이기도 하기 때문이다.

성적인 것이 의식되고 나면, 그때부터 순진무구함의 순진성에 대해 말하는 것은 몰상식한 행동이 되거나, 뭔가 있는 척하려는 과시가 될 뿐이고, 때로 가끔 벌어지는 일이기는 하지만, 저급한 욕정을 은밀하게 숨겨놓은 은신처가 되기도 한다. 사람이 더 이상 순진하지 않아서 죄를 짓는다는 말은 이제 옳지 않다. 사람들을 유혹하는 것은 바로 이런 종류의 진부하고 저급한 사랑 행각들일 뿐이고, 바로 이런 쓰레기 같은 사랑 행각들이 진실한 것이나 윤리적인 것으로 향했던 사람들의 관심사를 돌려놓게 되는 결과를 초래하고 만다.[38]

---

38 중요한 지적이다. 사랑은 원래 '진실한 것이나 윤리적인 것으로 향했던 관심사'와 관련한 사안이었다. 그런데 그것이 저급한 것으로 전락하고 말았다. 사랑에 대한 평가는 성적인 것에 대한 평가를

의심할 여지가 없는 것은 성적인 것과 관련한 의미 자체가 혹은 그런 의미와 관련한 온갖 질문 자체가 부당하게 처리되어 왔다는 사실이다. 성적인 것의 의미와 관련하여서 말하자면 지금까지 거론되었던 문제들은 부족하기 짝이 없고, 그것까지도 올바르게 평가받은 적은 거의 없을 정도라고 말할 수밖에 없다. 결국 성적인 것과 관련하여서는 그저 농담이나 하는 정도로 받아들이게 되었고, 그런 농담 속에서 예술의 궁색한 변명이 자행되는 지경에 이르고 말았다. 그와는 반대로 그 성적인 것에 대해 진심으로 경고하는 것은 너무나 어렵지 않은 일이 되었다. 오히려 사람들은 그런 경고를 설교의 내용으로 삼기도 한다.

사람들은 성적인 것과 관련하여 무엇이 문제가 되고 있는지조차 깊이 있게 생각하려 하지 않는다. 이것은 성적인 것과 관련하여 훈계나 하물며 잔소리 하는 것이 전혀 어렵지 않기 때문이기도 하다. 그러나 성적인 것과 관련하여 진정 인간적으로 말을 한다는 것, 그것 자체가 이미 하나의 예술이 된다. 만약 사람들이 교회 연극의 무대나 설교가 이뤄지는 연단에 사회적 책임을 떠넘긴다면, 또 그런 결과로 인해 다른 사람이 스스럼없이 하는 말을 스스로는 말하기를 꺼리게 된다면, 그리고 이 사람이 하는 말과 저 사람이 하는 말 사이에 언급되는 내용이 하늘과 땅 차이처럼 벌어져 있다면, 그것은 사람들이 모든 것을 포기했음을 의미할 뿐이다.[39]

전제하지 않을 수 없다. 사랑과 성적인 것은 같은 사물에 대한 다른 개념이다. 무엇을 바라보고 말하느냐에 따라 단어가 선택될 뿐이다. 앞의 것은 형이상학적 개념에 해당하고, 뒤의 것은 물리적, 즉 자연적인 차원에서 더 어울리는 개념이다. 앞의 것은 정신적인 삶을 설명하는 데 유용하고, 뒤의 것은 몸을 가지고 살아야 하는 현실 속에서 유용한 개념이 된다. 독자인 우리는 키르케고르가 지금 사랑을 성적인 것과 연결하면서 사람 사는 세상의 이야기를 펼치고 있다는 것을 잊지 말아야 한다. 그가 하고 싶은 말은 '진실한 것이나 윤리적인 것으로 향했던 관심사'가 사랑이나 성적인 것과 관련되어 있었다는 확신 속에서 확인될 수 있다.

39 성적인 것과 관련하여 마음대로 말할 수 없는 상황이라면 모든 것을 포기한 것이나 다름없다는 이 말은 심각하게 들어야 할 것 같다. 중세 천 년 동안 여호와 하나님이 전부였다면, 그 정반대의 형식

교회 연극의 무대나 설교 연단은 사람들에게 성적인 것과 관련하여 그저 무거운 짐을 짊어지게 해 놓았다. 그 짐에 대한 인식 때문에 사람들은 손가락 하나 제대로 펼쳐 보이지 못하는 지경에 처하고 말았다. 사람들이 이토록 무겁게 짊어지고 있는 이 짐은 오로지 존경받는 교회 선생이 내뱉는 그 말 한마디만이 단 하나의 진정한 의견으로 선취되어야 한다는 편견과 독단 때문에 발생한 것일 뿐이다. 그의 의견이 이 사람이 하는 말에서나 저 사람이 하는 말에서나 그 어떤 경우에서도 진정한 의미를 지닌 것으로 인정되어야 하기 때문이다.

이것이 현실에 대한 불편한 인식이다. 이런 인식이 이미 오래전에 우리의 내면을 지배하게 되었더라면, 이 시대의 사람들처럼 이토록 생각 없이 살아가지는 않았을 텐데. 솔직히 말해, 이 시대의 사람들은 자신의 인생을, 모든 것을 이토록 아름답게 구비해 놓은 인생을 무의미하게 허비하는 방식에 너무나 완벽하게 석응하여 살아가고 있는 지경이다. 이 시대의 사람들은 단 하나의 생각에 대해 위대하고 엄청난 의미를 가진 것이라고 함께 말하는 데 내몰리고 있다. 그런 소리라면 소음이 되어도 괜찮다는 인식하에서 양심껏 외쳐 대야 하는 것쯤으로 간주하는 것이다. 이것이야말로 진정 생각 없이 살아가는 사람들의 부끄러운 모습이다.[40]

과 내용으로 인간을 내세울 수 있는가, 그것이 문제라는 얘기다. 무엇이 가장 인간적인 것인가? 솔직하게 마음의 문을 활짝 열어 놓고 말을 해야 할 때가 되었다. 신은 신비로운 옷을 입혀 놓아도 되지만, 아니 그럴수록 더욱 신의 모습이 멋지게 연출될 수 있겠지만, 사람의 경우는 완전히 다르다. 옷을 입혀 놓을수록 그 사람의 모습은 가려지고 말 것이기 때문이다. 껍데기가 많을수록 속살은 가려지고 만다. 인간의 인간다움, 사람의 사람다움은 몸 그 자체에서 발생한다. 몸이 아름다움의 근원이다. 이런 인식과 함께 르네상스의 천재들은 성적인 것과 관련하여 말하기를 서슴지 않았고, 예술가들은 누드를 그리는 데 진심으로 열을 올렸던 것이다.

40 키르케고르는 '게당켄로스(gedankenlos)'를 두 번이나 반복해서 언급했다. 직역하면 '생각 없는'이란 말이다. 사람들이 생각 없이 살아가고 있다는 말을 그는 이토록 간절하게 연발하는 것이다. 그 생각 없이 살아가는 삶의 내용에는 삶 자체가 빠져 있다는 것이 문제다. 성적인 것은 불결하고 더럽고 성

하나의 의견을 위해서라면 사람들은 하나 같이 통일된 모습을 연출해 낸다. 그것이 위대하고 엄청난 의미를 지녔다고 하나 같이 외쳐 대고 있는 것이다. 이것이야말로 흔들림 없는 신앙심을 드러내는 일로 간주되고 있는 실정이다. 이런 실천적 언행이 사회적 통일을 일궈 낸다고 믿는 것이다. 이런 신앙은 마치 맥주 통에 수도꼭지를 박아 넣은 후 맥주를 쏟아 내는 일처럼 기적적인 일을 일궈 낸다. 신앙을 맥주 한 잔처럼 돈을 받고 파는 행위로 전환될 수 있기 때문이다. 신앙을 파는 장사꾼은 돈 벌 생각에 희망으로 가득 차 있다. "아직도 그 통에서 나올 맥주의 분량은 어마어마하기 때문이다."

이 시대의 사람들이 이렇게 생각하고 행동하는 것에 대해서는 전혀 낯설지 않다. 놀랍지도 않다. 이 시대의 사람들은 이런 것을 사회적 문제로 인식하지도 못한 상태이다. 그런 식으로 인식하려 하지도 않는다. 이것은 아무도 그런 깊은 고민에 빠져 시간을 보내고 있지 않다는 증거가 되기도 한다. 하지만 나는 잘 알고 있다. 소크라테스가 지금 살았더라면 신앙으로 돈벌이하는 이런 짓거리에 대해 깊은 고민으로 나날을 보냈을 것이라고. 그리고 또 확신하건대, 그가 나보다 훨씬 더 멋지게 현상을 폭로했을 것이다. 그는 지금 내가 하는 이런 말보다 훨씬 더 우아하고 멋진 말로 현대의 문제를 비판했을 것이다.

소크라테스가 지금 살아 있었다면 분명 내가 할 수 있었던 것보다 더 많은 일을 해냈을 것이다. 그는 분명 신처럼 말하고 행동했을 것이다. 그리고 그는 나에게 이런 말도 했으리라고 확신한다. "오, 나의 친구여, 그대는 옳았다. 그대가 저런 일들에 대해 고민을 거듭하고 그에 대해 처신했던 일

스럽지 못하고 수치스럽고 등등으로 인식하는 한, 생각 없이 사는 삶은 진정으로 채워져 있어야 할 내용을 상실한 것이 되고 만다.

은 모두 옳았다. 게다가 그런 일들은 당연히 누군가가 한 번쯤 고민해 봤어야 할 일들이었다네. 정말이라네! 사람들이 수많은 날을 밤새도록 토론을 거듭한다고 해도 인간의 본성과 관련한 기적적인 것들에 대해 근원을 밝히기란 거의 불가능한 일이라네.[41] 그런 일은 절대로 완료될 수도 없는 일이라네."

나는 나의 이런 확신을 포기할 수가 없다. 이 시대의 모든 사람이 한목소리로 브라보라고 외쳐 대며 미친 듯이 박수갈채를 보내고 있는 일들보다 내가 하고 있는 일이 훨씬 더 가치 있는 것이라고 나는 언제까지나 확신하고 또 확신할 것이다. 이 확신은 나의 영혼 속에서 바위처럼 흔들림이 없다. 이 확신과 비교한다면, 브라보라 외쳐 대며 서로 곁에 서서 동조하는 저 박수갈채 소리는 나의 영혼을 오히려 의심 속에 빠뜨리고 있을 뿐이다.

성적인 것은 그 자체로 이미 죄가 되는 것은 결코 아니다. 오히려 성적인 것에 대해 아무것도 모르는 것이 사람이라는 존재를 동물의 수준으로 낮춰 주는 꼴이 되고 말 것이다. 동물은 성적인 것이 무엇을 의미하는지 전혀 깨닫지 못하고 있을 것이기 때문이다. 동물에게 주어진 것이라고는 성적인 것에 대한 무지 자체뿐이다. 그래서 동물은 본능에 묶여 맹목적으로만 행동할 뿐이다. 동물의 본능은 성적인 것과 관련하여서 그저 눈먼 존

---

41 '인간의 본성과 관련한 기적적인 것'으로 의역한 원문은 '분더바레 데어 멘쉬리헨 나투어 (Wunderbare der menschlichen Natur)'이다. 직역하면 '인간적인 본성의 기적적인 것'이 된다. 키르케고르가 소크라테스의 철학을 동경하고 있는 이유는 바로 이 구절에서 밝혀진다. 소크라테스의 철학적 대전제로 간주되는 명제는 아폴론 신전에 쓰여 있었지만, 자신의 철학으로 응용했던 말인 '그노티 세아우톤(Gnothi seauton)', 즉 '너 자신을 알라'이다. 이 명령은 아폴론이 인류를 향해 던져 놓은 것이다. '인간이여! 너 자신을 알라!' 이 말을 철학적 명제로 인식했던 최초의 철학자가 소크라테스였다. 키르케고르는 그런 그를 향해 찬양한다. 그도 자신의 일을 이해하고 동조해 주었을 것이라고 확신까지 하고 있는 것이다. 인간적인 삶 자체가 이미 기적과 같다. 이보다 더 멋진 기적은 있을 수 없다. 이 세상 최고의 기적이 바로 인간적인 것이다. 이런 말들이 바로 실존 철학의 근간을 이루는 명제들인 셈이다.

재가 되어 어둠 속에서 허둥대고 있을 뿐이다.

하지만 어린아이가 성적인 것에 대해 아무것도 모른다는 것은 존재하지 않는 것에 대한 무지에 해당할 뿐이다. 어린아이에게 있어서 순진무구함은 그것에 대해 아무것도 모른다는 것을 의미하는 앎의 형식일 뿐이다. 바로 이 점에서 윤리적인 무지와 분명하게 차이가 있다는 사실은 쉽게 인식될 수 있을 것이다. 왜냐하면 성적인 것과 관련한 어린아이의 무지는 하나의 앎의 형식으로 규정되어 있기 때문이다.

아무것도 모른다고 하는 것은 앎의 형식과 함께 시작하고 진행된다. 그리고 이런 앎의 형식이 직면하게 되는 최초의 규정이 바로 무지이다. 바로 이런 현상을 보여 주는 것이 수치심이라는 개념이다. 수치심 속에는 일종의 불안이란 것이 존재한다. 인간은 종합적인 존재이고, 이것을 외부 세계와 구별하여 직면하게 하는 가장 바깥쪽에는 육체뿐만 아니라 정신도 함께 존재하기 때문이며, 존재의 가장 바깥쪽에서 육체는 성적인 차이를 인식하게 하는 요인으로 규정되기 때문이다.

비록 수치심이 성적 차이에 대한 앎의 형식으로 형성되는 것이기는 하지만, 그것 자체는 충동과 아무런 관계도 없다. 충동 그 자체는 여기서 그어떤 형식으로도 참여하지 않는다. 수치심이라는 개념이 지닌 진정한 의미는 종합적인 존재에게 있어서 가장 외적인 부분을 담당하는 것이 정신이 아니라는 사실에 있다.[42] 그래서 수치심이 유발하는 불안은 이중적인

---

42 이 부분에 대한 설명은 성경 구절로 대체해도 무방할 듯싶다. "여호와 하나님이 아담을 부르시며 그에게 이르시되 네가 어디 있느냐 이르되 내가 동산에서 하나님의 소리를 듣고 내가 벗었으므로 두려워하여 숨었나이다."(창세기 3:9-10) 아담의 대답은 외모에 대한 인식을 근거로 하고 있다. 즉 그것은 자기 존재 형식이 보여 줄 수 있는 극단과 그 현상에 대해서 하나의 앎이 형성되고 있었다는 것을 전제로 하는 대답이다. 자신이 벗고 있었다는 사실은 아무도 가르쳐 주지 않았다. 벗은 것이 수치심으로 작동하려면 자신의 외모가 다른 존재의 외모와 완전히 다르다는 것에 대한 인식이 전제되어야 가능한 것이다. 하지만 문제는 이런 수치심이 두려움, 즉 불안 심리와 연결된다는 것이 문제다.

해석을 가능하게 하고, 이것이 바로 사람을 끔찍할 정도로 위축시키는 요인이 된다.

사람은 스스로 육체적이고 감각적인 욕정의 흔적은 발견하지 못해도, 어떤 형식으로든 수치심을 느낄 수밖에 없다. 도대체 무엇 때문에 이런 일이 사람에게 발생하는 것일까? 그것은 아무것도 아닌 것 때문이라 말할 수밖에 없다. 그럼에도 개인은 수치심 때문에 스스로 목숨을 끊을 수도 있다. 수치심 때문에 사람이 죽을 수도 있다는 것이 문제다. 그리고 상처받은 수치심이야말로 가장 깊은 상처가 된다. 왜냐하면 그 상처는 그 어떤 말로도 설명되지 않기 때문이다.

수치심이 품고 있는 불안은 스스로 깨어날 수 있다. 하지만 여기서는 욕정이 작동하고 있지는 않다는 것이 문제의 핵심이다. 여기서는 욕정이 그 어떤 역할도 하고자 하지 않는다는 사실을 깨달아야 한다. 이런 경우에 대한 사례는 프리드리히 슐레겔Friedrich Schlegel의 동화 「마법사 메를린의 이야기」 속에서 찾을 수 있다(참조, 『전집Sämtliche Werke』, 제7권, 15쪽).

수치심 속에는 성적 차이에 대한 규정이 존재한다. 하지만 이때의 성적 차이에 대한 인식은 타인과의 관계에 의해서 형성되는 것이 결코 아니다. 성적 차이에 대한 인식이 불안으로 작동하려면 우선 충동이 개입되어야 한다. 하지만 충동은 본능이 아니다. 아니 그것이 본능이라 하더라도 그것은 단순한 본능이 될 수 없다. 왜냐하면 충동은 그 자신으로부터 이미 특별한 목적을 지니고 있을 뿐이기 때문이다. 그 목적은 바로 생식이다. 이에 반해 사랑이라 말할 수 있는 것은 그저 편안하게 쉬고 있는 것이며, 그것은 순수한 의미에서의 에로스적인 것이다.

사람이 다른 것이 잘못인가? 외모가 다른 것이 불안을 느껴야 할 사안인가? 이것이 바로 실존 철학자가 고민하는 철학적 숙제이다.

충동과 관련하여서는 아직 정신이 개입하지도 동참하지도 못한 상태에 있다. 만약 정신이 개입하게 된다면, 이미 그 순간 정신은 종합적인 존재를 위해 일할 수밖에 없을 것이고, 인간은 자신의 정신과 함께 종합적인 존재로 거듭날 수밖에 없을 것이며, 그때 이미 존재는 정신 그 자체가 될 것이고, 결국 에로스적인 것은 힘을 발휘하지 못한 채 사라지고 말 것이다. 이에 대한 가장 이교적인 표현이 있다면, 그것은 에로스적인 것이 곧 희극적인 것이라고 말하는 것이다. 하지만 이 말을 욕정에 사로잡힌 자가 에로스적인 것은 희극적인 것이라고 말하는 것으로, 즉 자신의 욕정을 가감 없이 드러내고 즐기기 위한 농담쯤으로, 또 그런 농담을 위한 소재를 제공해 주는 것쯤으로 이해하면 안 된다.

이교적인 의미에서 에로스적인 것이 희극적인 것이라는 말은 지성의 힘에 의해 혹은 지성의 압도적인 개입으로 인해 에로스적인 것이 윤리적인 것과의 관계 속에서 중립을 지키게 된다는 것을 의미한다. 이런 중립은 그 어떤 것에도 더 큰 의미를 두지 않는 정신의 무차별성에 의해 실현된다.[43] 이 중립에 대한 이야기 속에는 하나의 매우 깊은 근원이 있다. 즉 수치심에 의거한 불안은 정신이 스스로를 낯설게 느낄 때 발생하는 것이고, 정신이 자신을 낯설게 느끼는 것에서 승리를 거두게 될 때, 정신은 곧바로 성적인 것을 낯선 것으로 인식하고 동시에 그것을 희극적인 것으로 간주하게 되는 것이다.

---

43 정신은 몸과 마음을 다 요구한다. 정신은 육체와 영혼을 모두 요구한다. 그 어떤 것을 더 중요하게 인식하지 않는다. 이런 정신의 능력을 두고 키르케고르는 '인디퍼렌츠 데스 가이스테스(Indifferenz des Geistes)'라고 말하고 있다. 여기서 '인디퍼렌츠(Indifferenz)'는 무차별성, 무차별설 혹은 공평함 등으로 이해하면 된다. 몸이 관련한 감각적인 세계나 마음이나 영혼이 관련하고 있는 윤리적인 세계나 모두 중요한 세상이다. 사람에게는 이 두 가지의 세상 속에서 동시에 살아가야 하는 것이 진정한 존재론적 숙제가 된다.

정신이 스스로를 낯설게 느끼고, 그 결과 성적인 것을 낯설고 희극적인 것으로 파악하는 한, 그 정신은 아무리 자유를 근거로 하여 작동하는 것이라 해도, 그 수치심을 자신의 것으로 소유할 수는 없게 된다. 이때 성적인 것은 끔찍한 괴물과 같은 모순의 표현이 될 뿐이다.[44] 이런 인식에서 불사의 정신조차 남성과 여성으로 구별되는 성적 요인으로 규정될 수밖에 없는 것이다. 남성과 여성이라는 이런 모순이야말로 뿌리 깊은 수치심을 유발하는 근원이 된다. 하지만 이 수치심은 자신이 뿌리를 내리고 있는 이 모순에 대해서 스스로를 방어할 준비도 안 되어 있고 그럴 용기가 있어야 한다는 것 자체도 제대로 이해하지 못한 상태이다.

인간의 본성이 되는 모순 그 자체는 에로스적인 측면에서 일종의 아름다움이라는 요인으로 이해된다. 왜냐하면 이 아름다움이야말로 영혼과 육체의 합일을 의미하기 때문이다. 하지만 에로스적인 것이 아름다움 속에 있는 모순을 설명해 주는 반면, 그 모순이 정신과 관련하게 되면 아름다운 것도 되지만 동시에 희극적인 것도 된다는 것이 문제다. 그래서 에로스적인 것과 관련한 정신의 표현은 동시에 아름다운 것도 되고 희극적인 것도 된다. 이것은 결코 에로스적인 것에 대한 감각적인 반성이 아니다. 만약 그것이 감각적인 반성이었다면, 그것은 그저 욕정의 결과물이 될 뿐이다. 또 그런 경우라면 개인은 그저 에로스적인 것의 아름다움과는 거리가 먼 하찮은 존재가 될 뿐만 아니라, 그저 정신의 성숙도를 알려 주는 존재쯤으로만 인식될 것이다.

---

44 키르케고르는 여기서 '모순'이란 단어를 독일어 '비더슈푸르흐(Wiederspruch)'로 적어 놓았다고 한다. 즉 외래어를 사용했다는 사실은 이 단어의 사용에 대해 각별한 의도를 담았다는 얘기다. 인간은 모순적인 존재이다. 신이라면 모순이 전혀 없는 존재여야 마땅하겠지만, 인간은 모순 없이 존재할 수 없다. 이것을 선택하는 순간 이미 저것에 대한 미련이 늘 남게 된다. 이것이 인간의 운명이다. 그 운명이 감당되지 않으면 그것은 결국 끔찍한 괴물처럼 인식될 것이다.

당연한 얘기겠지만, 지금 내가 말하고 있는 사안의 내용을 제대로 인식할 수 있는 사람은 극히 소수에 불과할 것이다. 그래도 소크라테스는 이런 것을 행동으로 옮겼다. 그래서 크세노폰Xenophons이 사람은 추한 여자를 사랑해야 한다고 소크라테스가 말했노라고 전했을 때, 그의 이런 설명은 그의 다른 수많은 부차적인 설명들에도 불구하고 오히려 소크라테스를 반항적이고 편협한 속물로 인식하게 하는 결과를 낳고 말았다. 세상 사람들은 그런 것이 진짜 소크라테스의 모습이라고 말하기까지 했던 것이다.

하지만 사람이 추한 여자를 사랑해야 한다는 말의 진정한 의미는 소크라테스가 에로스적인 것에 대해 그 어떤 차별 의식도 개입시키지 않았다는 데 있다. 그러나 그는 이런 의도를 모순 속에 담아냈다는 것이 문제다. 그것은 희극적인 형식을 기반으로 하고 있고, 그래서 세상 사람들은 쉽게 이해할 수도 없게 해 놓은 것이다. 사람은 추한 여자를 사랑해야 한다는 말은 분명 희극에서나 어울리는 반어법적인 모순이다.[45] 이런 식의 표현이 숭고한 의미로 순수하게 인식되는 일은 극히 드물 수밖에 없다.

반어법에 근간을 둔 이런 식의 소크라테스적 표현을 제대로 알아듣기 위해서는 운 좋게도 잘 이루어진 하나의 역사적 발전 현상에 부합할 줄 아는 능력과 더불어 근원에 부합하고 그 근원과 관계를 맺을 줄 아는 재능까지 한데 어울려 주어야 한다. 그렇지 않다면 그의 말들은 그저 가까이 다

---

45 반어법적인 모순은 소크라테스 철학의 형식을 규정하는 대표적인 개념이다. 소크라테스는 반어법의 대가이다. 그는 자신의 대화법을 산파술로 소개하기도 했다. 그는 임산부가 아이를 낳게 하는 데 도움을 주는 산파처럼 대화하며 상대가 스스로 인식을 낳을 수 있도록, 즉 스스로 인식할 수 있도록 도와주고자 한다. 그는 산파가 스스로 아이를 낳지 않듯이 자신이 모른다는 사실을 인정한다. 그래서 그는 대화에 임하면서도 오로지 질문을 거듭할 뿐이다. 예를 들어 철학자는 현명하지 못한 자이다. 왜냐하면 그는 현명함을 지향하기 때문이다. 이런 식의 논리가 전형적인 소크라테스적인 이야기의 전개 방식이다. 뒤따르는 이유를 들으면 그나마 납득할 수 있지만, 주장이 담긴 첫 번째 문장만 들으면, 또 그런 문장들만 연속적으로 거듭되고 나면 오로지 모순이 발견될 뿐이다. 그런 모순 속에서 진의를 찾아내기란 결코 쉽지 않은 숙제다.

가설 수 없는 것이 되고, 멀리서 불평이나 쏟아 놓게 될 대상이 되며, 그의 견해들은 반감만 일으키게 하고, 뭔가 잘난 체하는 모습으로 비칠 뿐일 것이다.

기독교에서 종교적인 것은 에로스적인 것을 언급하지도 않는다. 거기에서 이 에로스적인 것은 그저 윤리적인 오해로 인해 죄와 관련한 것쯤으로만 인식될 뿐이다. 게다가 기독교가 지향하는 이상적인 정신의 세계 속에서는 남자와 여자 사이에 어떤 구별도 존재하지 않기 때문에 그런 에로스적인 것은 그저 어떤 구별도 의식되지 않는 무차별적인 것의 어떤 것쯤으로만 인정될 뿐이다.[46]

성적인 것과 관련한 모든 것은 기독교에서 편파적인 평가의 대상이 된다. 그것은 반어법적으로 중립을 지킨 것의 결과물이 아니라 그저 그 뿌리까지 제거되고 만다. 기독교가 지향하는 세상의 현상은 오로지 성령으로 인정되는 정신의 계속된 출현뿐이다. 만약 성적 차이를 인식하고, 그런 수치심 속에서 불안과 수줍음이 이런 정신에 의해 압도당하게 되면, 바로 그 순간 개인적인 특성은 온데간데없이 달아나고 말 것이다. 그 결과 개인적인 구별성이나 차이점은 윤리적인 의미로 변색될 것이고, 가장 높은 곳에 있다는 저 정신의 세계로부터 뻗어 나오는 하나의 설명에 의해 구속당할 것이다. 이런 것이 바로 수도원에서 수도사들이 사물을 바라보고 관찰하는 일방적인 하나의 방식을 연출해 낸다.[47] 이러한 편파적인 하나의 방식

---

46 "부활 때에는 장가도 아니 가고 시집도 아니 가고 하늘에 있는 천사들과 같으니라."(마태복음 22:30) "사람이 죽은 자 가운데서 살아날 때에는 장가도 아니 가고 시집도 아니 가고 하늘에 있는 천사들과 같으니라."(마가복음 12:25) 즉 천국의 존재들에 해당하는 천사들에게는 남자와 여자의 구별이 존재하지 않는다는 얘기다.

47 '수도원'으로 번역한 원어는 '클로스터(Kloster)'이고, 이것은 라틴어 '클라우스트룸(claustrum)'에서 유래했다. 그 의미는 '닫힌 공간'이난 '닫힌 장소'를 뜻한다. 그리고 기독교에서는 이런 수도원에서의 생활 방식을 모범으로 간주하여 '쵤리바트(Zölibat)'라고 칭하기도 했다. 이것은 라틴어 '카

이 윤리적인 엄격주의보다 또 중압감을 느끼게 하는 관상주의보다 훨씬 더 강력하게 세상을 지배하고 있는 실정이다.

수치심 안에서 불안이 형성되는 것처럼, 그 불안은 또한 모든 에로스적인 향락과 직면하게 될 때 그 안에서 이미 형성될 수밖에 없다.[48] 그 어떤 경우에도 불안은 현재적으로 존재한다. 이 에로스적인 향락이 죄를 짓지 않았어도 상관없다. 목사가 결혼하는 부부를 향해 열 번에 걸쳐 축복해 준다 해도 아무런 의미도 효과도 없다. 불안은 그저 우리와 함께 존재할 뿐이다. 또 아무리 에로스적인 것이 아름답고 순수하며 윤리적이라고 가르친다 해도, 또 그것이 옳은 말이라고 믿어도, 욕정을 불러일으키는 그 어떤 생각도 그 향락적인 기쁨을 방해하지 못한다. 그럼에도 불안은 현재적으로 존재할 뿐이다. 가끔 불안이 느껴지는 것이 아니라 에로스적인 향락과 관련한 모든 순간에 이미 더불어 존재하고 있을 뿐이다.

내가 지금 말하고 있는 이런 식의 시각 속에서 사물을 관찰한다는 것은 결코 쉬운 일이 아니다. 말 그대로 너무나 어려운 일이다. 우리가 지금 이런 식으로 사물을 관찰하고자 한다면 무엇보다도 의사가 환자를 진찰할 때처럼 신중함이 요구된다. 말하자면 지금 환자의 맥박을 측정해야 하는

일렙스(caelebs)'에서 유래하고, 그 뜻은 '혼자 사는', '결혼하지 않고 사는' 등을 의미한다. 결혼하지 않고 순결을 유지하는 것을 전형적인 신앙인의 모습으로 인정한 것이다. 이런 것이 '오르토독시(Orthodoxie)', 즉 '정교'의 윤리적 강령으로 굳어지게 된다. 고대 그리스에서 '오르토스(orthos)'는 '옳은', '올바른' 등의 뜻을 의미했고, '독사(doxa)'는 '의견'을 의미했다. 즉 기독교가 옳은 것이 무엇인지를 결정하고 독점하는 결과를 초래하고 만 것이다. 자신의 의견이 옳다고 말하는 순간 다른 모든 의견은 틀린 것이 되지만, 자신이 그렇게 생각하고 있다는 것을 인식하기까지는 많은 것이 먼저 해결되어야 한다는 숙제가 주어진다. 무엇보다도 먼저 그 '닫혀 있는 공간'에서 빠져나오는 것이 급선무가 될 것이다.

48 키르케고르는 '수치심 안에서'를 '에로스적인 향락 속에서'와 대등하게 다룬다. 에로스적인 것은 개인적인 구별이나 차이를 전제하고, 그런 전제에서 수치심도 느끼겠지만, 동시에 향락에의 의지도 동반되고 있다는 모순을 이런 식으로 설명한 것이다.

순간이라면, 그 맥박이 환자의 것인지 아니면 자신의 것은 아닌지를 확실하게 알아 둘 필요가 있는 것이다. 그것을 확실하게 알고 있어야 관찰자는 자신이 발견해 낸 움직임이 자신의 관찰과 직면하여 감지되는 그런 동요나 불안 요인이 아님을 알고 진찰에 임할 수 있는 것이다.

어떤 시인도 인간적인 사랑을 불안을 언급하지 않은 채 묘사하지는 않았다. 아무리 그 사랑이 순수하고 순진무구하다고 해도 불안이 없을 수는 없기 때문이다. 이런 일을 심도 있게 추적하는 일이야말로 미학자의 일이다. 하지만 왜 불안이란 말인가? 이 불안의 정체는 도대체 무엇이란 말인가? 사람이 불안을 느낄 때는 정신이 그 곁에 함께 있을 수 없다는 것이 가장 큰 문제다.[49] 에로스적인 것이 정점에 도달할 때 정신은 도저히 그 곁을 지켜 줄 수가 없는 것이다.

이런 문제와 관련하면 나는 그저 그리스인처럼 말하고 싶을 뿐이다. 정신은 인산을 종합적인 존재로 만들어 내기 위해 반드시 주어져 있어야 하겠지만, 그것은 에로스적인 것 안에서 스스로 모습을 드러낼 수도 없거니와 스스로 낯설게 느낄 수밖에 없다. 이런 이유로 인해 정신은 스스로 자신에게 이렇게 말할 수도 있다. "나의 사랑이여! 나는 지금 이 순간 제3의 인물로 존재할 수는 없답니다. 그래서 나는 나 자신을 이토록 오랫동안 숨겨 둘 수가 있는 것이랍니다."

정신은 자신을 숨겨 둘 수 있다. 바로 이런 것이 불안의 요인이 된다. 그

---

49 예를 들어 성경에서 설명하는 여호와 하나님의 존재는 오로지 '임마누엘(Immanuel)', 즉 "하나님이 우리와 함께 계시다 함이라"(마태복음 1:23)는 말로만 설명된다. 하지만 인간적인 사랑에서는 그런 말이 오히려 애매한 것이 되고 만다. 왜냐하면 인간적인 사랑에서는 하나님의 정신 같은 것은 도저히 곁에 있을 수 없기 때문이다. 게다가 고대 그리스어의 '엑스타시스(ἔκστασις, ekstasis)'를 번역한 말인 '황홀지경'은 '자기 밖으로 나가 버린' 정신 상태를 의미하기도 한다. 자기가 누군지도 모르는 지경이다. '무아지경'이 이런 지경을 두고 한 말일 것이다.

리고 동시에 그것은 수치심을 유발하기도 한다. 사람들이 신성한 교회에서 결혼식을 올렸다고 해서 그리고 남편이 오로지 자기 아내만을 충실하게 사랑해 주리라고 믿는다면, 이보다 더 어리석은 짓은 없을 것이다. 그런 식의 결혼식이 모든 것을 충족시켜 주고 지켜 주는 조건이라고 생각하는 것 자체가 이미 커다란 어리석음의 증거가 될 뿐이다.

대부분의 결혼은 신성모독으로 끝났다. 그리고 낯선 자의 개입이 없었어도 결혼은 더럽혀진 것에 대한 미화법이 될 뿐이다. 에로스적인 것이 아무리 순수하고 아름다우며 순진무구하다고 말을 해도 그것과 함께 이미 불안이 마음속으로 소리, 소문 없이 파고든다. 하지만 이 불안은 친근하게 또 부드럽게 다가서고 있을 뿐이다. 그래서 시인들이 이 불안의 접근에 대해 달콤한 불안감으로 서술한다는 것은 지극히 옳은 일이다.[50] 이와 더불어 또 당연하게 이해될 수 있는 것은, 불안이 남자보다 여자에게서 더 크게 느껴진다는 말이다.[51]

이제 우리는 앞에서 언급했던 내용으로 다시 돌아가고자 한다. 세대는 개인과 관계를 맺음과 동시에 그 개인에게 영향을 끼칠 수 있다고 했다. 그 영향은 모든 개인, 즉 나중에 태어나는 모든 개인이 아담과 관계를 맺

---

50 '달콤한 불안감'으로 번역한 원문은 '쥐세 베엥스티궁(süße Beängstigung)'이다. 직역해 놓은 상태지만 전혀 어색하지 않다. 불안하지만 좋기만 하다. 키르케고르가 한 말처럼 '친근하고 부드럽기'만 하다. 이것이 사람 사이에 존재하는 사랑이 연출해 내는 장면이다. 사랑에 빠지면 자신은 상실될지도 모르나 타인으로 채워진 자신의 마음 상태로 인해 최고의 인식에 도달하는 것이다. 자신은 무의 형식으로 변신할지도 모르나 그 형식 속에 무한이 담긴다. 이를 두고 황홀지경 또는 무아지경이라 말할 수 있는 것이다.

51 여자가 남자보다 불안을 더 많이 느낀다는 말은 부정적인 평가가 아니다. 여자가 남자보다 더 달콤한 생각을 해 낼 수 있는 능력을 지녔다는 말이 되기 때문이다. 여자의 본성은 이런 식으로, 즉 운명적으로 규정되어 있다. 예를 들어 여자는 남자보다 근육량이 적다. 현실 속에서 힘을 쓰는 일에 있어서는 남성을 이길 수가 없다. 하지만 여자에게서는 다른 측면에서 강함이 보인다. 그것이 바로 불안을 느낄 수 있는 능력으로 부각되고 있는 것이다.

으며 갖게 되는 것으로 이어지며, 그것은 언제나 세대가 거듭될수록 보다 많은 분량으로 커져만 간다고 했다. 하지만 그 영향이 보다 많은 분량으로 인식되며 전달되는 순간에 정신은 가장 멀리 떨어져 있는 반면, 불안은 가장 큰 의미로 주어진다는 것이 문제의 핵심이다.

새로운 개인은 오로지 이런 불안 속에서 잉태된다. 그리고 출생의 순간에 여자의 불안은 두 번째로 절정에 도달하는 것이다. 그런데 바로 이 절정의 순간 속에서 새로운 개인이 세상 속으로 들어온다.[52] 여자가 임신한 사실을 인식하는 순간에 불안을 느낀다는 것은 잘 알려진 바다. 이에 대해 생리학은 나름대로 설명을 내놓은 상태이고, 심리학도 마찬가지로 해명해 놓은 상태이다.

여자가 아이를 낳을 때 종합을 이루었던 존재는 다시 한번 극단에 이른다. 그 극단의 지점에 이르렀을 때 정신은 치를 떨며 최고의 불안과 직면하는 것이다. 왜냐하면 정신은 이런 순간에 할 수 있는 것이 하나도 없기 때문이다. 정신은 바로 이 순간 제거의 대상이 될 뿐이다. 이에 반해 불안은 인간적인 본성을 완전성에 이르도록 하는 표현이 된다. 출산과 함께 완전성에 이르는 이런 모습은 동물의 경우나 미개한 민족에게서 보다 확실하게 확인할 수 있다. 동물은 출산의 순간에 전혀 불안을 느끼지 않는다. 인간보다 더 쉽게 출산할 뿐이다.

인간에게 있어서는 불안이 커질수록 감각적인 것도 커지고 만다는 것이 문제다. 그리고 방금 태어난 개인은 그를 낳아 준 원래의 개인보다 감각적이다. 이보다 많은 분량은 모든 개인이 아담과 관계를 맺음으로써 갖

---

52 사람은 불안 속에서 태어난다는 말을 이런 식으로 설명한 것이다. 사람의 존재는 불안 속에서만 해명될 수 있다고 이해해도 무방하다. 사람이 개인으로 잉태되는 순간에도 또 그 잉태된 것이 세상 속으로 태어나는 순간에도 모두 불안이 개입하고 있을 뿐만 아니라, 그 불안이 절정에 도달하는 순간임을 키르케고르는 의식적으로 설명한다.

게 되는 분량, 즉 세대가 갖는 보편적인 분량보다 많은 것이 된다.[53]

불안과 감각적인 것이 서로 얽히면서 키워 낸 더 많은 분량은 더 나중에 태어나는 개인이 오로지 아담과 관계함으로써 갖게 되는 것이지만, 개별적인 존재로서 개인의 경우에 있어서는 다시 더 많을 수도 있고 더 적을 수도 있는 법이다. 그런 더 많음과 더 적음은 지극히 당연하고 자연적인 것이다. 바로 여기에 모든 사람을 그토록 끔찍할 정도로 당황하게 만든다는 차이점이 존재한다. 이 차이점에 대해서는 어느 누구도 심도 있게, 즉 진정 인간적으로 공감하여 고민을 거듭하려 하지 않는다. 게다가 그것에 대해서 그 어떤 떨림도 없이 확고한 신념으로 대하는 사람도 없다.[54] 여기서 신념의 대상이 되는 것은 양적인 것이 어떤 간단한 이행 과정을 통해

---

53 이 짧은 문단 속에 키르케고르의 철학적 이념이 고스란히 담겨 있다. 즉 불안은 감각과 정비례 관계를 형성하고 있고, 나중에 태어난 사람은 먼저 태어난 사람보다 더 감각적이며, 불안과 함께 더불어 커지는 감각의 크기는 아담과 관계 속에서 형성된다는 것이다.

54 '떨림'은 '치턴(zittern)'을 번역한 것인데, 키르케고르는 이 단어를 무심결에 사용한 것 같지는 않다. 이미 1년 전에 그는 『두려움과 떨림_Furcht und Zittern_』이란 제목으로 책 한 권을 출간했던 터이기 때문이다. 물론 이 책에서 제목과 관련한 직접적인 설명을 찾아낼 수는 없다. 그저 제목에 등장한 그 개념들이 사람의 정서나 내면을 설명하고 있을 것이라는 예감만 할 수 있을 뿐이다. 하나님 스스로는 '두려움'도 또 '떨림'도 자신의 문제로 인식하지 않기 때문이다. 이 책에서 눈길을 끄는 몇 개의 문장을 인용해 보는 것으로 키르케고르의 이념에 간접적으로 다가서는 수밖에 없다. "비탄에 잠기는 것은 인간적이며, 비탄에 잠겨 슬피 우는 자와 함께 눈물을 흘리는 것은 인간적이지만, 믿음을 가지는 것은 훨씬 위대한 일이며, 믿음의 사람을 찬찬히 바라보며 묵상하는 것은 훨씬 축복받은 일이다."(쇠렌 키르케고르, 『두려움과 떨림: 변증법적 서정시』, 임규정 옮김, 지식을만드는지식, 2014, 36쪽부터) 키르케고르는 이것과 비슷한 문장을 몇 번이고 반복한다. "슬퍼하는 것은 인간적이며, 서러움으로 슬퍼하는 것은 인간적이지만, 믿음을 갖는다는 것은 훨씬 위대한 일이며, 믿음의 사람을 찬찬히 바라보며 명상에 잠긴다는 것은 훨씬 축복받은 일이다."(위의 책, 37쪽) 반복은 늘 주제를 형성하는 중요한 요인이 된다. '신앙의 변증법'(위의 책, 77쪽)을 통해 말하고자 하는 바는 분명하다. '믿는다, 믿지 않는다, 다시 믿는다.' '태어났다, 죽었다, 부활했다.' 결국 두려움도 떨림도 비탄과 슬픔과 서러움의 정서로 굳어져 있지만, 오히려 그것이 사람을 믿음의 상황으로 나아가게 해 준다. 그리고 그 '믿음의 사람'을 '찬찬히 바라보며 묵상하는 것'이야말로 진정으로 '축복받은 일'이 되는 것이다. 이것이 키르케고르가 그토록 설명하고 싶어 했던 '신앙의 변증법'이다. 신앙의 힘이 발동하려면 먼저 그것에 버금가는 부정의 힘이 인식되어야 한다. 싫은 감정이 강한 만큼 좋은 감정은 도래해 줄 것이다.

질적인 것으로 돌변한 그런 종류의 보다 많은 분량이란 것이 이 세상에는 과거에도 존재한 적 없고 미래에도 존재하지 않을 것이라는 사실이다.

하지만 성경의 가르침은 다르다. 신은 아버지들의 범행에 대해 죄를 갚되 그것이 삼사 대까지 이른다고 가르친다. 이런 성경의 논리가 삶의 현장 속으로 깊숙이 파고들었다. 그리고 결국 그런 삶이 이런 가르침을 소리 높여 외쳐 대고 있기까지 한 지경이다. 이런 이야기와 관련하여 단호하게 말하고 싶은 것은 단 한 가지뿐이다. 그것은 그저 유대인의 가르침이요 교훈일 뿐이라는 사실이다. 반대로 이런 성경 이야기는 그 설명 자체에 있는 경악스럽고 공포를 자아내 끔찍하기까지 한 사실에 대해서는 단 한 마디도 하지 않는다.

기독교는 각각의 개인에게 단 한 번도 권한을 부여한 적도 없고 권리를 인정한 적도 없다. 겉으로만 보면 기독교는 오로지 태초라 불리는 그 한 지점에서부터 시작하고 있다. 결국 모든 개인은 이 단 하나의 역사적 관계 속에서만 자신의 존재를 시작할 수 있고 그렇게 시작해야 하는 권리를 부여받을 뿐이다. 자연의 개입도 이것을 증명하는 데에 있어서는 예나 지금이나 철두철미하기만 하다고 말한다. 어떤 개인도 이 역사적 관계로부터 자유로울 수가 없다는 얘기다. 그러니까 기독교가 가르치는 바는 한결같다. 그것은 아담에게서부터 시작된 저 더 많은 분량을 무시하거나 부정하는 순간 신의 판단을 받게 될 것이라는 경고로 집결된다. 그래서 신학자들은 이런 식으로 말한다. "더 많은 분량을 무시하거나 부정하지 않는 자는 그것을 원하지 않는 자"라고.[55]

---

55 이 문장은 "베어 다스 니히트 투트, 데어 빌 에스 니히트(Wer das nicht tut, der will es nicht)"를 의역한 것이다. 직역하면 "그것을 행하지 않는 자는, 그것을 원하지 않은 것이다"가 된다. 즉 "원하지 않았으니까 행하지 않은 것이 된다"는 논리인 것이다. 결과를 두고 원인을 규정하는 것은 독단이 될 경우가 많다. 예를 들어 빅토르 위고가 빵 한 조각 훔쳤다고 법적인 판단을 받아야 하고 감옥에 갇

여기서 감각적인 것이 더 많은 분량으로 규정되었던 것처럼, 정신도 불안을 떠안아야 하는데, 그 정신의 불안 또한 더 많은 분량으로서, 말하자면 그 불안은 더 큰 불안이 될 수밖에 없다. 죄와 직면하여 느끼는 불안이 죄를 양산해 낸다는 것이야말로 여기서 가장 극심한 고통을 낳은 형식으로서 끔찍한 일이 된다. 만약 사람들이 사악한 욕정이니 정욕이니 하는 것들이 이미 개인에게 천성으로 주어져 있다고 가정한다면, 이중성은 존재할 수 없는 것이 되고 만다. 즉 사람은 죄를 지을 수도 있고 순진무구할 수도 있다는 이중성은 사람의 일로 인식될 수 없게 된다는 얘기다. 불안이 무기력한 상태에 빠져 있어도 개인은 쓰러질 수 있다. 개인은 스스로 쓰러지는 상황에 처해 있어도 그 순간에 죄를 지을 수도 있고 순진무구할 수도 있다.

이런 이야기를 뒷받침해 줄 사례들은 무수히 많겠지만, 그런 것들을 일일이 나열하는 것은 나의 일이 아니다. 사람 사는 곳은 이런 이야기들로 무한히 요동친다. 다만 그 이야기가 조금은 더 많이 또 조금은 더 적게 내용을 담아낼 뿐이다. 그리고 그런 이야기들이 몇 가지의 의미들을 밝혀낸다고 하더라도, 그 이야기들은 다시 부연 설명을 요구하게 될 것이다. 그

혀야 하는 시민의 삶을 폭로한 소설이 『레 미제라블』(1862)이다. 이 제목을 직역하면 '비참함'이다. 즉 시민의 비참함이 소설의 내용으로 채워져 있다는 것이다. 이런 시민의 비참한 생활을 현실화한 것은 그 당시의 법률이다. 특권층을 옹호하는 법의 정신이었다. 마찬가지로 이런 생각의 형식을 키르케고르의 시대정신과 비교할 수 있다. 햇수로도 18년밖에 지나지 않은 상황이기 때문이다. 게다가 소설의 시대적 배경은 1830년대 소위 혁명시대이니 키르케고르의 시대정신과 공유하는 바가 많다. 그러니까 교회의 논리를 법의 정신으로 인정하고 나면 사람들을 종교재판이나 마녀사냥으로 몰아갈 수 있는 계기가 마련된다. '너는 그런 짓을 했으니, 원하지 말았어야 할 마음을 가진 것이다!' 이렇게 간주하고 단정하며 사람을 정죄할 수 있는 법적 근거가 마련되기 때문이다. 상황이 이렇다면 시민에게 주어진 것은 혁명밖에는 별다른 도리가 없다. 다만 덴마크의 시민 정신은 프랑스의 그것과 비교하면 아직 계몽이 덜 된 상황이라고 말할 수밖에 없다. 그래서 그런지는 몰라도, 키르케고르는 때로는 수수께끼처럼 때로는 은밀한 문체로, 즉 철학적 개념을 동원하여, 조용히 계몽에 일조하고 있는 것이다.

뿐만 아니라 세심한 배려를 요구하는 미학적이고 심리학적인 논의까지
필요하게 될지도 모른다.

2) 역사적 관계의 결과

만약 내가 지금 아담과 관계하고 있는 모든 개인, 즉 그보다 나중에 태
어난 모든 개인이 가지고 있어야 할 그 더 많은 분량에 대해 단 하나의 문
장으로 줄여서 정의해야 한다면, 다음과 같이 말해야 할 것 같다.[56] 즉, 더
많은 분량의 근거는 감각적인 것이 죄의 속성을 의미할 수 있다는 가정 속
에서 형성되고 있다는 사실이다. 하물며 그 감각적인 것에 대한 어슴푸레
한 지식이라 해도 그리고 그것에 사족으로 덧붙인 또 하나의 어슴푸레한
지식까지도 죄의 속성을 의미할 수 있다는 그런 가정 속에서 더 많은 분량
의 근거는 마련되고 있는 것이다.

죄가 그 외에 또 다른 무엇을 의미한다는 것을 조금이라도 알고 있다면
그것이 곧 그 더 많은 분량의 근거로 작동하고 마는 것이다. 하지만 이 모
든 것은 마치 역사적인 것에 대한 잘못된 인식을 나타내는 말, 즉 '역사는
너의 이야기를 하고 있다'[57]는 식의 말을 하는 듯하다. 이 주장에서는 진정
한 핵심, 즉 개인이야말로 진정한 의미에서의 근원적인 것이라는 사실이

---

56 물론 키르케고르는 그 이후의 문장을 단 하나의 문장으로 작성해 놓았지만, 그 문장은 여덟 줄에 달
하는 만연체인 데다, 우리에게 이런 문체는 너무 긴 호흡을 요구하고 그런 이유로 해서 이유 없이
어렵게 인식될 수 있으므로 가독성을 감안하여 조금씩 쪼개서 번역해 놓았음을 밝혀 둔다.

57 키르케고르는 이 문장을 "데 테 파불라 나라투르(de te fabula narratur)"라고 라틴어로 적어 돋보이
게 해 놓았다. 이 말을 한 자는 호라티우스이다. 물론 키르케고르는 이 말 자체가 틀렸다고 말한 것
이 아니다. 그 말을 어떻게 이해하고 적용하느냐가 관건이라고 말할 뿐이다. 말하자면 키르케고르는
이 문장이 역사를 이해하는 데 잘못 적용된 사례를 비판하는 것이다. 역사가 개인에 대해 이야기한
다고 주장함으로써 역사의 가치를 드높이려는 과장된 해석이 문제라는 지적이다.

배제되어 있다. 더 나쁜 것은 그 개인이 무엇보다도 인류라든가 그 인류의 역사와 혼동하고 있다는 데 있다.

우리는 지금 감각적인 것이 죄의 속성이라고 말하는 것이 결코 아니다. 우리가 말하고자 하는 것은 오로지 죄가 이 감각적인 것을 죄의 속성으로 만들고 있다는 사실과 관련한 것이다. 만약 우리가 지금 당장 더 나중에 태어난 개인들에 대해 생각해 내야 한다면, 그 각각의 개인들은 한결같이 역사적 환경 속에 있음을 인정해야만 할 뿐이다. 그리고 그 역사적 환경 속에서는 모든 것이 오로지 감각적인 것이 죄의 속성을 의미할 수 있다는 가능성으로만 해석될 수 있을 뿐이다.

하지만 개인 자체를 위해서라면 감각적인 것은 결코 그런 죄의 속성과 관련한 의미를 지니지 않는다. 다만 감각적인 것이 죄의 속성을 의미할 수 있다는 저 가능성에 대한 앎이, 그리고 그러한 지식이 불안의 요인이 되고 있으며, 그런 불안이 커져서 더 많은 분량으로 인식되는 것이다. 이때 정신은 감각적인 것과 대립적 관계를 맺고 있을 뿐만 아니라 죄의 속성과도 동시에 대립적 관계를 맺고 있다.

순진무구한 개인은 이 가능성에 대한 앎과 지식을 아직 이해하지 못한 상태이다. 순진무구함은 그래야 자연스러운 것이다. 이런 순진무구한 개인이 이해하는 것은 겨우 질적인 부분에 국한되어 있을 뿐이다. 하지만 이 지식은 다시 새로운 가능성의 문을 열어 주는 계기가 된다. 그것은 바로 자유의 불안, 즉 자유와 직면한 불안이고, 이 불안은 또한 그 자신의 자유로운 가능성 안에서 감각적인 것과 비례 관계를 형성하며 커진다.

이제 보편적으로 또 일반적으로 인식되고 있는 더 많은 분량이 개별적인 개인과 관련하여서는 더 많아질 수도 있고 더 적어질 수도 있다는 가능성에 대해서는 자연스럽게 이해될 것이다. 이것을 진정 자연스럽게 이해할 수 있는 상황이 되었다면, 이제부터는 정말 개인을 개인답게 해 주

는 저 위대하기만 한 차이성에 대해서 주목을 해야 할 때가 되었다고 생각된다.[58]

그 전에 우리는 정반대의 현상부터 확실하게 해 놓을 필요가 있다. 즉 기독교가 세상 속으로 파고 들어온 이후 구원이라는 이념이 형성되었고, 그 구원에의 이념은 감각적인 것과 대립을 이루는 하나의 빛으로 군림했다. 이런 대립은 이교에서는 존재한 적이 단 한 번도 없었다. 그리고 그런 대립이 결국 감각적인 것을 죄의 속성 속에서 해석해 내는 명제나 교리를 탄생시켰고 강화시키는 데 공헌했던 것이다.

기독교적 차이성 내에서는 앞서 언급했던 더 많은 분량이 다시 더 많은 것을 의미하기도 하고 더 적은 것을 의미하기도 하는 것이 되고 만다.[59] 이런 주장은 개인이 개별적인 의미에서는 순진무구하다고 하더라도 결국에는 역사적 환경 속에 갇혀 있다는 것을 증언해 줄 뿐이다. 이런 견해에서는 아무리 다른 개인이라 하더라도 결국에는 동일한 환경 속에서 해석될 수밖에 없는 지경에 처하고 만다.

---

58 '위대하기만 한 차이성'은 '그로스아티게 디퍼렌츠(großartige Differenz)'를 의역한 것이다. '차이'를 수식해 주는 형용사가 '그로세(große)'였다면 번역도 간단하게 '위대한 차이'라고 과감하게 했어야 마땅하다. 그런데 키르케고르는 그렇게 공격적으로 설명하지는 않았다. '아티히(artig)'를 뒤에 덧붙여 놓았고, 그 의미는 '그런 종류의'라는 식으로 내용을 좀 더 확장할 수 있는 여지를 남겨 놓았다. 어쨌거나 지금 확실해진 것은 키르케고르가 '차이'나 '차이성'에 대해서 무한한 가능성을 발견하고 있다는 사실이다. '다르다'는 것에 대한 인식은 결코 죄의식으로 연결될 이유가 없다는 뜻이기도 하다. 개인이 개인마다 다른 것은 지극히 자연스러운 일이다. 그런 자연스러움이 자유를 인식하게 해 주고, 그런 자유에 대한 인식이 개인을 무궁무진한 공간 속으로 옮겨 놓는 계기가 될 것이다.

59 지금 키르케고르는 '디퍼렌츠', 즉 '차이'나 '차이성'을 두 가지의 형식으로 설명하고 있다. 하나는 앞서 언급했던 인간적인 의미에서의 '위대하기만 한 차이성'이고, 다른 하나는 '크리스트리헤 디퍼렌츠(christliche Differenz)', 즉 '기독교적 차이성'이다. 인간적인 의미에서의 차이성은 지극히 당연한 것이고 자연스러운 것으로 해석될 수 있지만, 기독교적 의미에서의 차이성은 죄의식이 많고 적음으로 해석되는 가능성으로 발을 들여 놓게 한다. 결국 단어는 하나에 불과하지만 그것을 이해하고 다루는 방식은 전혀 다르다는 것을 설명해 주는 것이다. 인간적인 것 대 기독교적인 것, 이런 새로운 대립을 인식해 낼 수 있다면 키르케고르의 철학은 도움의 손길을 내밀 것이다.

자유의 가능성은 불안 속에서 예고될 뿐이다. 물론 불안 속에 빠져 있는 개인이 스스로 경고를 인식해 낼 수도 있다. 지금 나는 여기서 오로지 심리학적으로만 말하고 있을 뿐이다. 결코 질적인 비약을 무시하고자 하는 발언은 아님을 깨달아 주었으면 한다. 말하자면, 개인이 불안 속에서 인식해 낸 경고에 대한 의식은 정반대의 것을 예상했기 때문에 형성될 수 있었던 것임을 인정해야 할 것이다.

이 정반대의 것은 개인이 죄를 짓는 순간과 직면하여 누구는 구원해 주고 누구는 몰락에 이르게 할 것이다.[60] 농담에 지나지 않는 말이라 해도 누구는 그 농담을 농담으로 받아들이지만 동시에 누구는 진지하게 받아들일 수밖에 없다는 얘기다. 말하는 존재에게 말이란 수수께끼 같다. 말한다는 것과 침묵한다는 것은 원래 지향했던 것과는 전혀 다른 결과, 즉 정반대의 결과와 마주할 수도 있는 것이다. 말함과 침묵과 관련한 이런 관계 속에서 벌어질 수 있는 상황은 무궁무진하다. 경계가 없다는 얘기다. 이런 점을 인정할 수 있다면 양적인 의미에서의 많고 적음이 존재할 수 있다는 말도 충분히 받아들일 수 있을 것이다. 왜냐하면 양적인 것 자체에서도 무궁무진한 한계가 주어질 수 있기 때문이다.[61]

---

60 죄도 죄 나름이라는 얘기다. 예를 들어 프로메테우스가 제우스의 불을 훔쳐 인류에게 전달했을 때, 그는 분명 죄를 짓고 있음을 잘 알고 있었을 것이다. 하지만 그는 하지 말라는 것을 했다고 해서 스스로 잘못하고 있다고 판단하지는 않았을 것이다. 오히려 그는 그것이야말로 인류를 위한 유일한 행위임을 알고 자랑스럽게 그 일을 해냈을 것이다. 반대로 아담의 입장에서 보면, 신이 하지 말라는 것을 하고 있는 자신을 인식하고 죄의식을 발동하게 되는 상황이 연출되고 만다. 즉 키르케고르는 죄를 짓고 있는 순간에도 누구는 자랑스럽게 행하고, 누구는 두려움 속에서 행하게 되는 경우가 있다는 사실을 설명하는 것이다.

61 '무궁무진한 한계'는 '운엔트리헤 그렌체(unendliche Grenze)'를 직역한 것이다. 형용사와 그것이 수식하는 명사가 서로 모순 관계를 형성한다. 한계는 무궁무진할 수 없고, 무궁무진한 것에는 한계가 있을 수 없다. 그럼에도 두 개념은 서로 어울릴 수 있다. 이것이 바로 이성이 연출해 내는 세계이다. 이것을 깨닫는 것이 키르케고르 철학을 이해하는 최대 관문이다. 인간은 지극히 제한적인 존재이면서도 가능성 앞에 놓인 존재이다. 인간의 실존은 필연적인 것을 피할 수 없는 운명적 존재에 불과하

나는 지금 말한 것에 대해 실험적 관찰을 통해 구차하게 부연 설명을 남발하고 싶지 않다. 그런 것은 오히려 방해될 뿐이다. 어쨌거나 인생은 충분히 풍부하다. 그것을 제대로 바라볼 수 있는 눈만 가지고 있으면 된다. 인생이 풍부하다는 것을 알기 위해 파리나 런던으로 여행까지 떠날 필요도 없다. 아무리 여행을 다녀도 사물을 제대로 바라볼 수 있는 눈이 없으면 아무 소용이 없다. 여행이 소용될 때는 오로지 그 여행에 합당한 시선을 가지고 있을 때뿐이다.

불안은 언제나 이중적 의미를 지닌다. 바로 이런 인식과 함께 극단적인 것이 발생한다. 그 극단이란 앞에서도 언급했다시피, 개인은 죄와 직면한 상태에서 불안을 느낄 수밖에 없고, 그런 불안 속에서 다시 죄를 양산해 낸다는 것이다. 여기서 우리는 하나의 인간적인 방식을 인식해 내야 한다. 즉 개인은 정말 죄를 지어서 불안에 떨며 죄인이 되는 것이 결코 아니고, 스스로 죄를 지은 자로 간주되지나 않을까 하는 불안 속에서 죄인이 되는 것이라는 사실이다.

이런 방향에서 볼 때 최고 수준의 더 많은 분량이란 것은 한 개인이 최초로 인식의 눈이 떠지는 그 순간부터 이미 감각적인 것이 죄의 속성과 동일한 것이라는 사실을 요구하고 그런 생각에 영향을 받을 수밖에 없다는 데에 기인한다. 그리고 이 최고 수준의 더 많은 분량은 인간이 자신이 처한 환경 속 그 어디에서도 탈출구를 찾지 못할 때 모순과 갈등의 형태로, 즉 가장 고통스러운 형태로 모습을 드러낸다.

게다가 바로 이런 최고 수준의 더 많은 분량에 덧붙여, 개인이 자신의

지만 그 운명 속에서 벌어질 수 있는 것은 무궁무진하다. 인간의 운명은 현상이라는 원리를 벗어날 수 없지만, 그 현상 속에서도 본질을 지향할 수 있는 존재라는 수수께끼를 떠안아야 한다. 이 모순을 깨닫는 것이 실존 철학의 숙제라는 얘기다.

역사적 지식을 죄의 속성과 관련한 것으로 혼동하고, 불안이 힘을 잃고 있는 상황 속에서도 개인 스스로가 자신의 본성상 죄의 속성하에 분류되어 있다고 가정하며, 마지막으로 "만약 네가 똑같이 행동하게 된다면" 하는 식으로 자유라는 것과 관련된 모든 조건을 망각한다면, 바로 그때에야말로 그 최고 수준의 더 많은 분량은 결국 정점에 도달한다.

여기서 짤막하게 설명한 부분만으로도 그것이 의미하는 바를 제대로 이해하기란 쉽지 않은 일이다. 경험을 충분히 하지 않은 상황에서 이런 말을 이해한다는 것은 정말 어려운 일이다. 그 짤막한 이야기 속에 얼마나 많은 것이 언급되고 있는지를 안다는 것은, 또 그것이 아무리 선명하고 분명하게 서술되어 있다고 하더라도, 그것이 고민의 대상으로 충분히 다뤄지기까지는 정말 많은 조건이 갖춰져야 가능한 일이다.

여기서 말하는 고민은 일반적으로 또 습관적으로 경험적 사례들의 힘에 관한 것이다. 그것은 의심할 여지가 없다. 철학이 이토록 각광받는 시대가 최근에 지나갔고, 그러한 시간이 지나가는 동안 이것에 대해서 수많은 좋은 말들이 쏟아진 것은 사실이지만, 여전히 부족한 것이 너무나 많다. 그중에서도 심리학적 설명이 턱없이 부족한 상황이다. 나는 이 심리학적 설명을 심리학적 중간 규정이라고 말하고 싶다. 그 이유는 경험적 사례가 끼치는 영향이 어떻게 진행되고 있는가 하는 것과 관련되기 때문이다.

아쉽게도 사람들은 이 경험적 사례들을 이 심리학적 분석의 경우에서조차 너무 성의 없이 다룰 때가 많다. 그리고 더 안타까운 것은 극히 사소한 경우에서 발생할 수 있는 단 한 번의 실수에서조차 삶 속에서는 끔찍한 결과를 초래할 수 있다는 사실을 사람들이 전혀 깨닫지 못하고 있다는 사실이다. 심리학적 고찰은 말 그대로 심리를 다루는 학문이다. 이 학문이 주의를 기울여야 하는 것은 오로지 이 세상에서 유일한 존재이며 현상인 심리라는 사실을 깨달아 주어야 한다.[62] 그런데 이 유일한 현상이 동시에 영원한 범주들을 함께 가질 준비는 갖추지 못한 상태이다. 그래서 만약 심리학적 고찰이 원하는 것만 맛보려 하는 모든 개인을 인류 속으로 끌어들임으로써 구원하려 한다면, 즉 그런 식으로 인류를 구원하고자 한다면 아무리 조심하려 해도 충분하지 않다.

지금까지 심리학은 경험적 사례들이 어린아이들에게 영향을 끼쳤다고 간주했다. 예를 들어 어린아이들은 정말 작은 천사들이나 마찬가지였는데, 오염된 환경이 이들을 오염시켰다고 주장해 왔던 것이다. 환경이 얼마나 나빴는지에 대해서는 아무리 말을 해도 부족할 정도이다. 이러저러해서 어린아이들이 오염되고 말았다는 말들은 수도 없이 많다. 그러나 만약 이런 일이 간단한 양적 변화가 일으키는 과정을 통해서 발생하게 된다는 사실이 밝혀지면 지금까지 통용되었던 모든 주장은 쓸모없게 될 것이다. 그것에 대해 심리학적 관점에서 관심을 둔 사람은 지금까지 아무도 없었다.

사람들은 요즈음 어린아이들이 너무 오염되어 있어서 좋은 사례들을 가지고서도 그 어떤 유용하고 긍정적인 효과를 얻어 낼 수가 없다고 말한다. 그 정도로 사람들은 아이들을 잘못 이해하고 있고 그래서 아이들을 잘못 다루고 있다. 이런 말을 핑곗거리로 내놓기 전에 깊이 반성부터 해야 한다. 예를 들어 정말 행실이 나쁜 어린아이를 대하게 되면, 이 아이가 자기 부모 앞에서만 그런 행동을 취하는 게 아니라 모든 사람의 말이나 사고방식을 그런 식으로 바보 취급하고 있는 것은 아닌지 심도 있게 관찰해야

---

62 오늘날 현상학의 아버지로 인정받고 있는 학자는 후설이다. 그가 바로 이 '현상'으로 번역되는 '페노멘(Phänomen)'이란 개념으로 학문을 체계화하였다. 하지만 그것에 대한 길을 터준 사람은 키르케고르가 아닐까 싶다. 물론 이런 주장은 과장된 것으로 들릴 수도 있겠다. 그래도 부정할 수 없는 것은 '현상'이라는 개념을 사용하면서 인간의 심리를 관찰할 수 있도록 배려한 것은 선구자적 발견이고 시도이다. 인간의 마음은 실존의 형식으로 존재한다는 이 말을 했다는 것 자체가 이미 선구자의 길목에서 발견되어야 할 인식의 소리이다.

할 것이다. 말하자면, 그 아이가 마치 라나 패러독스rana paradoxa라 불리는 돌연변이로 태어난 개구리처럼 자연과학자들이 일궈 놓은 학문의 질서 전체를 조롱거리로 만들거나 학문적인 연구를 어렵게 만들고 있다는 식으로 말하면 안 된다.

이 세상에는 수많은 사람이 있다. 이 세상의 모든 사람을 각자 개별적인 존재로 관찰할 수 있을지는 모르지만, 동시에 그 개별적인 존재를 통해 전체적인 존재의 현상을 도출해 낼 정도로 의미 있게 관찰할 수는 없다. 개별적인 존재를 관찰하면서 동시에 전체적인 존재의 현상을 운운할 때는, 그것이 아무리 의미 있는 결과물이라 할지라도, 그저 혼동을 야기하는 이야기들 중의 하나가 될 뿐일 것이다.

어린아이들은 그들이 어린아이인 이상 착하기도 하고 나쁘기도 한 것이다. 그들이 좋은 사회로 들어가면 좋은 아이가 될 것이고, 반대로 나쁜 사회로 들어가면 나쁜 아이가 될 것이다. 이를 두고 나는 중간 규정이라고 말했던 것이다! 중간 규정이 무엇인지 좀 더 심도 있게 고민을 해 봐야 할 때가 되었다![63] 하나의 중간 규정을 창조해 내는 일은 사람이 해야 할 일

---

[63] 사실 키르케고르는 이 대목에서 '츠비쉔베슈팀뭉(Zwischenbestimmung)'이란 단어만 두 번 반복했을 뿐이다. 즉 번역은 상당 부분 의역으로 이루어진 상태임을 고백해야 하는 대목이다. 키르케고르는 그 단어 뒤에 느낌표까지 찍어 두었다. 그런 문체가 전하는 어감은 강렬하기만 하다. 짧은 호흡으로 읽어 내야 하기 때문이다. 약간의 흥분된 감정까지 읽히기도 한다. 지금 키르케고르가 이토록 강하게 설명하고자 하는 바는 세상에는 다양한 사람이 존재한다는 사실이고, 그 모든 사람은 나름대로 주어진 환경 속에서 성장해 가는 과정을 통해 개별적으로 인격이 형성된다는 지극히 당연한 소리를 하고 있을 뿐이다. 지금에 와서는 이런 말들이 당연한 것이 되었지만, 그 당시, 즉 키르케고르가 살았던 19세기는 혼란을 거듭하던 시대였다. 귀족이라는 계급이 존재했고, 그 계급에 불만을 품은 시민이 거침없이 저항하던 시대였다. 또 천문학이니, 점술술이니, 관상학이니, 운명론이니 하는 것들이 여전히 학문의 이름으로 영향력을 행사하고 있던 시대였다. 사람의 삶이 이미 그 어떤 힘에 의해 미리 규정되어 있다는 이런 사고로부터 벗어나는 일이란 정말 쉽지 않은 일이다. 자신의 삶을 살아야 하는 사람이 자유로운 존재임을 인식시키고 각인시키는 일이 여전히 어려운 일이라는 얘기다. 기득권은 자신이 가진 권한과 권리를 쉽게 나눠 가질 생각은 없고, 시민 또한 자신들이 처한 현재의 존재 현상을 있는 그대로 받아들일 생각은 전혀 없었다. 서로 다른 생각이 충돌을 거듭하던 시대에

이고, 그것을 학문의 영역 속으로 끌어들여 설명해 내야 하는 것도 사람의 일이다.

이 중간 규정은 두 가지 의미, 즉 이중성을 지닌다. 그런 사상이 결여되어 있다면 어린아이의 구원이라는 이념은 그저 망상에 지나지 않게 될 것이다. 어린아이들은 항상 그렇듯이 죄를 지었을 수도 있고 순진무구할 수도 있는 법이다. 어찌 되었든 간에 어린아이들의 구원이란 그 사상 자체를 구원해 낼 수 있는 것이 바로 이 중간 규정이 지닌 존재론적 의미이다. 이 중간 규정을 손안에 넣고, 모든 사안을 빨리 그리고 분명하게 이것과 연결하지 못하게 되면 모든 개념, 예를 들어 원죄니, 죄니, 인류니, 개인이니 하는 개념들은 그 의미를 상실하고 말 것이다. 그리고 이때 어린아이라는 개념 자체도 의미를 잃어버릴 것이다.

마찬가지로 감각적인 것은 절대로 죄의 속성으로 해석되지 말아야 한다. 과거에 죄를 지었거나 현재 죄를 짓고 있다고 하더라도, 그래서 그 죄 자체가 스스로 감각적인 것을 죄의 속성으로 만들고 있을 때라고 하더라도, 그런 일은 발생하지 말아야 한다. 감각적인 것을 그렇게 취급해서는 절대로 안 된다. 지금 죄의 속성이란 것이 동시에 다른 것을 어떤 의미한다는 것쯤은 자연스럽게 이해할 수 있을 것이다. 물론 죄 그 자체가 무엇을 의미하는지에 대해서 밝히는 것은 우리가 여기서 해야 할 일이 아니다. 지금 우리가 여기서 집중해야 할 일은 오로지 심리학적 관점에서 죄가 발생하는 그 상황 속으로 깊이 파고드는 것이다. 즉 죄에 관해 심리학적으로 말해 보는 것 자체가 우리가 해야 할 일이다. 이것은 또한 이 죄에 관해서 심리학적으로 말하기 위해 많든 적든 간에 미리 준비해 두는 것이 되기도

키르케고르는 자신의 목소리를 높이고 있었던 것이다.

한다.

선악과를 먹은 후에 선과 악에 대한 차이점이 세상 속으로 들어온 상태이다. 하지만 이와 동시에 충동을 본성으로 지닌 성적 차이점도 함께 들어오고 말았다. 어떻게 이런 일들이 벌어졌는지에 대해서 설명하는 학문은 아직까지 존재하지 않는다. 그 어떤 학문도 이것에 대해서 설명하려는 시도조차 하지 않고 있다. 심리학이 겨우 이것에 대해 언급하기 시작했을 뿐이다. 그럼에도 그 결과는 사소한 것이 아니다. 현재까지 심리학이 설명해 낸 것들 중 가장 중요한 것이라고 말할 수 있는 것은, 자신 앞에 펼쳐져 있는 자유의 현상이 가능성이라는 불안 속에서 혹은 가능성이라는 무 속에서 또는 불안이라는 무 속에서 모습을 드러내게 된다는 사실을 밝힌 데 있다.

사람이 느끼는 불안의 대상이 성경에서 설명하듯이 실존의 형식으로 존재하는 그 어떤 것이라면, 우리는 그 어떤 비약도 일궈 내지 못할 것이다. 오히려 우리는 일종의 양적인 변화를 통한 이행 과정을 경험할 뿐일 것이다. 즉 나중에 태어난 모든 개인은 아담과의 관계 속에서 오로지 단하나의 더 많은 분량을 갖게 될 뿐이고, 다른 개인과의 관계를 통해서도 다시 보다 많거나 적은 분량을 갖게 될 뿐이다. 하지만 이 모든 해석을 통해서도 불안의 대상이 본질적인 의미에서 자유와 관련한 하나의 무라는 사실은 절대로 설명되지 못한다.

만약 불안의 대상이 이런 종류의 무가 아니라 성경에서 말하는 것처럼 그런 어떤 것이라고 한다면, 또 오로지 그것만이 본질적인 의미에서 자유와 관련하게 된다면, 그 무엇을 통해서 우리가 얻을 수 있는 것은 결코 존재론적 비약이 아니라, 그저 양적인 이행 과정일 뿐이다. 이런 이행 과정이 사실로 인정된다고 하더라도 그것이 현실 속으로 들어오게 되면, 모든 개념은 혼란 속에 빠져들고 말 것이다. 왜냐하면 내가 아무리 감각적인 것이 비약에 직면한 개인에게는 죄의 속성이 된다고 말을 한다고 해도, 중요한 것은 그것이 아니라, 감각적인 것은 본질적인 것이 될 수 없다는 사실이기 때문이다. 또 내가 아무리 태어난 개인에게 있어서 감각적인 것은 더 많은 분량으로 주어져 있다고 말한다고 해도, 그것은 비약과 관련하여서는 그저 허락되지 않은 더 많은 분량이기 때문이다.

만약 중간 규정을 불안의 개념처럼 다루는 학문이 있다면, 즉 불안의 개념과 동일한 수준으로 교리적이고 윤리적이며 심리학적인 장점을 지닌 중간 규정에 대해서 언급하는 학문이 있다면, 또 그 학문이 이 중간 규정을 그 어떤 다른 형식의 심리학적 의미로 다루고 있다면, 사람들은 이 학문을 선취하여 몰두할 것이다.

이제 여기 이 책에서 전개한 모든 이야기가 보편적인 의미에서 또 순비하는 의미에서 설명해 둔 것들과 서로 어울리면서 지향했던 바는 오로지 다음의 사실, 즉 죄가 자신과 관련한 것이라는 사실을 쉽게 알아차릴 수 있을 것이다.[64] 즉 이 책의 모든 설명은 바로 이 주장 속에서 하나로 일치된다. 하지만 죄가 자신의 것이라는 이 규정을 좀 더 깊이 있게 파고들어 근거를 밝히고 그것을 심리학적으로 설명한다는 것은 결코 쉬운 일이 아니다. 게다가 지금까지 죄가 그 무엇보다도 정신적으로 규정되었다는 사실과 그 과정을 충분할 만큼 관찰했던 자도 거의 없다.[65] 죄가 죄로 인식된

---

64 '자신의 것'으로 번역한 원어는 '젤프스티쉐(Selbstische)'이다. 이것이야말로 실존 철학이 주목하는 대표적인 개념일 것이다. 여호와 하나님, 즉 신의 경우라면 '자신'이라는 말은 어울리지 않는다. 그는 그냥 있는 그대로의 존재로 인정하고 받아들여야 하는 존재이지만, 사람의 경우는 전혀 다른 것이 문제가 된다. 즉 사람의 경우에서 주목해야 할 점은 '자신'이라는 개념이 의미하는 바이다. 좀 더 노골적으로 말하자면, 나의 '자신'이 있는가 하면 너의 '자신'도 있는 것이다. 즉 '자신'은 신의 경우에서처럼 단 하나의 이념으로 해결되는 그런 개념이 아니라는 사실이다. 사람마다 각자의 '자신의 것'이 존재할 수밖에 없다. 키르케고르는 바로 이런 의미에서 '자신'을 언급하는 것이다.

65 키르케고르는 죄가 정신의 산물임을 주장한다. 즉 죄는 생각의 산물이라는 얘기다. 죄가 신의 저주에 의해 형성되는, 즉 외부에서 주어지는 그런 형식의 사물이 아님을 주장하는 것이다. 사람이 죄를

것은 감각적인 것과 마찬가지로 정신적인 것이 서로 어울린 결과물일 뿐이다.

근대의 학문에서 죄가 충분할 정도로 자주 자신의 것으로 설명되었는지는 확인할 길이 없다. 게다가 그런 식으로 설명되었다고 하더라도 확실한 것은 죄가 자신의 것이라는 근거에 대한 통찰은 배제되어 있을 것이다. 아울러 현재 죄에 대한 설명 자체가 학문 안에서 자신의 자리를 꿰찰 수 있는지조차 의혹이 들 정도이다. 왜냐하면 자신의 것에 해당하는 것은 곧바로 유일한 개별적인 것이기 때문이고, 바로 그런 이유로 인해 개별적인 것은 오로지 개별적인 존재로 모든 것을 알고 있을 뿐이며, 그런 개별적인 존재가 알고 있는 것을 보편적인 범주에서 바라보게 되면 그 모든 것 일체가 그저 아무런 의미도 없는 것이 되고 말기 때문이다.

죄가 자신의 것이라는 주장 자체는 옳은 것으로 인정할 수 있을 것이다. 이 주장을 감당할 수 있다면, 무엇보다도 죄가 학문적으로 말해 내용이 없는 것이라는 주장도 인정할 수 있게 될 것이고, 여기까지 따라 와 준 상황이라면, 결국 죄는 아무것도 의미하는 바가 없는 무가 된다는 주장도 충분히 감당할 수 있을 것이다.[66] 결국 이 '자신의 것'이라는 규정 속에서는 죄와 원죄 사이의 구별에 대한 의식도 사라지고 어떤 의미에서 하나의 죄가 다른 하나의 죄를 설명하게 되는지에 대한 문제도 사라진다. 즉 죄를

인식하는 순간 자체는 배제할 수 없다. 하지만 그 죄가 신에게서 유래한다는 식의 발상은 거부되고 있는 것이다.

66 죄와 연관되는 개념들을 요약해 보면 키르케고르가 무슨 말을 하는지 깨달을 수 있다. 첫째, 죄는 자신의 것이다. 둘째, 죄는 내용이 없는 것이다. 셋째, 죄는 무를 의미한다. 죄를 자신의 것으로 만드는 것은 실존 철학이 지향하는 최대의 과제이다. 그것이 자신의 것으로 되는 순간, 그것의 내용 또한 자신의 것이 되고, 그것은 무의 형식으로 변신을 거듭할 것이다. 그 무의 형식 속에 어떤 내용을 채울 것인가는 자신의 책임이 될 뿐이다. 이런 논리야말로 중세 천 년 동안 세상을 지배해 온 신학의 논리로부터 해방을 선언할 수 있는 계기가 될 수 있다.

자신의 것으로 만드는 순간, 죄가 원죄가 된다느니 혹은 원죄가 죄가 된다느니 하는 소리는 무의미해지고 마는 것이다.

그래도 여전히 문제는 남는다. 왜냐하면 자신의 것에 대해서 학문적으로 말을 하고자 하는 순간, 이미 모든 것은 동어반복이라는 문제를 양산해 내고 있기 때문이다. 이 문제를 해결하지 못하면 모든 것은 혼란스러워질 것이다. 아무리 영리한 소리를 거듭한다 해도 아무것도 해결되지 않을 것이다. 창세기의 이야기 전체 속에서도 자연 철학이 발견해 낸 것은 오로지 바로 이 자신의 것이라는 사실을 과연 누가 잊을 수 있겠는가? 자연 철학은 바로 이 자신의 것을 별들의 움직임 속에서 발견해 냈다. 하지만 이 별들은 우주의 법칙에 지속적으로 순종할 수밖에 없다. 그래서 자연 속에서 자신의 것은 그저 원심력에 의해 밖으로 나가려 할 뿐이다.

만약 사람이 하나의 개념을 자기 마음대로 다룰 수 있는 지경에 처하게 된다면, 최소한 그것과 관련하여서는 그에게 마음의 평화가 주어질 것이다. 경우에 따라서는 도취하여 깊은 수면을 취할 수도 있을 것이다.[67] 그런 과정에서 모든 것은 다시 안정을 되찾을 수 있을 것이다. 이런 견해라면 우리 시대가 치열하게 고민해 왔고 어떤 식으로든 거기서 의미를 찾아보려고 애쓴 것이 사실이다. 게다가 모든 사물이 각자 자신에 어울리는 것을 의미하게 하려고 노력했던 것도 사실이다.

하지만 동시에 스스로 사제라고 말하는 이런저런 어중이떠중이들이 하

---

67 '도취하여 깊은 수면을 취한다'는 말은 '라우쉬 아우스슈라펜(Rausch ausschlafen)'을 의역한 것이다. 여기서 아우스슈라펜(ausschlafen)은 '충분히 자다' 혹은 '푹 자다' 등을 의미한다. 긍정적인 의미로 쓰이는 동사라는 얘기다. 그리고 라우쉬(Rausch)는 '도취', '무아경', '열광' 혹은 '황홀' 등을 의미하는 명사이다. 그리고 특히 이 표현은 '한잠 자서 취기를 깨우다'라는 뜻으로 격언처럼 사용되기도 한다. 즉 회복의 과정을 염두에 두고 한 말이다. 사람에게는 육체적으로 자는 잠도 있지만, 정신적으로 자는 잠도 있다. 즉 생각 자체가 휴식을 취하게 되는 잠도 있다는 얘기다.

나의 신화 전체를 현란하게 하지만 잔인하게 욕보이고 폭행을 가해 왔는지에 대해서 우리는 얼마나 자주 목도해야만 했던가? 이런 어설픈 사제들은 그저 모든 개별적인 신화를 매의 시선으로 포착해서 자기 기분에 맞게 바꿔 놓기에 급급했고, 그것을 자기 입에 넣고 북소리로 바꿔 온 세상에 울려 퍼지게 하는 데 집중했을 뿐임을 인정해야 할 것이다. 또 이들이 기독교의 전문 용어 전체를 자기 마음대로, 즉 독단적으로 취급하여 이런저런 공상의 이야기로 변질시키는 일들을 얼마나 자주 바라봐야만 했던가? 이들 때문에 전문 용어 전체가 부패하고 만 것이다.

'자기'라는 개념이 의미하는 바가 무엇인지 미리 분명하게 알아 두지 못한 상태라면, 죄가 의미하는 것, 즉 죄가 자신의 것을 의미한다는 것에 대해서도 얻어 낼 것이 별로 없을 것이다. 그러나 '자기'에 대해서 아무리 분명하게 알아도 모순은 벗어날 수 없다. 왜냐하면 '자기'가 의미하는 바가 곧 모순 그 자체에 지나지 않기 때문이다. 그 모순이란 전체적인 것이 개별적인 것으로 규정될 수 있다는 사실과 관련한다.

개별적인 것이 개념적으로 확실하게 주어질 때만 우리는 자신의 것이라는 것에 대해서도 제대로 언급을 할 수 있게 된다. 그런데 자신의 것이라는 그것 자체가 이미 수많은 삶의 형식으로 존재하고 있다. 그 존재의 형식에 대해서 어떤 학문도 제대로 설명해 낼 수가 없다. 우리는 그저 그것이 무엇인지에 대해서 지극히 보편적인 의미에서만 고찰할 수 있을 뿐이다.

자신의 것이 무엇인지에 대해서 아무리 제대로 설명해 낼 수 없다고 하더라도, 그것 자체가 이미 삶이 보여 주는 기적적인 것이다.[68] 모든 인간

---

68 '삶이 보여 주는 기적적인 것'은 '다스 분더바레 데스 레벤스(das Wunderbare des Lebens)'를 의역한 것이다. 직역하면 '삶의 기적적인 것'이 된다. 이것이야말로 키르케고르가 설명하고자 하는 실존 철학적 개념이다. 삶 자체가 이미 기적적인 것이다. 이 말보다 더 실존 철학적인 주장은 없다. 인생 자체가 기적과 같은 것이다. 이 말보다 생철학적인 발언도 없다. 키르케고르는 삶의 기적을 설명하기

은 자기 자신을 주목한다. 그 얘기는 모든 인간이 자신을 자신으로 잘 알고 있다는 것이다. 이것을 설명할 수 있는 학문은 지금까지 존재하지 않았다. 지금까지 어떤 학문도 이것을 설명하려 하지도 않았다. 자신과 관련한 가장 심오한 것은 그노티 세아우톤[69]이라는 그리스어 문장이 아닐까. 사람들은 이것을 오랫동안 특히 순수한 자기의식이니, 이상주의의 공기니 하는 독일어로 이해해 왔다.[70]

위해 이 『불안의 개념』을 집필했다고 말할 수 있다. 좀 더 형태론적으로 살펴보면, '분더(Wunder)'가 '기적'을 의미하는 명사이고, 여기에 '바(bar)'라는 접미어가 붙어 형용사 '분더바(wunderbar)'가 되며, '기적적인'이라는 뜻을 지닌다. 이 형용사가 명사화 된 상황이 '다스 분더바레'인 것이다. '다스'는 정관사이니, 특별히 정해진 혹은 특별하게 규정된 것으로서의 기적적인 것이란 뜻이 된다. 여기서 '기적적인 것이 삶'이라는 공식이 탄생하고 있다. 기적이 곧 삶이고, 삶이 곧 기적이다. 삶 자체를 기적적인 어떤 현상으로 바라보는 것이 이미 실존 철학의 정수기 될 수 있는 것이다. 신학의 대상이 되는 신에 대해서는 분명하고 선명한 논리가 주를 이루겠지만, 인문학의 대상이 되는 인간의 본질과 현상을 의미하는 '자신'에 대해서는 논리로도 풀리지 않는 부분이 너무나 많다. 제대로 설명할 수 없고 이해조차 할 수 없는 것이 '자신'이지만, 그래도 그것 자체가 실존의 의미로 주어져 있다는 것은 기적이다.

69 키르케고르는 '그노티 세아우톤(γνῶθι σεαυτόν)'을 그리스어로 적어 놓았다. 이것을 라틴어로 적으면 'Gnothi seauton', 번역하면 '너 자신을 알라'가 된다. 이 말은 아폴론 신전에 적혀 있었다고 한다. 아폴론의 이념을 예감하게 하는 말이다. 아폴론은 태양의 신, 즉 빛의 신이고, 이 신이 등장하면 사물은 빛을 받으며 그림자도 만들어 내지만, 모든 것을 구별할 수 있는 상황이 펼쳐지고 만다. 빛의 등장은 눈이 활동할 수 있는 계기가 되고, 눈이 작동하게 됨으로써 '현상'이라는 개념이 의미를 갖게 된다. 그런데 그때 보이는 것으로서 아폴론은 '너 자신'을 제시하고 있다는 것이 수수께끼 같은 현상을 연출하는 것이다. 이것이야말로 영원한 수수께끼이다. '자신'을 빛의 현상으로 드러낼 수 있는가? 이것이 진정으로 인간적인 숙제이다. 사람에게 있어서는 '자기소개' 하나조차 쉽지 않은 일이다. 학교나 학원에서는 '자기소개'하는 방식을 가르치기도 한다. 즉 배워야 하는 대상이라는 얘기가 되기도 하는 것이다. 이는 마치 글쓰기를 배우려 하는 시도와도 같다. 글을 못 써서 배우려 하는 것이 아니다. 글을 쓸 수 있지만, 형식을 갖춘 글을 쓰기 위해 배우려 하는 것이다. 마찬가지로 자신을 모르는 사람은 아무도 없다. 누구나 자신이 누구인지는 잘 안다. 하지만 그것이 철학적 명령으로 주어질 때, 그 의미는 무궁무진한 영역을 고민의 대상으로 만들고 만다. 신학의 신처럼, 인문학의 인간은 자신이라는 말과 함께 상상을 초월하는 범주로까지 확대된다.

70 '순수한 자기의식'은 '라이네 젤프스트베부스트자인(reine Selbstbewusstsein)'을, '이상주의의 공기'는 '루프티히카이트 데스 이데알리스무스(Luftigkeit des Idealismus)'를 번역한 것이다. 사람은 자기를 아는 존재이다. '젤프스트'는 '자기'를, '베부스트'는 '아는'을, '자인'은 '존재'를 의미한다. 그리고 공기는 숨을 쉬며 살아야 하는 존재에게 필수적인 조건이다. 독일어로 '아트멘(atmen)'은 '숨을 쉬다'라

지금이야말로 이 말, 즉 그노티 세아우톤을 이해할 수 있는 최고의 순간이 아닐까 싶다. 이제 우리는 이 말을 그리스어로 이해하고, 그러고 나서 거기서 다시 그 당시 그리스인들이 이해했을 그 내용까지 배울 수 있다면 가장 이상적인 상황이 될 것이다. 여기서 더 욕심을 부리고 싶다면, 이런 인식에 만족하여 머무는 것이 아니라, 도대체 어떻게 해서 그 고대라는 시대에 그리스인들이 기독교적 전제들을 지니게 되었는지까지 알게 된다면 이보다 더 나은 상황은 없을 것이다.

하지만 본래 의미에서의 '자기'는 질적인 비약을 전제로 하여서만 겨우 규정될 수 있다.[71] 바로 이 지점에 대해서 지금까지 아무도 말한 적이 없다. 만약 사람들이 죄를 자신의 것에서 유래한 어떤 것으로 설명하고자 한다면, 바로 그 순간 이미 사람들은 스스로를 불분명한 어떤 것 속에 얽히게 하는 상황 속으로 빠져들고 말 것이다. 왜냐하면 자신의 것이라는 말 자체가 이미 죄를 통해 형성되는 정반대의 것을 의미하게 되기 때문이고, 결국에는 자신 때문에 죄가 생겨 날 수밖에 없는 지경이 펼쳐지기 때문이다.

또 만약 사람들이 자신의 것이 곧 아담이 죄를 저지를 수밖에 없었던 이

는 뜻인데, 이것이 뿌리가 같은 인도유럽어족의 산스크리트어에서는 '아트만(Atman)'으로, 즉 개별적인 자아와 관계를 맺게 되고, 이것이 우주적 존재인 '브라만(Brahman)'과 합일을 일궈 낼 때, 물아일체나 무아지경의 경지가 펼쳐진다. 같은 맥락에서 독일 철학의 정수로 꼽히는 이상주의, 즉 '이데알리스무스'는 철학사에서 '관념론'으로 번역되기도 하지만, 플라톤이 주목했던 '이데아(idea)'가 근간을 이룬 점을 감안하여 '이상주의'로 번역하는 것이 직역에 해당할 것이다. 여기서 문제는 이상주의가 이상주의답게 살아갈 수 있게 해 주는 것, 즉 이상주의가 숨을 쉴 수 있게 해 주는 것이 바로 '자신'이라는 주장이다. 먼 하늘을 바라보며 천국에서 펼쳐지게 될 영생을 꿈꿀 수 있는 것도 결국에는 자신이 있기 때문에 가능한 것이다. 신학이 먼 곳, 즉 태초에서 시작하여 인간 세상으로 들어왔다가 다시 먼 곳, 즉 종말로 끝난다면, 생철학과 실존 철학을 모두 아우르는 인문학은 자신을 별처럼 멀리 두고서 찾아가는 여정에서 여행자인 자신을 잊지 않고 자신에게 집중하는 것이 된다.

71 나도 모르는 내가 있다. 그것이 전제되어야 내가 누군지 궁금해지는 것이다. 자신이라고 말하는 순간 그 말을 하는 '나'는 이미 자기가 모르는 자신에 대해서, 즉 어떤 질적인 비약이 전제되어 있다는 것을 인정하는 것이 된다. 이것을 철학적 차원에서 인식한 것이 키르케고르인 것이다.

유가 된다고 말한다면, 그것은 이야기하는 자가 펼치는 장난에 지나지 않게 된다. 그 이야기는 결국 이야기하는 자가 자신을 이야기 속에 관계시키고 있기 때문이다. 그러니까 그 전에는 보이지 않게 숨겨 두었던 자신을 이야기 속으로 끌어들여 보여 주는 꼴이 되기 때문이다.

또 만약 사람들이 자신의 것이 아담의 죄에 영향을 끼쳤다고 말한다면, 일종의 사이에 존재하는 중간 상황이란 것이 전제될 수밖에 없다. 이것이야말로 비약이다. 즉 이렇게 되면 이야기 자체가 이미 의심스러운 경솔함을 드러내고 마는 꼴이 된다. 여기에 덧붙여 말하고 싶은 것은, 사람들은 성적인 것과 관련하여 그것이 어떤 의미를 지니고 있는지에 대해서는 단 한마디도 내뱉지 않고 있다는 사실이다. 도대체 사람들이 지금까지 성적인 것과 관련하여 경험한 것이 있다면, 그것은 한마디로 아무것도 없다는 말로만 설명될 뿐이다.

여기서 나는 다시 나의 주장으로, 즉 내가 앞서 말하고자 하는 핵심으로 되돌아가고자 한다. 즉 성적인 것은 결코 죄의 속성과는 아무런 관계가 없다는 것이 나의 주장이다. 그럼에도 사람들은 이 성적인 것에 대해 독단적인 의미를 가정으로 가미하여 악의적으로 말할 때가 너무나 많다. 즉 아담이 죄만 짓지 않았더라면, 성적인 것은 결코 충동의 형식으로 생겨나지도 않았을 것이라고, 말도 안 되는 말을 하는 지경이 현재의 상황이다. 완전한 정신이란 것은 오로지 성적인 것을 전제하여서만 생각할 수 있을 뿐이다.

성적인 것 없이 완전한 정신은 형성될 수 없다는 이 정의야말로 교회의 교리와 어울릴 수 있는 계기를 마련해 줄 것이다. 그것은 어떤 형식으로든 부활과 어울릴 수 있는 조화의 계기가 될 것이며, 예수 그리스도라는 인물과 관련하여 교리적인 규정과도 어울릴 수 있는 조화의 터전을 마련해 줄 것이다.[72] 여기서 나는 하나의 해석을 덧붙이고자 한다. 즉 예수 그리스도는 신으로서 모든 인간적인 시험으로부터 배제된 반면, 그 스스로는 오히려 온갖 유혹과 시험의 대상이 되고 있다는 사실을 지금까지 어느 누구도 입에 담지 않았다는 것이다.

감각적인 것은 죄의 속성이 아니다. 감각적인 것은 순진무구함 속에 있으며, 그것은 결코 죄가 될 수 없다. 또한 감각적인 것은 실존의 형식으로 존재하고 있다. 아담도 틀림없이 먹고 마셨어야 했을 것이다. 성적 차이도 순진무구함의 형식 속에 있는 것이다. 성적 차이는 절대로 죄의 속성으로 이해되어서는 안 된다. 결국 죄가 인식될 때 마침내 성적 차이가 인식되는 것이고, 그때 바로 그 순간, 성적 차이는 충동의 형식으로 모습을 드러내는 것이다.

지금 나는 나의 견해에 대해 오해가 없기를 바란다. 이 모든 것을 잘못 이해하여 엉뚱한 결론에 이르는 일이 벌어지지 않기를 바랄 뿐이다. 예를 들어 내가 여기서 펼치는 모든 것이 마치 성적인 것에 대해서 추상화하는 일이 목적인 양 간주한다거나 성적인 것을 외모적인 의미를 근거로 제시하며 무시하거나 제거하려 한다는 식으로 결론을 내리지 않기를 바란다.

만약 성적인 것이 종합을 이룬 정점으로 한 번이라도 규정되고 나면, 사실 모든 추상화는 아무 쓸모도 없는 것이 되고 만다. 그래서 내가 지향하

72 이것이 키르케고르의 철학이 보여 주는 특징이다. 그는 기독교를 부정하지 않는다. 그는 기독교의 교리를 떠안으려 한다. 그의 철학은 기독교를 인정하면서 겨우 시작된다. 그가 펼치는 실존 철학은 기독교의 교리를 바탕에 깔지 않고서는 형성될 수 없다. 키르케고르는 지금 천국의 주인으로 그곳에서 신으로 군림하는 여호와 하나님이 아니라, 그것을 바라보고 생각해 주는 인간의 자기로 주체를 옮겨 놓고 있을 뿐이다. 이를 두고 인간 중심의 신학이라 말하면 어떨까. 상관없다. 마음의 문을 열어 놓듯이, 개념에 대한 해석은 열린 공간으로 남겨 두는 것이 더 낫다. 어쨌든 키르케고르는 여기서 '하모니(Harmonie)'라는 단어를 두 번이나 반복한다. '조화'에 대한 열정이 읽히는 부분이다. '어울림' 자체가 그의 철학이 지향하는 바라고 말해도 된다. 중세 천 년의 고민의 흔적이 쓸데없는 것이라고 치부하는 것도 어리석은 일이다. 중세의 이념에도 얻을 것은 많다. 기독교의 교리에서도 위로가 되는 말들은 많다. 그것을 받아들이고 못 받아들이고는 사람의 문제일 뿐이다. 신의 존재를 부정하는 것보다 인정하고 나면 얻을 것이 더욱 풍부해질 뿐이다.

는 목표는 성적인 것을 정신의 규정 속으로 옮겨 놓는 것이라 말할 수 있 겠다. 여기에는 사실 에로스적인 것의 모든 윤리적 문제도 포함된다고 볼 수 있다. 이런 목표가 진정 현실적으로 완수된다고 한다면, 그것은 오로지 인간적인 의미에서 말하는 사랑의 승리로 간주되어도 상관없겠다.

인간적인 의미에서의 사랑의 승리란 정신의 승리를 의미하는 것이며, 이러한 승리는 성적인 것이 망각됨으로써 실현되는 것이기도 하지만, 동 시에 성적인 것이 오로지 망각 속에서 기억됨으로써 가능한 것이기도 하 다.[73] 이런 일이 정말로 발생하면, 감각적인 것은 정신 속에서 빛을 얻고, 동시에 불안은 사라진다.

지금 내가 말하는 내용들과 견해들을 온통 기독교적이라고 말해도 상 관없고, 그 외의 어떤 이름으로 불러도 상관없지만, 이것을 그리스적인 세 계관과 비교한다면 잃는 것보다 얻는 것이 더 많을 것이라고 나는 믿는 다.[74] 말하자면 고통을 품어 내는 에로스적인 명랑성은 잃을 수 있을지 몰 라도, 그리스풍의 예술과 문화가 전혀 알지 못했던 위대한 정신과 관련한 규정을 얻게 되는 것이다.[75]

---

73 '성적인 것이 잊힌다'와 '성적인 것이 기억된다'는 서로 모순 관계이지만 사랑의 의미에서는 공존한 다. 성적인 것이 존재하기에 사랑이 가능하고, 동시에 성적인 것이 사랑에 의해서만 성적인 것 자체 로 머물지 않고 그 이상의 어떤 것으로 승화된다. 성적인 것이 전제되지 않는다면 인간적인 의미에 서의 사랑은 불가능한 것이 되고 말지만, 성적인 것이 있음으로 인해 삶이 기적적인 것으로 인정받 을 수 있게 되는 것이기도 하다.

74 "나는 믿는다"라는 말은 일종의 신앙고백을 시사해 준다. 그 믿는 바가 의미하는 것, 즉 이 부분을 키르케고르 철학의 대전제라고 봐도 된다. 그의 철학은 기독교적인 견해와 세계관을 고대의 그리 스적인 견해와 세계관과 비교하려는 시도를 기본으로 하기 때문이다. 고대와 중세를 배타적 관계로 볼 것이 아니라, 이들 사이에 변화의 지점을 주목하고, 거기서 긍정적인 점을 부각하고자 하는 의미 로 철학의 길을 걷고 있다고 보면 된다. 기독교적 견해에도 좋은 점이 있고, 잃어버린 고대 그리스 적 견해에도 좋은 점이 있을 것이다. 그런 좋은 점들만 연결하여 관계를 맺게 한다면 새로운 견해가 탄생할 수 있는 계기가 마련될 수도 있다. 그런 견해의 등장과 함께 새로운 시대가 전개된다. 키르 케고르는 이 대목에서 선구자로서 그 일을 해낸 것이다.

75 키르케고르는 '명랑성'을 '하이터카이트(Heiterkeit)'라고 독일어로 적어 놓았다. '명랑성'은 고대 그리

진정으로 진리 속에서 길을 잃고 방황하는 자들은 마치 6000년 전에 죄가 세상에 들어왔다고 말하면서, 또 동시에 그 죄를 마치 기이한 물건처럼 여기고서 자신과는 아무런 상관도 없는 듯이 바라보는 수많은 자들이다. 이들은 그리스의 명랑성을 이해하지 못한다.[76] 이들은 그리스의 명랑성을 획득해 내지 못한다는 얘기다. 결국 이들은 늘 잃기만 할 것이다. 잃고 있으면서도 무엇을 잃고 있는지 깨닫지도 못할 것이다. 가장 안타까운 것은 이들이 위대한 정신의 영원한 규정을 잃고서도 그것을 인식조차 하지 못한다는 사실이다.

스 문화의 기본이고 또 핵심이다. 고대의 문화는 비극 문화와 뿌리를 같이 하지만, 그 비극이 또한 카타르시스를 낳게 한다는 사실을 아리스토텔레스가 『시학』을 통해서 주장한 바 있다. 이는 실로 중요한 발견이다. 이미 아리스토텔레스는 비극이 지난 시대, 즉 후대의 철학자에 해당한다. 그는 디오니소스 극장에서 비극 공연을 직접 보지 못한 세대이다. 그런데도 비극을 연구하여 이런 소중한 발견을 해낸 것이다. 상상과 추측으로만 비극을 접하면서도 진실로 인정받아야 마땅할 이론을 도출해낸 것이다. 비극과 함께 디오니소스 축제가 벌어졌다. 비극이 축제의 이름으로 불릴 수 있었던 까닭을 이해하는 것이 급선무이다. 이 '명랑성'이라는 개념은 니체의 첫 번째 작품 『비극의 탄생』에서도 중요한 역할을 담당한다. '비극이 탄생하는 곳에서는 명랑성이 지배하게 된다'는 이념이 니체 철학의 뿌리를 형성하기 때문이다. 사실 '비극'과 '탄생'은 서로 모순 관계를 형성한다. '비극'은 말 그대로 슬픈 이야기를 연상케 하고, '탄생'은 생일처럼 박수치며 축하해 줘야 할 일로 간주되기 때문이다. '탄생'은 즐거운 일이고, 명랑성과 직결되는 개념이다. 그런데 비극이 명랑성의 원인이 된다. 바로 이런 공식을 키르케고르가 먼저 인식해 내고 있다는 것이 놀라울 뿐이다.

76 여기서 '에로스적인 명랑성'이 '그리스적 명랑성'으로 확대되는 과정을 확인할 수 있다. 아니 반대로 저것이 이것으로 보다 확실하게 규정되어 간다고 보아도 상관없다. 무엇이 더 큰 개념인지 논할 필요가 없다는 얘기다. 전자는 내용을 담당하는 개념이고, 후자는 공간적 의미를 지시하는 개념일 뿐이다. 각자 역할이 다르다는 얘기다. 야구장에 가면 야구를 즐기면 되고, 축구장에 가면 축구를 즐기면 된다. 하지만 모두 운동 경기라는 인식을 얻으면 구별성이나 차이점 따위는 그리 중요하지 않다는 생각까지 할 수 있게 되는 것이다. 마찬가지로 '에로스적인 명랑성'을 운운할 때는 그 명랑성 속의 에로스적인 측면을 주목하면 되고, '그리스적 명랑성'을 입에 담아야 할 때는 그리스적 예술이나 문화 속에서 그 특유의 명랑성을 확인하면 된다. 둘 사이에는 '명랑성'이라는 내적인 분위기가 공통점으로 존재한다는 것을 인식하면 서로 다른 개념들에 대해서도 같은 생각을 이어갈 수 있을 것이다.

제3장

죄의식이 결여된
죄의 결과로서의 불안

앞의 두 장에서 인간은 영혼과 육체의 종합이라고 지속적으로 또 반복해서 주장했다. 그리고 이 종합은 오로지 정신에 의해서 구성될 수 있고 동시에 지탱될 수 있다고도 설명했다. 이 두 개의 장에서 소개하고 설명한 불안은 그다음에 형성되는 결과물을 가리키는 표현인 동시에 개인적인 삶 속에서 순간 그 자체를 의미하는 표현이기도 했다. 이것이야말로 내가 불안이라는 개념을 바라보는 나만의 방식인 동시에 하나의 새로운 표현이라고 자부한다. 그리고 이것이야말로 앞서 불안이란 개념과 관련하여 언급했던 모든 내용의 핵심이라고 말할 수 있다.

최근의 철학은 역사 철학이나 논리 철학이 취했던 연구 방식을 통해서 다뤘던 일관된 범주가 있다. 그 범주란 바로 이행 과정이라는 개념이다.[1]

---

1 여기서 '이행 과정'은 '위버강(Übergang)'을 번역한 것이다. '위버(über)'는 '위에', '위로' 등의 뜻을 지닌 접두어이고, '강(gang)'은 '게헨(gehen)'이란 동사에서 파생된 명사로서 '걸어감', '걷기' 혹은 공간적 개념으로 '복도'를 의미하기도 한다. 동사로 '위버게헨(übergehen)'이라고 말하면 '건너가다'라는 의미를 지니게 된다. 지금 키르케고르는 역사 철학이나 논리 철학이 주목했던 바가 바로 이 '건너가는 과정'에 대한 해석이었음을 주목하고 있다. 어디에서 어디로 건너가고 있는가? 그것을 설명하고 밝히는 데 두 철학이 몰두하고 주력했다는 사실을 깨달은 것이다. 그런데 이 대목에서 니체의 '초인 사상'을 언급하지 않을 수 없다는 것을 확신하게 된다. 왜냐하면 '초인'도 '위버멘쉬(Übermensch)'라

아쉽게도 이 개념에 대한 보다 정확하고 단호한 설명은 이루어질 수 없다. 그런 설명은 그 자체가 이미 공허할 뿐이다. 그럼에도 사람들은 이 이행 과정이라는 개념을 아무런 부담도 갖지 않고 아무 때나 사용한다. 사람들은 이 개념에 대해서 어떤 정해진 뜻에 따라 사용해야 한다는 구속된 감정도 느끼지 않는다.

이와는 반대로 헤겔 스스로나 헤겔학파의 헤겔주의자들은 아무것도 전제하지 않는 시작 지점을 가정하고 거기서부터 자신들의 철학을 전개했다. 그리고 그들은 이런 것을 위대한 사상이라고 자평하기도 했다. 더 나아가 그들은 자신들이 펼치는 철학이야말로 그 어떤 것도 전제할 필요가 없는, 말 그대로 완전하고 완벽한 것이라고 간주하기까지 했다. 그들은 자신들이 그런 철학을 통해 세계를 놀라게 했다고 말하기도 했다. 이런 말을 하면서 주저하는 모습을 보인 학자는 단 한 명도 없었다는 사실이 놀라울 뿐이다.

헤겔주의자들은 이행 과정이나 부정하기 혹은 중재하기 등, 즉 생각이 펼치는 온갖 종류의 움직임의 원리에 대해서 말들을 해 대지만, 그들의 체계적이고 논리적인 전개 과정 안에서는 그 원리 자체에 대한 설명이 빠져 있다. 생각 속의 움직임의 원리들, 그것 자체에 대한 의미는 그들의 관심사가 아니었던 것이다. 그래서 그들의 논리 속에서 그런 원리에 대한 설명

고, 즉 똑같은 접두어 '위버'를 사용했고, 그 뒤에 걸어가는 과정을 명사화한 '강' 대신에 '사람' 혹은 '인간'을 뜻하는 '멘쉬(Mensch)'가 붙어 있다는 것이 다를 뿐이다. '멘쉬'와 '강'은 왠지 모르게 잘 어울린다. 사람은 삶을 통해서만 의미를 취할 수 있고, 삶은 살아가는 과정을 전제로 할 뿐이며, 그 과정에서 가치가 형성되는 것이다. 모든 '과정'은 앞서 지나간 것과 뒤따르는 것에 대한 구별 의식을 전제로 할 뿐이다. 그 의식을 통해서 '변화'가 인식된다. 그런 '변화'에 대한 인식을 통해 궁극적으로 삶이 무엇인지 깨닫게 되는 것이다. '과정'은 인문학, 생철학, 실존 철학, 실존주의 등 삶을 주목하는 일련의 학문들에 있어서 주된 관심사가 된다는 것은 부정할 수 없는 사실이다. '과정'은 한마디로 '신의 뜻'과는 정반대의 원리임을 인정해야 한다. 그렇다면 이런 인식을 근거로 하여, 키르케고르는 '위버강'으로 무엇을 설명하고 있는지 지금부터 주목해야 할 것이다.

은 단 한 군데도 자리를 찾지 못했던 것이다.

만약 정말 그 어떤 전제도 필요로 하지 않는 한 지점이 있다고 가정한다면, 그 지점에서 나는 아무것도 알아내지 못할 것이다. 하물며 하나의 전제라는 말 자체도 알 수 없을 것이다. 아무런 설명도 하지 않은 채 그 무엇을 사용한다는 것 자체가 이미 하나의 전제를 가정한다는 얘기가 된다.

체계라는 개념에 기적과 같은 힘이 있는 것은 사실이다. 체계라는 개념을 통해 우리는 마침내 사물의 내부를 관통하여 투시할 수도 있고 그 내면의 현상을 주시할 수도 있는 것이다. 마치 배꼽을 통해 영혼을 바라보았던 사람들처럼 우리는 체계를 통해 중심을 차지하고 있는 무를 바라볼 수도 있게 될 것이다.[2] 모든 것은 설명되었지만, 그 설명에 의해 형성된 모든 내용은 그저 그 자체로, 즉 그 스스로 논리적으로 발전된 형식의 결과물들일 뿐이다.

이런 식으로 오로지 자신에게로 되돌아가는 현상을 개방성으로 말한다면, 그것이 바로 체계의 개방성이 되는 것이다.[3] 그럼에도 헤겔주의자들이 진행시킨 생각, 즉 체계적으로 진행시킨 생각이 드러내는 것은 생각 자체의 가장 내적인 움직임과 관련하면 그것과 아무런 상관도 없는 것이 되고 만다. 오히려 그들의 생각 자체는 그저 비밀로 가득 채워진 잡동사니 가게를 연상케 해 줄 뿐이다.

2 　이 발언은 헤겔 철학에 대한 엄청난 공격이다. 키르케고르는 헤겔의 철학이 체계를 지향하고 있지만, 그 체계의 내면에는 아무것도 없다는 것을 지적하고 있기 때문이다. '중심을 차지하고 있는 무'는 사실 '첸드랄레 니히츠(zentrale Nichts)'를 의역한 것이다. 직역하면 '중심적인 무'가 된다. 키르케고르이 이 말을 통해 주장하고자 하는 바는 헤겔이 아무리 논리적인 말로 설명했어도, 그 설명의 중심에는 아무것도 존재하지 않는다는 것이다.

3 　키르케고르는 헤겔이 사용한 개념들을 자기 방식으로 전환을 시도한다. 즉 체계를 안다는 것은 내면을 바라보는 것이 되고, 사물의 내부를 바라볼 수 있다는 것은 그 사물을 개방성의 의미로 다룰 수 있게 된 것을 의미한다.

부정하기, 이행 과정, 중재하기 등과 같은 개념들은 가장무도회에 등장한 인물들 같고, 그 개념들은 본심을 숨기고 은밀하게 행동하지만 의심받는 비밀 요원 같기도 하다. 한마디로 이것들은 모든 움직임의 원인을 유발하는 중개업자처럼 보이기도 한다. 헤겔은 이 개념들을 절대로 그렇게 말한 적은 없지만, 그의 머리는 이런 개념들에 의해 불안하게 요동치고 있다. 왜냐하면 그는 이 개념들에 뻔뻔하게 모든 것에 대해 장난칠 수 있도록 최고의 권한을 부여했기 때문이다. 이런 이유로 인해 사람들이 논리를 펼치면서 이런 개념들을 차용하고 그것을 이용해서 말들을 만들어 내는 지경이 된 것이다. 이 모든 말은 이행 과정이라는 시간성을 전제로 하여 도출된 것이기에, 그것들이 때로는 이러이러하다는 의미로 사용되기도 하고, 또 때로는 저러저러하게 될 것이라는 뜻으로 사용되기도 한다. 하지만 이 모든 것은 그저 장난에 지나지 않는다.

하지만 이 모든 것은 가능한 것처럼 연출된다. 왜냐하면 논리가 거기서 도움을 주기 때문이다. 논리 속에서 모든 것은 원하는 대로 진행될 수 있는 것이 된다. 이행 과정이라는 이 단어 자체는 논리 속에서 재기 발랄한 것이 되고 만다. 이행 과정이라는 이 단어는 결국 역사적인 자유의 영역 속으로 예속되고, 거기서 이 이행 과정은 하나의 상태가 되는 동시에 현실이 된다.

플라톤은 이 이행 과정을 순수하게 형이상학적인 것 속으로 끌고 들어가는 것에 대해 어려움을 느끼고 있었다. 이 점에 있어서는 그가 이 이행 과정을 보다 근원적으로 파악했다는 것을 인정하지 않을 수 없다. 바로 이런 이유에서 그는 이행 과정을 순간이라는 범주 속에서 다루려고 그토록 애썼던 것이다. 그가 겪었던 이런 어려움을 무시한다는 것이 곧 플라톤을 '넘어서는 것이라고' 착각하면 안 된다. 왜냐하면 그런 어려움을 무시하게 될 때 어처구니없게도 생각하는 행위 자체를 속이는 결과를 낳을 것이기 때문이다. 이런 속임수는 순진함에서 발생하는 것일 뿐이다. 여기서 생각을 속인다는 것은 사변적인 활동을 제멋대로 진행시킬 수 있도록 길을 터주고, 동시에 그 움직임을 논리 속에서 진행시킬 수 있도록 배려해 주는 것이다. 즉 그때 진행되는 사변적인 활동은 그저 지극히 제한적인 업무로 취급될 뿐이다.

여기서 나는 예전에 어느 사변가가 한 말을 떠올릴 수밖에 없다. 그는 앞으로 닥칠 어려움에 대해 미리 걱정해서는 안 된다고 했다. 그 어려움과 관련하여 너무 많은 것을 동시에 생각하는 실수를 저지르면, 즉 생각이 너무 앞질러 가면, 결코 사변에 도달할 수 없다고 주장한 것이다. 그럼에도 사변하는 일에 도달하게 된다면, 그때 그 사변은 현실적인 사변이 될 수 없다고 했다. 그래서 그는 사변하는 일에 도달하고자 한다면 그것이 칭찬할 만한 일인지를 심각하고 단호하게 생각해 봐야 하는 요구부터 충족시켜야 한다고 말했던 것이다.

만약 한 남자가 마차를 몰 능력도 없으면서 마차를 타고 동물원으로 가고자 한다면, 그에게 이렇게 말해야 할 것이다. "이것은 아무 쓸모도 없는 것이다. 마부를 불러서 그 빌린 마차를 타고 가는 것이 훨씬 나을 것이다." 물론 서로 다른 두 마차가 모두 희망했던 대로 동물원이라는 목적지에 도달할 수는 있을 것이다. 그것 자체를 부정할 필요는 없다. 하지만 사변적인 활동과 관련하여서는 상황이 전혀 다르다. 운전 능력이 전혀 없다는 사실을 잘 알고 있는 사람도 사변적인 활동에 임할 수는 있겠지만, 그가 행하는 사변적인 일은 결코 진정한 의미의 사변적인 활동이 되지는 못할 것이기 때문이다.

역사적 자유라는 영역에서 이행 과정이 의미하는 바는 하나의 상태를 가리킨다. 바로 이 점을 제대로 이해하기 위해서 우리는 새로운 것이 오로지 비약을 통해서만 등장한다는 사실을 망각해서는 절대로 안 된다. 이 점을 확실하게 해 두지 않으면, 이행 과정은 양적인 측면에서 너무 많은 부담을 지게 되고, 그 결과 비약이라는 개념이 지닌 탄력성의 한계를 훌쩍 뛰어넘게 될 것이다.

다시 한번 말하지만, 인간은 영혼과 육체의 종합적인 존재이고, 그것은 동시에 시간적인 것과 영원한 것의 종합을 의미하는 것이기도 하다. 나는 지금까지 이 말을 몇 번이나 거듭해서 언급했는지 모르겠다. 어쨌거나 충분히 말했다고 생각한다. 지금 여기서 내가 하고자 하는 말은 이것뿐이다. 이것 외에 다른 무엇인가, 즉 새로운 무엇인가를 발견하는 것은 결코 나의 희망 사항이 아니다. 하지만 아주 간단하고 분명하게 존재하는 것처럼 보이는 것은 무엇인가에 대해서 고민을 거듭하는 것이야말로 내가 즐겨 하는 일이며, 그것은 나의 즐거움 그 자체이기도 하다.

마지막으로 종합을 이룬 상태를 진정으로 바라보고 있는 상황이라면, 누구나 그 종합의 현상이 최초에 이루어졌던 첫 번째의 종합과는 전혀 다르게 형성되어 있다는 사실을 자신의 눈으로 포착해 낼 수 있을 것이다. 첫 번째 종합이라는 것 안에는 영혼과 육체가 두 개의 동기였고, 정신은 그 두 개의 동기 이후에 등장하는 세 번째 동기였지만, 종합에 관해서 말하는 순간 그것은 정신에 의해 규정된 것이 되고, 그것은 그런 식으로 모양을 갖추게 된 것이다.

그런데 두 번째의 종합을 운운해야 할 때는 전혀 다른 두 개의 동기가 관여하게 된다. 즉 이때는 시간적인 것과 영원한 것이 개입하게 되는 것이다. 이런 경우라면 이들 두 개의 동기 이후에 등장해야 할 정신이라 말할 수 있는 그 세 번째 동기는 도대체 어디에 있는 것일까? 만약 이 경우 그 세 번째 것이 존재하지 않는다면, 종합 또한 존재하지 않아야 마땅하다. 왜냐하면 종합은 늘 그렇듯이 하나의 모순 그 자체를 품어 내면서 탄생하는 것이기 때문이다.

종합은 그저 종합이 되기 위해 오로지 선행된 두 개의 동기 이후에 등장하는 세 번째 동기 속에서만 완성될 수 있는 것이다. 왜냐하면 종합은 그 본성상 오로지 모순이기 때문이다. 종합은 모순이라는 이 말은 종합이 결국에는 종합이 아니라는 말도 성립하게 해 준다. 바로 이런 지점에서 문제로 급부상하는 것이 바로 시간적인 것이다. 도대체 시간적인 것은 무엇인가?

만약 우리가 시간을 무한한 연속으로 올바르게 규정할 수만 있다면, 시간이 또한 현재적이고 과거적이며 미래적으로 규정될 수 있는 어떤 것이라는 사실을 인식할 수 있는 어떤 지경 가까이에 다가서 있음을 증명할 수도 있을 것이다. 현재와 과거 그리고 미래라 불리는 이런 구별이 시간이라는 것 자체 안에 들어 있는 것으로 가정한다면 그 구별에 대해 오해하는 것이다.

현재와 과거 그리고 미래라는 이런 구별은 시간이 영원성과 관계할 때만 또한 시간 속에서 영원성을 반성해 낼 때만 겨우 모습을 드러낼 뿐이다. 만약 우리가 시간이라는 무한한 연속 속에서 한순간이라도 멈출 수만 있다면, 그래서 현재적인 것을 찾을 수만 있다면, 그것은 단 하나의 일부분이 될 것이고, 그 일부분을 근거로 하여 위와 같은 세 가지 구별 방법은 지극히 옳은 것으로 인정되어야 마땅할 것이다.

하지만 모든 순간은 순간일 뿐이고, 그런 순간들이 모이고 모여 하나의 집합 개념으로서 과정이라는 것이 탄생한다. 이때 과정이라 말할 수 있는 것은 그저 한없이 스쳐 지나감을 의미할 뿐이다. 그래서 어떤 순간도 현재적인 의미로서 순간이 될 수 없다. 그래서 또한 시간 속에는 현재적인 것도 없고 과거적인 것도 없으며 미래적인 것도 없다고 말을 해야 할 것이다.

만약 사람들이 현재와 과거 그리고 미래라는 이런 구분법을 확실한 것이라고 믿는다면, 순간과 순간을 거치면서 그 사이를 띄울 수 있을 것이고, 그런 행위를 통해 무한한 연속을 정지시킬 수도 있을 것이며, 또 마찬가지로 상상을 끌어들여, 상상 속에 어느 특정 시간이 존재하는 것처럼 생각할 수도 있을 것이다. 하지만 그것은 시간을 생각하는 것이 아니라, 말그대로 시간을 상상하는 것에 불과하다.

그럼에도 시간과 관련하여 올바르게 생각하는 이는 드물다. 왜냐하면 상상 속에서도 시간의 무한한 연속이 무한히 내용 없는 현재적인 것이기 때문이다. 이것이야말로 영원에 대해 형식은 모방에 그치고 내용은 익살스럽게 만든 패러디가 된다. 인도인들은 7만 년 동안 지배했다는 왕조에 대해서 이야기를 전해 주기도 한다. 여기서 문제가 되는 것은 사람들이 그 왕들에 대해서는 아는 바가 전혀 없다는 사실이다. 어쩌면 그들의 이름조차 모르고 있지 않을까 하고 짐작하지 않을 수 없다.

만약 우리가 인도인들이 전하는 이런 이야기를 시간을 설명할 수 있는 하나의 사례로 간주하게 된다면, 결국 사유를 위해 주어진 7만 년이라는 시간 자체가 무한히 사라지고 마는 꼴이 될 것이다. 이런 식의 사라짐이란 것은 상상 속에서 연장시키고 순간과 순간 사이를 한없이 띄워 놓아 결국에는 무한히 내용 없는 무로 만들어 버린다는 얘기다. 이때는 그저 망상만이 시선을 지배하게 될 것이다. 이런 사실을 무시하고 한 사람이 다른 한 사람의 뒤를 이어 하나의 역사를 만든다고 생각하게 되면, 바로 그 순간에 근거 없는 현재적인 것을 규정하고 말 것이다.[4]

---

4   지금 키르케고르는 '현재'가 어떻게 규정되고 성립되고 있는지에 대해 경고의 메시지를 전하고 있는 것이다. 그 '현재'라는 것은 말하기 나름이다. 그래서 키르케고르는 '현재적인 것'이라는 말로 그 현상을 설명하고 있는 것이다. '이것은 이것이다!' 하는 식으로 단정할 수 없는 사안임을 이런 식으로 설명하고 있는 것이다. 사람마다 시간에 대한 해석이 다르고, 그 다름의 결과로 인해 '현재'에 대한 인식도 달라진다. 예를 들어, 똑같은 아침 9시라고 해도, 그 시간에 대한 감정은 계절마다 다를 것이

현재적인 것이 시간이라는 범주 안에서 의미 있는 개념이 되려면, 그것은 반드시 하나의 무한히 내용 없는 것이어야만 한다.[5] 그리고 또한 현재적인 것이 의미 있는 것이 되려면, 그것은 반드시 무한히 사라지는 것이어야 한다. 만약 사람들이 이런 사실에 대해 주의하지 않는다면, 현재적인 것은 그야말로 순식간에 사라지고 말 것이다. 이런 지경에서는 현재라는 그 말 자체가 의미하는 바는 형식적으로 규정되어 있다고 하더라도, 그것을 가지고 규정할 수 있는 내용은 아무것도 없는 상황이 펼쳐질 수도 있는 것이다. 말 그대로 현재적인 것은 그저 형식에 그칠 수 있다는 얘기다. 이런 상황에서는 현재적인 것은 사라지고 그저 과거적인 것과 미래적인 것만이 현재의 모습으로 존재하게 될 뿐이다.

이와는 반대로 영원한 것은 현재적인 것이다. 영원한 것이 생각 속으로 들어오게 되면, 그것은 지양된 연속의 형식으로서 현재적인 것이 된다.[6]

고, 건강 상태에 따라 다를 것이다. 현재에 대한 인식도 그것을 대하는 내면의 상태에 따라 달라지리라는 것은 이제 쉽게 인정할 수 있을 것이다.

5 '현재적인 것'은 '게겐베어티게(Gegenwärtige)'를 직역한 것이다. 독일어에서 '게겐(gegen)'은 '반응', '대립', '적대', '대항', '대치', '대응', '반대' 등을 의미하는 접두어이고, '베어티게(wärtige)'는 '베어티히(wärtig)'라는 형용사에서 유래했다. '베어티히'는 '~의 쪽의'라는 뜻이다. '쪽'은 특정 방향을 의미하고, 그 방향으로 일관하는 태도를 일컫는 말이다. 이 말을 동사로 만든 것으로 '바텐(warten)'이란 동사가 있는데, '기다리다' 혹은 '머무르다'라는 뜻이다. 결국 현재적인 것의 현재성이라는 것은 특정 방향을 의식한 상태에서 일종의 경계심이나 기대감으로 이어질 수밖에 없는 상황을 의미한다. '현재 상황이 어떠하다'라고 말하는 순간 그 말을 하는 당사자는 앞으로 전개될 상황에 대해 경계나 기대로 임할 수밖에 없는 것이다. 결국 현재는 무엇과 마주하느냐에 따라 그 내용은 완전히 다르게 형성될 수 있는 것이고, 그런 다름의 현상 때문에 가능성의 공간으로 이해할 수 있다.

6 '지양된 연속'은 '아우프게호베네 주크체시온(aufgehobene Sukzession)'을 번역한 말이다. '지양된다' 혹은 '지양한다'는 말에서 '지양'이 의미하는 바는 계단을 밟고 올라서듯이 하나의 생각을 넘어서서 다른 생각을 할 수 있는 단계를 의미한다. 그 이전의 생각을 품을 수 있는 더 큰 생각으로 넘어감을 의미하는 것이다. 이것이 형용사로 작동하고 있고, 그 형용사가 수식하는 말이 '연속'이 된다는 것을 인식해야 한다. 즉 연속이 연속 그 자체로 머물러 있지 않다는 말이다. 영원 속에서도 연속의 의미는 존재하지만, 그때의 연속은 전혀 다른 의미로 사용된다. 즉 지양된 의미로 연속이 되는 것이다. 그 지양된 형식의 연속 속에서, 즉 영원한 것 속에서, 과거적인 것이나 미래적인 것이 현재적인 것

시간이란 원래 스쳐 지나가는 것을 의미하는 연속의 의미로 이해되었다. 하지만 생각 속에서 영원한 것은 계속해서 이어지고 또 이어가는 어떤 것이 된다. 그것은 어떤 하나의 특정한 장소에 얽매이지 않는다. 왜냐하면 영원한 것은 생각 속에서 무한히 내용으로 충만한 현재적인 것이 되기 때문이다. 영원한 것 속에는 과거적인 것과 미래적인 것 사이에 어떤 구분도 존재할 수 없게 된다. 현재적인 것은 오로지 지양된 연속의 형식으로만 규정될 뿐이기 때문이다.

시간은 무한한 연속이다. 모든 인생은 시간 속에 있다. 모든 인생은 시간에 속한다. 이런 말들이 의미하는 바는 곧 모든 인생은 현재적인 것과 관련하여서는 아무것도 가지지 못한다는 사실이다. 감각적인 차원에서 인식되는 삶을 규정하기 위해 사람들은 종종 순간을 언급하기도 한다. 즉 삶이 순간 속에 오로지 그 순간 속에만 있다는 것이다. 하지만 이 경우에도 사람들이 그 순간이라는 개념하에서 이해하는 것은 그저 저 영원한 것에 대한 추상적 의미일 뿐이다. 그 추상화를 거친 어떤 것 자체가 현재적인 어떤 것 그 자체로 규정되어야 한다면, 그것이 곧 패러디가 되는 것이다.

현재적인 것은 영원한 것이다. 아니 영원한 것이 현재적인 것이라고 말하는 것이 더 옳은 표현이 될 것이다. 그리고 현재적인 것은 포용적인 것이다. 바로 이런 의미에서 라틴 사람은 신적인 것에 관해서 말을 할 때 신적인 것은 존재한다고 했던 것이다. 즉 신은 존재한다.[7] 이 말과 함께 그가 신의 신성을 설명했을 때, 그는 이미 그 신성이 우리에게 강력할 정도로

으로 인식되는 것이다. 그것이 곧 영원한 것의 본질이 된다고 볼 수 있다.

7   여기서 '존재한다'는 '프레젠스(praesens)'를, 또 '신은 존재한다'는 '프레젠테스 디이(praesentes dii)'를 번역한 것임을 밝혀 둔다. 키르케고르는 이 말을 라틴어로 적어 강조했다.

도움을 주고 있다는 사실을 인정한 것이다.

순간은 현재적인 것을 가리키지만, 이때 그 순간이 가리키는 현재적인 것은 오로지 어떤 과거적인 것도 또 어떤 미래적인 것도 갖지 않는 것을 의미할 뿐이다. 바로 이런 연유로 인해 감각적인 삶은 불완전성과 직면할 수밖에 없는 지경에 처하고 만다. 또 영원한 것은 현재적인 것을 가리키지만, 이때 현재적인 것도 마찬가지로 오로지 어떤 과거적인 것도 또 어떤 미래적인 것도 갖지 않는 것을 의미할 뿐이다. 그리고 바로 이런 연유로 인해 영원한 것은 오로지 불완전성의 의미로만 이해될 수 있는 것이다.

만약 사람들이 순간이라는 개념을 가지고 시간을 규정하고자 한다면, 또 그 순간을 과거적인 것과 미래적인 것을 제외한 것으로, 즉 현재적인 것과 관련한 그 어떤 순수한 추상적인 예외성으로 설명하고자 한다면, 그때 그 순간은 절대로 현재적인 것이라 말할 수 없게 된다. 과거적인 것과 미래적인 것 사이에 존재하는 것은, 즉 순수하게 추상적으로만 생각된 그 사이에 존재하는 중간적이라는 것은 도저히 있을 수 없는 것이기 때문이다.

그럼에도 순간은 오로지 시간의 규정일 뿐이라는 사실을 인지할 수 있다. 왜냐하면 시간의 규정이란 스쳐 지나가는 것에 대한 규정일 뿐이고, 그래서 그 시간의 규정은 시간 속에서 스스로 모습을 드러내는 수많은 규정 중의 하나로 규정되어야 할 뿐이다. 그런데 그 규정 또한 과거의 시간에 대한 것이 될 뿐이다. 그러나 시간과 영원성이 서로 만나서 어울리기만 한다면, 그때 이런 어울림은 시간 속에 있게 되고, 우리가 순간과 함께하는 일도 벌어지게 되는 것이다.

'순간'은 하나의 형상적인 개념이다.[8] 바로 이런 이유로 인해 순간을 학문적으로 다루기가 여간 까다로운 것이 아니다. 그렇다고 해서 그것을 무시하고 지나칠 수도 없는 노릇이다. 하지만 그것을 주목하고 주의를 기울이기 시작하면, 동시에 그것은 하나의 아름다운 말로 승화된다. 눈 깜짝할 시간보다 더 빠른 것은 없다. 하지만 그 순간에 이미 우리는 영원한 것과 관련한 내용 전체를 품을 수도 있다. 그 순간 속에서 영원한 것이 무수히 많은 분수로 약분될 수도 있는 것이다.

예를 들어 잉게보르크Ingeborg라는 여자가 배를 타고 가다가 바다 건너에 있을 전설 속의 나라 프리소프를 생각하며 뭔가를 바라보는 듯한 장면에서 그녀가 바라보는 것은 하나의 형상에 해당하는 것에 불과하고, 그것은 말 그대로 형상적인 표현으로만 해석할 수 있을 뿐이다. 그녀가 드러내는 감정적 표현이나 한탄 섞인 한숨 혹은 그때 내뱉는 말 한마디 등은 그것이 단 하나의 소리에 불과할지 몰라도, 시간이 규정할 수 있는 것보다 훨씬 많은 것을 포함할 수 있다. 게다가 그것들은 모두 사라져 버린 방향 속에 있으면서도 지극히 현존하는 것을 증명하고 있다. 그렇지만 그것들 자체가 영원한 것을 현재적인 것으로 표현하는 것은 결코 아니다.

아울러 감정을 드러내는 한탄 섞인 한숨이나 그때 입에 담게 되는 말 한마디 등은 때로 마음의 짐을 덜어 주는 힘을 지니고 있기도 하다. 왜냐하면 그 마음의 짐이라고 하는 것은 입을 통해 말 한마디에 실어 냄으로써 이미 지나간 일로 만들어 버리기 때문이다. 어떤 사안을 말로 형용할 수 있을 때 이미 그것과 함께 과거지사가 시작되는 것이다. 이때 영원할 것만 같았던 마음의 짐은 더 이상 현재적인 것으로 인식되지 않는다.

그래서 순간이라는 것은 언제나 시간을 표현하는 하나의 표시인 것이

8 '순간'은 '아우겐블릭(Augenblick)'을 번역한 말이다. '아우겐(Augen)'은 눈을, 그리고 블릭(blick)은 '안광', '눈초리' 등을 뜻한다. 키르케고르는 굳이 '아우겐블릭'을 홑따옴표까지 동원하여 언급한다. 그가 강조해 두고 싶었던 욕구를 확인할 수 있는 대목이다. 사람 사는 세상에서 '순간'이 의미하는 바는 매우 다양하다. '지금 이 순간'이라고 말할 경우 그것이 의미하는 바는 단 한 마디로 규정할 수가 없다. 하지만 그것을 생각하지 않을 수 없는 것이 삶의 문제다.

다. 하지만 그 순간의 시간 동안에 영원과 맞닿아 있어서 운명적인 갈등을 일으킨다. 우리가 순간이라는 말을 할 때 그것이 의미하는 바를 플라톤은 갑작스러운 것이라고 불렀다. 이 단어를 어원적으로 살펴보면, 보이지 않는 것 혹은 볼 수 없는 것에 대한 규정과 관련하고 있다는 사실을 알 수 있다. 그리스인들이 순간을 이런 식으로 이해한 이유는 그들이 시간과 영원을 똑같이 추상적으로 파악했기 때문이다. 또 그들은 시간성이라는 개념도 갖고 있지 않았는데, 그 근거는 그들이 정신이라는 개념을 갖고 있지 않았다는 데서 찾을 수 있다. 이런 근거를 확인할 수 있는 말로 라틴어에 모멘툼momentum이라고 하는 단어가 있고, 이 단어에서 유래된 모베레movere는 단순하게 사라지는 것을 표현한다는 것이 특징이다.

이런 식으로 생각을 거듭하면 순간이라는 말은 원래 시간의 원자가 아니라 영원의 원자임을 알 수 있다.[9] 순간은 시간 속에서 모습을 드러낸 영원에 대한 반사 형상이라 말할 수 있다. 그것은 특히 최초의 반사 형상에 해당하고, 그것은 다시 영원이 시도한 첫 번째 형상이 된다. 여기서 영원이 시도한 것은 시간을 잡아 두는 것이다. 그래서 그리스인들은 순간이라는 말을 이해하지 못했다. 이렇게 단정할 수 있는 이유는, 그들이 영원의

---

9 키르케고르는 '순간'에 대한 철학적 고민의 선구자이다. 그는 시간과 시간 사이의 짧은 시간을 순간으로 인식했고, 그것을 '모멘트(Moment)', 즉 순간이라는 개념으로 표현했다. 그는 바로 이런 생각을 플라톤의 '갑작스러운 것'에서 이끌어 냈다는 점에서 남다르다. 이를 두고 그의 대표적인 업적이라 말해도 무방하다. 시간은 연속을 의미하지만, 생각 속의 일들 혹은 움직임들은 오로지 '갑작스러운 것'으로 인식될 뿐이다. 없던 생각이 갑자기 있게 된다. 키르케고르는 늘 시간과 영원이라는 대립적 구조 속에서 고민을 거듭한다. 시간은 한계를 내포하고 있는 데 반해, 영원은 그 어떤 한계도 없다. 사람 사는 세상은 이 두 가지의 대립을 동시에 감당해야 하는 숙제를 제시한다. 누구는 한순간을 영원처럼 살아가고, 누구는 영원을 한순간처럼 살아간다. 누구는 콩깍지가 씌어서 한없이 느린 시간을 체험하고, 누구는 죽음 앞에서 인생에 주어진 모든 순간을 놓쳐 버리고 오직 허무함만을 인식하기도 한다. 존재와 비존재 사이에는 이런 문제가 뿌리 깊은 돌부리처럼 버티고 있다. 키르케고르는 이토록 거대한 철학적 문제를 다루는 것이다.

원자를 이해하고 있기는 했지만, 그것은 순간의 영원성을 의미하지는 않았기 때문이라는 데 있다. 그래서 그리스인들이 영원의 원자를 언급했던 상황을 면밀히 살펴보면 그들이 생각하는 영원이 무엇인지에 대해서 알 수 있는데, 그것은 바로 그들이 영원이라는 말과 함께 의미하는 바가 앞으로 나아가는 방향이 아니라 뒤를 바라보는 시선의 방향이 지배적이라는 사실이다. 하지만 이렇게 생각할 때 시간에 대한 이해뿐만 아니라 영원에 대한 이해도 옳다고 말할 수 없게 된다.

사람은 시간적인 것과 영원한 것의 종합적 존재이다. 이 종합은 어떤 것을 전제로 한 두 번째 종합이 아니다. 사람의 존재를 규정할 수 있는 종합이라는 현상은 오로지 첫 번째 종합으로서만 진정한 의미를 취한다. 사람은 영혼과 육체를 지닌 종합적 존재인 동시에, 정신을 지니고 있어서 이 종합을 감당할 수 있다. 사람이 자신의 정신을 규정할 수 있는 한, 그에게는 필연적으로 순간이 존재의 형식으로 인식될 수밖에 없다. 그래서 우리는 사람이라는 존재가 오로지 순간 속에서만 살고 있다고 말한다 해도 틀린 말이 되지 않는다. 문제는 이 순간 속에서 이뤄지는 삶 자체가 자의적인 해석을 요구하는 추상성과 관련한다는 것이다. 즉 자연은 순간 속에는 결코 존재하지 않는다는 것도 인식해 내야 할 대목이다.[10]

시간적인 것의 시간성은 육체와 관련한 감각적인 것과 어울릴 때만 의미를 취한다. 그런데 자연이 시간 속에서 점유하고 있는 확고한 현상과 비교한다면, 인간이 직면하고 있는 시간성은 그저 불완전할 뿐이며, 순간이라는 것은 그저 사소한 것이 된다. 하지만 해석이 이렇게 일방적으로만 진

---

10 인간은 자연의 일부분이기도 하지만, 자연과는 상관없는 존재이기도 하다. 인간은 자연 속에서 위험을 감지하기도 하지만, 자연 속에서 진정한 휴식과 위로를 얻기도 한다. 자연은 순간과는 상관없지만, 인간은 지속적으로 순간과 직면할 수밖에 없다. 인간의 본질은 바로 이 순간의 순간성에 대한 인식과 함께 이뤄진다고 단정해도 된다.

행되지는 않는다. 전혀 다른 해석도 가능하다. 왜냐하면 자연이 보여 주는 확고함이나 확실성이라는 것은 자연에는 시간이 그 어떤 의미도 지니지 않는다는 것에 기인하기 때문이다.

하지만 인간에게는 순간이 문제다. 오로지 순간에 대한 인식과 함께 역사가 시작된다.[11] 사람에게는 감각적인 것이 주어져 있고, 이 감각적인 것은 죄에 의개 죄의 속성으로 규정되어버렸고, 그 결과 동물의 감각적인 것보다도 낮은 수준의 것이 되고 말았다. 하지만 바로 이토록 하찮은 것이 오히려 반전의 기회를 제공해 준다. 즉 정반대로 작용할 수 있는 힘으로 인식될 수도 있다는 얘기다. 인간에게는 보다 높은 것으로 향하는 기회가 주어진다. 바로 이 순간에 정신이 작동을 시작하는 것이다.

순간은 이중적 의미를 지니고, 그 안에서는 시간과 영원이 서로 어울리며 공존한다. 바로 이 이중적 의미를 통해서 시간성이라는 개념이 규정된다. 이런 시간성 안에서 시간은 영원을 지속적으로 잘라 조각내고 영원은 시간을 지속적으로 밀어붙이며 압박한다. 이런 인식과 함께 우리는 앞서 언급했던 현재와 과거 그리고 미래라는 시간의 구분에 대한 이해를 얻게 된다.

시간에 대한 이런 구분 의식과 함께 주목해야 할 점은 미래적인 것이 현재적인 것이나 과거적인 것보다 더 의미심장한 것이라는 사실이다. 왜냐하면 미래적인 것은 어떤 의미에서는 전체를 지칭하기 때문이다. 이 전체와 관련한다면 과거적인 것은 그저 일부분에 지나지 않는다는 사실이 분

11 '역사'로 번역한 원어는 '게쉬히테(Geschichte)'이다. 이 단어는 동사 '게쉐헨(geschehen)'에서 유래했고, '발생하다', '무슨 일이 일어나다' 등을 뜻한다. '발생'하는 것은 없던 것이 있는 것으로 인식되는 것을 지칭한다. 없던 것이 있는 것으로 인식되는 것이야말로 인간의 문제다. 무엇이 새로운 것이냐? 사람 사는 세상에서는 이것이 끊임없이 눈길을 끈다. 무엇이 발생했는가? 무슨 일이 벌어졌는가? 그것을 말로 형용할 수 있는 것은 오로지 사람뿐이다. 그래서 '역사'는 사람의 문제가 되는 것이다.

명해진다. 그래서 미래적인 것이 어떤 의미에서 전체를 의미한다는 말은 지극히 당연한 소리가 된다.

또 이런 말은 영원한 것이 마침내 미래적인 것을 의미한다는 해석으로 향할 수 있는 문을 열어 놓는 계기가 되기도 한다. 말하자면 미래적인 것은 영원한 것에 치밀하게 따라붙는 미행자라고 말할 수 있다. 하지만 시간 자체에는 기준이 없다.[12] 그럼에도 미래적인 것은 자기 주변에 시간과 관련하여 그런 기준을 유지하려고 한다. 이런 현상은 일상에서 사용하는 말을 관찰해 보면 쉽게 납득할 수 있다. 즉 미래적인 것은 주로 영원한 것과 동일한 것으로 인식되고 있다는 사실이다. 예를 들어 사람들은 미래의 인생을 영원한 인생, 즉 영생으로 인식하기도 한다는 것을 누구도 부인하지 못할 것이다.

이와는 반대로 그리스인들에게 있어서는 심오한 의미에서 요구되는 시간 개념, 즉 영원한 것과 관련한 개념이 결여되어 있었다. 그래서 그들에게는 미래적인 것에 대한 개념도 존재할 수가 없었던 것이다. 그래서 그리스인들의 삶을 순간 속에서 잃어버린 존재로 인식한다고 해도 뭐라고 흉볼 일은 아니다. 보다 정확하게 말한다면, 삶이 그런 식으로 잃어버린 존재가 될 수는 없다는 얘기다. 왜냐하면 그들에게는 시간의 시간성에 대해서 아는 바가 적었고, 그것에 대한 인식은 감각적인 것과 관련한 것과 마찬가지로 순진하기만 했기 때문이다. 이 모든 일은 그들에게 정신에 대한

---

12 여기서 '기준이 없다'로 번역한 말은 '인콤멘주라벨(inkommensurabel)'이다. 이 단어의 근간을 이루는 말은 '멘주라(mensura)'로 '척도' 혹은 '기준'이라는 의미이다. 예를 들어 프로타고라스는 '호모 멘주라(Homo mensura)'라는 말을 했고, 그것은 대체로 '인간은 만물의 척도이다'라고 번역된다. 키르케고르는 여기서 '시간에는 기준이 없다'고 말했다. 시간을 시계 속의 의미로 파악한다면 정해진 기준이 있을 것이지만, 사람에게 주어진 삶의 의미에서의 시간은 그렇게 일률적으로 진행되지 않는다는 것이 문제의 핵심이다.

규정이 결여된 탓에 벌어진 것이다.

순간과 미래적인 것은 다시 과거적인 것을 규정하는 요인이 된다. 만약 그리스인들의 삶을 시간의 규정에 따라 설명하고자 한다면, 그것은 오로지 과거의 것이 되고 만다. 즉 그들은 현재적인 것과 미래적인 것에 대해서는 어떤 관계도 맺지 못한다. 이와는 반대로 만약 그들이 시간의 규정과 관련하여 하는 말들이 있다면, 그것은 오로지 과거적인 것을 규정하고 있을 뿐이다. 이런 식의 사고방식을 드러내고 있는 가장 대표적인 사례는 플라톤의 상기설이라 말할 수 있겠다.[13] 그리스인들은 영원한 것에 대해 지나간 것, 즉 과거의 것으로서 배후에 놓여 있는 것으로 이해했던 것이다. 그래서 그들은 또한 그곳에 도달하려면 그저 뒤를 돌아서서 가기만 하면 된다고 주장하기에 이른 것이다.

하지만 영원한 것을 과거의 것으로 동일시한다는 것 자체는 너무나 일방적이다. 그것에 대해 철학적으로 혹은 역사적으로 아무리 자세하게 규정하고 거듭해서 말을 쏟아 놓는다고 해도 문제는 쉽게 해결되지 않는다. 이것은 철학적 죽음이 무엇인지 여전히 해결되지 않은 채 남아 있는 것과 같은 문제다.[14] 이런 고민은 어쩔 수 없이 추상적인 개념, 즉 영원한 것에

---

13 '상기설'은 독일어 '에어인넌(Erinnern)'이라는 명사화된 동사를 의역한 것이다. 직역하면 '기억하는 것' 혹은 '기억함' 등이 되어야 마땅하다. 하지만 이 개념은 플라톤 철학에서 상당히 잘 알려진 터라 일반적으로 통용되는 개념으로 의역했음을 밝혀 둔다. 고대 그리스어에 '아남네시스(ἀνάμνησις, anamnesis)'라는 단어가 있다. 이것을 독일어로 하면 '에어인넌'이 되는 것이다. 플라톤의 설명에 따르면 인간은 태어나면서 망각의 강을 건너왔기 때문에 이성을 잘 이용하기만 하면 자신이 태어났던 곳에 대한 기억을 떠올릴 수 있다. 그리고 인간이 태어나기 이전의 그 원래의 장소를 그는 이데아라고 설명한다. '이데아는 무엇인가?' 이 질문은 신은 누구인가? 혹은 천국은 어떤 곳인가? 등과 같은 형이상학적 존재에 대한 물음이 된다. 즉 그것을 알기 위해서 감각적 인식은 오히려 방해가 될 뿐이다. 그것은 눈으로 볼 수도 없고, 손으로 만져 볼 수도 없는 것이기 때문이다. 플라톤은 눈에 보이는 이 현상에 대해서는 불신을 보인 반면, 눈에도 보이지 않는 이데아에 대해서는 무한한 신뢰를 보였다. 그가 이데아를 실존이라고 판단했기 때문이다.

14 '철학적 죽음'은 '필로조피쉐 압슈테어벤(philosophische Absterben)'을 번역한 말이다. 그냥 '죽는다'

대한 완전히 추상적인 개념으로 치달을 수밖에 없도록 만들 뿐이다.

그럼에도 사람들은 과거적인 것과 미래적인 것 그리고 영원한 것과 관련하여 개념적으로 규정해야 하는 욕구를 포기할 수 없다. 이런 문제들을 개념적으로 거듭 고민할수록 사람들은 반대로 순간을 어떻게 규정했는지를 다시 확인할 수밖에 없다. 만약 순간이 마침내 존재하지 않게 된다면, 그때 비로소 배후에 있다는 영원한 것이 과거의 것으로서 모습을 드러내게 될 것이다. 이는 마치 내가 한 남자를 단 한 걸음도 따라가지 않으면서도 그가 걸어간 길을 따라가는 것과 같은 현상을 의미한다. 즉 길은 그의 등 뒤에 놓여 있는 것 혹은 뒤에 남겨진 것이지만, 바로 그것이 눈앞에 펼쳐지게 되는 현상이다.

그러나 만약 순간을 단지 사이 공간으로 규정한다면, 그러면 오로지 미래적인 것만을 영원한 것으로 만드는 지경이 된다. 물론 순간이 규정되어야 비로소 영원한 것도 존재할 수 있게 된다. 하지만 순간이 규정되는 바로 이때 영원한 것은 마침내 미래적인 것만 관련할 뿐만 아니라 과거적인 것도 다시 얽히게 한다. 바로 이것이야말로 그리스적인 세계관과 유대적인 세계관 그리고 기독교적인 세계관 모두에서 뚜렷하게 발견되는 것이다.

기독교가 만들어 낸 전형적인 인식이라면, 그것은 모든 것을 새롭게 만들었다는 것과 관련한다. 즉 때가 차면 때가 완료된다는 인식이 그것이

란 뜻을 지닌 '슈테어벤(sterben)'이란 동사를 명사화했어도 되는 말인데, 거기에 '압(ab)'이라는 접두어를 붙인 상태이다. 이 접두어는 '분리되는', '떨어지는' 등의 뜻을 지니고 있기에, 의도적으로 삶에서 떨어져서 죽어 가는 과정을 의미한다. 즉 의식적으로 현실에서 등을 돌리고 돌아서서 전진해 가는 방향 전환, 플라톤식으로 말하자면, 영혼을 육체로부터 풀어 주는 행위 등에 초점을 맞춰 만든 말이다. 물론 죽음 자체도 형이상학적인 문제. 죽어 본 사람이 단 한 명도 존재하지 않기 때문에 죽음은 영원한 숙제일 뿐이다. 사람은 누구나 확실히 죽게 되지만, 그 죽음에 대해 보고해 준 사람은 아무도 없다는 것이 문제의 핵심이다.

다.[15] 기독교적 인식에서, 시간은 완료될 수 있는 것이다. 하지만 이때 그 것은 순간이 영원한 것으로 존재하는 때이기도 하고, 더 나아가 이때의 영원한 것은 동시에 미래적인 것과 과거적인 것이 서로 어울리고 있는 것을 의미한다.

만약 사람들이 때가 차게 될 그때를 주의하지 않으면 자신을 사망에 이르게 하는 행위로부터 이 유일한 인식을 해방시킬 수 있는 가능성은 사라진다. 그때를 주의하지 않으면 오로지 이단자적이고 배반자적인 행동들만 부추기는 실수를 거듭하게 될 뿐이다. 과거적인 것들을 자신으로부터 도출해 내지 않는다든가 앞으로 다가올 미래적인 것을 단순한 연속성으로 인식한다면 이 모든 것은 이단의 것이 되고 만다. 그리고 이런 지경이 펼쳐지고 나면 '회개'나 '속죄' 혹은 '구원' 등과 같은 개념들이 그 의미를 상실하고 말 것이다. 이때 그런 개념들은 세계사적 의미에서도 아무런 역할을 하지 못할 뿐만 아니라 개인의 역사적 발전에 있어서도 의미를 상실하고 말 것이다. 또 마찬가지로 만약 다가올 미래적인 것들을 자신으로부터 도출해 내지 않는다든가 현재적인 것을 단순한 연속성으로 인식한다면, 이때는 '부활'이라든가 '최후의 심판' 같은 개념들이 의미를 상실하고 말 것이다.

이제 우리는 아담에 대해 생각하고자 한다. 그럴 때가 되었다고 판단했기 때문이다. 다시 우리는 앞서 언급했던 내용들을 기억 속에 떠올려야 한다. 즉 나중에 태어난 모든 개인은 똑같은 방식으로 그리고 그저 양적

---

15 이런 인식을 대변하는 성경 구절들은 차고도 넘친다. "때가 찼고 하나님의 나라가 가까이 왔으니 회 개하고 복음을 믿으라."(마가복음 1:15) "내 때는 아직 이르지 아니하였거니와 너희 때는 늘 준비되어 있으니라."(요한복음 7:6) "내 때가 아직 차지 못하였으니."(요한복음 7:8) "때가 차매 하나님이 그 아들을 보내사 여자에게서 나게 하시고 율법 아래에 나게 하신 것은."(갈라디아서 4:4) 등이 그것을 증명한다.

인 차이점만 보이면서 자신의 삶을 시작할 수밖에 없다. 이때 그 차이점이라고 말하는 것은 세대 관계의 결과물인 동시에 역사적 관계의 결과물이 된다.

아울러 아담의 경우에서와 마찬가지로 나중에 태어나는 모든 개인의 경우에서도 순간은 존재한다. 왜냐하면 영혼과 육체로 이루어진 종합적 존재는 오로지 정신에 의해서만 규정되기 때문이다. 하지만 정신은 영원한 것이고, 그것은 오로지 정신이 시간적인 것과 영원한 것으로부터 종합을 일궈 낼 때만 존재할 수 있는 기회를 얻을 뿐이다. 영원한 것이 규정되지 않는 한, 순간도 존재하지 않게 된다. 영원한 것이 규정되지 않으면 그 순간이라고 말할 수 있는 것은 그저 사이 공간의 의미로만 존재할 수 있을 뿐이다.

순간이 사이 공간으로 인식되는 경우에 정신은 순진무구함 속에 있다고 하더라도 그저 꿈꾸는 정신으로서만 규정될 뿐이고, 이때 미래적인 것은, 말 그대로 그 첫 번째 표현의 의미로는, 그저 그것의 이름 없는 존재에 불과해지고 말 것이다.[16] 이것에 대한 해명은 앞선 장을 참조해도 좋겠다.

---

16 키르케고르는 또다시 꿈을 언급한다. 순진무구함 속에서도, 불안을 느낄 때도, 키르케고르는 지속적으로 꿈 이야기를 펼쳐 나간다. 꿈은 현실이 아니다. 현실이 아닌데도 꿈은 그것을 진정한 현실로 받아들인다는 것이 문제다. 다르게 표현하면 꿈을 꿀 수 있다는 것이 정신에 있는 문제성이다. 정신을 사용하지 않고, 꿈을 꾸듯이 생각에 임한다면, 말 그대로 삶 전체가 엉망진창이 되고 말 것이다. 그래서 '정신을 차려야 한다'는 말도 일리가 있는 것이다. 달리 말해, 정신은 차리지 못할 수도 있다는 것이 존재론적 문제다. 자신이 옳다고 믿는 상황도, 자신이 틀렸다고 말하는 상황도, 모두 어쩌면 꿈꾸는 상황에서 내려진 판단일 수 있다. 이런 생각이나 판단 따위는 모두 실수에 해당한다. 이성적 존재가 경계해야 할 대상이 바로 이런 것들이다. 그리고 꿈꾸는 정신으로 시간을 대하면 특히 미래적인 것은 익명성으로 다가온다는 것이 특이한 해석이다. 정신을 차리고 있는 상황이라면 미래는 특별한 이름을 갖고 다가설 것이라는 확신이 키르케고르의 것이다. 이런 인식은 훗날 하이데거에 의해 '미래'가 '도래'라는 개념과 엮이면서 더욱 선명하게 해명되기에 이른다. 그의 설명에 따르면, "현존재는 돌아온다는 상태로 자신을 향해 도래적으로 찾아올 수 있다"(마르틴 하이데거, 『존재와 시간』, 전양범 옮김, 동서문화사, 2016, 421쪽)는 것이다. 미래가 자신을 향해 오게 하는 것은 자신의 책임이다. 미래를 향해 준비된 자만이 자신을 위해 시간을 작동하도록 배려할 수 있다는 얘기다. 이것이야말

거기서 이미 말했듯이, 정신은 종합 속에서 규정된다. 보다 정확히 말하자면, 정신이 종합을 규정한다는 것이다.

정신이 규정한 종합은 정신에 의한 가능성을 의미하는 것이고, 그 가능성은 다시 자유의 가능성을 의미하게 된다. 그 가능성은 개인적인 측면에서 불안의 형식으로 모습을 드러낸다. 바로 이 지점에서, 똑같은 방식으로 이렇게 설명할 수도 있다. 즉 미래적인 것은 다시 영원한 것의 가능성이 되고, 그 가능성은 개인적인 측면에서 불안의 형식으로 모습을 드러내게 되는 것이다.[17]

만약 자유의 가능성이 자유에 앞서 모습을 드러내고 나면, 그 자유는 스스로 굴복하며 무릎을 꿇을 것이다.[18] 이때 시간의 시간성도 마찬가지의 현상으로 모습을 드러낼 것이다. 이는 마치 죄의 속성에 관한 의미 속에서 감각적인 것이 모습을 드러내는 것과 같은 논리일 뿐이다. 아무리 해명이 분명해졌어도, 나의 주장을 더욱 선명하게 보일 수 있도록 다시 한번 반복해야 할 것 같다. 즉 오로지 이것만이 질적인 비약을 향해 나아갈 수 있는

로 지극히 인간적인 발상이다. 과거, 만학의 주인 행세를 했던 신학에서는 이런 식의 설명을 찾아볼 수 없다. 즉 미래에 대한 존재론적 해명이야말로 근대 르네상스의 인문학에서부터 시작하여 생철학을 거쳐 실존 철학으로 또 실존주의로 넘어가는 거대한 강물의 핵심이 된다.

17 사람이 산다는 것, 인간이 자신의 인생을 살아간다는 것은 시간과의 관계 속에서 이뤄질 수밖에 없다. 사람의 삶, 인간의 인생과 관련한 문제는 시간과 연결되지 않을 수 없다. 하지만 준비된 자에게 시간은 기회의 장이 된다. 마음의 준비까지 갖춘 자에게 미래는 하이데거가 말했듯이 도래적인 것이 될 수 있다. 미래를 도래적인 것으로 만드는 것은 현존재, 즉 자기 삶을 의식적으로 살아가는 존재의 의지에 달려 있을 뿐이다. 이때 결국 미래는 오는 것이지만, 그 미래는 자신을 향해 도래하고 있을 뿐인 것이 된다. 시간이 나 자신을 향해 간다는 해석이야말로 인문학이 전하는 희망의 메시지이다.

18 참으로 멋진 말이다. 이런 말이 키르케고르를 실존 철학의 선구자로 만든 것이다. '자유의 가능성이 자유에 앞서 모습을 드러낸다'는 말이 의미하는 바는 무궁무진하다. 가능성을 앞에 두고서 인간은 그저 주도적으로 선택하면 되는 것이기 때문이다. 결국 인간은 가능성의 주인이 된다. 그 가능성은 영원한 것의 영역까지 포괄한다. 영원한 가능성이 자유의 가능성과 어울리면서 인간을 무궁무진한 존재로 인식하게 해 준다.

궁극적인 심리학적 근사치를 의미하며, 이 근사치가 곧 궁극적인 심리학적 표현이 된다는 사실이다.

아담과 나중에 태어난 개인 사이의 차이점은 나중에 태어난 개인이 아담보다 미래적인 것에 대해 더 많이 반성적이라는 사실이다. 여기서 말하는 더 많음이 의미하는 바는 심리학적인 표현을 끌어들이자면 끔찍한 것을 의미할 수 있다. 하지만 이 끔찍한 것조차 질적인 비약이라는 관점에서 바라보게 되면 그저 비본질적인 것을 의미할 뿐이다. 아담과 비교하여 드러난 차이점들 중의 최고의 차이점은 미래적인 것이 과거적인 것보다 앞서 예측되고 있다는 사실이다. 달리 말해, 불안 속에서 미래적인 것이 선취되고 있다는 것이다. 이런 상황 속에서 벌어지는 일들 중의 최악은 오로지 가능성의 상실뿐이다. 말하자면 미래적인 것을 행하기도 전에 이미 미래의 가능성을 잃어버리는 것이다.

가능한 것의 가능성은 미래적인 것의 미래성과 완전하고 완벽하게 일치한다. 가능한 것은 미래적인 것의 자유를 위해서만 존재한다. 그리고 미래적인 것은 오로지 시간을 위해서만 가능한 것이 된다. 가능한 것과 미래적인 것이라는 이 두 가지는 개인이라는 삶의 방식 안에서 불안의 요인으로 작동한다. 우리는 여기서 언어의 습관을 보다 정확하고 구체적으로 살펴볼 필요가 있다. 왜냐하면 불안과 미래적인 것은 서로 뒤엉켜 있기 때문이다.

우리는 '과거에 대해서 두려움을 느낀다'는 식으로 말할 때가 있다. 이것이야말로 미래적인 것에 대해 모순을 일으키는 발언이다. 이 말을 보다 자세히 살펴보면 다음과 같은 사실까지도 들춰낼 수 있다. 즉 우리는 미래적인 것을 말할 때, 그것은 어떤 방식을 통해서든 눈앞에 나타나는 것으로, 즉 우리 앞에 다가오는 것으로 말하고 있다는 사실이다.

과거적인 것에 대해서도 동일한 공식이 적용된다. 즉 내가 두려움을 느끼고 있는 과거적인 것은 가능성이라는 관계 속에서 나를 향해 다가오고 있는 것이 된다.[19] 만약 내가 과거의 일들 중에 불행한 한 사건에 대해 불안을 느끼고 있다면, 그것은 그 사건이 과거여서 불안을 느끼는 것이 아니라, 그것이 지속적으로 반복되고 있어서 불안을 느끼는 것이다. 즉 그것이 미래적인 것이 되어 내 앞에 다가서고 있기 때문에 불안한 현상으로 비치는 것이다.

만약 내가 과거의 실수에 대해 불안을 느끼고 있다면, 그것은 내가 그 실수를 지나간 일로 간주하지 못하고 있기 때문이다. 즉 나와 관련하여 본질적인 차원에서 그 실수를 규정하고 있지 못한 탓이기도 하다. 상황이 이런 지경에 처하고 나면, 과거의 그 실수는 어떤 속임수를 쓰면서 과거를 과거되지 못하게 하고 있을 뿐이다. 만약 내가 그 실수를 정말로 과거로 인식했더라면, 그렇다면 나는 분명 불안을 느끼지 않았을 것이다. 기껏해야 후회 정도 하는 것으로 상황을 종료시켰을 것이다.

어느 순간부턴가 나는 과거의 실수에 대해 변증법적으로 대처하기로 마음을 먹었다. 그러자 그 실수 자체가 과거의 것으로 남지 않고 하나의 가능성으로 돌변해 주었다. 비록 내가 처벌에 대해 불안을 느끼고 있다고

---

19 여기서 중요한 인식이 형성된다. 사람은 현존재가 된다는 사실이다. 과거도 미래도 모두 다가오는 형식으로 현존재를 향하고 있다는 사실이다. 미래가 무궁무진한 형식으로 사람에게 주어지는 것과 마찬가지로 과거 또한 무궁무진한 형식으로 사람에게 주어진다. 얼마나 살았는가 하는 시간적인 의미는 중요하지 않다. 속된 말로, 나이는 중요하지 않다는 얘기다. 사람이 살아온 삶. 즉 자신이 살아온 것에 대한 해석 능력은 그것에 대한 인식, 즉 깨달음의 내용에 의해서만 규정될 뿐이다. 미래에 대해서도 과거에 대해서도 사람이 얼마나 이해하고 얼마나 해석해 낼 수 있는지는 자신의 능력에 달려 있을 뿐이다. 그래서 사람의 삶은 수수께끼의 형식으로만 해명할 수 있다는 스핑크스와 관련한 신화적 설명이 탄력을 받게 된다. 시간은 누구에게나 공평하게 주어진다. 하루에 24시간이라는 산술적 의미는 공평하다. 하지만 그 시간 속에서 어디까지 생각에 임하느냐는 개인적인 문제일 뿐이다. 그런데 그 개인적인 문제가 무궁무진한 가능성으로 펼쳐져 있다는 것이 키르케고르의 주장이다.

해도, 그것은 그저 실수에 대한 변증법적 관계 속에서만 규정될 뿐이었다. 이런 식으로 생각하지 않았다면, 나는 나의 실수를 그저 떠안고 살아야 하는 운명에 처하고 말았을 것이고, 그 결과로 인해 가능한 것과 미래적인 것에 대해서 어쩔 수 없이 지속적으로 불안을 느끼며 살아야 했을 것이다.

이렇게 하여 우리는 이제 다시 제1장에서 언급했던 문제로 되돌아온다. 즉 불안은 심리학적 상태이고, 이 상태는 죄에 선행한다는 사실이다. 말하자면 불안을 느낌으로 인해서 우리는 어쩔 수 없이 죄에 가까이 다가설 수밖에 없는 것이다. 죄는 질적인 비약을 통해서만 발생하는 것인데도 불구하고, 우리는 그런 죄의 속성에 대해 그 어떤 해명도 내놓지 않은 상태에서 죄에 다가서는 실수를 저지르고 있는 것이다. 불안에 대한 느낌이 강하면 강할수록 죄의 가능성은 커지고 만다. 말하자면 불안이 크면 클수록 죄도 더불어 커지는 악순환이 연출되는 것이다.

이런 식으로 죄가 규정되고 나면, 바로 그 순간에 이미 시간의 시간성은 죄의 속성으로 돌변하고 만다. 지금 우리는 시간성 자체가 죄의 속성이라고 말하는 것이 아니라는 사실을 깨달아야 한다. 마찬가지로 감각적인 것도 그 자체로 죄의 속성이 되는 것은 아니다. 하지만 죄가 규정됨으로 인해 발생하는 결과들에 대한 인식이 급선무이다. 즉 죄가 규정되었기 때문에 시간성이 죄의 속성으로 돌변하고 있다는 것을 말하고자 할 뿐이다.

아울러 만약 누군가가 영원한 것에 대해서 그저 추상적으로만 생각하고, 그로 인해 오로지 순간 속에서만 살아가고 있다면, 그는 죄를 짓게 되는 것이라고 말할 수 있다.[20] 이와 관련한 얘기는 하나 사실 허술하기 짝이 없는 말을 하도록 허락된다면, 이렇게 말하고 싶다. 즉 아담이 죄를 짓지 않았다면 그는 그 순간에 이미 영원성 속으로 넘어가 있었을 것이라는 사실이다. 그러나 죄가 규정되고 말았고, 그 순간 아무것도 도움이 되지 못하는 상황이 펼쳐진 것이다. 그런 죄의 규정과 함께 아담은 모든 것을 추상적으로 만들고 말았다. 이렇게 하여 시간의 시간성도 또 감각적인 것의 감각성도 모두 이런 추상화의 결과물로 만드는 실수를 범한 것이다.

20 여기서 키르케고르가 영원한 것의 영원성 자체를 부정하고 있지 않다는 것이 중요하다. 그는 지금 이 순간만 중요하다고 말하는 것도 아니다. 지금과 여기만을 가치 있는 것으로 대하는 것도 죄가 된다고 말하고 있을 뿐이다. 과거도 영원한 것이고, 미래도 영원한 것이다. 다만 그 시간의 시간성을 가능성으로 받아들일 수 있느냐가 문제가 될 뿐이다. 즉 키르케고르가 말하는 죄의 속성이 어떤 것인지를 인식하는 것이 관건이 된다는 얘기다.

1
무정신의 불안

　비록 지금까지 서술한 내용들이 지극히 옳은 것이라고 간주한다고 해도 문제는 남는다. 즉 불안이 궁극적인 의미에서는 심리학적인 상태이며, 이 상태로부터 죄가 질적인 비약을 통해 발생한다는 것을 옳은 소리라고 판단하더라도, 사람의 삶을 직접적으로 관찰해 보면 이교와 관련한 모든 것이, 또 기독교 내부에서 그 이교적인 내용들이 오로지 양적인 규정에 의거하여 반복되고 있다는 사실을 인정할 수밖에 없게 된다. 말하자면 이교적인 모든 것은 죄의 질적인 비약과는 무관하다는 사실이다. 그러니까 이교적인 상태는 순진무구함의 상태와는 상관이 없다. 그것은 오로지 정신의 존재에 의해서만 규정될 뿐이다. 그 정신의 존재 자체가 죄의 속성이 될 뿐이라는 얘기다.

　정통파 기독교가 이교는 죄 속에 빠져 있다는 식으로 가르침을 지속적으로 펼쳐 왔다는 사실은 정말 특이한 사항이라 말할 수 있겠다. 죄의식은 기독교에 의해 비로소 규정되었는데도 기독교 이전의 사건에 해당하는 이교와 관련하여 이런 모순적인 가르침이 일반화되어 펼쳐지고 있던 것이다. 물론 정통파 교회가 말없이 바른 소리를 한 측면도 있다. 그것은 그 정통파 교회가 이 점과 관련하여 별로 설명하지 않았다는 것이다. 이교는 양적인 규정을 통해 시간을 지속적인 것 속으로 끌고 들어가기는 했지만, 그렇다고 해서 일종의 심오한 의미에서 죄를 향해 나아가지는 않았다. 정통파 교회는 바로 이런 점이 죄가 된다고 가르치고 있을 뿐이다.

이교 자체만 두고 보면 이교가 무엇을 뜻하는지 쉽게 증명할 수 있다. 하지만 이교를 기독교 내부에서 바라보면 전혀 다른 무엇이 되고 만다. 기독교가 말하는 이교의 삶이란 죄를 지은 것도 아니고, 죄를 짓지 않은 것도 아니며, 이 삶은 현재적인 것과 과거적인 것과 미래적인 것 그리고 영원한 것 사이에서 그 어떤 차이점도 알지 못한다. 이교의 삶과 이교의 역사는 과거의 일상에서와 마찬가지로 항상 그렇게 또 같은 방식으로 진행되고 있을 뿐이다. 하나의 단어가 다른 단어 속으로 들어가고, 하나의 문장이 다른 문장 속으로 들어가며 글이 써졌고, 그렇게 글이 종이 위에서 작성되었을 때조차, 기독교와 상관없는 이교의 삶에서 사람들은 과거의, 즉 옛날의 일상에서 시간적인 개념에 있어서 그 어떤 구별 표시조차 알지 못했다.

미학적 관점에서 보면 이런 이교의 삶이 보여 주는 현상은 정말 우스꽝스럽기만 하다. 이교의 삶은 시냇물이 조용히 노래를 부르며 삶의 여정을 통과한다는 식으로 말함으로써 비록 아름답게 들리게 할 수는 있으나 그 말 안에는 시간에 대한 의식이 없으니 하나 같이 우스꽝스럽다. 왜냐하면 이성에 의해 이성적으로 창조된 모든 것이 그저 아무런 의미도 없이 영원한 중얼거림 속으로 빠져들고 있을 뿐이기 때문이다.

왜 이교의 철학이 시간에 대한 의식의 부재라는 이런 민중 의식을 펼쳤는지, 말하자면 하나의 더 위대한 그 무엇을 위한 토대로 간주하고 그렇게 설명하려고 이런 의식을 펼쳤는지에 대해서는 나는 아는 바가 없다. 예를 들어 시간이 흐를수록 단단한 대지를 찾아가기만 하는 식물의 성장 과정에서처럼, 처음에는 석탄이 부족한 지역에서 지독한 냄새를 풍기며 타는 이탄을 사용하다가 그다음에는 좀 더 많은 것을 사용하게 되는 방식으로, 즉 그런 식으로 범주를 넓혀 가며 철학자들이 생각을 펼쳤는지에 대해서도 나는 아는 바가 전혀 없다. 분명한 것은, 정신의 입장에서 보면, 이런 존재는 죄가 된다는 사실이다. 존재를 실현하기 위해 행할 수 있는 것이라면 그것이 무엇이 되었든 간에, 하물며 가장 사소한 것이라 해도, 그것이 입 밖으로 내뱉어지기 위해서는 오로지 정신을 요구할 수밖에 없기 때문이다.

하지만 방금 내가 여기서 말한 것들은 이교의 삶과는 전혀 상관이 없다. 이러한 존재는 오로지 기독교가 말하는 삶에만 적용될 뿐이다. 말하자면 이러한 삶의 방식은 정신이 오로지 높은 곳에서 규정되어 있다는 사실과, 정신이 높은 곳에 규정될수록 배타적인 것의 배타성이 깊어진다는 사실을 근거로 하여 성립될 뿐이다. 기독교의 논리에 의해 높은 것이 분명하게 규정될수록 잃어버리는 것이 무엇인지 분명해지고, 높은 것이 분명하게 규정됨으로써 감각 없는 자(에베소서 4장 19절)는 배타적인 만족감 속에서 가련하고 하찮은 존재가 되고 만다.[21] 만약 사람들이 무정신성의 이런 기독교적인 행복감을 이교적인 삶의 형식에서 빼놓을 수 없는 노예들의 상태와 비교한다면 이해하기 더 쉬울 수도 있겠다.[22] 왜냐하면 이교적

---

21 기독교의 논리에서는 오로지 여호와 하나님의 정신성만이 중요할 뿐이다. 그런 정신이 지배하는 곳에서 감각을 지닌 사람은 가련하고 하찮은 존재로 전락하고 만다. 여기서 우리는 왜 굳이 키르케고르가 에베소서의 구절을 인용해 놓았는지에 대해서 고민해야 한다. 그 구절 전체는 이렇다. "그들이 감각 없는 자가 되어 자신을 방탕에 방임하여 모든 더러운 것을 욕심으로 행하되." 즉 기독교에서 말하는 '감각'이란 '하나님의 생명'(에베소서 4:18)과 관련할 뿐이다. 하나님의 생명은 시간의 의미로는 영원한 것이다. 하지만 이승, 즉 현실 속의 시간은 제한과 한계의 의미로만 이해될 수 있다. 하지만 이 모든 현실적인 것에 대해 배타적인 태도를 취하는 것이 곧 기독교의 논리라는 사실을 증명하기 위해 키르케고르는 특히 이 성경의 구절을 인용한 것이다.
22 기독교의 논리는 감각과 연결되어서만 작동할 수 있는 현실적인 정신을 배타적인 논리를 통해 철저히 배격하고, 오로지 여호와 하나님의 정신성만을 의미 있는 것으로 취한다. 이런 설명 앞에서 키르

인 삶의 형식 속에서 노예의 존재는 아무런 의미도 지니지 못하는 것에 지나지 않기 때문이다.

무정신성은 영겁의 벌과 비교될 수 있는 저주와 같은 것이다. 그것이야말로 끔찍한 것들 중에서도 가장 끔찍한 것이다. 왜냐하면 거부할 수 없는 불행이 바로 그곳에 버티고 있기 때문이다. 무정신성이란 오로지 정신을 전제로 하여서만 성립될 수 있는 말이고, 정신과의 관계 속에서 무정신성은 그 자체로 이미 아무것도 아닌 무가 되고 만다. 그래서 기독교의 논리 속에서는 이런 일들도 가능해진다. 즉 이 무정신성이 어느 정도는 정신으로 인정받을 수 있겠지만, 그 정신이 품고 있어야 할 내용 전체는 결코 현실적 의미에서 말하는 그런 종류의 정신적인 것으로 간주할 수 없게 되고, 그것은 그저 귀신이나 유령 같은 것이 되고 아무런 의미도 없는 허풍이 되며 요설가의 공허한 말이 될 뿐이다.

하물며 그 무정신성이 진리의 의미까지 독점하고 나면 상황은 걷잡을 수 없는 지경으로 치닫는다. 하지만 이제 우리는 그 진리가 진정한 의미의 진리가 아님을 잘 알고 있다. 기독교가 말하는 진리는 일종의 소문에 지나지 않으며 여자들의 수다나 잡담에 불과할 뿐이다. 이 무정신성을 미학적 시각으로 바라보면 웃지 않을 수 없다. 말 그대로 코미디가 따로 없다. 왜냐하면 일상에서는 일반적으로 그런 것에 대해 아무도 관심을 쓰지 않기 때문이다. 게다가 성경에 대해 말을 하는 자조차도 정신이라는 존재 자체가 무엇인지에 대해 잘 알고 있지 못하다. 그저 누구는 더 많이 알고 있고 누구는 더 적게 알고 있을 뿐이다. 차이가 있다면 그것뿐이다.

그럼에도 누군가가 기독교에서 말하는 기존의 방식대로 무정신성에 대

케고르는 오히려 '무정신성'을 떠올린다. 기독교가 말하는 정신성이야말로 '무정신성'으로만 이해될 수 있다는 얘기다. 말 그대로 정신이 없는 것이 기독교의 정신성이라는 것이다.

해 입을 열게 된다면, 그 입 안에는 그저 속이 텅 빈 잡담만이 물려 있을 것이다. 입은 있어서 떠벌려도 자기가 자신의 입 속에 담아내는 그 말들이 도대체 무슨 뜻인지에 대해 조목조목 설명할 수 있는 용기를 가진 자는 아무도 없다. 보통 사람들은 그런 종류의 말들을 자신의 입에 허용하고 담아낼 용기조차 없다. 이런 용기 없음이 불확실성을 조장하고 있을 뿐이다.

무정신성이 말하고자 하는 것은 가장 무서운 정신이 말하는 것과 동일하다. 왜냐하면 무정신성은 정신을 근거로 하여 말을 하고 있는 것이 아니기 때문이다. 사람이 무정신적인 존재로 규정될 경우, 그 사람은 말하는 기계와 같은 수준으로 전락한다. 이런 경우에 처한 사람이라면, 그가 아무리 철학적인 이야기들을 줄줄 외우고 신앙고백을 절실하게 한다고 해도, 하물며 정치적 발언들을 노래 부르듯이 외치고 다닌다 해도, 아무것도 이루지 못할 것이다.

세상에 단 한 명뿐이라는 그 반어법의 대가가 가장 위대한 익살꾼과 연합하여 입을 맞추는 것은 현실 속에서 드물지 않게 발생하는 일이다.[23] 이

---

23 대체로 여기서 말하는 '반어법의 대가'는 소크라테스를, 그리고 '가장 위대한 익살꾼'은 독일 철학자 요한 게오르크 하만(Johann Georg Hamann, 1730-1788)을 지칭한다고들 말한다. 지극히 그럴듯한 주장이다. 하만은 무엇보다도 소크라테스가 말한 '나는 모른다'는 말, 즉 '소크라테스적 무지'에서부터 철학적 출발점을 취하고 있기 때문이다. 그의 철학은 흔히 종교적 의미에서의 '에어베쿵스테오로기(Erweckungstheologie)', 즉 '각성 신학' 내지 '환기 신학'이라는 별명을 가지고 있다. 그는 합리주의에 맞서 신학적 이념을 펼치는 데 주력했다. 그는 합리주의가 이성을 너무나 화려하게 또 끝도 없이 과대 포장했다고 비판했다. 이에 반해 그는 소크라테스의 철학적 대전제인 무지를 근간으로 하여 자신의 철학을 구축해 낸다. 그에 의하면 보다 높은 차원에서 이루어지는 통일은 이성의 힘으로는 도저히 이해할 수 없다고 주장한다. 이런 이유로 인해 그는 계몽주의 전체를 비판하기에 이른다. 이런 철학적 경향은 훗날 괴테에 의해 꽃을 피우게 되는 질풍노도에 큰 영향을 끼친다. 물론 이런 철학사적 의미에서 평가되는 그의 업적은 무시할 수 없지만, 지금 키르케고르가 그를 '익살꾼'으로 칭한 이유를 깨달아야 한다. 소크라테스의 반어법은 말 그대로 반어법 그 자체를 의미한다. '나는 모르지만 결국에는 나만 안다'는 것이 소크라테스적 반어법의 핵심이다. 마찬가지로 하만의 주장에 따르면 이성으로 알 수 없는 것이 보다 높은 경지의 인식이지만, 결국에는 오로지 그 이성을 통해서만 그 경지에 도달할 수 있다는 것도 별반 다를 바 없는 반어법에 지나지 않기 때문이다.

런 사람들은 모두 한결같이 아주 간단한 사실을 아주 복잡하게 말하는 데는 남다른 일가견이 있다. 이들은 사람이 이해하는 것과 사람이 이해하지 못하는 것을 구별해야 한다고 말하지만, 소위 정신이 결여된 사람이 도대체 무엇을 이해할 수 있고 무슨 말을 할 수 있단 말인가? 정신이 결여된 사람, 즉 무정신적인 사람은 자신에게 무엇이 방해되고 있는 것인지에 대해서조차 아무것도 이해하지 못하고 이해할 수도 없다.

익살꾼이 주장하듯이, 무정신적인 사람에게 주어지는 것이 어떤 형식으로든 존재한다고 간주하더라도 그것은 고작 정신을 위한 하나의 증거일 뿐이고, 그 증거조차 자신 안에 있는 정신의 증거가 될 뿐이다.[24] 정해진 것을 따르지 않고 전혀 다른 것을 요구할 줄 아는 자라면 얼마든지 다른 증거들을 창출해 낼 수도 있을 것이다. 이때 창조되어 산더미처럼 쌓여드는 온갖 증거들은 모두가 그저 우연을 통해서 사실처럼 구축되는 것에 불과할 뿐이다.

무정신성 안에는 그 어떤 불안도 존재하지 않는다. 이런 경우를 생각하면 무정신성은 지극히 행복한 상태를 연출해 낸다. 정신이 없다는 것 자체가 만족스러운 일이 되는 것이다. 그러나 다른 측면에서 보면, 이 지경이야말로 진정 슬픈 일이 될 것이다. 행복 자체가 이미 슬픈 근거를 지니고 있다는 얘기다. 이에 반해 이교는 기독교와 완전히 무관하다. 이교는 이런 종류의 무정신성과는 완전히 별개의 것일 뿐이다. 좀 더 구체적으로 말

---

24 신학자들이 아무리 여호와 하나님의 은혜를 입어 학문적 발언을 펼쳤다고 고백하여도, 그 철학적이고 학문적인 모든 설명은 결국 각각 개인의 목소리, 즉 자신의 목소리에서 흘러나오고 있을 뿐이다. 결국 모든 것이 신학적 형식을 아무리 완벽하게 갖추고 있다고 하더라도 자신의 견해에 지나지 않는다는 얘기다. 신학은 신을 연구의 중심에 두지만, 그 신에 대해 말하는 사람은 결국 각각의 개인에 불과할 뿐이다. 성경도 기독교인들처럼 여호와 하나님의 말씀으로만 받아들인다면, 그것은 믿음의 대상이 될 뿐이겠지만, 그런 성경을 성경 저자의 입장에서 읽기 시작하면 전혀 다른 목소리를 발견할 수 있다.

하자면, 기독교는 정신을 향해 다가가는 방향 속에서 규정되는 반면에, 이교는 오히려 정신으로부터 멀어지는 방향 속에서 규정되고 있을 뿐이다. 이것이 바로 이교와 기독교 사이의 가장 큰 차이점이다.

그래서 우리는 이교를 정신의 부재 상태라고 말해도 된다. 지금 우리는 이 정신의 부재 상태를 기독교의 무정신성과 구별할 줄 알아야 한다. 이 둘 사이에는 전혀 다른 세상이 펼쳐지고 있기 때문이다.[25] 사람들의 마음을 사로잡는 데는 이교가 훨씬 월등하다는 것은 사실이다. 기독교의 무정신성은 정신의 진행 중지이며 이상성을 그려 놓은 만화일 뿐이다.

그러니까 무정신성이란 만약 사람이 기계적으로 줄줄 외우는 것 자체를 의미한다면 결코 어리석은 것이라 말할 수 없지만, 그 줄줄 외우는 것이 소금에 절인 것이라고 평가할 때는 진정으로 어리석은 것이 되고 만다.[26] 만약 소금이 어리석어지고 나면, 무엇으로 짜게 할 수 있단 말인가?[27] 무정신성 자체는 확실성을 보장하는 것이기는 하지만 결국에는 영겁에 대한 벌이 되고 만다. 무정신성의 저주는 그것이 정신적으로는 아무것도 이해하지 않는다는 사실 속에 있다. 무정신성은 그 어떤 것도 정신적으로

---

25 기독교인들이 말하는 이교는 고대를 지칭하는 말이다. 그렇다면 고대는 시기적으로 중세를 앞선다는 얘기다. 아무리 기독교의 입장, 즉 후배의 입장에서 선배들의 세상을 이교라고 평가해도, 그 이교가 품고 있었던 세계 자체를 인식하고 난 뒤에 하는 말이 될 수는 없는 법이다. 이교의 세계를 살아 본 적이 없는 것이 기독교인들이다. 기독교인들이 유일신 사상으로 고대를 무너뜨린 것은 역사적 사실이다. 하지만 후배가 하는 말은 그것이 아무리 솔직하고 절실해도, 그저 자기 입장에서 쏟아 내는 푸념 정도의 수준을 넘어서지 못한다. 소위 고대는 신들의 세계이다. 그 신들의 세계를 아무리 유일신 사상에 근거하여 평가해도 그 평가는 모두 독단과 편견 그리고 선입견의 결과물이 될 뿐이다.

26 여기서 '소금에 절이다'라는 말은 썩지 않게 하는 것에 대한 비유이다. 남이 한 말을 줄줄 외우고 있으면서, 그 말이 영원한 것이 되기를 바란다면 그것은 어리석은 것이다. 가르쳐 준 대로 줄줄 외우고 있는 것들이 불멸이 되어 주기를 바란다면 이보다 어리석은 것은 없다. 소금에 절인 말은 생각에 생각을 거듭한 결과물이 되어야 한다.

27 "너희는 세상의 소금이니 소금이 만일 그 맛을 잃으면 무엇으로 짜게 하리요 후에는 아무 쓸 데 없이 다만 밖에 버려져 사람에게 밟힐 뿐이니라."(마태복음 5:13)

해결해야 할 숙제로 인식하여 떠안지 않는다. 비록 그 무정신성이 어떤 것을 정신적으로 해결해 놓는다고 해도 그것은 의도된 형식으로 간주될 수가 없다. 무정신성은 모든 것을 그저 힘이 없어도 작동하는 족쇄처럼 옭아맬 뿐이다.

만약 무정신성이 예외적으로 단 한 번만이라도 진정으로 정신에 의해 접촉되기라도 한다면, 그것은 바로 그 순간에 이미 전류에 노출된 개구리처럼 깜짝 놀라서 팔짝 뛸 것이고, 그 결과 그것은 하나의 현상을 떠올리게 될 것이다. 그때 그 개구리가 품게 될 현상이란 그저 이교가 품고 있었다고 간주하는 주물 숭배에 대한 인상에 불과할 뿐일 것이다.[28] 정신을 위해서라면 그 어떤 권위도 존재할 수 없는 것처럼, 무정신성을 위해서도 그 어떤 권위도 존재할 수 없을 것이다. 그런데 무정신성 자체는 불행하게도 정신이 아닌데도, 그 무정신성이 뭔가를 알고 있는 것이 있다고 간주하게 된다면, 그것은 결국 완벽한 우상 숭배가 될 뿐이다. 그렇게 되면 무정신성은 어리석은 머리를 지닌 자를 숭배하는 것이 되고 영웅과 같은 존재를 똑같은 경외심으로 떠받드는 일이 되는 것이다. 이것이야말로 진정한 우상 숭배가 될 것이고, 허풍으로 가득 채운 진정한 거짓말쟁이의 말이 될 것이다.

무정신성 속에는 사실상 그 어떤 불안도 존재하지 않을 것이다. 왜냐하면 무정신성은 정신과 마찬가지로 모든 것을 밖에 두는 형식으로 철두철미하게 배타적이기 때문이다. 그럼에도 무정신성 속에는 불안이 존재하고 있고, 무엇보다도 기다림의 형식으로 불안이 기다리고 있다. 이것이 바

---

28 기독교인들은 고대, 즉 선배들의 세계를 바라보며 '주물 숭배' 정도로만 이해했다. 기독교인들에게 신은 오로지 유일신, 즉 여호와 하나님뿐인데, 제우스도 신이고, 포세이돈도 신이라고 하면서 수많은 신들을 운운하는 그런 신화적 상황을 기독교는 곱게 인정할 수가 없었던 것이다.

로 생각이 하는 일이다. 생각하는 존재는 아무리 생각에서 벗어나려 해도 결국에는 생각에 붙잡히고 말 것이다. 물론 채무자가 채권자를 잘 설득해서 채무 기한을 지연시키거나 채권자로부터 벗어나는 행운을 거머쥘 수는 있겠지만, 그래도 그런 말에 흔들리지 않는 단 한 명의 채권자는 존재할 수 있다. 그 채권자는 결코 남의 말에 흔들리는 실수는 저지르지 않을 것이다. 그 채권자가 바로 생각을 이끄는 정신이다.

그래서 정신의 입장에서 본다고 하더라도, 불안은 무정신성 속에서도 존재한다. 다만 불안은 그저 은폐되어 있을 뿐이거나, 기껏해야 가면을 쓰고 있을 뿐이다. 누구라도 불안이라는 얼굴을 바라보는 순간 무서워할 것이다. 왜냐하면 불안의 얼굴을 본다는 것 자체가 깜짝 놀랄 정도로 끔찍한 일이기 때문이다. 만약 누군가가 이 불안의 얼굴을 상상으로 그려 보기라도 한다면, 더욱 무서운 일들이 벌어질 수도 있을 것이다. 그런 불안이 모습을 드러내지 않도록 그는 의상을 입혀야 할지도 모른다. 하지만 아무리 그럴듯한 옷을 입혀 놓아도 불안은 사라지지 않는다. 불안은 그럼에도 불구하고 존재할 뿐이다.

만약에 죽음이란 것이 살점 하나 붙어 있지 않은 해골 모양을 한다거나, 게다가 즐거움이라고는 찾아볼 수 없는 낫을 든 사자처럼 등장한다면, 그리고 그런 모습이 진짜 죽음의 모습인 것처럼 간주된다면, 누구라도 경악을 금치 못할 것이다.[29] 그런 모습을 무서워하지 않을 사람은 아무도 없을 것이다. 비록 죽음에 대해 비웃을 수 있을 것이라고 생각하는 사람들에게

---

29 이런 생각은 특히 17세기에 절정에 달했던 '토텐탄츠(Totentanz)', 즉 '죽음의 무도'라는 문화에서 지배적이었다. 흑사병이 창궐했던 그 시기, 즉 세 명 중의 한 명이 죽어야 했던 그 시절에 사람들은 죽음에 대해서 생각하지 않을 수 없었을 것이고, 그들이 생각하는 죽음은 마치 해골이 거대한 낫을 들고 춤을 추는 형식으로 비쳤던 것이다. 죽음이 신나게 춤을 췄고, 사람들의 삶은 그 춤에 맥없이 휘둘리다가 허무하게 죽음의 낫에 베이는 신세였던 것이다.

오히려 그 사람들을 웃기려고 죽음이 변장해서 나타나고, 그런 상황을 오로지 관찰자 혼자서만 알고 있다면 상황은 더욱 끔찍한 것이 되고 말 것이다. 죽음은 말 그대로 알려지지 않은 자이다.[30] 그가 아무리 친절한 자태로 자신을 싸매고 있어도 그리고 모두가 그의 환호와 함께 들떠서 열광의 도가니에 빠진다 해도, 죽음은 죽음일 뿐이다. 그토록 화려하게 치장하는 자가 바로 죽음이라는 것을 아는 순간 그를 휩싸고 있는 깊은 공포 또한 틀림없이 인식될 것이다.

---

30 '알려지지 않은 자'는 '운베칸테(Unbekannte)'를 직역한 것이다. 사실 죽음에 대한 것도 형이상학의 일부분이라 말할 수 있겠다. 왜냐하면 아무도 죽어 보지 못했고, 죽음에 대해 수많은 말이 있었지만, 그 모든 말조차 그저 상상에 그치고 있기 때문이다. 사후 세계라는 것은 종교에서 사실처럼 이야기되고 있지만, 그것 또한 믿음의 영역에서만 의미가 있을 뿐이다. 죽어 본 사람이 없다는 것 자체가 이유 없이 불안을 느끼게 하는 요인이 된다. 아는 것과 모르는 것에 대한 차이는 상상을 초월한다. 삶은 앎의 형식으로, 그리고 죽음은 모름의 형식으로 우리 앞에 제시되어 있다. 하지만 삶에 대해서 아는 것보다 죽음에 대해서 모르는 것이 더 크다는 것이 문제다.

2
운명과 관련하여 변증법적으로
규정된 불안

일반적으로 사람들은 이교가 죄 속에 있다고 말하지만, 보다 정확하게 말한다면, 그것은 불안 속에 있다고 해야 할 것 같다. 왜냐하면 이교는 전적으로 감각적인 것이기 때문이다. 물론 이때 감각적인 것이란 정신과 관계를 맺고 있기는 하지만, 정신은 깊은 의미에서 정신으로 규정되어 있지도 않다. 그럼에도 이런 관계 설정이 가능할 수 있는 것은 불안이란 요인 때문이다.

만약 우리가 불안의 대상이 무엇이냐는 식으로 좀 더 구체적으로 질문해 본다면, 어쨌거나 다음과 같은 대답이 주어져야 마땅할 것이다. 즉 그것은 무라고. 불안과 무는 언제나 서로 잘 어울린다. 하지만 자유와 정신이 현실적으로 규정되기만 하면, 그 즉시 불안은 해소될 것이다. 그렇다면 이교 속에서 무의 형식으로 있다고 하는 그 불안은 보다 정확히 말하면 도대체 무엇이란 말인가? 그것은 바로 운명이다.

운명은 정신과의 관계 속에서 형성된다. 하지만 그것은 외적인 관계일 뿐이다. 내면적으로 보면, 운명은 정신과 정신이 아닌 다른 어떤 것과의 관계 속에서 형성된다. 하지만 정신이 아닌 그 다른 어떤 것도 어떤 식으로든 정신과 관계를 맺고 있을 뿐이다. 운명은 정확하게 말하자면 대립된 어떤 것과 공존함을 의미한다.[31] 운명은 필연성과 우연성으로 이루어진 통일이다. 세상 사람들은 지금까지 바로 이런 점을 주의 깊게 살피지 못했다.

사람들은 이교의 삶 속에 있다는 운명을 언급할 때 마치 그것이 필연인 것처럼 말해 왔다.[32] 게다가 이교의 운명은 다시 동양적인 세계관과 그리스적인 세계관에 의해 서로 다른 이야기를 펼쳤음에도 사람들은 지금까지 천편일률적으로 말해 왔던 것이다. 이런 인식의 잔재, 즉 그런 식으로 이해한 필연성의 잔재는 기독교적인 세계관 속에서 특별하게 구축되었고, 그것이 여기서는 운명이라는 의미를 꿰차게 되었으며, 그것이 또한 헤아릴 수 없는 신의 섭리와 관련한 우연과 엮이게 된 것이다.

하지만 운명은 그런 것이 아니다. 다시 말하지만, 운명은 필연성과 우연성의 통일이나 합일을 통해서만 설명될 수 있다. 운명은 맹목이라는 말도 있는데, 이것이야말로 진정 의미를 풍부하게 담아낸 감각적인 표현이 될 것이다. 왜냐하면 앞을 보지 못하는 맹인도 자신만의 길을 걸어갈 뿐이기 때문이다. 그도 자신의 발걸음을 필연적으로 또 동시에 우연적으로 내디딜 뿐이다.

---

31 특히 여기서 '대립된 어떤 것과 공존함'은 '다스 엔트게겐게제츠테(das Entgegengesetzte)'를 의역한 것이다. 운명은 그 자체로 대립적인 것을 의미한다는 얘기다. 하나는 어쩔 수 없이 또 다른 하나를 전제할 수밖에 없다. 마치 태극의 문양을 완성하기 위해 그 안에 음과 양이 서로 대립된 형식으로 공존하는 것과 같은 원리이다. 운명은 할 수 있는 것과 할 수 없는 것이 분명하게 공존하는 형식으로 인식된다. 운명을 안다는 것은 자신의 능력이 어디까지 도달할 수 있는지 또 어디서부터 그 능력이 무의미해지는지를 아는 것을 의미한다.

32 키르케고르는 운명이 '필연'이라는 식으로 일방적으로만 해석될 수 없음을 지적하고 있다. 운명 안에는 또 다른 수많은 이야기가 담기게 된다. 한 개인의 운명이라 해도 그 안에는 수많은 사연이 담길 수밖에 없는 것이다. 그 모든 것을 그저 필연이라고 말한다면 그것은 무책임함이거나 무관심의 표명쯤에 그치고 말 것이다. 운명은 그런 것이 아니다. 운명은 필연이면서도 우연을 포함한다. 감당할 수 있다면 필연의 현상으로 비칠 것이고, 감당할 수 없다면 우연의 현상으로 비칠 뿐이다. 아는 것은 분명하고 간단하게 보일 것이고, 모르는 것은 흐릿하고 복잡하게 보일 것이다. 전지전능하다는 신의 존재 형식을 설명할 때와는 전혀 다른 이야기가 펼쳐져야 한다는 얘기다.

아무리 필연적인 것이라 할지라도 스스로 알고서 의식적으로 대처하지 못한다면 그것은 결국 우연적인 것으로 전락하고 말 것이다. 그것은 그저 다음 순간을 위한 관계 속에서 그 자체로부터 발생하는 것이 된다.[33] 이 경우 운명은 불안이라는 무의 형식에 지나지 않게 된다.[34] 그것은 아무것도 아니다. 정신이 무엇인지 규정되는 순간, 불안은 지양될 것이기 때문이다. 게다가 불안이 지양되는 순간, 운명도 지양될 것이다.[35] 불안이 지양되는 바로 그 순간에 신의 섭리도 더불어 규정될 것이기 때문이다. 그래서 운명에 대해서 말할 때 사도 바울이 말한 것처럼 우상은 세상에 아무것도 아니라고 말할 수도 있는 것이다.[36] 하지만 그 우상이야말로 이교가 종교

---

33 필연과 우연은 관계를 형성해 내느냐 못하느냐에 따라 결정된다. 예를 들어 아무리 좋은 고전이라 해도 스스로 읽어 낼 수 있을 때만 자신의 인생에 영향을 끼치는 책이 되는 것이다. 아무리 좋은 책이라 해도 그것을 스스로 읽어 내지 못한다면 그것은 그저 서점 혹은 책꽂이 속에서만 존재하는, 즉 '나'와는 내면적으로 아무런 상관도 없는 존재가 되고 말 것이다. 여기서 '그 자체로부터 발생하는 것'이라고 번역한 원문은 '에오 입소(eo ipso)'라는 라틴어이다. 왜 굳이 키르케고르는 이 말을 라틴어로 적었고 이탤릭체로 강조해 놓았을까? 그것은 의식과의 관계를 설명하기 위한 개념이기 때문이다. 즉 자신과의 관계 설정이야말로 인간적인 문제이기 때문이다. 과거도 미래도 모두 의식 속에서만 관계가 형성될 뿐이다. 의식하지 못한 것은 과거도 미래도 될 수가 없다고 말해도 된다. 소위 '과거가 있는 사람'이라고 말할 수 있으려면 그 과거의 이야기가 자신과 관련된 것임을 잘 알고 있어야 한다는 조건이 붙게 되는 것이다. 또 하이데거가 말한 것처럼, '미래를 도래하게 해야 한다'고 말할 때, 그 미래는 자신이 의식적으로 대처한다는 의미가 부여될 때만 실현되는 것이다.

34 운명은 아무것도 아니라는 말이다. 운명은 불안을 느껴야 할 대상이 되지 못한다는 말이기도 하다. 운명은 모를 때만 괴물처럼 다가설 뿐이고, 알고 나면 무의 형식에 지나지 않는다.

35 이 대목은 키르케고르의 위대한 발언으로 간주할 수 있다. 운명은 지양될 수 있다. 달리 말해, 운명은 개척될 수 있다는 것이다. 운명에 대한 이 철학적 발언은 매우 중요하다. 바로 여기에 인문학적이고 생철학적이며 실존 철학적인 이념이 담겨 있기 때문이다. 여호와 하나님, 즉 신에게는 운명이 적용되지 않는다. 그는 말 그대로 전지전능한 존재일 뿐이다. 한계는 그에게 불필요한 개념이다. 하지만 사람의 경우에서는 달라진다. 여기서 키르케고르는 그 한계에 대한 고민을 거듭했던 것이다. 사람이 직면하게 될 한계는 넘어설 수 있다. 운명으로 인식되는 것은 정신을 동원함으로써 충분히 극복될 수 있는 것이다. 정신을 차리면 못 할 것이 없다. 생각하는 존재가 생각으로 생각해 내지 못할 것은 없다.

36 "그러므로 우상의 제물을 먹는 일에 대하여는 우리가 우상은 세상에 아무 것도 아니며 또한 하나님은 한 분밖에 없는 줄 아노라."(고린도전서 8:4) 사도 바울은 우상이 아무것도 아님을 말했는데, 키르

적으로 숭앙하는 대상이다.

운명과 직면하여 혹은 운명 안에서 이교도는 불안의 대상을 발견하게
된다. 하지만 그때 인식되는 불안의 대상은 그저 무에 지나지 않는다. 운
명과의 관계 속에서 그 이교도는 아무것도 자기 의지대로 이룰 수 없다.
왜냐하면 그 안에서는 필연적인 것이 그다음 순간에는 우연적인 것으로
다가설 뿐이기 때문이다. 그럼에도 이교도는 그 운명과의 관계를 저버리
지 않는다. 아니 오로지 그 운명과의 관계 속에서 존재를 거듭한다. 바로
이런 관계의 형성이야말로 불안이라는 개념으로 해석될 뿐이다.

이교도는 운명을 향해 가까이 다가설 수 없다. 운명을 향해 다가서려는
시도 자체에는 이미 심리학적으로 심층적인 의미가 있다. 이교가 기획하
고 있는 전체적인 구도는 이런 데서 발견된다. 게다가 이교의 인식이 운명
을 향해 다가섬과 동시에 벌어지는 사건은 바로 그 운명에 새로운 빛을 던
져 주게 된다는 사실이다. 그때 밝혀지는 운명은 그 운명을 설명해야 하는
것과 마찬가지로 대립된 것이 지닌 두 가지 의미를 동시에 취하게 된다.
그것을 두고 사람들은 신탁이라 말하고 있을 뿐이다.[37]

이제 신탁에 대해 보다 정확하게 살펴봐야 할 필요가 있다. 신탁도 또
한 앞서 말한 것과 마찬가지로 대립된 어떤 것과 공존하는 것이다. 신탁과
관련한 이교도의 관계 속에는 다시 불안이 개입된다. 바로 이 지점에 이교

케고르는 이 구절을 운명이 아무것도 아니라는 식으로 변형하였다. 바울이 하나님은 한 명뿐이라고
말했다는 사실을 감안한다면, 키르케고르는 무엇을 단 하나의 진리로 간주하고 있는 것일까? 그것
은 운명을 알고자 하는 자신이다. 운명에 대해 질문을 던질 수 있는 사람 그 자체이다. 사람이 있고
운명이 있는 것이지, 운명이 있고 사람이 있는 것은 아니기 때문이다.

37 '신탁'은 '오라켈(Orakel)'을 번역한 단어이고, 오라켈은 라틴어 '오라쿨룸(oraculum)'에서 유래했다.
    그 뜻은 '신들의 이야기' 혹은 '신들이 한 말' 등을 의미한다. 고대의 신탁은 어떤 형식으로든 해석을
    요구한다. 고대에는 사람들이 그 이야기와 그 말 안에 바로 신의 뜻이 담겨 있다고 믿었던 것이다.
    이런 생각이 중세에 들어서면서 '카논(Canon)' 논쟁을 불러일으킨다. 즉 '성경'이 결정되는 계기가
    그때 마련되었던 것이다.

가 직면하고 있는 비극적인 것이 은밀한 형태로 내재되어 있는 것이다. 여기서 분명하게 알아야 할 것은 비극적인 것이 신탁이 해 놓은 말 안에 두가지 서로 대립되는 의미가 공존하고 있다는 사실 속에서 발견되는 것이 아니라, 이교도 스스로가 그 신탁의 대립적인 의미를 타인에게 문의하도록 하는 일을 용기를 내서 포기하지 못한다는 데서 발견되고 있다는 사실이다.[38]

이교도는 늘 관계를 지향한다. 그는 상담받는 일을 스스로 지양할 용기를 내지 못한다. 그는 자신에 대해서조차 자신에 대한 조언 속에서 발견하는 실수를 저지르고 있는 것이다. 그런 조언은 늘 두 가지 의미를 공유하고 있다는 사실을 깨닫지도 못한다. 때로는 공감할 수 있는 일인 듯이 또 때로는 반감이 드는 일인 듯이 그렇게 말을 하고 있는데도 불구하고 그런 말의 형식을 깨닫지 못하고 있는 것이다. 이제 사람들은 이런 신탁의 의미까지도 해명해야 할 때가 된 것 같다.

죄와 벌이라는 개념이 이교 세계에서는 심층적 의미를 갖춘 형태로 등장하지 않는다. 하지만 그런 개념이 이런 식으로 모습을 드러내는 순간, 이교는 무너지고 말 것이다. 이교가 무너지는 상황은 바로 이런 모순에 직면하여 벌어진다. 즉 한 인간이 자신의 운명을 통해 운명적으로 이미 죄를 지었다고 하는 이런 식의 설명이 바로 모순인 것이다. 이것이야말로 가

---

38 여기서 키르케고르는 신탁이나 운명에 대해서 자신의 의견을 분명하게 피력해 놓았다. 즉 신탁이 되었든 운명이 되었든 그것은 타인의 견해에 의해 영향을 끼칠 수 없다는 사실이다. 지금 키르케고르는 신탁이나 운명 자체를 부정하고 있지 않다. 다만 그것에 대처하는 태도가 문제되고 있을 뿐이다. 신탁이나 운명은 스스로 해결하라는 것이다. 키르케고르는 지금 그런 것과 관련하여 타인에게 물어보는 일을 '용기를 내서 포기하라'는 식으로 말하고 있음을 깨달아야 한다. 사람이 진정으로 용기를 내야 할 때는 신탁이나 운명과 직면할 때이다. 정신을 차리고 용기를 낼 수만 있다면 그것은 그저 아무것도 아닌 것이 될 것이다. 신탁이나 운명이 품고 있다는 불안적 요소는 그런 용기와 함께 무가 되고 말 것이다.

장 날카로운 모순이다. 그리고 바로 이런 모순을 통해 기독교가 세상 속으로 얼굴을 내민 것이다. 이교는 그의 얼굴을 제대로 알아보지도 못했다. 왜냐하면 이교는 이런 식의 개념, 즉 죄와 벌이라는 개념 자체가 의미하는 바를 너무나 가볍게 취급하고 말았기 때문이다.

죄와 벌이라는 개념은 개인을 개인으로 대하게 한다. 그 개념은 절대로 세상 전체와의 관계를 설명하지 않는다. 세상 전체와 관련한 설명 같은 것은 이교의 전형에 해당할 뿐이다. 하지만 기독교가 말하는 죄와 벌이라는 개념은 오로지 개인이 죄를 저질렀다는 데서부터 의미를 갖추기 시작한다. 그럼에도 그 개인은 운명을 통해 그 죄를 떠안게 된다. 사실 그런 이야기는 성경 속에 등장하지 않지만, 결국에는 그런 식으로 이야기를 형성해낸다. 즉 개인은 운명이라는 개념을 지양함으로써 어떤 존재가 되지만, 그 또한 운명적으로 규정되어 있을 뿐이다.

이런 모순을 오해하면 결국 원죄라는 개념까지 등장시키고 말 것이다. 이것이야말로 오해의 산물이다. 하지만 이런 모순을 제대로 이해한다면, 진실에 걸맞은 생각을 펼칠 수도 있을 것이다. 예를 들어 모든 개인은 자신이면서 동시에 인류가 될 수 있고 나중에 태어난 개인이라 하더라도 이전의 개인과 본질적으로 별다른 차이점은 보이지 않는다는 식의 생각을 펼칠 수도 있을 것이라는 얘기다.

불안의 가능성 속에는 자유의 이념이 은폐되어 있다. 이 자유의 이념은 운명을 제압하면서 형성될 뿐이다. 운명이 제압되고 나면 모든 현실이 모습을 드러낼 수 있게 된다. 하지만 어떤 경우에도 해석이 동반된다. 그리고 어떤 현실도 그 자체로 이미 죄를 포함하고 있다.[39] 자유라 불리는 그

---

39 '털어서 먼지 나지 않는 사람 없다'는 말이 있다. "네 죄를 네가 알렸다!"라는 말도 유명한 대사 중의 하나다. 누구라도 무턱대고 '회개하라'고 다그치면 회개할 거리를 반드시 찾아내고야 말 것이다. 생

궁극적인 극단의 지점에 불안이라는 개념이 굳건하게 버티며 존재하고 있다. 그 지점에서 개인은 어떻게든 죄인이 되고야 만다. 죄가 없어도 죄인이 되는 개인이 이때 탄생하는 것이다. 자유가 불안과 함께 공존하는 바로 그 순간에 죄는 필연적인 것도 아니고 우연적인 것도 아니다. 바로 이런 이유로 인해 오히려 죄라는 개념이 이 순간을 설명하는 데 가장 적합한 개념이 될 뿐이다. 신의 섭리라는 말이 죄의 개념에 정반대의 원리로 구축되어 있기 때문이다.

기독교 안에서는 이교의 불안이라는 요소를 곳곳에서 발견할 수 있다. 왜냐하면 그 불안은 오로지 운명과 관련하고 있기 때문이다. 불안이 등장하는 곳에서는 정신이 공존하고 있기는 하지만, 이때의 정신은 본질적인 의미에서 정신 그 자체로 규정되어 있지 않다. 정신의 본질과 관련한 이런 현상은 천재를 관찰할 때 가장 선명하게 드러난다. 천재는 직접적으로 존재하고 주도적인 주체성으로서 존재한다. 하지만 천재는 결코 특정 정신에 의해 규정되지는 않는다. 만약 천재가 어떤 특정 정신에 의해 규정되어야 한다면, 천재는 그 정신에 의한 한계를 결코 벗어날 수 없을 것이기 때문이다. 만약 상황이 이렇다면, 그것은 천재가 아닐 것이다.

천재의 천재성은 직접성 속에서 형성된다.[40] 정신적인 면에서도 이런

각하는 존재는 정답이나 대답만 추궁할 줄 아는 것이 아니라 부정적으로, 즉 질문을 만들어 내는 데도 힘을 발휘할 줄 알기 때문이다. 아무것도 아닌 것에 대해서도 어떤 형식으로든 문제를 찾아내고야 마는 것이 생각의 능력이라고 말할 수 있다. 결국 인간이 처해 있다는 '현실'도 문제가 되는 것이다. 인간이 죄를 알고 있는 한, 죄가 없는 현실은 존재할 수가 없는 것이다.

40 천재의 작품은 그 누구의 것도 모방하지 않는다는 데에 기인한다. 아무도 천재를 도울 수 없다. 천재 또한 그 누구의 도움도 원하지 않는다. 바로 이런 점에서 천재는 직접성을 운운할 수 있게 된다. 예를 들어 신과 인간의 관계는 아무리 실감 나게 말해 놓아도 간접성에 의해서만 설명할 수 있다. 성경 저자가 해 놓은 말이 그 사이에 끼어 있기 때문이다. 하지만 사람 사이는 아무리 멀리 떨어져 있어도 직접성에 의해서만 설명된다. 눈을 감고 있어도 보이는 게 사랑에 빠진 자의 눈이다. 그래서 키르케고르는 『유혹자의 일기』 속에 이런 고백을 남겨 놓기도 했던 것이다. "내가 갖고 싶은 것은

직접성은 성립될 수 있다. 물론 여기에는 평범한 정신이 범하는 실수로서 착각이 끼어들 수도 있다. 그는 마치 자신의 놀라운 능력이 정신 그 자체인 것인 양, 그것을 아무런 생각도 없이 정신으로 규정하는 것이다. 하지만 천재에겐 착각이 끼어들지 못한다. 그는 정신이라고 말할 수 없는 어떤 것, 어떤 다른 존재를 자기 밖에서 인식한다. 그리고 그는 인식된 바로 그 다른 존재를 형상화해 정신으로 향하게 하는 외적인 관계를 실현시킨다.[41]

천재는 지속적으로 운명을 발견해 낸다. 그리고 천재가 심오할수록 그가 찾아내는 운명 또한 심오할 수밖에 없다. 물론 천재의 작품이 아무리 심오해도 무정신성과 비교한다면 한낱 어리석은 것에 지나지 않을지 모르지만, 현실 속에서는 그 자체로 이미 위대한 것이다. 왜냐하면 평범한 사람들 중에는 그 누구도 신의 섭리가 지닌 이념과 함께 태어나지 못할 것이기 때문이다. 그리고 누군가가 교육을 받음으로써 지속적으로 신의 섭리에 걸맞은 이념 쪽으로 다가설 수 있다고 말한다면, 그것은 천재의 천재성과 관련하여 상당 부분을 오해하고 있을 뿐이다. 물론 내가 이런 식으로 말한다고 해서 교육의 전통적인 가치와 의미를 무시한다고 판단하지 않기를 바란다. 그런 것이야말로 쓸데없는 논쟁에 해당한다.

천재는 운명을 발견한다. 천재는 운명을 발견함으로써 자신이 품고 있는 근원적인 힘을 보여 준다. 하지만 바로 그 지점에서 그는 동시에 자신

직접성이다"(쇠렌 키르케고르, 『불안의 개념/죽음에 이르는 병/유혹자의 일기』, 강성위 옮김, 동서문화사, 2018, 429쪽)라고.

41 예를 들어 천재의 작품은 그가 바라본 이상을 담아낸 결과물이다. 평범한 사람들은 천재의 작품을 감상하며 예술이 보여 주는 이상을 체험하게 된다. 천재는 남들이 보지 못하는 것을 볼 수 있는 능력을 지녔고, 자기가 본 것을 스스로 작품으로 형상화해 낼 수 있는 능력 또한 지녔다. '천재'로 번역된 라틴어 '게니우스(Genius)'는 '만드는 힘'을 의미한다. '만들다'라는 행위는 만들기 전과 만든 후로 나뉠 수 있다. 그 기준이 되는 것이 만들어진 작품이다. 그래서 천재의 작품은 언제나 새로운 시대의 증거가 되는 것이다.

이 감당할 수 없는 것이 무엇인지를 무기력의 형식으로 보여 준다.[42] 직접적인 정신은 천재에게는 일상이지만 그것은 오로지 특별한 감각과 함께 작동할 뿐이다. 그 얘기는 또한 직접적인 정신에게는 운명이 한계가 된다는 것을 의미하기도 한다. 마찬가지로 죄 속에 빠져 있다는 인식이 전제되어야 마침내 신의 섭리가 규정될 수 있다. 신의 섭리에 도달하기 위해 천재는 엄청난 투쟁을 감당하고 감행해 내야 한다. 천재가 그 신의 섭리에 도달하지 못한 바로 그 지점, 즉 그가 투쟁에서 비참하게 쓰러지는 그 지점에서 사람들은 진정으로 인간적인 운명을 배우게 된다.

천재는 모든 능력을 동원하여 '자신과 직면'한다.[43] 천재는 오로지 자신과 직면하지만, 그렇게 함으로써 그는 오히려 세상 전체를 뒤흔들어 놓기도 한다. 천재의 이런 행위와 함께 더 크고 광범위한 형상이 질서를 갖춘 의미로 생겨나는 것이다. 이런 식으로 질서를 갖춘 형상이 바로 운명이라는 개념으로 불리는 것이다. 달리 말해 운명은 무의 형식에 불과할 뿐이

42 여기서 키르케고르는 '마흐트(Macht)'와 '온마흐트(Ohnmacht)'를 대립시켜 논리를 전개하고 있다. 앞서도 잠시 이 개념들의 의미에 대해서 언급한 바 있다. 키르케고르가 이 두 개념을 동시에 언급하는 데는 그만한 이유가 있기 때문이다. '힘이 있다'와 '힘이 없다'는 현실 세계에서 공존한다. 능력도 마찬가지다. 무엇에 능력이 있는 반면, 다른 무엇에는 무능하기 짝이 없다. 그것이 사람의 모습이다. 물론 다방면에 능한 사람도 있겠지만, 그것은 말 그대로 지극히 현실적인 사람일 경우에만 가능할 뿐, 진정한 천재에게서라면 그런 식으로 능력이 발달하지 못할 것이다. 천재는 할 수 있는 것과 할 수 없는 것을 분명히 안다. 그는 자신의 운명을 그 누구보다도 잘 알고 있기 때문이다. 그 운명과 함께 자신의 한계 또한 선명하게 인식하고 있기 때문이다. 그에게는 우연한 결과물이 존재하지 않는다. 그에게 있어서는 모든 것이 엄격한 운명의 결과물이 될 뿐이다. 모든 것이 서로 얽힌 관계의 산물이 될 뿐인 것이다. 그 관계를 알고 그것을 작품으로 만들어 내놓을 수 있는 자는 천재뿐이다.

43 사실 이 문장은 완전히 의역한 상태이다. 원문을 직역하면 '천재는 하나의 즉자이다'가 된다. 여기서 '즉자'는 '안-지히(An-sich)'를 옮겨 놓은 말이다. '안(an)'은 접촉의 의미를 지닌 접두어이고, '지히(sich)'는 자신을 뜻한다. 이것을 기존의 철학자들은 '즉자'라고 번역한 것이다. 틀린 말은 아니지만, 이런 말들이 생각을 방해할 때가 더 많다. 키르케고르는 이 말을 독일어로 적어 놓았다. 이 또한 덴마크의 독자들은 이 개념을 잘 알고 있다는 것에 대한 방증이기도 하다. 칸트에게서부터 사용되기 시작한 이런 개념이 일반화되어 있다는 것을 의미하기도 한다. 이제는 관념론적인 개념을 현실 감각에 맞게 번역해도 되는 시기가 되었다고 판단하여 의역을 선택하게 되었음을 밝혀 둔다.

다. 그리고 그 무의 형식은 오로지 천재만이 발견해 낼 수 있다. 천재의 깊이가 심오하면 할수록 그가 발견해 내는 그 무의 깊이 또한 심오할 것이다. 왜냐하면 천재에 의해 발견된 그 무의 형상은 오로지 신의 섭리를 선취하여 완성한 것으로서 그것과 완벽하게 일치할 것이기 때문이다.

만약 천재가 천재로서 오로지 자기 밖을 주시하고 있다면, 그리고 자기 밖 외에는 아무것도 주시하고 있지 않다면, 그때 그는 그 누구도 따라 하지 못할 놀라운 것을 세상에 내놓게 될 것이다.[44] 그럼에도, 즉 놀라운 것을 완성해 낸 그 순간에도 그는 여전히 새롭게 인식된 새로운 운명에 지속적으로 굴복해야만 한다. 이때 그가 굴복하고 있는 운명은 보통 사람들이 손으로 잡을 수도 없고 눈으로 볼 수도 없다. 아직 그것은 외적으로 드러나지 못한 상태이기 때문이다. 그것은 여전히 내적인 것에 불과하기 때문이다.

그래서 실존은 천재의 것이 된다.[45] 만약 천재가 가장 심오한 의미에서

---

44 천재가 자기 밖을 주시하는 지점은 자기 안에 대한 인식이 전제될 뿐이다. 한계에 대한 인식이 주어져야 그 밖을 바라볼 수 있는 여건이 마련되기 때문이다. 그 한계 지점까지 가는 것이 천재의 투쟁이다. 그는 그 투쟁을 피할 수 없고 피해서도 안 된다. 그는 천재의 운명을 외면할 수 없기 때문이다. 그가 직면하는 그 끝은 자기가 감당할 수 있는 '한계 상황'이라 말할 수도 있겠다. 하지만 그 한계를 넘어서게 될 때 보통 사람들은 정신 줄을 놓거나 자살하는 지경에 처하겠지만, 천재는 바로 그 지점에서 자신과 함께 자기 운명을 인식하고 그 운명을 뛰어넘으며 새로운 세상을 발견하게 된다. 바로 이런 문제가 인간적인 문제다. 말하자면 여호와 하나님은 천재가 아니다. 그가 세상을 창조한 것은 그가 천재여서 그랬던 것이 아니다. 그가 만약 천재였다면, 그의 곁에 평범한 존재들이 일상의 의미로 즐비해 있어야 마땅하다. 하지만 그에게는 그런 존재들이 주어져 있지 않다. 말 그대로, 그는 그저 스스로 존재하는 신일 뿐이다.

45 여기서 '실존'으로 번역한 단어는 '엑시스텐츠(Existenz)'이다. 이 단어는 라틴어 '엑시스텐티아(Existentia)'로 소급되고, 독일어로 '다자인(Dasein)'으로 번역된다. 물론 '엑시스텐츠'도 독일어지만 라틴어에 근간을 둔 단어이고, 이에 반해 '다자인'은 순수 독일어라는 얘기다. 여기서 인식해야 할 것은 키르케고르가 '실존'을 '천재'와 연결하고 있는 그 내용과 그 의미에 대한 것이다. 즉 그는 천재를 끝까지 갈 수 있는 정신으로 설명했다. 그 끝에 도달한 정신만이 자신을 인식한다는 얘기다. 그 끝에서 자신을 둘러싸고 있는 운명을 깨닫게 된다고 주장했다. 이런 설명은 철학적으로 매우 중요한 사안이다. 이것을 신학적으로, 즉 성경적으로 이해한다면, "그러나 끝까지 견디는 자는 구원을 얻

그 실존의 경지에 도달하지 못한다면, 그래서 그가 오로지 자기 안에 침잠해 있고, 자기 안으로만 향하고 있다면, 그의 이야기는 그저 동화와 같은 것이 되고 말 것이다. 천재가 하지 못할 것은 없다. 천재는 다 할 수 있다. 그럼에도 천재는 아주 사소한 것에 의존할 뿐이다. 그에게 있어서 그 사소한 것은 오로지 자신의 전능을 통해 다시 전능한 의미를 부여받게 될 것이다.

사소한 것도 전능한 것이 될 수 있다. 그것을 실현하는 자가 천재이다. 하급 계급에 지나지 않는 단 한 명의 소위라 하더라도, 그는 황제가 될 수 있으며, 그가 황제가 된다면, 세상을 바꿀 수 있는 기회를 얻게 되는 것이다.[46] 이렇게 해서 탄생하는 것이 황제 국가이고 그 황제 국가의 주인이 바로 황제 자신이다. 이때 천재는 군대를 전쟁터에 내보낼 수도 있다. 전쟁 상황을 꿰뚫어 본 천재는 모든 것을 자신에게 유리하게 활용할 것이다. 만

으리라"(마태복음 24:13)는 구절을 떠올릴 수 있다. 기독교인이라면 끝까지 신앙으로 견뎌야 신을 만난다는 생각을 할 것이다. 이제 키르케고르가 인도하는 실존 철학적 이념으로 생각을 펼치면 운명을 아는 존재가 무한한 공간으로 나아갈 수 있다는 것을 알게 된다. 무한한 공간은 기독교의 전유물이 아니다. 그것은 생각의 경로를 통해 스스로 창출해 낼 수도 있는 것이다.

46 여기서 키르케고르는 나폴레옹에 대해서 말하고 있다. 나폴레옹은 시민의 영웅이다. 시민 정신이 역사의 전면에 나서게 되는 지점에서 천재적인 능력을 발휘한 인물이다. 그는 기존의 권력들, 소위 기득권에 대항해서 혁명전쟁을 치렀다. 나폴레옹을 '긴 19세기'를 대표하는 인물로 간주해도 좋고, 19세기라는 새로운 시대를 연 선구자로 이해해도 좋다. 어쨌든 19세기 전체는 시민과 귀족 간의 갈등으로 일관된다. 귀족은 자신이 가진 재산과 특권을 내려놓을 마음이 없고, 시민은 이렇게 불균형적인 사회를 인정할 수가 없었던 것이다. 두 계급 간의 치열한 투쟁은 한 세기 전체를 피로 물들게 했다. 그만큼 역사는 치열하게 진행되었다는 뜻이기도 하다. 어느 한쪽도 그냥 물러서지 않는다는 것이 이 역사의 교훈이다. 지금 키르케고르는 그런 역사의 현장에 대한 인식을 전하고 있다. 그냥 시키는 대로 살고자 하는 정신으로는 혁명을 일으킬 수 없다. 그렇다고 무턱대고 혁명을 시도했다가는 죽은 목숨이나 다름없게 된다. 진정한 혁명을 위해서는, 말 그대로 나폴레옹처럼 상황을 유리하게 이용할 줄 아는 천재의 출현이 간절하다. 그런 간절함이 지금 이 대목에서 읽히고 있는 것이다. 그는 사실 나폴레옹이란 이름조차 언급하지 않고 있다. 사안을 객관적으로 서술하고 있다고나 할까. 『불안의 개념』이 세상에 나올 때는 1844년이었고, 그때는 말 그대로 유럽 전체가 혁명이라는 소용돌이의 중심에 있던 시기였기에 이런 식으로 서술할 수밖에 없을지도 모를 일이다.

약 군대가 스스로 어떤 실수라도 저지르면 그 군대는 천재로부터 새로운 명령을 기다릴 수밖에 없다. 이것이 바로 영웅이 왕으로 군림하는 왕국의 현상이다. 천재는 상황이 다시 유리해지길 기다려야만 했다. 6월 14일이 될 때까지 기다려야만 했다. 왜? 어째서? 왜냐하면 그날이 바로 마렝고 전투가 발발해야만 했던 날이기 때문이다.[47]

마렝고 전투를 승리로 이끈 천재이며 영웅이었던 그는 이제 모든 준비를 끝냈다. 그는 군단의 선두에 설 수 있는 자격을 갖춘 것이다. 그는 이제 자신의 태양이 떠 주고 그럼으로써 자기 연설이 품고 있는 시대적 기호 체계를 밝혀 주기를 기다리기만 하면 되었다. 그는 지속적으로 연설했고, 그에 힘입은 병사들은 온몸에 전류가 흐르는 듯이 보였다. 천재의 태양은 멋지게 떠올랐다. 그 어느 시대의 태양보다 더 멋진 모습으로 스스로를 드러냈다. 그 태양의 빛은 모든 사람에게 공평했다. 태양의 얼굴은 모든 사람에게 전해졌다. 그 결과 모든 사람이 감동하여 눈물을 흘렸고 시민 정신은 촛불처럼 불타올랐다.

---

47 마렝고 전투는 1800년 6월 14일에 일어났고, 이 전투의 결과는 당시 열강이었던 오스트리아 군대를 격파한 사건이다. 말 그대로 상상도 못 했던 일이 벌어지고 만 것이다. 나폴레옹 군대가 이 전투에서 승리를 거둠으로써 마침내 유럽의 패권을 장악한 것이나 다름없었다. 그는 1789년 프랑스 대혁명이 발발했을 당시 정확히 약관의 나이 20살이었다. 그는 혁명의 소용돌이 중심에서 세상을 바라보았고, 변화의 가능성을 확신했다. 하지만 주변국들, 소위 당시 열강들은 프랑스의 시민군에게 해산을 강요했고, 이에 굴복할 마음이 없었던 나폴레옹은 섭정을 일삼는 주변국들과 맞서는 혁명전쟁을 선택하기에 이른다. 마렝고 전투 직전에 있었던 사건이라면 당시 지중해를 장악하고 있던 또 다른 열강 영국의 기세를 꺾어 놓기 위해 5월에 이집트 원정을 감행하며 한니발을 모범으로 하여 알프스를 넘은 사건이다. 같은 해 자크 루이 다비드가 낭만주의적인 방식으로 말을 타고 있는 나폴레옹을 그려 놓은 그림은 역사의 현장을 대변하는 그림인 동시에 시대의 정신을 담은 그림으로서 불멸이 되었다. 시민 정신을 근간으로 하여 승승장구하던 나폴레옹의 기세는 스스로 황제의 자리에 올라서는 사건에서 절정에 달한다. 1804년에 있었던 황제 대관식은 시민 정신의 승리를 상징하는 사건이었다. 상식적으로는 로마 바티칸에 가서 교황으로부터 왕관을 받아 써야 마땅했지만, 나폴레옹은 교황을 프랑스 파리로 오라고 했고, 노트르담 성당에서 스스로 왕관을 쓰는 장면을 옆에서 바라보게 했다.

하지만 천재는 예외였다. 그는 감동의 물결에 휩싸이지 않았다. 그는 늘 그다음을 주시하고 있었다. 그의 태양은 아직 아우스터리츠에서 화려하게 떠올라 주지 않은 상태였다. 그는 잘 알고 있었다. 오로지 아우스터리츠의 태양만이 그에게 승리를 안겨 줄 것이고 그를 감격에 휩싸이게 해 줄 것을.

영웅은 늘 앞서 나갔다. 그의 열정은 항상 설명할 수 없는 그 무엇이었다. 그의 천재는 그런 열정으로 인해 불타고 있었다. 그런 열정과 함께 그의 천재는 무의미한 사람들에 저항하고 그들을 이끌어야만 했던 것이다. 그의 천재가 아무리 휴머니즘과 사랑할 만한 가치가 있는 것의 적이 무엇인지 증명하고 설명해도 그들은 그가 무슨 말을 하는지 알아듣지 못했기 때문이다. 그들은 적이 무엇인지 제대로 인식하지 못했다.

영웅은 늘 한계에 직면하여 고통을 당해야 했다. 그의 부인도 항상 함께 고통을 당해야 했다. 죄 없는 자녀들까지 고통을 당해야 했다. 들판의 짐승들도 고통을 당해야 했다. 하늘을 날고 있는 새들도 고통을 당해야 했다. 나무도 고통을 당해야 했다. 그 나무는 뻗어 나가는 자신의 가지를 통해 길을 앞서 가고 있는 바로 그 영웅에게 매 순간 길을 가르쳐 주고 있었기 때문이다. 그 길 위에서 그는 자신에게 드리운 징조를 받아들이고 인식해 내야 했던 것이다.

하지만 영웅이며 천재였던 그 남자 그 인간에게는 이런 외적인 압박이 아무런 의미도 없었다. 그 모든 것은 그에게는 그저 무의 형식으로만 인식되었다. 그래서 그를 이해할 수 있는 사람은 그 당시 아무도 없었던 것이다. 천재는 앞서 나갈 뿐이고, 모든 사람은 그의 길에서 멀리 떨어져 있을 뿐이다. 그가 한 사람으로서 자신의 진정한 친구로 삼을 수 있었던 것은 오로지 자신의 운명이었다. 그는 자신이 처한 현실 속에서 자신의 운명만 믿고 은밀히 앞으로 나아갈 뿐이었다.

모든 것은 잃을 수 있다. 자기 운명만 주시하는 가장 우직한 사람인 동시에 자기 운명을 인식했던 가장 영리한 사람이었던 그 천재는 그 가능성을 직시하고 있었다. 그래서 그는 온 힘을 집중시켜야 했다. 할 수 있는 것이라면 다 해야 했다. 아무도 도와 줄 수 없는 최초의 시도를 그는 오로지 혼자서 기획하고 감당해 내야 했다. 그에게 조언해 줄 수 있는 것이라고는 그저 자신의 운명뿐이었다.

하지만 천재는 잘 알고 있었다. 자신의 천재가 이 세상 전체보다 더 강력하다는 사실을. 그는 단 한 군데도 불안한 기색을 남겨 놓지 않았다. 그는 보이지 않은 글에서조차 그런 말을 남겨 놓지 않았다. 그가 남겨 놓은 글이라면 오로지 운명의 의지를 읽을 수 있도록 배려해 놓았을 뿐이다.[48] 보이지 않는 글에 걸맞은 것이 있다면 그것은 바로 그의 의지일 것이다. 천재는 선장이 되어서 자신의 뱃사람들에게 목청껏 외쳐 댔다. "항해하라, 선원들이여! 그대들은 황제를 싣고 나아가야 하고, 황제의 운명 전체를 이끌어야 한다."

모든 것은 이룰 수 있다. 하지만 천재는 승전보를 접할 때마다 바로 그 순간에 이미 또 다른 한마디를 함께 들어야 했다. 그 한마디가 전하는 의미는 그 어떤 창조주도, 하늘에 있다는 그 어떤 신도 이해하지 못했다. 그 한마디가 전하는 의미는 오로지 그의 천재만이 이해할 수 있었다.[49] 그리

---

48 '운명의 의지'는 '빌레 데스 쉭살스(Wille des Schicksals)'를 번역한 것이다. 이 개념은 실존 철학적인 개념으로 읽어도 좋을 듯하다. 그 의미를 선명하게 드러내기 위해 또다시 중세 신학적인 인식과 비교해야 한다. 신은 천재도 아니고 영웅도 아니다. 천재나 영웅은 사람에게만 문제 되는 것이다. 천재는 평범한 사람을 전제하는 개념이고 영웅은 추종하는 무리를 전제하는 개념이다. 운명도 사람의 문제일 뿐이다. 그리고 운명이 있기에 의지가 문제 되는 것이다. 마음을 먹고 안 먹고는 오로지 사람 자신의 문제일 뿐이다.
49 운명에 대한 의미는 오로지 사람만이 규정할 수 있다. 운명의 의미에는 신도 개입이 불가능하다는 말에 키르케고르의 남다른 철학적 인식이 담겨 있다. 그가 구현하고자 하는 인문학적이고 실존 철학적인 이념은 바로 이런 데서 발견된다. 인간의 가치는 운명 속에 있다는 것이다. 하지만 운명은

고 그 한마디가 그 천재를 깊고 심연 속으로 끌고 들어갔다.

천재는 이런 방식으로 습관이란 틀을 깨고 밖으로 나오게 된다. 천재는 운명에 대한 믿음을 통해 위대해진다. 천재는 자신이 삶을 통해 승리를 거두든 몰락을 일삼든 상관없이 위대할 뿐이다. 왜냐하면 천재는 승리한다고 해도 오로지 자신을 통해서만 가능하고 몰락한다고 해도 오로지 자신을 통해서만 가능하기 때문이다. 보다 올바른 표현이라면, 승리하든 몰락하든 오로지 운명을 통해서만 가능하기 때문에 천재는 위대하다는 것이다.

일반적인 사람들은 자신의 천재가 승리를 거둘 때만 그것의 위대함을 인식하고 놀란다. 하지만 그 위대함은 몰락할 때보다 위대한 것은 결코 아니다. 이것은 다음과 같은 말로 이해해도 된다. 즉 운명이란 외적인 요인에 의해 예고되는 것이 결코 아니라는 사실이다.[50] 만약 천재가 사람들이 일반적으로 말하는 의미에서 모든 것을 획득했다고 하는 바로 그 순간에 의심스러운 이상한 글을 읽고서 그것 때문에 몰락한다면, 이해가 부족한 사람들은 이런 상황을 접하고서 다음과 같이 말할 것이다. 도대체 어떤 거인이기에 이런 사람을 쓰러뜨렸단 말인가! 하고. 하지만 이것은 사람들이 천재가 오로지 자신 때문에 쓰러지는 것이라는 사실을 모르고 하는 소리일 뿐이다. 천재를 쓰러뜨리는 것은 오로지 자신뿐이다. 그럼에도 사람들이 동화 같은 이야기 하나를 떠올리듯이, 자신의 강력한 손으로 이 세상의 왕국들과 나라들을 굴복시켰다는 식으로 이야기를 펼친다면, 즉 그런 황당한 이야기에서처럼 천재가 쓰러진 것으로 믿는다면, 천재의 몰락은 그

의지에 의해 충분히 달라질 수 있다. 운명은 이미 정해진 것이기도 하고, 그것을 정하는 것은 또한 그것을 인식하는 자의 의지에 달려 있을 뿐이다. 운명은 과거의 것이기도 하고 미래의 것이기도 하다. 그 중심에 현재의 삶이 구축되는 것이다.

50 운명은 외적인 요인이 아니라 내적인 요인에 의해 결정되는 것이다. 운명을 아는 것은 인간의 문제다. 그 문제의 해결은 자신에 의해서만 가능하다. 이런 인식이 바로 실존 철학의 근간을 이룬다.

저 어떤 식으로든 설명할 수 없는 동화 같은 이야기가 되고 마는 것이다.

천재가 느끼는 불안은 평범한 사람들이 경험하는 시간과는 전혀 다른 시간 속에서 발생한다. 평범한 사람들은 위험한 순간에 이르러서야 위험을 인식하기 때문에, 그때가 될 때까지 그들은 그저 안전하다고 느낄 뿐이다. 그리고 그런 위험이 지나간 상황이라면, 그들은 더욱 안전하다고 확신하기까지에 이른다. 하지만 천재의 상황은 전혀 다르다. 천재는 위험한 순간에 오히려 가장 강력해진다.

천재가 불안을 느끼는 순간은 위험이 도래하기 전이나 그 위험이 지나간 뒤의 상황일 뿐이다. 정작 그런 위험한 순간이 도래하면 평범한 사람들은 미지의 힘에 압도당한 채 벌벌 떨며 혼란 속에 빠지겠지만, 천재는 오히려 그 순간에 침착함을 유지하며 운명이라 말할 수 있는 그 위대한 힘과 맞서며 그 상황을 즐기는 것이다. 어쩌면 천재의 불안은 그 위험한 순간이 지난 뒤에 가장 큰 것이 되는지도 모를 일이다. 왜냐하면 모든 것이 뒤바뀐 관계 속에서 인식되는 바로 그 순간 확신에 찬 신념이 더 이상 참지 못하고 성급하게 가장 큰 형태로 자라날 것이기 때문이다.

어떤 경우가 되었든 간에 성급한 판단은 금물이다. 사람의 일이란 원래 승리에 가까워질수록 패배할 가능성도 더불어 커지기 때문이다. 승리라는 그 위대한 순간에, 바로 그 감격적인 순간에, 이미 패배의 가능성도 가장 크게 성장해 있다는 사실을 반드시 깨달아야 한다. 이 모든 것은 운명의 속성 때문에 발생하는 것이다. 운명이란 철두철미하게 필연적인 것이지만, 그것은 또한 어쩔 수 없이 수많은 우연적인 것을 극복한 뒤에만 인식되기 때문이다.

방금 설명한 이런 종류의 천재를 종교적인 것으로 이해하는 일은 없기를 바란다. 이런 천재는 어떤 경우에도 죄의식에 휩싸이는 일도 없고 하물며 신의 섭리와는 전혀 상관도 없기 때문이다. 이런 이유로 인해 천재는 오로지 자신과의 싸움에 몰두하고 자기 내면의 불안에 집중하며 그것과 관계를 형성하며, 그 불안의 관계 속에서 운명을 향해 서 있을 뿐이다. 이런 불안이 없다면 천재는 결코 탄생할 수가 없다. 천재는 오로지 불안을 통해서만 탄생할 수 있을 뿐이다. 불안이 없는데도 천재가 탄생할 수 있었다면, 그것이야말로 종교적인 황당한 이야기가 되는 것이다.

만약 천재가 불안이라는 동기도 없이 그저 직접적으로 규정될 수 있고 오로지 자기 밖을 향해서만 자신의 관심을 쓰고 있다면, 그렇다면 그 천재 스스로가 아무리 위대하고 그가 행한 일이 아무리 어마어마한 업적과 성과를 내놓았다고 하더라도, 그것은 결코 자신이 원인이 되어 발생한 일도 아니며 자신을 위해서도 결코 위대한 것이라 말할 수도 없는 것이다. 물론 천재가 행한 모든 것은 밖을 향하도록 되어 있다. 이는 마치, 내가 지금 이런 말을 해도 독자는 충분히 이해해 주리라 믿고 용기를 내서 하는 말이다, 이는 마치 중심을 품고 있는 별과 같은 것이다. 별은 자신의 모든 것을 빛으로 전환하여 내비치고 있는 것이다. 하지만 별은 절대로 자신을 형상화하여 보여 주지는 않는다.

천재의 의미는 오로지 자신하고만 관계할 뿐이지만, 자신 그 자체를 위해서는 아무런 의미도 없다. 천재의 의미를 그 천재의 자신과 연결하여 이해하고자 한다면 그것은 그저 의심스럽기 짝이 없거나 고통스러운 것이 될 뿐이다. 이것은 마치 페로 제도faröische Insel의 어느 섬에서 원주민들 중 한 사람이 유럽의 다양한 언어를 통해 여러 권의 책을 집필하여 온 유럽을 떠들썩하게 만들고, 그 저서들이 학계에 큰 변화를 일으켜 불멸의 업적으로 인정받게 되었지만, 정작 그 섬의 언어 페로어로는 단 한 줄도 남겨 놓지 않아 아무도 알아주는 이가 없고, 그 스스로도 그 섬의 언어에 대한 사용법조차 잊어버렸다고 하는 안타까운 일과 비교될 수 있을 것이다.

천재는 가장 깊은 의미에서 자신을 위하지 않는다. 자신을 위해서라면 아무것도 중요하지 않다. 천재의 위대함은 운명의 위대함을 통해서만 규정될 수 있다. 즉 운명의 위대함을 빼고 나면 천재에게는 단 한 가지도 남는 것이 없다. 그가 실현해 내는 운명의 위대함은 이 세상 사람들이 모든 시대를 막론하고 그토록 중요하다고 말하는 행복과 불행, 존경과 명예, 권력과 불후의 명성 등과 같은 것과의 관계 속에서는 절대로 인식될 수가 없다. 그 이유는 무엇보다도 이런 모든 세속적인 것은 한결같이 불안이라는 심층적이고 변증법적인 규정을 배제하고 있기 때문이다.

불안이라는 심층적이고 변증법적인 규정은 일단 죄가 있는 것으로 간주되는 것에서부터 출발하고, 불안 그 자체도 죄의식에 저항하지 못하는 지경에 처해 있는 데서 출발하지만, 죄라고 인정되었던 그 망상에 저항하는 방향으로 진행되면서 완성된다. 이때 형성되는 이런 규정은 명예가 심리적으로 규정되는 것과 같은 경로를 밟게 된다. 이런 종류의 심리 상태는 문학적 소재로 다루면 그 의미가 더욱 빛날 것이다. 이와 같은 일들은 모든 사람이 공통적으로 겪는 일이지만, 오로지 천재만이 그것을 진심으로 심각하게 받아들이고 깊은 내적 동요에 휩싸이게 된다. 하지만 바로 그때 천재는 쓸데없이 사람들과 갈등을 빚는 것이 아니라 현존재의 가장 심오한 신비로운 것과 투쟁을 하게 되는 것이다.

이런 종류의 천재적인 실존이 그것의 빛나는 화려함이나 그것의 영웅적인 면모 혹은 그것의 그런 숭고한 의미에도 불구하고 결국에는 죄가 된다는 사실을 이해하고자 한다면 어느 정도의 용기가 필요하다.[51] 갈망하는

---

51 바로 앞선 문장 '현존재의 가장 심오한 신비로운 것'에서 '현존재'가 언급되었고, 이 문장에서는 '천재적인 실존'에서 '실존'이 언급되고 있다. '현존재'와 '실존'은 모두 생철학과 실존 철학 그리고 실존주의에서 중요한 역할을 담당하게 되는 개념들이다. 이제 이 두 개념을 서로 연결하여 이해해 보고자 한다. 일단 개념적으로 살펴보아야 할 것 같다. 이미 여러 번 설명했지만 다시 반복하고자 한다. 이런 반복 속에서 더욱 선명한 인식이 주어질 것이기 때문이다. '현존재'는 '다자인'을 번역한 것이

영혼의 배고픔을 달래 주는 방법을 배우지 못한 자는 천재의 실존이 처한 상황을 절대로 이해하지 못한다. 어쩔 수 없다. 사실이 그러할 뿐이다. 게다가 천재적인 실존이 어느 정도까지 행복할 수 있는가 하는 질문으로는 아무것도 증명해 낼 수 없다.[52]

사람들은 자신의 재능을 기분 전환을 위한 도구로 활용할 수도 있다. 하지만 재능을 그런 식으로만 사용한다면, 그러니까 사적으로 오로지 기분 전환을 위해서만 사용한다면, 그것은 늘 제자리걸음만 반복하게 할 뿐일 것이다. 재능을 그런 식으로 사용하면 삶은 시간적인 요인에 얽매이게 될 뿐이고, 그 결과 늘 시간이 부족하고 시간에 쫓겨야 하는 현실이라는 틀 안에서 머무는 실수를 저지르게 될 뿐이다. 재능을 그런 식으로 낭비하면 단 한 순간도 시간성이라는 범주 밖으로 나가는 기회를 얻지 못할 것이다.

물론 천재와 천재의 재능은 오로지 종교적인 숙고를 통해서만 가장 깊은 의미에서 정당성을 획득할 수 있을 뿐이다. 만약 탈라랑과 같은 인물을 천재의 예로 들고자 한다면, 그에게는 온갖 가능성이 주어져 있었다는 사

고, '실존'은 '엑시스텐츠'를 번역한 것이다. 둘 다 '밖으로 드러나 있는 것'을 의미한다. 그래서 키르케고르는 아무런 부담감 없이 이 두 개념을 번갈아가며 사용하는 것이다. 그냥 몸으로 사는 세상을 의미하고자 한다면 '삶'이니 '생명'이니 '목숨'이니 하는 감각적인 개념만으로도 충분하다. 하지만 생각하는 존재가 처한 세상, 즉 생각이 만들어 내는 세상 속의 존재를 구별하여 설명하고자 한다면 색다른 개념이 요구된다. 이런 의식 속에서 키르케고르는 '다자인'과 '엑시스텐츠'를 사용하게 된 것이다. 여기서 주목할 만한 것은 키르케고르가 이런 개념들과 관련하여 '용기'라는 미덕을 가미했다는 사실이다. '생각은 자유'라고 흔히 말하지만, 그 자유가 자유로 인정되기까지는 남다른 고통의 길을 걸을 수밖에 없다. 왜냐하면 자유는 남이 가는 길을 따라가는 정도로는 결코 실현되지 않기 때문이다. 자유는 오로지 자신만의 길을 고집하며 치열하게 또 지속적으로 나아갈 때 실현될 뿐이다. 바로 이때 요구되는 것이 용기이다. '실존 철학'이라는 개념이 의미하듯이, '실존'을 긍정적으로 인식하고 그것을 실현하려는 의지가 용기로 나타나는 것이다.

52 평범한 사람들의 시선에는 오히려 천재가 불행해 보이기까지 한다. 천재의 삶은 그들의 눈에는 불필요한 고통을 당하는 것처럼 비치기도 하기 때문이다. 하지만 이런 평가는 그들이 천재를 전혀 이해하지 못한다는 데 기인하고 있을 뿐이다. 그래서 천재는 고독할 수밖에 없는 것이다. 이해보다는 오해를 운명으로 받아들이며 살아야 하기 때문이다.

실을 인정하지 않을 수 없다.[53] 말하자면 그는 오로지 살아남는 데에만 집중했고, 삶에 대해서만 깊은 고민에 빠졌으며 그런 고민을 외면하지 않고 거듭했던 것이다. 그는 특정한 시간 속에 갇히는 삶을 회피했다. 그는 자기 내면의 소리에 귀를 기울였고 거기서 불안으로 규정되는 소리를 들었으며 그 소리를 밖으로 전환해 내는 데 남다른 능력을 갖추고 있었다. 남들은 간사한 술책이니 간책이니 하는 소리로 폄하하고 외면했던 부분에서 그는 오히려 남다른 재능을 발휘했던 것이다. 그의 천재성이 지닌 놀라운 힘은 바로 이런 권모가의 면모에서 증명되었던 것이다.

천재는 긴장감을 유지하는 데도 남다른 능력을 지녔고, 화학자가 즐겨 사용하는 용어로 설명하자면, 음식을 잘 부식시킬 수 있는 위산이 많아서 스스로 포만감에 도달하여 만족하는 데도 남다른 능력을 지녔다. 천재는 이런 능력으로 인해 늘 내면의 눈을 크게 뜨고 사물을 바라보며, 바로 이런 능력으로 인해 그는 바로 시간성이라는 범주 안에 머물 수 있게 되는 것이다.[54]

만약 이런 천재가 시간성을 직접적으로 무시한다면, 그때 그는 바로 자신에게로 향하게 되고, 그때 또한 그는 신적인 것에게로 향하게 되는 것이

---

53 탈라랭(Charles-Maurice de Talleyrand-Perigord, 1754-1838)은 프랑스 대혁명과 나폴레옹 전쟁 그리고 빈 회의까지 관통하며 존재를 과시했던 프랑스의 정치가이며 외교관이었다. 그의 정치력은 상황을 파악하는 남다른 능력에 의해 빛났다. 임기응변과 적응력에 의해 그의 정치적 생명은 지속될 수 있었던 것이다.

54 앞서 키르케고르는 '시간성이라는 범주'에 대해서 언급한 바 있다. 거기서 그는 '시간성의 범주 밖으로 나가는 것'을 긍정적으로 설명했다. 그런데 여기서는 다시 반대로 말한다. 즉 천재는 '시간성이라는 범주 안에 머무는 것'을 긍정적으로 설명하고 있다는 데서 새로운 인식을 도출해 내야 하는 상황이다. 시간은 시계 속에 있기도 하고, 시계와 아무런 상관없이 존재하기도 한다. 전자는 산술적인 영역에서 의미를 가질 뿐이지만, 후자는 생각이라는 포괄적인 영역에서 의미를 갖게 된다. 순간이 영원이 될 수도 있고, 영원이 한순간에 지나지 않을 때도 있는 것이다. 천재는 틀을 요구하기도 하고 틀을 깨기도 한다. 천재는 시간을 필요로 하기도 하고 시간과 아무런 상관없이 살아갈 수도 있다.

다. 이런 경우에 천재는 진정으로 종교적인 천재가 될 것이다. 이런 식으로 종교적인 천재가 마침내 모습을 드러내는 순간은 얼마나 위대하다고 말할 수 있을까! 하지만 천재는 그것을 실현시키기 위해 평범한 사람은 도저히 감당할 수 없는 큰 고통을 감수해야 한다는 사실도 깨달아야 한다.

일상에서 직접적으로 주어진 규정을 따르는 것은 쉽다. 그런 규정을 따르면 삶 자체가 편하다. 이런 종류의 편리함은 위대한 사람이나 보잘것없는 사람이나 다 똑같은 방식으로 주어지고 적용된다. 그러나 그에 따른 희생은 치러야 한다. 위대한 사람은 위대한 대로, 또 보잘것없는 사람은 보잘것없는 대로 자기 능력에 맞게 희생을 치러야 한다. 정신적으로 성숙하지 못한 사람은 자신의 불멸의 명예를 오로지 일상적 시간성의 규정 속에서만 추구할 수 있을 뿐이다.

그리고 또 인간의 영혼이 절대로 잠들 수 없는 그런 동경으로 그 무엇을 추구한다고 해도, 그것은 불멸성과 비교하면 지극히 불완전하다는 것을 납득을 하지 못하는 자는 자신의 정신과 자신의 불멸성과 관련한 설명으로도 멀리 나아갈 수가 없다.[55] 왜냐하면 자신과 관련한 불멸성이란 그 자신과 함께 모든 사람에게 공평하게 주어진 것이기도 하지만, 각 개인마다 미리 주어진 형식으로 주어져 있을 뿐이기 때문이고, 그 불멸성은 온 세상이 퍼붓는 올바른 질투를 정당한 방식으로 일깨울 것이기 때문이다.

---

55 키르케고르는 자신의 개인적인 불멸성을 주장한다. 이는 매우 중요한 발언이다. 중세의 시각으로 바라보면 개인이 불멸의 대열에 올라설 수 있다는 이 인식이야말로 신성모독에 해당하기 때문이다. 물론 시각이 바뀌면 아무 문제 없는 말이 될 수도 있다. 하지만 아직 종교재판과 마녀사냥이 현재진행형으로 사회를 구속하고 있던 키르케고르의 시대를 감안하면 정말 용기 없이는 할 수 없는 말이기도 하다. 신을 바라보던 눈을 인간에게로 향하게 하고, 거기서 인식해 낸 것들을 말로 옮기는 것, 그 진정성에 남다른 의지와 용기가 전제되어야 가능한 일이다.

3

죄의식의 변증법적 관계로서의 불안

사람들은 일반적으로 유대교가 율법을 근거로 한다고 말한다. 이런 주장은 유대교가 불안 속에 빠져 있다는 것을 의미하는 것이기도 하다. 이때 말하는 불안이란 오로지 무의 형식 속에서 해명될 수 있는 것이기 때문에 운명과는 다른 그 무엇을 의미하게 된다. 왜냐하면 이때 '불안을 느끼는 것은 무다'라는 명제는 그저 역설적인 의미만을 품고 있기 때문이다. 이렇게 말할 수 있는 이유는 간단하다. 그것은 바로 죄란 것이 어쨌든 간에 현실적인 어떤 것으로 인식되고 있기는 하지만, 그럼에도 그 죄라는 것은 그것이 불안의 대상을 의미하는 한 결국 무에 불과하기 때문이다.

'어떤 것이다'와 '무다'라는 두 가지 의미는 밀접한 관계 속에서 서로를 위한 존재의 조건이 된다. 왜냐하면 죄가 어떤 것으로 규정되고 인식되고 나면 바로 그 순간에 이미 불안은 아무것도 아닌 것이 되어 지나가 버리고, 그 이후에는 그저 후회만 남기 때문이다. 이러한 관계 속에서는 오로지 때로는 공감적인 것이 또 때로는 반감적인 것이 의미의 옷을 입고 모습을 드러낼 뿐이다. 이 관계 속에서 지속적으로 역설적인 것이 인식되고 그것은 또다시 아무것도 아닌 것으로 인식되며 반복을 거듭하게 되는 것이다.

불안이 불안을 느끼는 동안 그 불안은 그 불안의 대상과 끊임없이 대화를 나눈다. 이런 소통 과정에서 불안은 자신이 주목하는 대상으로부터 완전히 벗어나기 위해 스스로 잔머리를 부려 보기도 하지만, 결국에는 그 불안의 대상을 무시하지 못하는 지경에 처하고 만다. 그렇다. 불안은 불안이라서 그럴 수밖에 없는 것이다. 개인 스스로는 불안을 떨쳐 보려고 애를 쓰겠지만, 바로 그 순간에 이미 후회가 불쾌한 표정을 하고서 고개를 내밀 것이기 때문이다.

후회가 모든 상황을 혼란스럽게 만들고 어렵게 만들어도, 나는 그 후회를 위해서 할 수 있는 것이 아무것도 없다. 하지만 누군가가 자신에게 예속되어 있고 그럼으로써 그 어떤 것이 엄습해 와도 동요하거나 흔들리지 않을 수만 있다면, 그는 자신의 불안을 결코 어렵게 생각하지 않을 것이다. 이런 말을 해도 될지 모르겠지만, 만약 그 누군가가 신성한 힘을 지닌 고발자가 되어 스스로 당당한 모습을 드러낼 수 있다면, 그래서 그가 그 누구와도 관계하지 않고 오로지 자신하고만 관계를 지속할 수 있다면, 그는 자신이 품고 있는 그 불안을 다루기 힘든 것으로 간주하지 않을 것이다.

삶이 제공하는 현상은 무궁무진하다. 개인은 그 충만한 현상 속에서 불안을 느끼게 되고, 그 불안 속에서 그는 거부할 수 없는 욕망에 가득 차 그 죄를 주시하게 된다. 그 죄가 두려움을 유발한다 해도 상관없다. 정신의 눈이 인지해 낸 죄는 일종의 권력을 지니게 된다. 그것은 마치 뱀이 자신의 눈으로 감지해 낸 죄가 자신의 권력과 연결된다는 인식과 같은 것이다. 뱀은 그 권력을 가지고 모든 것에 대해 마법을 부릴 수 있다.

물론 죄를 통해서 완전성에 도달하게 된다는 주장은 카르포크라테스파의 신앙적 견해로 해석될 수 있다.[56] 우리는 이런 견해를 마냥 이단적으로

---

56 카르포크라테스(Karpokrates)는 2세기에 활동했던 기독교적 그노시스 학파의 창시자이다. 물론 그가
    역사적 실존 인물인지에 대해서는 논란이 많다. 그러나 수많은 교부학자나 신학자에 의해 그의 이

간주할 것이 아니라 그 견해가 지닌 진리성을 깨닫고 인정하는 것이 무엇보다 중요하다. 이 학파의 주장에 따르면 정신은 모든 것에 대해 오로지 직접적으로만 관계하고, 그런 관계 속에서 정신은 정신으로 규정될 수 있다고 한다. 바로 이러한 단호한 결론 속에 이 학파가 지향하는 진리의 진리성이 담겨 있는 것이다. 만약 이와는 반대로 정신이 구체적으로 규정되고 그런 식으로 실현되어야 한다는 가설을 진정한 진리의 소리로 간주한다면, 그것이야말로 신의 뜻을 거스르는 신성모독이 되는 것이다.

분명한 것은 유대교가 그리스적 사고의 세계보다 크고 넓게 확장되어 있다는 것이다. 그리고 유대교에 대해 공감을 가질 수 있는 중요한 대목은 불안이 지닌 죄와의 필연적인 관계 속에 있다. 바로 이런 관계 속에서 새롭게 인식될 수 있는 것은 이런 관계 자체가 어떤 대가를 치르더라도 절대로 포기될 수 없다는 사실이다. 아울러 유대교는 운명이니 행복이니 불행이니 하는 개념들을 그리스 정신세계에서 다뤘던 방식대로, 즉 아무런 고민도 거치지 않고 그대로 받아들여 적용하지도 않았다.

유대교 안에는 분명 불안이 있는데, 이것은 오로지 죄 앞에서 느끼는 불안을 의미한다. 게다가 죄라는 것은 권력을 의미하는데, 이것은 온 세상에 퍼져 있다.[57] 그리고 이 죄의 권력이 인간의 현존재와 맞닿아 있다. 그럼에

름이 언급되는 것은 사실이다.

57 여기서 키르케고르는 죄에도 권력이 있다고 말한다. 물론 여기서 '권력'으로 번역한 원어는 '마흐트'이고, 이것은 또한 '힘'으로도 번역할 수 있음을 밝혀 둔다. 그 의미를 제대로 이해할 수만 있다면 힘이 되었든 권력이 되었든 아무런 상관없다. 인간에겐 이성이 주어져 있고, 이 이성 때문에 오류와 오해는 배제될 수 없으며, 그런 이성의 한계 때문에 발생하는 온갖 부정적 인식이 죄라는 개념으로 드러나게 된다. 이때 사람은 죄의식에 휩싸일 수밖에 없다. 결국 죄는 실존의 형식으로 우리에게 주어진 상태이다. 그것은 절대로 이성으로부터 떨어질 수 없기 때문이다. 이제부터는 해석이 문제다. 그 죄를 신의 처벌로 간주할 것인가 아니면 우리의 책임으로 떠안을 것인가, 그것이 관건이라는 얘기다. 이 대목에서 인식해야 할 것은 죄도 권력이라는 주장이고, 죄도 결국 잘 다룰 수만 있다면 권력이 주어진다는 사실이다.

도 이 세상 누구도 이 죄의 권력과 그 심오한 뜻에 대해 심층적으로 제대로 이해하지 못하고 있다. 여기서 죄가 무엇인지 해명하고 싶다면, 똑같은 방식으로 이뤄진 고대의 신탁 방식을 끌어들여 도움을 청할 수도 있겠다. 왜냐하면 불안이 죄를 전제하듯이, 신탁은 필연적으로 운명을 전제로 하고 있으며 오로지 그 운명과 소통하면서 해석과 해명을 내놓기 때문이다.

이교에 신탁이 있다면, 유대교에는 희생이 있다. 이 둘은 형식이 같다. 이 둘은 서로 상응하는 형식을 갖추고 있다는 얘기다. 형식이 같다는 이 말 또한 제대로 이해하는 자가 없다. 바로 이 형식 속에 유대교의 깊고 깊은 비극성이 담겨 있고, 바로 이런 점에서 이것은 이교의 신탁과 비교될 수 있는 것이다. 유대인은 희생을 위해 도피를 선택하지만, 그런 선택 자체가 그에게는 아무런 의미가 없다. 도피한다고 그 누가 그를 도와주는 것도 아니다. 그를 위한 진정한 도움이 있다면, 그것은 오로지 죄와 관련한 불안과의 관계 형성만이 답이다. 유대인이 느끼는 불안, 즉 죄와 관련한 그 불안은 지양되어야 마땅하지만, 그것 자체는 늘 실제적인 관계로 규정되어 있어야만 한다. 하지만 이런 일은 절대로 발생하지 않기 때문에, 그때 그가 지향했던 희생은 두 가지 의미를 지니게 된다. 즉 하나는 이런 희생 그 자체로 이미 반복해서 되풀이될 수밖에 없다는 사실이고, 다른 하나는 이런 반복에도 불구하고 그것 자체는 그저 희생 행위에 대해 반성을 거듭하여 얻게 된 보다 확장된 결과물에 지나지 않는다는 사실이다. 결국 희생은 순진한 의심의 형식으로 남을 뿐이다.

앞서 말한 대로, 죄가 있어서 바로 그 죄로 인해 신의 섭리가 규정될 수 있다는 논리와 그 결론은 여기서도 충분히 다시 적용될 수 있다. 즉 죄가 있어서 바로 그 죄로 인해 속죄가 규정될 수 있다는 논리가 탄생하게 되고, 따라서 그 속죄의 희생은 두 번 다시 반복될 필요가 없게 된다. 그 이유는 희생 자체가 외적으로 완전하기 때문이 아니라, 내가 이렇게 말해도 되는 것인지 모르겠지만, 희생의 완전성 그 자체가 죄의 실제적인 관계로 규정되는 것과 대응하기 때문이다.[58]

하지만 만약 죄의 관계가 실제적으로 규정되어 있지 않다면, 희생은 반복되어야 하고 반복될 수밖에 없는 지경에 처하고 만다. 바로 이런 식의 설명이 가톨릭에서는 일반적이다. 그러니까 가톨릭에서는 희생이 비록 절대적으로 그 완전성을 인정받는다 해도 죄가 분명하게 인식되지 못한 상태이기 때문에, 결국 그 희생은 또다시 반복될 수밖에 없다고 말하는 것이다.

지금 여기서 세계사적인 관계들에 대해 짧고 간단하게 언급한 것은 기독교 내부에서도 가능한 것이고, 개인의 개인성이라는 형식 속에서 반복될 수 있다. 바로 이 지점에서 가장 선명하게 주목받을 수밖에 없는 것은 다름 아닌 천재다. 천재는 모든 인간에게 많게나 적게 근본적으로 주어져 있지만, 그것이 쉽게 규정될 수 있는 내용이 아니라는 것이 문제일 뿐이다.

천재는 말 그대로 사람마다 다르게 주어져 있다. 사람이 다른 만큼 천재도 다르게 주어져 있다는 얘기다.[59] 천재는 역사적인 전제 조건하에서

---

58 즉 죄의 크기만큼 희생의 크기도 결정될 수밖에 없다는 말이다. 죄를 아는 만큼 희생해야 할 내용도 더불어 결정된다고 말해도 될 것이다. 죄는 속죄를 전제하는 개념일 뿐이고, 속죄를 위한 희생은 반복될 필요가 없다는 논리는 그래서 설득력을 얻게 된다. 반대로 죄가 무엇인지 제대로 파악하지 못한 상태라면, 그래서 죄가 선명하게 규정되어 있지 않은 상태라면, 속죄를 위한 희생은 거듭될 수밖에 없다. 결국 죄를 아는 것이 속죄를 실현할 수 있는 기회가 되는 것이고, 이런 기회를 가능하게 해주는 것이 바로 죄의식의 존재 여부에 달렸다는 얘기다.

59 신학이 몰두했던 신의 존재 증명은 신의 뜻에만 연관했지만, 인문학이 몰두하고자 하는 대상은 인간의 존재 증명이 되는 것이고, 그 인간의 존재 의미는 사람마다 다양하게 결정될 수밖에 없다는 것이 가장 큰 문제다. 사람의 삶에서 미리 규정되고 결정된 것은 하나도 없다. 사람은 누구나 할 것 없이 천재의 가능성을 품고 있지만, 그 천재를 실제로 실현하는 사람은 드물다. 신학에서는 신의 뜻에 몰두하면 그만이었지만, 사람의 존재를 학문의 대상으로 삼으려는 인문학과 생철학 그리고 실존 철학은 다양한 천재를 전제할 수밖에 없고, 그 천재의 다양성에 대한 인식이야말로 이런 인문학적 도전인 동시에 목적이 되는 것이다.

자신의 의식과 함께 시작될 수 있을 뿐이다. 바로 이런 식으로 아담도 아주 소박한 형식으로 자신의 존재를 역사적으로 시작하고 전개할 수 있었던 것이다. 천재는 매 순간 자신의 의식과 함께 세상을 향할 수밖에 없고, 매 순간 그는 자신의 의식과 함께 이 세상의 실존을 시험대 위에 세울 수밖에 없다.[60]

천재는 뒤로 남겨진 모든 것을 차근차근 다시 한번 관통하며 철두철미하게 관찰한다. 그러면서 모든 것을 스스로 만져 보고 느끼면서 체험한다. 이렇게 하여 그 뒤에 남겨진 모든 것이 자기 안으로 들어올 때까지 이런 철저한 관찰 행위를 절대로 멈추지 않는다. 그래서 천재는 과거에 대해 완전히 다른 지식을 획득한다. 그의 지식은 세계사적 견해들이 제공한 것과는 차원이 완전히 다르게 펼쳐진다.

천재는 스스로 모든 것을 규정하고 결정한다. 그런 행위에 의해서만 그의 존재는 굳건해진다. 그리고 이런 행위 자체가 죄가 된다고 한 설명은 천재에게 오히려 진정한 찬사가 될 뿐이다. 하지만 이 모든 것은 이미 앞에서 언급하고 다뤘던 내용들이다. 이제는 그 내용들을 다시 요약하고 정리하는 수준을 넘어 결정적인 정의를 도출해야 할 때이다. 나의 주장은 이렇다. 모든 인간은 종교적 존재이다. 모든 사람의 삶은 종교적으로 규정된다.

이런 주장과 맞서 싸우고자 하는 자는 스스로 혼돈 속에 빠지고 말 것이다. 종교 자체를 부정하는 자는 개인이라든가 인류 혹은 불멸성이라는 개념들 자체의 의미까지도 저버리는 어처구니없는 짓을 하게 되는 것이다.

---

60 신의 실존은 이미 규정된 것에서 시작하지만, 사람의 실존은 의식의 개입에 의해, 즉 나중에 결정된다는 것이 대표적인 차이점이라 할 수 있겠다. "천재는 매 순간 실존을 시험대 위에 세운다"는 말은 실존이 전혀 다른 평가를 받을 수도 있다는 얘기이고, 이때 사람의 실존은 가능성으로 충만한 상태임을, 즉 열린 공간과도 같은 형식임을 설명해 주는 말이 된다.

바로 이런 이유에는 나는 모든 사람이 자신의 감각을 총동원하여 사물을 예리하게 관찰해 주기를 간절히 바란다. 왜냐하면 바로 이 지점에 사람 사는 세상에서 직면하게 되는 정말 어려운 문제들이 놓여 있기 때문이다.

만약 누군가가 간계를 잘 꾸며 내는 머리를 지녔다고 해서 외교관이나 형사가 되어야 한다고 말하거나, 누군가는 흉내를 잘 내는 재능으로 사람들을 잘 웃게 해 준다고 해서 연극배우가 되어야 한다고 말하며, 또 누군가는 이런저런 재능도 갖고 있지 않다고 해서 관공서의 난로나 관리하는 화부가 되어야 한다고 말한다면, 그것은 정말 아무것도 종합적으로 제대로 관찰하지 않고 사람을 평가하는 실수를 저지르는 것이다. 아니 이런 식으로 말하는 자는 아무것도 관찰하지 못한 것이나 다름없다. 왜냐하면 그런 관찰에 의해 밝혀지는 것은 그저 당연한 것이기 때문이다. 이런 식으로 내뱉은 말로는 삶에 대해서 그 무엇도 설명해 낼 수가 없다.

사람 사는 세상에서는 관찰이 그 무엇보다도 중요하다. 모든 것은 관찰을 통해 해명되어야 한다. 나의 종교적 실존이 어떻게 나의 외부 세계와 관계를 맺게 되는지, 그리고 그 종교적 실존이 어떤 형상으로 나의 외부에 모습을 드러내는지, 이런 것이 관찰되고 해명되어야 마땅하다.[61] 이런 것들이 바로 삶을 위한 진정한 과제가 된다. 하지만 아무도 이런 과제에 대해 신경을 쓰지 않는다는 것이 문제다. 우리 시대의 사람들은 사람의 삶이라는 개념에 대해 관심조차 보이지 않는다.

---

61 '나의 종교적 실존'이라는 말은 '마이네 레리기외제 엑시스텐츠(meine religiöse Existenz)'라는 표현을 직역한 것이다. 키르케고르는 지금 실존의 의미를 수식하는 형용사로 '종교적'이라는 개념을 사용하고 있음을 주목해야 한다. 종교적 이념은 실존을 규정하는 여러 요소 중의 하나에 해당한다는 인식이 바로 그의 철학적 대전제가 되는 것이다. 말하자면 종교적 측면이 동원되지 않는다는 사람의 실존은 뭔가 중요한 것을 상실해 버린 그런 기형적인 존재가 될 것이다. 사람은 자신의 종교적 실존에 대한 인식이 무엇보다도 중요하다는 것을 인정하고 그것을 제대로 이해할 수 있는지를 스스로 검증해야 할 것이다.

단 한 순간이라 해도 현재의 삶이 화살처럼 스쳐 지나간 세월보다 훨씬 더 중요하다.[62] 우리 시대의 사람들은 이런 말에 대해 도무지 마음의 문을 열려고 하지 않는다. 솔직하게 말해 보자. 도대체 그 누가 이런 말에 대해 진심으로 고민하고 있단 말인가? 사람들은 그런 것에서 무엇인가 배우려 하기보다는 오히려 과거에 너무 매달리는 경향이 있다. 영원한 것에서 영원성을 쟁취하는 방법을 배우기보다는 자기 주변에 있는 사람들을 몰아대거나 추종하는 일에 더 맹목적으로 임한다.[63] 오히려 그런 식으로 살아가는 법을 배우는 데 여념이 없다.

사람의 삶은 자신으로부터 시작될 뿐이다. 그리고 이웃과 함께 어울리면서 삶은 아름다운 것이 된다. 그리고 매 순간 그 순간에서 벗어나 밖으로 나가려는 노력이 요구된다. 삶은 그 자체만으로는 아무것도 아니다. 삶은 과정이기 때문이다. 이런 것들을 배우려 하지 않는다면 그저 우리 시대의 사람들처럼 헛것에 매달려 아옹다옹하는 꼴에서 결코 벗어나지 못할 것이다.

순간에 얽매여 쫓고 쫓기는 삶은 옳지 않다. 사람들은 함께 어울릴 때 진정한 삶이 자신의 것으로 주어진다. 그때에만 삶의 의미가 인식의 대상

---

62 과거를 무시하는 소리가 아니다. 과거는 현재를 위한 거울은 될 수 있어도 현재를 대신할 수는 없다는 말을 하고 있을 뿐이다. 사람에게 삶은 현재의 의미로 주어질 뿐이다. 그 현재의 의미를 인식하고 대하느냐가 문제인 것이다. 대부분의 사람들은 과거에 취했던 의미를 고집하거나 그것에 얽매여 현재의 삶을 괴롭힐 때가 많다. 과거에 생각했던 내용으로 현재를 설명하려고 하는 실수는 저지를 때가 너무나 많다. 스스로 모든 가능성을 차단하고 자신의 삶을 옹색한 틀 안에 가둬 놓고 마는 실수를 저지르는 것이다. 키르케고르는 모든 사람에게 천재가 주어져 있다고 말했다. 천재는 모든 사람의 것이라고 단언했다. 그것을 활용하고 안 하고는 자기 의지에 달려 있다는 말이기도 하다.

63 여기서도 중요한 점을 인식해야 한다. 키르케고르는 영원한 것을 거부하지도 무시하지도 않는다. 그도 영원한 것을 믿는다. 다만 그 영원성은 우리의 책임이라는 것이 키르케고르의 신념이다. 아무리 믿어도 안 되는 것은 안 된다. 그 안 되는 것을 신앙으로 해결하려는 자세는 실존적이지도 않고 키르케고르의 철학적 이념에도 맞지 않는다. 사람도 영원성에 동참할 수 있다. 사람도 인식을 통해 영원한 존재가 될 수 있다.

으로 주어질 뿐이다. 만약에 단 한 번만이라도 진정으로 왈츠를 출 수 있다면, 그는 진정으로 삶을 체험하고 느끼면서 살아갈 기회를 쟁취하게 되는 것이다. 상대방의 손을 잡고 황홀하게 춤을 출 수 있을 때 사람의 삶은 틀림없이 진정으로 저 모든 불행으로부터 질투의 대상이 될 것이다.[64]

사람은 불행한 존재로 태어나지 않는다. 다만 문제는 사람이 자신의 삶 속에서 머리를 땅속에 처박고 살아갈 수도 있다는 데 있다. 머리 위에 목을 매달고 삶에 임할 때 정신없이 살아가는 삶이 탄생하는 것이다. 그때 삶은 무섭도록 회오리치는 끔찍한 소용돌이 속으로 끌려 들어갈 수밖에 없는 신세가 되고 만다. 하지만 그런 식으로 살게 된다면 아무리 노력해도 자신이 원하는 바에는 절대로 도달하지 못하는 헛수고가 바로 자신의 삶을 통해서 연출될 뿐이다.

사람의 삶은 가치 있는 것이다.[65] 사람의 삶은 젊은 처녀가 지닌 짧은

---

64 행복과 불행은 떼놓을 수가 없다. 불행을 아니까 사람들은 행복을 원하는 것이다. 질투의 문제도 마찬가지이다. '남의 불행은 나의 행복'이라는 말이 존재하는 것은 바로 이 때문이다. '사돈이 땅을 사면 배가 아프다'는 말도 같은 맥락에서 이해될 수 있다. 사람들은 남이 잘 되는 꼴을 보기 싫어한다. 이것이야말로 사람의 본능이다. 하지만 그 싫어하는 마음이 존재하는 한 그는 불행의 덫에서 벗어날 수가 없다. 행복은 그 덫에서 벗어날 때 주어질 뿐이기 때문이다. 그 불행의 덫에서 벗어나는 것이야말로 지혜이고, 그것이야말로 실존을 향한 철학에서 반드시 배워야 할 기술이라 말할 수 있겠다. 사람은 사랑할 수 있다. 사람은 그런 사랑과 함께 행복해질 수도 있다. 사람은 죽어야 하는 한계에 갇혀 있지만, 그런 존재라 해도 인식과 깨달음을 통해 영원성에 동참할 수도 있는 것이다. 그 비결을 배우느냐 못 배우느냐 하는 그 사이에는 하늘과 땅만큼의 차이가 보여 주는 무한의 공간이 주어져 있다.

65 '사람의 삶'은 앞에서 몇 번 언급되었지만, 이제 좀 더 철학적으로 생각해 봐야 할 때가 된 것 같다. 이것은 '멘쉔레벤(Menschenleben)'을 직역한 말이다. '사람의 삶'은 물론 '인간의 인생'이라고 말해도 된다. 같은 말이지만 어감은 약간 다르다. '인간'과 '인생'은 한자어이다 보니 그 전해지는 느낌 또한 좀 더 본질적인 의미로 채워질 수밖에 없다. 하지만 '사람의 삶'이라고 말하게 될 때 이것은 순수한 우리말이다 보니 그 어떤 다른 해석이 요구되지 않는다. 즉 직접적인 인식이 주어지는 듯하여 이 표현을 선호하고 있을 뿐이다. 사람의 삶이 무엇을 의미하는지, 그것을 깨닫는 것이 순수한 인문학적 과제가 된다. 그것이 바로 실존 철학적이면서도 동시에 전통적 의미에서의 형이상학적인 숙제를 더불어 인식하게 해 준다. 지금 우리는 삶이라고 단 하나의 개념으로 말하지만, 사실은 보이는 삶도 있

아름다움보다 훨씬 더 가치가 있다. 그 처녀는 밤이 지속되는 동안에는 춤추는 사람들 속에서 마법을 부릴 수도 있고 자기 스스로도 그들 사이에서 비범할 정도로 존재를 과시할 수도 있겠지만, 아침이 되어 빛이 주어지고 나면 결국 시들고 말 것이기 때문이다. 그렇지 않은가? 사람의 삶은 하룻밤에 연출되는 아름다움과는 비교도 되지 않는다.

이제 종교적 실존에 대해 좀 더 깊이 있게 고민을 거듭해 보자. 종교적 실존이란 외적인 실존을 위한 조건이 된다. 종교적 실존은 외적인 실존에게 철두철미하게 영향을 끼친다. 그것을 위해 따로 시간이 필요하지도 않다.[66] 그리고 사람이 아무리 절망에 빠져 허우적대며 서두른다고 해도 결국에는 그다음에 벌어지는 일을 인식하고 주시하지 않을 수 없다. 늘 그다음 일을 손에 거머쥐면서 삶은 지속될 수밖에 없는 것이다.

가끔 사람들은 세상 속에서 허우적대며 살아가다가 우연히 위대한 일을 성공적으로 해내기도 한다. 하물며 그가 이따금 교회라도 다녔더라면 금상첨화가 될 수도 있다. 왜냐하면 이때는 모든 것을 신의 뜻으로 돌리며 행복에 겨워할 수도 있기 때문이다. 이런 지경에 처하고 나면 종교적인 것이 자신을 위한 것인 양, 즉 자신을 위해 펼쳐진 절대적인 것인 양 떠벌릴 수도 있게 된다. 이때는 자신이 종교적인 것에 지배를 받는 몇 안 되는 개인인 양 자랑스러워할 수도 있는 것이다. 그 절대적인 것이 다른 사람들에게는 아무런 영향도 끼치지 못한다는 사실을 세상에 공개적으로 선포하

고 보이지 않는 삶도 있다. 몸으로 사는 삶도 있고 생각하며 살아야 하는 삶도 있다. 전자와 후자가 하나로 인식되는 순간 남다른 깨달음이 주어질 것이다.

66 시간이 필요한 것은 현상의 영역이다. 하지만 본질의 영역에서는 시간의 원리가 적용되지 않는다. 사람은 현상의 영역과 본질의 영역을 동시에 살아야 한다는 숙제를 떠안고 있다. 실존이라는 개념이 감당하는 영역도 이 두 개의 세계를 아우르게 된다. 이때 종교적 실존은 외적인 실존과 운명적으로 어울릴 수밖에 없다.

면서 무한한 긍지에 휩싸일 수도 있는 것이다.

만약 종교적인 것이 선택받은 소수의 것이라고 생각한다면 그것은 지극히 이기적인 판단이다. 그것이야말로 삶의 의미를 저버리는 행위에 불과하기 때문이다. 그렇게 말하는 사람은 삶의 의미를 향해 '잘 자!' 하고 말하며 작별을 고하는 꼴이나 다름없다. 진정으로 어리석은 짓이다.[67] 물론 지금 설명하고 있는 바를 근본적으로 이해하기란 쉽지 않다. 종교적인 것의 과제가 이런 식으로 해결되는 한, 종교적인 것이 지향하는 바는 삶의 의미에서 점점 멀어지기 때문이다.

종교적인 것이 심층적으로 고민하는 바를 학문적으로 다루기는 까다로울 수밖에 없다. 만약 종교적인 것이 요구하는 바와 그 과제를 외적인 영역에서 일상적 인식에 따라 규정하고자 한다 해도 그것은 결코 쉬운 일이 아니다. 이는 마치 희극 배우가 직업적으로 감당해야 할 일들이 무엇이어야 하는가를 규정하는 일과도 같다. 이들 사이에 다를 바가 도대체 무엇이 있단 말인가! 이런 일로 논쟁하며 아까운 시간을 허비할 생각은 전혀 없다.

누구나 종교적인 것에 대해 어느 정도는 이미 이해하고 있고, 누구나 그것에 대해 자신이 알고 있는 것이 금보다 더 연약하여 세공하기 쉽고, 또 그런 이유로 인해 무슨 얘기를 섞어 놓아도 상관없을 정도이며, 그래서 종

---

67 삶의 의미를 저버리고 신의 뜻을 취하는 것은 어리석은 짓이다. 삶의 의미를 신의 뜻으로 해석하는 것도 어리석은 짓이다. 물론 형식을 빌려 올 수는 있다. 삶의 형식이 있고 신의 형식이 있다. 그것을 알고 대처하면 아무 상관 없다. 신학도 좋은 학문이다. 그렇지 않았다면 세상에서 천 년 동안 만학의 주인으로 군림할 수도 없었을 것이다. 신학에도 위대한 힘이 있음을 인정해야 한다. 하지만 신학만으로는 설명할 수 없는 것들이 있다. 이런 갈증 속에서 르네상스가 탄생한 것이다. 이제 인문학이 가세하기 시작했다. 하지만 신학의 아성에 비하면 여전히 부족한 것이 너무나 많다. 키르케고르는 바로 이 부족한 영역에서 설명과 해명을 거듭하고 있을 뿐이다. 사람의 삶을 변호하기 위해 철학의 길을 걷고 있는 것이다. 사람의 삶은 신의 뜻과 공존할 수 있다. 그것을 가르치려고 애쓰는 것이다. 키르케고르가 어느 한쪽을 등지고 다른 한쪽을 향하는 그런 배타적인 방식을 취한 것이 아님을 반드시 깨달아야 한다.

교적인 것 자체도 완전히 제멋대로 변할 수 있다는 것을 잘 알고 있을 것이다. 바로 이런 점을 감안한다면, 중세의 실수는 폐쇄적으로 결정된 종교적 견해와 판단 속에 있는 것이 아니라, 그런 견해와 판단을 갖는 것에 대해 더 이상 고민하려 하지 않았다는 점, 즉 그런 견해와 판단과 관련하여 자유로워야 할 자신의 견해와 판단을 너무 빨리 포기했다는 점에서 찾을 수 있겠다.

여기서 다시 반복에 의한 인식의 문제가 제기된다. 말하자면 개인이 종교적인 견해와 판단을 가지고 고민을 거듭하기 시작한 이후에, 즉 자신을 신앙 속에 온전히 내맡겼다가 자기 스스로 머리털 끝까지 정확하게 되찾기까지, 그 종교적인 것이 그 개인의 개인성에 어느 정도까지 영향을 끼칠 수 있는가 하는 문제다. 아쉽게도 중세에는 이런 고민이 존재하지도 않았고 허락되지도 않았다. 그때는 오로지 단절만이 정상이었고, 복종만이 해답이었다.

중세에 개인의 개인성 따위는 안중에도 없었다. 만약 한 개인이 이런 식으로, 즉 종교적 고민을 통해 자기 스스로 반복적으로 다시 온전히 인식되어야 하는 상황이 펼쳐지면, 그 개인은 우스갯소리로 농담을 쏟아 놓거나 무의미하고 어리석은 짓거리들을 동원해서 그 모든 상황을 턱없이 부족한 그 무엇으로 연출해야만 했다. 물론 오늘날에 그와 같은 언행은 지극히 바보 같은 짓이라고 말해야 마땅할 것이다. 왜냐하면 오늘날에 남을 웃길 수 있는 사람은 진정한 농담의 의미를 알고 있는 자로 평가받고 있고 그런 방면에서 남다른 재능을 갖고 있는 것이라 간주되기 때문이다. 사람을 웃길 수 있는 것도 능력이다. 그런 능력을 갖춘 자라면 오늘날에는 진정한 행운아로 인정해 주어야 마땅하다는 얘기다. 도대체 무엇을 더 이상 바랄 수 있단 말인가?

지금 내가 종교적인 것이라는 문제와 관련하여 펼치고 있는 이런 설명은 누구나 다 알고 있지만 현실적으로 금지된 것이기에 남이 듣지 못하도록 귀에다 대고 낮은 목소리로 들려 줘야 하는 그런 불길한 이야기가 결코 아니다. 옛날 사람들에 비하면 오늘날 사람들은 세상일에 대해서는 정말 영리해졌지만, 이들 중 대다수는 종교적인 것과 관련하여 들을 귀를 전혀 갖고 있지 않기 때문이다. 오늘날 사람들은 종교적인 것과 관련하여 거의 맹목적인 지경에 처하고 말았다.

물론 내가 이렇게 말한다고 해서 중세에는 종교적인 것과 관련하여 좀 더 광범위하게 토론된 적이 단 한 번도 없었다는 말을 하는 것이 결코 아니다. 그때에도 이런 식의 토론은 존재했었다. 굳이 예를 들자면, 사물을 종교적 의미에서 포착해 내는 데에서는 남다른 재능을 갖춘 화가가 종교가 허락하는 범주 안에서는 자신의 업적을 제대로 발휘할 수 없었지만, 미의 여신 비너스를 그려 내는 데서는 똑같은 종교적 신앙과 열정으로 몰두하여 그려 낼 수도 있었다. 이것은 이 화가가 자신의 예술가적 소명 의식과 관련하여 얼마나 종교적으로 경건했는지를 보여 주는 대표적인 사례라 할 수 있겠다. 그는 그런 식으로 그림을 그려 내면서 교회에 이바지할 수 있었던 것이다. 달리 말해, 그는 교회 관계자들의 시선을 천상의 아름다움을 보여 주는 자신의 그림에 매몰되게 하는 데 성공을 거둔 것이다.

이 모든 것에도 불구하고 사람들은 개인들이 등장해 주기를 기다려야만 했다. 여기서 말하는 개인들이란 모든 외적인 재능에도 불구하고 남들이 다 알고 그래서 그들 모두가 가는 그런 넓은 길을 선택하지 않고, 굳이 상처를 주고 궁핍한 삶으로 인도하며 불안을 떠안게 하는 그런 길을 선택하는 자들을 의미한다. 그런 길에서 종교적인 것을 고민하는 그런 개인이야말로 우리가 기다려야 할 미래의 인물이다. 그는 불안을 알게 해 주는 그 길 위에서 모든 것을 상실하게 되겠지만, 그가 가지고 있는 유일한 재능은 자유를 향해, 즉 모든 것을 향해 뻗는 유혹의 손짓일 것이다.

종교적인 것과 관련하여 자신의 길을 선택하는 이런 개인들이야말로 스스로 투쟁에 휘말리는 존재들일 것이다. 이런 투쟁은 아무나 할 수 있는 것이 결코 아니다. 당연한 얘기겠지만, 그것은 최선을 다한다 해도 성공 여부를 보장할 수 없는 너무나 힘겨운 투쟁이기 때문이다. 개인이 후회하는 지경에 처하는 것은 피할 수 없다. 그런 순간은 반드시 오고야 말 것이다. 후회의 감정이 개인을 덮치게 되면 극심한 고통도 따를 것이다. 때로는 절망의 늪에 빠지기도 할 것이다. 온갖 재능을 모두 동원하여 자신이 원하는 방향으로 나아가려고 노력하는 자는 그런 순간을 결코 피해갈 수가 없다. 살다 보면 원하는 대로 되는 일보다 안 되는 일이 더 많기 때문이다. 그는 자신의 삶 속에서 진정으로 웃는 날을 기약하며 도전을 거듭하겠지만, 성공보다 실패할 확률이 더 높음을 결국에는 깨닫고야 말 것이다.

그래도 괜찮다. 아무리 상황이 궁핍해도, 아무리 그 궁핍한 상황이 가져다주는 외적인 공포가 강렬하다 해도, 그 속에서도 정신의 끈을 놓지 않고 주의를 기울일 수 있는 자는 자신의 길을 기어코 찾아내고야 말 것이다. 모든 것을 잃어버렸다고 인식되는 순간에도 그는 새로운 모든 것을 향한 탈출구를 발견하고야 말 것이다. 왜냐하면 그는 앞으로 나아가고자 하는 욕망을 포기할 수 없기 때문이다. 그런 욕망이 길을 인식하게 해 주는 것이다.

주의력이 강한 자는 더 이상 단 한 걸음도 내디딜 수 없는 상황, 즉 자신의 재능을 향해 미소 짓는 온갖 길들이 자신에게서 완전히 제거된 상황에서도, 이상한 소리를 듣게 될 것이다. 이것은 의심의 여지가 없다. 그런 진퇴양난의 상황에서 그의 귀를 통해 들려 오는 소리는 이런 것이리라. "괜찮다, 나의 아들아! 그저 앞으로 나아가는 것에만 집중하라! 왜냐하면 모든 것을 잃은 자만이 모든 것을 다시 얻을 수 있기 때문이다."

이제 우리는 종교적 천재가 누군지를 고찰해 보고자 한다. 여기서 말하는 종교적 천재란 자신이 보여 주는 현상적 직접성에 만족하여 머무르지 않는 존재를 의미한다. 종교적 천재는 늘 자기 밖으로 향하려 한다. 그는 밖으로 향하는 이런 성향을 자신의 본질로 갖추고 있는 존재이다. 그래서 그는 늘 언제 밖으로 향하는 행동을 실천에 옮길 것인지를 자신을 향해 묻는다.

종교적 천재가 실천에 옮기게 되는 최초의 행동은 자신을 향하는 일이다. 모든 것을 직접적으로만 관계하는 천재가 자신의 운명을 인식하듯이, 종교적 천재도 모든 것을 오로지 자신과 연관된 형태 속으로 끌어들이고, 바로 거기서 자신의 죄를 인식한다. 오로지 자신을 향하는 그 행위와 함께 종교적 천재는 신을 향한다. 즉 신을 향하는 것은 바로 자신을 향하는 것에 의해서만 실현된다는 얘기다.

그래서 종교적 천재에게는 자신을 향하는 것이 일종의 종교적 예배 의식이다. 종교적 천재의 정신은 스스로 한계를 잘 알고 있기 때문에 신을 바라보고자 하는 욕망에 휩싸이게 된다. 그는 모든 것을 오로지 자신에게 깊이 뿌리박고 있는 죄의식에서부터 시작해야 하기 때문에 신을 필요로 하는 것이다.[68] 그는 자신으로 향할 수 있기 때문에 비로소 자신의 죄를 발

---

68 이 말은 매우 중요하다. 예를 들어 생로병사로 한계가 지어진 존재라서 신을 원하게 되는 것인가, 아니면 무한한 신을 인식하고 있어서 자신의 유한한 한계를 알게 되는 것인가, 그것이 관건이기 때문이다. 죽어야 할 운명적 존재인 인간이 신을 알고 신을 보려 한다는 그 욕망 때문에 인간이 스스로 죄의식을 가져야 한다는 식의 설명은 사실 중세적 발상이고 발언이다. 신을 먼저 앞세운 결과 발생하는 죄의식은 어쩔 수 없는 지경에 처하게 하기 때문이다. 하지만 키르케고르는 지금 정반대의 말을 하고 있음을 깨달아야 한다. 천재의 재능이 스스로 자신을 향하게 한다는 것은 인문학적 인식으로서 특별한 것이다. 천재의 진정한 능력은 신을 아는 것이 아니라 자신을 먼저 안다는 데서 존재의 출발점을 발견한 것이다. 천재는 자신을 아는 만큼 신의 크기도 그에 비례하여 커질 것이다. 자신을 아는 것은 정말 인간의 대단한 능력이다. 왜냐하면 그 앎이 신과 직접적으로 연결되기 때문이다. 그리고 인간은 어떤 식으로든 자신에게서 부족한 점을 발견하고야 말 것이고, 그것이 죄의식으로 발현된다 해도 어쩔 수 없는 일이다. 이런 것이 인간적인 운명이고 인문학적인 필연이며 생철학적인 데카당이고 실존 철학적 한계 상황이다. 하지만 만약 인간이 충분히 건강하다면 그 지점에서

견할 수 있는 것이다.

천재의 천재성이 크면 클수록 그가 발견하는 죄도 더불어 심각해질 것이다. 죄라는 깊은 수렁에 빠진 정신이 스스로 자신의 정신을 잃고 급기야 어리석게도 무정신성이라는 현상으로 모습을 드러낸다고 할지라도, 나는 이것을 특별히 환영하는 바이다. 이것이야말로 내게는 즐거움이고 기쁨이며 신나는 징조이기 때문이다. 천재는 대부분의 평범한 다른 사람들과 다르다. 천재는 그 남다른 재능 때문에 스스로 자신에게 더욱 까다롭고 더욱 혹독한 요구를 한다.

천재가 자신에게 더 혹독한 요구를 하는 까닭은 그가 이 세상에 살고 있는 대부분의 평범한 사람들을 무시해서가 아니다. 그 이유는 오로지 자신과의 관계 속에서만 해명되어야 할 사안일 뿐이다. 천재에게 있어서 자신과의 관계는 그 어떤 것의 개입도 허락되지 않는 최초의 것에 해당한다. 그 누구도 이 관계의 형성을 위해 도움을 줄 수가 없다. 이 세상 모든 평범한 사람은 나름대로 자기만의 제한된 설명을 늘어놓을 수는 있겠지만, 그 어떤 설명도 제대로 된 도움을 실현할 수는 없다. 아니 약간의 도움도 불가능하다. 그들이 천재를 이해할 수는 없기 때문이다.

종교적 천재가 자신과 관련하여 자신이 파악한 모든 것을 감각적으로 인식할 수 있도록 모습을 드러내고 그 결과 현실적으로 인식하게 되면, 그가 발견해 내는 죄는 그 인식의 깊이만큼 더욱 깊은 곳에서 발견될 것이지만, 그 깊은 죄의 현상조차 감각적으로 모습을 드러내게 될 뿐일 것이다.

쓰러지기보다는 그런 현상이 자극제가 되어 더욱 정신을 똑바로 차리고 자신을 끌고 힘차게 앞으로 나아가려 할 것이다. 그러면서 그는 신을 찾아 떠날 것이다. 자신이 신을 향해 떠나야 하는 지점임을 인식하게 해 줄 것이다. 또한 그 지점이 한계인 동시에 모험 정신을 동원하고 진정으로 용기를 내야 할 지점임을 깨닫게 될 것이다. 한계에 도달함이 전제되어야 그 한계 지점을 등 뒤에 두고 다시 무한한 먼 곳을 바라볼 수 있을 것이기 때문이다.

종교적 천재는 이런 식으로 죄에 대한 감각뿐만 아니라 그 정반대의 현상, 즉 무죄에 대한 감각도 탁월하게 발전을 거듭할 것이다.[69]

직접적인 천재가 무엇인지에 대해서도 똑같은 방식으로 설명할 수 있다. 직접적인 천재는 자신의 운명을 인식하면서부터 출현한다. 그는 자신의 운명은 인식하는 데 그 어떤 것에서도 도움을 받지 못한다.[70] 운명과의 관계는 모든 인간에게 주어진 지극히 당연한 존재론적 문제이지만, 그 관계를 어떤 식으로 또 어느 정도까지 형성해 내느냐는 전혀 다른 문제가 된다.

모든 평범한 사람들은 어느 정도까지는 자신의 운명과 관계를 맺고 있지만, 그것은 대부분 잡담이나 수다의 수준에 머물 때가 많다. 그들은 그런 관계를 통해 자신의 운명에 대한 인식을 도출해 내지는 못한다. 잡담이나 수다 정도로는 인식을 향해 단 한 걸음도 나아갈 수 없기 때문이다. 영

---

69 죄와 무죄, 죄의식과 무죄 의식은 공존한다. 빛이 어둠과 함께 있을 수밖에 없는 것과 같은 원리이다. 밤이 있으니까 낮이 있는 것이다. 죄가 있으니까 무죄도 있는 것이다. 신이 있으니까 악마도 있는 것이다. 문제는 그런 정반대의 원리를 떠안을 수 있을 만큼 정신이 건강한가 하는 것이다. 건강한 정신일수록 정반대의 원리는 자극제로 다가오고 틀림없이 그런 형식으로 인식될 것이다. 정신이 건강하지 않을수록 선입견과 편견 혹은 독단에 휩싸여 이것 아니면 저것이라는 극단적인 선택을 스스로에게 강요하게 될 것이다. 정신이 병들어 있을수록 존재의 범위를 극단으로 좁혀 놓고 스스로를 그 안에 가둬 놓아 결국에는 스스로 죄인이 되는 꼴이 될 것이다. 정신이 편협할수록 바라보는 세상의 현상도 온갖 가능성을 배제해 놓은 형식으로 제시될 것이다. 사람의 삶은 현상 속에서만 진행된다. 하지만 그 현상은 생각의 범주와 정비례하여 규정될 것이다. 생각으로 살아야 할 세상은 시간과 공간이라는 원리를 전제로 한 현상의 세계와는 아무런 상관도 없다. 현상 대 비현상, 그것을 동시에 살아야 하는 것이 이성적 존재인 모든 인간에게 주어진 최대의 숙제인 것이다. 현상 대 비현상, 몸 대 마음, 눈에 보이는 것 대 눈에 보이지 않는 것, 외면 대 내면 등, 이 모든 것이 서로 조화롭게 어울릴 때, 즉 대립이 대립으로만 머물지 않고 서로 지향하고 친숙해질 때 사람은 전혀 다른 세상을 인식할 수 있는 것이다.

70 예를 들어 직접적인 천재는 어떤 점쟁이나 어떤 선생 혹은 어떤 멘토조차 필요로 하지 않는다. 그는 누구로부터 위로를 얻고자 하지도 않는다. 오히려 이런 이들의 개입이 그를 방해할 뿐이다. 그런 것의 개입을 필요로 하고 있다면, 그는 이미 직접적인 존재라고 말할 수 있는 자격이 없다. 직접적인 천재는 모든 것을 자기 스스로 결정하고 책임지는 한에서만 직접적인 존재가 될 수 있을 뿐이다.

Young이나 탈라랭Talleyrand 등이 이런 측면에서 잡담이나 수다의 의미를 잘 설명해 주었지만, 이들의 설명 또한 잡담이나 수다가 발휘할 수 있는 능력에 집중했을 뿐, 더 이상의 것은 내놓지 못했다.[71] 이런 모든 설명은 그들이 사용하는 언어 자체가 그 어떤 사상도 품고 있지 않다는 것을 증명하는 것에 지나지 않는다. 그들은 말을 하면서 자신이 무식하다는 것을 멋지게 포장하는 능력으로 무장하고 있을 뿐이다. 말하자면, 이런 사람들은 모두 천재나 운명과 관련하여 단 하나의 사상도 갖고 있지 않다고 단언한다 해도 상관없다 하겠다.

천재는 자신의 내면으로 향하는 남다른 재능을 타고 났다. 천재는 자신 안으로 파고들면서 죄도 발견하지만 정반대의 현상인 자유를 발견해 내기도 한다. 바로 이 자유에 대한 발견 가능성 때문에 천재는 운명을 두려워하지 않는 것이다. 천재에게 외부적인 상황과 관련하여 그 어떤 두려움도 갖지 않는 이유는 바로 이 자유의 존재 가능성 때문이라는 얘기다. 천재는 운명을 무서워하지 않는다. 왜냐하면 천재는 밖에서 벌어지는 일들에 대해 혹은 밖으로 향해야 하는 이유와 관련하여서는 자신이 풀어야 할 그 어떤 문제도 발견해 내지 못하기 때문이다.[72]

---

71 영이나 탈라랭이 누군지는 그다지 중요하지 않다. 그들이 잡담이나 수다에 대해 학문적인 말들을 쏟아 냈었다는 정보만으로 충분하다. 문제의 본질은 잡담이나 수다를 통해서는 운명을 인식해 낼 수 없다는 키르케고르의 철학적 메시지일 뿐이다.

72 이것은 천재가 외부 세계와 관련하여 문제의식이 결여되어 있다는 얘기가 결코 아니다. 존재의 문제는 외부에 있는 것이 아니라 내부에 있는 것을 말하고 있을 뿐이다. 세상은 아무 문제 없다. 그 세상 속에서 살아야 하는 것이 문제일 뿐이다. 시간과 공간은 아무 문제 없다. 그 시간과 공간 속에서 살아가야 하는 사람이 문제일 뿐이다. 상황은 이럴 수도 있고 저럴 수도 있다. 그 이럴 수도 있고 저럴 수도 있는 상황에 대해 능동적으로 대처할 수 있는 능력이 있느냐가 문제일 뿐이다. 사람은 그 어떤 상황 속에서도 오로지 단 한 명의 사람으로 존재할 수밖에 없다. 그 단 한 명의 존재, 그것을 두고 일회성이라고 혹은 유일성이라고 말해도 상관없다. 그 일회적이고 유일한 존재에 대해서 인식을 제대로 갖추고 난 뒤에, 마침내 사람은 자신의 삶을 책임지고 살아갈 수 있는 자격을 갖추게 되는 것이다.

천재는 자유를 인식한 존재이다. 자유는 천재에게 성스러운 것이다. 그에게 자유는 행복의 조건이다. 자유는 세상 속에서 이것이나 혹은 저것과 관련하여 등장하는 것이 아니다. 왕이나 황제가 있어서 그들의 결정으로 인해 자유가 탄생하는 것도 아니다. 혹은 세상을 떠돌아다니며 물건을 팔려고 외쳐 대는 장사꾼에 의해 자유가 규정되는 것도 아니다. 자유란 오로지 자신의 존재에 대해 앎으로써 전개될 뿐이다.

천재는 자신이 자유로운 존재임을 아는 존재이다. 천재는 자신의 개인성을 알면 알수록 더욱 높은 수준에 도달한다. 그 앎의 높이가 높아질수록 그 가치도 더불어 높아질 것이다. 하지만 천재가 높이 오를수록 그에 버금가는 대가를 치러야 한다는 것이 문제다. 천재의 높이가 높을수록 그에 버금가는 죄의식이 고통을 주게 된다는 것이 존재론적 문제다.

천재는 자신에 대한 이미지를 선명하게 인식할수록 자유에 대한 이미지도 더불어 선명하게 인식한다. 그런 이미지와 함께 더욱 넓은 세상이 자유롭게 펼쳐지게 될 것이다. 세상이 온통 자유로운 공간으로 연출되겠지만 그곳에서 천재는 다시 죄를 발견하는 운명에 처한다. 이것이야말로 천재가 피해 갈 수 없는 운명적 상황이라 말할 수 있겠다. 천재가 직면하는 운명은 그 누구와도 공유할 수 없는 유일한 형식으로 인식될 것이다. 천재는 그 운명 앞에서만 두려움을 품게 된다.

천재도 두려움을 안다. 하지만 그의 두려움은 늘 자유에 대한 인식으로 인해 극복을 거듭한다. 천재의 자유는 자신을 죄인으로 만들기도 하지만 그 죄인을 자신의 감옥에서 꺼내 주기도 한다. 그저 자유가 있는 곳에 죄가 있고, 죄가 있는 곳에 자유가 있을 뿐이다. 천재는 과거에서 존재의 최대치를 규정하고 그것에 머물며 스스로 고통에 얽매이게 하는 것이 아니라, 늘 새롭게 자유를 인식하고 그 인식된 자유는 늘 새로운 한계를 인식하게 하며 그와 더불어 새로운 죄의식을 깨닫게 해 줄 뿐이다.

천재는 자신에게 걸맞은 자유를 발견한다. 천재가 자유에 대해서 아는 만큼 불안도 떠안아야 한다. 천재의 불안은 죄와 관련한다. 그는 자유를 아는 만큼 죄의 가능성에 노출되어 있는 것이다. 가능성의 상태는 그에게 죄가 형성될 수 있는 공간을 의미하기도 한다. 천재가 두려워하는 것은 죄다. 왜냐하면 오로지 죄만이 그에게서 자유를 앗아갈 것이기 때문이다. 자유는 결코 한계에 직면한 저항도 아니고 그런 것에 집착하는 고집스러운 것도 아니다. 자유는 언제나 유한한 의미를 전제하고 그런 의미에서 규정되지만, 그와 동시에 그저 자신과 관련하여서만 자유가 주어질 뿐이다. 자신이 존재하니까 자유가 문제가 될 뿐이다. 이런 문제는 이제 쉽게 인식될 수 있을 것이다.

독서가 여기까지 이뤄졌다면, 이제 죄의 탄생에 대해서 논해야 할 때가 되었다. 지금까지 언급하고 설명한 내용을 제대로 인식한 상황이라면, 이 문제에 대해서도 두려워할 것이 하나도 없다. 죄는 탄생하는 것이다. 이 문제와 관련하여 쓸데없는 노력으로 시간을 낭비하는 일이 벌어지지 않기를 바랄 뿐이다. 물론 이렇게 말한다고 해서 내가 죄의 탄생에 대한 설명이 쉬운 일이라고 단언하는 것은 결코 아니다. 죄의 탄생에 대해서 설명하는 것, 이것이야말로 정말 어려운 문제다. 나는 이것을 진심으로 인정한다.

만약 자유가 한계에 직면한 상태에서 마침내 주어진 것이라면, 그것은 틀림없이 자유의 반대인 필연성과 직면하게 될 것이다.[73] 모든 필연성은 사람들이 자신과의 반성 속에서 자유를 파악한 정도로만 주어질 뿐이다. 하지만 인간의 상황이 이렇게 일방적으로만 해석되지 않는다는 것이 문

---

73 필연적인 모든 것은 그 자체로 이미 한계를 인정하는 것이다. 모든 필연적인 것은 그것만을 인정하는 한계 속에 갇혀 있기 때문이다. 필연적인 것이 결정되는 순간, 한계 또한 결정될 수밖에 없고, 그런 식으로 한계가 결정되는 순간, 이미 필연적인 것보다 필연적이지 않은 것이 더 많은 분량으로 주어질 것이다.

제다. 이것만으로 자유가 설명될 수는 없다. 자유의 정반대 편에 있는 것이 무엇인지에 대한 질문이 선명해질수록 죄에 대한 문제 또한 수면 위로 떠오른다. 자유의 반대는 죄다. 자유의 최고치는 바로 이 최고의 죄의식 속에 있는 것이다.

자유는 늘 자신과의 관계 속에서 인식된다고 했다. 자유는 자기가 원하는 만큼 요구될 뿐이다. 자유의 가능성이라는 거울 속에 결국 죄가 형상적으로 비칠 뿐이다. 자유가 자신과 관련하여 형성되듯이, 죄도 결국 자신과 관련하여 형성되는 것이다. 죄가 현실적으로 규정되고 나면 그것에 의해 자신도 현실적으로 규정될 수밖에 없다. 이런 사실을 주의하지 않는 자가 있다면 그는 결국 자신의 자유를 타인의 것과 혼동하는 실수를 저지르고 말 것이다. 말하자면 타인의 생각으로 자신의 생각을 규정하는 실수가 바로 이런 곳에서 발생한다는 얘기다. 그런 실수를 거듭하는 자는 자유를 마치 타인을 구속하는 힘인 것인 양 착각하기도 한다.[74] 진정한 자유는 그런 힘으로는 증명될 수도 없고, 그래서도 안 된다.

만약 자유가 죄를 두려워한다면 그것은 진정한 자유라 말할 수 없다. 왜냐하면 스스로 죄를 인식하고 있고 스스로 죄 속에 갇혀 있기 때문이다. 만약 자유가 그런 것이라면 자유는 죄인이 되어야 하는 운명에 갇히고 말 것이다. 하지만 자유는 늘 버리고 떠나기를 거듭할 뿐이다. 자유는 죄가

---

74 예를 들어, '나는 너를 때릴 자유가 있다'는 식의 발언은 진정한 자유가 아니다. 이렇게 말하는 자는 '너'의 존재에 얽매이고 그 존재에 의존적인 경향을 보이고 있는 것이다. 결국 '나'는 '너'의 노예가 될 뿐이다. '나는 너를 욕한다! 나에게는 너를 욕할 자유가 있기 때문이다!' 이런 식의 발언도 마찬가지로 이해할 수 있겠다. 자유민주주의 사회가 인식해야 할 것은 이런 일방적인 자유의 이념이 아니다. 그것이야말로 자유민주주의 사회를 병들게 하는 의견의 폭력이다. 의견의 폭력은 언제나 의견의 자유에 대해 정반대의 원리를 증명하고 있을 뿐이다. 자유가 자신에 뿌리를 둔 것이라면 진정한 힘을 발휘해 줄 것이다. 진정으로 한계를 인식하게 해 줄 것이고 그 한계와 함께 진정으로 운명을 깨닫게 해 줄 것이다. 그런 인식과 함께 자신은 자신이 떠안아야 할 자유를 깨달음의 경지에서 마주하게 될 것이다.

규정되자마자 그것을 단순하게 버릴 수 있는 능력을 갖추고 있다. 자유는 죄의 인식과 함께 다가오는 후회의 감정까지도 과감하게 버릴 수 있는 힘을 지녔다.

하지만 어떤 식으로 말을 해 놓아도 변하지 않는 것이 하나 있다. 그것은 자유가 반드시 죄와 관련하여서만 인식된다는 사실이다. 아무리 넓은 공간을 인식하게 해 준다고 해도 결국 그곳에서 자유는 죄의식과 마주할 뿐이다. 바로 이런 상황 속에서 천재의 천재성이 요구된다. 천재는 그 어떤 개입도 허락하지 않은 채 오로지 혼자서 모든 것을 감당해 낸다. 천재는 가장 순수한 의미에서의 결정을 단행해 낸다. 천재는 자신이 내려야 할 결정을 결코 외면하지도 않고 그것 앞에서 무책임하게 도피를 선택하지도 않는다.

천재는 결정을 내리는 주체이다. 천재는 어중이떠중이들 속에서 결정을 내리지 않는다. 천재는 자신 밖에서 결정을 내리지 않는다. 천재는 익숙한 자유에 대해 만족하지 않는다. 천재는 습관이 되어 버린 자유에 대해 혐오감을 느낄 뿐이다. 천재는 오로지 자신을 통해서만 자유를 얻을 수 있고, 그런 자유를 통해서만 진정한 경험을 도출해 낼 수 있다는 사실을 너무나 잘 알고 있다. 아울러 그는 자신의 경험이 자유에 의한 것인지 아니면 죄에 의한 것인지도 너무나 잘 알고 있다. 따라서 천재에겐 법 조항들을 '달달 외운다'고 해서 또 그런 식으로 '달달 외운 지식으로' 일상에서 영리하게 대처한다고 해서 그가 죄인이 되지 않는다거나 죄인이 될 수 없다는 식으로 말하는 논리나 주장만큼 우스운 일이 또 없다.

자유는 필연적으로 죄와 관계를 맺을 수밖에 없다. 그렇게 맺은 관계 속에서 탄생한 죄와 함께 불안도 탄생한다. 왜냐하면 자유와 죄는 모두 오로지 가능성에 의해서만 인식될 뿐이기 때문이다.[75] 하지만 만약 자유가 온 열정으로 자신을 주목하는 한, 그 자유는 결국 자신의 죄를 멀리 떨쳐 놓을 기회를 얻게 될 것이다. 죄로부터 멀어질수록 자유의 공간은 그것과 비례하여 무한하게 펼쳐질 것이다. 또 만약 자유가 그 가능성 속에서 그 어떤 힘줄도 발견해 내지 못한다면, 그 자유는 죄를 응시하는 시선을 너무나 쉽게 포기하고 말 것이다.

천재는 자신의 죄를 응시하는 능력을 지녔다. 그에게 이런 응시는 불안에 대한 두 가지 의미를 깨닫게 한다. 즉 천재는 자신과 관련한 가능성 속에서 자신을 거부할 수 있다는 사실이다. 가능성도 자기 안에서 벌어지는 사건이고, 그 가능성을 인식한 자기를 거부하는 것도 자신이다. 이 모든 것은 오로지 욕망에 의해서 진행된다.[76] 하지만 욕망이 향하는 곳에 불안이 동행하고 있다는 것이 문제일 뿐이다.

이제 나중에 태어난 개인의 불안이 아담의 불안과 비교하면 더 많은 것이 될 수밖에 없다는 것이 무엇을 의미하는지 충분히 설명되었을 것이다. 죄란 자유를 향한 가능성과 관계를 맺으면서 점점 더 자유로운 공간으로 확장되고 또 그렇게 될 수밖에 없는 구체적인 표상이다.[77] 결국에 가서는

75 가능하니까 불안을 느끼는 것이다. 이럴 수도 있고 저럴 수도 있으니까 불안한 것이다. 성공할 수도 있고 실패할 수도 있으니까 불안과 직면하는 것이다. 이런 주장은 시험장에서 겪게 되는 것을 예로 들어 이해해도 좋겠다. 사람은 누구나 시험 자체에 부담을 느껴 시험장에서 불안을 느끼기 때문이다. 문제는 주어질 것이고, 사람은 그 문제를 접하고 나서 정답을 내 놓을 수도 있고 오답을 내 놓을 수도 있다. 가능성은 열려 있다. 그 가능성 때문에 사람은 불안을 느끼는 것이다.

76 여기서 '욕망'은 '베게렌(Begehren)'을 번역한 것이다. 원래 '베게렌'은 동사이고, 그 뜻은 '열망하다' '욕구하다' 등을 의미한다. 즉 동사의 명사화를 의미한다는 데 주목해야 한다. 원래 이 동사에 뿌리를 둔 명사는 '베기어데(Begierde)'라고 따로 있다. 하지만 키르케고르는 이런 전형적인 명사를 사용하지 않고 동사의 명사화를 선택한 것이다. 과거에는 '욕망' 자체가 부담스러운 개념이었다. 욕망은 육체적 의미와 결부되면서 육체적 사랑이나 육체적 욕구 등으로 해석되는 것이 보통이었다. 하지만 키르케고르는 이런 행위 자체를 인정하고 긍정하고자 한다. 사람은 몸으로도 살아야 한다. 몸이 있으니 욕망은 필연적으로 주어진 것이다. 눈이 있으니 볼 수밖에 없고, 입이 있으니 먹을 수밖에 없으며, 항문이 있으니 배설할 수밖에 없고, 손이 있으니 만질 수밖에 없으며, 발이 있으니 걷고 싶을 뿐이다. 이 모든 욕망을 부정적으로 인식할 이유는 없다.

77 즉 죄는 여러 표상 중의 하나에 지나지 않는다는 말이다. 죄는 오로지 가능성의 의미 속에서 형성되

온 세상의 죄가 개인을 죄인으로 만드는 곳에서 하나가 되듯이, 그 개인은 온 세상의 죄와 직면하여 스스로 죄인이 되어 자신의 죄를 인식하게 되는 것이다.[78] 죄에는 개인과 세상이라는 이런 관계 속에서 변증법적으로 발전하는 속성이 있다.

죄의식은 개인을 죄가 없는 상황에서 죄가 있는 상황 속으로 옮겨 놓는 것이 아니라, 개인이 자신의 죄를 인식하게 됨으로써 그는 그 자신의 죄를 유발하는 것에 대해 자신이 스스로 책임을 져야 하는 존재가 될 뿐이다. 죄는 결코 외적인 요인에 의해 규정되는 것이 아니기 때문이다. 만약 누군가가 유혹에 빠져 사기를 당했다면, 그 사기를 당한 원인은 바로 유혹에 빠진 자신에게 있다는 것이다.

인간은 누구나 가능성의 존재이지만, 그 가능성과의 관계 속에서 죄는 사람을 속이는 하나의 가상으로 모습을 드러낸다. 하지만 이런 가상은 자신의 죄를 실제적인 형식과 내용으로 인식하는 순간 곧바로 후회의 감정으로 맞설 수 있게 해 주는 동력으로 작동하게 된다. 왜냐하면 그 후회의 감정이 비로소 그 실제적이라고 간주했던 죄를 자신만이 대면할 수 있는 대상으로 만들어 놓기 때문이다.

자유의 가능성 속에서는 모든 것이 유용하고 모든 것이 가능하다. 인식되는 죄의 깊이가 깊을수록 천재의 천재성은 위대한 현상으로 드러난다.

는 표상에 불과하다. 그리고 그 모든 가능성은 그저 자신에게 뿌리를 두고 있을 뿐이고, 그런 가능성이 넓은 공간을 획득할수록 죄의 의미도 넓은 의미로 확장될 것이다.

78 말하자면 자신의 죄가 세상의 죄와 무관하지 않다는 논리가 탄생한다. 세상이 잘못됐다는 인식이나 자신이 잘못됐다는 인식은 서로가 서로를 위한 조건이 되고 있을 뿐이다. 사람이 자신의 죄를 인식하는 것은 불안 때문이고, 불안은 자신이 인식하는 가능성에 비례하여 존재할 뿐이다. 아는 만큼 불안도 알 수밖에 없는 지경에 처한다. 이런 인식을 부정적으로 간주할 것이 아니라 새로운 가능성의 출현을 위한 조건으로 간주하고 나면 상황은 유리하게 변할 수 있다. 불안을 인식하고 제대로 사용할 줄만 안다면 세상은 가능성으로 충만한 넓은 공간으로 펼쳐질 수 있기 때문이다.

이것이 바로 인간이 위대한 이유이다. 달리 말해, 인간의 위대함과 그 크기는 자신 안에서만 관계를 형성해 낼 수 있는 신과의 관계와 그 관계에 기인한 에너지에 의해서만, 오로지 그 힘에 의해서만 구현될 뿐이라는 얘기다. 결국 인간의 위대함은 신과의 관계에 의존적일 수밖에 없다. 비록 이 신과의 관계가 운명을 규정한다고 해도, 또 그 관계가 의미가 완전히 전도된 형식으로 간주되어야 하는 운명을 발견하게 해 준다고 해도, 이 모든 것에도 불구하고 인간은 불안과 함께 위대한 존재가 되는 것이다.

직접적인 천재에게 운명은 자신의 손에 주어진 기회가 된다. 운명은 천재에게 자신의 존재가 도달할 수 있는 절정의 순간을 의미할 뿐이다.[79] 운명은 밖으로 향한 것이 빛의 형식으로 현실화되는 것이 아니다. 안의 것에 대한 인식을 배제한 채 밖으로만 향한 정신은 사람을 위축시키거나 혼란에 빠뜨릴 뿐이다. 운명과 함께 주어지는 절정의 순간이란 수공업자가 자신의 일상적인 작업을 통해 사람들을 놀라게 하는 그런 순간이 아니다. 그것은 오로지 자신이 자신을 위해서만 존재하는 순간이고, 그 순간에 운명을 통해서 자신이 함께 깊은 곳으로 침잠하는 순간이다.

이런 운명에 대한 인식과 함께 종교적 천재는 자신의 한없이 깊은 죄를 깨닫지만, 그 깨달음의 순간이 다시 그에게는 절정의 순간으로 인식된다. 깊이를 아는 만큼 높이를 알게 되는 순간이다. 종교적인 천재가 매 순간을 이런 최고의 순간으로 맞이하는 것은 결코 아니다. 그에게 있어서 이 최고의 순간은 진정으로 쉴 수 있는 날을 선사해 줄 것이고, 그 최고의 의미에

---

79 여기서 '절정의 순간'은 '쿨미나치온스아우겐블리크(Kulminationsaugenblick)'을 번역한 말이다. '절정(Kulmination)'에 대한 인식이 요구되는 시점이다. 절정은 올라가야 하는 때와 내려가야 하는 때가 공존하는 순간이다. 올라가야 하는 힘겨운 발걸음과 내려가야 할 때의 가벼운 발걸음이 동시에 인식되는 순간이다. '절정의 순간'은 변화의 지점이고 위기의 순간이다. 모든 것이 반전을 이루는 지점이기 때문이다.

서 주어지는 휴식의 날에 그는 일상에서는 경험할 수 없는 일종의 축제를 벌일 것이며, 그 순간에 그는 자신의 신성과 마주하여 깊은 신앙을 체험하게 된다. 종교적 천재는 자신을 통해서 이 모든 것을 실현시킨다. 그는 오로지 자신만을 위해 심연 속으로 침잠해 가지만, 바로 그 심연 속에서 자신의 뿌리 깊은 죄의식을 발견할 뿐이다.

제4장

죄의 불안, 혹은 개인에게 주어진 죄의 결과로서의 불안

질적인 비약을 통해서 죄가 세상 속으로 들어왔다. 그런데 그 죄가 거기서 멈추어 단 한 번의 사건으로 머물지 않고 이 세상 속으로 지속해서 들어오고 있다는 것이 문제다. 이런 비약이 진실로 인정되고 나면, 불안은 지양될 것이라고 믿을 수도 있다. 이때 불안은 자유가 스스로 모습을 드러내는 방식으로 규정되기 때문이고 자유는 가능성 속에서 자신에게 주어진 것이기 때문이다. 하지만 질적인 비약 자체는 현실이라 불리게 되고, 그런 한에서 가능성과 불안은 지양된 것처럼 인식될 수도 있겠지만, 그런 질적인 비약이 진실이라고 하더라도 가능성과 불안은 결코 지양되지 않는다.

현실은 질적인 비약을 향하지만, 그것은 결코 단 한 번의 사건으로 그치지 않는다. 한 번 규정된 현실은 또 다른 질적인 비약을 향할 수밖에 없고, 그때 그 현실은 정당하지 못한 현실이 될 뿐이다. 그래서 불안은 다시 이미 과거에 규정된 것과 관계를 맺을 수밖에 없고 동시에 규정되지 않은 채 다가오는 미래의 것과 관계를 맺을 수밖에 없다. 불안의 대상은 언제나 규정된 것이지만, 그것은 결국 무에 불과하고, 그것은 실제적인 의미에서 힘을 발휘하는 어떤 것이 된다.

그런데 만약 선과 악 사이의 차이점이 구체적으로 규정되어 있는 상황이라면, 불안은 결국 변증법적인 의미에서 취하게 되는 이중적인 속성을 상실한다. 이런 구체적인 상황에서 변증법적 이중성은 완벽하게 배제될 것이기 때문이다. 이런 상황이 바로 성경의 이야기가 펼치는 내용이고, 거기에 등장하는 아담과 더불어 나중에 태어난 모든 개인의 경우라고 말할 수 있겠다. 왜냐하면 질적인 비약과 관련한다면 불안은 그 자체로 이미 완전히 동일한 것이기 때문이다.

죄가 개인 안에서 질적인 비약을 통해 규정된다면, 똑같은 방식으로 선과 악 사이의 차이점 또한 그 안에서 규정될 수밖에 없다. 만약 우리가 죄를 지어야만 하는 순간에 지속적으로 그것에 저항하고 온갖 실험적인 지식에 대항하여 맞설 수 있다면, 우리는 이 세상 어디서든 어리석은 단편적인 견해로 인해 죄를 짓는 일은 없을 것이다. 그래서 우리는 앞서 논의했던 것, 즉 죄는 자유와 마찬가지로 스스로 자신을 전제한다는 것과 이것들은 과거의 어떤 것으로부터는 설명될 수 있는 것이 거의 없다는 것을 여기서 다시 한번 반복하여 설명해야 할 필요가 있겠다.

자유의지로서의 자유, 즉 자신과 무관한 자유는 그 어디에도 존재하지 않는다. 사실 이런 말은 라이프니츠에 의해 학문적 개념으로 사용되기 시작했지만, 현실 속에서는 어디서도 발견할 수 없는 것이다. 라이프니츠는 그런 자유의 존재를 믿고 있었고, 그런 존재가 선과 악을 선택할 수 있다고 말했지만, 개인의 자신과 무관하게 진행되는 자유의지는 말 그대로 허상에 불과할 뿐이다. 그런 식의 자유의지는 더 이상의 모든 설명 자체를 근본적으로 불가능한 것으로 만들고 말 뿐이다.

자유의 대상으로서 선과 악에 대해 말하는 자는 자유뿐만 아니라 선과 악이라는 개념들까지도 그 의미를 어처구니없을 정도로 제한하는 실수를 저지른다. 자유는 무한하기 때문에 오로지 아무것도 아닌 듯한 무의 형식으로써만 자신을 드러낼 뿐이다.[1] 그래서 만약 인간이 어쩔 수 없이 죄를 짓게 된다는 이런 식의 일방적인 주장은 사람이 똑바른 하나의 선 안에서 비약을 거듭하며 살지만 그의 모든 생각과 행동은 결국 둥근 원의 형식 속에 갇혀서 똑같은 실수를 반복하게 된다는 견해와 별반 다를 바가 없는 것이 되고 만다.

사람이라서 어쩔 수 없다느니, 사람이라서 어쩔 수 없이 죄를 지을 수밖에 없다는 식으로 생각하는 이런 방식은 거의 모든 사람에게 나타난다. 사람들이 이런 식으로 생각하는 이유는 다양하다. 우선 대부분의 사람은 아무런 생각 없이 살아갈 뿐이기 때문이다. 생각이 삶을 주도적으로 이끈다기보다는 그저 사는 대로 살아갈 뿐이다. 또 다른 이유로는 모든 시대마다 나름대로 칭찬하거나 찬양하는 방식이 있고, 사람들이 그 방식을 아무런 생각 없이 추종한다는 데 있다. 자신이 어떤 특정 방식을 추종하고 있다는 생각은 하지 못한 채 어쩔 수 없다는 말을 마치 자신의 말인 양 꺼내고 있는 것이다.

남의 생각을 따라가는 방식으로 이야기를 펼친 사례는 수도 없이 많다.

---

1   자유는 무다. 자유는 무한하다. 자유는 한계를 모른다. 자유는 정해진 것 안에서 인식될 수 없다. 자유는 구속을 전제로 하지만, 구속으로는 자유를 이해할 수 없다. 자유는 어떤 형식으로든 가둘 수 없는 것이다. 이 자유에 대한 이해야말로 인간적인 것에 대한 본질을 깨닫게 한다. 신학의 대상인 신에 대해서라면 그의 뜻이나 명령, 그리고 그것을 근거로 한 율법 등이 중요하겠지만, 인간을 주목하고 관찰하는 인문학과 생철학 그리고 실존 철학에서는 정해진 뜻도 없고 반드시 행동으로 옮겨야 할 명령도 없다. 한마디로 인생에는 정답이 없다. 여기서 정답이 없다는 말은 답이 없다는 얘기가 아니라 모든 답이 정답일 수 있는 자격을 가지고 있다는 말일 뿐이다. 키르케고르가 인간을 연구하여 얻어 낸 최고의 인식은 바로 이 자유에 대한 이념이라고 할 수 있다. 그가 생각하는 최고의 인간형은 자유인이라고 말할 수 있다. 그가 말하는 자유로운 인간은 정해진 틀 안에서 이미 정해 놓은 선과 악이라는 것 사이에서 어쩔 수 없이 행해야 하고 그럼으로써 어쩔 수 없이 죄를 지을 수밖에 없는 동선 안에서 도저히 벗어날 수 없는 지경에 처한 존재가 결코 아니다. 인간에겐 정해진 것이 운명적으로 주어져 있지만, 그것을 벗어나 자유를 향할 수 있는 능력도 갖추고 있다. 자유에의 의지는 모든 것을 무의 형식으로 바꿔 놓는 놀라운 기적의 형식과 맞물린다. 자유를 아는 인간은 기적이라는 신비로운 공간까지 자신의 영역으로 획득하게 된다.

거의 모든 세기마다 그 시대를 설명하는 방식을 증언하는 유명한 개념들이 있을 정도이다. 로고스 아르고스λόγος αργός(크리시프Chrysipp), 이그나바 라치오ignava ratio(키케로Cicero), 소피스마 피그룸, 라 레존 파레스즈sophisma pigrum, la raison paresseuse(라이프니츠Leibniz) 등이 대표적인 사례이다. 방금 언급한 이 모든 것은 일종의 게으른 이성을 설명하기 위해 동원된 개념이다.

요즈음 심리학이 불안을 다시금 연구의 대상으로 포착해 냈기는 하지만, 아직은 조심스럽게 다뤄야 할 단계에 있다. 개인의 삶과 관련한 이야기는 하나의 상황에서 또 다른 상황으로 성큼성큼 나아가는 움직임 속에서 진행된다. 모든 상황은 일종의 비약을 통해서만 규정되고 정리될 수 있을 뿐이다. 바로 이런 형식으로 죄도 세상 속으로 들어온 것이다. 개인에게 죄란 것은 상황에서 상황으로 이동하는 모든 개별적인 순간에도 지속적으로 들어오고 있는 도중에 있다. 죄란 것은 방해를 받지 않으면 끊임없이 세상 속으로 들어오는 중이다. 즉 그것은 어떤 형식으로든 상황에서 상황으로 이동하는 그 개인의 움직임을 통해 세상 속으로 들어오는 것이다.

하지만 어떤 죄도 똑같은 형식으로 또 똑같은 내용으로 반복되지 않는다. 죄는 그런 단순 논리의 결과물이 아니다. 모든 죄는 새로운 비약이라는 형식을 통해서만 규정된다. 이런 비약이야말로 언제나 하나의 상황을 전제하고, 그것은 다른 상황과 비교될 수 있는 근사치를 형성해 준다. 결국 바로 이런 비약이 개인이 처한 특별한 상황의 속성을 규정하고 설명하는 원인이 된다. 말하자면, 비약은 끊임없이 이어지는 심리학적인 근사치를 규명하는 데 핵심적인 역할을 하게 된다는 얘기다.

심리학이 연구의 대상으로 삼는 것은 개인이 처한 상황이다. 상황에 대한 이해가 심리학이 도출해 내야 할 과제인 동시에 목적이 되는 것이다. 개인이 처한 모든 상황은 가능성이라는 형식을 통해 모습을 드러낸다. 그리고 바로 이 가능성이라는 열린 의미 때문에 그 상황들 속에는 필연적으로 각각의 상황에 어울리는 불안이라는 요소가 틀을 잡고 있을 수밖에 없다. 가능성 때문에 불안이 현실적 의미를 취하게 되는 것이다.[2] 이런 것이 사람 사는 이야기이다. 가능성과 불안 사이에 죄가 끼어 있다. 죄는 이들 사이에서 규정된다. 선하다는 것, 즉 선한 의미로 해석될 수 있는 모든 것은 오로지 상황에 처함과 그 상황을 넘어서는 과정이 통일된 형식으로 모습을 드러낼 뿐이다. 달리 말해 상황에 처함과 상황을 극복함이라는 이 특별한 통일된 형식 속에 선함이 존재하는 것이다.

---

2 '현실'에 대한 키르케고르의 생각이 남다르다. 현실은 가능성의 공간이지만 바로 그 가능성 때문에 불안이 끼어들 수밖에 없다는 논리이다. 이것은 자유가 구속을 전제하는 논리와 같다. 빛이 어둠을 전제하는 의미와 같다. 남자와 여자는 다르지만 그 다름이 하나의 공식 속에서 서로 어울릴 때 사랑이라는 새로운 공간이 창출되는 것이다. 계산 능력을 의미하는 이성은 늘 선택을 강요하지만, 이성에 의한 모든 선택은 가능성이라는 공간 속에서 규정될 뿐이고, 그런 규정은 또 다른 가능성을 향해 언제든지 나아갈 수 있는 것이다. 지금 이런 상황에서도 언제든지 저런 상황으로 나아갈 수 있는 것이다. '어쩔 수 없다'는 식으로 한탄하며 상황 논리에 얽매이기보다 그런 상황을 타개해 나갈 방법을 모색하는 것은 부지런한 이성의 몫이 된다. 게으른 이성이 아니라 부지런한 이성이라는 말에 귀를 열어야 할 때가 된 것이다. 신을 인정하고 신의 뜻에 자신의 이성을 맡기는 것보다 모든 일을 스스로 인식하고 결정하며 선택하고 책임지는 일이 너무나 귀찮다는 것은 인정한다. 하지만 그것만이 부지런한 이성이 실천하는 일이라는 사실에 대해 부정적인 입장을 취할 수 있는 사람은 드물 것이다. 게으름의 반대편에는 늘 노력이 연출해 내는 자기만의 세상이 기다리고 있다. 어떤 현실 속에 있을 것인지는 결국 개인의 몫이 되고, 그것은 오로지 개인 자신이 선택하는 상황의 결과물이 될 것이다.

1
악에 대한 불안

 a) 죄는 규정되는 순간에 특정 가능성이 제거되는 것에서 그치지 않고, 동시에 부당한 현실을 제시해 놓는다. 이런 현실의 부당함이 강력할수록, 그것에 비례하여 불안도 강력하게 형성될 수 있다. 즉 불안은 바로 이런 부당한 현실과 관계하면서 발생한 것에 불과한 것이므로, 이것은 다시 부정될 수 있고 또 부정되어야 마땅하다. 이런 부정의 작업을 위해 부정 그 자체는 불안을 자신의 것으로 떠안으려 하게 된다.

 불안은 죄에 근거를 둔 영리한 궤변에 불과하고, 바로 이런 궤변의 영역 위에서 자신의 격전지가 형성된다. 죄가 연출하고 만들어 낸 현실은 마치 기사단의 성스러운 영지를 지키는 관리자처럼 한쪽 손에는 자유를 거머쥐고서 그 어떤 외부 세력의 공격에도 흔들림 없이 정의롭게 맞서지만, 다른 한쪽 손에는 아무도 눈치채지 못하게 사람의 눈을 속이는 기만술이 들려 있다. 현실의 거짓과 기만은 훌륭한 말솜씨로 포장되고 연출된 세상만을 보여 주고 있을 뿐이다.

 b) 규정된 죄는 동시에 자기 스스로 철저하고 완벽한 논리의 체계를 지닌다. 하지만 죄는 오로지 자유의 반대편에서 형성되기 때문에 자유의 입장에서 바라보면 도저히 납득할 수 없는 낯선 논리일 뿐이다. 이토록 철두

철미한 논리는 그저 자신의 존재성만 증명하는 데 주력한다. 불안과의 관계는 이러한 완벽한 논리가 형성되어 도래하는 지점에서 형성된다.[3] 이때 이 논리는 말하자면 새로운 상황이나 상태에 대한 가능성이지만, 아직 아무도 경험해 보지 못한 미지의 것이기에 불안이 함께 공존한다.

개인은 아무리 심연 속에 빠져 있어도 그것으로 한계를 드러내지 못한다. 그 개인은 언제 어디서든 더 심연 속으로 빠져들 수 있기 때문이다. 그리고 바로 이 '할 수 있다는 것' 자체가 불안의 대상으로 다가선다. 불안이 힘을 잃고 풀이 죽어 꺾이고 쓰러질수록 죄는 그 상태와 반비례하여 힘을 얻어 끝도 없이 날뛰게 된다. 불안이 약해질수록 죄의 논리는 더욱 완벽한 체계를 갖추며 출현한다. 결국 그 논리가 개인을 덮치고, 그것이 개인의 몸과 마음 전체를 지배한다.[4] 개인은 그 논리의 습격 앞에서 속수무책이

---

3   여기서 '도래'로 번역한 단어는 '안쿤프트(Ankunft)'이다. 사전적인 의미로는 '도착'의 뜻이 가장 앞서고 지배적이다. 그런데 이 개념은 자주 '미래'를 의미하는 '추쿤프트(Zukunft)'와 관련하여 철학적 사고로 얽힌다. 이런 사고를 펼친 가장 대표적인 인물이 하이데거다. 그는 첫 작품이자 대표작으로 간주되는 자신의 저서 『존재와 시간』에서 철두철미하게 개념적인 설명에 주력했다. 그러면서 실존의 의미를 추구했던 것이다. "'앞'이나 '앞질러'는 도래를 나타내고 있으며, 그 도래는 일반적으로 현존재가 자신의 존재가능에 관계되는 상태로 존재할 수 있는 것을 비로소 가능하게 한다. '장래에 근거하면서 자신을 위해'를 향해서 자신을 기투하는 것은 실존성의 한 본질적 성격이다. 실존성이 일차적 의미는 도래다."(마르틴 하이데거, 『존재와 시간』, 전양범 옮김, 동서문화사, 2016, 424쪽) 결국 하이데거는 자신을 시간 속으로 던져 넣는다는 의미의 '기투'를 말하지만, 이 개념 또한 사전적 의미로는 그저 '기획'이나 '계획'을 의미하는 '엔트부어프(Entwurf)'임을 알게 될 때 많은 혼선이 빚어진다. 우리는 일을 하기 전에 계획을 세운다. 그 계획은 얼마나 현실적이냐에 따라 성공할 수도 있고 실패할 수도 있다. 사람의 삶, 인간의 인생 또한 그 자신의 현존재가 지향하는 바를 얼마나 철두철미하게 현실적인 상황과 그 의미를 고려하고 배려하고 가미하여 계획을 세우느냐에 달려 있다고 말할 수 있겠다. 하이데거는 이런 계획과 관련한 모든 행위를 '엔트부어프'라는 단어로 설명했고, 그가 이런 뜻으로 말할 때는 정말 말 그대로 그 단어가 의미하는 바를 직역하여, 즉 '미래를 향해 자신을 던져 넣음'이라는 행위로 이해하고 사용했던 것이다.

4   이것이 존재의 문제다. 사람은 이성적 존재이고, 이성은 생각을 가능하게 하고, 그 생각이 결국은 존재를 규정하는 최초의 근원이 된다. 사람이 무슨 생각을 하고 사느냐가 관건이라는 얘기다. 똑같은 시간과 공간 속에서 누구는 행복을 느끼고, 누구는 불행을 느낀다. 같은 여건, 같은 상태에서도 누구는 웃으며 살아가고, 누구는 울면서 세월을 보낸다. 누구는 탄생의 소식을 듣고 박수를 쳐 주고, 누

되고 만다. 그러면서 죄는 개인의 개인성 안에서 바로 여기가 자신의 고향이라는 식으로 자기 권리를 주장하기에 이른다.

물론 죄로 규정된 것은 그것이 무엇이 되었든 간에 구체적인 것이 된다.[5] 사람이 일반적으로 죄를 저지를 수도 없고, 보편적인 의미로 죄가 형성될 수도 없기 때문이다. 죄라는 것 그 자체는 언제나 한결같이 죄의 현실을 요구할 뿐이다. 죄가 죄로서 인식될 수 있는 그런 현실을 요구하는 것이다. 죄는 이런 현실 없이 혼자 존재할 수는 없기 때문이다. 현실이 없다면 죄는 그 어디에도 존재하지도 존재할 수도 없게 된다.

사람의 삶과 그 현실적 의미를 이해하는 자는 궤변론자들이 펼쳐 놓은 비현실적 현실에 대해서도 그 현상과 의미를 틀림없이 잘 알고 있을 것이다. 사람이라면 누구나 스스로 궤변론자가 될 수도 있고, 자신의 궤변이 생각 속에서 주인 노릇을 행사하기 시작하면 자신은 그 생각의 노예가 된다. 궤변은 늘 한결같이 유일한 지점에서 발생하지만, 이 지점을 고집하려는 경향을 보인다는 것이 생각하는 존재의 한계이다. 하지만 사람의 삶을 이해하는 자라면 이 지점 또한 시시때때로 변하고 있다는 사실까지 잘 이해하고 있을 것이다.

구는 죽음의 소식을 듣고 애도의 시간을 가진다. 누구는 비 오는 날을 보내며 우산을 쓰고 있고, 누구는 태양이 높이 솟은 날을 경험하며 햇빛을 즐기고 있다. 생각하는 존재는 생각하지 않고 버틸 수 없는 법이다. 가능하면 좋은 생각으로 시간을 채웠으면 하는 마음이 키르케고르의 마음이다. 가능하면 좋은 말로 행복한 삶을 살아 주었으면 하는 마음인 것이다. 이것이 인문학이 지향하는 구원이며 천국 생활이다. 이것이 생철학이 목표로 하는 신과 함께 하는 삶이며, 실존 철학이 도래의 의미로 품으려 하는 기투의 본질이다.

5 　생각하는 존재가 생각하는 것은 언제나 구체적인 것이 된다. 귀신을 보는 정신에게 귀신은 구체적인 것이 되고, 악마를 보는 정신에게 악마는 현실이 되며, 지옥을 경험하는 정신에게 지옥은 사실이 되고 만다. 불안이 엄습하면 그 불안이 연출해 내는 모든 것은 구체성을 취할 수밖에 없다. 그것이 생각의 위대함을 증명하는 동시에 삶 전체를 몰락의 길로 들어서게 하는 위험함 자체가 되기도 하는 것이다.

불안은 죄의 현실을 제거하고자 하지만 늘 뜻대로 완성해 내지 못한다. 항상 어느 정도까지만 실현해 낼 뿐, 그 이상은 실현해 내지 못한다. 혹은 불안이 죄의 현실을 제거하려는 그런 행위를 통해 오히려 그런 현실과 관계를 맺어야만 한다는 모순 속에 빠질 뿐이라고 말하는 것이 더 옳은 표현일 것이다. 언제나 어느 정도까지만 할 수 있을 뿐이라는 것이 불안을 품은 정신의 한계이다. 이것을 얼마나 현실적으로 잘 알고 있느냐가 관건일 뿐이다.

불안은 절대로 자신에게서 얼굴을 돌리지 않는다. 불안은 늘 자기 안에서 양적인 의미로 규정될 뿐이고, 그런 한에서 그것은 항상 자신의 정신 속에서 장난을 치는 주체가 될 뿐이다. 불안이 발전할수록 그 불안이 연출해 내는 장난의 수준은 통제를 벗어난다. 결국 개인은 자신의 불안에 속박되고, 그 불안이 장난치는 즐거움 속에서 결코 헤어나지 못하는 지경에 빠진다. 아무리 시간을 보내도 해결의 실마리는 나타나지 않는다. 개인은 늘 자신의 불안을 양적인 의미에서 현실적으로 규정하고자 할 뿐이기 때문이다.

하지만 사람은 생각을 통해 질적인 비약을 실현해 낼 수는 있다. 이는 마치 애명주잠자리가 사냥할 때 부드러운 모래가 만들어 놓은 깔때기 모양으로 잠복하고 있는 것과 같은 것일 수 있다. 불안은 조심스럽게 뒤로 물러난다.[6] 그러면 그 불안은 하나의 작은 지점을 갖게 된다. 그리고 불안

---

6 불안도 결국 자신의 것이라는 것을 놓치면 키르케고르가 하는 말의 의미를 진정으로 깨달을 수가 없다. 키르케고르는 지금 불안을 극복하기 위해 어떻게 불안을 다뤄야 하는지를 가르치고자 하는 것이다. 예를 들어 사람이 마음을 갖고 살아야 한다면, 그 마음을 어떻게 쓰느냐가 관건이라는 얘기다. 불안은 앞서 언급했듯이 완전히 제거될 수 있는 그런 성질의 것이 아니다. 불안은 어쩔 수 없이 사람이 떠안고 살아야 하는 것일 뿐이다. 그렇다면 어떻게 불안한 마음을 갖고 살아야 하는지를 깨닫는 것이 급선무이다. 자신을 대할 때도 전략과 전술이 필요하다. 자신의 불안을 포착해 내기 위해 스스로 자신을 숨길 줄도 알아야 한다. 불안이 마음대로 나댈 수 있도록 배려하고 그렇게 시간을 충

은 그 지점을 인식하고 마침내 구원해 내야 하는 지점임을 깨닫게 된다. 그 지점은 죄가 없다면 틀림없이 전혀 다른 지점이 될 것이다. 즉 죄가 없다면 그 지점은 바로 그다음 순간에 이르러 전혀 다른 의미를 지닌 지점으로 돌변할 것이라는 얘기다.

사람은 깨닫고 나면 후회의 감정에 휩싸이게 된다. 깊고 깊은 후회의 감정이 모습을 드러내면 사람은 진실로 깊고 깊은 진지함 속에 몰락을 거듭하게 될 것이다. 감정이 스스로 솟아오름과 몰락을 거듭하는 동안, 자신의 죄의식은 틀림없이 요동칠 것이다. 바로 이 순간에 그 이전에는 단 한 번도 경험해 보지 못한 일들이 펼쳐질 것이다. 하지만 그때 발생하는 모든 일은 위대한 의미를 지니고 있을 뿐이다. 드문 현상이지만 말 그대로 위대한 현상인 것이다.

후회의 감정과 함께 이런 식으로 불안을 통제함으로써 지향하고자 하는 바는, 내가 자신을 위해서뿐만 아니라 나의 건강한 생각을 위해서 또 나의 곁을 지켜 주는 고마운 이웃을 위해서 스스로를 보호하고자 하는 것일 뿐이다. 나는 셸링이 천재의 행동은 음악과 같다고 말했을 때, 내가 그의 말을 제대로 이해했다면, 바로 이런 측면에서 한 말이라고 확신하는 바이다.[7]

분히 보내 줄 때, 자신은 자신의 불안이 어떤 것인지 마침내 먹잇감으로 대할 수 있게 되는 것이다. 불안이 주체가 되기도 하고 객체가 되기도 하는 그 지점에 대한 인식이 요구된다는 얘기다.

7 지금 셸링이 어디에서 이런 말을 했는지 찾아내는 것이 중요한 것이 아니라, 키르케고르가 이런 말을 어떻게 이해하고 사용하는지를 인식하는 것이 더 중요하다. '천재의 행동'을 '음악'과 비교한 이 비유를 어떻게 이해해야 하는 것일까? 음악의 효과는 같은 감정을 느낄 수 있게 해 주는 데 있을 것이다. 천재는 그런 감동의 물결을 연출해 내는 능력을 지닌 존재다. 키르케고르는 여기서 불안을 그런 천재의 일로 설명하는 데 남다른 의미를 부여한다. 불안을 이해하고 해결하고 나면 그 행위는 자신만의 것으로 끝나는 것이 아니라 주변으로 확산될 수 있다는 것이 키르케고르가 설명하고자 하는 바의 핵심이다. 사람은 불안을 통해 세상을 위해 위대한 일을 해 낼 수도 있다. 그 위대한 일의 실현 가능성은 불안을 통해서 가능하다는 것이 키르케고르의 철학적 메시지이다.

사람은 이따금 어떤 대상에 대해 느꼈던 불안의 내용을 제대로 이해하지 못했어도 어떤 명쾌한 말 한마디로 인해 그 불안과 관련한 모든 것이 일순간에 제거되는 쾌감을 맛본 적이 있을 것이다. 그래서 사람은 누구나 할 것 없이 본질적인 의미에서 절대적인 것과 관계를 맺지 못한다면, 모든 것은 아무런 의미도 남기지 않고 그저 스쳐 지나가고 말 것이다. 마찬가지로 종교적 의미나 영역에서 천재와 관련하여 말을 해야 할 경우, 그것을 마치 오로지 개인에게만 허락된 특별한 재능으로 간주해서는 안 된다. 왜냐하면 이 경우 천재에겐 욕망과 관련한 재능이 부여된 것으로 이해되고 있기 때문이다. 그러니까 만약 누군가가 욕망과 관련하여 원하는 것이 아무것도 없다면, 적어도 그의 명예를 지켜 줄지는 모르겠으나 아무도 그를 불쌍히 여기지는 않을 것이다.

윤리학적으로 말한다면 죄는 결코 어떤 하나의 상태라고 말할 수 없다. 죄는 항상 심리학적인 문제이며, 심리학적인 의미에서만 하나의 상태로 인식될 수 있기 때문이다. 불안도 마찬가지로 심리학적인 문제이며, 오로지 심리학적인 의미에서 항상 새로운 상태의 가능성이라는 공간을 창출해낸다. 바로 이런 의미에서 불안은 지극히 현실적인 의미를 취하게 된다.

이제 현실적인 의미를 취하는 심리학적 의미의 상태가 무엇인지 요약해 보겠다. a) 불안은 점점 더 강하게 느껴지는 경우도 있지만, b) 불안이 점점 더 사라지는 경우도 있다. 하지만 그 어떤 경우에서도 불안은 개인의 문제에서 영원히 사라지지는 않는다. 불안이 개인 밖에 존재하는 경우는 절대로 일어나지 않는다. 게다가 정신의 입장에서 본다면 불안은 그 어떤 경우의 불안보다 더 크게 인식된다.

a)의 경우, 즉 불안이 점점 더 강하게 느껴지는 경우는, 불안이 죄라는 현실 앞에 서 있는 경우이다. 죄의 현실과 직면하게 될 경우 불안은 끝도 없이 자라게 된다. 이는 마치 과거 소피스트들이 말도 안 되는 궤변을 통

해 온갖 가능성을 양산해 내는 과정과 같다. 이때 이것이 궤변인 이유는 불안이 심리적인 문제가 아니라 윤리학적인 의미로 전환이 일어나고 거기서 바라본 결과로서 죄를 짓고 있다는 식으로 설명되고 있기 때문이다.

물론 불안의 심적인 움직임은 항상 무죄 속에서의 움직임과 대치된 형태로 진행된다. 불안은 심리학적으로 말하면 죄라는 가능성으로부터 지속해서 현실을 도출해 내고, 새롭게 생성된 그 현실 속에서 치열하게 고민을 거듭하게 만든다. 그런 고민 속에서 현실은 오로지 윤리적인 의미에서만 해석되고, 그 결과 현실은 질적인 비약을 통해서 모습을 드러낸다.

b)의 경우, 즉 불안이 점점 더 사라지는 경우에는, 죄라는 가능성이 보다 광범위한 의미로 확장되었을 때 실현된다. 불안이 특정 범위에 머물지 않고 보다 넓은 범위로, 즉 보다 광범위한 죄의 가능성 속으로 들어가면, 불안은 집중력을 잃음과 동시에 점점 줄어들게 되는데, 이 경우 우리는 불안의 원인으로 작동되었던 바로 그 죄의 결과가 마침내 승리하게 된다는 식으로 설명을 내놓게 된다.

현실적인 의미를 취하는 심리학적 의미의 상태로서 세 번째는 어떤 형식으로든 죄를 규정하는 그 순간의 현실은 정당하지 못하다는 것과 관련한다. 즉 규정된 죄가 실현하는 현실은 그저 부당한 현실이라는 얘기다. 현실에 대한 이런 부당한 현실성은 오로지 죄로 인해 형성될 뿐이다. 더 노골적으로 말하자면 죄가 현실이 되는 것이다. 이런 현실 속에서 개인은 후회의 감정을 피해 갈 수 없게 된다. 후회는 개인의 모든 것을 지배한다. 후회가 개인의 존재 자체를 규정하기에 이른다. 하지만 후회가 아무리 강렬해도 그것은 결코 개인을 자유로 인도하지 못한다는 것이 문제다. 후회를 통해 자유를 쟁취할 수 있다면 더 이상 바랄 것이 없겠지만, 그런 일은 절대로 벌어지지 않는다.

후회는 지속적으로 새로운 가능성의 문을 열어 놓게 한다.[8] 그 문을 통해서는 어쩔 수 없이 또 하나의 새로운 죄로 향하게 할 뿐이다. 죄와의 관계를 끊어 놓는 것이 아니라, 그것과의 더욱 강력한 관계를 형성해 낸다는 것이 후회가 지닌 막강한 힘이다. 후회는 상상을 초월하여 죄의 나락 속에 빠지게 해 놓는다. 다시 한번 말하지만, 후회를 통해서는 절대로 죄를 끊어 놓을 수 없다는 얘기다. 죄는 후회를 통해 지양될 수 있는 것이 아니다. 후회는 죄에 대한 생각을 거듭하게 하고, 그것과 관련하여 엮인 슬픈 감정으로 인해 그저 눈물만 하염없이 쏟아 놓게 할 뿐이다.

죄는 필연적으로 죄의 결과를 내놓는다. 죄는 자신의 결과물을 내놓고 스스로 그것을 받아들이며 한 걸음씩 앞으로 나아갈 뿐이다. 하지만 그러한 죄의 지속적인 전진을 통해 바로 그 죄를 뒤따르는 것은 후회일 뿐이다. 후회도 한 걸음씩 전진하지만 오로지 죄를 뒤따라갈 뿐이다. 말하자면 후회는 늘 한 걸음이 모자랄 뿐이다. 아무리 후회해도 죄를 앞지를 수는 없다는 것이 문제다. 늘 단 한 순간이 부족하다는 것이 후회의 치명적인 약점이다.

후회는 자신을 속박하고 압박한다. 기어코 끔찍한 것을 눈 뜨고 바라보게 할 정도로 잔인하기 짝이 없다. 후회는 결국 자신을 몰락의 길로 이끌고

8   여기서 우리는 키르케고르가 왜 이토록 간절하게 '후회'를 철학적으로 설명하는 데 주력하고 있을까를 고민의 대상으로 취해 봐야 할 것 같다. '후회'로 번역한 '로이에(Reue)'의 또 다른 사전적 의미들을 모아 보면 다음과 같다. '회한', '회오', '통한', '참회' 등이 그것이다. 이 단어들을 기독교 용어로 옮긴다면 '회개'가 될 것이다. 자신의 죄를 하나님께 고백한다고 해서, 그 행동을 통해 신으로부터의 죄 사함, 즉 신이 그 죄를 용서해 준다는 식의 해석은 너무나 이기적인 논리이다. '회개'에는 어떤 객관적 기준이 있는 것도 아니다. 너무나 주관적인 사안을 두고 마치 객관적인 사안인 양 처리하는 것이 문제라는 얘기다. 아무리 진실하고 솔직하게 회개를 해도 안 되는 것은 안 된다. 그런 답답함은 신앙으로 해결되지 않는다. 죄 지음과 죄인이라는 이런 기독교적인 논리, 즉 그런 식의 일방적인 논리는 죄지은 자의 입장에서는 그저 자기합리화요 자기변명에 그칠 뿐이다. 키르케고르는 바로 이 지점에서 '후회'를 주목하고 관찰하는 것이다. 사람은 후회하지 않을 수 없다. 하지만 후회로 삶의 시간을 허비할 수만은 없다. 도대체 어떻게 해야 할까? 이런 질문이 성숙해지고 나면 키르케고르의 설명이 의미를 갖추고 귀에 들려 올 것이다.

간다. 이런 속박과 압박은 자신을 광기의 늪으로 끌고 들어간다. 이런 지경에서 리어왕은 정신 줄을 놓고 미쳐 버린 것이다. "오, 창조의 걸작이지만 산산조각이 난 신세로다!"라고 외쳐 댔던 리어왕은 스스로 통제하고 지배해야 할 고삐를 놓쳐 버린다. 그에게 남은 힘이 있다면, 그저 자신을 긁어 대고 괴롭히는 것뿐이다. 바로 이 지점에서 불안은 정점을 찍는다. 바로 거기서 불안은 자신의 힘으로 갈 수 있는 최고 지점에 도달하는 것이다.

후회는 동물적 판단 능력인 오성까지 잃게 한다. 불안은 후회를 거듭하며 힘을 더욱 키울 뿐이다. 죄의 결과는 일회성으로 멈추지 않고 생명체처럼 성장을 거듭한다. 죄의 결과는 개인을 개처럼 끌고 다닌다. 이는 마치 교도관이 한 여인의 머리끄덩이를 잡고 끌고 가는 꼴과 흡사하다. 그 여인은 아무리 절망 속에서 울어 대도 소용이 없다. 운다고 동정을 베풀거나 봐 줄 교도관도 아니다.

불안은 그 불안 자체가 이미 정해진 결과물을 발견하리라는 것을 전제한다. 불안은 그 미리 정해진 것이 언제 올지를 알 수 없지만, 그것이 오기전에 이미 그것을 정확히 또 확실히 알고 있다. 이는 마치 사람이 날씨가 우중충해지기 전에 그것을 미리 확실하게 예감하는 것과 같다. 불안은 느끼면 느낄수록 점점 더 가까이 다가온다. 이때 불안을 느끼는 개인은 과거에 한번 극심한 고통을 당하며 두려움을 느꼈던 그 자리에 다시 가게 되면 그 지점에 멈춰 서서 신음하며 벌벌 떠는 가련한 말과 같다.

불안을 느끼는 자는 스스로 생각해 낸 죄에 굴복하고 만다. 죄는 기어코 승리를 거둔다. 죄는 승리자가 된다. 불안은 스스로를 한 치 앞도 내다볼 수 없는 절망 속에 빠져들게 한다. 그러면서 불안은 자신을 후회의 손아귀에 던져 놓고 만다. 후회는 자신을 끝까지 끌고 간다. 그 끝에서 최후의 행동을 하게 한다. 후회는 지극히 위험한 그 지점에서 삶에 가장 해가 되는, 그래서 가장 위험한 행동이 되는 것을 하도록 부추긴다.

불안은 포기를 모른다. 불안은 죄의 결과물을 물고 늘어진다. 불안은 죄의 결과물을 처절하게 처벌의 고통 속으로 거듭 몰락하게 한다. 불안은 포기를 모르는 잔인한 시선을 통해 죄의 결과물 속에서 기어코 타락의 증거를 찾아내고야 만다. 불안은 극심한 싸움을 치르게 하지만, 그 싸움 속에서 스스로를 패자로 만들고 결국에는 쓰러지게 만든다. 불안은 스스로를 재판하게 하고 판결을 받게 하며 스스로 그것에 구속하게 하고 결국 자신에게 드리운 저주를 확신하게 한다.

불안은 삶 자체를 형장으로 끌고 간다. 삶의 종착역이 형장이 되도록 연출하는 것이 불안이다. 평생을 살아도 그동안 향하는 곳은 오로지 바로 이 재판의 현장일 뿐이다. 불안은 개인으로 하여금 이 형장에서 벗어나지 못하게 한다. 개인은 스스로 불안에 의해 개처럼 끌려다니다가 형장에서 허무한 생을 마감한다. 달리 말해, 후회가 사람을 미치게 만든다. 후회 때문에 모든 것이 광기의 현장으로 바뀌고 만 것이다.

삶은 기회이다. 삶 자체가 기회를 준다. 삶은 삶 속에서 의미를 관찰하게 해 준다. 삶 자체가 이런 식으로 관찰하는 상태 속에 있는 한, 자신에게서 완전히 썩어 빠진 본성을 찾아내는 일은 극히 드물다. 회복 불가능할 정도로 타락한 본성이란 이런 관찰을 통해서는 절대로 발견될 수가 없다. 오히려 삶을 관찰하는 시선을 통해서 발견되는 것은 오로지 깊은 곳에 보이지 않는 형식으로 숨어 있던 보편적이고 일반적인 의미뿐이다.

삶은 살아가는 동안 스스로를 관찰하게 한다. 깊은 곳을 바라볼 수 있는 시선을 갖고 있는 자는 자신의 삶을 통해 자기에게 원인이 있는 근원, 즉 그런 의미로 충만한 근원적인 것을 발견하게 될 것이고, 그 누구도 흉내 낼 수 없을 정도의 광기에 찬 욕망 속에서 온갖 고통을 참고 견뎌 낼 것이다.[9] 광기에 찬 욕망을 품고 있는 한 불안이 점점 더 강하게 느껴지는 경우도, 점점 더 사라지는 경우도 없을 것이다.

게다가 광기에 찬 후회가 매 순간 쏟아 내는 궤변을 정복할 수 있는 변증법은 이 세상 어디에도 존재하지 않는다.[10] 그 어떤 변증법도 그런 궤변은 해결하지 못한다. 광기에 찬 후회는 모든 것을 산산조각 낸다. 그런 후회는 정열의 표현과 변증법 속에서 훨씬 강력하게 자라난다. 광기에 찬 후회는 전혀 다른 의미에서 자연적이지만, 그것을 결국 사람을 무기력하게 만든다.

후회의 힘은 정말 강력하다. 후회의 힘을 관찰하다 보면 그 진기한 현상 앞에서 놀라지 않을 수 없다. 하지만 그런 놀라움은 어떤 형식으로든 인식을 선사해 준다. 그 인식 중의 하나는 후회가 설득의 재능을 타고났고 설득의 기술로 무장해 있다는 사실이다. 후회는 온갖 웅변술이란 웅변

9   여기서 '광기에 찬 욕망 속에서 온갖 고통을 참고 견뎌 낼 것'으로 번역한 구절은 '아우스다우어 임 반진니겐 볼렌(Ausdauer im wahnsinnigen Wollen)'을 의역한 것이다. 이 구절은 왠지 모르게 중요하게 읽힌다. 왜냐하면 여기서 '반진(Wahnsinn)', 즉 '광기'라는 개념이 지극히 긍정적인 의미로 사용되었기 때문이다. 광기는 그 자체로 이미 나쁜 것으로 규정될 수 있는 것이 아니다. 상황에 따라 좋은 뜻으로도 활용될 수 있다는 그 의미가 남다른 시선을 갖게 해 준다. 게다가 이 구절은 욕망도 보통 사람들이 가질 수 있는 정도가 아니라, 그런 사람들은 꿈도 꾸지 못할 정도의 수준까지 도달한 욕망이 존재한다는, 일종의 상상을 초월한 그런 인식의 수준까지 깨닫게 해 준다. 광기도 광기 나름이다. 미침에도 미치고 싶은 미침이 있다. 이런 미침의 현상을 깨달은 자들이 근대의 정신을 이끌었던 것이다. 미쳤지만 미치지 않았다. 이런 인물들이 근대의 정신이 구현해 낸 이상적인 형상을 구축해 냈던 것이다. 긍정적 의미라면 세르반테스의 돈키호테가, 부정적 의미라면 비극의 형식을 통해 광기를 인물화한 셰익스피어의 햄릿이나 리어왕이 대표적일 것이다. 셰익스피어는 비극의 형식을 통해 결코 그렇게 생각하거나 말하거나 살아서는 안 된다는 경고를 전했고, 세르반테스는 시대를 앞서간 선구자의 외로운 도전을 복음처럼 전해 주었다.

10 광기를 중심에 둔 대립 구조가 확실하게 드러난다. 앞서 '광기에 찬 욕망'이 언급되었다면, 여기서는 '광기에 찬 후회'가 정반대의 의미로 모습을 드러내고 있다. 욕망이 광기라는 마차에 오르고 나면 뭐든지 관통할 수 있게 된다. 그 마차의 거침없는 질주를 제지하거나 막을 수 있는 것이 없기 때문이다. 반대로 후회가 광기의 힘을 등에 업고 나면 모든 것을 후회의 늪 속으로 빠져들게 하고 말 것이다. 무엇을 해도 후회하며 통곡하게 만들 것이기 때문이다. 후회가 광기와 만나면, 그 만남은 모든 것을 부정적으로만 인식하고, 그 인식의 결과는 필연적으로 고통의 눈물로 채워질 것이다. 즉 광기를 어떻게 활용하느냐가 관건이다. 광기와 욕망은 희망과 사랑으로 향하게 하지만, 광기와 후회는 절망과 고통으로 향하게 한다는 데 키르케고르의 인식과 가르침이 있다.

술은 다 갖추고 있다. 후회가 지닌 이 웅변술은 모든 방향에서 쏟아지는 저항을 모두 감당해 낸다. 하물며 설득까지 시켜 무장을 해제시키고야 만다. 후회 앞에서 설득당하지 않을 수 있는 것은 없다. 후회가 가까이 다가올수록 자신은 절망의 늪에 빠져 든다. 후회는 스스로 힘을 발휘하지만 그힘에 자신이 쓰러지고 마는 것이다. 후회는 자신을 산산조각 내서 허공 속에 뿌려 놓는다. 이것이 후회의 진정한 모습이고 힘이다.

후회의 힘은 무섭다. 이 무서운 힘을 말과 억양으로 맞선다는 것은 부질없는 일이다. 후회의 공격을 변증법으로 막아 낼 수는 없는 것이다. 후회는 그런 식으로 제압되는 것도 아니다. 이 모든 것은 그저 헛수고로 시간을 낭비하는 일이 될 뿐이다. 사람은 누구나 후회의 덫에 걸리고 나면 쓰러질 수밖에 없다. 후회의 깊은 수렁에 빠져 본 사람은 잘 안다. 자신이 그 속에서 쏟아 내는 모든 말은 그저 아무 쓸모도 없는 잡담에 불과하다는 사실을. 후회하며 하는 말들은 그것이 무엇이 되었든 간에 어린아이가 혼자서 룰루랄라 하며 중얼거리듯이 전혀 알아들을 수 없는 소리를 남발하는 것이지만, 그것은 결코 즐겁거나 재밌는 소리가 아니다. 그 모든 소리는 후회를 더욱 크게 성장시키고 있을 뿐이다. 말을 하면 할수록 후회의 모습은 감당할 수 없을 정도로 커지고 말 것이다. 아무리 웅변술로 가다듬어 놓는다 해도 결과물은 사람을 옴짝달싹하지 못하게 해 놓는다는 것이 후회의 놀라운 힘이다.

현상은 다양하게 나타난다. 현상은 감각적인 것과 관련하든 인간 안에서 보다 고차적인 것과 관련하든 상관하지 않고 어떤 형식으로든 모습을 드러내고야 만다. 감각적인 것과 관련할 때는 알코올이나 마약 혹은 방탕한 생활에 빠져드는 것도 포함되고, 인간 안에서 경험하게 되는 보다 고차적인 것과 관련할 때는 오만, 허영심, 분노, 증오, 고집, 교활, 질투 등도 포함된다.

개인은 자신이 쏟아 낸 분노에 대해 후회할 수 있다. 그 개인의 마음이 깊은 사람일수록 그가 쏟아 내는 후회 또한 깊을 것이다. 하지만 아무리 후회를 깊은 곳에서 끌어올려 쏟아 낸다 해도 개인은 결코 그것으로 인해 자유로워지지 않는다. 후회는 자유를 위한 도구가 될 수 없다는 얘기다. 오히려 개인은 그런 후회 속에서 길을 잃고 방황하게 될 것이다. 후회는 자신의 삶을 미궁 자체로 만들고 말 것이다.

불안은 언제든지 후회를 발견해 내고 그것을 붙들고 정신을 차릴 수 없게 흔들어 댄다. 불안은 모든 생각을 뒤엉키게 해 놓는다. 불안은 모든 생각을 그 자신의 생각으로 인해 벌벌 떨게 해 놓는다. 불안은 후회를 먹고 산다. 불안은 후회의 피를 빨아 먹고 산다. 불안은 후회로 인해 힘을 얻는다. 불안은 자신의 머리를 감당할 수 없어 쥐어뜯거나 흔들며 그것이 자신으로부터 완전히 떨어져 나가 주기를 바라게 된다.

개인은 불안으로 인해 완전히 망가진다. 개인은 자신의 분노 앞에서 완전히 패배를 인정하게 된다. 분노가 승리한다. 이때 개인은 자신의 자유가 갈가리 찢겼다는 사실을 잘 알고 있다. 그다음 순간에 주어져야 할 자유란 이제 더 이상 존재하지 않는다는 것도 선명하게 인식하게 된다. 그럼에도 어떤 형식으로든 그다음 순간이 덮치고야 만다. 분노가 승리자가 된 그 순간이 모든 것을 지배하고야 만다.

이것이 죄의 결과물이다. 죄의 논리에서는 예외가 없다. 만약 이런 현상이 바로 인간의 본성이다. 인간의 현상이 일종의 위대한 척도 속에서 나타난다면, 그것은 항상 깊은 곳에서 모습을 드러내는 자연의 징표가 되는 것이다. 문제는 사람이 자신의 삶 속에서 이런 현상을 매우 드물게 경험하게 된다는 사실이다. 사람이 이런 현상을 보는 일은 정말 드물다. 달리 말해, 사람이 이런 현상을 위한 관찰자가 된다는 것은 진정으로 어려운 일이라는 사실이다.

그래도 사람은 보며 살아야 한다. 보는 것이야말로 눈을 가진 존재의 운명이다. 가능하면 자신의 현상을 더 자주 보려고 애써야 한다. 그리고 그 현상을 자신의 눈으로 보면서 때로는 자신을 숨기기도 하고 때로는 몰아붙이기도 해야 한다. 사람이 그래야 하는 이유는 자신의 삶을 통해 최고의 삶을 살아야 하기 때문이다. 최고의 삶이 맺어 주는 열매를 맛봐야 하기 때문이다. 이를 위해 사람은 자신에게 주어진 지혜와 영리함의 규칙을 잘 이해하고 적용하고 사용할 줄 알아야 하는 것이다.[11]

사람은 누구하고나 대화를 나눌 수 있어야 한다.[12] 그렇게 할 수 있다면 사람은 누구하고든 어깨동무하고 공동체를 형성하며 앞으로 나아갈 수 있을 것이다. 그렇게 되면 사람은 자신을 더욱 신뢰할 수 있을 것이고 그와 동시에 몇몇 사람들을 자신처럼 신뢰할 수 있게 될 것이다. 이런 신뢰와 함께 자신은 더욱 튼튼하고 견고해질 것이다.

정신을 가지고 살아야 하는 사람은 정신을 잘 다룰 줄 알아야 한다. 사람이 정신으로부터 공격을 당하면 그런 정신은 버릴 줄 알아야 한다. 사람이 특효약으로 간주하고 살아야 하는 것은 그런 정신의 공격을 받을 때 가

---

11 여기서 '영리함의 규칙'은 '클루크하이츠레겔(Klugheitsregel)'을 단어의 의미에 따라 직역한 것이다. 사전적 의미는 '처세술'로서 일종의 의역이 된 상태이다. 하지만 이런 사전적 의미대로 이 단어를 '처세술'로 번역할 경우 타인과의 관계를 의미하는 상황으로 옮겨 가기 때문에 이것을 지양한 것이다. 키르케고르는 여기서 자신과의 관계를 설명한다. 굳이 '처세술'로 말을 이어가자면, 자신에 대한 처세술을 터득해야 한다는 말로 이해해도 된다.

12 이 대목은 매우 중요하다. 중세 기독교는 신 중심 사고만을 고집했다. 신을 인정하지 않는 사람하고는 상관도 하지 않을 것을 강요했다. 늘 "네 편, 내 편" 하면서, 편 가르기에 신경을 쓰도록 한 것이다. 십자군 원정은 바로 이런 배타적 인식의 절정을 보여 주는 대표적인 사례가 될 수 있다. 신을 믿지 않는 자에 대한 적대감은 자신의 생각이 옳다는 편견에서 발생한다. 유일신, 여호와 하나님이라 불리는 그런 신을 믿지 않아도 착한 사람은 이 세상에 널려 있다. 신을 믿지 않는다고 해서 죄인이라 몰아붙이는 일만 없다면 좋은 사람은 정말 많다. 키르케고르는 사람을 가리지 말고 대화에 임해 주기를 원한다. 그것이 인문학적이고 생철학적이고 실존 철학적인 태도이고 행동임을 설명하는 것이다.

능하면 빨리 정신을 버리고 돌아서는 것이다. 이런 행동은 빠르면 빠를수록 좋다. 만약 사람이 그런 정신에 조금이라도 신경을 쓰게 되면, 그런 정신은 스스로 모든 것을 공격하기에 이르게 되겠지만, 반대로 제때 그런 정신을 알아차리고 적당하게 반응하고 정당하게 대처할 수만 있다면 모든 것은 제 자리를 찾아가게 될 것이다.

정신을 버리고 정신을 차리면 모든 것은 틀림없이 저절로 제 자리를 찾아갈 것이다. 이전에는 심각한 공격이라고 인식되었던 것이라 할지라도, 이때가 되면, 그것은 그저 스스로 아무것도 아니라고 말할 수 있는 것이 될 것이다. 아무것도 아니라는 생각이 들고 나면 모든 것은 설명할 수 있는 대상이 된다. 설명할 수 있다면 사람은 누구나 그 지점에서 최고의 경지를 깨닫게 된다. 이전에는 자신을 깊은 수렁으로 끌고 들어갔던 것이 이제는 그저 신랄한 문학적 허구에 지나지 않는다는 사실을 깨닫고 마음의 여유까지 취하게 될 것이다.

옛날에는 완전함으로 나아가는 길이 좁은 길이라고 말했어야 했다. 또 그런 길을 걷기 위해서는 스스로 엄청난 고독을 감당해야 한다고 인정하고 고백했다. 하지만 그런 길을 걷기 위해 사람들은 끊임없이 가능하지도 않은 길을 바라보며 방황을 거듭해야 했다. 늘 죄의 습격 앞에 스스로를 노출시켜 놓고 의도적으로 고통을 당해야 했다. 그런 방황을 거듭하며 불안을 자초했던 것이다. 옛날에는 늘 과거의 화살로부터 추적을 당해야 했다. 이 화살은 정말 위험하기 짝이 없다. 이 화살은 유목민 스키타이족의 화살만큼이나 치명적이다.

하지만 오늘날에는 많은 것이 달라졌다. 만약 오늘날 누군가가 완전함을 향해 나아가고자 한다면 그는 뜻이 맞는 친구들을 좋은 친구들이라 말하면서 오로지 그들을 곁에 두고자 할 것이고 그들과 함께 좋은 기차를 타고 멋진 여행을 떠나고자 할 것이다. 상황이 이런 식으로 주어진다면 자신이 바라는 바가 무엇이 되었든 간에 그것과 관련하여 단 한 마디를 하기도 전에 이미 완전함이 자신 곁에 와 있는 것을 확인하게 될 것이다. 완전함이 곁에 있다. 이것은 사실이다.

철두철미한 후회의 궤변으로부터 무장을 해제하게 하는 유일한 무기는 신앙이다. 사람은 이런 신앙을 통해 자신으로부터 용기까지 불러낼 수 있다. 사람은 자신의 용기를 믿을 수 있는 존재이다. 비록 상황이 새로운 죄를 인식하게 할지라도 신앙을 근거로 한 이런 용기는 불안 없이 불안을 제거한다.[13] 이런 식의 제거 행위는 오로지 신앙만이 실현할 수 있다.

하지만 오해는 없길 바란다. 신앙에 의해 제거되는 불안은 그 자체로 불안의 싹이 완전히 사라지는 것은 아니기 때문이다. 불안은 사람 안에서 늘 새로운 형식으로 또 새로운 내용으로 성장할 수 있는 계기로 남겨질 것이다. 불안은 항상 영원한 청춘의 모습을 하고 때를 기다리고 있을 것이다. 하지만 이와 더불어 신앙도 만만찮을 것이다. 신앙도 불안이 끌고 오는 죽음의 순간에서조차 영원한 청춘의 모습을 하고 스스로 성장을 거듭할 것이다. 신앙은 그럴 수 있다. 오로지 이런 신앙 속에서 종합이 완성된다. 이런 종합적 의미의 완성 속에서 마침내 영원이 영원의 의미로 그리고 동시에 모든 순간이 순간의 의미로, 즉 모든 것이 가능성의 의미로 주어질 것이다.

여기서 내가 말한 모든 것이 심리학에 속한다는 사실은 어렵지 않게 알

---

13 이것은 키르케고르의 신조라 말할 수 있겠다. 용기 있는 자만이 '불안 없이 불안을 제거'할 수 있다. 그런데 그 용기는 오로지 신앙을 통해서만 주어진다는 것이 키르케고르의 철학적 신념이다. '불안 없이 불안을 제거한다'는 말은 키르케고르의 명언으로 간주해도 좋을 듯싶다. 불안은 어쩔 수 없다는 것을 인정하기 때문이고, 그 불안은 반드시 해결될 수 있다는 것을 확신하고 있기 때문이다. 이 것이 키르케고르가 철학적으로 들려주는 복음이다. 불안은 모든 것을 파괴해 버릴 정도로 강력한 힘을 지녔지만, 용기만 부릴 수 있다면 그것은 그저 아무것도 아닌 것이 될 것이다. 그래서 사람에 겐 인식이 중요하다. 인식은 깨달음의 다른 말일 뿐이다.

아차릴 수 있을 것이다.[14] 또 이것들을 윤리적 시각으로 바라보면, 이 모든 것은 다음의 사실을 가르쳐 주고 있을 뿐이다. 즉 개인에게는 오로지 죄와 관련하여서만 진정으로 올바른 위치가 제시된다는 것이다. 개인은 바로 이 위치에 서게 되는 순간, 죄 속에서 후회를 거듭하게 된다. 게다가 이 순간을 이념이라는 시선으로 바라보면, 교리에 매몰된 개인의 모습이 드러날 것이다.

후회는 정점에 도달한 윤리적 모순이다. 그 첫 번째 이유는, 윤리학이 그 자체로 만족할 수 있고 또 만족해야만 하는 이념성을 요구하고 있으면서도, 후회를 인정하고 그 가능성을 열어 두고 있다는 것이고, 두 번째 이유는, 후회가 그 후회의 행위를 통해 지양될 것과 관련하여 변증법적 의미를, 즉 이중적 의미를 취하고 있다는 것이다. 말하자면, 이러한 이중적 의미는 원죄가 무엇인지 명백하게 드러나고 규정되는 속죄 안에서 이런 교리 자체를 지양하고 넘어서게 된다는 것이다.

게다가 후회라는 행위 자체는 머뭇거림 속에서만 실현된다. 생각하는 것을 행동으로 옮겨야 한다는 것은 윤리학이 요구하는 근본적인 사안이다. 사람은 결국 후회를 할 수밖에 없고, 그런 후회를 통해 자신을 대상으로 인정하고 받아들여야 한다. 후회의 순간에는 실천해야 할 행동이 결여된 상태이기 때문이다. 그래서 노년에 이른 피히테가 왕성한 에너지와 용기를 가지고 더 이상 후회할 시간이 없다고 솔직하게 고백한 것은 진정으

---

14 다시 한번 키르케고르의 말로 생각하는 훈련을 해 보자. 사람에겐 마음이 있다. 그 마음이 있어서 사람에게 새로운 기회가 주어지는 것이다. 신학에서는 신의 뜻이 중요했지만, 인문학에서는 인간의 마음이 중요할 뿐이다. 그것을 연구의 대상으로 하는 학문이 심리학이다. 이런 심리학에 대한 인식과 함께 생철학 그리고 실존 철학이 나아갈 수 있는 길이 열리고 있는 것이다. 그 선구자의 자리에 키르케고르가 있을 뿐이다.

로 윤리적인 발언에 해당한다.[15] 하지만 아쉽게도 그는 후회를 변증법적인 정점에 올려 놓지는 못했다. 만약 후회가 그 변증법적인 정점에 도달했다면 후회의 내용이 무엇인지 규정되었을 것이고, 후회가 그런 식으로 규정되었다면, 또다시 새로운 후회를 통해 자신을 지양하고자 했을 것이다. 말하자면 후회는 변증법적 의미에서 또 다른 후회를 낳았을 것이고, 그런 지양 행위의 연속 속에서 스스로는 틀림없이 몰락을 거듭했을 것이라는 얘기다.

이 장에서 설명한 것은 이 책의 다른 곳에서 설명한 다른 모든 것과 마찬가지로 심리학적으로 말해서 죄와 마주한 자유의 위치, 즉 그 자유의 심리학적 위치와 관련한 것이라고 말해도 좋을 것 같다. 그것이 부담스럽거나 불편하다면, 심리학적으로 엇비슷하게 말할 수 있는 그 어떤 상태들이라는 정도까지만 말해 두고자 한다. 그것들이 무엇인지 모습이 확연하게 드러나지 않았을 수도 있겠다. 그 상태들 자체가 죄를 윤리적으로 설명하여 현상적으로 드러내는 것은 결코 아니기 때문이다.

---

15 피히테가 이런 말을 어디서 했는지는 중요하지 않다. 어떤 학자들은 마치 피히테에 대해서 다 아는 듯한 태도로 어떤 특정 글의 제목을 제시하고, 거기에는 비슷한 말이 있기는 하나 똑같은 말은 없노라고 단정적으로 말하고 있는데, 키르케고르는 그런 식으로 말한 것이 아니다. 그런 식의 단정과 판단은 그저 키르케고르의 이념에 흠집을 내고자 하는 처사에 지나지 않는다. 여기서 관건이 되는 것은 '후회할 시간이 없다'는 말이 지닌 의미를 깨닫는 것이다. 이 말을 한 주체는 자신이 생각하는 것을 지금 당장 행동으로 옮겨야 한다는 인식이 주어져 있음을 아는 존재라는 얘기일 뿐이다.

2

선 앞에서 느끼는 불안
(악마적인 것에 대하여)

오늘날 악마적인 것에 대해서 말하는 자는 거의 찾아볼 수가 없다.[16] 신약 성경 속에서 이 악마적인 것과 관련하여 언급해 놓은 개별적인 이야기들만으로는 그것이 과연 무엇인지에 대해 그저 누구나 다 알고 있는 일반적인 인식만 얻을 수 있을 뿐이다. 몇몇 신학자들이 이런 이야기들을 꺼내 들고, 그것들이 말하는 바가 무엇인지 설명하려고 시도는 해 보았지만, 그럴듯한 것은 내놓지 못했다.

신학자들의 설명 속에서는 이런저런 비자연적인 죄에 대한 쓸데없이 깊어진 심층적인 관찰의 흔적만이 엿보일 뿐이다. 그들의 설명 속에서 동물적인 것이 일종의 권력을 취하고서 그런 권력으로 사람을 지배하고 있

---

16 여기서 '악마적인 것'은 '데모니쉐(Dämonische)'를 직역한 말이다. 그 뿌리가 되는 개념은 그리스어 '다이몬(δαίμων, daimon)'이다. 신화나 종교 혹은 신비주의 교리 등에서 이 단어는 일반적으로 '가이스트(Geist)', 즉 '정신'과 같은 맥락에서 이해되었다. 이 '가이스트'는 독일어이고 이것에 해당하는 라틴어는 '스피리투스(spiritus)'가 있다. 아울러 '다이몬'은 '다이모니온(daimonion)', 즉 '운명의 힘' 혹은 '운명을 지배하는 힘' 등으로 이해되기도 했고, '슈팀메 데스 게비센스(Stimme des Gewissens)', 즉 '양심의 소리'로 이해되기도 했다. 그런데 특이하게도 기독교에서는 이 '다이몬'이 '토이펠(Teufel)', 즉 악마를 지칭하는 개념으로 사용되었다. 이때부터 '다이몬'은 원래 갖고 있던 중립적인 의미 내지는 긍정적인 의미를 상실하고 오로지 두려움의 대상을 일컫는 말이 되고 말았다.

다는 식으로 설명하는 사례들을 찾아내는 것은 어렵지 않은 일이다. 동물이 내는 소리처럼 전혀 알아들을 수 없는 소리를 낸다거나 동물적인 표정을 짓고 하물며 동물적인 시선을 던지는 그런 장면은 수도 없이 많다.

신학자들이 설명하는 동물과 같은 수준의 동물성은 종류도 다양하다. 그것은 라바터Lavater가 말했듯이 관상학적 표현에 따라 어떤 사람의 마음이 안에서 밖으로 드러난 형태를 취하기도 하고, 순식간에 스쳐 지나가는 전령의 얼굴을 확인해야 하듯이 그저 획 하고 지나가기도 한다. 그런데도 신학자들은 그런 순간적인 것이 마치 근본적으로 내면에 있는 것을 예견하게 해 준다는 식으로 말들을 해 댄다.

말하자면 어떤 사람의 시선이나 자세만 봐도 한눈에 다 알아볼 수 있다는 식으로 신학자들은 말한다. 그들은 그런 것에서 순간적으로 단 한 번만 본다고 하더라도 본질과 연결되어 있는 광기도 찾아낼 수 있다고 말한다. 그 관철의 순간이 아무리 짧아도 상관없다고 말한다. 게다가 신학자들은 그 누군가가 아무리 이성적이고 생각이 깊으며 정신이 풍부한 사람이라 할지라도 그들과 함께 대화를 나누는 과정에서, 그들의 눈빛과 몸짓을 따라 하며 우스갯소리로 바꿔 놓을 수도 있고, 그 사람 자체를 농담거리로 바꿔 놓을 수도 있으며, 그 사람이 본질적으로는 바보였다는 사실을 증명하는 듯이 그대로 흉내를 낼 수도 있다.

물론 신학자들이 이런 식으로 하는 말들이 다 틀렸다는 얘기는 아니다. 그들이 하는 말도 경우에 따라 이치에 맞는 말이 되는 경우도 많다. 하지만 그렇다고 하더라도 그저 그 특별한 경우에만 적용되는 논리일 뿐이다. 일반적으로 현상이라고 하는 것은 사람에 의해 정확하게 인식되는 정도까지만 서술될 뿐이다.[17] 신학자들은 무슨 말을 해도 결국에는 죄의 노예라는 미리 정해 놓은 결론으로 나아갈 뿐이다.

죄의 노예라는 것은 하나의 상태로서 다음과 같은 놀이를 떠올리는 것보다 더 낫게 설명할 방법을 나는 모르겠다. 이런 놀이가 있다. 두 사람이 서로가 볼 수 없도록 커튼을 사이에 두고 서 있다. 이들은 마치 단 한 사람인 것처럼 말하고 행동한다. 이렇게 서로 보이지 않는 상황에서 한 사람은 말을 하고, 다른 한 사람은 그 말에 맞춰 완전히 즉흥적으로 행동하는 것이다. 이런 상황에서 말과 행동이 서로 일치하는 것은 그저 우연의 결과일 뿐이다. 이를 바라보는 쪽에서는 그 현상이 너무나 재밌을 뿐이다. 바로 이런 놀이가 신학자들의 설명 속에서 발생한다.

동물이 인간의 모습을 하고 등장한다. 그리고 동물이 손짓발짓 하물며 표정까지 따라 하며 그 사람의 언행을 흉내 낸다. 동물 스스로가 전후 맥락이 필요 없이 하나의 장면으로 이야기를 형성해 내는 단막극을 연출하는 것이다. 이런 식의 이야기는 끝이 없다. 지속적이다. 꼬리에 꼬리를 물며 논리를 형성해 내는 꼴이다. 그러나 죄의 노예라는 상황은 그 자체로 이미 악마적인 것은 결코 아니다.[18]

물론 죄가 규정되는 순간에 이미 개인이 그 죄 속에 갇히는 것은 당연한 이치이다. 하지만 바로 이 순간에 두 가지의 서로 다른 존재의 형식이 가능성으로 주어진다.[19] 이럴 수도 있고 저럴 수도 있는 것이다. 그런데 신학

---

17 키르케고르는 다시 '현상', 즉 '페노멘(Phänomen)'을 번역한 이 개념을 언급한다. 먼 훗날 후설에 의해 현상학이 학문적으로 체계를 갖추기 전의 일이라서 더욱 소중하게 읽히는 부분이다. 키르케고르는 산발적으로만 현상을 언급해서 아쉽기는 하지만, 그래도 길을 터 준 선구자라는 의미에서 읽으면 수많은 방향으로 뻗어 나갈 수 있는 길을 열어 주고 있다는 인식을 외면할 수 없을 것이다. 지금 키르케고르는 '현상'이 '인식되는 수준만큼만 서술될 수 있다'고 말한다는 점에 주목할 필요가 있다. 이 발언 자체가 혁명적이기 때문이다. '현상'은 말 그대로 눈에 보이는 것이지만, 눈에 보이는 그것이 인식이라는 과정을 통해서 다양한 범주와 내용을 형성할 수밖에 없는 지경이 펼쳐진다. 결국 '현상은 다양하다'는 결론이 도출되는 것이다.

18 이 대목에서는 키르케고르가 '죄의 노예'라는 이념 자체를 부정하는 것이 아니라는 사실을 깨달아야 한다. 사람이 죄의 노예가 될 수도 있다. 그것이 악마적인 현상으로 모습을 드러낼 수도 있다. 이런 이야기의 전제는 다른 현상도 인정하고 있다는 사실이다. '죄의 노예'가 악마적인 것의 반대, 즉 좋은 쪽이나 긍정적인 방향으로 이해될 수도 있다는 것이다. 그런 가능성을 인식한 것이다.

자들의 설명 속에는 오로지 단 하나의 형식만이 치밀하게 구축되고 있을 뿐이다. 그들은 만약 사람들이 이런 사실을 주의하고 주목하지 않으면, 악마적인 것이 무엇인지 규정할 수도 없는 지경에 처한다고까지 단언한다.

개인은 죄 속에 있다. 그의 불안은 악을 앞에 두고 고집을 피우며 서 있다. 이런 것이 신학자들의 설명이지만, 이것을 보다 고차원적인 입장에서 고찰한다면, 선이라는 존재의 형식과 그 입장을 전제한 경우에만 성립하는 것일 뿐이다. 즉 선이라는 존재의 형식은 악이라는 형식 앞에서 불안을 느낀다는 얘기다. 이 두 번째 존재의 형식이 악마적인 것이 되는 논리이다. 결국 개인은 악의 형식 속에서 벗어날 수 없다. 그 결과 개인은 선의 형식 앞에서도 불안을 느낄 수밖에 없는 지경에 처한다. 죄의 노예 상태는 악과 자유롭지 못한 관계를 형성하고, 이에 반해 악마적인 것은 선과의 자유롭지 못한 관계를 형성해 낼 뿐이다.[20]

---

19 '두 가지의 서로 다른 존재의 형식'은 '츠바이 포어마치오넨(zwei Formationen)'을 번역한 것이다. 여기서 명사의 근간을 이루는 것은 '폼(Form)'이고, '꼴', '형식', '방식' 등의 의미를 내포하고 있다. 이것을 이념으로 포착해 낸 신학자로는 대표적으로 루터를 꼽을 수 있겠다. 그는 소위 '종교개혁'을 부르짖었지만, 이 '종교개혁'은 사실 '레포어마치온(Reformation)'을 의역한 개념일 뿐이다. 접두어 '레(re)'는 '다시'나 '반복'을 의미하므로 '형식을 바꾼다' 내지는 '삶의 형식을 바꾼다'는 것이 직역의 의미가 될 것이다. '형식'을 바꾸고 나면 모든 것이 바뀐다. 새로운 형식에서는 새로운 규칙이 적용될 뿐이고, 새로운 규칙이 형성되고 적용되면 모든 삶의 내용이 바뀐다. 예를 들어 과거의 삶이 축구 경기와 같았다면, 루터에 의해 실현되는 새로운 삶의 방식은 야구 경기가 되는 것과 같은 논리이다. 과거가 본질까지 썩은 사회라면 근본까지 적폐 청산하고 완전히 새로운 세상을 만들면 된다. 루터에 의해 새로운 세상이 펼쳐질 수 있었던 것처럼, 키르케고르도 새로운 형식을 운운하며 새로운 세상을 기획하려 했다고 보아도 될 것 같다. 즉 신학자들이 학문적으로 설명했던 선과 악의 구분은 어느 한쪽을 편들면서 서로 갈라치기 하는 식이었을 뿐이다. 한쪽은 천국 가서 영생을 얻겠지만, 다른 한쪽은 지옥에 떨어져 영원한 불길을 맛봐야 한다는 것이다. 말 그대로 너무나 일방적이다. 키르케고르는 이런 논리에 반감을 품고 저항한 것이다.

20 키르케고르가 말은 복잡하게 했지만, 하고자 하는 말은 분명하다. 죄의 노예는 악으로부터 자유롭지 못하고, 악마적인 것은 선으로부터 자유롭지 못하다는 얘기다. 죄를 알고 있는 한, 사람은 악을 알 수밖에 없는 상황이며, 이런 인식은 어쩔 수 없이 선의 존재를 전제할 수밖에 없다. 이를 더욱 노골적으로 말하면, 악마를 아는 존재는 자신의 죄로부터 자유로울 수 없고, 필연적으로 신을 필요로 한

악마적인 것이란 선한 것이 무엇인지 그 자체가 밖으로부터 스스로 한계를 드러낼 때만 분명해진다. 그런데 선한 것이란 악마적인 것과 마주하는 곳에서만 한계가 드러날 뿐이다. 바로 이런 이유 때문에 악마적인 것은 주목할 만한 것이 된다. 악마적인 것은 신약 성경 속에서 오로지 예수 그리스도가 그것에 다가섬으로써만 모습을 드러낼 뿐이다.[21]

예를 들어 마태복음 8장 28절부터 34절까지 혹은 마가복음 5장 1절부터 20절까지 혹은 누가복음 8장 26절부터 39절까지 언급하고 있듯이, 악마적인 것의 숫자가 돼지 떼처럼 무수히 많다고 말하든, 누가복음 11장 14절에서 언급하고 있듯이, 악마적인 것이 말을 못 하는 사람이라고 말하든, 그 악마적인 것의 현상은 늘 한결같다. 즉 악마적인 것은 선 앞에서 불안을 느끼고 있다는 사실은 공통된 사안인 것이다. 불안은 침묵하든 소리를 지르든 상관없이 엄습하는 것인데 반해, 선은 오로지 자유의 회복에 의해서만 실현된다. 여기서 말하는 자유의 회복이란 곧 구원이나 구제 등을 일컫는다. 사실 그 개념이 뭐라고 불리든 상관없다.

고대에는 악마적인 것에 대한 이야기를 자주 접할 수 있었다. 그때는 그 악마적인 것을 알기 위해서 특별하게 어떤 공부를 할 필요도 없었다. 누구나 이것과 관련하여 말을 하면 어떤 거부감도 없이 공감하며 들어 주었다. 저명한 서적이나 호기심을 불러일으키는 서적의 문구를 인용해야

다는 결론에 도달한다.

21 키르케고르는 악이 선을 전제한다는 논리를 펼치고 있다. 신이 있다는 것을 증명하고자 하는 순간, 이미 그런 의도는 악의 존재를 시인하고 있는 것이나 다름없기 때문이다. 선과 악은 따로 존재할 수 없다. 둘은 늘 함께 다니지만, 서로 다른 존재의 형식일 뿐이다. 신이 있으니까 악도 있고, 천국이 있으니까 지옥도 있는 것이다. 키르케고르는 하나는 없어지고 다른 하나는 영원해진다는 논리는 억지에 불과하다고 말하는 것이다. 인간의 이성은 그런 식으로 일방적일 수가 없다는 말을 하고 싶은 것이다. 늘 좌는 우와 대립할 수밖에 없고, 가장 치열한 대립이라 해 봐야 결국은 절반의 인원으로 맞설 뿐이다. 자기가 속한 절반이나 자신이 속하지 않은 절반이나 다 같은 민족이고 같은 국민이라는 인식이 들면 완전히 새로운 시대가 도래할 것이다. 키르케고르가 꿈꾸는 이상향은 이런 것이다.

할 필요도 없었다. 사람들은 누구나 나름대로 악마적인 것에 대해서 다양한 소리를 내뱉을 수 있었다. 누구나 그것과 관련하여 자신이 관찰한 바를 어려움 없이 서술할 수 있었던 것이다. 고대에는 악마적인 것과 관련하여 모든 것이 열려 있었다. 고대에는 악마적인 것과 관련하여 모든 것이 가능했고 모든 것이 지극히 현실적이었다. 고대에는 관찰의 다양성에 대해 관대했고, 그에 따라 개념에 대한 정의조차 다양성의 의미로 개방된 형태로 받아들여졌다.

사람들은 악마적인 것을 미학적인 시각이나 형이상학적인 시각으로 관찰할 수도 있다. 이런 경우에는 이 악마적인 것이 불행이나 운명 등의 의미로 규정된다. 이때는 또 이 악마적인 것이 마치 태어나면서부터 정신병에 시달리는 상황과 같은 의미로 해석된다. 사람들은 이런 해석과 마주하며 동정심을 품어 주는 것이 일반적이다.[22] 하지만 이런 상황 속에서 품어 주는 동정심은 가장 쓸데없는 것이다. 동정심을 품는다는 말은 일반적으로 사람들이 이해하듯이, 타인을 향해 불쌍한 마음을 품어 주는 것인데, 그것은 아무런 효과를 내놓지 못하기 때문이다.

동정심이 가장 무의미하다는 말의 의미는, 그러니까 악마적인 것이 불행이나 운명으로 해석될 경우, 그때 맞닥뜨려야 할 그 상황이란 것은 이미 완료되고 완성된 형태이고, 거기에는 더 이상 그 어떤 다른 가능성도 놓여 있지 않기 때문이라는 사실을 알려 주고 있다. 이는 마치 혼자 노는 모든 놀이 중에 혼자서만 바란다는 것만큼 가련한 것이 없으며, 모든 노련한

---

22 '동정심'은 '미트라이트(Mitleid)'를 번역한 말이다. 이를 '동정'이라고 말해도 된다. 말 그대로 옮긴다면, 이것은 '함께 고통을 느낀다'는 의미를 품고 있다. 여기서 키르케고르는 '동정'을 받는 입장에서 무의미함을 이야기한다. 만약 키 작은 사람을 향해 키 큰 사람들이 동정심을 품는다면, 그것은 그 키 작은 사람에 대한 모욕이 될 뿐, 그를 위한 어떤 위로도 주지 못한다. 태어나면서부터 정신병에 시달리고 있는 사람을 향해 동정심을 품어 준다는 상황도 이와 마찬가지의 현상으로 이해할 수 있다.

사교 생활 중에서도 혼자서만 바랄 수 있다는 것 자체가 이미 가장 불쌍한 일이기 때문이다.

동정이란 것은 고통을 당하는 자의 입장에서는 전혀 도움이 되지 못한다. 동정을 통해 선을 행할 수는 없는 것이다.[23] 어쩔 수 없는 상황에 처한 사람을 향해 동정심을 품는다는 것은 스스로 이기주의적인 태도를 폭로하고 있는 것이나 다름없다. 이런 식의 언행은 깊이 생각하지 않고 하는 것에 지나지 않는다. 이기적인 사람은 동정하며 자신을 구원하고 있을 뿐이다.

동정하는 자가 자신의 동정 속에서 스스로 고통을 당하는 자의 입장을 고려할 때만 동정은 의미 있는 그 무엇이 된다. 동정하는 자는 스스로 엄격한 의미에서 자신을 통제할 줄 알아야 한다. 동정하는 자는 자신이 하는 말이 자신을 향한 말인 것처럼 말할 줄도 알아야 한다. 게다가 동정하는 자는 고통을 당하는 자와 어떤 식으로든 동일한 면이 있어야 그의 동정은 의미 있는 것이 된다. 즉 동정하는 자는 해석과 해명을 위해 투쟁할 줄도 알아야 한다.

동정하고 싶으면 먼저 자신과 대결하고, 그 대결에서 자신과 치열하게 투쟁하는 과정을 거쳐야 한다. 동정하는 자는 어떤 순간에도 생각 없이 말을 내뱉어서는 안 되고, 어떤 큰 고통을 직면하더라도 결코 나약함을 보여서도 안 되며, 도움이 필요한 자 앞에서 비겁하게 그를 외면해서도 안 된

---

23 중세 기독교에서는 '동정'을 무엇보다도 '넥스텐리베(Nächstenliebe)', 즉 '이웃사랑'으로 이해했다. 그래서 '동정'은 기독교와 관련한 모든 문학이나 예술 속에서 중요한 주제로 간주될 수밖에 없었던 것이다. 하지만 키르케고르에게 '동정'은 그 동정을 받는 입장에서 해석되고 있다는 점이 남다르다. 과거에는 '동정을 베푼다'는 인식하에서 이 개념을 사용했다면, 이제 키르케고르에 의해 그 동정을 받아야 하는 자의 입장에서 이 개념의 의미가 평가되고 분석되는 것이다. 어쩔 수 없는 상황이라면 동정을 베푸는 것은 아무런 의미가 없다. 그런 사람과 마주친다면 그냥 도와주면 된다. 그가 할 수 없는 것을 찾아서 대신 하면 된다.

다. 이 모든 것이 충족될 때만 동정은 어떤 의미를 지니게 되는 것이다. 이 모든 것이 구비되었을 때만 동정은 자신이 지향했던 바를 겨우 이룰 수 있다. 바로 이런 지경에서 동정하는 자에게 고통을 당하는 자와 구별되는 기회가 주어지는 것이며, 그때가 되어서야 비로소 동정하는 자는 보다 높은 형식 속에서 고통당할 기회를 얻게 된다.

만약 동정이 앞서 말한 모든 것을 갖춘 진정한 동정이라면, 또 그것이 같은 방식으로 악마적인 것과 관계한다고 하더라도, 그것은 결코 하찮은 것이 되지 않을 것이다. 예를 들어 그것은 절대로 어리석은 몇 마디로 사람을 우롱하는 짓은 하지 않을 것이다. 돈 몇 푼으로 자기 딴에는 마치 위대한 일을 하는 듯이 거드름을 피우는 일도 없을 것이고, 또 다른 사람들이 보는 자리에서는 그 정도쯤은 아무것도 아니라는 듯이 어깨를 들썩이지도 않을 것이다.

누군가가 고통을 당하고 있다면, 고통당할 만한 일이 그에게 벌어진 것임을 깨달아야 한다. 만약 악마적인 것이 피할 수 없는 운명 같은 존재라면, 그것은 누구에게나 일어날 수 있는 일이 된다. 이것은 논쟁할 거리도 못 된다. 부정한다고 부정될 일도 아니다. 우리 겁쟁이 시대에도 이 정도는 누구나 다 알고 있는 사안이다.[24] 그래서 의도된 휴식이나 오락 혹은 터

---

24 '우리 겁쟁이 시대에도'는 '인 운저레 파이겐 차이트(in unserer feigen Zeit)'를 번역한 것이다. 잠시 독서의 발걸음을 멈춰야 할 대목이다. 키르케고르의 현실 인식이 읽히기 때문이다. 사람 사는 곳에는 언제나 시대라는 것이 있다. 모든 시대에는 시대정신이라는 것이 있다. 그때 그 당시 유행하는 생각의 형식이 있다. 그런 형식을 뛰어넘을 때 불멸이라는 것이 탄생하는 것이다. 모차르트나 베토벤 혹은 바그너의 음악을 듣고 있노라면 이런 불멸에 대한 인식을 강요당할 때가 많다. 내가 죽어도 사람들이 들어 줄 음악이라는 사실을 깨닫고 나면, 이들의 음악을 이해하고 있지 못하고 있는 자신의 문제를 인식하게 된다. 같은 문제를 지금 키르케고르의 철학으로 대입해 보자. 우리는 지금 키르케고르의 철학을 이해하고 있는가? 왜 그는 자신의 시대를 향해 '겁쟁이 시대'라고 명명했는가? 우리는 대답을 내놓아야 할 의무가 있다. 근대의 정신을 이끌었던 용기를 인물화한 대표적인 사례로는 세르반테스의 돈키호테를 꼽을 수 있겠다. 그는 겁이 없었다. 어떤 적에게도 맞설 수 있다. '풍차'

키 군악대의 소란스러운 음악을 들어가면서까지 그 악마적인 것으로부터 멀리 떨어져 있으려고 애쓰는 것이다. 하지만 그들이 멀리하고자 하는 것은 결국 고독한 생각이 된다.[25] 이는 마치 아메리카의 숲속에서 사람들이 모닥불을 피우거나 고함을 지르거나 양동이 따위를 두들기면서 야수들을 멀리 쫓아내고자 했던 행동과 같다.

야수들을 무서워하는 우리 시대는 고도의 정신적인 유혹이나 시련에 대해 아는 바가 너무나 빈약한 상태에 놓여 있다. 이와는 반대로 우리 시대는 남자와 여자 사이에서 벌어지는 사소하기 짝이 없는 사랑의 갈등들에 대해 너무도 많이 또 소란스럽도록 떠들어 대고 있다. 이런 갈등들에 대한 이야기가 우리의 일상과 무도회로 채워진 밤의 인생을 점령하고 말았다.

만약 진실로 인간적인 동정이 스스로 보증인이 되고 자신을 채무자로 만들며 이런 상황에서 고통까지 떠안게 된다면, 그것이야말로 진정한 의미에서 운명이 어디까지 미칠 것인지 분명하게 규정해 줄 것이며 죄가 어디까지 인정될 것인지를 선명하게 가르쳐 줄 것이다. 이런 식으로 형성된 분명하고 선명한 의식은 자유라는 열정을 자신의 본성으로 품게 될 것이다. 이때 자유는 타인을 배려하는 동시에 자신을 위한 힘의 원인으로 작동

가 문제인가? 그러면 만신창이가 되더라도 맞서면 될 것 아닌가! 실패할 수 있겠지만, 도전해 보았다는 것이 돈키호테의 용기이다. 키르케고르는 당시 당연시되었던 생각의 형식에 도전장을 내민 것이다. 동정의 논리 앞에서 자신만의 논리를 펼치고 있다. 악마적인 것에 대한 틀에 박힌 생각 앞에서 전혀 물러설 생각이 없다. 악마적인 것이 운명과 같은 것이 아닐까? 키르케고르는 이런 혁명적인 질문으로 자신의 선배들이 만들어 놓은 자기 시대를 겁쟁이의 시대로 만든다. 아무도 가져 보지 못한 용기 있는 질문이기 때문이다.

25 '고독한 생각'은 '아인자메 게당켄(einsame Gedanken)'을 번역한 것이다. 선구자의 생각은 고독한 것이다. 아무도 제대로 이해해 주지 않기 때문이다. 너무나 앞서 나간 생각은 고독을 운명으로 받아들여야 한다. 악마적인 것은 운명이 아닐까. 이런 생각이 고독한 생각을 형성한다. 기독교의 형식 속에서는 도저히 납득할 수 없는 생각이기 때문이다.

할 것이다.

힘이 있어야 자유를 쟁취하는 법이다. 자유는 그것을 그냥 붙잡고 있으려 해도 힘이 필요하다. 힘이 있으면 세상이 무너진다 해도 상관없다. 세상이 무너짐으로 인해 발생할 수 있는 온갖 부정적인 생각이 덮쳐 와도 힘만 있으면 사람은 그 무엇과도 대적할 수 있게 된다. 힘만 있으면 어떤 예감이나 예견에 대해서도 아무렇지 않게 살아갈 수 있다. 아무리 측정할 수 없을 정도로 거대한 위험이 닥쳐와도 힘만 있으면 사람은 어떤 흔들림도 없이 앞으로 나아갈 수 있다. 그 힘은 그저 자유의 열정에 의해서만 주어질 뿐이다.

아쉽게도 사람들은 지금까지 악마적인 것을 윤리학적인 판단을 근거로 하여 관찰해 왔다. 사람들은 얼마나 끔찍하고 엄격한 논리로 이 악마적인 것을 사냥하듯 추적했는지, 또 그것을 발견했다는 듯이 공공연하게 보여 주며 얼마나 잔인하게 처벌해 왔는지 너무나 잘 알고 있을 것이다. 오늘날 사람들이 이 악마적인 것에 대해 무슨 말을 듣더라도 그 결과는 한결같이 치를 떨며 공포에 휩싸이게 만들어 놓았다.

오늘날 사람들은 악마적인 것과 관련되기만 하면 신경을 곤두세우며 극도로 예민해진다. 때에 따라서는 우리 같은 계몽된 시대에는 상황이 전혀 다르다고 생각하며 스스로 위로나 하고 있는 실정이다. 하지만 사실을 놓고 보면 누구나 감상적인 착각 속에서 허덕이고 있을 뿐이다. 어느 누구도 악마적인 것을 진실로 감당해 낼 수 있는 힘이 없기 때문이다. 우리 좀 솔직해져 보자. 정말 이런 식의 감상적인 동정이 그 무엇보다 칭찬할 만한 사안이란 말인가?[26]

과거 선배들이 펼쳤던 논리와 이야기들을 평가하거나 판단할 마음은 없다. 그런 것은 내가 해야 할 일이 아니다. 그런 것은 나와 아무런 상관도 없는 일이다. 나는 그저 그것을 단순하게 있는 그대로 관찰하고자 할 뿐이다. 그리고 나는 나만의 관찰을 통해 이런 것을 발견해 냈다. 즉 과거 선배들이 펼쳐 놓은 이야기들은 오로지 윤리학적인 엄격성에 얽매여 있거나 매몰되어 있다는 사실과, 그들은 동정이라는 개념에서 터무니없이 높은 가격을 붙여 놓고서 복잡한 이야기를 엮어 내고 있을 뿐이라는 사실을.

과거 선배들의 방식대로라면, 그들 자신이 생각하는 바를 자신이 보는 현상과 동일하게 간주했지만, 그런 방식을 통해서 해명될 수 있었던 것은 오로지 그것이 죄였다는 사실뿐이었다.[27] 그래서 그들은 누군가가 악마적인 사람이라면 보다 나은 가능성을 위해 자신에게 저항해야만 한다는 논리를 믿을 수밖에 없었고 확신까지 할 수밖에 없었던 것이다. 그들에게 무엇인가 바랄 수 있는 욕망이 주어진다 해도 그들은 오로지 단 한 가지만을 요구할 뿐이었다. 그것은 바로 이 악마적인 사람에 저항하여 온갖 끔찍하고 잔혹하며 가혹한 짓이라도 마다하지 말아야 한다는 생각이었다.

악마적인 사람과 관련한 비슷한 영역의 사례라면 이교도와 이들에 대

---

26 '감상적인 동정'은 '젠티멘탈레 미트라이트(sentimentale Mitleid)'를 직역한 것이다. 여기서 말하는 감상적인 것의 감상성은 현실성이 배제되어 있음과 동시에 비현실적인 것에 매몰되어 있음을 일컫는 개념이다. 동정을 베풀면서 타인을 위한다는 말이 얼마나 단순하고 위험한 발언인지를 폭로하는 말이 되기도 한다. 기독교의 논리는 일방적일 뿐이다. 하나님의 명령을 받고 실천한다는 그 사람의 입장만 고려되어 있을 뿐이다. 동정을 받아야 할 사람의 입장은 전혀 고려되어 있지 않다는 것이 문제다. 키르케고르는 결코 동정 자체를 문제 삼지 않았다. 그는 진정한 동정이 따로 존재하고 있음을 가르칠 뿐이다. 인간적인 의미에서의 동정도 존재한다. 그것을 인식하고 있는지가 문제의 핵심이라는 얘기다. 바로 이런 인식에서 키르케고르의 질문을 읽으면 남다른 음성이 들려 올 것이다. "정말 이런 식의 감상적인 동정이 그 무엇보다 칭찬할 만한 사안이란 말인가?" 시대와 역사를 바꿔 놓은 질문이기에 반복해 보았다. 키르케고르의 간절함이 배어 있는 문장이라서 남다르게 애착이 가기도 한다. 이런 질문으로 우리는 선구자의 길을 밝혀 놓아야 한다.
27 '죄'와 '현상'을 혹은 '현상'과 '죄'를 동일 선상에 놓고 생각하는 방식, 이것이야말로 중세적 발상의 전형이라 말할 수 있겠다. 현상이 악의 소굴처럼 여겨지는 그런 시선으로는 오로지 죄밖에 보이지 않는다. 그런 눈으로는 죄 이외의 그 어떤 것도 찾아낼 수가 없다. 눈에 보이는 것이 온통 죄로 물들어 있다. 이런 인식이 '회개'에 대한 욕구를 감지하는 것이다. "회개하라 천국이 가까이 왔느니라."(마태복음 3:2) 유대 광야에서 이렇게 외친 세례 요한의 외침이 먹혀 들었던 이유가 바로 여기에 있다.

한 처벌을 들 수 있겠고, 이것과 관련한 대표적인 사례라면 아우구스티누스가 이들을 향해 최고의 처벌, 즉 사형을 주장했던 사건이 아닐까? 그렇다면 이들을 대할 때 아우구스티누스에게는 동정이 결여되었던 것일까? 그것이 아니라면 그의 행동이 우리 시대의 행동과 구별되는 것이 도대체 무엇이란 말인가? 아니면 동정이 그를 겁쟁이로 만들었나? 그래서 그는 자신과 관련하여 "내가 어디를 가더라도 하나님이시여 함께해 주시고, 내가 무엇을 하더라도 교회는 나를 포기하지 않길 바라며, 오히려 교회가 할 수 있는 모든 것을 최선을 다해 사용해 주기를 바랍니다"라고 소원을 빈 것이 아닐까? 하지만 우리 시대의 모든 사람도 같은 마음일 것이다. 어느 자리에서 소크라테스가 말한 것처럼, 의사는 불로 지지고 살을 잘라 내면서 환자를 낫게 한다는 식의 무시무시한 말을 들으면 겁을 내고 두려워하는 것은 우리 시대 모두에게 적용될 수 있는 당연한 일이라는 얘기다.

지금까지 사람들은 악마적인 것을 의학적인 연구 대상으로 간주해 왔다. 오늘날 사람들은 가루약이니, 알약이니 하는 말들을 잘 알고 있다. 하물며 관장한다는 말의 의미도 너무나 잘 알고 있다. 요즈음은 약사와 의사가 서로 연합을 하여 일을 하고 있기도 하다. 이들만 모여 서로의 의견을 교환하는 학회도 설립되어 있는 실정이다. 이들은 공통적으로 타인에게 해가 될 수 있는 환자는 격리시켜야 한다고 주장한다. 악마적인 환자가 다른 사람들을 놀라게 해서는 안 된다는 이유에서였다.

하지만 이제 우리 시대는 용감해졌다. 이제 우리 시대에는 용감한 사람들도 등장했다는 얘기다. 이제 사람들은 환자에게 네가 반드시 죽어야 한다는 식으로 말하지 않는다. 그러지 않아도 될 만큼 용기가 생긴 것이다. 또 이들은 환자가 놀라서 죽지나 않을까하는 두려움에서 목사나 신부를 부르지도 않는다. 그럴 필요도 없다는 사실을 너무나도 잘 알고 있기 때문이다. 더 나아가 이들은 오늘날 같은 병으로 어떤 사람이 죽었다는 식으로 환자를 겁주지도 않는다.

과거에는 환자를 격리시키는 것을 당연시했다. 그러면서 방문객이 동정 때문에 그 환자를 찾아가서 상태가 어떤지를 질문하는 것도 하나의 풍습이 되었다. 게다가 의사는 가능한 한 빨리 도표화된 통계 자료를 제공하여 특정 질병과 관련한 평균 사망률 따위를 알려 주는 것이 의무처럼 되고 말았다. 그리고 사람들은 이런 식의 자료를 통해 평균치에 대한 정보를 얻게 되면 모든 것이 설명되고 해명되었다고 판단한다.

다시 말해 악마적인 것과 관련하여 의학적으로 취급하는 관찰은 그 현상을 순전히 생리적이고 육체적인 차원에서만 다룰 뿐이지만, 이때 의사는 관찰자의 역할을 담당할 뿐만 아니라 전권을 쥐고서 그 악마적인 것을 진단하는 것이나 다름없는 상황이 벌어지고 만다. 이는 마치 호프만 Hoffmann의 단편소설 속에 등장하는 한 의사가 진찰실에서 환자를 전리품을 대하듯이 바라보며 "이거 아주 예사롭지 않은 심각한 상황이네!" 하고 모욕적인 발언을 내뱉는 상황과 비교될 수도 있겠다.

악마적인 것과 관련하여 지금까지 살펴본 세 가지의 서로 다른 취급 방식도 모두 마찬가지로 이 현상이 이중적인 의미로 해석될 수 있음을 증명해 냈다. 다만 그 증명 방식이 하나는 생체학적인 것이었고, 다른 하나는 심리학적이었으며, 나머지 하나는 정령학적이었을 뿐이다. 하지만 악마적인 것을 다루는 이런 세 가지 방식만 놓고 보더라도, 지금 당장 단언할수 있는 것은, 바로 이것이야말로, 즉 이 악마적인 것이야말로 일반적으로 생각하는 것보다 훨씬 광범위한 의미를 취하고 있다는 사실이다.

다시 말하지만, 악마적인 것을 다루는 위의 세 가지 방식 모두 이 현상을 이중적인 의미로 다뤘다는 점에서 공통적인 관찰 방식을 취했다는 사실을 주목할 필요가 있다. 즉 그 현상은 인간이 무엇인지를 궁극적인 의미에서 이해할 수 있게 해 준다. 인간은 영혼과 육체의 종합이다. 이 종합은 정신에 의해서 구현된다. 결국 인간은 영혼과 육체를 따로 분리해서, 즉 서로를 떨어뜨려 놓고 관찰할 수도 있다는 사실이고, 이렇게 관찰하게 될 때 인간 본연의 모습이라기보다 관찰자 나름대로 주목한 것만 해석해 내는 실수를 범할 수 있게 된다.

인간은 악마적인 것과 관련하게 되면, 오로지 그것만을 주목한다고 하더라도, 수많은 것이 한꺼번에 얽혀 들고 만다. 인간과 관계되어 있는 악마적인 것이 단순 논리로 해석될 수 없다는 얘기다. 악마적인 것의 현상은 이토록 다양한 의미로 뻗어 나아갈 수 있으므로, 그것을 관찰하고자 하는 자는 바로 이런 현상 속으로 빠져들어 가야 한다는 숙제를 떠안아야 한다. 악마적인 것은 단순하게 어느 한 사람의 문제가 될 수 없고, 오히려 모든 사람에게서 발견할 수 있는 모두의 문제라는 점도 깨달아야 한다. 악마적인 것의 흔적을 보이지 않는 사람은 존재하지도 않고 존재할 수도 없다. 인간이 악마적일 수 있는 이유는 모든 인간이 스스로 이미 죄인이기 때문이다.

시대가 흘러감에 따라 악마적인 것에 대한 해석도 달라지고 다양해졌다. 그런 해석에 따라 얻어진 의미도 다양해질 수밖에 없었다. 결국 모든 것은 제멋대로 해석되었고 그 결과도 제멋대로 내려졌다. 각자 자신이 최선이라고 생각했던 대로 그런 방향으로 나아갔던 것이다. 하지만 모두들 악마적이라는 이 개념을 조금씩만 바라보고 얻어 낸 결과물에 만족하고 있을 뿐이다.

이제 이 악마적인 개념을 한계를 정해 놓고 주목해야 할 때가 되었다. 악마적인 것과 관련하여 보다 정확한 범주를 정하는 것이 관건이라는 얘기다. 지금 당장 단언할 수 있는 것은 순진무구함이라는 상황 속에서는 악마적인 것이 언급될 수 없다는 사실이다. 그리고 악마적인 것과 관련하여 그 현상을 주목하고자 한다면, 무엇보다도 그 관찰자 개인 스스로 온갖 망상적 발상을 제거해 내야 한다. 설혹 한 사람이 진정으로 악한 사람이라고 간주되더라도, 또 그가 완전히 그런 종류의 사람이라고 평가되었다고 하더라도, 그 사람을 두고 악마적인 것을 논해서는 결코 안 된다.

아쉽게도 악마적인 것과 관련한 지금까지의 연구들은 모순들로 가득했다. 과거 선배들은 태도를 엄격하고 엄밀하게 주시했다. 그러면서 태도 속의 모순을 인식해 내며 그것을 악마적인 것으로 해석해 내려고 애를 썼다. 그리고 그 악마적인 것을 찾아냈다고 판단되면 즉시 그 사람을 한 치의 망설임도 없이 처벌하려고 했다. 그러면서도 처벌만이 능사는 아니라는 사실을 인정했다. 처벌은 받더라도 그 사람이 또한 구원을 받을 수 있도록 배려하고자 했다. 그 악마적인 사람이 보다 가벼운 처벌을 받아야 하든 아니면 또 다른 악마적인 사람이 사형 선고를 받든 각각의 경우들에서도 모두 이런 배려를 받아야 한다고 생각했던 것이다.

그러나 구원에 관하여 말을 할 수 있다면, 그 누가 악마적인 사람이라고 선고받은 상태라고 하더라도, 그 개인 자체가 완전히 악의 권력 속에 들어 있는 상태는 아님을 증명하는 것이다. 또 말을 바꾸면, 악의 권력 속에 완전히 매몰된 자를 처벌한다는 것은 그 자체가 이미 모순이다. 이때는 처벌 그 자체가 아무런 의미도 취하지 못할 것이기 때문이다. 이런 모순적 상황에 대한 인식이 주어진 상태라면, 이제 도대체 악마적인 것은 어디까지 심리학적인 문제로 다뤄질 수 있는가 하는 질문이 고개를 들기 시작할 것이다.

악마적인 것은 분명 심리학적인 문제다. 악마적인 것은 하나의 상태이다. 이것이 바로 나의 대답이다. 이 상태로부터 개별적인 행위들이 지속적으로 죄의 형태로 모습을 드러내는 것이다. 하지만 모든 상태는 가능성일 뿐이다. 비록 그 상태가 순진무구함과 관련하여 자연적으로 다시 현실성으로 간주된다고 하더라도, 그것은 오로지 질적 비약을 통해서만 실현될 뿐이다.

악마적인 것은 불안을 의미한다. 악마적인 것은 선 앞에서 품게 되는 불안일 뿐이다. 순진무구함 속에서 자유는 진정한 자유가 아니다. 진정한 자유라면 순진무구함 속에 있을 수가 없다. 자유가 가능하려면 불안이 필연적으로 더불어 존재해야 한다. 개인 속에 불안이 존재해야 마침내 진정한 자유가 주어지는 것이다. 악마적인 것은 반대로 뒤엎어진 관계를 의미할 뿐이다. 자유는 어쩔 수 없이 부자유를 전제할 뿐이기 때문이다.[28] 달리 말해, 우리가 악마적인 것이라고 말해야 하는 상태는 반드시 자유를 상실한 상태여야 하기 때문이다.

자유의 가능성은 언제나 다시 불안의 원인이 된다. 자유의 가능성과 불안은 완전히 다르지만 언제나 절대적으로 함께 존재한다. 이 둘의 내용은 전혀 다르지만 항상 필연적으로 붙어 다닌다. 자유의 가능성은 오로지 부자유와의 관계 속에서만 규정될 수 있기 때문이다. 부자유와의 관계 속에서 규정되는 것은 반드시 순진무구함의 정반대의 현상으로 인식될 수밖에 없다. 그 정반대가 아니라면 진정한 부자유도 아닐 것이다. 순진무구함이란 어쩔 수 없이 자유를 근거로 하여서만 규정될 뿐이기 때문이다.

악마적인 것은 자기 안에 똬리를 틀고 있는 부자유이다. 자유에 대한 욕망이 커질수록 부자유에 대한 현상은 뚜렷해질 것이다. 그리고 그 현상은 틀림없이 오로지 어떤 불가능한 것으로 비칠 것이다. 부자유란 언제나 필연적으로 이 불가능한 것과 관계할 수밖에 없다. 비록 이 관계가 너무나 선

---

28 '자유는 부자유를 전제한다.' 이는 매우 중요한 발언이며, 중세 신학이 그토록 증명하려 했던 신의 존재와 맞물리면서 인식을 구해야 하는 대목이다. 즉 신은 악마를 전제한다. 천국은 지옥을 전제한다. 천사는 타락한 존재를 전제한다. 이 모든 전제가 없다면, 신도, 천국도, 천사도 모두 무용지물이 된다. 자유를 자유답게 해 주는 그 반대의 원리에 대한 인식이야말로 키르케고르가 얻어 낸 가장 중요한 발견이라 말해도 된다. 불안을 알면 알수록 그 정반대의 영역 또한 밝은 빛을 얻을 것이다. 불행을 알면 알수록 행복 또한 선명한 빛을 발하게 될 것이다. 불안의 정반대는 무엇일까? 그것에 대한 대답은 우리가 얻어 내야 할 인식의 몫이다.

명하게 드러나 있다고 하더라도 사람들의 눈에는 사라진 형태로 보일 뿐이다. 아무리 사람들이 이 부자유를 보지 못한다고 해도 그 부자유는 사람의 삶 속에 내재해 있다. 그러면서 동시에 불안의 원인이 된다. 사람이란 자기 안의 부자유를 건드리기만 해도 불안을 느끼는 가련한 존재에 지나지 않는다. 앞서 나는 이와 관련하여 신약 성경 이야기를 인용해 놓기도 했다. 필요하다면 그곳을 다시 확인해 보길 바란다.

악마적인 것은 폐쇄된 것인 동시에 원하지 않는 상태에서 폭로된 것이다. 폐쇄된 것이나 폭로된 것이나, 둘 다 똑같은 것을 말하고 있을 뿐이다. 둘 다 당연히 그래야 하는 것을 언급하고 있을 뿐이라는 얘기다. 폐쇄된 것이란 말이 없음이라는 침묵의 현상으로 드러나고 있고, 이런 현상의 드러남은 자기 의지와는 상반된 형식으로만 작동한다. 자유가 오로지 부자유를 근거로 하여서만 인식되고, 그런 부자유가 오로지 자유와 소통을 함으로써만 밖으로 모습을 드러내기 때문이다. 자유와 부자유는 서로가 반목하며 반란을 일으키는 불편한 존재이지만, 둘 다 서로를 위한 필연적인 조건이다.

부자유는 어떤 식으로든 비밀을 누설하고 배반을 거듭한다. 그런 배반 행위를 통해 개인은 불안 속에서 자신의 의지와는 정반대의 방향으로 매진할 수 있게 되고, 그런 행위를 통해 개인은 자유를 지향하게 되는 것이다.[29] 그래서 폐쇄된 것은 여기서 하나의 규정된 의미에서 인식되는 것이

---

29 자유와 부자유는 인간이라는 존재를 규정하는 서로 다른 두 가지 요인이다. 그런데 그 서로 다른 요인들이 인간이라는 하나의 존재를 규명하는 개념이 된다. 사람은 자유를 원한다. 그 말을 곧 사람이 스스로 자유롭지 않은 존재임을 자백하는 것이다. 사람은 구원을 원한다. 그 말은 곧 사람은 구원받아야 할 존재임을 고백하는 것이다. 사람은 신을 원한다. 그 말은 곧 사람의 욕망 속에서만 신의 존재가 구현된다는 것이다. 결국 신의 존재에 대한 인식은 사람의 욕망 없이는 불가능한 것이 되고 만다. 욕망은 가능성을 지향하고, 그 가능성은 다시 불가능성을 전제로 하며, 그런 불가능성에 대한 인식이 불안의 요인으로 작동하고 있을 뿐이다. 결국 개인은 자신을 배반하며 자신을 가능성의 들판

고, 그것은 아주 일반적인 의미에서, 즉 보편적으로 적용될 수 있는 것이며, 그것이 인식되었을 때, 비로소 최고의 의미에서 주어지는 자유를 지향할 수 있게 된다.

자유를 알았기 때문에 침묵을 지키며 완전히 폐쇄적으로 행동할 수밖에 없었던 인물들, 예를 들면 브루투스Brutus나 영국의 헨리 5세가 왕자였을 시절의 모습일 것이다. 이들은 모두 자신의 폐쇄성이 선의 이념과 관계를 맺고 그런 이미지로 굳어져서, 그 폐쇄성의 결과물이 선한 것으로 증명될 때까지 자신의 폐쇄성을 침묵으로 일관하며 끝까지 지켜 낸 인물들이다. 이런 폐쇄성이야말로 자유의 이념에 대한 확장을 가능하게 한다고 말할 수 있을 것이다. 이는 마치 어머니의 뱃속에서 위대한 이념이 폐쇄성을 지키고 있는 것이나 다름없다. 이보다 나은 의미도 고귀한 의미도 없을 것이다.

자유는 확장하는 것이다.[30] 이와는 반대로 '폐쇄적인 것'은 예를 들자면 부자유를 위해서만 사용될 수 있을 뿐이다. 사람들은 악을 위해서라면 늘 형이상학적 표현을 사용하고자 한다. 그러면서 사람들은 어떤 거리낌도 없이 이 악이라는 것 자체가 무엇인가를 부정하는 것이라고 말한다. 하지만 악이 개인 자신에게 끼치는 영향 관계를 주목해 보면, 바로 이 '폐쇄적인 것'이 윤리적인 개념으로 사용되고 있음을 너무나 쉽게 확인할 수 있다.

악마적인 것은 악마적인 것으로 인정될 만한 어떤 무엇인가를 포함하

으로 내놓는 일을 거듭하게 되는 것이다. 달리 말해, 개인은 불안을 느끼면서 자유를 지향할 수밖에 없는 것이다. 개인은 죄의식을 느끼면서 임마누엘을 지향하게 되는 것과 같은 논리이다.

30 반대로 부자유는 확장을 방해하는 요인으로만 인식할 수 있다. 제한되고 구속되는 의미에서만 부자유는 인식의 대상이 될 수 있을 뿐이다. 이런 의미가 선명해질수록 자유의 이념은 확장성의 의미로 빛을 발하게 되는 것이다. 주변이 부자유의 이념으로 굳어질수록 자유는 먼 곳에서 빛으로 소식을 전해 올 것이다.

거나 품고 있는 것이 아니라, 오로지 자신을 위해서만 폐쇄적이라는 형식을 증명할 뿐이다. 악마적인 것은 스스로를 감옥 안에 가둬 둔다. 스스로 부자유의 감옥에 갇히도록 온갖 길들을 차단한다. 이것이 바로 실존의 문제가 된다. 이것이 바로 비밀로 충만한 실존의 심층적인 문제라는 얘기다.

자유는 지속적으로 소통을 원한다. 종교적 의미에서 말하는 말씀을 근거로 한 로고스의 신이라는 이념을 떠올려도 좋겠다. 자유를 이런 식으로 고찰한다고 해도 절대로 기독교 교리에 해가 되지는 않을 것이다. 부자유가 강화될수록 폐쇄성은 노골적으로 드러날 것이고, 그런 폐쇄성이 강해질수록 소통은 불가능해지고 말 것이다. 이런 경우는 삶의 현장 곳곳에서 확인할 수 있을 것이다.

소통이 불가능한 상황에 대한 사례는 수도 없이 많다. 사람이 우울증에 빠져도 타인과의 정상적인 소통은 이뤄지지 않는다. 사람이 망상에 사로잡혀도 소통은 남의 일이 된다. 사람이 극단적으로 자신의 열정만을 원해도 소통은 불가능해진다. 이런 모든 상황은 침묵의 시스템에 갇혀 있음을 증명할 뿐이다. 이런 모든 상황은 그저 심층적으로 오해를 기반으로 하고 있을 뿐이다.

자유가 이런 종류의 폐쇄성의 논리와 접촉하는 순간, 그 자유는 급기야 불안과 직면한다. 이와 관련하여 일상 표현 중에 정말 멋진 말이 있다. 어떤 사람이 말로 털어놓으려 하지 않는다는 말이 그것이다. 폐쇄적인 사람이 보여 주는 폐쇄성이 바로 침묵이다. 그래서 폐쇄적인 사람에게는 언어와 단어들이야말로 둘도 없는 진정한 구원의 주체가 된다. 즉 그것들이 폐쇄된 것과 폐쇄적인 것을 공허한 추상성으로부터 구원해 준다는 얘기다.

만약 여기서 악마적인 것을 X라고 하고, 그 악마적인 것에 대한 자유의 관계는 오로지 이 X 외부에 존재한다는 것을 의미한다면, 악마적인 것을 밖으로 드러나게 하는 최고의 법칙은 자기 의지와는 상반된 형식으로 진행되도록 말을 엮어 낸다는 데 있다. 그 이유는 말이란 것의 본질 속에는 소위 의사소통이라 말할 수 있는 경로가 포함되어 있기 때문이다.

악마적인 것과 관련하여 신약 성경에는 이런 대목이 있다. 그리스도가 어느 악마적인 사람에게 다가서자 그는 그리스도에게 다음과 같이 말한다. "나와 당신이 무슨 상관이 있나이까."[31] 그리고 나서 그 악마적인 사람은 계속해서 말한다. "나를 괴롭히지 마옵소서."[32] 이것은 선 앞에서 느끼는 불안의 독특한 현상이다. 또 다른 악마적인 사람은 그리스도에게 다른 길을 가 줄 것을 부탁하기도 한다. 반대로 악 앞에서 느끼는 불안에 대해서는 이미 제1절에서 언급했고, 그때는 개인이 구원을 향해 도피를 선택한다는 결론에 이른 바 있다.

어찌 되었든 간에 악마적인 것이 선 앞에서 느끼는 불안에 대한 사례는 삶이라는 현실적 일상 자체가 엄청난 분량으로 제공해 준다. 말하자면 삶이라 말할 수 있는 모든 공간에서 또 모든 삶의 형태 속에서 각각 다양한 방식과 정도로 이런 사례는 수도 없이 많이 발견될 수 있다는 얘기다. 냉혹한 범죄자는 절대 자기 말로 죄를 고백하려 하지 않는다. 바로 이 지점에 악마적인 것이 숨어 있다. 그는 모든 형태의 소통을 스스로 거부를 거듭한다. 그의 거부 행위는 너무나 강렬해서 벌을 주고 고통을 가해 봐도 아무런 소용도 없는 일이 되고 만다.

물론 이런 악마적인 사람과 대면할 때 진실을 도출해 내는 좋은 방법이 완전히 없는 것은 아니다. 그 좋은 방법들 중에 최고는 악마적인 사람 앞에서 침묵하는 것과 그를 뚫어져라 쳐다보는 눈의 힘을 사용하는 것이다. 물론 이 방법은 아주 드물게 적용되는 것들이기는 하지만, 그래도 효과는

---

31 마가복음 5:7, 누가복음 8:28.
32 위의 글.

매우 좋다고 알려져 있다.

한번은 종교재판이 열렸을 때 육체적인 힘에서나 정신적인 유연성에서나 그 악마적인 사람에 비해 전혀 뒤처지지 않는 한 취조관이 있었는데, 그는 단 하나의 근육도 사용하지 않은 채 꼼짝하지 않고 그 범죄자의 눈동자를 쳐다보며 오랫동안 버텼다. 그런 식으로 그가 버틴 취조 시간은 열여섯 시간에 달했다. 결국 그 악마적인 사람은 무의식적으로 자신의 죄를 고백했고, 사건은 종료되었다고 한다.

양심이 나쁜 사람은 그가 누구든 상관없이 침묵을 버텨 내지 못한다는 것이 종교재판의 취조관들이 믿는 바이다. 이들은 악마적인 사람을 독방에 가둬 놓으면 그는 어쩔 수 없이 힘을 상실하게 되고 결국 자신의 죄를 스스로 고백할 수밖에 없는 지경에 처한다고 말한다. 이 경우 침묵은 최고의 고문이 된다는 것이다. 만약 재판장에 판사가 등장했음에도 아무런 일이 벌어지지 않는다거나, 서기는 그 어떤 것도 노트에 적지 않고, 즉 아무런 일도 하지 않고 그냥 하염없이 무엇인가를 기다리기만 해도, 이런 상황 속에서 악마적인 사람은 불안에 떨기 시작한다고 한다.

침묵은 가장 심층적이고 가장 날카로운 질문과 같다고 말한다. 침묵은 가장 끔찍한 고문과 같은 것이라는 얘기다. 이런 식의 침묵은 종교재판에서 허용되고 허락될 수 있는 최고의 고문 형식이라고 말한다. 물론 사람들이 생각하는 것처럼 모든 경우에서 얻고자 하는 것을 쉽게 얻어 낼 수는 없다고도 말한다. 이런 경우 취조관에게는 더 위대한 악마의 힘을 이용할 수 있도록 재량이 허락된다. 이것만이 악마적인 사람이 지속시키고 있는 폐쇄성을 무너뜨려 자신의 말로 옮겨 놓을 수 있도록 하는 유일한 방법이라 믿고 있기 때문이다. 즉 취조관들은 모든 악마가 스스로 버틸 수 있는 자신만의 시간을 가지고 있다고 믿고 있는 것이다.

종교재판의 취조관은 어떤 식으로든 절대적으로 침묵할 수 있는 능력을 갖추고 있어야 한다고 말한다. 그것이 선의 조건이라는 것이다. 만약 취조관이 이런 능력을 제대로 갖추고 있지 않다면, 그러면서도 재판을 하고자 한다면, 그 어떤 영리한 지력을 갖춘 취조관이라 해도 법정 자체를 웃음거리로 만들고 만다고 한다. 그는 그저 침묵이라는 시험장에서 감독관 정도의 역할만을 담당하고 있을 뿐이기 때문이다. 그는 자신에게 허락된 재량을 가지고 법정을 당황스럽게 만드는 데 일조할 뿐이다. 이런 경우라면 취조관은 스스로 부끄러워할 줄도 알아야 한다. 부끄러운 줄도 모르고 나대는 취조관은 결국 스스로 침묵을 깨야 하는 지경에 처해서 스스로 자신 앞에서 자신에 대해 불안을 느끼는 지경에 처하고 말 것이다.

보다 낮은 수준에 있는 정신은 보다 낮은 수준에 있는 인간의 본성일 뿐이다. 이들, 즉 보다 낮은 등급의 사람들에게는 신과 관련한 의식이 부족할 뿐만 아니라 거의 부재한 상태라고도 말한다.[33] 그럼에도 종교재판에 임하는 취조관이 침묵의 능력을 제대로 갖추고 있지 않을 경우, 이런 악마적인 사람들의 폐쇄적인 정신이 취조관의 의도와 그들의 취조를 이겨내는 일이 벌어지고 만다. 왜냐하면 취조관은 스스로 침묵을 견뎌 내지 못하고, 악마적인 사람의 정신은 스스로 모든 경우의 무죄와 순진무구함에 익숙해져 있기 때문이다. 이들은 자기 입술에 손가락을 대고 사는 일에 익숙하고 자기 혓바닥에 심장과 마음을 싣고 사는 일에 능숙하기 때문이다.

정말 상상을 초월한다. 폐쇄적인 사람의 폐쇄성이 얼마나 강력한지, 정말 믿을 수가 없을 정도이다. 수준이 낮은 사람들 앞에서 악마적인 폐쇄성

---

33 '신과 관련한 의식'은 '고테스베부스트자인(Gottesbewusstsein)'을 의역한 것이다. 말 그대로 직역한다면, '신의 의식'이 된다. 이것은 신에게도 의식이 있다는 것을 의미하는 말인 동시에, 그것에 대한 의식은 종교재판에서 중요한 기준을 형성한다. 즉 신의 뜻을 알고 있는가 하는 것이 이 재판에서 죄와 무죄를 구별하는 기준이 된다는 얘기다. 악마적인 인간은 신의 뜻을 알지 못하고 알 수도 없다는 것이 종교재판의 취조관의 변함없는 입장이다.

은 놀라운 힘을 발휘한다. 폐쇄적인 것에게도 힘이 있다. 이 힘이 오히려 취조자이지만 침묵의 능력을 제대로 갖추지 못한 낮은 수준의 사람에 불과하다면 그를 이렇게 말하게 한다. 제발 좀 부탁한다고, 제발 좀 입을 열어 달라고 애걸복걸하게 만든다. 제발 좀 입을 열어 이 힘든 침묵을 깨달라고. 이런 지경이 벌어지고 나면 종교재판은 정말 웃기지도 않은 일이 되고 만다.

물론 종교재판은 상상을 초월할 정도로 사회 전체를 흥분의 도가니에 빠뜨리기도 한다. 취조관들이 스스로 덫에 걸렸음에도 약자들이 세상에 퍼지게 하고 그들이 세상을 지배하게 하는 것이다. 침묵하는 일에는 어떤 능력도 제시하지 못하고, 오로지 신앙과 관련한 일에만 말들이 많은 이들이 세상을 지배하게 하는 것이다. 오로지 그런 사람들만이 제후들과 예수회 수도자들 곁을 지키게 한다. 서로 입을 맞춰 아부하는 것이 사회의 현상이 되도록 만들어 놓는 것이다.

종교재판은 사람들에게 정해진 형식의 생각을 강요한다. 로마 황제 도미티아누스Domitianus나 영국의 정치가 크롬웰Cromwell이나 스페인의 장군 아르바Alba 같은 사람들을 믿게 하고, 또 때로는 이런 사람들을 지칭하는 대명사로 예수회 총장을 생각하게 한다. 그 총장의 말이라면 다 통한다는 식으로 생각하게 만들어 놓는 것이다. 이런 식의 사건 처리는 요즈음 시대에 너무나 흔한 일이 되고 말았다. 진정한 진실은 전혀 그렇지 않은데, 완전히 다른 조작된 진실이 세상을 지배하고 있는 것이다.

현상에 대한 평가는 조심해야 한다. 왜냐하면 눈에 보이는 현상은 눈에 보이지 않는 본질과 정확하게 맞물려 있고, 모든 현상은 어떤 식으로 보여도 그 본질은 정반대의 경우일 수도 있기 때문이다. 개인은 스스로 폐쇄성의 폭군이 되어 자신의 폐쇄성에 고문을 가할 수도 있는 법이다. 그때는 스스로 입을 열게 하겠지만, 스스로 보다 높은 수준의 정령을 기다리거나 마침내 그것을 사용할 수도 있다. 말하자면 그런 수준의 정령이 자신 안에 있는 폐쇄성을 요령껏 드러나게 하는 그 현상화의 과정에 영향을 끼칠 수도 있는 것이다.

폐쇄성의 감옥에서 악마적인 사람을 고문하는 자는 같은 방식으로 자신의 폐쇄성도 지켜 내고 그것을 제대로 다룰 줄도 알아야 한다. 이런 문제와 관련한다면 나는 족히 한 권의 책이라도 쓸 수 있을 정도로 정보를 많이 갖고 있다. 하지만 나는 그런 책을 쓰고 싶지 않다. 아니 정확하게 말한다면 쓸 수도 없다. 그런 사건 사고와 관련한 정보들을 내 눈으로 직접 관찰하고 확인하기 위해 스스로 파리나 런던 등으로 여행을 떠날 수도 없는 노릇이기 때문이다. 그저 요즈음 사람들은 이와 관련하여 대부분 누군가의 입을 통해 잡담 형식으로 퍼진 이야기만 듣고 있을 뿐이다. 그런 것들을 진실이라고 믿고 있을 뿐인 것이다.

하지만 만약 사람들이 자신의 내면의 소리에 귀를 기울일 수만 있다면 자기 안에서 이미 수많은 관찰자들을 발견해 낼 수 있을 것이다. 예를 들어, 자신 안에 이미 다섯 명의 남자들이 있고 다섯 명의 여자들이 있으며 열 명의 어린아이들이 있다. 자기 안에 관찰자 역할을 해 줄 사람들은 충분히 많다는 얘기다. 자기 안의 관찰자들을 제대로 활용할 줄만 안다면 모든 가능한 인간적인 영혼의 상태를 발견해 낼 수 있을 것이다.

내가 지금 말하고 싶은 것은, 인간적인 것과 관련하여 관찰할 수 있는 이런 관찰자들이 바로 모든 사람 자신 안에 이미 내재되어 있다는 사실이다. 사람이라면 모두 자기 안에 사물을 관찰할 수 있는 관찰자를 갖고 있다. 그 관찰자는 때로는 어린아이의 시선으로 바라보기도 하고 때로는 그런 어린아이와 관계한 그 어떤 관계를 형성하면서 또 다른 방식으로 사물을 바라보기도 한다.

자신 안에서 관찰하고 있는 어린아이를 생각이라는 형식을 통해 보다

고귀한 폐쇄성으로 드높이고 그것을 그 이전의 온갖 오해의 덫에서 해방시켜 주는 일이야말로 무한히 중요한 일이라 말할 수 있겠다. 외적인 측면만 주목하면 한 어린아이가 혼자서 걸을 수 있도록 내버려 둘 수 있는 순간을 포착해 내는 일은 쉬울 수 있지만, 정신적인 측면에서는 언제 이런 일이 가능한지를 포착해 내는 숙제가 결코 쉬운 일이 아니다. 한 어린아이가 정신적으로 홀로 걸을 수 있게 해 주는 것은 보모를 고용한다거나 보행기를 사 준다고 해결되는 일이 아니다. 그런 일은 돈으로 해결될 수 있는 일이 결코 아니다.

어린아이가 혼자 걸을 수 있게 하기 위해서는 부모가 늘 곁에 있어 주기도 해야 하지만 그 곁에서 아무것도 대신해 줘서는 안 된다는 조건을 충족시켜야 한다. 어린아이는 자신을 발전시킬 수 있는 가능성을 스스로 가지고 있어야 한다. 이때 부모는 그 어린아이 곁에서 모든 상황을 정확하게 바라보고 관찰하는 것만으로 충분하다. 또 부모는 어린아이가 마음대로 걸을 수 있게 하기 위한 기준을, 즉 그것을 위한 가능한 한 모든 기준을 자신에게만 허락할 수 있도록 배려해야 한다. 즉 부모는 어떤 측면에서는 모든 것을 스스로 포기하고 아무것도 하지 않는 것처럼 보이겠지만, 사실은 이때 부모가 모든 것을 있는 그대로 바라보며 관찰하고 있을 뿐인 것이다.

원하기만 하면 시간은 충분하다. 궁전에서 바쁘게 일하는 관리라 할지라도 어린아이가 혼자 걷게 하는 이런 일과 관련한다면 언제든지 시간을 찾을 수 있고 시간을 낼 수 있는 것이다. 원하기만 하면 사람들은 뭐든지 할 수 있다. 아버지가 되었든 교육자가 되었든 어린아이와 관련한다면 무엇보다도 그 아이 자체를 먼저 믿어 주는 일부터 실천해 내야 한다. 만약 어린아이가 스스로 폐쇄적인 태도를 취하는 상황을 미연에 방지하지 못한다면 부모가 되었든 교육자가 되었든 상관없이 그들이 스스로 큰 책임을 져야 마땅하다.

악마적인 것은 폐쇄된 어떤 것이고, 선 앞에서 느끼는 불안 그 자체라고 했다. 그렇다면 이제 우리는 이때의 이 폐쇄된 것을 X라고 말하고, 그 내용도 X에 걸맞은 어떤 것이 되어야 한다는 것을 인정하고 가정해 보자. 만약 이런 말이 옳은 주장이라면, 그 X야말로 진정한 선으로 충만한 것이 아닐까? 왜냐하면 가장 끔찍한 것과 가장 중요하지 않은 것, 그리고 혐오스러운 것에 대해서는 삶이라는 일상과 현실 속에서 어느 누구도 자발적으로 원하지 않는 것일 테니까 말이다. 사람들은 그런 것을 꿈에서조차 보고 싶어 하지 않을 것이다.[34] 그것이 바로 사소한 것으로 인식되고 있기 때문에 이런 일들이 벌어지는 것이다.

악마적인 것으로 인정되었던 바로 이 X가 마침내 선의 모습으로 계시된다.[35] 여기서 계시된 것은 다시 가장 고양된 것으로 상승한다. 이 계시된 것에 대한 보다 높은 개념이라면 구원이 되는 것이다. 하지만 이 계시는 가장 무의미한 것까지 품고 있다는 데서 남다른 현상으로 인식될 수도 있다. 여기서 언급한 가장 무의미한 것이란 바로 우연성을 표현하거나 그것과 관련한 말이 될 것이다.

이런 말들이 듣는 이의 마음을 불편하게 만들지 않았으면 좋겠다. 왜냐

---

34 악마적인 것이 진정으로 악마적인 것이라면, 그것 자체가 이미 선 그 자체가 아닐까? 키르케고르가 철학적으로 연출하고 보여 주는 발상의 전환이다. 악마적인 것이 존재하는 이유는 선한 것에 대해 너무나 잘 알고 있기 때문이 아닐까? 이런 질문이 성숙해지면, 키르케고르의 철학도 도움의 손길을 내밀 수 있게 된다. 악마적인 것을 두려워할 일이 아니라, 오히려 그것만이 또 그것으로 인해서만 정반대의 힘을 발견하고 인식하게 해 주는 계기가 되기 때문이다.

35 여기서 '계시'는 '오펜바룽(Offenbarung)'을 번역한 말이다. 단어의 외적인 형태만 살펴보면, '오펜 (offen)'이라는 '열린' 혹은 '열려 있는'이라는 말과 '가능성'을 의미하는 '바룽(barung)'이라는 어미가 합쳐진 것임을 알 수 있다. 신이 부활하여 다시 모습을 드러내는 현상을 기독교에서는 이 단어로 설명한다. 키르케고르는 같은 개념을 사용하고 있지만, 그 쓰임새는 전혀 다르다. 즉 키르케고르는 이 개념을 전통적인 기독교의 방식으로 사용하는 것이 아니라, 자기 나름대로 의미를 부여하여, 새로운 의미에서 전혀 다르게 사용하고 있는 것이다. 즉 선으로 모습을 드러내는 그 원래의 의미는 악마적인 것으로 오해받던 것일 뿐이었다는 논리가 발견되고 있기 때문이다.

하면 그 말들이 감당해 내는 범주는 동일한 것이기 때문이다. 물론 그 말들이 드러내고 있는 현상은 악마적인 것이라는 데서는 공통점이 있다는 것은 인정한다. 게다가 이 말들 사이의 차이점은 현기증을 일으킬 정도로 크고, 그만큼 전혀 다른 어감을 전해 주고 있기 때문이다. 그래도 나는 두려워할 필요가 없다고 단언하는 바이다. 계시는 여기서도 결국에는 선한 것과 관련하고 있기 때문이다.

계시란 구원의 의미로 나타나는 최초의 표현이 된다고 말할 수 있겠다. 그래서 옛말에도 이런 쪽으로의 의미를 담아내는 표현들이 있었던 것이다. 그 대표적인 예로 마법을 부릴 줄 알던 마법사가 사라지고 마침내 그가 장난쳐 놓은 마법의 힘이 풀린다는 말도 있고, 이렇게 말해도 되는지 모르겠지만, 몽유병 환자는 사람들이 자기 이름을 부르면 급기야 눈을 뜨게 된다는 말도 있다는 것을 우리는 주목할 필요가 있는 것이다.[36]

폐쇄성과 계시성은 서로 갈등 구조를 취한다. 이들의 대결은 끊임없이 지속된다. 이들의 충돌은 끝도 없이 다양하게 펼쳐진다. 이 충돌이 의미하는 바도 무궁무진한 어감으로 펼쳐질 수밖에 없다. 이것이 정신적인 삶이 펼치는 세상의 모습이다. 정신적인 삶의 풍요로운 생산성은 결코 자연의 생산성에 뒤지지 않는다. 정신적인 상태들이 의미하는 바는 수많은 꽃

---

36 키르케고르가 여기서 언급한 두 가지의 옛날 표현들이 의미하는 바에 대한 인식이 필요하다. 그 첫 번째 표현은 '마법이 풀린다'는 말의 조건이 '마법사의 마법이 사라진다'는 데 있다. 사실 마법은 마법을 믿는 자에게 작동하는 것에 지나지 않는다. 마법을 믿지 않는 자에게 마법은 그저 쓸데없는 것이 되고 만다. 예를 들어 귀신도 귀신을 보는 자에게만 힘을 발휘할 뿐이라는 얘기와 같은 말이다. 두 번째 표현은 몽유병 환자가 눈을 뜨게 되는 순간의 전제가 사람들이 자기 이름을 불러 줄 때라는 점이다. 사람은 꿈을 꿀 수 있다. 자기 생각에 매몰되어 방황할 수 있다는 얘기다. 하지만 옆에서 누군가가 현실적으로 자극을 주면 그는 쉽게 꿈에서 깨어날 수 있다. 사람은 정신을 잃을 수도 있는 존재이지만, 동시에 정신을 차릴 수도 있는 존재이다. 사람만이 지닌 이성이라는 능력은 생각하는 존재가 살아가야 하는 세상을 무궁무진하게 펼쳐 놓지만, 그 세상의 현상은 결국 생각하는 자의 몫이 된다는 말이다.

들보다 훨씬 더 다양하게 펼쳐진다.

페쇄된 것은 계시되기를 원한다. 폐쇄성은 외부로부터의 영향을 기대한다. 결국 폐쇄성은 계시성과 대립적으로 반목하고 맞부딪치면서 진행된다. 물론 이런 날카롭게만 보이는 충돌 현상은 오해에 지나지 않는다. 이것은 계시성 안에서 이미 규정된 형태의 자유와 이런 계시성을 규정하고 가능하게 하는 자유 사이의 부드러운 여성적 관계에 의해서만 진행되기 때문이다.

게다가 폐쇄되어 있는 상태도 충분히 행복할 수 있고 또 행복해질 수 있다. 그래서 그 안에는 그저 부자유만이 존재한다고 해도 불편하다기보다 오히려 여유로운 마음으로 조용히 남아 있을 뿐이다. 폐쇄성과 계시성은 늘 같은 수준으로 반응한다. 폐쇄성의 힘은 계시성의 힘에 비례하여 서로 관계한다. 하지만 폐쇄성은 언제나 약간의 힘은 남겨 둔다. 완전한 형태로 폐쇄되더라도 또 다른 그다음의 계시를 위한 준비를 도모해야 하기 때문이다. 새로운 시작을 위해서는 약간의 힘만이 필수적이고 또 그것을 위해서는 그 약간의 힘만으로도 충분하다.

새로운 시작이 필요한 경우는 정신이 낮은 수준에 머물러 있을 때이다. 이런 정신 상태로는 아무것도 도모할 수가 없기 때문이다. 낮은 수준에 머물러 있는 정신으로는 아무것도 위대하게 만들 수가 없다. 폐쇄성은 계시성을 진심으로 원하지만, 언제나 익명성을 요구한다. 폐쇄된 곳에 갇혀 있는 것은 열린 공간을 원하지만, 그곳에서도 은밀하게 자유를 누리고 싶은 것이다. 이것은 폐쇄성이 지닌 가장 예민한 부분이고, 이것이 이 폐쇄성의 모순을 가장 확실하게 증명해 준다. 이런 모순과 관련한 대표적인 사례라면 시인이라는 존재 속에서 찾을 수 있겠다.

계시의 계시성은 승리를 통해 드러난다. 승리라는 통로를 통과하지 않고는 계시는 절대로 기대할 수 없다. 하지만 똑같은 순간에 폐쇄성이 마지막 도전을 도모하고 있어야 한다. 폐쇄성이 도모하는 최후의 도전이 없으면 계시성은 무의미해지고 만다. 그래서 계시성은 늘 폐쇄성의 뱀처럼 영리한 도전도 마다하지 않고 오히려 그런 것을 간절히 기대하고 있다. 폐쇄성이 아무리 영리한 도전을 해 와도 지나치지 않다. 오히려 계시성은 그런 도전에 의해 더욱 큰 승리를 획득하게 될 뿐이다. 그런 영리한 도전을 통해서 계시성 자체는 보다 높은 수준의 신비로움 속으로 변신을 거듭하게 된다. 신비로움이 더해질수록 계시성의 승리는 더욱 높은 수준으로 빛날 것이다.

하지만 이런 식의 신비주의적 설명은 여기서 중단하기로 하겠다. 이런 이야기는 끝도 없이 펼칠 수도 있겠지만, 나의 관심사는 아니기 때문이다. 계시성의 신비로운 빛에 의해 철저히 가려져 있는 폐쇄성이 오히려 나의 관심을 끈다. 폐쇄성의 침묵은 상수와 변수를 포함하고 있는 일종의 대수적인 방정식이라 부르고 싶을 정도이다. 이런 대수적인 표현 방식을 통해 침묵하고 있는 것을 서술하기, 즉 폐쇄성의 침묵을 깨뜨리기, 이런 것이 진정한 나의 관심사이다.

폐쇄성의 독백을 들려주기 위해서라면 나는 무슨 일이든 도모하고자 한다. 폐쇄성의 독백이야말로 여기서 진정한 의미를 지닌다고 주장하고 싶다. 폐쇄적인 사람을 설명하기 위해서 이 글이 만들어지고 집필되었다고 말해도 된다. 폐쇄적인 사람, 그 사람은 오로지 자신과 대화한다. 나의 눈은 바로 이런 사람을 주목하고 있는 것이다. 나의 모든 노력은 이제부터 폐쇄되어 있는 바로 이런 사람을 설명하는 데 집중할 것이다.

"모든 것에는 최소한 하나의 의미가 주어져 있겠지만, 아쉽게도 그 모든 것은 단 하나의 헛바닥도 갖고 있지 않다." 이것이 폐쇄된 것의 폐쇄성이 지닌 모순이다. 나는 단 하나의 헛바닥조차 갖고 있지 않은 이 폐쇄성에 최소한 하나의 의미가 있다는 것을 설명하는 데 최선을 다할 것이다.

나는 마음의 문을 닫고 있던 햄릿이라는 인물이 자신의 두 친구들에게는 진심 어린 경고를 해 주듯이, 그렇게 설명에 임하고자 할 뿐이다.

앞서 나는 대립적 충돌을 언급한 바 있다. 여기서 말한 충돌이란 모순을 의미하고, 그 현상은 폐쇄성 자체만큼이나 혐오스럽고 끔찍하다. 폐쇄되어 있는 사람이 자신의 폐쇄성 속에 숨기고 있는 것은 그가 더 이상 아무것도 할 수 없을 정도로 끔찍하기만 하다. 그는 그것을 발설할 수가 없다. 그럴 만한 용기가 없는 것이다. 자신 앞에서조차 입에 담지 못하는 내용이 폐쇄성 속에 감추어 둔 것이다.

폐쇄되어 있는 사람은 두려워한다. 폐쇄되어 갇혀 있는 사람은 말을 하게 됨으로써 발생하는 온갖 상황들을 두려워하는 것이다. 그에게는 발설 자체가 새로운 죄로 연결되는 현상으로 이어질 뿐이다. 말하는 것 자체가 새로운 죄를 짓게 되는 통로가 된다. 말과 함께 시도되는 모든 것은 오로지 새로운 죄를 향하고 있을 뿐이다. 아무리 발버둥 쳐도 죄의 덫으로부터 벗어날 수가 없는 것이다.

폐쇄되어 있는 사람이 걸려든 죄의 덫이라는 이러한 현상이 가시화될 수 있기 위해서는 오로지 개인 안에 순수함과 불결함이 서로 뒤섞여 혼합된 형식으로 존재하고 있어야만 한다. 순수함과 불결함의 혼합물이 개인 자체의 진정한 모습임에도, 그것이 현상으로 드러나는 일은 극히 드물다. 아니 지금까지 그 현상을 주목한 사례는 찾아볼 수가 없다. 그래서 나는 이것을 두고 최초의 사건이라 말하고 싶다.

개인은 개인이라서 이미 끔찍한 존재이다. 개인은 자신과 관련하여 전혀 힘을 쓸 수가 없다. 개인은 자신과 맞서 할 수 있는 것이 아무것도 없다. 이것이 개인으로 존재하는 모든 인간의 모습이다. 사람은 누구나 도취된 상태에서, 즉 일종의 기쁜 마음에서 어떤 일을 행할 수는 있겠지만, 그것에 대해서조차 사람은 그 좋았던 것에 대해 기억을 제대로 해 내지 못할 때가 너무나 많다. 또 사람은 자신의 어두운 기억 속에서 겨우 무엇인가를 떠올린다 해도 그것이 자신이 한 일이라고 생각하는 순간, 그는 그 일을 하나의 말도 안 되는 상황이라고, 자신은 도저히 그럴 수 없다고 말을 해야 할 때가 너무나 많다. 이상하게도 사람에게는 이 모든 것이 가능하다.

정신병을 극복한 사람은 자신의 정신이 병에 걸려 있던 상태를 정확하게 기억해 내기도 한다. 현상은 악마적일 수 있다. 그것을 결정하는 것은 개인 자신이다. 개인이 계시성을 향해서 어떤 태도를 취하느냐에 따라 현상은 전혀 다른 어떤 것으로 돌변할 수 있는 것이다. 현상은 언제나 사실적이다. 현상은 항상 자유와 함께 등장한다. 현상은 늘 자유의 형식 속에서 모습을 드러낸다. 현상은 자유 속으로 들어가면서 자신을 책임질 수 있게 되고, 그런 식으로 책임진 결과물을 스스로 밖으로 나타나게 해 준다. 그래서 어떤 형식으로든 현상이 거부되는 순간, 그 현상은 악마적인 것으로 돌변하는 것이다.

지금 내가 하는 말을 그 어떤 오해도 없이 잘 이해해 주길 바란다. 그리고 이 말들을 자신의 정신력으로 꼭 붙들어 주길 간절히 바란다. 내가 하고자 하는 말은 바로 이것이다. 즉 사람은 누구나 자신이 행할 수 있는 만큼만 나의 말들을 이해할 수 있을 것이고, 또 스스로 행할 수 있고 행하고자 하는 모든 이는 결국 자신에게 뿌리를 둔 이 악마적인 것을 감당할 수 있어야 한다는 것이다.

다시 말해, 사람은 누구나 두 가지 형태의 의지를 지니고 있다는 사실을 인정해야 한다. 하나는 무기력해진 자신이 스스로 낮은 곳에 처해 복종하려는 의지이고, 다른 하나는 스스로 보다 높은 곳에 오르려는, 즉 보다 강해지려는 의지이다. 전자는 계시성을 원하고, 후자는 폐쇄성을 원한다. 무기력한 사람은 새로운 힘이 솟아나 주기를 바라고, 강한 힘을 지닌 사람은 모든 것을 자신의 힘으로 통제하기를 바란다. 그런데 바로 이 강한 의지를 가진 강한 사람은 약한 의지를 가진 보다 약한 사람의 시선에는 본질적으로 악마적으로 보이리라는 것이 문제가 될 뿐이다.

폐쇄된 것은 자유를 얻지 못한 계시성이다. 한 사람의 개인성이 약할수록 자유의 탄력성은 무뎌지고 폐쇄성의 봉사는 강해진다. 폐쇄성이 강해질수록 자유를 향한 힘은 봉쇄당하고 스스로 쇠약해지기를 거듭한다. 하지만 개인성이 약할수록 폐쇄성이 강해지는 반면, 그 사람의 내면에 숨겨져 있던 비밀 또한 강력한 모습으로 드러난다. 기존의 개인성이 약해질수록 이전에는 전혀 몰랐던 새로운 개인성이 자신의 근원으로부터 솟아올라 현상으로 등장한다는 것이다.

자신 안에 있는 비밀을 밖으로 드러내기 위해서는 아주 사소한 접촉조차 무의미하지 않다. 단 한순간 그냥 스쳐 지나가듯 바라보는 시선이라 해도 그 순간에 영원과 맞닿아 있는 위대한 그 무엇을 발견해 낼 수 있다. 즉 모든 것이 자신을 위한 계기로 작동할 수 있다는 얘기다. 아무리 혐오스럽고 끔찍한 말이라 해도 그것이 비밀을 인식하게 해 줄 수도 있다. 또 아무리 복화술을 통해 내뱉어진 우스운 말이라 해도 그것이 폐쇄성의 내용과 관련하고 있다는 조건만 충족하고 있다면, 그것은 결국 위대한 힘을 발휘하는 동기로 작동할 수 있게 될 것이다. 모든 시작은 이런 하찮게 보이는 사소한 것에 지나지 않는다. 이런 시작을 보고 결론까지 사소한 그 무엇으로 예상하는 일은 없어야 한다는 얘기다.

복화술 자체도 많은 것을 예감하게 해 줄 수 있다. 복화술은 어쩔 수 없이 간접적인 방법을 취하고 있지만, 그것이 직접적으로 그 무엇을 고지해 줄 때도 있다. 이는 마치 정신병에 걸린 사람이 자신의 광기를 이런 복화술을 통해 스스로를 폭로하는 것과도 같은 것이다. 예를 들면 정신병자가 다른 사람을 가리키며 이렇게 말하는 것과 같다. "저 사람은 정말 불쾌해,

저 사람은 틀림없이 정신병자일 거야." 이렇게 말함으로써 정신병자는 스스로 정신병에 걸려 있음을 고백하는 꼴이 된다.

계시성은 말을 통해서 스스로를 예고할 수도 있다. 예를 들어 불행한 사람이 입을 열어 말을 함으로써 자신의 비밀을 타인에게 누설하는 일이 발생하기도 한다는 얘기다. 계시는 표정에도 나타나고, 눈빛에도 나타난다. 말하자면 사람 내면에 꽁꽁 숨겨 두었던 것을 무의식중에 스스로 폭로하게 되는 그런 시선도 존재한다는 것이다. 사람들이 결코 이해하고 싶지 않은 눈빛도, 누군가를 신랄하게 비난하는 그런 눈빛도, 때로는 사람들이 두려워하는 눈빛도 존재한다. 진심으로 뉘우치는 눈빛도 있고, 호기심이라고는 전혀 없이 오로지 간절하게 애원하거나 기도하는 눈빛도 있다. 이 모든 눈빛은 의도치 않게 자신의 내면을 고스란히 드러내는 것들이다. 우리는 그런 눈빛을 통해 상대의 내면을 들여다보게 되는 것이다.

폐쇄성의 내용과 관련한다면 모든 것은 다시 웃기지도 않은 이야기로 돌변할 수도 있다. 예를 들어 그 모든 것이 사소한 질투심에 뿌리를 두고 있다면 웃지 않을 수 없는 일들이 벌어지고 마는 것이다. 무슨 일이 되었든 간에 질투심과 연결된 것이라면, 결국 모든 것은 우스운 이야기가 되고 사소한 것이 되며 허영심에 찬 이야기가 되고 어린아이 같은 짓거리가 되며 외적인 것에 집착한 이야기가 된다. 앞서 언급했던 의학적인 의미에서 말하는 사소한 정신 이상도 대표적인 우스운 이야기에 속한다. 즉 불안 속에 빠진 사람이 스스로 이런 온갖 방식을 통해서 자신을 폭로하는 그런 정신병자의 태도 말이다.

악마적인 것은 갑작스러운 것이다. 다른 측면에서 보면, 갑작스러운 것이란 그저 이전에 폐쇄되어 있던 것이 새롭게 드러나는 것을 의미한다. 악마적인 것은 폐쇄된 것의 형식으로만 규정된다. 악마적인 것의 모든 내용은 그 자체로 이미 폐쇄된 것에 지나지 않기 때문이다. 악마적인 것은 오로지 폐쇄된 것과 시간을 반영하고 있을 뿐이다. 시간을 근거로 할 때만 악마적인 것은 갑작스러운 것으로 규정될 뿐이다.

폐쇄된 것은 원래 자신의 개인성 안에서 자신과 관련하여 취한 부정적인 태도의 결과였다. 그러니까 폐쇄성은 의사소통을 거부하면서 점점 더 자기 안으로 파고든 결과의 산물이었다. 그런데 의사소통은 언제나 지속되는 것의 지속성을 위한 표현이므로, 바로 이 지속성이 부정되는 순간, 지속된 것과는 아무런 상관도 없는, 즉 갑작스러운 것이 탄생하는 계기가 마련된다.

갑작스러운 것이 현상적으로 등장한 지경에 처하게 되면, 사람들은 폐쇄성이 질서정연했던 지속성을 넘어 비정상적이고 완전히 이상한, 하지만 완전히 새로운 지속성으로 넘어가게 된 것을 인정해야 할 것이다. 말하자면 바로 이때 정반대의 경우가 탄생한다. 바로 이 순간, 비록 폐쇄성이 지루하기도 하고 여성적으로 연약하기도 한 자신으로부터 솟아 나오는 것과 관련하고 있다고 하더라도, 그것은 또 하나의 새로운 지속성에 기인한 여린 빛을 발산하게 될 것이다.

폐쇄성이 지닌 이런 지속성은 흡사 팽이만이 느낄 수 있을 법한 현기증과 비교될 수도 있다. 말하자면 이 팽이는 자신이 보여 주고 보여 줄 수 있는 모습으로 자신의 극단으로 서서 끊임없이 돈다. 팽이는 돌아야 설 수 있다. 그 도는 모습이 팽이의 진정한 현상이다. 팽이는 그런 식으로 끝까지 돌다가 더 이상 돌 힘이 없으면 결국 쓰러질 것이다. 만약 폐쇄성이 한 개인을 이렇게 팽이처럼 돌면서 살아갈 수 있도록 배려해 주면서도, 단 하나의 외로운 존재로서 슬프지만 끊임없이 움직이며 돌다가 결국 완전한 정신의 착란으로까지 몰아붙이지 않는다면, 이 개인은 돌면서 또 돌아야만 살 수 있는 팽이처럼 끝까지 자신에게 주어진 삶과 그것과 관련한 어느 지속성을 유지하려 할 것이다.[37]

개인에겐 분명 평생 이어지는 지속성이 있다. 이 지속성과 관련한다면, 폐쇄성이 순간순간 보여 주는 지속성의 현상은 언제나 갑작스러운 것으로 인식될 수밖에 없다. 이런 순간적인 현상에 대한 첫 번째 인식은 과거의 것과는 아무런 상관도 없는 돌발적인 것으로 증명될 뿐이라는 얘기다. 갑작스러운 것은 오로지 단 하나의 순간 속에서만 존재한다. 갑작스러운 것은 순간적인 그 존재 이후에는 아무런 흔적도 없이 사라진다. 그럼에도 불구하고 이 갑작스러운 것이 존재의 의미로 인식되는 이유는, 아무리 그 갑작스러운 것이 사라졌다고 해도, 그 갑작스러운 것은 다시 완전하고 온전한 모습으로 존재하기 때문이다. 이것이야말로 사람의 삶이라 불리는 수수께끼 현상이다.

갑작스러운 것은 지속성과는 아무런 상관도 없다. 갑작스러운 것은 아무것도 지속성 속으로 끌어들이지 않는다. 갑작스러운 것은 단 한 번도 지속성과 연계된 적이 없다. 지속성과는 별개의 것으로 인식되기 때문에 갑작스러운 것이 존재하는 것이다. 갑작스러운 것은 지속성과 아무런 관련도 없으면서 지속성과 관련한 어떤 것인 양 그렇게 자신을 드러낸다. 이렇게 자신을 드러내는 방식으로 인해 갑작스러운 것은 자신의 전형적인 존

---

37 '단 하나의 외로운 존재'는 '아이너라이(Einerlei)'를 의역한 것이다. 독일어에서 어미에 '라이(lei)'가 붙으면 그 어간을 형성하고 있는 단어의 의미는 부정적인 것이나 하찮은 것으로 전락한다. 그래서 '아이너(einer)'는 유일한 단 한 명의 사람을 뜻하지만, 뒤에 '라이'가 어미로 붙게 되면서 유일무이한 존재의 소중함보다는 '누구나' 혹은 '아무나'와 같은 식으로 개성을 상실한 혹은 개성이 배제된 존재의 의미가 전면에 드러난다. 키르케고르는 이 '아이너라이'도 모국어인 덴마크어가 아닌, 그에겐 외국어에 해당하는 독일어로 적어 놓았다. 그는 바로 이 개념으로 남다른 의미를 전하려 했던 것이다. 자기 의견을 따라 생각할 것인가, 아니면 남들과 별다를 바 없는 공인된 생각이나 공식적인 생각으로 자신의 생각을 이어갈 것인가? 그것을 존재론적 문제로 부각시키고자 했을 것이라는 예상이 드는 지점이다. "하나지만 하나가 아니다", "개인이지만 개인이 아니다", "삶이지만 삶이 아니다", "사는 게 사는 게 아니다", "내가 내가 아니다" 라는 말이 존재하는 이유를 이해한다면 키르케고르가 하는 말도 이해할 수 있을 것이다.

재를 구축한다. 그것이 바로 갑작스러운 것이 존재할 수 있는 이유이다.

하지만 만약 악마적인 것이 인간의 육체와 관련한 것이어야 한다면, 그 악마적인 것은 결코 돌발적인 변수로 인식되어야 할 갑작스러운 것이 될 수 없다. 그런데 만약 열병이나 정신병 같은 질병이 반복해서 발생한다면, 사람들은 그런 반복 속에서 어떻게 해서든 일종의 법칙을 찾아내고야 말 것이다. 이런 법칙이 발견되고 난 뒤라면, 마침내 사람들은 갑작스러운 것이 무엇인지 인식할 수 있게 되고, 그것이 무엇인지 정확하게 규명할 수 있게 되는 것이다.

그러나 갑작스러운 것은 어떤 법칙도 알지 못한다. 갑작스러운 것을 측정해 낼 어떤 법칙도 존재하지 않는다. 갑작스러운 것은 자연의 현상에 속하지도 않는다. 갑작스러운 것은 오로지 심리적인 현상일 뿐이다. 갑작스러운 것은 자유롭지 못한 것이 밖으로 드러난 것을 의미할 뿐이다.[38]

갑작스러운 것은 악마적인 것이며, 악마적인 것으로서 그것은 선 앞에

---

38 키르케고르는 또다시 비약을 선택했다. 키르케고르의 서술 방식을 탓할 일도 아니다. 그의 글이 불멸이 되었다는 것을 인정하고 그의 글 속에서 그의 목소리를 찾아 듣는 것만이 우리의 일일 뿐이다. 여기서 키르케고르는 '갑작스러운 것'이 '법칙'과 아무런 상관도 없음을 주장했다. 그는 '법칙'을 '자연의 현상'과 같은 맥락 속에서 인식했다. 즉 자연은 예상 가능한 것의 현상이라는 측면에서 바라본 것이다. 예를 들어 물리적 현상은 충분히 예상할 수 있다. 사물이 이러면 이런 현상이 발생하리라는 것은 누구나 아는 바이다. 물은 위에서 아래로 떨어진다. 태양은 동쪽에서 솟아오른다. 수면은 외부의 것을 반사시킨다. 구름이 모이면 먹구름이 되고, 먹구름이 형성되면 번개가 치고, 번개가 친 후에는 천둥이 울린다. 이런 물리적인 현상은 불변의 진리로 간주해도 좋다. 그런데 인간에게는 이런 물리적인 현상 외에 또 다른 현상이 주어져 있다. 키르케고르는 그것을 '심리적 현상'으로 대립시켜 설명에 임하고 있는 것이다. 갑자기 '심리적 현상'이 등장해서 잠시 독서를 멈춘 것이다. 이것은 존재론적으로 매우 중요한 개념이다. 우리는 키르케고르를 '심리적 현상'의 발견자라고 말해도 된다. 키르케고르는 '심리적 현상'을 철학적으로 규명하려는 것이다. 그 존재의 소식을 복음으로 전하려는 것이다. 그리고 그는 인간에게는 '갑작스러운 것'이 있지만, 그것은 오로지 '자유롭지 못한 것이 밖으로 드러난 것'이라고 단언한다. 그렇다면 그는 '자유로운 것'이 어떠해야 하는지에 대한 판단도 가지고 있다는 얘기가 된다. 즉 인간은 자유를 아는 존재라는 얘기다. 이는 정말 놀라운 발견이다. 바로 이런 인식이야말로 키르케고르를 실존 철학의 선구자로 만들어 주고 있는 것이다.

서 느끼게 되는 불안의 요인이다. 여기서 선한 것이란 지속성과 관련한 그 무엇이다. 왜냐하면 지속성이란 어떤 형식을 취하고 있든 상관없이 일종의 구원의 의미로 자신을 밖으로 드러내고 있을 뿐이기 때문이다.[39] 그리고 지속성의 의미라고 하는 것이 오로지 구원의 의미로만 해석될 수 있을 뿐이기 때문이다.

개인의 삶은 지속성 속에서 진행된다. 개인은 그런 지속성 속에서 자신의 삶을 살아간다. 개인이 자신의 삶을 통해 어디까지 살아갈 수 있는지는 개인의 몫이다. 개인은 그저 자신에게 주어진 삶을 더 이상 남겨 둘 수 없는 지경에 이를 때까지 그 삶을 살아갈 뿐이다. 개인은 자신의 삶이라는 형식을 통해 폐쇄성을 획득한다. 폐쇄성은 오로지 삶 속에서 그 삶이 지닌 지속성과 관련할 때만 의미를 취할 뿐이다. 폐쇄성은 지속성과 관계함으로써 삶을 통해서 삶을 유지시킴과 동시에 뭐든지 할 수 있게 해 주는 주술적 주문이 된다.[40] 삶 자체가 주술적 주문으로 전환할 수 있는 계기는 오

39 여기서 '구원의 의미로 자신을 밖으로 드러내고 있을 뿐'이라는 구절은 '오이서룽 데어 에어뢰중(Äußerung der Erlösung)'을 의역한 것이다. '오이서룽(Äußerung)'은 능동적으로 번역하면 '밖으로 드러냄'을 의미하고, 수동적으로 번역하면 '밖으로 드러남'을 의미한다. 그런데 그것의 주체는 '구원'이라는 데 문제의 핵심이 있다. '구원'이 주체가 될 수 있는가? 그것이 문제라는 얘기다. '구원'은 그것을 알고 말하는 존재의 문제일 뿐이다. '구원'은 오로지 사람의 문제일 뿐이라는 것이다. 결국 구원의 현상도 천국의 현상과 마찬가지로 사람의 생각 속에서 존재하는 내면의 현상에 불과할 뿐이다. 그것이 '심리적 현상'으로 이해되고 있는 것이다.

40 폐쇄성과 지속성을 연결시키려는 키르케고르의 남다른 노력이 돋보인다. 인간이라는 개인은 자신이라는 공식 속에 갇혀 있는 존재이지만, 거기서 개인은 지속되고 있는 자신을 발견하고, 그 지속되는 자신과 함께할 수 있을 때, 마침내 자신의 삶은 모든 것이 가능한 기회의 장으로 변신할 수 있게 된다. '주술적 주문'은 '아브라카다브라(Abrakadabra)'를 의역한 것이다. 순수 우리말로 옮기자면, '수리 수리 마수리' 정도가 될 것이다. 인식이 주어진다면, 사람은 뭐든지 할 수 있다. '수리 수리 마수리!' 하며 주문을 외우면, 그렇게 주문을 외울 용기만 있다면, 사람은 자신의 삶을 통해 뭐든지 해낼 수 있는 것이다. 그럴 용기가 있는가? 그리고 그런 일을 감당하고 스스로 해결해 낼 수 있는가, 진정 그럴 준비가 되어 있는가, 이런 문제는 그 다음의 문제에 해당한다. 이런 문제가 지속성의 문제에 해당하는 것이다. 지속은 감당되어야 실현될 뿐이기 때문이다. 지속은 감당될 수 없을 때 갑작스러운 현상으로 돌변할 것이다. 이런 현상은 자유보다는 부자유의 이미지가 전면에 나설 것이다.

로지 지속성이 인식됨으로써만 가능하다. 이때 지속성은 자신과의 의사소통 속에서 실현된다. 지속성은 그런 소통 속에서 끊임없이 갑작스러운 것과 마주한다. 그것이 개인이라 불리는 현상이 되는 것이다.

폐쇄성의 내용과 관련한다면 갑작스러운 것은 끔찍한 것이 될 것이다. 갑작스러운 것은 그것이 무엇이 되었든 간에 끔찍한 것의 의미로만 자신의 모습을 드러낼 것이다. 갑작스러운 것은 그런 의미로만 관찰자에게 영향을 끼칠 수 있다. 하지만 이것이야말로 우스운 일이 아닐 수 없다.[41] 개인이 같은 현상을 두고서 끔찍한 것을 볼 수도 있고 우스운 것을 볼 수도 있는 이유는 모든 개인의 개인성이 어느 정도는 갑작스러운 것과 관계할 수밖에 없고, 동시에 그 모든 개인의 개인성은 어느 정도 고정관념에 얽매여 있을 수밖에 없기 때문이다.

개인성이 직면한 이런 모순에 대해서는 더 이상 논의가 필요하지 않을 것이다. 지금 설명한 것만으로도 내가 이 책의 범주 안에서 무엇을 주장하고자 하는지 분명해졌다고 판단하기 때문이다. 즉 나는 여기서, 말하자면 나의 설명을 통해서, 다음과 같은 사실을 각인시키고자 했다. 갑작스러운 것은 항상 자신에게 근거한 이유를 갖고 있다는 것이고, 그것은 어쩔 수 없이 선 앞에서 느끼는 불안 속에서만 인식된다는 것이다. 그런데 자유가 관철시키지 못하는 어떤 것은 반드시 존재할 수밖에 없고, 그것이 현상의

---

41 여기서 키르케고르는 '끔찍하다'와 '웃기다'를 대립시키고 있다. 폐쇄성의 내용이 끔찍한 현상이 될 수도 있고 우스운 현상이 될 수도 있다는 것을 말하고 있다. 신의 뜻은 한결같지만, 사람의 심리는 한결같다는 말로는 설명이 안 된다. 인문학적 사고는 모든 것을 향해 나아갈 수 있도록 마음의 문을 활짝 열어 놓을 때 가능해진다. 사람의 마음은 이럴 수도 있고 저럴 수도 있다. '끔찍하다'와 '웃기다'는 사람의 마음속에 공존하고 있을 뿐이다. 무엇을 보고 사느냐가 문제일 뿐이다. '끔찍하다'는 인식이 주어지면 답답함은 피할 수 없는 것이 되고, '웃기다'는 인식이 주어지면 그 답답했던 현상을 뛰어 넘어 갈 수 있는 기회가 주어지고, 그 다음의 현상을 먼 곳에 둘 수 있는 시야를 확보할 수 있게 되는 것이다. 이것이 바로 인간의 마음이 펼쳐 놓는 현상이다.

공식이 된다. 현상의 공식은 악 앞에서 느끼는 불안 속에서 발견되는 것이지만, 그것은 다시 갑작스러운 것을 알게 해 주고, 그것을 알게 되었을 때, 자신은 운명적으로 나약해져 있다는 사실을 깨닫게 된다.

만약 누군가가 악마적인 것이 어느 정도까지 갑작스러운 것인지를 다른 방식으로 설명하고 해명하고자 한다면, 그는 어쩔 수 없이 미학적인 질문으로 넘어갈 수밖에 없다. 존재론적 질문을 순수하게 미학적으로 내놓을 수 있을 때, 그 질문이 지닌 문제의 의미는 구체적으로 드러날 것이다. 순수하게 미학적으로 질문할 수 있는 자만이 인간이라는 자신과 관련한 악마적인 것을 가장 잘 서술해 낼 수 있게 될 것이다.

우리는 모두 메피스토펠레스Mephistophele에 대해서 너무나 잘 알고 있다.[42] 만약 우리가 이 메피스토펠레스를 연극적 상황에 얽매여 있는 인물로 혹은 연극 무대에 등장한 한 인물로만 이해한다면, 우리는 그를 그저 대사를 외워 지껄이는 존재로만 보여 주면 그만일 것이다. 하지만 이 경우 메피스토펠레스는 진정한 자신의 모습을 상실한 존재가 된다. 왜냐하면 연극 속에서 메피스토펠레스는 그저 악의적이고 말도 안 되는 우스운 말

---

42 '메피스토펠레스'는 괴테의 『파우스트』에 등장하는 인물이다. 파우스트 박사는 메피스토펠레스와 계약을 맺고 그의 도움을 받는다. 그 계약의 조건은 파우스트가 만족하는 순간 그의 영혼은 메피스토펠레스의 것이 된다는 것이다. 이 계약과 함께 일종의 대결이 시작된다. 파우스트가 이길 것인가 아니면 메피스토펠레스가 이길 것인가, 그것이 관전 포인트이다. 그런데 재미난 것은 메피스토펠레스가 악의 사자라는 점이다. 여호와 하나님이 세상 속에 들어왔을 때 예수라는 이름을 취했던 것을 인정할 수만 있다면, 악마가 메피스토펠레스라 불리며 파우스트 앞에 등장하는 장면 또한 쉽게 인정할 수 있을 것이다. 문제는 그것이 아니라, '누가 이길 것인가?' 하는 것이다. 이런 질문이 체계를 갖추게 될 때, 괴테의 이념도 충분히 이해할 수 있다. 괴테는 "인간은 노력하는 동안 방황한다"는 말을 하나님의 대사로 만들어 놓음으로써, 일종의 결말을 예견할 수 있게 했다. 인간은 운명적으로 방황할 수밖에 없지만, 그 방황은 노력의 증거가 되고, 결국에는 노력하는 자가 악마를 이긴다. 하나님은 그런 승리자를 구원시켜 준다. 괴테의 고전주의적 휴머니즘 사상이 바로 이런 데서 구현된다. 인간은 악마적인 것과 관련할 때 끔찍한 방황을 거듭하겠지만, 그 방황으로 인해 인간은 구원받을 것이다. 죽을 때까지 노력했기 때문이다. 쓰러질 때까지 자신의 욕망에 충실했기 때문이다. 인간이 욕망에 불을 지를 수 있었던 이유는 악마가 곁에 있어 주었기 때문이다.

이나 지껄이며 간계를 꾸미는 정신에 적합한 정도의 인물로만 비칠 뿐이기 때문이다.

메피스토펠레스와 관련한 이야기는 이미 민간 전설의 형식으로 다양하게 전해져 왔다. 이런 전설 속에서 메피스토펠레스는 전혀 다른 이미지를 구축하고 있다. 그와 관련한 현상은 이런 이야기까지 고려했을 때만 올바른 내용과 형식으로 인식될 수 있을 것이다. 이런 전설 속의 이야기와 비교한다면, 연극 속에서 무대 위에 등장한 인물이 보여 주는 것은 그저 일부분이고 잠시 등장했다가 사라지는 것에 불과할 뿐이다.

민간 전설에 의하면, 악마가 3000년 전부터 이 세상에 눌러 앉아서 고민하고 있다고 한다. 게다가 그의 고민은 오로지 인간을 함정에 빠뜨리고 몰락시키는 데에만 집중해 있다고 한다. 이 정도는 되어야 악마라 할 수 있겠다. 악마는 고민을 거듭한 결과 결국에는 인간을 쓰러뜨릴 묘안을 찾아내고야 말았다. 여기 이 대목에서 나의 시선을 끌고 있는 것은 3000년이라는 세월 그 자체이다. 이것은 어쩔 수 없이 어떤 특정 숫자를 떠올리게 하지만, 다른 한편으로는 그것이 곧 악마적인 것이란 알을 품고서 그것의 부화에 몰두하고 있는 폐쇄성에 대한 생각을 형성한다

만약 메피스토펠레스를 연극의 형식 속에서 누구나 다 알고 있는 모습, 즉 이미 해석된 모습으로 잠시 머물다 막이 내려지면서 결국에는 사라지게 하고 싶지 않다면, 다른 형식을 찾아내야만 한다. 이것을 우리는 새로운 표현 방식으로 불러도 좋을 것이다. 이 표현 방식 속에서 밝혀져야 하는 부분은 메피스토펠레스가 본질적으로 인간의 행동을 모방하는 존재라는 사실이다.[43] 이런 표현 방식이 발견된다면, 군이 악의로 충만한 어두운

---

43 여기서 '행동을 모방하는 존재'는 부사로 활용된 '미미쉬(mimisch)'를 의역한 것이다. 미미쉬의 어간을 이루고 있는 '밈(mim)'은 그리스어의 '미모스(μῖμος, mimos)'에서 유래했고, 그것은 일반적으로

심연에서나 울려 퍼질 듯한 끔찍한 말들을 동원하지 않고서도 메피스토 펠레스가 끼치는 작용이나 영향 관계를 드러낼 수 있게 될 것이다.

메피스토펠레스를 위해 새롭게 발견된 표현 방식은 이 메피스토펠레스의 힘이 어떻게 비약이라는 경로를 통해 갑작스러운 속성에 도달하는지를 밝혀 줄 것이다. 그리고 그 비약의 갑작스러운 속성은 바로 인간적인 행동을 근간으로 한 모방을 통해서만 이해의 범주로 들어올 것이다. 표현이 이런 식으로 진행될 경우, 거기에 동원되는 단어들이 아무리 끔찍한 것이라 해도, 또 셰익스피어나 바이런 혹은 셸리 같은 천재적인 작가들에 의해 오랫동안 지켜졌던 침묵이 완전히 깨진다고 하더라도, 그 단어 자체는 언제나 구원하는 힘을 지니고 있을 것이다.[44]

사람이 사용하는 각각의 단어들은, 즉 그것이 단 하나의 단어에 지나지 않는다고 하더라도, 그 속에는 이미 온갖 종류의 절망과 공포가 함께 들어 있다. 메피스토펠레스가 모방하는 모든 행동 속에는 단어들 자체가 지닌 이런 종류의 부정적 의미가 갑작스러운 것으로 표현될 것이다. 그가 모방하는 행동은 이미 잘 알려진 그런 형식의 갑작스러움이 아닐 것이다.[45]

이런 생각을 인정할 수 있다면, 어째서 발레 무용수 부르농빌Bournonville

'모방자'나 '모방' 자체를 의미한다. 메피스토펠레스에 어울리는 이 말, 즉 '모방'은 그와 그의 본성을 인간적인 측면으로 관찰할 수 있는 계기를 마련해 준다. 그가 모방하는 내용은 오로지 이해될 수 있는 인간의 범주 안에 머물러 있기 때문이다.

44 '단어가 구원하는 힘을 지녔다'는 이 주장은 이성적 존재에 대한 희망의 소식이다. 이성적 존재는 말을 하며 살아야 하는 존재이고, 말을 하려 할 때는 어쩔 수 없이 다양한 단어를 동원할 수밖에 없다. 그런데 그 단어가 구원의 힘을 지녔다는 말과 함께 밝혀지는 것은, 결국 이성적 존재는 자신의 이성으로 인해서만 구원의 길을 찾을 수 있을 뿐이라는 사실이다. 이것이야말로 인문학, 생철학, 현상학 그리고 실존 철학으로 이어지는 거대한 실존의 강물에서 변함없이 굳건하게 자리를 지키고 있는 인간적인 이념이다.

45 악마적인 것은 전혀 예상치 못한 행동과 같다. 예상할 수 있었다면 그것은 악마적인 것이라 불릴 자격도 없다. 악마적인 것은 언제나 갑작스러운 것과 맥락을 같이 한다. 전혀 이해할 수 없는 것이 바로 악마적인 것의 현상이 의미하는 바가 된다.

이라는 자가 이토록 큰 명성을 얻을 수 있게 되었는지를 충분히 이해할 수도 있을 것이다. 이 무용수는 무대 위에서 다름 아닌 메피스토펠레스를 행동으로 보여 주었고, 그의 행동은 상상을 초월하는 것이었다. 그가 창문을 통해 집 안으로 들어왔을 때 그리고 누구에게나 뛰어들 자세로 움츠리고 있을 때, 극장 안에 앉아 있던 모든 관중의 심리를 구속했던 그 공포 심리를 뭐라고 설명해야 할까!

메피스토펠레스라는 존재를 발레의 형식으로 표현해 냈던 이 무용수의 도약을 목적으로 한 움츠린 자세는 흡사 날짐승이나 들짐승이 먹이 앞에서 취하는 것과 같았다. 그런 장면을 떠올릴 수밖에 없었던 관객은 말 그대로 광란의 도가니에 빠진 듯했다. 이때 관객은 두 가지 의미에서 끔찍한 상황과 마주했다고 볼 수 있겠다. 첫 번째는 완전한 침묵의 상태에서 벌어진 일이었다는 것이다. 아무도 그런 식으로 그가 등장하리라고는 예상을 못했다. 바로 이 순간이 관객을 끝도 없는 나락으로 떨어지게 했다.

인물로서 무대 위에 등장한 메피스토펠레스는 이리저리 돌아다닐 필요도 없었다. 그는 가능한 적은 발걸음만으로 자신이 존재하는 장소를 이동하며 바꿨을 뿐이다. 왜냐하면 발걸음이라는 것 자체가 이미 무대 위의 상황을 예상할 수 있는 범주로 옮겨 놓기 때문이다. 배우가 내딛는 단 한 번의 발걸음이라 해도 그것은 이미 일종의 이행 과정의 의미를 취할 수밖에 없고, 그런 의미로 인해 관객은 곧바로 그다음 장면을 예상할 수 있는 상황으로 돌변한다. 하지만 이 배우는 이런 예상을 완벽하게 깨뜨리고 있었다.

발레의 형식으로 메피스토펠레스를 형상화해 내고, 그의 첫 번째 등장 장면을 이런 식으로 연출해 낸 작품의 제목은 『파우스트』였다. 발레 작품으로서 『파우스트』는 이런 식의 등장 장면을 통해 관객을 그저 깜짝 놀라게 하는 데 그치는 것이 아니라, 그와 함께 아주 깊은 심리적 차원의 사상을 전하는 데 커다란 성공을 거두었다고 말할 수 있겠다. 사용된 단어의 수는 적었고, 대사 또한 가능한 한 짧게 이루어졌지만, 그럼에도 그 단어와 대사는 일종의 지속성을 지니고 있었다. 왜냐하면 그 단어와 대사는 아무리 짧아도 추상적인 의미에서 볼 때 이미 시간 속에서 소리를 내고 있었기 때문이다.

갑작스러운 것은 언제나 추상적인 것이다. 그것도 진정한 갑작스러움이란 항상 완전한 추상성과 관계할 뿐이다. 그리고 이 추상성은 늘 지속성으로부터 발생한다. 말하자면, 추상성은 선행하여 지나간 것에서나 후속하여 뒤따라오는 것에서 차이를 두며 탄생하는 것이다. 바로 이런 모습이 메피스토펠레스에게서 발견되었다. 무대 위에서 펼쳐진 메피스토펠레스의 행동 속에는 예외 없이 갑작스러운 것이 표현되고 있었던 것이다.

사람들은 메피스토펠레스를 아직 보지도 못한 상태였다. 그런데 어느 순간 그가 무대 위에 서 있었다. 순간적으로 벌어진 일이었다. 정말 어떤 살아 있는 물체가 느닷없이 나타나듯이, 그런 식으로 쏜살같이 무대 위로 등장하여 서 있었던 것이다. 그 등장 속도는 그가 점프하여 공중에 떠 있는 순간과 맞먹는다고 말해야 할 정도였다. 그 도약의 순간이 곧 메피스토펠레스가 무대 위에 등장한 속도였다. 그리고 나서 관객은 그가 정말 살아 움직이고 있는 존재였다는 사실을 확인하게 되었다.

그런 다음 메피스토펠레스의 행동은 언제든지 도약하려는 혹은 언제든지 도약할 수 있도록 잔뜩 움츠린 자세로 걷는 모습을 보여 준다. 그가 걸을 수 있는 존재로 변신을 거듭한 것처럼 보이기도 했다. 이런 변신과 함께 극도로 치닫던 긴장감은 서서히 풀리기 시작했다. 그가 움직이면서 동작 하나하나가 그다음을 예상할 수 있게 해 주었기 때문이다. 그의 악마적인 힘은 그런 움직임 속에서 약해지기 시작한 것이다. 그가 악마라는 사실조차 망각할 정도였다.

이런 방식으로 메피스토펠레스가 등장했다는 사실 자체가 악마적인 것이 어떻게 세상에 등장하게 되는지를 가장 이상적으로 보여 준 것이라고 나는 생각한다. 악마적인 것의 힘은 언제든지 등장하고 등장할 수 있으며 또 등장해야 한다. 그때가 언제인지를 모를 뿐이다. 그의 등장은 도둑이 어두운 밤을 틈타 오는 것과 같다. 하지만 악마가 등장할 때는 도둑처럼 조심스럽게 기어 들어오지는 않는다. 사람들은 도둑이 들어올 만한 곳은 다 방비해 둘 것이고, 경계심도 만만찮을 것이다. 도둑의 재능은 그 모든 것을 뚫고 들어가는 것이다. 하지만 메피스토펠레스의 등장은 모든 예상을 깨고 만다.

악마는 자신의 등장과 함께 그런 등장 방식을 통해서 자신의 존재를 드러낸다. 이것이야말로 악마의 계시가 될 것이다. 악마적인 것의 존재는 오로지 갑작스러운 것과 관계한다. 악마적인 것과 갑작스러운 것은 같은 것에 대한 다른 이름일 뿐이다. 이런 갑작스러운 형식을 통해서 악마적인 것은 자신의 움직임을 보여 준다.[46] 그의 모든 움직임은 예상을 깨고 실행

---

46 여기서 "갑작스러운 형식을 통해서"는 '졸허아르트(solcherart)'를 의역한 것이다. 말 그대로 직역하면 '그와 같이', '그런 식으로'가 된다. 그런데 키르케고르는 이 말을 지속적으로 반복한다. 여기서부터 시작하여 모두 여섯 번을 반복한다. 왜 그랬을까? 키르케고르는 왜 이 말을 그토록 간절하게 사용해야만 했던 것일까? 바로 악마적인 것에 대한 설명이 필요했기 때문이다. 우리는 그동안 신적인 것에 매몰되어 살아왔다. 신적인 것이 삶을 구원해 주리라는 믿음으로 살아온 것이다. 그런데 그런 생각이 중세라 불리는 천 년의 세월을 보내게 했다. 이제 파우스트처럼 다른 방식에도 관심을 가져 봐야 할 때가 된 것이다. 물론 선구자는 불안할 수밖에 없다. 이제부터 아무도 안 가 본 길을 걸어가야 하기 때문이다. 모든 것은 낯설 것이다. 모든 것은 악마의 모습을 띠고서 등장하게 될 것이다. 그래도 가지 않을 수 없는 길이다. 어떻게 해서든 나아가야 하는 것이 인생이 처한 길이기 때문이다. 과거 중세 시대의 선배들은 신을 빛으로 간주하고 세상을 어둡게 만들고 말았다. 창문도 채색하여 밖을 내다보지 못하게 해 놓았다. 그것을 '로제테(Rosette)', 즉 '작은 장미'라 불러 대며 미화하기에 급급했다. 그것이 마치 천국으로 가는 '좁은 문'(마태복음 7:13)인 것처럼 연출했다. 하지만 이제 전혀 다른 창문이 연출된다. 이제 메피스토펠레스가 등장하는 창문을 생각해야 할 때가 된 것이다. 그런 창문을 통해 로미오가 줄리엣의 은밀한 공간, 그녀의 침실로 들어갔을 것이다. 그 장면을 목격해야 했을 그 시대의 관객들은 광란의 도가니에 빠졌을 것이다. 열네 살도 채 되지 않은 소녀와 그보다는 몇 살 위인 로미오의 행위들과 감각적인 대사들은 근대 르네상스라는 기적을 자아냈다. 이제 철학이 나설 때가 되었다. 이제 이런 현상에 대한 철학적 설명을 요구하는 시점이 된 것이다. 이는 마치

된다. 이런 갑작스러운 형식만이 진정으로 악마적인 것을 품어 낼 수 있을 뿐이다. 악마적인 것이 한 걸음 내디딜 때조차 기존의 모든 형식을 파괴하는 힘이 드러난다.

이런 갑작스러운 형식을 통해 악마적인 것은 한 사람의 모습을 취한다. 악마는 사람이었다. 악마가 사람의 형상을 띠고 나타난 것이다. 이런 갑작스러운 형식을 통해 이 사람은 악마적인 효과를 극대화해 내는 것이다. 그가 아무리 평범한 사람처럼 행동해도 관객은 그가 악마라는 사실을 잘 알고 있다. 왜냐하면 악마적인 것이 이 사람의 전체적인 이미지를 완전히 지배하고 있기 때문이고, 또 그의 일거수일투족이 모두 악마적으로 비춰지고 있기 때문이다. 그 사람의 현존재는 오로지 악마적인 것일 뿐이다.

이런 갑작스러운 형식을 통해 악마적인 것은 항상 우리 곁에 존재한다. 그리고 바로 이런 갑작스러운 형식을 통해 자유롭지 못한 것이 등장하고, 그때 인식된 그 부자연스러움과 함께 마침내 사람들은 불안을 느끼게 되는 것이다. 그리고 또 이런 갑작스러운 형식을 통해 부자연스러움에 근거한 불안은 살아 있는 생명체처럼 스스로 움직이기 시작하며 성장을 거듭한다.

악마적인 것은 사람의 행동을 모방하지만, 그의 행동은 절대로 아름답지 못한 것으로 인식된다. 그의 행동 속에는 아름다움과 관련한 의미라고는 전혀 발견되지 않는다. 그의 행동을 통해 드러나는 것은 오로지 갑작스러운 것뿐이다. 그의 행동을 통해 전달되는 것은 이런 갑작스러운 것의 의미 외에는 아무것도 없다. 악마적인 것이 보여 주는 것은 아무런 맥락도

호메로스나 헤시오도스와 같은 서사 시인들이 신화를 집필했고, 그 이후 아이스킬로스나 소포클레스 그리고 에우리피데스 같은 비극 작가들이 그 신화 속 인물들을 무대 위에 올려놓았으며, 그 이후 소크라테스, 플라톤, 아리스토텔레스와 같은 철학자가 등장하여 논쟁을 이어갔던 것을 기억하면 좋을 듯하다. 이성은 이런 경로를 통해 발전을 거듭하는 것이다.

없이 발생한다. 불의의 사건만이 연속되고 있는 것이다.

하지만 악마적인 것과 함께 펼쳐지는 그 모든 것을 자세히 살펴보면, 그 안은 모든 사람이 일상에서 접할 수 있는 내용에 불과할 뿐이라는 것을 깨닫게 된다. 즉 악마의 등장과 함께 접하는 모든 것은 누구나 다 자신의 삶을 살아가면서 겪을 수 있는 것이라는 사실을 알게 될 때, 마침내 새로운 인식이 주어진다. 달리 말해, 누구나 악마를 만날 기회는 갖고 있는 것이다. 다만 그때가 언제인지를 모를 뿐이다.

악마적인 것은 내용이 없는 것이고, 지루한 것이다.[47] 나는 지금까지 갑작스러운 것과 관련하여 미학적인 문제를 주목할 수 있도록 설명에 매진해 왔다. 같은 맥락에서 또 같은 방식으로 이제 나는 악마적인 것이 무엇인지를 설명하고자 한다. 내가 지금 여기서 하고자 하는 바는, 그러니까

---

47 이 말을 철학적으로 이해하려면 수많은 훈련을 거듭해야 한다. 일단 '내용'은 '형식'을 전제한다. 이 '형식'을 그릇으로 비유하면, 그릇은 그 안에 무엇인가가 담겨야 한다는 목적을 품게 되므로, '형식'은 어쩔 수 없이 '내용'을 목적으로 삼을 수밖에 없다. 그래서 '내용이 없다'는 인식은 지극히 위험한 상황임을 예상하게 하는 말이다. 사람이나 사람의 삶을 이런 형식적 존재로 간주해도 된다. 그렇게 되면, 어떤 사람이 될 것인가? 혹은 어떤 삶을 살 것인가? 등이 내용과 관련한 문제로 등장한다. 또 키르케고르는 '내용이 없다'는 말을 '지루하다'는 말과 연결해 놓았다. 어린아이들에게 심심한 것은 거의 재앙 수준이다. 어른들은 일상으로 도피할 수 있겠지만, 어린아이들에게는 아직 일상이라는 생활 공간이 형성되지 못한 상태이기에 실로 위기라고 할 수 있다. 마찬가지로 진실로 자신의 삶을 살아가고자 하는 사람에게 '지루하다'는 말은 숨통을 끊어 놓을 수 있을 정도의 위력을 지닌 것이다. 여기서 '지루한 것'으로 번역한 말은 '랑바일리게(Langweilige)'이다. 독일 학생들은 이것에 상반된 개념으로 사전에도 없는 '쿠어츠바일리게(Kurzweilige)'라는 개념을 우스갯소리로 사용하기도 한다. '랑(lang)'은 '길다', '쿠어츠(kurz)'는 '짧다'는 뜻이다. 그리고 '바일리게(weilige)'는 '바일렌(weilen)'이라는 동사에서 유래한 말로서 '머무르다'라는 뜻을 지닌다. 머무르는 시간이 짧으면 짧을수록 사람들은 변화무쌍함이나 휘황찬란함을 겪게 된다. 다양성은 자유의 형식 속에서 구현되는 현상이다. 자유롭다면 틀림없이 재밌을 것이다. 하고 싶은 대로 할 수만 있다면 사람은 확실히 행복을 느낄 것이다. 하지만 자유롭지 못하다면, 그래서 하고 싶은 것을 할 수가 없다면, 사람들은 불행을 느낄 것이다. 사람은 자신의 삶 속에서 이런 종류의 내용이 없어 공허한 현상이나 지긋지긋할 정도의 지루한 현상과 직면할 때, 인식의 대상으로 등장하는 것이 바로 악마적인 것이라는 말을 이제 심층적으로 이해할 수 있을 것이다.

이 악마적인 것과 관련하여 사람들이 일상에서 쏟아 내는 말들이 도대체 어떤 의미인지를 밝히고자 하는 것이다. 이런 이상적인 목적에는 도달하지 못한다고 하더라도, 최소한 그런 것과 관련하여 질문이라도 한번 제대로 내놓고자 하는 것이 나의 본심이다.

언제부턴가 사람들은 악마에게 말하는 능력을 허락했다.[48] 이 순간부터 예술가들은 이 악마를 표현해야 한다는 과제를 해결하기 위해 그와 관련한 범주를 확실하게 정해 둘 필요가 생겼을 것이다. 그리고 메피스토펠레스를 무대 위에 인물화해 냈던 그 예술가도 이 악마적인 존재가 본질적인 의미에서는 사람의 행동을 따라 할 수 있는 모방적 존재임을 가정해야만 했을 것이다. 그래서 그는 메피스토펠레스에게 말을 주고받는 행위를 허락해야만 했을 때, 그는 이미 이런 행위가 악마적인 힘을 발휘하게 될 갑작스러움에 도달하는 길이 차단될 것을 감지했을 것이다.

---

48 여기서 '악마'로 번역한 것은 '데몬(Dämon)'이라는 독일 단어이다. 이 단어는 그 외에도 '악귀', '마귀', '악령', '귀신' 등의 의미를 지녔다. 이것은 고대 그리스어의 '다이몬'과 라틴어의 '다에몬(daemon)'에서 유래한 것이 거의 확실하다. 이때 이 개념은 '정신'으로 이해되지만, 그 내용은 '악마의 정신'이 되는 것이다. 우리는 신이 주고 허락한 이성만을 알고 있다. 물론 하지 말라고 한 것을 하면서 벌의 의미를 받게 된 것이 인간의 이성이라는 것이다. 하지만 이성적인 것만이 전부일까? 예상 가능한 범주 안에 머무는 것만이 능사일까? 이런 질문을 하기 시작하면 대답은 복잡해지고 만다. 최소한 예술가는 그럴 수 없기 때문이다. 창조를 하고 싶다면 기존의 모든 것을 깨야 한다는 숙제가 주어지기 때문이다. 재밌게 놀려고 해도, 그때 그 재미는 익숙해진 습관 속에 머무는 것만으로 충족되지 않는다. 다 아는 것을 반복하면서 재미를 느낄 수도 있겠지만, 그것이 지루함의 원인이 될 때는 과감하게 깨고 버리고 망각하며 다른 것을 선택할 용기가 요구되는 것이다. 이때 악마의 힘이 필요하다는 인식이 주어진다. 이런 인식을 품은 최고의 작품이라면 바로 '악마'를 책 제목에 내세운 헤르만 헤세의 『데미안』이 될 것이다. "새는 알에서 나오려 한다. 알은 세계이다. 태어나려 하는 자는 하나의 세계를 깨뜨려야 한다. 새는 신에게로 날아간다. 신은 아브락삭스이다." 헤세는 선과 악을 모두 갖고 있는 본성을 신성으로 간주한다. 중세의 시각으로 보면 말도 안 되는 신성이다. 결코 신이라고 말할 수도 없는 신이다. 하지만 악마도 끌어안을 수 있을 때, 소위 '태극'도 완성되는 것이다. 악마도 함께 끌어안아 줄 때, '가장 큰 세상'이 펼쳐지는 것이다. 이런 세상에서는 악마도 말하는 존재로 우리 곁에 있게 되는 것이다. 이때는 악마도 일종의 '성령'의 이미지를 획득한 것이다. 왜냐하면 '데몬' 자체가 '정신'이라는 의미를 지니고 있기 때문이다.

그렇다고 해서 메피스토펠레스를 발레의 형식 속에서 하나의 인물로 형상화해 내야 했던 예술가가 대충 일을 마무리하려 하지 않았다는 것이 공연 중 곳곳에서 확인되었다. 그 대표적인 사례가 악마가 사람들이 사용하는 단어들을 극적 대사로 발설해야 하는 순간을 포착하여, 그 순간을 진정한 악마적인 힘이 발생하는 순간으로 이용했던 장면이다. 이 예술가는 극적 상황과는 정반대의 원리인 지루함이란 것을 선택했지만, 그는 오히려 이 지루함의 힘을 정말 완벽하게 이용할 줄 알았던 것이다.

　갑작스러운 것과 지루한 것은 서로 대립적 의미에서 상응한다. 지루함의 힘이 무대 위의 상황을 지배하면, 그곳에 있는 모든 것은 생명력을 상실하고 때로는 죽음을 면치 못한다. 모든 것은 지루함과 함께 죽음의 상황 속에 빠져든다. 지루함, 그것은 모든 것을 죽음에 이르게 하는 힘이며, 무 속에서 느끼는 지속성이다. 지루함은 무 속에서만 존재를 과시할 뿐이다.

　이제 앞서 민간 전승이 언급했던 3000년이라는 숫자에 대해서도 조금 다르게 생각하고 이해할 수 있는 여백이 생겼을 것이다. 말하자면 3000년이라는 세월은 갑작스러움과 관련하여 강조된 말이 결코 아니다. 3000년이라는 시간은 실로 긴 시간이다. 그토록 오랜 시간 동안에 세상을 지배한 것은 갑작스러움이 아니라, 끔찍한 공허함이고 내용이 없는 무의미함일 뿐이다. 여기서 주목해야 할 부분은 이 모든 것이 바로 그저 악마의 힘에 의해 발생한 것들일 뿐이라는 사실이다.

　악마의 힘이 세상을 지배하면, 자유까지도 조용해진다. 그때 자유는 지속성 속에서 그저 조용하게 존재하기 때문이다. 지속성의 반대가 갑작스러움이지만, 갑작스러움이 완전히 배제된 지속성 속에서만 존재하는 자유의 조용함은 오히려 사람의 삶을 옹색할 정도로 궁지로 몰아붙인다. 그때 그 사람의 모습은 처참하기 짝이 없다. 그는 이미 오래전에 사망한 사람처럼 보일 뿐이다. 마치 무덤에서 방금 빠져나온 사람처럼 헤매고 있는 것이다.

『파우스트』를 발레의 형식으로 표현해 냈던 예술가는 삶이 품고 있는 문제를 심층적으로 파악했다. 그리고 그는 이 문제의 의미를 현실적으로 깨달았고, 그 결과 어떻게 해야 이 악마적인 것을 무대 위에 형상화해 낼 수 있는지를 선명하게 인식했다. 이런 인식과 함께 그 예술가는 악마적인 것을 희극적인 요소로 표현해 낼 방법까지 알게 된 것이다. 더 노골적으로 말하자면, 악마적인 것을 희극적으로 표현할 방법이 발견된 것이다.

희극이 연출해 낼 수 있는 극적 효과도 결코 비극의 형식이 일궈 낼 수 있는 것에 뒤지지 않는다.[49] 말하자면 악마와 관련하여 규정된 것들, 즉 윤리적인 측면에서 규정된 것들을 모두 제거하고, 오로지 공허함이라는 형이상학적 규정들만을 사용한다면, 무대 상황은 완전히 희극적인 장면으로 전환을 이루게 될 것이다. 예술가는 바로 이 점을 간파했던 것이다. 그는 악마를 희극적인 측면에서 바라볼 수 있게 했고, 극적으로 연출된 그런 악마의 모습을 통해서 누구나 자신의 일상에서 접할 수 있는 진부하고 평범한 것이 무엇인지를 깨닫게 했다.

내용이 없는 것, 지루한 것, 이런 것들은 다시 폐쇄된 어떤 것을 지칭한다. 갑작스러운 것과 관련하여서는 모든 것이 오로지 '폐쇄된 것'에 의해서만 규정될 뿐이다. 폐쇄된 것 속에는 갑작스러운 것만이 전체적인 내용으로 채워져 있고, 그것만이 반영될 뿐이라는 얘기다. 다시 한번 말하지만, 만약 내가 지금 '내용이 없는 것과 지루한 것'과 관련하여 그 내용을 규

---

49 꼭 사람을 울려야 감동을 전할 수 있는 것은 아니다. 이런 점을 간파했던 현대 철학자로는 움베르토 에코를 대표적 사례로 들 수 있겠다. 그는 『장미의 이름』에서 "인간은 하고많은 동물 가운데서도 웃을 줄 아는 유일한 동물"(움베르토 에코, 『장미의 이름-하』, 이윤기 옮김, 열린책들, 1995, 728쪽)이라는 사실을 깨달았고 그 내용을 소설의 형식으로 피력했다. 그는 희극이 '비극과 같은 작용'(같은 곳)을 해 낼 수 있다고 확신했던 것이다.

정하고자 한다면, 그 규정 안에는 오로지 '폐쇄된 것'을 반영하고 있을 뿐이다. 그 폐쇄된 것이 하나의 형식을 취하면, 그 형식에는 그것에 걸맞은 내용만이 채워질 뿐이라는 얘기다.

사람들이 말을 하면서 사용하는 모든 개념의 의미와 내용은 이런 방식을 통해 규정된다. 개념이 규정되고 나면 그것은 완결된 형식으로 인해 결국 폐쇄적인 것이 되고 만다. 내용이 없는 것의 형식 속에서는 오로지 폐쇄성만이 인식되고 발견될 뿐이다.[50] 사람들은 끊임없이 자신의 기억을 소환하고 그 기억 속에 안주하고자 한다. 나는 기억과 관련하여 보여 주는 사람의 이런 현상을 나의 언어적 습관을 통해 이렇게 설명하고 싶다. 즉 사람은 자신의 기억 속에서 마치 신 혹은 선 안에 있는 듯이 생각하고 그럼으로써 스스로 폐쇄적인 태도를 취하게 된다고. 말하자면 사람은 그럴 수 있고 그래도 된다고 생각하는 것이다. 왜냐하면 신 안에 있는 이런 식의 폐쇄성이야말로 생각할 수 있는 범주로서 최고의 확장성을 의미하기 때문이다. 한 사람의 양심이 규정될수록, 즉 그 사람이 지닌 양심이 발전적으로 규정될수록, 그의 생각이 도달하는 범주 또한 그 규정만큼 확장될 것이다.[51] 비록 그 사람이 온 세상 앞에서 스스로를 폐쇄적인 존재로 만들

---

50 예를 들어 사전 속에는 존재할 수 있는 모든 개념이 들어 있다. 하지만 사전만 읽어서는 또 사전적인 지식만 가지고서는 결코 재미를 느낄 수가 없다. 사전 속의 단어들과 작품 속의 단어들은 그 쓰임새가 달라진다. 같은 단어라 해도 내용이 달라진다. 그래서 신의 계명을 설명하고자 했던 신학의 내용과 인문학의 내용은 완전히 다른 현상과 직면하게 한다. 그 다름을 알고 나면, 키르케고르의 설명이 선명해질 것이다.

51 여기서 '양심'은 '게비센(Gewissen)'을 번역한 것이다. 독일어에서 '게(ge)'는 집합명사를 만드는 접두어이고, '비센(wissen)'은 '알다'를 의미하는 동사이다. 즉 '누구나 다 아는 사실', 그것을 '게비센'이라고 말하는 것이고, 이것에 상응하는 개념으로 '양심'이라는 의미가 주어진 것이다. 하지만 이것을 철학적으로 고민해야 하는 것이 우리의 과제이다. 누구나 다 아는 것은 나도 알아야 한다. 그것이 '좋은 마음'을 형성해 준다. 그것이 곧 어질 량(良) 자를 써서 '양심(良心)'이라 불리게 된 것이다. 그런데 주의해야 할 점은 좋은 마음이 규정되고 나면 나쁜 마음이 저절로 규정된다는 데 있다. 소위 선(線)이 그렇게 되고 나면 선 안의 것보다 선 밖의 것이 더 많아진다는 것이다. 이것이 문제라는 것을 인

고 있다고 하더라도, 발전하는 그의 발걸음을 막을 수는 없을 것이다.

만약 내가 지금 철학적으로 사용될 수 있는 새로운 용어를 생각해 내야하는 상황이라면, 나는 이렇게 말할 수 있을 것이다. 즉 악마적인 것은 부정적인 것이고 아무것도 아닌 무라고. 이는 마치 꼬마 요정이 뒤에서 보면 얼굴이 텅 비어 있는 것과 같은 느낌을 주는 것이라고. 하지만 물론 나는 이렇게 말하는 것을 그리 좋아하지는 않는다. 악마적인 것을 이런 식으로 규정하게 될 경우, 여기에 동원되는 용어들은 일상에서 또 일상적인 의미에 의해 사용될 때, 그저 말하고 싶은 대로 말을 할 수 있는 상황이 펼쳐지기 때문이다.

부정적인 것이라는 말을 철학적으로 꼭 사용해야만 하는 상황이라면, 이는 마치 내용이 없는 그 무엇이 폐쇄적인 그 무엇에 반드시 상응할 수밖에 없듯이, 부정적인 것은 무의 형식 속에서만 의미가 규정되어야 할 것이다. 하지만 어떤 의미나 경우에서도 부정적인 것은 어쩔 수 없이 어떤 결점과 연계될 수밖에 없다. 부정적인 것은 언제나 한결같이 바깥을 주시할 수밖에 없기 때문이다. 여기서 말하는 바깥이란 타인과의 관계를 의미하는 것이고, 그것은 오로지 부정의 대상이 될 뿐이다. 그래서 폐쇄된 어떤 것은 필연적으로 바로 바깥의 상황에 의존적인 상태에 의해 규정될 수밖에 없는 것이 된다.

만약 사람들이 부정적인 것과 관련하여 이런 식으로 이해할 수만 있다면, 그리고 그렇게 생각하고 있다는 것이 증명만 된다면, 이것에 덧붙여 악마적인 것이라는 명칭까지 사용한다 해도, 나는 그런 사용법에 대해 전

식하고 나면, 이제 철학적인 사고가 펼쳐질 수 있는 계기가 마련된다. 즉 양심도 제대로 이해하고 사용할 수만 있다면, 열린 마음으로 대할 수 있게 된다. 양심도 발전이라는 이념 앞에 내놓을 수만 있다면, 사람은 닫혀 있음과 열려 있음을 자기 마음대로 연출해 낼 수도 있게 되는 것이다. "마음먹기 나름"이라는 말이 있다. 어떤 마음을 먹을 것인지는 자신의 책임일 뿐이다.

혀 반대할 마음이 없다. 그럴 필요가 없기 때문이다. 이때 부정적인 것은 최근의 철학들조차 환장하며 몰아붙였던 온갖 망상들을 자신의 머릿속에서 끄집어내 완전히 박살낼 수 있을 것이기 때문이다.

부정적인 것은 이제 변화를 거듭하여 마침내 통속 가극에서나 등장할 법한 인물이 되었다고도 말할 수 있겠다. 부정적인 것이라는 이 말은 이제 나를 진심으로 웃게 만드는 요인이 되기까지 했다는 것이다. 나에게 웃음을 선사하는 것이 바로 이 부정적이라는 말이라는 얘기다. 이는 마치 사람들이 삶의 현장 속에서 혹은 스웨덴의 민중 시인 벨만Bellman의 작품 속에서 우스꽝스러운 인물 중의 한 명과 마주할 때마다 웃음을 터뜨려야 하는 것과 전혀 다를 바가 없다. 예를 들어 그의 작품 속에 어떤 인물은 처음에는 트럼펫 나팔수였다가 그다음에는 하급 세무 관리가 되었다가 그러고 나서는 다시 집배원 등으로 역할을 바꿔 가며 등장한다.[52] 사람들은 바로 이런 식으로 지금까지 아이러니와 같은 개념까지도 부정적인 것으로 설명했던 것이다.

물론 지금 내가 아이러니를 부정적인 것으로 설명하는 것 자체는 헤겔이 먼저 했다. 헤겔이 이런 설명의 발명자라는 얘기다. 하지만 헤겔은 아이러니를 알고 스스로 이 개념에 대해 대처하지는 못했다. 아이러니를 현실적으로 사용할 능력도 없으면서 그것을 이론적으로 설명하고 있다는 것이 놀라울 따름이다. 이 아이러니와 관련하여 더 과거로 올라가면 소크라테스라는 철학자가 우뚝 서서 버티고 있다. 그는 이 아이러니라는 개념을 세상 속으로 끌어들인 장본인이다. 말하자면 그는 갓 태어난 아기에게

---

52 여기서 키르케고르는 말은 하나이지만, 그 의미가 다양할 수 있음을 설명한다. 부정적인 것이라는 말은 하나지만 "도대체 무엇이 부정적인 것이냐" 하는 질문이 형성되고 나면 그것에 어울리는 대답은 다양해질 수밖에 없다는 것을 설명하고자 하는 것이다.

이름을 부여한 것이나 다름없다.

소크라테스의 경우에서도 아이러니는 폐쇄된 것을 의미한다. 그에게 아이러니의 폐쇄성이란 우선 사람들에 대항하여 적대적 의미로 폐쇄된 형식을 띠고 있다. 그런 다음에는 자신을 신적인 것 속에서 확장해 나가기 위해 스스로 자신 속에 폐쇄되는 형식으로 성장을 거듭했다. 소크라테스가 적대적으로 대했던 사람들은 그러니까 전혀 다른 방식으로 폐쇄되어 있었고, 그들은 자기 골방에 틀어박혀 문을 닫고 있는 자들을 의미했다.[53] 철학자는 이들을 노골적으로 바보 취급했다. 소크라테스는 이들이야말로 자신 안에 있지 못하고 반대로 자신 밖에 공공연하게 서 있으면서도 무엇인가 숨기듯이 말하고 있다는 것을 증명해 냈던 최초의 철학자이다. 사람들은 이 사실을 전혀 생각지도 못한 듯하다.

어떤 일을 접하게 될 때 그것이 마치 이런저런 우연한 현상과 관련하고 있는 것처럼 보일 때가 있다. 바로 이런 때에 사람들은 이런 현상을 의미하는 말로 아이러니라는 단어를 끌어들여 말하기도 한다. 이런 것이 바로 아이러니라는 식으로 말하는 것이다. 이렇게 하여 어떤 말이 생기고 나면, 그다음에는 이 말을 기계처럼 반복해 대는 쓰레기 같은 인간들이 등장한

---

53 "너는 기도할 때에 네 골방에 들어가 문을 닫고 은밀한 중에 계신 네 아버지께 기도하라."(마태복음 6:6) 키르케고르가 이 성경 구절을 응용하여 글을 적은 데는 이유가 있을 것이다. 키르케고르는 여기서 아이러니를 설명하고 있었다. 아이러니란 늘 정반대의 현상을 고려해야만 제대로 이해할 수 있는 말이다. 예를 들어 소크라테스가 "나는 내가 모른다는 것을 알고 있다"라고 말했을 때의 아이러니는 그가 세상에서 가장 많이 알고 있고 가장 영리한 사람이라는 것을 증언하는 말이 될 뿐이다. 지금 인용한 성경 구절의 내용은 하나님의 가르침이다. 하나님의 목소리가 담겨 있다는 얘기다. 그렇게 하라고 가르친 내용을 키르케고르는 아이러니하게도 그렇게 해서는 안 되는 상황으로 전환해 놓았다. 자기 안에 틀어박혀 자신을 신격화하고 자신의 의견을 신의 뜻으로 간주하는 그런 사람들을 비판하는 말로 바꿔 놓은 것이다. 이런 식으로 형성된 의견은 독단이 되고 선입견이 되며 편견이 될 수밖에 없다. 아무리 옳다고 외쳐도 그 소리는 그저 북소리처럼 시끄러워 주변의 소리를 압도할 수는 있어도 결코 진리의 소리를 낼 수는 없다. 진리란 혼자서 형성되는 것이 아니라 최소한 두 사람 이상이 모여야 문제가 되는 것일 뿐이기 때문이다.

다. 비록 이들의 식견이 세계사적으로 보면 그럴듯하게 보여도, 이들에게는 사물을 관찰하는 능력이 결여되어 있다. 스스로 생각할 수 없다는 것은 불행한 것이다. 이들은 단어를 문맥에 맞게 사용하는 능력은 타고 났을지 몰라도, 그 단어가 세계사적으로 어떤 영향을 끼치고 있는지에 대해서는 아는 바가 거의 없다.

남이 한 말을 기계처럼 반복해 대는 쓰레기 같은 인간들이 어느 시대나 또 어느 사회에서나 존재한다는 것이 문제다. 이들은 아쉽게도 최선의 것 혹은 가장 귀중한 것에 대해 정통하고 있는 고귀한 젊은이로 취급받기도 한다. 이들은 마치 시험장에 등장한 수험생처럼 행동한다.[54] 예를 들어 식료품 잡화점에서 새로운 점원을 선발하려는 목적으로 시험을 치르려고 할 때, 이들은 바로 그런 시험장에 등장하는 사람처럼 행동한다. 시험자는 "이 물건이 어디에서 왔는가" 하고 물으면, 수험자는 이렇게 대답한다. "우리는 우리의 물건들을 저 골목에 사시는 교수님 댁에서 가져옵니다."

우리는 이제 악마적인 것이 선 앞에서 느끼는 불안이라는 규정으로 다시 돌아가고자 한다. 만약 사람이 한편으로 자유롭지 못하다면, 즉 부자유가 그 사람을 지배하고 있다면, 게다가 완전히 이런 상태에서 스스로 폐쇄되어 있다면, 또 그 상태에서 자신이 실체가 되어 스스로 기준이 되어버렸

---

54 지금 키르케고르는 '엑사멘(Examen)'을 언급했고, 이것에 대한 번역은 '시험'이라고 직역했다. 시험 상황 또한 이성의 문제를 인식하게 하는 대표적인 소재이다. 시험이라는 상황 자체는 이미 답이 있다는 것을 전제하고, 그런 전제하에서 질문하는 것이 허락되고 허용되는 현장이다. 답은 정해져 있다. 하지만 사람 사는 곳에서는 사실 정해진 정답이 상황을 답답하게 할 때가 더 많다. 인생에는 정답이 없다는 말이 있다. 사람마다 자신에게 어울리는 것이 따로 있다. 중세 시대라면 신의 뜻, 즉 정해진 뜻이 관건이었겠지만, 이제 시대가 달라졌다. 세상이 달라졌다는 그 말의 의미를 깨달아야 할 때가 된 것이다. 신의 뜻이 아니라, 사람의 마음이 중요한 시대가 되었다. 근대의 인물들은 한결같이 '여행'이나 '모험' 등을 소재로 이야기를 풀어 간다. 정해진 것을 찾고자 하는 것이 아니라, 예상치 못한 곳을 향해 새로운 것을 발견하기 위해 떠남을 거듭하고 있을 뿐이다. 그래도 된다는 인식을 위해서 근대는 새로운 길을 개척했던 것이다.

다면, 또 사람이 다른 한편으로 스스로 진정한 의미에서 자신이 되어 자신의 삶을 지속하고자 하지 않는다면, 즉 부자유가 무엇인가 원한다는 모순 속에 빠져서, 자기 스스로는 원하는 것이 무엇인지도 모른 채, 말하자면 자기 의지를 완전히 상실한 채, 자기모순 속에 빠져 있다면, 악마적인 것은 결코 선 앞에서 느끼는 불안이라고 말할 수 없다.

불안이라고 하는 것은 닫힌 형식에서가 아니라 완전히 새로운 것을 접하는 순간에 가장 완벽한 형식으로 가장 명백하게 발생하는 것이다. 이런 순간이라면, 악마적인 것이 유일무이한 개인 속에 있는 끔찍한 것을 의미하는지, 혹은 거대한 태양 속의 한 부분에 불과한 흑점인지, 또 닭의 눈에 박힌 작지만 하얀 가시와 같은 것인지, 즉 그 악마적인 것이 보여 주는 현재의 모습은 아무래도 상관없다. 악마적인 것은 전체적인 의미가 되었든 부분적인 의미가 되었든 상관없이, 언제나 똑같은 수준으로 발현할 뿐이고, 질적인 측면에서도 똑같은 의미를 취할 뿐이다.

아무리 작은 부분과 상관한다고 해도 그것이 일으키는 불안은 전체를 긴장시킬 수 있다. 선 앞에서 느끼는 불안도 똑같은 의미로 이해하면 된다. 즉 선 앞에서 느끼는 그 불안이 존재 전체를 완전히 마비시킬 수도 있다. 이때 죄의 노예가 탄생할 수도 있는 것이다.[55] 죄에 매몰된 노예 상태야말로 비록 부자유 그 자체를 의미하지만, 그 의미는 거기서 멈추지 않고

---

55 '죄의 노예'라는 개념은 벌써 여러 차례 등장했다. 죄가 주인이 되는 반면, '나'는 그 죄의 지배를 받는 노예가 되는 일방적인 관계를 설정해 주는 개념이다. 소위 '나는 죄인이로소이다!' 하고 한탄하는 소리는 이런 상황 속에서 쏟아지는 것이다. 선 앞에서 느끼는 감정은 이런 죄의식이다. 하나님의 존재를 규정해 놓고 나면 나는 어쩔 수 없이 죄인의 역할을 담당하는 쪽으로 설정된다. 그래서 하나님을 생각해야 할 때도 어쩔 수 없이 나는 회개부터 해야 하는 지경에 처하는 것이다. 일단 잘못했다는 말부터 시작해야 기도의 형식을 갖추게 된다. 아우구스티누스도 『고백록』을 집필할 때 제일 먼저 '고백'했던 것이 '콘페시오 페카티(Confessio peccati)', 즉 '죄의 고백'이었다. '죄의 노예'도 이와 같은 형식 속에서 이해하면 된다.

계속해서 발전을 거듭하여 결국에는 악 앞에서 느끼는 불안으로 변질된다. 불안이 성장을 거듭하면 그 방향은 자신을 악 앞으로 이끌 수밖에 없고, 결국에는 악 앞에 자신을 세운다는 것이 문제다. 그 누구도 이 문제를 제대로 파악하지 못하면, 존재와 관련하여 아무것도 선명하게 설명해 낼 수 없다.

부자유는 악마적인 것이다. 그리고 부자유, 그것은 또 하나의 상태이다. 이런 인식이 가능해질 때, 비로소 부자유는 심리학의 대상이 된다. 심리학은 윤리학과 정반대의 원리를 취한다. 예를 들어 윤리학이 주목하는 것은 오로지 어떻게 해서 새로운 죄가 탄생하는가 하는 문제이고, 그것에 지속적으로 집중할 뿐이지만, 심리학은 죄를 그렇게 존재하는 것으로 바라보지 않는다. 윤리학적 의미에서는 오로지 선한 것만이 정의로운 의미에서 단일한 하나로 인정받고 있을 뿐이고, 그 선한 상태만이 그 외의 모든 움직임에 관여하고 있을 뿐이지만, 심리학은 그렇게 일방적이지도 않다.

사람이 스스로 자유를 잃는 경우는 다양하다. 다양한 방법으로 자유가 상실될 수 있다는 얘기다. 이것과 상응하여 악마적인 것 또한 다양한 현상으로 드러날 수밖에 없다. 이것이 다양성이라는 개념을 형성한다.[56] 나는

---

56 '다양성'은 '운터쉬트리히카이트(Unterschiedlichkeit)'를 의역한 말이다. 직역하면 '다름성'이나 '차이성'이 어울린다. 하지만 현상과 관련하여서는 쇼펜하우어 때부터 이미 '다양성'이라는 개념이 굳어진 터라 이 개념으로 번역한 것이다. 사람의 삶, 즉 인간의 인생을 연구의 대상으로 삼고자 할 때는, 다양성만이 정당한 진리가 된다. 다시 신학과 비교하는 훈련을 거듭해 보자. 신학에서는 하나님의 뜻으로 인정될 수 있는 '단일성'에 주목한다. 단일성만이 정답이고 진리가 된다. 하지만 중세의 형식을 깨고자 한다면, 그래서 중세의 틀에서 빠져나오고자 한다면, 어쩔 수 없이 그 '단일성'으로부터 벗어나야 하는 숙제가 주어질 뿐이다. '단일성'에서 벗어나고 나면 어떤 일들이 벌어질까? 아무도 모른다. 신학에서는 신만이 전지전능하다고 가르쳤지만, 그런 소리를 양심의 소리로 간주하지 않게 되면 상상도 못 할 일들이 벌어진다. 그것이 두렵다면 성경에서 위로를 얻는 것에서 만족해야 할 것이다. 하지만 괴테의 파우스트처럼 신에게서 위로를 얻을 수 없으면 악마적인 것에 손을 내밀 수밖에 없다. 신은 유일신이니 정해진 신이 아닌 것은 모두 우상숭배가 된다. 정해진 여호와 하나님이 아닌 것은 그것이 무엇이 되었든 간에 악마적인 것이다. 키르케고르는 지금 이런 악마적인 것에 대

이제부터 이 다양성의 의미에 대해서 고찰해 보고자 한다. 다음의 이어지는 장들에서는 이 다양성의 문제가 주를 이룰 것이라는 얘기다. 게다가 나는 다음과 같은 두 표제어로 이 문제를 다루고자 한다. 하나는 육체적이고 심리적인 차원에서 잃어버린 자유이고, 다른 하나는 정신적인 차원에서 잃어버린 자유이다.

물론 이미 앞선 논의들을 통해서도 독자들은 내가 '악마적인 것'이라는 개념을 매우 광범위하게 이해하고 다뤘다는 사실을 잘 알고 있으리라고 확신한다. 그러나 나는 이 개념을 절대로 그것을 넘어서는 범주까지 확대하지 않았다는 점을 반드시 이해해 주기를 바란다. 악마적인 것을 허깨비 같은 존재로 바꿔 놓는다는 것은 별 도움이 되지 못할 것이다. 사실 그런 허깨비 같은 존재에 대한 이야기는 수백 년 전부터 이 세상에 떠돌기는 했어도, 사람들이 그것을 싫어하고 무시하면 그만인 그런 존재에 불과했을 뿐이기 때문이다. 그러한 가설을 믿는다는 것은 정말 어리석은 짓이다. 만약 악마적인 것이 그런 허깨비 같은 존재였다면 오늘날 우리 시대에 만연해 있듯이 무엇보다도 정신적인 영역에서 이토록 널리 용인되지는 못했을 것이다.

1) 육체적이고 심리적으로 잃어버린 자유

여기서 내가 의도하는 바는 영혼과 육체가 서로 어떤 관계에 있는지, 영혼 자체는 그리스어나 독일어로 이해하면 육체와 관련하여 어떤 의미를 지니는지, 또 어떤 의미에서 자유 자체가, 셸링의 개념으로 말하자면, 육

한 변호를 시도한다. 실로 위험한 변호이다. 용기가 필요한 변호이기 때문이다.

체화라는 작용을 거쳐 스스로 자신의 육체를 규정할 수 있는지 등과 같은 문제들을 오만하게 철학적으로 논의하고자 하는 것이 결코 아니다. 만약 내가 그런 것을 시도한다면 철학적 논의 자체는 크게 떠벌리듯 과장된 형식으로 전락하고 말 것이다.

이런 논의는 여기서 필요하지도 않다. 내가 여기서 필요로 하고 그래서 반드시 설명하고자 의도하는 것은 육체가 영혼의 기관인 동시에 정신의 기관이라는 점이다. 나는 내가 알고 있는 모든 방법을 동원해 이것을 밝히는 데 주력할 것이다. 물론 그런 나의 의도가 너무 오만하게 진행되지 않도록 신경을 쓸 것이며, 되도록 겸손하게 논의를 개진하도록 최선을 다할 것이다.

육체는 영혼의 기관이며 정신의 기관인데, 이런 예속 관계가 파괴되고 나면, 그래서 육체가 혁명을 일으키고 나면, 게다가 자유 자체가 육체와 결탁하여 자신에 대항하기로 작당이라도 하게 되면, 그 즉시 부자유가 악마적인 것이 되어 모습을 드러낸다. 혹시 그 누구라도 내가 지금 이 글 속에서 말하고 있는 내용들과 앞선 장들에서 개진한 내용들 사이의 차이점을 분명하게 납득하지 못하는 이가 있을지 몰라서, 나는 지금 여기서 다시 한번 이것들에 대해 언급하고자 한다. 물론 내가 지금 이야기 전체를 다시 반복하고자 하는 것이 아니라, 내용을 간단하게 요약하는 수준에서 반복할 뿐임을 이해해 주기를 바란다. 내가 하고자 말을 한마디로 줄이면 이렇다. 즉 자유 스스로가 혁명을 주도하는 선동자들의 정당을 전폭적으로 지원하고 또 그러기 위해 그쪽으로 달려들고 몰려들지 않는 한, 혁명의 불안은 언제나 현실적인 것이 될 수밖에 없지만, 그렇다 하더라도 그것은 악 앞에서 느끼는 불안이지 선 앞에서 느끼는 불안은 아니라는 얘기다.[57]

이제 사람들은 내가 설명하고 있는 바로 이런 영역에서만 보아도 악마적인 것이라는 이 한마디조차 얼마나 많은 어감을 다양하게 품고 있는 개넘인지 쉽게 알 수 있을 것이다. 이 다양한 어감 중에는 그 어감이 거의 사라지다시피 해서 현미경으로 관찰해야 겨우 확인할 수 있을 정도로 미미한 것도 있다. 또 어떤 것들은 너무나 변증법적이어서 그것의 범주 안에서 무엇인가 의미 있는 말을 하고자 할 때는 아주 신속하고 민첩하게 또 능숙하게 다룰 줄 아는 능력을 요구하기도 한다.

이런 식으로 개념을 현미경으로 관찰하는 방식에도 능해야 하고, 그것을 변증법적으로 다루는 방식에도 일가견이 있어야, 겨우 악마적인 것이라는 말이 전하고자 하는 진정한 의미를 겨우 인식할 수 있을 것이다. 극도로 긴장된 감수성이니 극도로 긴장된 흥분 상태니 자극에 대해 지나치게 예민한 반응을 보이는 신경과민이니, 히스테리니, 우울증이니 하는 것들이 모두 이 다양한 어감 속에서 한 자리씩 차지하고 있다. 이런 것들을 모두 구별하여 인식할 수 있느냐가 관건이라는 얘기다.

악마적인 것이라는 개념이 이토록 다양한 어감을 품고 있다 보니, 그것

---

57 이 문단에서 키르케고르는 처음으로 '혁명'이라는 개념을 입에 담는다. '혁명의 불안'은 '앙스트 데어 레볼루치온(Angst der Revolution)'을 직역한 말이다. 키르케고르가 살아간 시대는 말 그대로 혁명의 시대였다. 프랑스로부터 전해 오는 과격한 혁명 소식은 전설처럼 퍼졌을 것이고, 그런 이야기가 일상의 분위기를 형성하고 있었을 것이다. 귀족계급은 힘을 잃어 가는 동시에 위기를 의식하고 있었을 것이고, 시민계급은 날로 커 가는 자유에 대한 이념으로 충만해 있었을 것이다. 귀족에게서 '혁명의 불안'이 부정적 의미를 띨 수 있겠지만, 변화를 요구하는 시민에게서 '혁명의 불안'은 정반대의 분위기를 형성한다. 불안이 커질수록 변화의 기회가 더 많아지기 때문이다. 혁명의 불안은 변화의 기회와 같은 비율로, 즉 정비례 관계를 형성하며 발전을 거듭할 것이다. 키르케고르는 전자를 '악 앞에서 느끼는 불안'으로, 또 후자를 '선 앞에서 느끼는 불안'으로 말한다. 귀족의 눈에는 시민이 불안의 원인으로 인식되었을 것이다. 그들에게서는 시민이야말로 악의 현상으로 비쳤을 것이다. 하지만 시민의 눈에는 희망에 찬 변화만이 보였을 것이다. 미래를 지향하는 그런 의지가 그들의 시선을 인도했을 것이다. 변화는 원하지만, 그렇다고 그냥 이뤄지는 것이 아니라서 문제다. 용기가 요구된다. 투쟁을 해야 하기 때문이다. 싸워야 하기 때문이다. 때로는 목숨도 내놓아야 한다. 그럴 자신이 있는가? 그것이 문제라는 얘기다. 키르케고르는 이런 현실 인식 속에서 '혁명의 불안'을 철학적으로 고민하는 것이다.

에 대해 뭐라고 말하는 것조차 여간 어려운 일이 아니다.[58] 게다가 우리는 지금 이 개념에 대해서 추상적으로 말하기까지 해야 한다. 여기서 추상적으로 말한다는 것은 순전히 수학에서 특히 대수학적으로, 즉 하나의 방정식 문제를 해결하듯이, 그런 식으로 말을 해야 한다는 것을 의미한다. 더이상 내가 무슨 말을 해야 악마적인 것을 이해할 수 있을지 나는 모르겠다. 단언컨대, 지금 상태에서는 더 이상 내가 할 수 있는 일은 없다.

악마적인 것을 이해하기 위해 극단적으로 다른 상황을 이야기해도 좋을 것 같다. 즉 동물적인 상황을 한번 생각해 보면 어떨까. 우리는 동물적인 상황을 생각하며 일반적으로 뭔가를 상실한 존재를 떠올린다. 동물이 상실한 것은 악마적인 것이다. 동물적인 것과 관련한다면, 인간적인 상태에서 말하는 악마적인 것의 진정한 의미는 신약 성경에서 구원과 관련하여 말하듯이 "나와 당신이 무슨 상관이 있나이까"[59] 하는 말의 내용과 일치

---

58 이것이 키르케고르의 인식이다. 과거에는, 즉 중세의 인식하에서는 너무나 쉽게 악마적인 것을 입에 담을 수 있었다. 사실 그때는 그 누구를 향해서도 악마적인 사람이라고 불러도 상관없었다. 더 극단적으로 말하면, 교회의 권력 앞에 복종하지 않는 자들은 모두 종교재판이나 마녀사냥에 몰려야 했던 것이 그때의 실상이었다. 신이라 불리는 보이지 않는 존재를 독재자로 앉혀 놓고서 종교 단체로서 교회는 온갖 특혜를 다 누리고 있었던 것이다. 법도 진리도 정의도 다 교회가 독점함으로써 그 이외의 모든 것은 부당하고 불의하며 악의적인 것으로 평가되는 것이 그때의 현실이었다. 이제 키르케고르는 이 악마적인 것을 교회의 범주에서 빼내고자 한다. 악마적인 것을 신학이라는 범주에서 해방시키고자 한다. 이제 우리는 이렇게 질문을 던져야 할 때가 되었다. 만약 악마가 교회라는 감옥에서 출소하게 되면, 세상에는 어떤 일들이 벌어질까? 중세 신학자들이 말했던 것처럼 정말 악마가 우리를 끌고 지옥으로 향하게 될까? 아니면 괴테의 파우스트가 전한 이야기에서처럼 온갖 경험을 다 하게 될까? 무엇이 더 설득력 있는 이야기일까? 물론 키르케고르는 근대인이고 후자의 입장에서 악마적인 것을 바라보고 있다. 그의 눈에는 악마적인 것이 지닌 다양한 의미가 선명하게 보이고 있을 뿐이다. 과거 선배들이 펼쳤던 흑백 논리는 그에게 이제 더 이상 힘을 발휘하지 못한다.

59 성경에서 전해지는 이 이야기는 귀신 들린 사람이 예수 앞에서 한 말이다(마가복음 5:7). 키르케고르는 이 말을 동물을 대하는 인간의 목소리로 바꿔 놓는다. 인간은 동물을 향해 이렇게 말하는 것이다. "나와 당신이 무슨 상관이 있나이까" 하고. 즉 자신은 동물이 아니라는 말을 하고 싶은 것이다. 인간은 동물이 아니라는 말을 양심의 소리처럼 내뱉는다. 예를 들어, "개 같은 인간!" 혹은 "개새끼!" 같은 말은 거의 욕지거리에 해당한다. 사람은 그런 말을 하지 말아야 할 대상이다. 그런데 사람이 동물

한다.

악마적인 사람은 있다. 이런 사람은 오히려 신이 내미는 손을 두려워한다. 그는 신과 관련한 온갖 접촉을 다 꺼린다. 그런 접촉이 실제로 자유를 향하게 해 준다고 해도 또 그런 자유의 이념을 가지고 좋은 뜻으로 압박해 와도 그냥 싫은 것이다. 그런 접촉이 그에게 아주 우연히 발생한다고 해도 소름이 끼칠 정도로 싫어하며 회피한다. 그런 접촉이 아무리 순간적으로 발생한다고 해도 상관없다. 불안도 그에 못지않게 극단적으로 빠르게 작동하기 때문이다.

지금까지 사람들은 저런 악마적인 사람과 관련하여 아주 일반적이고 보편적인 대답만을 들어 왔다. 사람들이 들어 온 그 대답이란 이 악마적인 사람이 처한 상태가 완전히 끔찍한 것이라는 주장으로 일관할 뿐이다. 이런 일방적인 편견 속에서 사람들은 어처구니없게도 자신을 몰아붙이기도 한다. "나를 그냥 내버려두게나, 나는 어쩔 수 없이 불쌍한 놈이니까." 혹은 지나간 세월 중에 어느 특정 시간대를 기억해 내며 이런 말을 하는 사람도 있다. "어쩌면 내가 그때 구원을 받을 수도 있었을 텐데." 우리는 이런 말을 너무나 쉽게 내뱉고 있지만, 그 의미를 따져 보면 사실 너무나 끔찍한 말들임을 알 수 있다.

이 끔찍한 말들이 생각을 이끌게 되면 상황은 더욱 끔찍해진다. 악마적인 사람은 벌을 두려워하지도 않고 천둥처럼 크게 울려 퍼지는 소리도 겁내지 않는다. 하지만 악마적인 사람이 진정으로 두려워하고 겁내는 것은

수준에서 벗어날 수 있는 이유는 바로 이 악마적인 것과 관련하고 있다는 데 있다. 동물이 먹잇감을 죽이고 피범벅이 된 그것을 먹는 장면을 목격할 때 우리는 잔인하다고 말할 수는 있어도, 그것을 두고 악마적인 행동이라고 말하지는 않는다. 물론 그런 동물의 얼굴에서 인간의 표정을 연출해 낸다면 거기서 악마의 얼굴을 확인할 수도 있겠지만, 사실 동물에게는 그런 표정이 어울리지도 않는다. 하지만 사람의 경우는 상황이 완전히 달라진다. 악마적인 것은 사람이기에 어울리는 말이다.

자신의 내면을 건드리는 말들이다. 상대가 자신의 내부에, 즉 부자유 속에 은폐된 자유와 관계하여 그것을 알게 해 주는 모든 말을 그들은 노골적으로 두려워하는 것이다.[60]

물론 이런 설명을 다른 형식 속에서 다르게 개진한다면, 이와 똑같은 현상 속에서 등장하는 개념이 바로 불안이다. 악마적인 사람 곁에는 언제나 불안의 요소가 보이지 않게 버티고 있다. 악마적인 사람은 바로 이런 자신의 불안한 심리로 인해 자기 안에 꽁꽁 닫혀 있다. 모든 것을 붙잡고 있지만, 그 모든 것이 오로지 자신하고만 연결될 뿐이다. 그래서 악마적인 사람은 불안에 벌벌 떨면서 모든 것을 배제하고서도 아무렇지도 않은 듯, 전혀 흔들리지 않은 듯, 때로는 단호한 듯 고집을 피우는 모습을 보여 준다.

악마적인 사람은 친구도 없다. 악마적인 사람은 우정을 모르기 때문이다.[61] 악마적인 사람에게는 마음을 열고 다가설 수 있는 능력 자체가 결여되어 있다. 그는 아무것도 진심으로 받아들일 수가 없는 것이다. 예를 들어 프랑스의 의사 두샤틀레Duchatelet가 자신의 저서에서 이에 대한 몇 가지 사례들을 소개하기도 했다. 굳이 이런 사례들을 언급하지 않더라도 우

---

60 '부자유 속에 은폐된 자유'라는 표현은 정말 기발하다. 문학적 비유와 철학적 개념이 한데 어우러진 표현이기 때문이다. 악마적인 사람은 폐쇄적이다. 그 폐쇄된 사람 안에 있는 믿음의 형상은 신성의 의미로 구축되어 있겠지만, 결국에는 폐쇄된 형식 속에 갇혀 있는 것에 불과할 뿐이다. 그 형상을 두고 아무리 '자유'라는 개념을 붙여 주장한다고 해도, 그것은 특정 형식과 내용에 얽매여 있는 것에 지나지 않는다. 악마적인 사람은 바로 이런 것, 즉 자신의 속내를 건드리는 말들을 가장 꺼린다는 얘기다. 악마적인 사람은 남을 탓하고 남을 욕하는 데는 거리낌이 없으나, 자신을 그런 식으로 대하고 말하는 것에 대해서는 도저히 용납을 못 한다. 왜냐하면 그는 폐쇄적인 사람이기 때문이다.

61 키르케고르는 지금 악마적인 사람이 누구인지를 설명하고 있다. 과거 중세적인 설명이 아니라서 주의 깊게 읽어야 할 부분이다. 선과 악이라는 이분법으로, 즉 배타적으로 상황을 종결하고자 하지 않는다. 우정이 무엇인지 모르는 사람이 분명 존재한다. 친구를 만들기 위해서가 아니라 해코지할 요량으로 사람을 만나려 하는 사람이 분명 존재한다는 얘기다. 악마적인 사람이 친구가 없는 이유를 이해하고, 악마적인 사람이 우정을 모르는 이유를 스스로 설명할 수 있다면, 키르케고르가 하는 말을 충분히 이해할 수 있을 것이다.

리는 악마적인 사람이 처한 불안의 사회성을 충분히 이해할 수 있을 것이다.[62]

우리는 사회 곳곳에서 불안을 품은 사회성을 확인할 수 있다. 이런 불안을 품은 사회성의 존재 여부만이 악마적인 것이 존재한다는 것에 대한 직접적인 방증이 되는 것이다. 하지만 만약 죄가 노예 상태로 있다는 것이 증명되고 있는 상황이라면, 거기에는 진정한 불안의 사회성이 존재하지 않는다.[63] 그저 그런 것처럼 보일 뿐이다. 불안은 오로지 악 앞에서만 존재하기 때문이다.

이제 더 이상 이 문제에 대해 논의를 펼치지 않는 것이 좋겠다. 여기서는 그저 내가 생각하고 있는 것을 도식적으로 깔끔하게 정리해 두는 것을 목적으로 삼았기 때문이다.

2) 정신적인 차원에서 잃어버린 자유

a. 일반적 의미에서의 서술

다시 말하지만, 악마적인 것의 이러한 형식은 사회 곳곳으로 퍼져 나간 상태이다. 그리고 이 형식으로부터 다양한 현상이 나타난다. 물론 지금 당장 분명하게 해 두어야 할 점은 악마적인 것이 절대로 다양한 지적 내용

---

62 '불안의 사회성'은 '조치알리테트 데어 앙스트(Sozialität der Angst)'를 직역한 말이다. 악마적인 사람도 다른 사람들과 어울릴 수 있다. 그에게도 나름대로 사회성이라는 것이 있다. 하지만 그는 늘 불안을 떠안고 있다. 그에게 상대는 늘 나쁜 사람의 이미지로 다가올 뿐이기 때문이다. 상대가 악마라는 생각으로부터 해방될 수가 없는 것이다. 그런 생각으로는 그 누구하고도 우정을 맺을 수는 없다. 그에게 진정한 사랑은 그저 요원할 뿐이다.

63 죄의 노예 상태에 있는 것과 죄가 노예 상태로 있는 것은 전혀 다른 상황에 대한 설명이다. 전자는 죄가 주인 의식을 꿰찬 상황이지만, 후자는 죄가 통제하에 들어간 상황을 의미하기 때문이다. 달리 말해, 죄의식이 생각을 지배하고 이끌게 되면 전자의 상황이 되는 것이고, 생각 자체가 주체적으로 스스로 죄의식을 지배하고 통제하며 진행되고 있다면 후자의 상황이 되는 것이다.

에 뿌리를 두고 있지 않다는 것이다. 악마적인 것의 뿌리는 주어진 내용에 대해 어떤 형식으로 자유가 관계하고 있는가 하는 점에서만 발견될 뿐이다. 달리 말해, 지성이 관계하게 되는 그 주어진 내용 속에 악마적인 것의 뿌리가 있다는 얘기다. 이런 뿌리로 인해 악마적인 것은 스스로 언제나 편안한 것처럼 느낀다. 그의 생각이 그렇게 하라고 시키는 것이다.

악마적인 것의 형식 속에는 다양한 것이 내용으로 채워져 있다. 예를 들어, 이 형식 속에는 뭔가 더 이상 발전적인 것을 지향하지 않는 호기심, 즉 호기심을 위한 호기심만이 가득하다. 또 거기에는 자신까지도 속이려 드는 솔직하지 않은 자기기만의 경향도 섞여 있고, 타인을 절대로 신뢰하지 않는 여성적인 나약함도 섞여 있으며, 무엇이든지 무시하려는 경향이 늘 앞서며, 또 무엇인가에 몰두하기는 하는데 그 내용은 지극히 어리석기 짝이 없어서 대부분 아까운 시간만 낭비할 때가 많다. 이런 것들이 바로 내가 말하는 악마적인 것의 형식 속에서 발견되는 일반적인 것들이다.[64]

지성과 관련한 측면에서 바라보면 자유의 내용은 진리가 된다. 그리고 이 진리가 사람을 자유롭게 만든다.[65] 결국 진리는 자유의 작품이 된다. 자

---

64 이 문단은 매우 중요하게 읽힌다. 내용은 어려운 것이 전혀 없지만, 그 내용이 의미하는 바가 중요하다는 얘기다. 이런 내용이야말로 중세의 그림자로부터 완전히 빠져나오게 하는 것이다. 중세 교회에서 주장했던 악마의 현상은 전혀 찾아볼 수가 없다. 키르케고르가 일반적인 의미에서 악마적인 것을 설명해 놓은 것은 지극히 인간적이다. 사람이 악마가 될 수 있는 지경을 소개해 놓은 것이다. 사람이 신을 믿지 않는 것이 악마가 되는 조건이 아니라, 사람이 사람으로서 해야 할 일을 제대로 하지 않으면 악마가 되는 것이다. 이것이 바로 키르케고르의 주장이다. '호기심을 위한 호기심', '자기기만', '여성적 나약함', '무시', '어리석은 몰두' 등이 사람을 악마로 만든다. 악마적인 사람이라면 바로 이런 경향을 띠고 있을 것이다. 이런 철학적 주장과 함께 거대한 변화가 발생하여 악마적인 것에 대한 현상이 완전히 변신을 거듭할 수 있게 된다.

65 "진리가 너희를 자유롭게 하리라."(요한복음 8:32) 성경에서 '진리'는 하나님의 뜻과 그의 계명 등으로만 제한된다. 교회는 이런 진리를 독점하면서 부패했다. 교회 증축을 위해 돈을 벌 생각만 했다. '인둘겐티아(Indulgentia)'라고 불리는 '면죄부'까지 팔아먹는 짓거리에 저항하며 종교개혁을 부르짖었던 사람이 루터였다. 하지만 진리는 여전히 하나님의 것이었다. 이제 키르케고르는 이 진리를 인간에게 되돌려 주려고 한다. 진리에서 하나님의 이미지를 제거하고 나면 어떤 일들이 벌어질까? 이런

유는 진리를 지속적으로 탄생시키고 내놓는다. 지금 내가 하는 말은 성령으로 충만한 최근의 철학과는 아무런 상관도 없다는 것을 먼저 알아주길 바란다. 성령으로 충만한 이런 철학이 들려주는 소리는 생각의 필연성이 자유라고 주장하는 데만 몰두한다.[66] 이런 철학이 생각의 자유를 말할 때도 있지만, 그때의 자유는 오로지 영원한 생각 속에 내재된 움직임만을 말하고 있을 뿐이다.

하지만 성령으로만 충만한 이런 철학 때문에 사람들 사이의 소통이 혼란스러워지고 있다면 그것은 정답이 아니다. 그런 철학 때문에 소통이 더 어려워지고 있다면 그것은 결코 해결책이라고 말할 수 없다. 내가 지금 하고자 하는 말들은 바로 이런 철학에서 보면 정반대의 소리가 될 것이다. 나는 복잡하게 논리를 펼치고 말하고 싶지 않다. 내가 지향하는 것은 오로

질문이 형성되면 키르케고르의 철학적 고민이 무엇을 의미하는지도 깨닫게 될 것이다. "진리가 사람을 자유롭게 만든다." 이 문장의 문제는 지극히 성경적이다. 하지만 키르케고르는 사람이 자유인이 되는 새로운 길을 터놓고 있다. 이런 발언이 그를 선구자로 만들어 주는 것이다. 자유의 내용이 진리이고, 그 진리가 사람을 자유롭게 한다. 진리가 있어서 자유가 탄생한다는 중세적 논리가 아님을 깨달아야 할 대목이다. 자유가 진리의 고향이며, 그 진리에서 자유를 향유하는 사람이 탄생한다. 이것이 키르케고르가 말하는 실존 철학적 주장이다.

66 '생각의 필연성'은 '노트벤디히카이트 데스 게당켄스(Notwendigkeit des Gedankens)'를 직역한 것이다. 이 말은 정해 놓은 것만 하라는 식의 논리를 품고 있다. 하나님이 하라고 한 것만 하라는 얘기다. 성경은 하나님이 한 말과 그 말을 잘 알아듣고 따라 해서 탄생한 성인의 이야기로 충만하다. "주를 경외함이 지혜요 악을 떠남이 명철이니라."(욥기 28:28) 이는 하나님을 믿는 것이 지혜의 근간이라는 얘기다. "여호와를 경외함이 지혜의 근본이라."(시편 111:10) "여호와를 경외하는 것이 지식의 근본이거늘 미련한 자는 지혜와 훈계를 멸시하느니라."(잠언 1:7) 이런 소리는 신약에서도 이어진다. "너희는 이 세대를 본받지 말고 오직 마음을 새롭게 함으로 변화를 받아 하나님의 선하시고 기뻐하시고 온전하신 뜻이 무엇인지 분별하도록 하라."(로마서 12:2) "누가 철학과 헛된 속임수로 너희를 사로잡을까 주의하라 이것은 사람의 전통과 세상의 초등학문을 따름이요 그리스도를 따름이 아니니라."(골로새서 2:8) 사람이 생각해야 할 것이 있으면 이렇게 생각하라는 식으로 가르쳤던 것이 중세의 가르침이었다. 이것이 '생각의 필연성'을 구축해 준다. 정해진 길만 가라는 식이다. 하지만 키르케고르는 이것에 반기를 든다. 지금까지 말하지 않았던 길을 가르치려 한다. 그의 용기가 경이롭기까지 하다.

지 아주 간단하고 단순하게 말하는 것일 뿐이다.

진리란 오로지 단독자인 개인을 위해서만 존재한다. 진리 자체는 바로 이 단독자인 개인의 행동을 통해서만 탄생할 수 있다. 만약 상황이 이렇지 않고, 진리가 어떤 다른 방식으로 개인에게 주어져 있고 그 진리가 단독자인 개인을 위해서 존재한다는 조건이 성립되거나 이뤄지지 않도록 방해만 하는 상황이라면, 우리는 바로 이 지점에서 악마적인 것이 보여 주는 현상을 인식해 내야 한다.[67]

진리는 모든 시대에 존재했고, 그 모든 시대마다 각각 그 시대의 진리에 대해 나름대로 크게 소리치는 자들이 있었다. 이 얘기는 달리 말해, 진리와 관련한 진정한 문제는 전혀 다른 곳에서 발생한다는 것이다. 즉 한 사람이라도 자신의 시대와 관련한 그 진리를 심층적인 의미에서 인식하고자 하는 마음이 있느냐 하는 것이다. 이 말을 다시 구체적으로 설명한다면, 그 사람의 본질적인 삶 전체가 진리로부터 이뤄지고 형성되도록 내버려 둘 수 있느냐 하는 문제와 관련하는 것이고, 또 그 진리의 모든 결과물을 자신이 짊어지고 책임지고자 하는 마음이 있는가 하는 문제와 관련한

---

67 '악마적인 것이 보여 주는 현상'은 '아인 페노멘 데스 데모니쉔(ein Phänomen des Dämonischen)'을 의역한 것이다. 직역하면 '악마적인 것의 현상'이 된다. 여기서 주목해야 할 부분은 현상에 대한 고민이다. 현상은 하나의 현상으로 굳어질 수 없다는 것이 관건이다. 현상과 관련한다면 이럴 수도 있고 저럴 수도 있다. 악마적인 현상도 있고 악마적인 것은 전혀 찾아볼 수 없는 그런 현상도 있는 것이다. 현상은 눈에 보이는 것을 두고 하는 말이지만, 그 현상이 어떻게 눈에 보이느냐 중요하다는 말도 된다. 예를 들어 눈이 정상이라면 누구든지 파란색을 볼 수 있을 것이다. 하지만 그 파란색을 보면서 누구는 좋다 하고 누구는 싫다고 말하는 상황이 펼쳐진다. 이것이 이성적인 존재가 처한 문제 상황이다. 게다가 눈이 정상이지 못한 상황까지도 펼쳐진다. 색맹은 특정 색깔을 제대로 인식하지도 못한다. 또 시각장애인도 존재한다. 하지만 시각장애인조차 파란색이 무슨 색깔인지 나름대로 인지한다. 이성적 존재는 정말 수수께끼 같은 존재이다. 그저 현상은 다양하다는 말밖에 해 줄 말이 없을 정도다. 삶의 영역으로 들어오면 모든 것이 인식의 대상이 된다. 깨닫지 못하고는 모든 것이 어렵고 힘들 뿐이다. 믿기만 하면 신이 다 대신해 준다는 식의 논리는 여기서 적용되지 않는다. 사람의 삶은 자신의 삶을 살아야 하는 그 사람의 책임일 뿐이다.

것이다. 즉 그 어떤 비상 상황이 펼쳐져도 도망갈 구멍을 찾지 않고 유다의 키스 같은 행위를 진리의 결과물로 간주하지 않을 자신이 있는가 하는 문제와 관련한다는 얘기다.

최근 들어 진리에 대한 논의가 심상치 않게 진행되고 있다.[68] 이제는 진리와 관련하여 확실성 내지 내면성까지 운운해야 한다는 것이 급선무로 떠올랐다. 말하자면 진리를 주장하면서 추상적인 것만 말하면 안 된다는 것이다. 과거 선배들, 특히 피히테 같은 철학자가 진리에 대해 말했듯이 아무것도 없는 허공을 추상적으로 바라보게 해서는 안 된다는 얘기다. 그게 아니라 이제 우리는 진리를 말하면서 구체적으로 말할 수 있어야 한다.[69]

---

68 진리란 무엇인가? 중세 천 년 동안 사람들은 진리를 하나님의 뜻으로, 그의 전유물처럼 간주했다. 진리는 이미 있는 형식으로 우리에게 주어져 있다고 판단한 것이다. 그것을 모르면 죄인이 되는 상황이 펼쳐진 것이다. 이는 마치 고대 철학자 소크라테스가 '그노티 세아우톤(Gnothi seauton)', 즉 '너 자신을 알라'라고 말한 것처럼 지극히 이상적이다. 이데아에 있는 자신을 알라는 요구이기 때문이다. 이데아를 무궁무진한 것으로 간주하는 데서는 무한한 가능성이 엿보이기도 하지만, 그 가능성이 이데아에만 있다는 것은 독단이 되고 만다. 이것이 곧 중세 기독교가 그토록 설명하고자 했던 천국에서의 영생 이론과 같기 때문이다. 진정한 삶은 천국에 가서야 이뤄지는 것일까? 이승에서는 그런 삶이 불가능한 것일까? 소위 "개똥밭에 굴러도 이승이 낫다"라는 말은 중세 시대였다면 종교재판에 서야 할 발언이 될 수도 있었다. 이승보다는 저승이 낫다고 말해야 믿음이 인정되었던 시대였기 때문이다. 하지만 진리의 주체로서 신을 제거하고 나면 상황은 어떻게 변할까? 진리의 주체를 사람으로 바꿔 놓고 나면 세상은 어떻게 변할까? 우리는 이런 질문 앞에서 두려워하지 말아야 한다. 그래야 인문학이 주장하는 자유의 이념까지도 책임질 기회가 주어지는 것이다.

69 '추상적'과 '구체적'의 대비가 눈에 띈다. 추상적은 '압스트락트(abstrakt)'를, 또 구체적은 '콘크레트(konkret)'를 번역한 것이다. 추상적인 것의 추상성은 현실성과 아무런 관련이 없는 것으로 인식될 뿐이다. 현실적인 것이 조금이라도 끼어들면 그것은 결코 진정한 추상적인 것이 못 된다. 하지만 중세 신학은 오로지 이런 추상성만을 추구했다. 이제 키르케고르는 정반대의 원리를 가르치고자 한다. 현실적인 이야기가 그의 것이 된다. 구체적인 것의 구체성은 오로지 있는 것을 있는 그대로 보고 그 본 것을 있는 그대로 평가하는 것에 의해서만 구축될 수 있다. 하지만 우리 모두 이성적 존재여서 이런 것이 여간 어려운 것이 아니다. 까만색은 나쁘고 하얀색은 좋다. 이런 식의 흑백논리가 선호되는 이유는 그것이 깔끔해 보이기 때문이다. 하지만 사람의 삶이 펼쳐지는 이 세상은 이 두 가지 색깔만으로 해결이 안 된다는 것이 문제다. 구체적인 것의 구체성은 현상의 원리를 배제할 수 없고, 오히려 그런 원리를 근간으로 이루고 있을 때만 인식의 대상으로 다가올 뿐이다.

진리와 관련한 확실성과 내면성은 오로지 현실적인 행동을 통해서만 접근할 수 있다. 이것들은 이런 행동 속에서만 존재하기 때문이다. 확실성과 내면성이 이런 식으로 구축될 때는 마침내 특정 개인이 정말 악마적인 사람인지 아닌지를 규정할 수 있는 신뢰할 만한 기준이 되는 것이다. 만약 사람들이 이 확실성과 내면성이라는 범주를 꼭 붙들고 있어 주기만 한다면, 모든 것은 새로운 의미로 다가올 것이다. 모든 것을 다른 의미에서 다시 찾아낼 수도 있을 것이다. 그때가 되어서야 모든 것은 전혀 다른 빛을 발산하며 우리 앞에 나타나게 될 것이다. 그때는 모든 것이 분명해질 것이다.

새로운 빛이 주어지면, 모든 것은 본 모습을 드러낼 것이다. 무엇이 제멋대로 말하는 자의적인 것인지, 무엇이 신앙이 빠져 있는 불신앙인지, 무엇이 종교의 탈을 쓴 종교적인 잡담인지까지도 밝혀질 것이다. 이런 것들이 사람 사는 세상의 일상에 깊이 뿌리를 내리고 있다는 사실까지도 인식의 대상이 될 것이다. 사람들이 습관처럼 인정하고 사는 삶의 내용이 이런 것들로 채워져 있다는 것도 깨닫게 될 것이다.

그동안 사람들은 수많은 내용을 언급해 왔지만, 사실 그 내용 속에는 내용이 없다.[70] 내용이 없는 것을 내용이 있는 것처럼 말하다 보니 그런 허무

---

70 내용 속에는 내용이 없다는 말은 '오네 인할트(ohne Inhalt)'를 의역한 것이다. 직역하면 '내용 없는' 이 된다. 그 자체로는 의미가 제대로 전달되지 않는 듯하여 의역하게 되었음을 밝혀 둔다. 어쨌든 여기서 주목해야 할 부분은 '내용'에 대한 강조이다. 내용은 형식을 전제한다. 형식 속에서는 내용이 채워질 수밖에 없다. 즉 내용과 형식은 이성이 이성적으로 작동할 수 있는 영역이라고 말해도 무방하다. 예를 들어 1 더하기 1은 2다. 이것은 형식에 준한 말이다. 하지만 사과 더하기 수박은 무엇이 정답일까? 또 사과 더하기 태양은 어떤 대답이 어울릴까? 이런 질문이 형성될 수 있다면, 마침내 내용이 무엇을 의미하는지도 인식의 소리로 받아들일 수 있을 것이다. 형식은 단일하지만, 내용은 다양하다. 문학적으로 설명하자면, 주제는 하나여도, 소재는 다양하고 다양해야 하며 또 다양할 수밖에 없는 것이다. 사람의 능력은 주제 자체에서 결정되는 것이 아니라 어디까지 소재를 다룰 수 있느냐 하는 것에서 다양한 수준으로 판가름 날 뿐이다.

맹랑한 말에서는 확실성도 찾아볼 수가 없다. 모든 것은 똑같은 의미를 다양한 다른 말로 설명에 임하는 미신이 존재하고 있을 뿐이다. 게다가 거기에는 오로지 특정 이념에 굴종적인 태도를 보이는 노예근성만이 똬리를 틀고 있다. 이것이야말로 신앙이라 말하며 스스로를 비하하고 그저 추종만 하는 태도이다. 이런 부정적인 현상 속에는 진정한 의미의 확실성이 배제될 수밖에 없다. 그 이유는 신앙인들이 말로만 주장하는 그런 확실성 자체 안에는 오로지 내용 앞에서 느끼는 불안으로만 채워져 있기 때문이다.[71]

물론 나는 우리가 살고 있는 이 시대에 대해 위대한 말들을 선사해 주고 싶지 않다. 그런 것에는 그 어떤 욕망도 없다. 하지만 이 시대의 사람들, 즉 우리 동시대 사람들의 진정한 모습을 본 사람이라면, 그들의 삶이 보여주는 현상은 오로지 불일치 속에서 허덕이고 있고 근원을 알 수 없을 정도로 깊은 불안에 빠져 시달리고 있다는 사실을 절대로 부정하고자 하지 않을 것이다. 아니 이런 것을 부정할 수도 없을 것이다.

지금 세상 사람들이 직면하고 있는 내면적인 불일치와 불안은 한편으로 진리가 너무나 광범위하게 또 너무나 집단적으로 게다가 부분적으로는 너무나 추상적인 의미에서 빛이 선명해지고 있기 때문에 발생한 것이다. 이와 반대로, 즉 다른 한편에서는, 현대인의 불일치와 불안은 진정한 의미에서의 확실성과 그 내용이 점점 더 줄어들고 있다는 것에 그 뿌리를

---

71 여기서 키르케고르가 말하는 '내용'은 현상의 내용을 의미하고, 삶의 현장을 채우고 있는 사실들을 말한다고 보면 된다. 물론 사실은 논리와 주장으로 형성되고 만들어질 수도 있지만, 키르케고르는 그런 식의 사실을 말하려고 하는 것이 아니다. 기독교인에게는 천국도, 천사도, 영생도 사실이 되는 것이지만, 키르케고르가 가르치고자 하는 사실은 바로 이런 '내용'에 대한 진실한 해석을 기반으로 하고 있을 뿐이다. '내용을 아는가?' 이것이야말로 인간적인 질문이다. 내용은 눈을 홀릴 정도로 다양하겠지만, 그것을 있는 그대로 인식할 수 있게 될 때, 삶은 오색영롱하거나 찬란한 것으로 연출될 것이다.

두고 있다.

　지금까지 사람들은 형이상학과 논리학에 너무나 많은 시간을 할애해 왔다. 여기에 바친 시간이 한평생을 채울 만큼 극단적이라는 얘기다. 우리 시대 전체가 최선을 다해 노력한 곳은 바로 이 두 학문에 집중되고 있다. 지금까지 사람들은 형이상학과 논리학에 몰두하면서 영혼의 불멸성을 해석하는 데만 신경써 왔다. 이것이야말로 진정으로 진기한 사건이라 말할 수 있을 것이다.

　지금까지 사람들은 오로지 새로운 증명을 찾아내는 데만 집중했다. 하나의 창조적인 증명을 발견해 내면 그것을 발견해 냈어야 할 진정한 사실인 양 자랑하듯이 떠벌렸다. 과거의 온갖 증명들과 어울리면서도 완전히 다른 모습, 하지만 논리적으로 완전히 올바른 모습을 갖춘 증명을 찾는 것이 학자가 지향해야 할 최고의 숙제였던 것이다. 참으로 놀라지 않을 수 없다. 이런 일이 발생할수록 확실성은 줄어들고 있었는데도, 그것을 현실적으로 감지한 사람이 전혀 존재하지 않았다는 사실이 사람을 더욱 놀라게 한다.

　불멸성에 대한 사상은 이제 막강한 권력을 꿰찬 듯하다. 그것은 생각의 산물이면서도 물리적인 무게를 지닌 듯하다. 생각은 그저 하나의 가설에서 시작하지만 그것이 결국에는 온 세상을 책임지고 해석하려 한다. 결국 사람의 삶 전체가 이런 사상 속에 얽혀 변질을 거듭하고 말았다. 그런 소리가 없으면 삶이 아닌 것처럼 인식되게 한 것이다. 정말 두려울 정도로 놀라운 현상이다.

　사람은 스스로 자신의 영혼을 구원함으로써 진정한 의미에서 안정을 취할 수 있다. 문제는 사람의 생각이 그것을 감당해 내야 한다는 것이다. 생각하는 일에 최선을 다해야 하는 이유가 여기에 있다. 사람은 새로운 증명을 찾아내기 위해 노력해야 한다. 하지만 방금 내가 한 말은 순수한 가톨릭적인 의미에서 한 말, 즉 좋은 작품처럼 인정받아 왔던 말과는 전혀 상관이 없다![72] 그런 종교 단체가 하는 말과 나의 말은 어떤 연관성도 없다는 얘기다. 내가 주장하는 증명은 전혀 다른 의미를 취하고 있다는 것을 이해해 주어야 한다.

개인이라면 누구나 영혼의 불멸성에 대해 한마디씩 내놓을 수 있을 것이다. 그런 것을 증명해 내는 일은 누구나 할 수 있기 때문이다. 그것을 진정으로 믿지 않는다 해도 그런 말을 할 수 있다는 얘기다. 이런 현상이 발생하는 이유는 개인이 불안을 느끼고 있다는 증거이다. 개인은 누구나 모든 현상 앞에서 불안을 느낀다. 현상은 그것이 무엇이 되었든 간에 개인과 관련하는 순간 이미 하나의 더 광범위한 이해를 가능하게 한다. 아니 그런 현상과의 접촉 자체가 새로운 이해의 영역으로 몰고 간다고 말해도 무방하다. 그런데 그 새로운 영역이 사람이 죽지 않는 곳이라면 지극히 비현실적인 이야기에 불과할 뿐이다.

생각이 확장시켜 놓는 세상이 영혼이 불멸하는 곳이라는 식의 이야기는 개인 자체의 정상적인 성장을 방해할 수도 있다. 자신이 죽지 않는다는 것을 믿는 개인은 아주 단순한 어떤 누군가가 아주 간단하고 단순하게 불멸성에 대해 말한다 해도 거부감을 느끼게 된다. 왜냐하면 그 사람과의 관계 속에는 내면성이 결여되어 있기 때문이다. 내면성이야말로 사람 사이의 만남을 실현하는 중요한 계기가 된다. 바로 이런 인식에서 정교만을 주

---

72 키르케고르는 이 문장의 끝에 느낌표를 남겨 놓았다. 그만큼 격앙된 상황이라는 얘기다. 키르케고르의 목소리가 현실적으로 들려 오는 대목이기도 하다. 생각하는 존재는 생각으로 살아야 하는 것을 배제할 수가 없다. 하지만 어떻게 어떤 생각으로 살아야 하는가? 그것이 관건이라는 말을 하기가 힘들 뿐이다. 지금 키르케고르는 형이상학과 논리학 자체를 거부하거나 부정하는 말을 하고 있지 않다는 것도 인식해야 할 대목이다. 생각하는 존재가 신경을 쓰고 배워야 할 학문이 오히려 이 두 학문이 되는 것이다. 하지만 여기서 배운 것을 가지고 영혼의 불멸 같은 이야기를 재생산해 내는 일에 몰두하는 것은 현실적인 삶에 아무런 도움이 되지 않는다는 것이 키르케고르의 주장이다.

시하고 거기에 맹종하는 추종자가 있다면, 그야말로 악마적인 사람이라는 논리가 형성되는 것이다.[73]

정교를 추종하는 사람은 그가 누가 되었든 간에 스스로 모든 것을 잘 안다고 말한다. 그러면서도 그는 오로지 옳다고 믿는 것을 성스러운 것으로 간주하고 오로지 그 앞에서만 머리를 조아리는 모순적인 행동을 거침없이 한다. 그는 자신이 그렇게 말하고 행동함으로써 결국 진정으로 성스러운 것을 거부하는 꼴이 된다는 것을 알지 못한다. 그에게 진리란 그저 형식적인 것을 지배하는 개념이 되고 있을 뿐이기 때문이다.

정교에 얽매인 사람은 신의 권좌 앞으로 나아간다고 말하고, 그 신전에서 예배를 드린다고 말한다. 그는 그가 하는 말을 옳다고 간주한다. 게다가 그는 그 신전에서 몇 번을 절해야 하는지도 정확히 잘 알고 있다. 한마디로 그는 모든 것을 잘 알고 있다. 그는 모든 것을 수학의 공식처럼 증명할 수 있다고도 말한다. 더 노골적으로 말하자면, 그들은 ABC라는 활자를 사용하면, 뭐든지 말을 할 수 있는데, 똑같은 사안을 DEF를 가지고 설명해 보라 하면 아무 말도 못 하는 자들일 뿐이다.

그래서 정교를 믿는 자들은 하나같이 불안을 품은 자들이라고 말할 수 있다. 그는 자신이 알고 있는 것만 듣고자 할 뿐, 다른 말은 듣기 싫어한

---

73 여기서 '정교'로 번역한 것은 '오어토독시(Orthodoxie)'이다. 그리스어로 '오르트로스(Ορθρος, orthos)'는 '올바른', '옳은'이란 뜻이고, '독사(δόξα, doxa)'는 '의견'이나 '신앙'을 의미한다. 즉 '올바른 신앙'이란 뜻이 바로 '오어토독시'의 진정한 의미가 된다. 그런데 학문적으로 이 개념은 교회를 지칭하는 데 사용된다. 교회 중의 교회로, 즉 정통파 교회로 이 개념이 사용되고 있는 것이다. 자기 교회가 진짜 교회라는 인식이 형성되면, 다른 교회는 이단이 된다. 이것이야말로 배타적인 인식이다. 이와 반대로, 즉 '오어토독시'의 정반대 원리를 형성하고 있는 개념은 '헤테로독시(Heterodoxie)'가 있다. 말그대로 직역하면 '다양한 입장을 인정'하는 견해이다. 모든 사람이 '내가 진짜다'라는 인식을 독단의 형식으로 간주할 수만 있다면, 그리고 동시에 모든 사람이 남의 의견도 인정해 줄 수 있는 경지에 도달하고 나면 세상은 어떻게 변할까? 이런 세상이 바로 실존 철학자가 꿈꾸는 이상향이라 말할 수 있겠다.

다. 만약 그가 이런 말을 듣게 되면, 그는 그 말이 정상이 아니라고까지 단언한다. 정상은 전혀 다른 말을 하고 있을 것이라는 얘기다. 이런 자들이야말로 현대인의 전형이 아닐까 싶다. 정교를 믿는 자야말로 현대의 전형적인 사변가를 쏙 빼닮았다.

끌고 있다는 현대적인 사변가는 영혼의 불멸성에 대해 새로운 명쾌한 증명을 찾아냈다고 떠벌리며 대단한 긍지를 드러내고 자랑하지만, 사실 그는 그것과 관련하여 모든 것을 필기해 놓은 자신의 노트가 없으면 단 한 문장도 제대로 말하지 못하는 존재에 불과하다. 그는 사전에 기록해 둔 노트가 없으면 생명의 위협까지 느끼는 존재이다.

현대적인 사변가에게 결여된 것이 과연 무엇이냐고 묻는다면, 나는 단호하게 이렇게 말하고 싶다. 그것은 분명 확실성이라고. 미신에서는 객관성이 권력을 취한다. 그 객관성이 마치 모든 것을 돌로 만들어 버리는 메두사의 머리 같다. 즉 그 객관성이 모든 주관성을 돌로 만들어 굳게 만든다. 부자유는 더 이상 원하는 것이 없다. 마법이 풀리기를 바라지도 않는다. 부자유의 형식 속에서는 모든 주관성이 돌로 변해 버렸기 때문이다.

그래서 정교를 믿는 사람과 마주쳤을 때 그것을 믿지 않는 사람이 현상적으로 보여 줄 수 있는 최고의 표현 방식은 비웃음이다.[74] 왜냐하면 비웃음에는 정교를 믿는 사람들이 믿는 그런 종류의 획일적인 확실성이 결여되어 있기 때문이다. 그래서 그는 비웃을 수 있는 것이다. 그리고 이런 식

---

74 여기서 '비웃음'은 '슈포트(Spott)'를 번역한 말이다. 비웃음도 일종의 웃음이다. 하지만 웃음의 형식을 띠고는 있지만 즐거움이나 기쁨의 표현이 아니다. 상대가 옳다고 믿는 바에 대해 굳이 그것이 아니라고 맞서기보다는 웃으며 뒤로 물러서는 것이 지혜가 된다. 무엇을 믿는 자는 자신이 믿는 그 믿음으로 인해 자기가 믿는 것은 진리가 될 뿐이다. 자신이 믿는 진리가 진정한 진리가 아닐 수도 있다는 인식은 스스로 깨달아야 한다. 아무리 밖에서, 즉 타인이 그게 아니라고 말해도, 믿는 사람에겐 아무런 소용이 없는 말이 되고 만다.

으로 비웃는 자가 어쩌다가 자신의 불안을 내비친다고 하더라도, 그 불안의 내면을 제대로 들여다볼 수 있는 자는, 그의 불안 속에는 오로지 성경에서 악마적인 사람이 말했던 바로 그 문장을 기억하게 한다는 것을 알 수 있을 것이다. "나와 당신이 무슨 상관이 있나이까."[75] 하지만 이런 방식으로 이처럼 비웃을 수 있는 사람은 이 세상에 지극히 드물다. 이것이야말로 주목할 만한 현상이다. 이런 방식으로 비웃을 수 있는 사람은 한순간에 지나지 않는 박수갈채를 받을 때 허영심을 드러내기도 하지만 동시에 극심한 불안감에 휩싸이기도 하는 것이다.

현대의 사변가들도 중세인들 못지않게 신의 존재를 증명하기 위해 얼마나 많이 노력해 왔던가! 그들의 노력은 현대 산업의 중심에 서 있는 노동자들, 즉 공장에서 천편일률적으로 일하는 사람들의 노력에 전혀 뒤지지 않는다. 그런 노력을 실현하기 위해 얼마나 많은 희생이 치러지고 있는지 그들은 전혀 깨닫지도 못한다. 그런 열정 속에서 얼마나 많은 시간이 무의미하게 흘러가고 있는지 전혀 인식도 하지 못하는 것이다. 그런 획일적인 노력 속에서 탄생하는 온갖 종류의 증명들이 아무리 성장을 거듭하고 그 성과가 아무리 탁월하다 해도, 아쉬운 것은 그것이 탁월할수록 진정한 의미의 확실성은 점점 더 빈약해지고 있을 뿐이라는 사실이다.

신의 존재에 대한 사상이 개인의 자유를 위한 것으로 규정되고 나면, 그 즉시 그 사상은 모든 것을 평정한다. 그 사상이 모든 것을 지배한다. 이 세상의 모든 사물 속에 그 사상이 끼어든다. 결국 그 사상이 편재성을 띠게 된다. 이런 사상이 세상 속에 편재된 형식으로 나타나면 사회성이 결여되

---

75 "나와 당신이 무슨 상관이 있나이까."(마가복음 5:7) 키르케고르는 이 문장을 다양하게 사용한다. 여기서는 문맥을 따져 보면, 정교를 비판하는 입장에서 이 문장을 사용한다. 즉 '나는 정교와 아무 상관 없다'는 말을 하기 위해 이 문장을 동원하고 있는 것이다. 진리를 하나로 정해 놓고, 그 하나의 진리에 얽매인 정신은 자신과 상관없다는 것이 키르케고르의 주장이다.

어 있고 언제나 불쾌하게 행동하는 어떤 불편한 개인에 대해서 굳이 혼내 주려는 요량으로 대응하지 않아도 된다는 이상한 상황이 펼쳐진다.

신의 존재는 진정으로 내면성의 문제에 해당한다. 신이 존재하고, 그런 존재와 내면적으로 하나가 되어 함께 아름답게 살아갈 생각을 하면서 사람은 행복감에 젖어 든다. 그 존재와 함께하는 삶은 위대한 예술 작품과 같은 것으로 인식되고, 이런 삶이야말로 예를 들어 진정으로 아름다운 결혼을 하고 모범적인 남편이 되는 것보다 훨씬 값지고 위대한 것이라고 생각한다. 하지만 반대로 현실적인 가정을 차리고 모범적인 남편이 되고자 하는 개인에게는 정반대의 현상이 펼쳐진다. 그런 개인에게 단 하나의 신이 존재한다는 그 아주 단순하고 간단한 말을 듣게 되면 매우 극단적으로 불쾌한 감정이 치솟는다.

신의 존재를 위한 증명 자체는 기회가 될 때마다 학문적인 차원에서 가르쳐지고 그것을 형이상학적으로 파악하고 진행하는 훈련을 거듭할 수 있는 것에서 그치지만, 신에 대한 생각은 시도 때도 없이 들이닥친다는 것이 문제다. 무슨 생각을 하고 있어도 신의 존재라는 그 단순하고 간단한 사상은 끼어들고 만다. 그 사상이 끼어들 수 없는 생각은 존재하지 않는다. 모든 생각의 기회는 신의 존재라는 이 사상 앞에 노출되어 있는 것이다.

도대체 현실 속에서 모범적으로 살고자 하는 개인에게 부족한 것이 무엇일까? 그것은 바로 내면성이다. 물론 신의 존재를 확신하고 그 존재를 증명하려는 사람에게도 이 내면성의 결여라는 문제가 발생할 수도 있다. 만약 성스러운 예배를 담당해야 할 직분에 있는 성직자가 이런 내면성의 결여라는 문제에 휩싸이면 놀림거리가 되곤 한다. 온 세상 사람들이 그를 향해 욕을 퍼붓게 되는 지경이 펼쳐지기도 한다. 한번 그런 놀림거리의 대상이 되고 나면 헤어 나올 길이 없다. 성직자들 스스로가 세상을 그런 지경에 빠지도록 설교해 왔기 때문이기도 하다. 세상이 악하다고 날마다 설교한 결과가 그런 것이다.

세상이 악하다는 말은 너무 지나쳤다. 세상이 악하다는 말은 아무리 생각해도 옳은 말이 아니다. 그 말은 진실일 수가 없다. 성스러운 일을 한다는 그 말, 그 '성직자'라는 말 자체가 의심스럽기도 하다. 성직자는 성스러운 것의 성스러움과의 관계 속에서 전혀 자유롭지 못하기 때문이다. 부자유가 성직자의 본성으로 구축된다. 그러니까 그에게 내면성이 결여되어 있는 것은 당연하다. 그래서 이 성직자라는 인물을 순수하게 미학적 관점에서 바라보면 희극적인 측면이 발견되는 것은 어쩔 수 없는 일이다.

성직자야말로 우스운 인물이다. 세상이 옳다면, 세상은 그를 향해 웃음을 터뜨릴 것이다. 이는 마치 오다리 형태의 다리를 가진 한 남자가 무용수라고 깝죽대는 것과 같다. 그런 남자가 예술의 전당인 그 성스러운 무대 위에 등장했지만, 거기서 단 하나의 자세도 예술적으로 제대로 만들어 내지 못하고 있는 상황이라면, 이것이야말로 우스운 상황이 아니고 무엇이겠는가.

종교적인 것과 관련해도 상황은 별반 다를 바가 없다. 웃기지도 않은 성직자들에 대한 이야기는 수도 없이 많다. 이들은 마치 조용히 박자의 숫자를 세는 것만큼이나 우스운 일을 연출해 낸다. 왜냐하면 이들은 춤을 출 줄 모를 뿐만 아니라 박자에 맞춰 움직일 줄도 모르면서 박자를 열심히 세고 있기 때문이다. 이들은 아무리 박자를 열심히 세도 결코 춤을 출 수 있는 상황을 연출해 내지는 못할 것이다.

'성직자'들 자신도 이런 이야기들에 대해 너무나 잘 알고 있다. 그들은 종교적인 것을 정확하게 측정하고 약분하여 마음대로 재단할 수 있는 것으로 생각한다. 게다가 그들은 종교적인 것을 어떤 기회나 순간에 속하는 그 무엇으로 생각하는 것이 아니라, 항상 자기 곁에 둘 수 있는 것쯤으로 간주한다. 마치 종교적인 것 자체가 자신의 것인 양 거들먹거리는 것이다.

하지만 정작 성직자들이 종교적인 것을 재단해야 할 시점에 돌입하게 되면 자유롭지 못하다. 그가 조용히 박자의 숫자를 세는 것을 사람들은 눈치챈다. 그러고 나서 그는 하늘을 향해 눈을 치켜뜬다. 그런 것이 천상의 시선인 양 공공연하게 보여 주는 것이다. 그러면서 오만하게 팔짱을 끼기도 한다. 종교적인 것을 재단해야 할 순간에 보여 주는 성직자들의 우스운 행동은 무수히 많다. 더욱 가관인 것은 성직자라는 직분을 가진 사람이 상황에 맞지 않은 어리석은 실수를 하거나 세상이 용납할 수 없는 불량한 짓을 할 때이다.

바로 이런 다양한 이유들로 인해 세상 속에서 모범적으로 살아가려는 개인은 제대로 훈련되지 못한 사람 앞에서 극심한 불안을 느끼는 것이다. 하지만 이때의 불안은 말 그대로 위대한 불안이라 말할 수 있겠다. 이런 불안은 자신을 더욱 강화시켜 줄 것이다. 이런 불안이 위대한 순간을 인식하는 눈을 뜨게 해 줄 것이다. 눈은 떠야 마땅하다. 그때 세상은 새롭게 보일 것이기 때문이다. 하지만 성직자는 이런 세상을 극도로 혐오한다. 그의 눈은 다른 방식으로 떠져 있을 뿐이다.

확실성과 내면성 주체성과 관련한다. 하지만 완전히 추상적인 의미와 그 영역에서만 머무르는 그런 주체성이 아니다.[76] 주체성과 관련하여 모든 것이 두려울 정도로 과장되어 위대해진 것은 최근의 지식이 처한 불행

---

76 '주체성'은 추상적인 동시에 구체적인 것이다. 사람은 누구나 자신이 구체적으로 존재한다는 사실을 잘 알고 있다. 하지만 자기를 거울 속의 영상만으로 만족할 수 없다. 사람은 거울이 보여 주는 자신 외에도 또 다른 자신에 대해서도 예감할 수 있다. 그래서 사람은 '나는 누구인가?'라는 질문을 던지며 죽을 때까지 자신을 찾는 존재이다. 헤세도 『데미안』의 모토로 이런 말을 남겨 놓았다. "내 속에서 솟아 나오려는 것, 바로 그것을 나는 살아 보려고 했다. 왜 그것이 그토록 어려웠을까." '악마'라는 제목의 책이 들려주는 첫 구절이다. '데미안'의 서술적 주체는 '나'이다. '내'가 '악마'다. 그런데 그 '내'가 원하는 것은 '자기 안에서 나오려는 것을 살아 보는 것'이다. 내가 제대로 나올 수 있을까? 나오면 어떻게 살아야 할까? 모든 것이 문제 상황이 될 뿐이다. 하지만 모든 것이 '나'의 문제일 뿐이다.

의 현장이기도 하다. 추상적인 주체성은 아무리 설명해도 애매모호한 측면이 남아 있기 마련이다. 말하자면 똑같은 수준으로 내면성이 결여되어 있다는 얘기다. 이런 현상은 추상적인 객체성이란 개념에서도 드러나고 있다.[77] 말하자면 추상적인 객체성이란 개념에서도 내면성이 결여되어 있다는 것이다.

만약 사람들이 주체성과 관련하여 추상적으로만 말하고자 한다면, 그런 방식으로는 그 어떤 인식도 얻어 낼 수가 없을 것이다. 사람들이 주체성과 관련하여 추상적으로 아무리 논리적이고 옳은 소리를 쏟아 낸다고 하더라도, 그 말이 의미하는 추상적인 주체성에는 결국 내용이 결여되어 있을 것이기 때문이다.[78] 마찬가지로 사람들이 주체성과 관련하여 구체적으로만 말하고자 한다면, 그런 방식으로도 그 어떤 인식도 얻어 낼 수가 없을 것이다. 거기에도 틀림없이 내용이 결여되어 있을 것이기 때문이다. 사람이 주체성에 대해서 구체적으로 말하게 되면 그 주체성이란 것을 선명하게 보여 줄 수는 있을지 몰라도, 자신을 추상적인 것으로 말하고자 하는 개인성을 무시한 결과만이 연출될 것이다. 그때 그 개인성에는 자신을

---

77 주체성 그리고 객체성과 관련한 키르케고르의 논의가 예사롭지 않다. '추상적인 주체성'은 그런 대로 납득할 수 있다. 주체성은 보이지 않는 형이상학적 개념으로 인식될 수 있기 때문이다. 그런데 '추상적인 객체성'이란 표현은 사실 모순이다. 객체성은 객관적으로 드러난 상태를 의미하므로, 그 것 자체로는 추상적일 수 없기 때문이다. 하지만 키르케고르가 하는 말은 흑백의 논리가 아님을 감 안하고 나면, 그 의미가 서서히 드러날 수 있을 것이다. 예를 들어 객관도 객관 나름이다. 사람마다 객관을 운운하지만 도대체 무엇이 객관이란 말인가? 결국 객체성 자체도 추상적인 영역에서 고찰 할 수 있는 개념이 된다는 말이다.

78 '내용'은 언제나 현상적이다. 이런 '내용'과 맞물려 생각해야 할 개념은 '형식'이다. 형식은 본질적이 다. 현상적인 것은 본질적인 것과 균형을 이룰 때만 진정한 의미를 취한다. 형식이 없는 내용도 무 의미하고, 내용이 없는 형식도 쓸데없다. 사람이 생각에 임하려면 내용과 형식이 이상적으로 균형 을 잡아야 한다. 이런 균형 속에서 생각은 인식을 얻어 내는 것이다. 생각이 새로운 생각을 받아들 일 수 있을 때 세상은 전혀 다른 모습으로 펼쳐질 것이다. 세상은 아무 잘못도 없다. 그것을 바라보 고 생각에 임하는 사람 자신이 문제일 뿐이다.

향해 솔직하고자 하는 내면성이 결여되어 있어서, 그런 개인성은 자신을 그저 어떤 예식장에서 사회를 보는 장인 정도로 만들어 낼 뿐이다.

b. 내면성의 배제 혹은 결여에 대한 도식

내면성의 결여는 언제나 반성에 의해 결정되고 규정되는 범주에 속한다. 모든 형식과 마찬가지로 반성의 형식도 이중의 의미를 지니고 있다. 즉 모든 형식은 이중의 형식이라는 공식을 반성이라는 범주에서도 적용할 수 있다는 얘기다. 예를 들어 사람들은 정신과 관련하여 그 존재를 규정하고자 할 때 습관적으로 완전히 추상적으로만 말하려는 경향이 있다. 이런 경향이 발생하는 이유는 사람들이 정신이라는 그 존재의 내부를 자세히 들여다보지 못했기 때문이다. 정신에도 내부가 존재하는데, 그 내부를 속속들이 들여다본 자가 드물다는 얘기다.

사람들은 정신을 반성의 의미로 말하는 경우가 태반이다. 그런 사례가 일반적으로 통용되고 있다. 정신과 반성이 직접성의 의미로 이해될 수 있다는 듯이 말하는 것이다. 정신의 대립적인 개념이 반성이라는 식으로 일종의 공식을 입에 담기도 한다. 하지만 반성은 언제나 그렇듯이 내면성을 전제한다. 바로 이 내면성으로 인해 종합이라는 경지가 가능해진다. 이때 종합이라고 말할 수 있는 경지가 바로 실체성과 관련한 것인 동시에 주체성과 관련한 것이고 거기에 동일성의 문제가 내재되어 있는 것이다. 또 사람들은 이 동일성이란 개념을 이성이니, 이념이니, 정신이니 하는 개념으로 혼동해서 사용하기도 한다. 하지만 현실은 만만치 않다. 현실은 우리가 지금까지 알고 있는 것과 전혀 다를 수도 있다. 현실 속에서 의미하는 직접성이란 또한 내면성의 직접성이기도 하다.[79] 이런 내면성이 결여되어 있다는 증상은 진심으로 반성할 때 마침내 드러나는 것이다.

내면성이 결여되어 있는 모든 존재의 형식은 능동적인 수동성이거나 수동적인 능동성일 뿐이고, 이런 형식이든, 저런 형식이든 아무래도 상관없으며, 그 형식은 오로지 자신과의 반성이라는 관계 속에만 매몰되어 있다.[80] 하지만 내면성의 규정이 내용적으로 구체적일수록, 그 형식 자체도 수많은 다양한 어감으로 확장될 것이다.

옛말에 이해한다는 말도 두 가지 방법을 포함하고 있듯이, 내면성을 규정하는 문제에도 두 가지가 있다. 즉 내면성은 이해하는 행위이지만, 동시에 이것을 구체적으로 보면, 이해하는 그 행위를 이해하는 것이다. 여기서 말을 이해한다는 것이 하나라면, 다른 하나는 그 말이 지시하는 바가 지닌 뜻을 이해한다는 것을 의미한다. 즉 사람은 스스로 자기가 무슨 말을 하고 있는지 알고 있다는 것이 이해한다는 말이 의미하는 하나의 형식이고, 또 다른 형식은 그 말이 무슨 말인지를 이해한다는 것과 관련한다.

의식의 내용이 구체적으로 드러날수록, 이해하는 내용 또한 구체적으로 드러난다. 이해하는 내용이 의식과의 관계 속에서 결여되어 있다면, 그 순간에 드러나는 것은 오로지 부자유의 현상뿐이다.[81] 말하자면 이 부자유

---

79 예를 들어 마음이 통해야 사랑도 할 수 있다. 마음이 통하지 않은 상태에서는 그 누군가가 아무리 가까이에 있어도 멀게만 느껴질 것이다. 사랑했던 사람이 떠나가면 세상에서 가장 먼 사람이 되기도 한다. 마음이 그 사람을 허락하지 않기 때문이다. 마음이 통하면 모든 것은 고스란히 드러날 기회가 주어진다. 마음이 통하고 나면 그 어떤 아름다운 의상도 필요 없어진다. 오히려 그런 의상이 관계를 서먹하게 만들기도 한다. 마음이 통하면 진정한 직접성이 실현되는 것이다. 키르케고르는 이 직접성의 의미를 내면성의 직접성이라고 규정함으로써 사람들이 살아가는 현실의 상황 속에서 무엇이 진정으로 중요한 것인지를 설명해 준다.

80 키르케고르는 지금 이 문장과 함께 내면성의 결여가 어떤 지경을 만들어 내는지를 설명해 주고 있다. 쉽게 말하면, 마음이 없으면 모든 것은 헛것이 되는 지경이라는 얘기다. 진심이 아니라면 현실은 무의미해진다. 사람과의 만남이 이뤄지는 곳에서 그 무엇보다도 내면성이 전제되어야 한다는 이 주장은 키르케고르의 철학적 대전제로 삼아도 좋을 것 같다. 내면성이 결여된 사람은 오로지 자신하고만 반성하는 지극히 이기적인 사람일 뿐이다. 이런 이기적인 사람이 정상적인 의미에서의 만남과 소통을 꺼리게 된다. 자신에게 벗어날 수 있어야 비로소 진정한 만남이 이뤄질 텐데, 그럴 수가 없기 때문이다.

81 여기서 '부자유의 현상'은 '페노멘 데어 운프라이하이트(Phänomen der Unfreiheit)'를 번역한 말이다.

의 현상은 자유에 반대된 곳에서 스스로 폐쇄적인 형태로 고집을 피우는 것이다. 부자유도 원하는 것이 있지만, 그것은 결국 스스로 폐쇄되어 있다는 것이 문제다. 스스로 닫으려 하는 그 의지가 문제라는 얘기다.

의식 중에서도 지극히 구체적이긴 하지만 결국에는 종교적인 것에 제한되어 있는 의식을 예로 들어도 좋겠다. 이런 의식은 동시에 역사적인 순간을 취하고 있기도 하지만, 그 순간에도 이해하는 것은 오로지 종교적인 것과 관련해 있을 뿐이다. 바로 이런 상황 속에서 우리는 두 가지 형식을 위한 하나의 사례를 발견한다. 그것은 바로 악마적인 것과 비슷한 것이다.

예를 들어 정말 고집스러울 정도로 정교를 믿는 자가 있다고 가정해 보자. 하물며 그는 노력까지 한다. 그가 얻어 낸 학문의 수준은 상당하다고 말할 수밖에 없는 지경이다. 게다가 그는 신약 성경 속에 있는 말 한마디까지도 각 사도의 말에 맞춰서 또 정통적인 이론에 맞춰서 해석해 낼 수 있는 능력을 갖추고 있다. 하지만 그에게는 내면성이 결여되어 있다는 것이 가장 큰 문제다. 아무리 많이 알고 있어도 그 알고 있는 것이 내면화되지 못한 상태에 있다는 것이 문제라는 얘기다.

아는 것이 무엇이 되었든 간에 그것이 내면화를 거쳐 내면성으로 굳어지기 전에는 오해의 가능성을 품을 수밖에 없다. 그 아는 것 때문에 완전히 또 전혀 다른 것을 이해하게 되는 지경이 펼쳐질 수도 있다는 얘기다. 아는 것이 오히려 방해가 될 수도 있다. 자기가 제대로 이해하고자 원했던 것이지만, 그 원한 것이 그런 자신의 이해 속에서 완전히 다른 이해의 성

지금 키르케고르가 '부자유'라는 개념을 어떻게 활용하고 있는지를 관찰해야 한다. 이해하지 못한 상태에 부자유가 현상적으로 드러난다는 말에 귀를 기울여야 한다. 달리 말해, 알면 자유로워질 수 있다는 얘기가 된다. 알면 자유가, 모르면 부자유가 현상으로 드러난다는 이 말의 의미를 깨달아야 한다. 생각하는 존재에게 이해한다는 것은 안다는 현상으로 이어질 수밖에 없고, 그런 현상이야말로 진정한 실존의 영역을 확고한 형식으로 형성한다.

향을 드러낸다는 것이 문제의 핵심이다.

만약 진정으로 자유로운 사상가가 있다면, 그는 모든 것을 자신의 예리한 감각으로 증명해 낼 수 있을 것이다.[82] 신약 성경은 200년경에 집필된 것들이다. 그리고 결코 짧다고 말할 수 없는 세월이 흘러갔다. 자유로운 사상가는 그 옛날에 집필된 그 문장들까지도 자신의 예리한 감각을 통해 틀림없이 증명해 낼 것이다. 그의 증명 속에는 당연히 남다른 내면성이 가득 채워져 있을 것이다.

물론 내면성은 그렇게 일방적인 관계를 형성해 주지 않는다. 자유로운 사상가도 두려워하는 것이 있다. 그것도 바로 내면성과 관련한 것이다. 그는 솔직하고 정식하기 때문에 신약 성경을 한 학급에서 다루고자 할 때 다른 책들과 마찬가지로 다룰 수밖에 없을 것이다. 그는 다른 책들과 같은 형식으로 신약 성경을 다룰 것이다. 그가 두려워하는 것은 오로지 내면성이기 때문에 반드시 그래야만 하는 것이다.

의식이 가장 구체적으로 알고 있는 내용은 자신과 관련한 것이다. 자신과 관련한 의식은 개인이라는 자신으로부터 유래한 것이다. 그리고 어떤 경우에서도 순수한 자기의식이라는 것은 존재하지 않는다. 반면에 자기의식과 관련한 것이라면 그것은 언제든지 구체적인 자신이어야 하고, 그것은 반드시 구체적으로 존재할 수밖에 없다. 요즈음 어떤 작가도 자기의식과 관련하여 자기가 원하는 대로, 또 구체적이라고 말할 수 있을 정도로

---

82 '자유로운 사상가'는 '프라이뎅커(Freidenker)'를 번역한 말이다. 원어처럼 한 단어로, 즉 '자유사상가'라고 번역해도 된다. 이 단어는 생각을 마음대로 할 수 있는 사람을 의미한다. 이런 생각, 저런 생각을 마음대로 바꿔 가며 해 낼 수 있는 사람을 지칭한다. 반대로 생각이 자유롭지 못한 사람은 어떤 하나의 생각 속에 갇혀 있는 사람을 의미한다. 예를 들어 죄의 노예가 되어 다른 생각은 전혀 하지 못하는 사람도 있다. 하지만 생각을 자유롭게 할 수 있는 사람은 생각하는 존재의 전형으로써 어떤 상황에서도 자유를 지향할 것이다. 생각하는 존재는 생각을 통해 자신을 구원해 낼 수 있다. 이것이 생각하는 행위의 위대함이다.

단호하게 서술해 내지 못하고 있다는 것이 안타까울 뿐이다.

만약 어느 작가가 자기가 원하는 대로 서술할 수 있고, 유일무이한 사람이 자신과 관련하여 유일한 행동을 하고 있다는 것을 감지하고 그것을 있는 그대로 문장 속에 채워 넣을 수만 있다면 더 바랄 것이 없다. 진정 이런 것을 자기의식이라고 말한다면, 그것은 결코 종교적인 명상을 통해 얻게 된 것이 아닐 것이다. 만약 사람들이 자기의식이 종교적인 명상을 통해 얻어진다고 믿는다면, 그는 결코 자신을 이해하지 못할 것이다. 그는 그런 명상 속에서도 자신이 지속적으로 변화 속에 있다는 사실을 발견해 낼 것이며, 더 나아가 오로지 그 종교적 형식에 불과한 명상을 위해 자신을 폐쇄된 형식 속에 가둬 놓을 수가 없다는 것을 간파해 낼 것이기 때문이다.[83]

자기의식은 그래서 일종의 행동이라 말할 수 있다. 이 행동은 다시 내면성과 연결되어서만 실행된다. 그리고 이 내면성이 자신의 의식에 상응하지 못할 때 마침내 악마적인 것의 형식이 모습을 드러낸다. 그리고 내면적인 것이 결여되어 있을 때, 불안은 어김없이 스스로를 나타낸다. 내면성의 결여 상태에서 내면적인 것을 획득하려는 온갖 노력 앞에서도 사람은 어쩔 수 없이 불안과 마주할 수밖에 없다. 그것은 오로지 자신의 일이기 때문이다.

내면성의 결여가 기계적으로, 즉 저절로 발생하는 사건이라면, 그것에 대해 떠들어 대는 모든 것은 그저 헛소리에 지나지 않을 것이다. 하지만 내면성의 결여가 그런 식으로 발생하는 경우는 단연코 없다. 내면성의 결

---

83 자신이 '변화 속에 있다'는 것은 중요한 인식이다. 독일어로는 '임 베어덴(im Werden)'이라고 한다. '베어덴(Werden)'은 원래 동사로서 '변하다' 외에 '되다', '생기다', '일어나다', '창조되다' 등의 뜻을 지닌다. 즉 '변화'는 과정을 뜻하고, 그 과정은 창조의 영역까지 포함한다. 사람의 삶은 변화 속에서만 가치가 인정된다. 살아 있지 않다면 사람은 사람이라 불릴 자격이 없다. 그때는 귀신이나 혼령 등이 더 어울릴 뿐이다.

여는 비록 그것이 수동성에서 시작했다고 하더라도 결국에는 능동성으로 마무리된다는 것이 문제다. 내면성의 결여가 보여 주는 현상은 언제나 능동적이라는 얘기다.[84]

물론 내면성의 결여가 능동성에서 시작할 때도 있다. 이런 경우라면 눈에 띄는 현상은 사람들이 자신의 속내를 노골적으로 드러낸다는 데 있다. 자신의 마음을 쉽게 드러내고 보여 준다는 얘기다. 하지만 사람들은 이 경우에도 이런 능동성이 다시 수동성을 야기하게 된다는 사실을 간과할 때가 많다. 그것을 제대로 인식하는 사람이 없다는 것이 문제다. 사람들이 악마적인 것에 대해 말할 때, 그 정반대의 현상을 고려하지 않고 말하는 사람은 결코 존재하지 않는다.

이제 나는 이런 것들과 관련한 몇 가지 사례들을 언급해 보기로 하겠다. 이 사례들은 오로지 지금 내가 도식적으로 제시한 내용이 옳다는 것을 증명하는 데만 집중할 것이다.

불신앙과 미신. 이들은 서로 상응하는 개념이다. 그것도 완벽한 형태로 상응한다고 말할 수 있다. 이 둘에서 공통적인 것은 내면성의 결여 상태이다. 다만 그 내면성의 결여 상태가 불신앙 쪽에서는 능동성을 통하기는 하지만 결국에는 수동적으로 나타나고, 미신 쪽에서는 수동성을 통하기는 하지만 결국에는 능동적으로 나타난다는 차이점만 있을 뿐이다.

불신앙은, 이렇게 말해도 될지 모르지만, 보다 남성적인 형식에 해당하고, 미신은 보다 여성적인 형식에 해당한다고 볼 수 있다. 그리고 두 가지 경우 모두 내용은 오로지 자기반성으로 채워진다. 그래서 본질적인 측면

---

84 예를 들어 마음이 없어도 마음이 없다는 말을 하게 하는 것은 능동적인 태도에서 실행된다. 사람들은 능력도 되지 않으면서 그럴 마음이 없다는 식으로 말을 할 때가 많다. 그것이야말로 자기합리화이며 자기변명에 지나지 않는다.

에서 바라보면, 둘 다 똑같다. 둘 다 완벽하게 똑같은 형식을 띠고 있다는 얘기다. 불신앙이든 미신이든 가릴 것 없이 둘 다 신앙 앞에서 불안을 느끼고 있다는 것은 부정할 수가 없다.

그럼에도 불구하고 불신앙과 미신 사이의 차이점을 노골적으로 밝히고자 한다면, 불신앙은 부자유의 능동성 속에서, 미신은 부자유의 수동성 속에서 시작하고 있을 뿐이라고 말하고 싶다. 일반적인 의미에서 보면 미신에서는 오로지 수동성만 관찰되기 때문에, 미신은 미적이며 윤리적 범주나 오로지 윤리적 범주에서 적용될 뿐이고, 그런 점에서 별로 중요해 보이지도 않을 뿐만 아니라 아무런 죄도 없는 것처럼 보이기도 한다.

게다가 미신의 경우에는 사람들의 눈길을 끌만 한 매력적인 나약함이 있다. 그런 나약함이 매력적으로 보이는 이유는 미신이 항상 자신의 수동성을 품어 낼 수 있을 정도의 능동성을 지니고 있기 때문이다. 미신은 자신과 관련하여서는 불신앙적이지만, 불신앙은 자신과 관련하여서는 미신적이다. 내용과 관련하여서 미신과 불신앙은 둘 다 자기반성으로 일관한다.

미신의 경우에는 편안함이나 겁 많은 것 혹은 소심함 등과 같은 경향을 버리기보다는 지니고 있는 것이 더 낫다고 생각한다. 이에 반해 불신앙의 경우에는 고집이나 교만 혹은 거만 등과 같은 경향을 버리기보다는 유지하는 것이 더 용감한 것이라고 생각한다. 이런 생각들이 모두 자기반성이라는 세련된 형식 속에서 형성된다는 것이 문제다. 사람들은 이런 생각을 스스로 흥미롭다고 여긴다. 그들은 자신의 이러한 생각들이 만들어 낸 상태에서 벗어나려고 하면서도, 동시에 기꺼이 그 안에 머물러 있으려 한다는 것이 문제다.

위선과 분노. 이들은 서로 대응하는 관계에 있다. 위선은 능동성을 통해서 시작하는 반면, 분노는 수동성을 통해서 시작한다. 일반적으로 사람들은 분노에 대해서 보다 부드럽고 관대하게 판단하는 경향이 있다. 분노 상태에 빠져 있는 개인이 거기서 빠져나오려 하지 않고, 그에게서 능동성이 분노의 고통을 주장할 뿐만 아니라 그 고통으로부터 벗어나려 하지도 않는다 해도 사람들은 그의 분노에 대해 너그러운 편이다.

분노 속에는 감수성이 자리 잡고 있다. 감수성은 사람의 일이다. 예를 들어 나무나 돌멩이 따위는 분노할 수가 없다는 점은 확실하다. 그래서 분노를 가라앉히고자 할 때 이 감수성을 건드리는 일은 없어야 한다. 분노했던 사람이 그 분노를 극복하고자 할 때도 마찬가지로 자신의 감수성이 다치지 않도록 배려해야 한다. 이와 반대로 분노에 수동성이 개입할 때도 있는데, 이때에는 분노의 결과가 이자에 이자를 낳아 불어나는 것을 바라보며 보다 편안해 하고, 그 분노를 일으키는 것에게로 아무렇지도 않은 듯이 다가가 그 옆에 태연하게 앉아 있는 것도 그리 어렵게 판단하지 않고 간단하게 처리해 버린다.

위선은 자신에 대한 분노이고, 분노는 자신에 대한 위선이다. 둘 다 내면성은 결여된 상태이다. 둘 다 자신에게로 되돌아가 자신이 되려는 용기가 없다. 그래서 위선은 자신 앞에서 위선을 떠는 것으로 끝날 때가 많다.[85] 위선을 떠는 자는 자신에 대해 분노를 참지 못하거나 스스로 분개했기 때문에, 결국에는 자신에 대해 위선을 떨며 사건을 종료시키게 되는 것이다.

분노는 그 원인이 무엇이 되었든 간에 자신을 향했던 위선이 내면적으로 지양되지 않으면 타인을 향해 위선을 드러내는 방식으로 옮겨 간다. 이

---

85 이런 위선의 대표적인 사례가 바로 자기합리화와 자기변명이다. 자신이 매사에 스스로 합리화와 변명으로 일관한다면 결코 자신을 찾아갈 수도 없을 뿐만 아니라 자신이 누군지도 제대로 알지 못하고 살아가는 어처구니없는 일이 벌어진다. 자신은 결코 합리화와 변명을 통해서 구축될 수 있는 것이 아니다. 키르케고르의 표현을 빌리자면, 자신은 수많은 불안과 맞서야 하고 그런 불안을 불식시키면서 전진하는 가운데 자신은 현상적으로 모습을 드러내게 되는 것이다.

는 마치 불이 옮겨붙는 것과 같은 방식이다. 분노를 일으키는 자는 자기 내면에 깊이 뿌리 내리고 있는 능동성을 자기 분노 속에 머물게 했지만, 그것이 감당 안 되면, 그 능동성에서 새로운 감수성이 고개를 들게 되고, 그것은 마침내 타인을 향해 뻗어나갈 수밖에 없기 때문이다.

분노가 타인과 연결됨으로써 사건을 종결시키고자 할 때는, 분노하는 자 스스로가 타인 앞에서 위선을 떨기 마련이다. 자신도 속이고 타인도 속이는 이런 경우는 삶의 현장 속에서 너무나 많이 발생한다. 분노를 참지 못하고 폭발시켰던 개인은 분노의 회오리바람이 지나가고 나면 마지막에는 그 분노했던 문제를 무화과 나뭇잎으로 덮어 가리고자 한다. 그는 그것을 가려야 할 필요가 있다고 판단하기 때문이다. 그때 그 무화과 나뭇잎은 자신의 수치스러운 부분을 가려주는 위선의 의상이 되는 것이다. 하지만 아무리 아름다운 의상이라 해도 그것은 그저 위선의 결과물일 뿐이다.

오만과 비겁. 오만은 능동성을 통해, 비겁은 수동성을 통해 시작된다. 그 외에는 둘 다 모두 똑같다. 비겁 속에서도 능동성이 똑같은 수준으로 똬리를 틀고 앉아 있다. 비겁은 선 앞에서 느끼는 불안이 압도할 때 발생한다.[86] 오만은 뿌리 깊게 박힌 비겁에 기인한다. 오만은 상대로부터 이해되기를 원하지 않을 정도로 비겁하기 때문이다. 오만한 자는 상대가 상황

---

86 말하자면 좋은 일은 해야 하는데, 그런 일을 하게 되면 뒤따르는 일이 걱정되어 머뭇거리게 될 때 비겁한 행동이 발생한다. 역사의 발전은 이런 비겁한 행동들 때문에 늘 방해를 받는다. 키르케고르는 혁명의 시대를 살았다는 사실을 늘 놓치면 안 된다. 그리고 모든 역사는 나름대로 위기의 순간을 내포하고 있다. 자기 시대를 위기의 순간으로 인식하는 것도 능력이다. 우리의 역사를 보더라도 일제강점기 때도 위기감 없이 잘 먹고 잘 살았던 사람들이 있다. 하지만 역사를 직시했던 우리의 영웅들은 '가난한 노래의 씨'를 뿌리며 춥고 어두운 시간을 견뎌 냈다. 키르케고르도 현실과 타협할 마음이 추호도 없었다. 물론 그 험난했던 시대에 살아남기 위한 나름의 방법은 터득하고 있었다. 최소한 거의 모든 책을 가명을 써 가며 발표했던 것이 그 사례라 하겠다. 그는 자신이 할 수 있는 일을 하고 있을 뿐이다. 아직 아무것도 확실하지 않는 길을 걸어가고 있다는 것만 해도 거대하고 위대한 일이라 평가받을 수 있는 것이다.

을 이해하지 못하고 헤매 주기를 간절히 바란다. 그는 상대가 자신의 오만한 행동 속의 오만함이 도대체 무엇인지조차 절대로 이해하지 못하도록 방해만 거듭한다.

오만한 사람은 상대가 상황을 이해하고 나면 비겁해진다. 상대가 자신을 이해하고 나면 꼬리를 내리는 것이다. 오만한 사람의 오만함은 거의 자동적으로 비겁한 행동으로 옮겨 간다. 누가 시켜서 그런 것도 아니다. 자기 스스로 그렇게 판단하고 그렇게 행동하는 것이다. 스스로 알고 그렇게 처신하는 것이다. 이는 마치 '탕' 하고 총소리가 나자마자 풍선처럼 '펑' 하고 소리 내며 터져 버리는 것과 흡사하다.[87]

이에 반해 겁쟁이의 비겁함은 뿌리 깊은 오만함에 기인한다. 비겁한 자는 오해에 근거한 오만함이 무엇을 요구하는지조차 전혀 이해할 마음이 없다. 상황 파악이 안 되는 것이다. 비겁한 자는 오로지 자신에 얽매여 옴짝달싹하지 못한다. 온몸이 극도로 긴장하여 굳어 버린 것이다. 그러면서도 비겁한 자는 자신의 오만함을 드러내고자 한다. 게다가 그는 그것을 언제 보여 주어야 할지조차 너무나 잘 알고 있다.

비겁한 자는 자신이 단 한 번도 패배한 적이 없는 듯이 행동하는 데는 거의 천재적이다. 그는 패배 때문에 고통을 당한 적이 단 한 번도 없는 듯

---

87 오만한 사람에 대한 비유로는 최고의 문장으로 꼽고 싶다. 사람은 나이가 들수록 오만해진다. 이성적 존재이기에 오만해지는 것은 늘 경계의 대상으로 삼아야 한다. 정신이 나이 들고 나면, 더 이상의 소통이 불가능해진다. 젊은이들이 늙은이들과의 대화를 꺼리는 이유가 바로 여기에 있다. 대화가안 된다. 늙은이들은 남의 말을 들으려 하지 않기 때문이다. 그들은 하고 싶은 말에만 집중한다. 늙은이들은 입만 열면 잔소리와 함께 가르치려 든다. 그들은 상대와 동등한 입장에서 대화한다는 것은 이미 불가능한 상태에 처해 버린 것이다. 오만한 사람을 만나면 사람들은 외면하기 일쑤이다. 그래서 오만한 사람은 외로워도 자신이 왜 외로운지도 잘 모른다. 하지만 반대로 오만의 발생 원인을 깨닫고 능동적으로 대처할 수도 있다. 늘 문학과 철학으로 정신을 새롭게 무장할 수도 있다. 죽을 때까지 감수성을 드높이 세우고서 살아갈 수도 있다. 생각하는 존재는 생각으로 할 수 없는 것이 없다. 모든 것을 할 수 있다. 그것이 사람의 능력이다.

이 처신한다. 비겁한 자는 늘 승리만 거듭한 것처럼 행동한다. 하지만 그의 모든 행동은 그저 오만함에 근거한 부정적인 표현에 불과할 뿐이다. 말하자면 그는 단 한 번도 상실의 상처를 받아 본 적도 없다는 듯이 행동할 정도로 오만하다.

살다 보면 오만한 개인을 만나는 것은 일상이라 말할 수 있겠다. 오만한 개인이 비겁한 행동을 하는 것도 쉽게 목격할 수 있을 것이다. 오만한 개인은 절대로 새로운 무엇인가를 도전하고자 하지 않는다. 오만한 개인은 가능한 한 적게 일을 도모하고자 할 뿐이다. 오만한 개인이 하는 일이란 오로지 자신의 오만함을 구원하는 일에 집중할 뿐이다. 그 외에 관심 있는 일이라고는 전혀 존재하지 않는다.

만약 사람들이 능동적이면서 오만한 개인과 수동적이면서 오만한 개인을 나란히 세워 놓고 비교할 수만 있다면, 이들 사이에 무엇이 다른지를 단번에 알아차릴 수 있을 것이다. 특히 능동적이면서 오만한 개인이 자신이 의도했던 바를 성공하지 못하고 실패하는 그 순간에 수동적이면서 오만한 개인과 마주하게 될 경우, 오만함으로 포장되어 있던 그 안에는 오로지 비겁함이 가득했고, 그 비겁했던 사람의 비겁이 얼마나 거만했던가를 정확하게 인식할 것이다.

c. 확실성과 내면성이란 무엇인가?

확실성과 내면성과 관련하여 정확한 정의를 내리는 것은 정말 어려운 일이다. 그래도 나는 여기서 나의 진지함을 말하고자 한다.[88] 내가 말하고

---

88 '진지함'은 '에언스트(Ernst)'를 번역한 단어이다. 이 단어는 그 외에도 '진심', '본심', '엄숙', '엄격', '중대', '중요', '열심', '열성' 등 다양한 의미를 지닌다. 그래도 이 단어가 주는 어감은 '진지함'이 가장 어울린다고 판단하여 이렇게 번역했다. 사람은 진지해야 한다. 그 말은 사람이 진지하지 않을 때가 더 많다는 것을, 또 그런 상황이 일상의 분위기를 결정한다는 것을 의미하기도 한다. 사람은 늘 가

자 하는 것은 오로지 진지한 것임을 강조해 두고 싶다는 얘기다. 진지함이라는 이 단어를 모르는 사람은 없을 것이다. 누구나 다 아는 단어이지만 다른 한편으로는 매우 진기한 측면을 보여 주기도 한다. 우리는 이 단어가 주는 의미에 대해서 고민한 적이 거의 없었다고 말해야 할 것이다. 이 단어를 우리는 너무나 소홀하게 대했던 것이다.

다음은 맥베스가 왕을 살해한 뒤에 내뱉은 대사이다. 그가 지금 무슨 말을 하고 있는지 고민해 보자.

> 이제 인생에 있어 진지한 것이라고는
> 모두 사라져 버렸구나.
> 모든 것은 그저 쓸데없는 소리들뿐, 명예도 은혜도
> 다 죽어 버렸구나!
> 생명의 술은 다 쏟아붓고 말았구나.

맥베스는 왕을 살인한 살인자다. 그래서 그의 입에서 쏟아지는 단어들은 끔찍할 정도로 소름 끼치는 사건의 진실을 폭로하고 있을 뿐이다. 맥베스는 자신의 내면성을 상실한 상태이다. 그가 무대 위에서 보여 주는 개인의 위기는 "생명의 술은 다 쏟아붓고 말았구나"에서 절정에 달한다. 그런 이유로 인해 "이제 인생에 있어 진지한 것이라고는 / 모두 사라져 버렸구

면을 쓰고 살아가기도 한다. 이성은 그런 삶을 살아가도록 강요하기 때문이다. 늘 이성적으로, 즉 늘 합리적으로 살아갈 것을 강요하는 것이다. 하라는 대로 할 때는 '진지함'이 문제되지 않는다. 시킨 대로 하면 될 것이기 때문이다. 하지만 사람이 진정한 의미에서 사람이 되고자 할 때는 '진지함'이 요구된다. 이제 키르케고르가 이 '진지함'을 가지고 무슨 말을 하는지 귀를 열고 들어야 할 때가 되었다. 신은 진지할 필요가 없었다. 하지만 사람은 진지해야 한다는 그 말을 이해할 때까지 귀를 열어 두어야 한다.

나 / 모든 것은 그저 쓸데없는 소리들뿐"이라는 말을 할 수밖에 없는 지경에 처하고 만 것이다.

사람에게 내면성은 영원한 삶이 솟구치는 샘과 같다. 그리고 이 샘에서 솟구치는 것이 바로 진지함이다. 물론 예언자가 "모든 것이 완전히 헛되도다"라고 말했을 때도 그는 심중에 진지함을 품고 있었다.[89] 하지만 그는 모든 것이 헛되다고 말하고 있을 뿐이다. 만약 그가 진지함을 상실하고 나서 이렇게 말하고 있다면 겉으로 보기에는 능동적이지만 결국에는 수동적인 표현이 되고 만다. 왜냐하면 그때에는 모든 것이 그저 심각한 우울증에 빠진 상태에서 쏟아 내는 반항적 표현이기 때문이다.

물론 "모든 것이 완전히 헛되도다"라고 말할 수 있는 전혀 다른 상황도 생각할 수 있다. 이것이 우울증에서 나온 말이 아니라면, 그것은 또한 겉으로 보기에는 수동적이지만 결국에는 능동적인 표현이 되기도 한다. 이때에는 모든 것이 가벼운 마음이나 재치 있는 감각에 기인한 반항적 표현 속에 담기기 때문이다. 전자의 경우라면 울어야 할 상황이겠지만, 후자의 경우라면 웃어야 할 상황이다. 하지만 둘 다 진지함은 결여된 상태에 불과하다.

내가 알기로는 무엇이 진지함인지에 대해서 그 어떤 정의도 내려진 적이 없고 그런 것이 존재한 적도 없다. 만약 그런 일이 있었다면 나로서는

---

89 "헛되고 헛되며 헛되고 헛되니 모든 것이 헛되도다."(전도서 1:2) 키르케고르는 여기서 '진지함'에 대해서 논한다. 그 와중에 솔로몬이 한 말을 인용한 것이다. 그도 매한가지로 진지함 속에서 이렇게 말한 것이다. 이제 우리는 진지함도 진지함 나름이라는 말을 이해해야 한다. 성경의 논리는 오로지 하늘나라로 향하고 있을 뿐이다. 이 세상의 현상은 다 쓸모없는 것으로 치부할 뿐이다. 이제 이런 성경의 논리에 등을 보이고서 돌아서는 것이 관건이 된다. 신에게 등을 보이고 사람을 향하는 것이 문제가 되는 것이다. 하늘나라를 등 뒤에 두고 나면 무엇이 보일까? 형이상학적 희망을 등 뒤에 두고 나면 무엇이 눈앞에 펼쳐질까? 분명 중세에는 보이지 않던 것이 보일 것이다. 중세 화가들 눈에는 보이지 않던 것이 보일 것이다. 그 보이지 않던 현상에 눈을 뜨고 주목해야 한다.

정말 환영할 일이고 즐거워해야 할 일이 될 것이다. 내가 이런 것을 지향하는 이유는 내가 현대라는 강물 속에서 서로 어울리면서 흘러가는 사상의 주류에 있어서가 아니다. 그런 강물 속에 빠져 있다면 누구라도 기존의 정의를 깨부수고 자신이 앞서겠다고 그래서 우대받고 싶다고 외쳐 대며 난리 법석일 것이다.

진지함과 관련해서 내가 제대로 된 정의를 필요로 하는 진정한 이유는 실존이라는 개념에 대한 지금까지의 정의는 그대로 사용하되 여기서 진정으로 제대로 된 박자를 취득하게 해 주는 데 있다. 지금의 상황으로서는 실존이라는 개념으로 본질적인 것을 있는 그대로 이해할 수 없기 때문이다. 사람들은 늘 실존이라는 개념을 접하게 되면 전혀 다른 그 무엇을 이해하기 일쑤이다. 사람들은 그 순간에 전혀 다른 것을 이해하고 있다는 사실조차 깨닫지 못하고 있다.

사람들은 실존이라는 개념을 사용할 때 완전히 다른 방식을 취하고 있다. 사람들은 그런 방식을 양심에 거리낌도 없이 사랑해 왔다. 그런 실존에 대한 정의를 가지고 사물을 바라보는 데 익숙해져 있다. 그런 방식을 통해서 어떤 것은 전혀 다른 어떤 것으로 변질되고 있어도 그것을 그냥 방치해 두는 것이 습관처럼 되어 버렸다. 그런 변질 속에서 어떤 것이 낯설게 보여도 당연하다는 듯이 받아들이고 있는 것이다.

하지만 그 어떤 대상을 진정으로 사랑하는 자라면, 자신이 무엇을 사랑하고 있는지에 대한 정의를 지금처럼 그냥 내버려두지는 못할 것이다. 그는 틀림없이 정의하는 일에 몰두할 것이다. 그는 사랑이 무엇인지, 기쁨과 즐거움이 무엇인지, 만족이 무엇인지, 이 모든 문제에서 일종의 진전을 보려고 애쓸 것이기 때문이다. 그는 이런 문제와 관련하여 침묵하는 것을 치욕으로 느낄 수도 있다.

매일 단 하나의 신이 존재한다는 생각 속에서 살아야 하는 사람은 아쉽게도 그 어떤 개인적인 욕망도 품을 수가 없다. 왜냐하면 그는 오로지 신이 허락하는 축제에만 참여해야 하기 때문이다. 만약 그런 욕망을 조금이라도 품게 된다면 그것은 타락을 의미할 것이고, 그런 타락을 알고서도 방치한다면, 그는 신의 처벌을 면치 못할 것이다. 신은 그를 하나도 남김없이 갈기갈기 찢어 놓고 말 것이다.

진지함이라는 개념도 똑같은 상황에 처해 있다. 지금까지 사람들은 진지함이라는 이 개념을 마치 쉽게 처리될 수 있는 것처럼 취급해 왔다. 사람들은 그것에 대해 정의를 내리는 일조차 간단한 것처럼 간주하고 있는 것이다. 하지만 진실은 진지함에 대해 정의를 내리는 것 자체가 경박한 일이 아닐까 싶다. 내가 이런 말을 하는 이유는 나의 사상이 불분명해서가 결코 아니다.

사실 나는 우리 사회의 분위기를 조성하고 이끌어 가고 있는 어떤 사변가에 대해서도 두려워하지 않는다. 그가 아무리 똑똑하고 영리한 달변가라 해도 전혀 겁내지 않는다. 그가 고집 센 수학자처럼 논리 정연하게 말한다 해도 나는 두려울 게 하나도 없다. 그는 모든 것과 관련하여 이미 전혀 다른 그 무엇에 대해 말하고 있기 때문이다. 나는 그런 수학자가 '이것이 무엇을 증명하는가 하면' 하고 입을 열 때, 이미 나는 그의 말을 의심하지 않을 수 없다.

만약 내가 하는 말을 내가 제대로 이해하지 못했다면, 이런 사변가나 달변가 앞에서 틀림없이 겁을 먹었을 것이다. 하지만 나는 내가 하는 말이 무슨 의미인지 잘 알고 있을 뿐만 아니라, 내가 무슨 생각을 하고 있는지도 논리적으로 증명해 낼 수 있다. 나는 그들이 사용하는 개념을 가지고 더욱 진지하게 말하는 방법을 잘 알고 있다. 즉 나는 말을 할 때 진지함 속에서 말하는 방법을 잘 알고 있는 것이다.

하지만 나로서는 나의 글을 위해 방향을 정해 두지 않을 수 없다. 내가 결코 특별한 정의를 제공하고자 하는 것이 아니다. 나는 또한 추상적인 말들을 진지함이라는 형식 속에 넣어서 우아하게 만들거나 그렇게 떠벌리고 싶지도 않다. 그래서 나는 나의 이 글을 위해 그저 몇 가지 주의해야 할 사안들을 언급해 두려고 한다.

로젠크란츠Rosenkranz의 『심리학Psychologie』에서 우리는 정서에 관한 정의를 발견할 수 있다.[90] 그는 이 책 322쪽에 이런 말을 남겨 놓았다. "정서란 감정과 자기의식의 통일에 의해서 구현되는 것이다." 그는 이 정의를 도출해 내기 위해 다음과 같이 멋지고도 치밀하게 사전 준비를 했다. "감정은 자기의식을 향해 자신을 열어 놓고, 그 반대도 같은 현상이 발생한다. 그래서 자기의식이 품고 있는 내용은 주관에 의해 자신의 것으로 느끼게 된다. 이런 느낌으로 인해 자기의식과 감정이 통일을 이루게 되는 것이고, 바로 이 통일을 우리는 정서라고 일컬을 수 있는 것이다. 왜냐하면 감정을 통해 알아내는 인식의 명료성이 결여되어 있는 상황이라면, 자연적인 정신의 충동이나 직접성의 압박만이 존재할 뿐이기 때문이다. 그러나 감정이 결여되어 있으면 오로지 추상적인 개념만 존재한다. 추상적인 개념만으로는 정신적인 실존의 궁극적인 내면성에 도달하지 못할 뿐만 아니라, 정신이 인식하는 자신과 하나가 되지도 못한다."(320-321쪽)

여기서 몇 페이지 더 앞으로 소급해 보면 이런 대목도 발견할 수 있다. 로젠크란츠는 감정을 규정할 때 정신의 규정과 함께 관련시켜 고찰하기

---

90 여기서 '정서'는 '게뮈트(Gemüt)'를 번역한 말이다. 이 개념은 질풍노도기 때부터 관심을 받아 왔다. 사람에게는 정서라는 것이 있다. 이 말 외에도 사전에는 '심정', '기분', '기질', '성향' 등이 의미로 주어져 있다. 즉 이런 개념들이 사람의 존재를 규정하는 데 핵심적인 역할을 한다는 것이다. 사람은 기분과 성향에 따라 달라질 수 있다는 것이 문제다. 정해져 있는 것이 하나도 없다. 사람은 늘 삶과 직면할 수밖에 없고, 그 삶은 늘 변화 속에서만 인식될 뿐이다. 그래서 사람은 항상 '어떻게 살아야 하는가?'를 묻지 않을 수 없다. 매번 다른 상황이 펼쳐질 것이고, 그 달라진 상황 속에서 또 다른 해법을 추구해야 하기 때문이다.

도 한다. 그 증거는 그가 '영혼과 의식의 직접적인 통일'(242쪽)을 주장하기도 했다는 데서 발견할 수 있을 것이다. 여기서 또다시 몇 페이지 앞을 살펴보면, 그는 영혼의 규정 속에서 직접적인 자연을 규정하는 것과 함께 통일을 일궈 내는 것을 고려하고 신경을 써야 한다고 주장한다. 이런 통일이 실현되어야 마침내 우리는 자신이라는 개인에 대해 구체적인 생각을 가질 수 있고, 그런 개인에 대한 생각과 더불어 우리는 모든 것을 한데 엮어 낼 수도 있는 것이다.[91]

진지함과 정서는 서로 상응하는 동시에 대립적 관계를 취한다. 다만 다른 점이 있다면, 진지함은 정서가 의미하는 것에 대해 보다 높은 수준의 것을 표현하는 개념일 뿐이다. 진지함이 보여 주는 높이가 높을수록 깊이 또한 깊어진다는 것이다. 정서는 직접성을 규정해 주지만, 진지함은 정서에 의해 획득된 것의 근원성을 규정해 준다. 정서에 의해 획득된 근원성이란 한편으로는 자유라는 책임감 속에서 품어 내야 하는 근원성이기도 하며 동시에 다른 한편으로는 성스러운 행복을 향유하는 가운데 자기주장

---

91 사실 로젠크란츠(Karl Rosenkranz)가 누군지 또 그의 책 『심리학』이 어떤 책인지 등은 그리 중요하지 않다. 여기서 중요한 것은 키르케고르가 왜 이토록 많은 문장을 직간접적으로 인용하며 그의 사상을 설명하고 있는지에 대한 이해이다. 로젠크란츠라는 이름이 언급된 이후 가장 많이 언급된 단어는 '통일'이다. 여기서 '통일'은 '아인하이트(Einheit)'를 번역한 단어이다. '아인(Ein)'은 '하나'를 뜻하고, '하이트(heit)'는 어간의 의미를 명사화하는 어미이고, 그 의미는 '속성'이나 '성질'을 나타낸다. 좀 더 풀어서 번역하자면 '하나의 속성'이라는 말이다. 즉 키르케고르는 로젠크란츠의 책에서 다양하고 복잡하게 말했지만, 간단하게 말하면 "몸과 마음이 하나이고, 신체와 영혼이 하나이며, 육체와 정신이 하나이다"와 같은 명제를 발견한 것이다. 소위 '몸 따로 마음 따로'는 있을 수 없다는 얘기다. 몸이 있어야 마음이 있는 것이고, 마음이 있어야 몸이 있는 것이다. 여기에서 인문학적인 실존이 무엇인지 서서히 모습을 드러내는 것이다. 키르케고르가 인용한 문구 중에서 '정신적인 실존'이라는 개념도 눈에 띈다. 실존이라는 명사를 수식하는 '정신적'이라는 형용사로 인해 또 다른 형용사에 대한 전제도 자연스럽게 도출해 낼 수 있는 상황이 펼쳐진다. 즉 '육체적인 실존'도 말은 안 했지만 대립적 관계에 의해 당연하게 성립되는 개념으로 인정할 수 있게 되는 것이다. '육체적인 실존'과 '정신적인 실존'이 '하나의 속성'으로 '통일'을 일궈 낼 때 사람은 진정한 하나의 실존의 경지에 도달하는 것이다.

이 섞인 근원성이기도 하다.

정서의 근원성은 그 역사적 발전 속에서 곧바로 진지함 속에 있는 영원한 것을 나타내고 그것을 현상적으로 보여 준다.[92] 그래서 진지함은 절대 습관으로 굳어질 수 없다. 바로 이런 이유로 인해 로젠크란츠도 습관을 오로지 현상학 속에서만 다뤘을 뿐 정신학에서는 다루지 않았던 것이다. 그 얘기는 습관이 정신론과 아무런 관련이 없다는 얘기도 된다. 하지만 내가 보기에 습관은 정신론과도 관계가 있다고 판단되며, 그래서 습관을 정신론적으로고 고찰할 수 있는 것이다.

습관은 생겨나는 것이다. 습관은 영원한 것이 반복되는 형식에서 빠져나와 구별되는 순간 형성된다.[93] 진지함 속에서 근원성이 획득되고 유지되면 연속과 반복이 나타난다. 이에 반해 반복 속에 근원성이 결여되면 그 즉시 습관이 등장한다. 사람이 진지할 수 있는 이유는 바로 근원성을 알고 있기 때문이다. 즉 사람은 근원성을 통해서만 진지해질 수 있다. 그리고

---

92 여기서 말하는 '영원한 것'은 중세 기독교가 말했던 천국에서의 영생을 의미하는 것이 아니다. 사람이 정서와 진지함을 통해 인식하게 되는 '영원한 것'은 자유의 형식 속에서 주어지는 것이고, 그것을 책임질 수 있는 능력에서 결정되는 것이며, 그것을 향유할 수 있는 감정으로 인해 현실적으로 주어지는 것이다. 사람도 현실적으로 '영원한 것'과 어울리며 '영원성'에 동참할 수 있다. 꼭 죽어야 영생을 얻는 것이 아니다. 살아서도 영원할 수 있다. 그 가능성을 가르치고자 키르케고르는 지금 남들은 가지 않는 철학의 길을 외롭게 걷고 있는 것이다.

93 이는 중요한 인식이다. 영원한 것은 반복 속에 존재한다. 영원한 것이 반복에서 벗어날 때 습관이 형성된다. 사람이 정해진 습관의 틀 안에 갇히는 일을 경계하기 위해서는 늘 반복의 형식을 인정하고 받아들이며 살아야 한다는 얘기다. 시곗바늘은 늘 한 바퀴 다 돌고 나면 다시 원점에서 시작한다. 어두웠던 밤이 지나면 날이 밝아 온다. 잠이 들고 깨어난다. 봄, 여름, 가을, 겨울, 그리고 그다음에는 어김없이 다시 봄이 찾아온다. 오르막길이 있으면 내리막길이 있다. 태어나고 성장하고 늙어가고 죽어 간다. 이것이 생로병사이다. 하지만 생로병사에 대한 깨달음이란 삶이 시작에서 시작하여 끝에서 끝나는, 그런 일방적인 것이 결코 아님을 알게 되는 것이다. 현상은 결국 반복 속에 있다. 하지만 이런 현상적 반복은 악순환이 아니다. 그 반복은 영원한 것과 맞물린다. 그 반복은 무의미한 형식이 아니라 온갖 의미로 충만한 현상의 형식에 의해서만 구현된다. 키르케고르는 이것이 실존의 진정한 모습임을 가르치려고 애쓰는 것이다.

바로 이 근원성에 대한 인식과 함께 사람은 반복 속으로 되돌아갈 수 있는 것이다.

사람들은 살아 있는 감정과 내적인 감정이 근원성을 지닌다고 말하지만, 그 말은 여전히 진정한 의미에서 힘을 발휘하지 못하고 있다. 왜냐하면 감정의 내면성은 진지함에 의해 자신의 것으로 인정하고 받아들이지 않으면 곧 차갑게 식어 버리는 불꽃과 같기 때문이다. 게다가 감정의 내면성이란 그 기분에 따라 시시때때로 변하므로 지극히 불안정하고 불확실할 뿐이다. 즉 감정의 내면성은 어떤 때의 그것에 비해 다른 때의 그것이 더 내면적일 수도 있다는 얘기다.

내가 지금 하고자 하는 말은 너무나 복잡한 사안이라 하나의 예를 들어 설명해 보겠다. 이 사례는 지금까지 설명한 모든 것을 가능한 구체적으로 보여 주기 위해 동원된 것임을 밝혀 둔다. 여기 영혼과 관련한 일을 직업으로 하는 한 목사가 있다고 가정해 보자. 그는 매주 일요일 정해진 규정에 따라 교회에 가서 기도를 드려야 하거나, 수많은 아이에게 세례를 주어야 한다. 그런데 만약 그가 스스로 감동하고 감격해 있다면 종교적 형식속에서 타올라야 할 감동의 불꽃은 차갑게 식고 말 것이다. 비록 그 자신은 감동 속에서 뜨겁게 날뛰고 있어도 그런 행동의 효과는 어떤 때는 좋기도 하겠지만 또 어떤 때는 기대에 훨씬 미치지 못한다. 후자의 경우가 전자의 경우보다 더 많다는 것은 누구나 인정할 것이다.

문제는 진지함이 있느냐 하는 것이다. 사람의 일은 진지함이 동반될 때 상상을 초월하는 힘을 발휘한다. 아무리 서툴러도 진지하면 감동을 주기 마련이다. 아무리 규칙적으로 일요일마다 똑같은 근원성과 함께 할지라도 거기에 진지함이 따른다면 모든 것은 남다른 힘을 발휘할 것이다. 똑같은 근원성을 가지고서도 다양한 근원성으로 확장될 수 있기 때문이다. 일요일마다 접하는 똑같은 근원성이 어떤 특정 형식 속에서 마침내 다양한

것들 그 자체의 근원성으로 되돌아가기 때문이다.[94]

되돌아가기는 진지함과 함께 실현된다. 같은 것에 대한 진지함을 통해 되돌아가야 할 대상은 진지함이 가르쳐 주는 진지한 자신이다. 자신과 관련하지 않은 모든 말은 그저 형식에 그치는 옹졸한 말이 될 뿐이다. 그것은 아무리 잘 포장해 놓아도 현학적인 의미를 벗어나지 못한다. 이에 반해 지금 내가 설명하고자 하는 진지함이란 개인 그 자체를 의미한다.[95]

진지한 개인만이 현실적인 개인이다. 그리고 진지한 개인만이 진지하게 무엇인가를 행할 수 있다. 그리고 진지하게 무엇인가를 행하고자 하는 자는 타인이 무엇을 진지하게 여기고 있는지 그 대상까지도 잘 알고 있어

94 '되돌아가기'는 벌써 두 번이나 반복되고 있는 개념이다. 앞으로도 반복해서 언급하게 될 개념이다. 키르케고르는 그만큼 이 개념이 전하는 의미에 방점을 찍고 싶은 것이다. 근원성으로 되돌아가야 한다. 모든 것은 자신의 것으로 되돌아가야 한다. 자신이 무엇인지 깨달아야 거기서부터 밖으로 나아갈 수 있는 전환점이 마련된다. 커다란 지도 안에서 '현재의 위치'가 인식되어야 그 지도는 쓸모 있는 것이 된다. 그 지도를 삶의 비유로 삼는다면, 삶 속에서 자신의 '현 위치'를 알고 있어야, 자신의 삶도 의미 있는 것으로 다가오게 되는 것이다. 이때 '현 위치'는 자신에 대한 인식 혹은 현실인식이라 말할 수 있다. 이성은 늘 밖을 주시하게 하는 능력을 지녔지만, 그 능력을 자신에게로 향하게 하는 것도 자신이 일궈 내야 할 몫이다. 반성은 아무도 도와주지 못하는 영역이다. 아무리 주변에서 반성하라고 또 반성문을 작성하라고 종용해도 스스로 반성할 마음이 없으면 아무 소용 없다. 사람은 근원성으로 되돌아가야 사람다워진다. 천국에 가야 영생을 얻는다는 소리와는 전혀 다른 것이라서 귀를 여는 데도 시간이 걸릴 수 있다. 서두르지 말고 천천히 키르케고르가 인도하는 철학의 길에 머물러 주고 또 그 길을 따라가는 것도 독자로서 취해야 할 예의라 할 수 있겠다. 되돌아가라?, 어디로? 하며 키르케고르가 지시하는 방향으로 스스로 눈을 돌려 봐야 한다.

95 여기서 '개인'은 '페어죈리히카이트(Persönlichkeit)'를 번역한 것이다. 사실 이 단어는 '개인' 외에도 '사람 됨', '인격', '인물', '개성', '인품' 등의 뜻을 지닌 커다란 개념이다. 라틴어의 '페르소나(Persona)'에 '가면'이란 뜻도 있다는 사실까지 감안한다면 사안은 더욱 복잡해진다. 사람은 누구나 자신의 이성으로 인해 자기만의 가면을 쓸 수밖에 없다. 이것을 두고 우리는 인물이니, 인격이니 하는 것이다. 이 개념이 공공연하게 사용된 대표적인 사례는 오페라나 연극을 소개할 때였고, 우리는 이것을 '등장인물'로 번역하고 있을 뿐이다. 사람은 누구나 자신만의 인물로 인식되는 측면이 있다. 사람은 누구나 타인으로부터 어떤 인물이라는 소리를 들을 수밖에 없다. 하지만 문제는 남들이 말하는 그런 인물이 근원성과는 아무런 상관도 없다는 것이다. 지금 키르케고르는 근원성으로 돌아가라고 가르치고 있다. 이성의 방향을 밖이 아니라 내면으로 되돌려 놓으라고 말하는 것이다. 이성의 출발점은 자신이기 때문에 되돌려 놓는다는 말이 성립될 수 있다.

야 한다.[96]

삶의 현장 속에서 진지함에 대해서 논의된 적은 거의 없었다. 어떤 사람에겐 국가에 납부해야 할 세금이 진지함에 속하고, 어떤 사람에겐 다양한 범주들이 진지함에 속하며, 또 어떤 사람에겐 극장의 공연이 성공할 것인가 하는 것이 진지함에 속한다. 진지함의 내용은 말 그대로 무궁무진하다.

세상의 이런 일들을 아이러니가 발견해 내면, 이때부터 아이러니는 할일이 무수히 많아진다. 자신에게 정당한 자리가 아닌 곳에서 진지해지는 모든 이는 그 자체로 이미 우스운 사람이 되기 때문이다. 마찬가지로 자기 몸에는 전혀 어울리지 않는 이상한 옷을 걸친 주변 환경에 대해 또 그 환경이 지닌 의견에 대해 극단적으로 진지하게 대하는 사람도 우스운 사람에 지나지 않는다.

그래서 무엇보다도 중요한 것은 아무리 사소한 단 한 명의 개인이라 할지라도 그가 자신의 깊은 근원에서 무엇을 가치 있는 것으로 품고 있는지를 제대로 아는 것이고, 또 아는 것에서 그치는 것이 아니라 그것을 정확하게 측정해 주는 것이다. 한 개인이 농담을 해도 거기서 그 말 속에서 진지함을 인식해 내야 한다. 사람은 상대의 말 속에서 현명한 기지를 발휘해

---

96 이 대목은 제일 중요하다. 사람은 유일무이한 존재이지만, 그 유일무이한 존재가 또 다른 타인을 유일무이한 존재로 인식하고 인정할 때 진정한 품격이 주어진 사람이 된다. 중세 신학이 가르쳐 준 신의 존재처럼 일방적인 논리로는 도저히 해석될 수 없는 것이 사람이라는 실존의 의미이다. 사람이라는 실존의 의미를 제대로 설명해 내기 위해서는 새로운 형식이 요구된다. 그 형식이 무엇인지는 이제 시작 지점에 도달했을 뿐이다. 사람 사는 일은 늘 어렵고 힘들다. 믿으면 구원받으리라는 식의 일방성이 아니라서 그런 것이다. 서두를수록 인식은 멀어진다. 세례 요한은 신을 맞을 준비를 위해 회개부터 하라고 종용하지만 사람 사는 영역으로 들어오면 회개조차 함부로 하면 안 되는 상황이 펼쳐진다. 누군가의 시선에는 그 회개가 지극히 불편한 마음을 갖게 할 수도 있고, 좋은 일도 누군가에서는 나쁜 일로 해석될 수 있기 때문이다. 타인이 무엇을 진지하게 생각하는지, 그것을 알아야 한다는 키르케고르의 말은 그래서 중요하게 들려오는 것이다.

서 그 깊은 비밀까지도 낚아내는 지혜를 지니고 있어야 한다.[97] 사람에겐 비밀이 있을 수밖에 없고, 그 비밀은 개인이라면 누구나 진지함의 형식으로 규정되어 있을 것이기 때문이다.

사람은 정서를 타고났지만, 진지함을 타고난 것은 아니다. 그래서 '무엇을 대할 때 개인이 자신의 삶 속에서 진지해지는지를 안다'는 이 표현은 매우 자연스러우면서도 함축적인 의미로 이해해야 한다. 개인은 어떤 상황에서든지 그것의 심오한 의미를 생각할 때 자연스럽게 진지함을 끌어들여 자신과 관계시킨다. 진지함의 대상이 무엇인지에 대해 진실로 진지하게 규정할 수 있는 자는 다양한 사물들까지도 진지하게 다룰 수 있는 능력을 지니게 된다. 사람은 누구나 자신의 삶 속에서 자신이 원하는 만큼만 다룰 수 있을 뿐이다. 하지만 문제는 무엇보다도 먼저 해야 할 일이 바로 진지함의 대상을 대하는 것이고 또 그 진지함의 대상을 통해서 스스로 진지해지는 것이다.

진지함의 대상은 사람마다 다르다. 즉 모든 사람 자체가 이미 진지함의 대상이 된다. 사람들은 각자가 자기 자신이기 때문이다. 만약 누군가가 자기 자신과 관련하지 않고 오로지 다른 어떤 것하고만 관련하며 그것을

---

97 사람에겐 '비밀'이 중요하다. 이것은 어린 시절의 행동을 관찰해 보면 쉽게 납득할 수 있을 것이다. 이성이 작동하기 시작할 때부터 인간은 '비밀이야'라는 말을 즐겨 한다. '비밀'이라는 이 말 속에는 사람의 본성이 담겨 있다는 뜻이기도 하다. 사람은 인물이고, 그 인물의 원뜻은 가면이라고 했다. 스스로 가면을 쓸 수 있는 존재가 자신만의 비밀을 품는 것은 당연한 논리가 된다. 비밀을 공유할 수 있을 때 친구가 되고 연인이 된다. 비밀을 공유할 수 없을 때 적이 생기는 것이다. 사람 사는 곳은 다양한 의견이 서로 충돌하고 경쟁할 수밖에 없다. 그래서 때로는 자신의 마음을 숨길 줄도 알아야 한다. 그래서 비밀을 만들 수 있는 것도 능력이다. 신에게는 비밀이 없다. 그는 처음부터 끝까지 다 말해 놓았다. 그 말을 이해하고 못 하고가 문제일 뿐이다. 하지만 사람에게는 완전히 다른 상황이 펼쳐진다. 사람을 완전히 안다는 것은 거의 불가능하다. 비밀이 어디까지 형성될 수 있는지, 그것은 개인 자신도 모르는 일이다. 타인을 대할 때마다 그 타인이 중요시하는 그 진지함의 성향에 따라 새로운 비밀이 형성될 것이기 때문이다.

위대한 것이라고 치켜세우고 찬양하기까지 한다면 그가 하는 모든 말은 잡음이 될 것이다. 그때 그의 진지함은 그런 말들을 통해 사소한 것이 되고, 그런 말들을 통해 자신을 아무런 의미도 없는 말들을 지껄이는 새처럼 만들고 말 것이다.

자신과 관련하지 않는 사람은 자신의 진지함을 통해 스스로 아이러니에 빠져 있다. 스스로 이런 아이러니의 형식 속에서 자신까지도 속일 수 있다. 자신을 아주 진지하게 속이고 있지만, 스스로는 그 속임을 전혀 눈치채지 못하고 있다는 것이 문제다. 그는 마치 신의 의지대로 말하고 행동하는 것처럼 연출해 내지만, 타인의 시선에는 이보다 더 우스운 짓거리가 없다.

이런 식의 아이러니는 진지함에 대한 질투에서 발생한다. 만약 누군가가 정당한 자리에서 정당하게 자신의 진지함을 드러내고 있다면, 그는 오로지 자신의 건강한 정신에 집중하고 있기 때문에, 자신과 관련한 모든 사물을 자신의 감정에 어울리게도 말할 수 있을 것이고 그것을 우스운 말로 표현할 수도 있을 것이다. 정신이 건강한 그는 자신의 진지함을 바보로 만들어 등 뒤에서 쫓아오게 만들 수도 있고, 그 진지함과 함께 농담을 나눌 수도 있으며, 그 진지함을 끔찍할 정도로 진지하게 규정하여 취급할 수도 있다. 정신이 건강한 사람은 뭐든지 할 수 있다.

하지만 진지함 그 자체와 관련하면 아무리 정신이 건강한 사람이라 해도 농담을 건네듯이 대할 수가 없다. 자신이 진지해져야 하는 상황이라면 그 어떤 농담도 허락하지 않으려 할 것이다. 만약 그렇지 않다면, 즉 자신이 진지해야 할 상황이 어떤 것인지조차 망각한 상황이라면, 그는 틀림없이 신을 향해서도 농담을 꺼낼 것이다. 이는 마치 알베르투스 마그누스 Albertus Magnus가 신의 신성에 반항하여 자신의 거만한 생각을 함부로 피력하는 어처구니없는 행위와도 비교될 수 있을 것이다. 신의 신성에 저항하는 것이야말로 바보 짓거리다. 신에게 저항하며 농담을 지껄였던 그는 바로 그 순간에 이미 바보가 되어 버렸던 것이다.

또 자신이 진지해야 할 상황이 어떤 것인지 모르는 자는 벨레로폰 Bellerophon에게 일어났던 일을 스스로 겪게 될 수도 있다. 신화에 따르면 벨레로폰은 이상적인 목적을 달성하기 위해 페가수스를 타고 조용히 앉아 있었는데, 그는 페가수스를 지상의 한 여인과 만날 목적으로 악용하려 했을 때, 그만 낙마하고 말았다고 한다. 만약 그가 진지했더라면 충분히 이상적인 목적을 달성했을 것이다.

내면성은 확실한 것이고, 확실성은 진지함으로 이어진다. 이런 식으로 정의를 내리고 나면 왠지 부족한 듯이 보인다. 적어도 내가 말하고자 했던 바는 진지함이 주체성에 기인한다는 것이고, 그 주체성은 다시 순수한 주체성이어야 하며 포괄적인 주체성이어야 한다는 것이다.[98] 이 말이 보다 많은 사람에게 진지하게 전달될 수 있었다면, 나는 정말 중요한 어떤 말을 진지하게 했을 것이라고 확언할 수 있겠다. 나는 내가 말하고자 하는 이 진지함을 다른 식으로도 표현할 수 있다. 내면성이 결여되면, 그 즉시 정신은 한계를 드러낸다. 그래서 사람들은 내면성을 어느 한 사람 속에 있는

---

98 여기서 '포괄적'으로 번역한 말은 '위버그라이펜데(übergreifende)'라는 단어이다. 키르케고르는 이 단어를 모국어인 덴마크어가 아니라 독일어로 적어 놓았다고 한다. 그는 이 단어가 전하는 의미를 이런 식으로 돋보이게 해 놓은 것이다. '위버(über)'는 '위에' 혹은 '위로'라는 뜻이고, '그라이펜 (greifen)'은 동사로서 '잡다', '쥐다', '붙들다' 등의 의미를 지니고 있다. 즉 손으로 뭔가를 잡는다는 뜻이라는 얘기다. 이 말은 무언가를 한계로 인식하지만 그것에 머물지 않고 넘어서서 손을 내밀며 또 그렇게 함으로써 스스로 자신이라는 범주를 확대해 나가는 행위를 의미한다. 이것을 '포괄적'이라고 간단하게 번역해 놓았지만, 그것이 전하는 메시지는 사실 엄청난 열매를 맺는다. 예를 들어 니체의 초인 사상이 그것이다. 초인으로 번역되는 원어는 '위버멘쉬(Übermensch)'이고, 이때는 '멘쉬 (mensch)'가 인간 내지 사람을 뜻하므로, 넘어서는 인간 혹은 넘어선 인간 등으로 번역할 수 있다. 물론 니체가 키르케고르를 알았는지는 증명할 길이 없다. 하지만 천재는 통한다고 할까. 두 철학자 사이에 일종의 서로 통하는 이념이 이런 식으로 존재한다는 것은 누구도 부정할 수 없을 것이다.

영원성이나 영원한 것과 관련한 규정으로 이해할 수도 있는 것이다.

이제 다시 악마적인 것을 공부해 보자. 사람들이 악마적인 것을 제대로 연구하고 싶으면, 우선 영원한 것이 각각의 개인성 안에서 어떻게 이해되고 있는지부터 살펴 보아야 한다. 그 개인에게 영원한 것의 내용이 무엇인지를 제대로 알고 나면, 동시에 악마적인 것이 무엇을 의미하는 것인지도 더불어 알 수 있을 것이다. 최근 들어 이와 관련하여 얻어 낸 관찰의 내용은 드넓은 광장을 뒤덮을 만큼 풍부해졌다.

영원한 것은 오늘날 사람들 입에 자주 오르내리는 개념들 중의 하나이다. 이 영원한 것은 그때그때 상황마다 다르게 인식된다. 부정적인 의미로 배격되기도 하고 긍정적인 의미로 받아들여지기도 한다. 하지만 부정될 때도 또 긍정될 때도 모두 한결같이 내면성에 대한 부족함을 여실히 드러내고 있을 뿐이다. 사람들은 그때마다 영원한 것이 어떻게 발생하게 되는지를 관찰하는 방법 속에서 나름대로 한계를 드러내는 것이다. 영원한 것이 무엇인지에 대해 올바르게 또 구체적으로 이해하지 못한 자에게는 어김없이 내면성과 진지함이 결여되어 있을 것이기 때문이다.

나는 여기서 이 점과 관련하여 하고 싶은 말은 많지만, 중언부언하게 될까 걱정되어 그만둔다. 하지만 몇 가지 점들에 대해서는 반드시 밝혀 놓고 싶다.

a) 어떤 사람은 사람 안에 존재하는 영원한 것을 부정하기도 한다. 하지만 바로 그 부정의 순간에 이미 삶을 삶답게 하는 생명의 술은 다 쏟아부어 단 한 방울도 남겨지지 않는다. 자기 안에 있는 영원성을 부정한 개인이야말로 악마적인 것의 전형이 된다. 하지만 만약 영원한 것을 인정하고 나면, 현실은 전혀 다른 그 무엇이 될 것이다. 이때 현실은 자신이 근원성에서 바라는 바가 현상으로 모습을 드러내는 기회의 장으로 변할 것이다. 만약 이때 그 현실 앞에서 두려움을 느끼고 있다면, 그것은 오로지 선 앞

에서 느끼는 불안이라고 말해야 할 것이다.

물론 사람은 자신이 인식하는 그 현실을 지속적으로 부정하고 또 부정할 수도 있다. 거듭되는 부정의 횟수는 그가 원하는 만큼 불어날 수 있을 것이다. 자신의 의지가 강할수록 부정되는 횟수도 불어날 것이다. 하지만 그렇게 되면 현실은 결코 영원한 것과 어울릴 수 없을 것이다. 현실은 결국 영원한 것을 완전히 세상 밖에서 창조해 내야 하는 지경에 처하고 말것이다.

또 사람은 영원한 것을 어떤 특별한 의미에서 또 어느 정도까지만 허락하고 허용할 수도 있다. 하지만 이런 경우라면 사람들은 그 특별한 범주에 갇힌 꼴이 되어서 자신이 허락하지 않은 다른 의미에 대해서는 두려움을 금치 못할 것이고, 또 자신이 허용하지 않은 더 높은 수준에 대해서는 틀림없이 그 어떤 예감도 갖지 못할 것이다. 그리고 무엇보다 중요한 것은 사람이 무엇인가를 부정하는 한, 그 사람은 결코 그 부정의 대상으로부터 완전히 벗어날 수 없다는 사실이다.

게다가 사람은 영원한 것을 오로지 추상적인 형식으로만 그리고 아첨하는 듯한 말투의 형식으로만 인정할 수도 있다. 오늘날 대부분의 사람들은 이 정도로만 영원한 것을 인정한다. 사람들이 두려움에 휩싸여 있기 때문이다. 오늘날 우리 시대의 사람들은 지나칠 정도로 너무 겁이 많다. 어떤 정부가 들어서서 국가와 관련한 일을 도맡아 해도 오늘날에는 두려움부터 앞세우는 것이 당연한 것처럼 여겨진다. 이런 두려움 때문에 머리가 혼란스러워도 참고 견디려고만 한다.

오늘날 너무나 많은 개인이 두려움에 휩싸인 채 혼란스러운 머리를 자기 위에 얹고 살아간다. 이 말이 현실에 대한 진심이 담겨 있는 평가라고 할 수 있을 것이다. 현대인들이 두려워하는 대상은 바로 이 영원한 것이다.[99]

오늘날 사람들은 타락으로 향하는 길이 보기 좋게 포장되어 있다고 말하는 반면, 영원한 것의 영원성은 오로지 단순한 순간에 의해 완전히 사라지게 될 것이라고 확신한다. 정말 어처구니없는 말과 확신들이다. 도대체 왜 사람들은 이토록 끔찍한 모습을 하고서 앞뒤 가리지 않고 서두르는 것일까?

순간도 충분히 길다. 순간도 영원처럼 길 수 있다. 영원이 존재하는 만큼 순간도 존재할 수 있다. 영원이 존재하지 않는다면 순간도 존재하지 않는다. 그런데 사람들은 도대체가 이 분명한 사실조차 모르는 것 같다. 왜냐하면 사람들은 바로 이 영원한 것에 대해 두려움을 느끼고 있기 때문이다. 게다가 사람들은 영원한 것에 대해 느끼는 이 어처구니없는 불안을 통해서 이 자연스러운 순간까지도 추상적인 의미로 바꿔 놓고 만다. 순간을 추상적인 의미로 바꿔 놓으면서도 양심의 가책은 전혀 없다.

사람들은 순간의 추상화와 더불어 이 세상에서의 영원성까지 거부한다. 이런 거부 행위는 직접적으로 또 간접적으로 게다가 지극히 다양한 방법을 통해서 표명되어 왔고 또 표명되고 있다. 때로는 웃음거리로 만들면서 거부하고, 때로는 당연히 이해할 수 있는 것조차 자기도취에 빠져서 아무런 가치도 없는 것처럼 만들면서 거부하며, 때로는 바쁘다는 이유로 거부하고, 또 때로는 시대의 현상에 감격함으로써 거부한다. 거부하는 이유는 끝도 없이 다양하다.

---

99 지금 키르케고르가 언급하고 있는 '영원한 것'은 현상적이고 현실적이며 인간적인 의미에서 한 말이다. 중세 시대에 사람들이 '영원한 것'에 대해 말했던 본질적이고 비현실적이며 추상적이고 형이상학적이며 동시에 신적인 의미와는 전혀 관계가 없다는 것을 깨달아야 한다. 꼭 저세상에 가야 영원한 것을 경험할 수 있는 것은 아니다. 이 세상에서도, 즉 살아가면서도 '영원한 것'을 경험할 수 있다. 이 세상에서도 희망은 의미가 있는 것이다. 꼭 저세상에 가야 희망이 완성되는 것은 아니다. 이것을 가르치기 위해 키르케고르는 이 『불안의 개념』을 집필한 것이다.

b) 사람들은 영원한 것을 오로지 추상적으로만 파악하려 한다.[100] 영원한 것이 마치 파란 산과 같다는 말까지 한다. 사람들은 자신이 무슨 말을 하고 있는지 전혀 모른다. 시간의 시간성 속에는 아쉽게도 한계가 있기 마련이지만, 시간 속에서 시간에 얽매여 열심히 그리고 치열하게 살아가는 사람은 결코 이 시간의 한계에 도달하지 못한다.[101] 시간 속에서 아무리 힘차게 살아도 새로운 시간만 만나게 될 것이기 때문이다. 하지만 시간 이후의 것을 바라볼 수 있는 시선을 가진 자는 일종의 한계에 도달한 자이다. 그는 경계를 지키는 병사처럼 낯선 새로운 세상을 주시한다. 그때 그는 당연하게 알고 있던 그 시간을 벗어나 밖으로 나간다.

c) 사람들은 영원한 것의 영원성을 오로지 망상 속에서 발견하고 그렇게 찾아낸 그것을 시간 속에 넣고자 한다. 영원성을 이런 식으로 파악하게 될 경우, 그것은 일종의 마법사의 기묘한 마법과 관련한 듯이 이상한 효과까지 연출해 낼 수 있게 된다. 이런 상태에 빠진 사람은 자신이 생각하는

---

100 키르케고르가 영원한 것에서 추상적인 것 자체를 부정하는 말이 아니라는 것을 깨달아야 한다. 키르케고르가 영원한 것이라는 개념을 가지고 하고자 하는 말은 그러니까 추상적인 것과 함께 구체적인 것도 더불어 동참하고 있어야 한다는 사실이다. 영원은 순간을 전제하고, 순간은 영원을 전제한다. 마찬가지로 사람의 이성은 추상성을 전제하고, 추상성은 다시 구체성을 전제할 수밖에 없다. 빈 종이를 주고 한 그루의 나무를 그려 보라 하면 누구나 자신이 생각하는 나무를 그림을 통해 그려 낼 것이다. 그림으로 그려지기 전의 나무, 즉 생각 속의 나무라면 추상성과 어울리겠지만, 그것이 종이 위에 그려지는 순간, 그것은 구체성이라는 틀 속으로 들어오게 되는 것이다. 마찬가지로 영원한 것과 관련하여서도 그것은 오로지 추상성과 구체성을 동시에 지니고 있어야 지극히 정상적인 것이라 말할 수 있겠다.

101 달리 말해, 시간의 한계에 도달하는 것이 이상적이라는 얘기다. 사람은 생로병사, 즉 죽음으로 자신의 삶을 마감할 것이다. 그 마감에 대해 깨달음이 있느냐가 관건이다. 시간에는 한계가 있다. 이것은 지극히 당연한 진리이다. 예를 들어 수업 시간은 시작이 있고 끝이 있다. 마찬가지로 봄이라는 시간도 시작이 있고 끝이 있다. 사람의 삶은 당연히 시간 속에서 진행되고 있지만, 그 한계를 아는 것은 전혀 다른 문제다. 시간의 한계에 도달하면 무슨 일이 벌어질까? 생각하는 존재는 그 너머를 생각하지 않을 수 없을 것이다. 생각하는 존재가 시간의 한계에 도달하고 나면 틀림없이 시간을 초월할 기회를 얻게 될 것이다.

그 영원성이 꿈인지 생시인지조차 분간하지 못할 것이다. 영원성은 마치 그를 향해 고통스럽게 바라보는 눈빛처럼 보일 수도 있다. 이때 영원성의 눈빛은 생각에 가득 차 있는 듯할 것이고, 뜬 눈으로 꿈을 꾸고 있듯이 흐릿하기도 할 것이며, 그러면서도 교활한 눈빛으로 사람을 희롱하듯이 순간 속을 들여다보는 듯할 것이고, 또 경우에 따라서는 환하게 밝혀진 숲이나 강당 안으로 들어서야 하는 달빛처럼 벌벌 떨기도 할 것이다.

만약 영원한 것에 대한 생각이 이런 식으로 망상과 어울리게 되면, 그 분위기는 언제나 꿈같은 이야기에서 벗어나지 못할 것이다. 그런 생각에 빠진 자는 당연히 늘 꿈꾸듯이 말하게 될 것이다. 그는 꿈을 꾸고 있다고 생각할 것이고, 그게 아니라면 그것은 영원한 것이라고 주장할 것이다. 즉 그에 의해 꿈으로 꿔지고 있는 바로 그것이 영원이라는 판단에서 벗어나지 못할 것이라는 얘기다. 그가 무엇을 말하든, 그것은 현상적 현실과는 아무런 상관이 없다는 것은 확실할 것이다.

혹은 사람들은 영원성을 꿈일까, 생시일까 하는 이런 요상한 이분법을 버리고 순전히 망상 속에서만 이해할 수도 있다. 영원성을 이런 식으로 파악한 경우를 대변하는 문장이 있다면 이런 것이다. "예술은 영원한 삶을 선취하는 것이다." 이런 문장의 전제는 문학이나 예술이 망상과의 화해 외에는 아무것도 아니라는 판단이다. 이때 이 순간에 언급되는 문학과 예술은 비록 직관이라는 우아함은 지니고 있을지 모르겠으나, 거기에는 진지함이 요구하는 내면성은 완전히 배제된 상태이다.

사람들은 이런 식으로 영원한 것의 영원성을 망상이라는 금빛 찬란한 색깔로 덧칠해 놓을 수도 있다. 그렇게 그림을 환상적으로 그려 놓고선 그것을 동경할지도 모를 일이다. 또 사람들은 계시록의 내용처럼 영원성을 바라볼 수도 있고, 단테처럼 그 영원성을 생각할 수도 있을 것이다.[102] 단테가 가졌던 환상이야말로 상상을 초월한다. 그가 바라본 환상의 세계는 시대를 초월하고도 남는다. 그는 그렇게 환상적으로 이야기를 펼쳐 내면서도 윤리적인 판단 행위까지 포함해 내는 위력을 발휘했던 위대한 작가이다. 그는 중세적 발상들을 중지시키거나 보류시킨 적이 단 한 번도 없다. 그는 그런 발상들을 끌어들이면서도 완전히 다른 이야기를 들려주었던 천재였던 것이다.

d) 또 때로 사람들은 영원성을 오로지 형이상학적으로만 파악하려 하기도 한다. 사람들은 정말 오랫동안 "나는-나는" 하며 말해 댔다.[103] 그런 말을 쫓아가다 보면 웃지 않고는 버틸 수 없는 지경이 초래되기도 한다. 세상에서 가장 우스운 이야기가 바로 "나는-나는" 하고 시작하는 이야기였던 것이다. 이들은 순수한 자아니, 영원한 자기의식이니 하는 개념을 남발하며 말을 멋지게 만들어 놓기는 했지만, 거기에 진정한 의미에서의 자신은 없었던 것이다.

사람들은 너무나 오랫동안 불멸성에 대해서 말해 왔다. 급기야 사람들은 자신이 죽지 않을 것이라는 말하는 지경에 처하고 말았다. 하지만 아무리 그렇게 말해도 죽지 않고 버틸 수 있는 사람은 아무도 없다. 그럼에도

---

102 여기서 '계시록'은 사도 요한의 요한계시록을 의미한다. 여기에는 신이 도둑처럼 와서 '아마겟돈'(요한계시록 16:16)이라는 곳에서 악령들과 마지막 전쟁을 펼친다는 얘기가 펼쳐진다. 소위 '종말론'이 바로 이 계시록이 전하는 이야기의 핵심이다. 이에 반해 단테의 『신곡』에서는 베아트리체의 등장과 함께 '엠피로스', 즉 빛이라 불리는 천국으로 입성하며 이야기가 끝난다. 즉 계시록과 단테는 서로 대립하는 관계로 이해하면 된다.

103 키르케고르는 '나는-나는' 하는 말을 '이히-이히(Ich-Ich)', 즉 독일어로 적어 놓았다고 한다. 이 말을 누구를 두고 한 말인지는 사실 결정하기가 애매하다. 각주를 달았던 몇몇 학자들은 피히테일 것이라고 단언하지만, 키르케고르는 그렇게 단언하지 않았기에 개인적으로 이 문제와 관련하여 열린 공간처럼 남겨 놓았으면 한다. 다만 여기서 '나는-나는'이라는 이 말을 가지고 키르케고르가 무슨 말을 하고 있는지는 알고 넘어가야 한다. 너도나도 '나는-나는' 하고 말하지만, 그 유일무이한 존재로서 '나'에 대해서 고민한 철학자가 거의 없었다. 중세 천 년 동안 '나'라고 말은 했지만, 그때의 '나'는 신과 마주한 존재 혹은 신의 피조물로서의 존재에 불과했었다. 오롯이 '나로서의 나'는 지금 키르케고르에 의해서 마침내 첫발을 디디는 것이나 다름없다.

사람들은 이것을 인정하기보다는 자신이 불멸성 자체가 될 때까지 주장을 굽히려 하지 않는다. 사람들은 이 불멸성 얘기만 나오면 완고해지기 일 쑤이다.

이 모든 것에도 불구하고 사람들은 갑자기 자신의 실수를 발견해 낸다. 즉 사람들이 불멸성을 논리적인 체계 속에 넣어 두지 않은 것을 깨달은 것이다. 그때가 되어서야 사람들은 부랴부랴 책의 마지막 자리에 부록이라는 목록으로 하나의 장을 마련하여 거기에 다시 불멸성이 무엇인지 설명해 두려고 했던 것이다. 이 얼마나 우스운 짓거리들이란 말인가. 간단히 웃어넘길 수 없는 이런 학문적 짓거리들을 목격한 후, 포울 묄레르Poul Møller는 과감하게 진리를 담은 한마디를 남겼다. "불멸성이란 이 세상 어디에나 존재해야만 하는 것이다."

하지만 문제는 간단하지 않다. 불멸성이 그런 식으로 존재한다고 한다면, 그 순간에는 이미 시간성이란 것이 완전히 다른 어떤 것으로 돌변할 것이기 때문이다. 이때 시간성은 사람들이 알고 있는 것과는 전혀 다른 무엇이 되고, 사람들이 바라는 바와도 전혀 맞지 않는 그 무엇이 된다. 그래서 사람들은 또 다른 돌파구를 찾듯이 영원성을 형이상학적으로 파악한 것이다.

사람들이 영원성을 형이상학적으로 파악하려 할 때, 가장 우스운 말은 시간성이 그 영원성 안에서 유지된다는 주장을 접할 때이다. 이런 말보다 우스운 말은 존재하지 않을 것이다. 순수하게 미학적으로 또 형이상학적으로 바라본다고 하더라도, 영원성 속에 시간성 자체가 존재한다는 그 포함 공식이 이미 사람을 웃기게 만든다. 왜냐하면 이 말 자체가 이미 모순이기 때문이다. 영원성을 다루는 모든 형이상학적 발언을 접할 때마다 이 주장을 발견할 수밖에 없어서 웃을 수밖에 없는 것이다.

다시 한번 말하지만, 만약 사람들이 영원성을 순수하게 형이상학적으로 파악하고자 한다면, 그래서 어떤 이유에서든 간에 이 시간성을 그 안으로 끌어들이고자 한다면, 이것이야말로 희극이 따로 없다는 말이다. 마찬가지로 영원한 정신이 자신의 기억을 그런 시간성 속에서 유지시킨다는 말도 우스운 말이 된다. 이는 마치 영원한 정신이 여러 차례 돈 때문에 곤란을 겪을 수밖에 없었다는 주장과 별반 다를 바가 없기 때문이다.

사실 노골적으로 말하자면, 영원성을 지켜 내려는 이와 같은 온갖 노력들은 헛수고에 지나지 않는다. 이런 식으로 노력할수록, 상황은 더욱 소란스러워질 뿐이고, 자신이 처한 현실에 대해 맹목적으로 경계심만 높여 놓을 것이다. 아무리 형이상학적으로 바라보아도, 죽지 않는 사람은 단 한 명도 존재하지 않기 때문이다. 불멸성에 대해 진정 현실적으로 납득하거나 확신할 수 있는 사람도 찾아볼 수 없다.

물론 지금까지 소개한 방법 외에 전혀 다른 방법으로 불멸성에 도달하게 된다면, 그때에는 아마 희극적인 요소가 상황을 몰아붙여 사람을 웃게 하지는 못할 것이다. 하지만 지금의 기독교가 가르치고 있듯이, 말하자면 사람들이 종말에 이르러 살아가면서 쓸데없이 쏟아놓은 말들에 대해 변명하게 될 것이라고 가르치고, 우리는 모두 그 순간에 이르러 자신이 평생 했던 모든 말을 간단하게 모두 기억해 낸다고 가르치며, 하물며 그때는 이승에서의 삶과는 전혀 다른, 즉 전혀 오해할 수 없는 어떤 증상이 펼쳐진다고 가르친다 해도 웃을 수밖에 없다.

또 기독교와는 전혀 상관없는 형식으로, 혹은 기독교와는 정반대의 형식으로 이해될 수도 있는 형식, 그것은 고대 그리스의 관념이라는 형식이고, 이 형식 속에서 전해진 이야기는 불사의 존재가 모든 것을 잊기 위해 먼저 레테의 강물을 마시면서 망각의 세계로 들어선다고 가르쳤다. 하지만 여기서도 기억이라는 능력이 직접적이든 간접적이든 돌발적인 변수로 등장하게 되는 순간에는 이야기 전체가 우스운 이야기로 전환될 수밖에 없다. 직접적이라면 사람들이 그 순간에 우스운 것들을 기억해 내야 한다는 데서 발생하고, 간접적이라면 우스운 것들이 본질적인 결정들 속으로 변신을 거듭해야 한다는 데서 발생한다.

고대 그리스 신화의 본질적인 것은 답변과 판결이기 때문에, 바로 이 본질적인 것은 레테 강과 같은 비본질적인 것과 관련함으로써 마침내 힘을 발휘할 수 있게 된다는 데 있다. 왜냐하면 바로 그 순간, 즉 본질적인 것이 비본질적인 것과 관계하는 그 순간에, 진심으로 긍정하고 인정하지 않았던 많은 것들이 현실 속에서는 본질적인 것으로 증명되고 있었고, 또 그렇게 그런 식으로 증명될 수 있었다는 사실이 밝혀질 것이기 때문이다.

영혼은 우스운 이야기들의 소재가 되고 말았다. 영혼은 우연한 계기들로 엮인 이야기 속에서 길을 잃고 방황하게 해 놓은 것이다. 영혼은 간계와 책략으로 일관하는 사람들의 영리한 변론술과 핑곗거리가 많은 사람들의 넋두리 속에서는 결코 본질적인 것으로 참여할 수가 없기 때문이다. 이런 웃기고 우연하며 넋두리 같은 이야기 속에서는 영혼과 관련한 모든 것들이 한순간에 사라지고 만다. 거기에는 단 하나의 영혼도 개입되어 있지 않다.

하지만 반대로 진정한 영혼이 오로지 본질적인 의미에서 삶에 개입하게 되면, 바로 그 순간에는 웃기고 우연하며 넋두리 같은 이야기들이 한순간에 감쪽같이 사라진다. 쓸데없는 이야기들은 힘을 잃고 모습을 감춘다. 진정한 영혼 앞에서 온갖 종류의 희극적인 이야기는 의미를 상실하기 때문이다.

그렇다고 해서 사람을 웃게 만드는 희극적인 이야기를 무작정 무시하면 안 된다. 바로 이 희극적인 이야기가 지닌 희극성이야말로 그 시대의 시대성에 속하기 때문이다. 사람들이 웃을 수 있는 이유는 그 이야기에 공감하는 바가 있기 때문이다. 그래서 사람들은 반드시 이 희극적인 이야기를 특별히 공부해 두어야 할 필요가 있다. 그것도 대충 공부할 것이 아니라 근본적으로 철두철미하게 공부해야 할 것이다. 그리고 그런 이야기의 범주가 어떤 것인지, 그리고 그 범주 안에는 어떤 종류들의 호기심과 관심거리가 있는지 등을 통찰하고 있어야 한다. 그래야 자신의 시대를 제대로 이해하고 대응할 수 있을 것이다. 모든 시대는 그 자체로서 이미 하나의 모순덩어리이기 때문이다.

사람들은 사람을 웃게 만드는 이 희극적인 것을 계속해서 지니고 있을 수도 없고 그렇다고 간단하게 거부하며 버릴 수도 없다. 그 또한 형이상학적이며 미학적인 의미를 지니고 있기 때문이다. 결국에는 웃기지도 않은 이야기가 온 시대의 시대성을 집어삼키게 될 것이다. 그래서 이 우스운 이야기를 제대로 공부하지 않은 사람은 그 우스운 이야기에 먹잇감이 되어 또다시 희생당할 것이다. 희극의 공식을 대충 공부한 사람은 이 희극적인 이야기를 자기를 위해 사용하려다가 오히려 자기가 그 덫에 걸려드는 실수를 저지르기도 할 것이다. 희극적인 것도 희극적인 것 나름이다. 그 사이에는 거대한 심연이 놓여 있다. 그것을 구분할 수 있을 정도로 시력은 충분히 성숙해져 있어야 한다.

하지만 영원성 속에는 그 어떤 모순도 있을 수 없다. 거기에는 모순이 있을 자리가 단 한 군데도 없다. 모든 모순은 영원성 속에서 궁극적인 의미에서 지양된다. 그런데 바로 이런 영원성에 의해 시대의 시대성은 방향을 정하고 앞으로 나아간다. 모순이 완전히 배제된 영원성이 시대성을 인도해 준다는 얘기다. 시대의 시대성은 바로 이 영원성 안에서 보존되고 유지된다. 이 영원성 안에서는 모든 것이 완전할 뿐이고, 그 어떤 것도 웃기지 않을 것이다.

그런데도 오늘날 사람들은 바로 이 영원성에 대해 진심으로 생각해 보려 하지도 않는다. 오히려 사람들은 이 영원성 앞에서 불안을 느끼고 있다. 이런 불안으로 인해 사람들은 수많은 도피처를 발견해 내려고만 한다. 발견할 수 없으면 만들려고까지 한다. 그런 도피처에서 의미도 없는 위로나 받으며 만족하고자 하는 것이다. 나는 이런 짓이야말로 악마적인 것이라 말하고 싶다. 그런 것에 만족하는 자가 악마 같은 사람이라고.

제5장

신앙을 통해
구원받는다는 것에 대한 불안

독일의 그림Grimm 형제가 수집한 동화 중에 두려워한다는 것이 무엇인지 알기 위해 모험을 떠나는 한 젊은이에 관한 이야기가 있다.[1] 우리도 이런 모험을 떠나고자 한다. 우리 자신을 이런 여행에 내맡겨 보자는 얘기다. 모험하는 자가 자신의 길이라 확신하는 그 인생길 위에서 그 어떤 불안이나 걱정 근심 따위가 동행하도록 내버려두지 않는 것처럼, 우리도 우리의 길에서 우리 자신을 오롯이 책임져 보자는 것이다.

우리가 선택하고 가야 할 길이 우리를 끔찍한 곳으로 인도할 수도 있다. 그렇다고 해도 나는 이렇게 말하고 싶다. 이 길이야말로 진정으로 모험을 약속해 준다고. 이런 모험을 통해서만 사람들은 자신의 두 발로 자신

---

1   그림 형제, 「'소름'을 배우러 떠난 사나이」, 『그림동화전집』, 김유경 옮김, 동서문화사, 2010, 29쪽. 여기서는 두려움을 느끼게 하는 것도 일종의 기술로 소개되고 있다. 물론 번역은 '소름이 끼치게 한다', '두려움을 느끼게 한다' 혹은 '불안을 느끼게 한다' 등 다양한 표현으로 옮겨질 수 있다. 이런 다양성에 휘둘려 텍스트가 전하려 하는 메시지를 혼동하는 일은 없어야 한다. 소름이 되었든 두려움이 되었든 불안이 되었든, 하물며 공포가 되었든 상관없다. 뭐든지 그 끔찍하고 혐오스러우며 도저히 곁에 두고 싶지 않은 그 무엇이라 해도 그것을 제대로 다룰 줄만 알면 위대한 무기로 사용할 수 있게 되는 것이다. 사람의 삶도 세상에서 가장 힘든 것이지만, 그것을 제대로 살 줄 아는 방법을 터득하고 나면 자신의 삶이야말로 이 세상이 허락하고 허용하며 선사할 수 있는 최상의 선물처럼 인식될 것이다. 삶보다 더 좋은 선물은 없다는 얘기다.

의 인생 위에 굳건하게 서게 될 것이라고. 사람들은 자신의 삶을 자신이 원하는 대로 살고자 한다면 어쩔 수 없이 두려움을 배워야 하기 때문이다. 두려움을 배우고 알게 되면 그것과 함께 더불어 살 수 있는 힘도 생길 것이다.

두려움을 배우고 나면 타락의 길에 빠져드는 일은 없을 것이다. 사람들이 타락의 길을 피하지 못하고 빠져드는 가장 큰 이유는 불안 때문이다. 말하자면 단 한 번도 제대로 불안 속에 빠져 본 적이 없거나 지금 당장 깊은 불안 속에 빠져 있기 때문에 타락의 길이 보내는 유혹의 손짓을 뿌리치지 못하는 것이다. 불안 속에서는 온갖 노력이 그저 발버둥 치는 허우적거림 이외의 그 무엇도 의미하지 않는다. 하지만 불안 속에서 제대로 두려워하는 법을 배운 자는 삶에서 배워야 하고 또 배울 수 있는 최고의 것을 배운 것이나 다름없다.

만약 사람이 동물이나 천사였다면 불안에 떨어야 하는 일에 무관심할 수 있다. 불안은 동물의 것도 아니고 천사의 것도 아니다. 그것은 오로지 사람의 것이다. 사람이 불안을 느끼는 이유는 그가 바로 종합적인 존재이기 때문이다. 사람은 종합의 산물이다. 사람은 종합의 결과로서 불안을 느낄 수도 있게 된 것이다. 사람은 불안을 깊이 느낄수록 더 높은 수준에 도달한다. 한 사람의 위대함은 그 사람이 품은 불안의 크기에 의해 측정될 수 있다는 얘기다.

하지만 불안이 외부에 대한 불안이라면 무의미해진다. 외부 세계에 대해 느끼는 온갖 불안은 사람을 위축시켜 놓기 때문이다. 이런 형식의 불안은 지금까지 사람들의 입에 오르내리며 일종의 습관으로 굳어지기까지 했다. 불안이라고 말하면서 사람들은 오로지 이런 형식 속에서 이해를 거듭하고 있다는 얘기다. 무엇인가가 사람 밖에 있어서 그것 때문에 사람이 불안에 휩싸인다는 논리가 사람을 옴짝달싹하지 못하게 하고 있다.

이런 습관적인 해석에 반하여 불안을 전혀 다른 형식으로 끌어안을 수 있다면 상황은 반전을 실현해 낼 것이다. 이런 반전 속에서는 사람이 자신을 위해 스스로 불안을 생산해 낼 수도 있을 것이다. 그렇게 되면 사람은 불안의 창조자가 되는 것이다. 오로지 이런 의미에서 불안은 긍정적인 힘을 발휘한다. 불안을 이런 식으로만 이해할 수 있다면, 삶은 모험을 허락하는 여행지가 될 것이다.

삶이 이런 능동적인 현장으로 바뀔 수만 있다면, 사람은 예수 그리스도가 말한 것처럼, 자신도 자기의 영혼을 매우 고민하여 죽게까지 내버려 둘 수 있을 것이다.[2] 또 예수가 자신의 제자 유다에게 한 말처럼, "네가 하는 일을 속히 하라"[3]라는 말을 자신의 입에도 감히 담아낼 수 있게 될 것이다. 하물며 죽음을 직면하면서 내뱉게 되는 말, "나의 하나님, 나의 하나님, 어찌하여 나를 버리셨나이까"[4] 하는 절망 섞인 한탄 조의 말조차 그렇게 끔

---

2 "내 마음이 매우 고민하여 죽게 되었으니."(마태복음 26:38) 삼위일체의 논리로 따지자면, 신이 죽게 되었다는 말이 된다. 그 말의 의미를 안다는 얘기는 곧 신의 뜻 내지 하나님의 뜻도 헤아릴 수 있게 되었다는 말이 되기도 한다.

3 요한복음 13장 27절. 예수는 유다가 해야 할 일을 다 알고 있다. 어떤 고통이 닥쳐도 다 견뎌 낼 수 있다는 확신 속에서 하는 말이라는 얘기다. 마찬가지로 사람은 자신의 삶과 직면하여 두려워할 것이 하나도 없다. 무엇이 닥쳐와도 자신은 그저 자신의 삶과 직면하게 되는 것 외에는 아무것도 아니기 때문에 두려워할 일이 전혀 되지 못한다. 오히려 자신의 삶 앞에서 두려움을 느끼게 된다면 자기 손해일 뿐이다. 삶에서 이득을 보고 싶다면 두려움 없이 혹은 두려움에도 불구하고 또 두려움을 극복하고서 그것을 대해야 한다는 키르케고르의 말만 기억하면 된다. 그 두려움의 현장에서 이 말이 위대한 힘을 발휘해 줄 것이기 때문이다.

4 마태복음 27장 46절. 마가복음 15장 34절. 이 말은 신이 인류에게 남겨 놓은 마지막 발언이다. 이 말을 진정한 절망으로 해석한다면 신은 틀림없이 지옥에 떨어졌을 것이다. 하지만 사람들은 신이 하늘나라로 갔다고 믿는다. 이런 결론에 도달하려면 이 구절에 대한 남다른 해석이 요구된다. 버림받은 심정에서 쏟아 내는 한탄 섞인 발언이지만 그 발언이 그런 의미만으로 해석될 수 없다는 것이 반전의 요인이다. 마찬가지로 사람의 삶도 고통의 바다니, 눈물의 골짜기니, '태어난 게 죄'니 하는 소리로 일관할 수 있지만, 바로 이런 삶의 현장이 금욕 고행의 터전이 되는 것이다. 우리가 사는 이 세상이 참고 견뎌야 하는 사바세계임을 깨닫고 나면 온 세상이 기회의 현장임을 알게 될 것이다. 그때는 또 다른 신의 말, 즉 "그러나 끝까지 견디는 자는 구원을 얻으리라"(마태복음 24:13) 하는 말의

찍한 말로만 들려오지 않을 것이다.

루터도 이런 신의 말씀에 귀를 기울이려고 애썼다. 그도 신의 말씀이 그 의미에 걸맞게 제대로 설교될 수 있도록 자기 자신을 활짝 열어 놓고 기다렸던 것이다.그는 자신을 오로지 신의 말씀에 내맡겼다. 그는 단 한 번도 신의 말씀을 고통을 드러내는 데 사용하지 않았다. 그는 신의 종말을 의미했던 그 유언조차 자신의 설교 내용으로 선택하는 데 주저함이 없었다.

예수 그리스도는 "나의 하나님, 나의 하나님, 어찌하여 나를 버리셨나이까" 하는 이 말 속에 존재한다. 그 말 자체가 신적인 존재의 신성한 현상을 드러내는 것이다. 반면에 "네가 하는 일을 속히 하라"고 말을 했을 때, 신은 자신을 어떤 상황과의 관계 속에 있음을 설명했던 것이다. 즉 그 상황 속에는 신이 진정한 의미에서 존재하지 않는 상황이었다는 것을 이해해야 한다.

불안은 가능성과 직면한 상태에서만 발생한다. 그래서 불안이란 자유의 가능성이라고 규정해도 무방하다. 이런 상태에서 형성되는 불안이라면 얼마든지 신앙을 통해 절대적인 의미에서 교육적 역할을 담당하도록 내버려두어도 괜찮다. 왜냐하면 그때 그 불안은 온갖 종류의 유한한 것들에게서 생명력을 빼앗아 말라비틀어지게 만들 것이고, 또 그 유한한 것이 현실 속에서 진짜인 것처럼 연출해 냈던 온갖 종류의 환영들에게서 그 껍질을 제거해 낼 것이기 때문이다.

위대한 종교재판이란 존재하지 않는다. 어떤 종교재판도 위대하지 않다. 종교재판에서 허용되는 어떤 고문도 끔찍할 뿐이고 그만큼 부당할 뿐이다. 하지만 불안은 종교재판에서 자행되는 그 모든 고문의 위력을 압도

의미도 새롭게 얻을 수 있을 것이다. 어떤 종교를 믿는지는 상관없다. 그 종교가 지향하는 바를 제대로 인식하고 따르는 것이 중요할 뿐이다.

한다. 불안보다 더 큰 고문은 이 세상에 존재하지 않는다.

또 불안만큼 위대한 스파이도 없다. 그는 의심스러운 것을 절대로 그냥 방치하지 않는다. 그는 그 의심스러운 것을 어떻게 다뤄야 하는지를 잘 알고 있다. 그는 그 의심스러운 것에서 어느 지점이 가장 약한 부분인지를 정확하게 알아차리고 그곳을 집요하게 공략하고 끈질기게 파헤친다. 그만큼 불안은 권모술수에 능하고 그래서 영리하게 공격할 줄 아는 것이다.

게다가 불안은 덫과 같다. 그 덫에 빠진 자는 누구라도 대충 얼버무리면서 빠져나올 수가 없다. 그런데 그 덫에는 오로지 자신만이 걸려들 수밖에 없다는 것이 문제다. 그래서 불안이 할 수 있는 일들을 설명하는 일보다 더 멋지고 매력적인 것은 세상에 존재하지 않는다는 것이 나의 불변의 확신이다.

더 나아가 종교재판을 진행하는 어떤 판사도 불안만큼 철두철미하게 피고를 심문할 수는 없을 것이다. 불안은 피고인을 절대로 풀어 주지 않을 것이다. 불안은 피고인의 일거수일투족을 감시할 것이다. 불안은 피고인에게 무슨 일이 있어도 자유를 허용하지 않을 것이다. 산책을 다니며 휴식을 취할 때도, 광장을 떠돌아다니며 거리를 구경하고 있을 때도, 하물며 자신의 일에 몰두해 있을 때도, 낮에도, 밤에도, 불안은 늘 피고를 추적할 것이다. 단 한 순간도 불안은 피고인에게서 눈을 떼지 않을 것이다.

하지만 불안을 통해서 교육받고 제대로 배운 자라면, 상황은 완전히 달라진다. 그에게는 가능성이라는 이 세상에 존재할 수 있는 최고의 무기를 손안에 거머쥔 상태가 되기 때문이다.[5] 그리고 오로지 가능성을 통해

---

5 가능성만이 인간을 신과 구별해 주는 계기이다. 말하자면 신은 전지전능할 뿐이지 가능한 것을 목전에 두고 있는 것은 아니다. 가능성이라는 것은 모르는 것도 허용해야 실현될 수 있기 때문이다. 가능성은 오로지 인간의 영역에서만 이해될 수 있는 사안이다. 사람의 삶 내지 인간의 인생을 이해하고 싶다면 바로 이 가능성의 의미를 꿰뚫는 작업에 몰두해야 할 것이다.

서 교육받고 제대로 배운 자라면, 그는 무한함이라는 공식에 따라 스스로를 형성해 나갈 기회를 쟁취하게 될 것이다.[6] 다시 말하지만, 가능성이야말로 이 세상에 존재하는 모든 범주 중에서 가장 다루기 어려운 범주일 것이다.

아쉽게도 우리는 오늘날 위대한 가능성에 대해 거의 들어 본 적이 없다. 우리의 귀를 더럽히고 있는 것은 늘 정반대의 소리들이다. 우리 시대의 사람들은 말하기를, 가능성은 너무 가볍거나 쉽고, 현실은 너무 어렵거나 힘들다고 말한다. 도대체 이런 말을 하는 사람들은 누구일까? 누가 과연 이런 말을 하고 있단 말인가? 그런 말을 하는 것은 몇몇 사람들일 뿐이다. 그들은 스스로 비참한 생각을 펼치는 사람들이다. 이들은 가능성의 진정한 의미에 대해서는 전혀 아는 바가 없다. 그들은 가능성이 무엇인지에 대해 어떤 의식도 갖고 있지 않다.

그럼에도 불구하고 스스로 이 비참한 생각을 펼치는 사람들은 현실에 대해서 냉정하기만 하다. 가능성이 무엇을 뜻하는지도 모르면서 현실에 대해서는 그토록 아는 바가 많다고 떠들어 댄다. 그들은 현실이란 아무짝에도 쓸모가 없는 것이라고 말한다. 현실 자체가 그들에게 무용지물이라는 얘기다. 현실은 멋져 보이지만 거짓일 뿐이라며 현실에 대해서 부당한

6 '무한함'은 '운엔틀리히카이트(Unendlichkeit)'를 번역한 것이다. 단어의 중심에는 '엔데(Ende)', 즉 '끝'이라는 개념이 버티고 있다. 그런데 그 단어에 '운(un)'이라는 접두어가 붙음으로써 정반대의 의미가 형성된다. 즉 '끝도 없다'는 의미로 규정된다는 얘기다. 삶에서는 생로병사가 현상이다. 하지만 모든 현상은 본질을 전제할 뿐이다. 무엇이 먼저라고 말하는 것 자체가 모순일 뿐이다. 현상이 있다면 본질은 당연히 있을 수밖에 없는 것이다. 그렇다면 질문은 새롭게 주어져야 한다. 생로병사의 본질은 무엇인가? 이런 질문이 형성될 때가 되어서야 '무한함'이라는 의미가 진정한 가치를 취할 수 있게 된다. 사람이 무한하다. 사람의 삶이 무한하다. 인간이 무한하다. 인간의 인생이 무한하다. 뭐라고 말해도 상관없다. 그동안 우리는 신이 전지전능하다고 말하는 데만 신경을 써 왔을 뿐이다. 이제부터 우리는 키르케고르가 가르치는 대로 사람을 중심에 놓고 생각하는 것에 익숙해져야 한다. 자신을 중심에 놓고 먼 곳에 수평선이나 지평선을 바라보는 그런 시선도 지녀야 할 것이다.

말만 함부로 지껄인다. 현실은 아름답다거나 매력적이라는 말은 거의 정신 나간 젊은이들이나 하는 쓸데없는 소리라고 폄하한다. 그런 말을 들으면 스스로 부끄러운 줄 알아야 한다고 잔소리하기도 한다.

오늘날 사람들은 가능성에 대해 너무나 소홀하다. 이런 인식이 너무나 보편화되어 있다. 세상 사람들은 가능성에 대해 너무나 함부로 자신의 주장을 펼치지만, 그 모든 소리는 한결같이 단 하나의 형식 속에서 꿈틀대고 있다. 현대인들은 오로지 한 목소리만 내고 있는 것이다. 그것은 바로 행복의 가능성이며, 그것은 또 성공의 가능성으로 집중되고 있을 뿐이다.[7] 무슨 소리를 해도 이곳으로 빨려들고 만다.

가능성과 관련한 사람들이 이토록 뜨겁게 주장하는 내용들은 모두 오류에 해당한다. 그들의 주장 속에는 가능성이 존재하지 않는다. 그들의 주장 속에 있는 것이라고는 오로지 거짓말쟁이들이 만들어 낸 이야기들 뿐이다. 이런 식으로 만들어진 이야기들이 사람들의 삶을 타락시키는 데 가장 큰 해악을 끼치고 있다. 거짓말쟁이들은 어떤 양심의 가책도 없이 삶의 현장을 제멋대로 해석하고 평가한다. 그들은 현실에 대해 어울리지도 않는 이상한 의상을 입히고 우스꽝스럽게 화장시키며 혐오스러운 가면을 쓰게 한다. 그런 짓을 하면서도 옳은 일을 한다고 떠벌리고 있다.

---

7 현대인은 성공주의라는 이데올로기에 빠져 있다. 성공해야 행복하다는 인식이 보편화되어 있는 것이다. 성공하고 싶은 이유는 남의 시선 때문이다. 남들이 알아봐 주기 때문에 성공하고 싶은 것이다. 자기실현이니, 자아실현 따위는 안중에도 없다. 이런 현대의 형식은 중세의 형식과 별반 다를 바가 없다. 중세에도 사람들은 형식에 얽매여 있었다. 오로지 천국 가고 하나님 곁에 가는 것만이 행복이라고 말함으로써 다른 모든 것은 희생시키는 실수를 저질렀던 것이다. 자기 시대를 바라보는 키르케고르의 시선은 곱지 않다. 혁명 시대를 살아가는 키르케고르의 면모가 여실히 드러나고 있다. 혁명이 필요하다는 인식을 갖는 것 자체가 이미 선구자적인 일에 해당한다. 보통 사람들은 그저 현실에 적응하며 살아가려 할 것이기 때문이다. 그것이 현명한 생각이라고 판단하며 자기합리화에 열을 올릴 뿐이다. 하지만 천재는 다르다. 스스로 바보처럼 살아간다. 아무도 가지 않는 길을 자처한다. 그런 선구자의 목소리를 들으려면 스스로도 자신의 귀를 열어 놓아야 한다.

거짓말쟁이들이 거짓말을 밥 먹듯이 하는 데는 다 이유가 있다. 그들은 정부를 위해서만 일을 한다. 그들은 정부를 위해서 오로지 삶에 대해 고소할 하나의 이유를 찾고 있을 뿐이다. 그러면서 그런 고소를 통해 자신의 존재감을 드러내고자 할 뿐이다. 자신이 이 세상에서 제일 중요한 인물이라는 듯이 과시하고 싶어 한다. 그래서 그들은 고소하는 일에 열을 올리는 것이다.

아니다. 내가 하고 싶은 말은 이런 것이 결코 아니다. 내가 하고 싶은 말은 오로지 가능성 안에서는 모든 것이 공평하게 가능하다는 것이다. 누군가가 진실로 가능성에 의해 교육을 제대로 받은 상태라면, 그는 틀림없이 비극적 형식의 끔찍한 것이나 희극적 형식의 우스운 것까지도 절대로 당황하지 않고 그 본질적 의미에 걸맞게 잘 다룰 수 있을 것이다.

만약 누군가가 가능성이라는 학교에서 가능성이라는 선생으로부터 제대로 된 가르침을 받은 뒤라면, 그래서 그가 그 가능성의 학교를 졸업하여 마침내 사회라 불리는 만만찮은 공간으로 들어가게 된다고 해도, 그는 그 사회가 허락하는 삶의 현장에서 접하게 되는 모든 일에 대해 노련하게 대처할 수 있을 것이다.

또 그렇게 가능성의 학교에서 교육을 제대로 받은 자는 자기가 어렸을 적에 배웠던 교과서의 추상적인 내용이 삶의 현장 속에서는 아무런 쓸모도 없다는 것을 알게 될 것이다. 게다가 사악하고 끔찍한 것, 타락하여 썩을 대로 썩은 것, 오로지 상대를 제거하려는 이기적인 것 등이 서로 이웃이 되어 세력을 공유하고 있다는 것도 알게 될 것이다. 현대인들은 문과 문을 맞붙여 놓고 그렇게 이웃이 되어 살아가고 있는 것이다.[8]

8　'문과 문을 맞붙여 놓고 산다'는 말은 비유적인 표현이다. 문을 열고 나가면 밖이라는 공간이 펼쳐져야 하는데, 현대인의 삶은 전혀 그렇지 않다고 말하는 것이다. 문을 열고 나가도 똑같은 공간이 이

만약 누군가가 가능성의 학교에서 온갖 종류의 불안에 대해 철두철미하게 공부해 둔 뒤라면, 그는 자기 앞에 어떤 예상치 못한 불안이 엄습해와도 당황하지 않고 버틸 수 있을 것이다. 게다가 그 불안이 다가오는 바로 그 순간에 임하여, 그는 자신의 현실에 대해서도 기존의 것과는 완전히 다른 해석을 내놓을 수 있을 것이다. 그리고 그런 해석의 주체는 자기 외부에 있는 것이 아니라 오로지 자신이라는 것도 분명하게 알고 있을 것이다.

가능성의 학교를 졸업한 자는 현실을 끝도 없이 찬양할 것이다. 비록 그 현실이 삶의 짐이 되어 엄청난 부담감을 준다 해도 그는 결코 찬양해야 하는 자신의 일을 포기하지 않을 것이다. 그는 현실 속에서 무슨 일을 당해도 또 어떤 고초를 당해도 자신이 처한 현실성이 자신에게 운명적으로 주어진 가능성보다는 훨씬, 아주 훨씬 수월하다는 것을 기억해 낼 것이다.

가능성이란 형성되는 것이다. 가능성이란 오로지 자신의 방식으로만 형성되는 것이다.[9] 한계의 한계성 그리고 이 한계성과 연결된 온갖 종류의 제한된 관계들 등은 현실 속에서 개인에게 적용되는 개념으로서 모든 것을 작게 만들어 위축시키고 모든 것을 일상의 형식으로 돌변하게 하여 즐거움을 앗아가고 모든 것을 세계사적인 것으로 판단하게 하여 자신을

어지고 있을 뿐이라는 얘기다. 예를 들어 똑같은 위치에 방이 있고 거실이 있고 부엌이 있다. 현대인은 서로가 가까운 이웃이 되어 있지만, 똑같은 삶의 공식과 형식 속에서 벗어날 생각조차 하지 못하고 있다. 앞서 언급했듯이 현대인은 '성공'을 위해서라면 모든 것을 희생할 준비가 되어 있다. 사회가 허락하는 것을 취하면서 자유롭게 취했다고 말하고, 사회가 유도하는 대로 살아가면서 자기 마음대로 살아가고 있다고 말한다. 이것이야말로 현대인의 한계이다. 키르케고르는 이런 천편일률적인 삶의 형식에서 사람을 해방시키고자 한다.

9   자신의 가능성에 대해 누구를 대신해서 가르쳐 줄 수는 없다. 자신의 가능성은 자신이 책임지고 결정해야 할 사안이다. 인간은 가능성의 존재이다. 그 가능성의 범주는 무궁무진하다. 인간에게 주어진 가능성은 무한의 공식과 형식을 통해서만 구현된다. 무한하지 않다면 그것은 가능성이라 불릴 자격이 없다.

챙기지 못하게 유혹하며 유도할 뿐이다.

이러한 한계성과 관계성은 모든 것을 제한의 형식 속에 가둬 놓는다. 사람들은 이 속성들을 가지고 매번 무엇이든지 설득해 내고, 매번 그 형식 속에서 전혀 예상치 못한 그 무엇인가를 거짓말을 통해 만들어 내며, 매번 수익성을 근거로 하여 가격을 결정하는 데 혈안이고, 매번 값비싼 것을 만나기라도 하면 그것에 대해 존경의 시선을 숨기지 못하며, 매번 잘 난 체하며 남들과 다르다는 식으로 약간의 차별을 두려 하고, 매번 그 한계성과 관계성으로부터 무엇인가를 배우는 것 자체를 아예 완전히 거절한다.

이제는 달라져야 한다. 이제는 사람들이 자신이라는 개인을 다시 가능성이라는 형식 속에 넣을 수 있는 지혜를 배워야 한다. 개인은 가능성의 주체이다. 그 가능성은 자신 안에 있다. 그 가능성을 지닌 존재가 개인이다. 개인은 자신의 가능성을 통해서만 자신을 형성해 낼 수 있을 뿐이다. 그러기 위해 자신 안에 있는 가능성 자체와 직면하고 그것을 자신의 손으로 거머쥐는 일부터 행동으로 옮겨야 한다.

사람들은 배워야 한다. 이제 사람들은 가능성을 통해 자신을 형성해 내는 법을 배워야 한다. 비록 바로 다음 순간에 그 형성된 자신이 더 이상 개인으로 인정받지 못하고 버려지는 일이 있어도 배워야 한다. 배울 가치가 있기 때문이다. 개인은 스스로 버려지고 취해지며 존재를 거듭하고, 형성되고 깨지면서 가치를 이어간다. 그래서 개인에게서 자신의 권력이 완전히 소멸된다고 해도 결코 걱정할 일이 아니다.[10]

---

10 여기서 '권력'으로 번역한 말은 '마흐트(Macht)'이다. 키르케고르는 이미 여러 번 이 개념을 사용했었다. 이제 결어 부분에 와서 다시 이 개념을 꺼내 든 것에 대해 잠시 고민해 봐야 할 것 같다. '권력'이 사라져도 좋다. 개인의 문제에서는 그래도 상관없다는 것이다. 권력을 제거될 수 있다. 권력은 제거되어도 다시 권력이 등장할 것이다. 나라가 멸망해도 그 땅과 그 땅에서 살아가고 있는 민족은 새로운 권력을 맞이할 것이다. 그렇게 왕조가 뒤바뀌며 역사가 탄생한다. 지금 키르케고르는 위대한 혁

물론 개인이 이런 방식으로 가능성을 통해 형성되고, 그럼으로써 스스로 절대적인 존재가 되고 무한한 존재로 거듭나면, 자신을 가둬 놓는 그 가능성에 대해 다시 저항하여 솔직해질 필요가 있다. 그리고 자신에 대해서 지금까지 알지 못했던 새로운 가능성을 믿는 신앙도 가질 필요가 있다. 내가 지금 신앙이라고 말하는 이 개념을 헤겔식으로 이해해도 무방하다.

헤겔은 어디선가 자기 나름대로 신앙에 대해 이렇게 말한 바 있다. 나는 이 말을 지극히 옳은 말이라고 응원해 주고 싶다. 그는 다음과 같이 말했다. "내적인 확실성은 무한성을 선취한다." 그의 말이 옳다면, 이렇게도 응용해서 말할 수 있을 것이다. 즉 가능성을 발견하는 이 위대한 일을 솔직하고 올바르게 관리할 수만 있다면, 그렇다면 가능성은 온갖 종류의 한계성을 발견하게 할 뿐만 아니라, 그것을 무한성의 형식 안에서 이상적으로 만들어 주기도 할 것이다. 그리고 상황이 그렇게 진행되면, 가능성은 마침내 개인을 불안이라는 공식을 통해 압도하고 제압할 수 있게 될 것이다. 결국 개인 자체가 이미 신앙을 통해 선취된 것 속에서 완전한 승리를 쟁취하는 것이다.

물론 내가 지금 여기서 하는 말에 대해 이의를 제기할 사람은 많을 것이다. 내가 그 무엇에 대해서도 불안을 느끼지 않고 오히려 찬양까지 하는 이런 말들을 누군가는 질이 좋지 못한 어둡고 어리석은 말이라고 평가할 수도 있을 것이다. 나는 이런 사람들의 비판에 대해 다음과 같이 답변을 내놓고자 한다. 우리는 무슨 일이 있어도 사람들 앞에서 혹은 한계성들 앞에서 불안을 품을 이유는 없다. 하지만 가능성 앞에서 느끼는 불안을 완벽한 수준으로 실행해 낼 수 있는 자라면, 그는 마침내 자신에 대해 불안을

명의 시대에 살아가고 있음을 감안하면, 지금 이 말이 얼마나 위대한 발언인지 실감하게 된다.

느끼지 않을 수 있을 정도로 충분히 긍정적으로 형성된 자일 것이다.

　사람이 자신에 대해 불안을 느끼지 않을 수 있게 된 것은 그가 자신의 삶 속에서 직면하게 될 무서운 것들로부터 벗어나 있기 때문이 아니라, 자신에 대해 느껴야 할 바로 그 불안 자체가 가능성 때문에 발생할 수 있는 삶의 온갖 무서운 것들과 관련하여 완전히 다른 색깔로 바뀌었기 때문이다. 이와는 반대로 만약 누군가가 자신은 단 한 번도 불안을 느낀 적이 없다고 말하면서 스스로 그런 자신이야말로 위대한 존재라고 말하는 자가 있다면, 나는 그를 기쁜 마음으로 나의 설명 속에 끌어들여 이렇게 가르쳐 주고 싶다. 당신이 당신 자신에 대해 불안을 느끼지 않는 것은 바로 당신이 너무나도 정신없이 살고 있기 때문이라고.

　만약 누군가가 자신을 형성해 주어야 할 자신의 가능성을 무시하거나 속이며 살아간다면, 그는 결코 자신의 삶을 통해서 올바른 신앙에는 도달하지 못할 것이다. 기껏해야 그는 한계성이 마련해 주는 영리함을 자신의 신앙으로 간주하는 것에 만족해야 할 것이다. 그가 열심히 다니며 배운 학교는 가능성의 학교가 아니라 한계성의 학교이기 때문이다. 이 학교에서는 무엇을 배운다 해도, 그 결과는 오로지 어떤 형식으로든 자신의 가능성을 무시하거나 기만한 자가 되는 것에 일조할 뿐일 것이다.

　오늘날 사람들은 너무나 쉽게 또 아무렇지도 않다는 듯이 자신의 가능성을 기만하며 살아간다. 창문 밖으로 머리를 내밀고 살아가는 모든 이들은 이미 자신에게 주어진 가능성이 제공하는 온갖 종류의 소중한 숙제들을 놓치고 마는 실수를 저지르고 있다. 자신의 가능성이 제공하는 숙제를 진심으로 해결해 낼 때만 자신은 제대로 형성될 수 있는데도 불구하고, 그 좋은 기회를 스스로 놓치는 결과를 초래하고 있기 때문이다.

　나의 설명을 보다 감각적으로 받아들일 수 있도록, 한 예로 호도비에츠키Chodowiecki의 그림 하나를 소개하고자 한다. 내가 본 그 그림은 전쟁에서 패배하여 적에게 항복하고 칼레Calais라는 도시를 넘겨줘야 하는 상황을 묘사하고 있다. 이 그림은 네 가지의 기질에서 관찰된 것을 담아냈다. 그러니까 예술가의 숙제는 이 네 가지의 기질을 네 가지의 다양한 방식으로 표현해 내는 데 집중해야 했던 것이다. 내가 말하고 싶은 것은 이 그림이 보여 주고 있듯이, 삶이라는 일상의 현장에서도 이와 같이 다양한 기질에 의해 다양한 일들이 벌어지고 있다는 사실이다.

삶 속에서 발생하는 사건 사고는 수도 없이 많다. 그럼에도 불구하고 사람들은 자신과는 전혀 상관없는 혹은 오로지 자신에 반대되는 개인성만을 주시하고, 거기서 자신과는 상관없는 가능성만을 질문의 대상으로 삼고 있다는 것이 가장 큰 문제다.

그래도 내가 하는 말을 잘 이해할 수 없다면 또 다른 예를 들어 보겠다. 이번에는 인도에서 은둔 생활을 했던 한 사람에 대한 전설적인 이야기이다. 전해지는 바에 따르면, 그는 2년 동안이나 이슬만 먹고 살았다고 한다. 그러다가 어느 날 어느 도시로 갈 기회가 있었는데, 그곳에서 와인 한잔을 맛본 후 곧바로 술꾼이 되었다고 한다. 여느 이야기와 마찬가지로 이 이야기도 사람들은 다양하게 이해하고 해석할 수 있다.

사람들은 이 은둔자의 이야기를 희극적인 이야기로 받아들일 수도 있고 비극적인 이야기로 받아들일 수도 있다. 하지만 여기서 중요한 것은 오로지 단 하나의 개인만이 언급되고 있고, 오로지 그 개인이 자신의 가능성에 의해 형성되고 있다는 사실이다. 즉 이야기는 단 하나에 불과하지만, 그 단 하나의 이야기가 양산해 내는 내용은 무궁무진하다고 볼 수 있겠다.

사람이란 이런 존재이다. 사람은 자신을 순간적인 현상으로만 바라보면 완전히 불행한 존재와 동일한 것으로 인식할 수 있다. 이런 순간적인 현상 속에 빠진 사람은 절대로 자신이 처한 한계성에서 벗어날 수 있는 도피처를 발견할 수 없다. 순간적인 현상 속에서 사람이 받을 수 있는 도움은 거의 없다고 보면 된다. 바로 이런 순간에 자신 안에 있는 가능성에 대한 불안이 스스로를 옭아매는 미끼가 된다. 불안이 자신을 놓아주고 신앙 속에서 스스로를 구원할 때까지 그 미끼는 상상을 초월하는 힘을 발휘할 것이다.

사람은 신앙이 아니라면 그 어디에서도 안식을 찾을 수 없다. 그 어떤 다른 종류의 안식처가 있다고 해도, 신앙에 의해 제공되는 안식에 비하면 그것은 그저 잡담에 불과할 뿐이다. 아무리 사람이 영리하다 해도 그 사람이 살아가는 현상은 다 똑같다. 보라, 하지만 바로 그렇기 때문에 오로지 가능성만이 사람을 절대적으로 만들 수 있는 것이다.

현실 속에서 완전히 불행한 사람은 단 한 명도 존재하지 않는다. 현실 속에서 가진 것이 단 하나도 없다고 말할 수 있는 사람도 있을 수 없다. 누구나 다 알고 있듯이, 사람은 자신을 도울 수 있을 정도로 간사한 동물이다. 이 말은 지극히 당연한 소리일 것이다. 예를 들어 가능성의 학교에서 불행이라는 과목을 성공적으로 통과해 낸 자라면, 그는 모든 것을 가질 수도 있고 모든 것을 잃을 수도 있겠지만, 현실 속에서 현실적으로 잃는 것은 아무것도 없을 것이다.

만약 누군가가 자신의 가능성을 배우고자 하고 그 가능성을 속일 마음이 없다면, 그는 자기 안에 있는 불안을 유혹적인 말로 설득해 낼 수 없을 것이다. 그 불안이야말로 그를 집요하게 돕고자 하는 욕망의 원천이며 마침내 그를 구원하고자 하는 힘이기 때문이다. 그는 자신의 불안을 대가로 모든 것을 다시 얻을 수 있게 될 것이다. 그가 획득하여 얻어 내는 것은 현실 속에서 그 누군가가 성공적으로 얻어 냈던 것과는 비교도 안 될 정도로 위대할 것이다. 세상 사람들이 현실 속에서 성공적으로 얻어 낸 그것이 무엇이 되었든 간에 그가 불안을 딛고 획득해 낸 것은 열 배나 더 많은 것에 해당할 것이기 때문이다.

가능성의 학교에서 가르침을 받아야 하는 학생은 결국 무한성을 졸업 선물로 얻게 된다. 또 다른 선물이 있다면, 그것은 한계성 안에 갇혀 있던 영혼을 밖으로 내보내는 호흡을 얻게 된다는 것이다. 가능성의 학교에서 공부한 사람보다 더 깊은 곳으로 침잠할 수 있는 자는 없기 때문이다. 현실 속에서는 아무도 그만큼 깊은 곳에 도달하지 못한다. 현실 속에서는 아무도 자기가 할 수 있는 것보다 깊은 곳으로 가려하지 않을 것이고, 그토록 자주 깊은 곳으로 침잠할 필요도 느끼지 못할 것이기 때문이다.

하지만 가능성의 학교에서라면 모든 것이 가능해진다. 가능성 속에 빠진 자는 현기증에 시달릴 수도 있고, 자신의 시선을 혼란스럽게 만들어 놓을 수도 있겠지만, 또한 그 결과로 인해 어떤 기준에도 얽매이지 않을 기회도 얻을 수 있다. 그런 기준은 누구라도 붙잡고 스스로를 구원해 줄 수 있을 것 같지만 그저 아무런 힘도 못 쓰는 지푸라기에 불과할 뿐이다.

또 가능성 속에 빠진 자는 자신의 귀로 아무것도 듣지 못하는 지경에 처할 수도 있다. 예를 들어 그는 자기 시대의 시장에서 누구나 알아들을 수 있는 가격이 얼마인지도 듣지 못할 수 있고 자신이 대부분의 사람들처럼 예전에는 그들과 똑같은 사람이었다는 사실조차 전혀 알아듣지 못할 수도 있다. 그렇게 자신의 가능성 속에 푹 빠지고 난 뒤에야 비로소 그는 겨우 자신의 심연으로부터 다시 솟아오를 것이다.

절대적으로 깊은 심연의 가능성에서 다시 솟아오른 자는 마침내 자신을 이 세상 그 어떤 존재의 무게보다 가볍게 느낄 것이고, 그런 그는 삶이라는 일상에서 겪을 수 있는 어떤 끔찍한 것과 마주해도 가볍게 인식하고서 쉽게 뛰어넘을 것이다.

나는 결코 한계성에 갇힌 채 자신을 그 정도로만 형성해 내는 그런 자들과 맞서서 논쟁하고 싶지 않다. 물론 사람이 살다 보면 자신의 가능성을 통해 스스로를 형성해 낸 자라 해도 어쩌다 질이 나쁜 사람들과 어울릴 수도 있다. 살다 보면 그런 위험에 빠질 수도 있는 법이다. 그런 위험도 없이 살아갈 수 있는 사람은 아무도 없다. 또 살다 보면 그런 질이 나쁜 사람들과 어울려 다니며 다양한 방법으로 삶의 소중한 시간을 허비할 수도 있다. 그런 위험들 중 가장 극단적인 위험으로서 자살의 위험도 빼놓을 수가 없다.

만약 누군가가 비록 자신을 형성해 나가는 일을 진지하게 시작했음에도 그 와중에 자신의 내면에서 발생하는 불안을 제대로 이해하지 못하거나 결정적으로 오해하면, 진정으로 자신을 위한 신앙으로 인도되지 못하고, 오히려 그런 신앙으로부터 멀어지는 안타까운 일이 벌어질 것이다. 신앙에서 멀어지는 순간, 그는 그것으로 끝장나고 말 것이다.

하지만 반대로 자신의 가능성에 의해 자신에게 걸맞은 형식으로 자신을 형성하게 되면, 그는 자신의 불안 곁에 기꺼이 머무르려고 할 것이다. 그는 불안이 연출해 내는 온갖 종류의 가짜들에 속지도 않을 것이고 휘둘리지도 않을 것이다. 그런 거짓 현상들이 그를 맹목적으로 만들거나 귀머거리로 만들지도 못할 것이다. 그는 그런 헛것들에게 자신을 맡기는 어처구니없는 짓은 절대로 하지 않을 것이다.

가능성을 통해서 스스로를 형성해 낸 자는 거듭해서 심사숙고할 것이다. 간단하게 스쳐 지나간 과거라 해도 하나도 놓치지 않고 다시 자기 눈앞으로 가져와서 그것을 정확하게 관찰하고 고민하는 시간을 가질 수도 있을 것이다. 그럴 경우 물론 결국에는 불안이 어떤 예고도 없이 기습해 올 수도 있고, 그래서 더욱 끔찍한 일들이 벌어질 수도 있겠지만, 그렇다고 해서 그 불안이 싫어서 그 불안으로부터 도피하는 일은 생기지 않을 것이다. 그는 결코 자신의 불안으로부터 도망갈 정도로 그렇게 불안에 떨지는 않을 것이다.

불안은 가능성을 통해서 스스로를 형성해 낸 자에게는 멋지게 봉사하는 정신이 된다. 하지만 아쉽게도 이 정신은 언제나 한결같이 자신의 의지와 반대 방향으로 길을 인도한다. 그가 원하는 방향이 설정되면, 곧바로 그 반대의 길을 알려 주는 것이 바로 불안이라 불리는 봉사하는 정신의 역할이다. 하지만 아무리 그 불안이 자신의 존재를 끔찍하게 알려 와도, 또 아무리 그 불안이 완전히 새로운 방식으로 놀라게 하는 기술을 터득했다는 듯이 간계를 부리며 행동해도, 또 아무리 그 불안이 예전과는 완전히 다르게 험악하고 끔찍한 모습을 보여 주며 겁을 주어도, 그는 결코 뒷걸음질 치지는 않을 것이다.

게다가 가능성을 통해 자신을 만들어 낸 자는 자신의 불안과 멀리 떨어져 있으려 하지 않을 것이다. 더군다나 큰 소리까지 질러 대며 혹은 난리 법석을 떨어가며 그 불안을 혼쭐내고서 내쫓으려 하지도 않을 것이다. 오히려 그는 그 불안을 향해 두 팔을 벌리고서 "괜찮다 어서 오라" 하고 위로까지 하며 사랑스럽게 환영하는 자세로 기다려 줄 것이다.

가능성을 통해 자신을 배운 자는 자신의 불안과 마주하게 될 때 최고의 인식 표현을 드러내는 인사말로 안부를 물을 것이다. 이는 마치 소크라테스가 독배를 들며 인사를 건넸던 장면과 견줄 수도 있을 것이다. 그는 마지막 순간에 자신의 불안과 한 몸이 된다. 그는 마치 수술이 시작되어야 할 때 환자가 의사에게 말하듯이 단호하고도 멋지게 자신이 해야 할 말을 내뱉는다. "이제 나는 준비가 되어 있습니다."

그러자 불안은 그의 영혼 속으로 스며들고, 그곳에서 자신의 몸에서 발생하는 모든 것을 시험하며, 그 모든 것에서 마지막 순간에 대한 신호가 되어야 할 그 무엇과 그것과 관련한 사소한 그 무엇까지도 놓치지 않고 찾아내서 그것에 대해 신중하게 불안을 느끼기도 한다. 그러면서 불안이 그를 태연하게 인도한다. 그가 가고 싶어 하는 그곳으로 불안이 앞장서서 멋지게 길을 안내한다.

삶에서 이런저런 특별한 일들이 발생하거나, 세계사적으로 인정받는 한 영웅이 또 다른 수많은 영웅들을 자기 주변에 모아 놓고 어떤 위대한 영웅적인 행위를 도모하려 하거나, 어떤 위기가 들이닥쳐 모든 것들이 어떤 특별한 의미를 취하려 할 때, 사람이라면 누구나 그 자리에 있기를 바란다. 이런 위대한 사건들과 함께 자신도 멋진 형상으로 형성될 것이기 때문이다. 충분히 그럴 수 있고 또 가능한 일이다.

하지만 자신을 멋지게 형성할 수 있는 훨씬 쉽고 간단한 방법도 있다. 어쩌면 이 방법이 자신을 보다 근본적으로 만들어 줄지도 모르겠다. 그것은 가능성의 학교에서 공부하는 한 학생을 불러내는 일이다.[11] 그리고 그를 유틀란트의 황량한 들판 한가운데로 내보내는 것이다. 그곳에서는 아무런 일도 일어나지 않는다. 그곳에서 발생할 수 있는 최고의 사건이라 해 봤자 겨우 커다란 닭 한 마리가 소란을 피우며 날아가려 하는 것일 뿐이다.

하지만 그 황량한 들판에서 그 학생은 모든 것을 보다 멋지게 환영하는 법을 배울 것이고, 모든 것을 보다 정확하게 바라보고 관찰하는 법도 배울 것이며, 근본적으로 체험하는 법도 배우게 될 것이다. 그곳에서 그는 세계사라 불리는 화려한 연극 무대 위에서 온갖 찬사를 다 받고 있기는 하지만, 가능성을 통해서는 아무것도 배우지 못한 그런 알량한 배우에 지나지 않는 위인이 경험하는 것과는 비교도 안 될 정도의 위대한 경험을 할 것이다.

만약 개인이 자신의 불안을 통해서 건강한 신앙으로까지 성장을 거듭한다면, 그는 자신의 불안을 통해 불안 스스로가 원인이 되고 발생시켰던 그 무엇까지도 제거하는 위대한 사건이 발생할 것이다. 이때 불안은 운명을

---

11 '가능성의 학교에서 공부하는 한 학생을 불러내는 일'은 비유적 표현으로 받아들이면 된다. '가능성의 학교'가 정말 존재하는 것도 아니고, 그런 학교에 다니는 학생이 정말 있는 것도 아니기 때문이다. 그런데 그런 학생을 '불러낸다'는 것은 어쩌면 자기 내면에서 그런 인물을 끄집어낸다는 말로 이해해도 될 것이다. 자기 안에 가능성과 직면하고 있는 자아가 있는가? 이런 질문을 곱씹어 보면 키르케고르의 비유가 이해될 수도 있을 것이다.

발견하게 된다. 그러나 만약 개인이 자신의 운명에게 희망을 주고 위로하고자 한다면, 그 순간 불안은 돌변하여 그 운명을 단번에 제거해 버린다.

때로 운명은 불안의 모습으로, 또 불안은 가능성의 모습으로 변신을 거듭한다. 이는 마치 그림책 속에 변신을 거듭하는 형상들을 닮아 있기도 하다. 만약 개인이 이런 방식으로 자신을 통해서 운명과 관계하고 그럼으로써 스스로 변신을 거듭하지 못한다면, 그는 언제나 변증법적으로 완전히 극복될 수 없는 쓰레기 같은 찌꺼기를 자기 안에 품고 살아야 한다. 그는 항상 악취 풍기는 자신의 한계성에 부딪혀 그 앞에서 무참히 쓰러지고 만다. 그는 그 한계성을 제거할 힘도 없다. 그는 마치 희망을 갖고 확신하고 믿었던 복권에 대한 신앙을 상실하고 쓰러지는 사람처럼 맥없이 몰락한다. 그가 몰락한 진정한 이유는 자신 때문이 아니라 복권 당첨을 믿었기 때문이다. 그는 자신의 믿음을 갖고 장난을 쳤고, 또 그 믿음 때문에 자신의 삶을 상실하고 만 것이다.

불안은 세상에서 가장 사소한 것이라도 어떤 식으로든 관계를 맺고 나면 그것을 자기 곁에 두고자 하는 경향이 있다. 그 가장 사소한 것을 손만 뻗으면 닿을 수 있는 곳에 두고자 하는 이유는 그 개인이 그것을 아주 우연한 기회에 아주 우연히 획득한 것이라고 믿고 있기 때문이다. 그것 자체는 아무런 의미도 없는 것에 불과하지만, 그 개인은 그것에 대해서 그 어떤 것도 배우지 못한다. 이것은 그 개인이 자신의 한계성에 갇혀서 외부로부터 들어오는 모든 것을 스스로 차단한 결과이다.

자신의 한계성에 갇혀 있는 자는 자신의 불안에 쉽게 노출된다. 그 불안은 한계를 너무나 쉽게 알아챈다. 불안은 아주 짧은 순간에 사고를 친다. 불안은 순간적으로 무한성이란 카드를 내놓는다. 그 개인이 이 카드를 숨겨 둘 수가 없기 때문이고, 이 무한성이라는 범주 자체를 감당하지 못하기 때문이다. 그리고 가장 치명적인 이유는 한계성 안에서는 무한성에 대한 어떤 인식도 얻을 수가 없다는 것이다.

한계성에 갇혀 있는 사람은 무능하기 짝이 없다. 그는 늘 운명을 두려워한다. 그는 항상 자신의 변화를 무서워한다. 그는 외면적인 의미에서 항상 패배를 의식하며 공포에 휩싸인다. 불안은 자신 안에 있으면서 그 자체로서 이미 운명을 결정하고 그 안에서 모든 것을 절대적으로 취급하며 모든 것에서 가능성을 몰수해 버린다. 불안이 운명을 결정하고 운명 자신이 스스로 할 수 일까지 대신한다.

소크라테스는 『크라튈로스*Kratylos*』에서 이렇게 말한 바 있다. "자신에 의해 기만당하는 것은 끔찍한 일이다. 그 거짓말쟁이가 영원히 자기 곁에 있어야 하기 때문이다." 같은 방식으로 우리는 이렇게 말할 수도 있겠다. 이런 거짓말쟁이를 곁에 두고 사는 것은 행복한 일이다. 그는 경건하게 거짓말을 할 줄 알 것이고 항상 어린아이처럼 순수한 세계에서 살아갈 것이며 그래서 동심을 결코 잃지 않을 것이기 때문이다. 그 거짓말쟁이는 자기 주변에 어설프게 한계를 두르기 전까지는 무한성을 직관하고 가능성으로 충만한 세계 속에서 자유롭게 살아갈 것이다.

그런데 우리 시대의 개인들은 그런 가능성을 모른다. 그런 가능성으로 형성되지 못했기 때문이다. 현실이 그런 개인들로 인해 결정되고 규정되어 있지만, 그렇다고 절망할 일은 아니다. 나는 이 시대도 마침내 변하게 될 것이라 확신한다. 이 시대도 심연과 맞닿아 있는 개인들로 충만해지고, 그런 개인들이 새롭게 악을 규정하고 선을 배우게 될 것이라고 굳게 믿고 있다. 그런 개인들이 자신의 특성을 마음껏 발휘하며 그 어느 시대보다 자신을 별처럼 돋보이게 하며 살아가는 그런 멋진 세상이 펼쳐질 것이라고.

시대가 자유롭고 평화로울수록 그리고 차분하고 평온해질수록, 그 시대에 살아가는 모든 개인은 자신의 리듬과 규칙에 맞추어 정확하게 발걸음을 뗄 것이다. 그들은 절대로 흐트러짐 없이 걸어갈 것이다. 그러면서 선한 것만을 그 대가로 보상받을 것이다. 개인이 선해질수록 자신에 대해서는 거짓말을 밥 먹듯이 할 것이다. 그런 개인들에게는 거짓말보다 쉬운 것이 없고, 사람이라면 누구나 자기가 잘하는 것을 하려고 할 것이기 때문이다.

만약 자신의 노력이 한계에 갇혀 있는 것은 아닌가 하고 질문이 형성되면, 새로운 시대의 새로운 개인들은 그 어떤 머뭇거림도 없이 곧바로 자신에게 걸맞은 새로운 목표를 찾아 나설 것이다. 그 목표는 아름답기만 할 것이다. 아름답지 않을 이유가 없다.

그런데 지금 우리 시대를 살아가고 있는 개인들은 열여섯 살이 되기도 전에 정해진 대로 보는 법을 배운다. 그것도 삶을 보여 준다는 극장 안에서 그 법을 배우고 있다. 무대 위에 등장하는 배우들이 보는 세상을 그들의 시선으로 바라보고 그 세상을 자신의 세상으로 인식해 내는 것이다. 그 배우와 다를 바 없는 개인이 되어 자기 삶에 몰두한다. 그는 마치 예루살렘에서 출발하여 여리고 성으로 가려다가 도적 떼를 만나 죽을 지경에 처한 어떤 사람처럼 가련하고 안타까운 삶을 살아가고 있을 뿐이다.[12]

누구라도 자신의 한계에 갇혀서 비참한 삶을 살아가고 싶지 않다면, 자신의 심연으로부터 자신을 강제적으로라도 끌어올리고, 그런 후에 무한성을 찾아갈 수 있도록 자신을 자유롭게 풀어놓아야 한다. 그러면 그는 자연스럽게 떠나갈 것이다. 그는 자신이 나아가야 할 방향을 가능성에서 찾아낼 것이고, 그 과정에서 자신을 형성해 나갈 것이다. 이것이야말로 자신을 위한 진정한 교육이라 말할 수 있을 것이다. 다시 한번 강조해서 말하지만, 개인이 나아가야 할 방향은 오로지 가능성에 의해서만 완성된다는

---

12 "어떤 사람이 예루살렘에서 여리고로 내려가다가 강도를 만나매 강도들이 그 옷을 벗기고 때려 거의 죽을 것을 버리고 갔더라."(누가복음 10:30)

것을 결코 잊지 말아 주기를 바란다.

만약 자신이 자꾸 계산적으로 이익을 따져 가며 상황을 의식하려 하고 또 자신의 생각이 오로지 정해진 틀 안에서 진행되고 있다는 것을 간파하고 난 뒤라면, 그리고 또 어떤 게임이 되었든 간에 그것에서 크든 작든 하나의 승리를 거두었다고 판단이 선 뒤라면, 마침내 불안이 엄습해 올 것이다. 즉 불안은 현실 속의 게임에서 완전히 패배하기 직전에 올 수도 있고, 방금 말한 것처럼 승리를 거둔 뒤에 올 수도 있다. 그러면 그 불안은 자신을 기어코 악마 앞에 세우고야 말 것이다. 마치 아무런 저항도 할 수 없도록 십자가에 못 박힌 신의 형상처럼 자신을 사악한 악마 앞에 그토록 잔인하게 세우고 말 것이다.

악마 앞에 서게 되면 누구라도 주눅 들고 만다. 악마 앞에서는 어떤 지략도 먹히지 않는다. 아무리 영리해도 쓸모없다. 최고의 영리함이 짜 놓은 온갖 계략도 악마 앞에서는 마치 우연의 장난처럼 아무런 힘도 써 보지 못하고 그저 흔적도 없이 사라진다.[13] 불안은 이 우연을 자신에게 주어진 가능성의 힘을 통해 전지전능한 것으로 만들어 놓는다. 가장 사소한 것조차

---

13 '우연의 장난처럼'은 우리의 언어 습관에 맞춰 의역한 것이다. 원문에서는 '비 아인 슈파스 게겐 예넨 추팔(wie ein Spaß gegen jenen Zufall)'이라고 했으니, 직역하면 '저 우연에 대항하는 장난처럼'이 되어야 마땅하다. 키르케고르는 이 표현 속에서 '악마'를 '우연'과 같은 맥락에 넣고 있다. 이것은 철학적으로 매우 중요한 인식이다. 우연의 존재는 필연을 전제하고, 필연은 늘 이상의 형식으로 한 발 앞에 있다. 필연의 다른 말이라면 운명이고, 운명은 늘 인식의 대상이 되어 우리 위에 버티고 있을 뿐이다. 운명 자체는 그저 깨달음의 대상이 될 뿐이라는 얘기다. 공자도 운명을 아는 데는 50년 정도의 세월이 요구된다고 말했다. '지천명'이 인생 50세를 의미하기 때문이다. 필연은 이상이고 신성이며 천상의 의미를 지닌다. 이에 반해 우연은 불편하며 사악하고 지옥의 의미를 지닌다. 한마디로 우연은 악마와 동급이다. 우연은 악마의 속성으로만 해석이 가능할 뿐이다. 이것을 감당해 내는 것이 관건이다. 신이 그토록 간절하다면, 바로 그만큼 악마도 극성을 부릴 것이다. 천국에 가고 싶은 마음이 굴뚝같을수록 그 마음은 지옥의 온도를 감지하고 있을 것이다. 희망이 뜨거울수록 절망이 발목을 잡고 있을 때가 많다는 얘기다. 그래도 '개똥밭에 굴러도 이승이 낫다'는 말을 하고 싶다면 '우연'을 통제하고 잘 다룰 수 있는 능력을 키우는 수밖에 없다. 왜냐하면 필연과 신 그리고 천국과 영생을 포기할 수는 없기 때문이다.

개인은 자신의 불안을 통해 가장 중요한 그 무엇으로 만들어 놓기도 한다.

개인은 원하기만 하면 뭐든지 할 수 있다. 개인은 자신의 욕망을 이용하는 데는 거의 무의식적으로 반응한다. 욕망과 관련한다면 개인은 거의 뱀처럼 영리하다. 개인은 언제 어디서든 방향을 전환할 수 있다. 개인은 그만큼 교활하고 간사하며 꾀가 많다. 방향 전환은 사악할 정도로 교활하지 않으면 할 수 없는 것이다.

만약 개인이 현실에서 성공을 거두고 진짜인 것처럼 보이는 그 무엇인가로부터 벗어나고 싶으면, 불안만큼 좋은 무기는 없다. 그는 자신 안에 온전한 모습으로 똬리를 틀고 있는 그 불안을 도구로 사용할 줄 아는 지혜만 지니고 있으면 된다. 이 세상에 불안보다 더 예리하고 엄격한 시험관은 존재하지 않는다. 그가 앞에 서면 모든 것이 자신의 본색을 드러낸다. 불안이 모습을 드러내면 모든 것이 밝은 빛 속에 들어선다.

그런데 만약 불안이 느껴지지 않는다면, 문제는 심각해진다. 그때는 아주 사소한 것이 마치 대단히 중요한 사안인 것처럼 행세할 수도 있기 때문이다. 이때 불안이 등장하면, 그 불안은 이 사소한 것을 주시하게 될 것이고, 그때 그것은 마치 마렝고Marengo라는 작은 마을이 지도상에서는 그저 작은 점에 불과했지만, 나폴레옹의 마렝고 전투에 의해 역사적인 지역으로 이름을 남길 수 있었듯이, 그 지극히 사소한 것을 자신의 삶을 위한 위대한 이정표쯤으로 만들어 놓을 것이다. 왜냐하면 사소하게 인식되었던 그 지점에서 위대한 방향 전환이 일어났을 것이기 때문이다. 마렝고는 위대한 전투에 대한 상징 개념이다. 우리는 자신의 삶에서도 이런 종류의 위대한 전투, 즉 목숨을 걸고 도전한 흔적을 남겨 둘 줄 알아야 한다.

만약 개인이 스스로 자신의 사악할 정도로 교활한 영리함을 포기하지 않는 한, 그는 절대로 자신과의 관계에서도 자신을 근본적으로 무시하거나 폄하하는 실수는 저지르지 않을 것이다. 영리한 것은 좋은 것이다. 방향 전환은 문제없다. 한계에 직면하여 방향을 바꾸거나 새로운 목표를 정하고 앞으로 나아가는 것은 잘못된 일이 아니다. 한계는 늘 그다음에 따라야 할 단 한 걸음을 위해 그것의 방향을 알려 주는 이정표라는 사실을 깨달으면 된다.

개인에게 한계의 한계성은 절대로 그의 모든 것을 무너뜨리는 지점이 아니다. 자신의 영리함을 사용하였음에도 불구하고 실패의 쓴맛을 본 자라면, 그는 그 실패의 원인을 다시 자신의 영리함을 통해 반드시 찾아내고 말 것이다. 자신의 영리함을 사용할 줄 아는 자에게 현실 속에서 발생할 수 있는 진정한 실패라는 개념 따위는 생각할 수도 없는 것이다.

자신의 영리함을 이용할 줄 아는 자는 끊임없이 노력할 것이다. 그리고 노력한 만큼 더욱 영리해질 것이다. 어디까지 영리해질 것인가, 그것은 자신의 노력 여하에 달렸을 뿐이다. 게다가 신앙의 도움까지 받을 수 있다면, 금상첨화라 할 수 있겠다. 그때 그 신앙과 함께 그는 그 신앙을 통해서 마침내 자신의 삶에서 받을 수 있는 최고의 교육을 스스로 받게 하는 영광스러운 기회를 쟁취하기 때문이다.

신앙의 도움을 받으며 불안은 개인을 진정으로 교육할 수 있게 된다. 신앙의 도움을 받을 때 불안은 그 개인을 신의 섭리로 돌아갈 수 있도록 길을 터준다.[14] 이렇게 될 때 개인은 죄와의 관계도 감당할 수 있다. 죄야

---

14 '신의 섭리'에 대해서 지금까지 키르케고르는 여러 번 언급했다. 그래서 조금 늦은 감이 있지만, 여기에서라도 그 단어의 의미를 곱씹어 보아야 할 것 같다. '신의 섭리'는 '포어제웅(Vorsehung)'이라는 독일어를 번역한 것이다. 단어의 형태만 근거로 하여 의미를 찾는다면, '선견', '예견' 등이 더 어울린다. 그런데 이 개념이 기독교 신학에서 사용되면서 그 의미가 '하나님의 뜻', '하늘의 뜻', '신의 섭리', '천의' 등으로 확대된 것이다. 때로는 이 단 하나의 개념이 '하나님' 자체를 의미할 때도 있다. 신학을 공부했던 키르케고르가 이런 개념을 아무 생각 없이 사용하지는 않았을 것이다. 우리는 키르케고르가 이 개념을 가지고 무슨 말을 하는지를 관찰해야 한다. 그는 불안이 개인을 교육할 수 있고, 또 그런 교육 현장에서 신앙의 도움까지 받게 된다면 더 좋을 것이라고 말했다. 그때 개인은 마침내 신을 만날 기회를 얻게 되기 때문이다. 결국 자신의 불안 때문에 신을 향해 나아갈 기회가 주

말로 불안이 발견해 낼 수 있고 또 발견해 내야만 했던 두 번째 것이기 때문이다.[15] 만약 누군가가 자기 죄의 속성을 오로지 자신의 한계 안에서 인식하는 자는, 그저 그 한계 안에서 모든 것을 상실하고 말 것이다.

한계 안에서는 인간이 죄인이라는 존재론적 문제가 해결되지 않는다. 한계 안에서는 인간을 위해 결정될 수 있는 것은 단 한 가지도 존재하지 않는다. 한계 안에서는 모든 것이 그저 외적인 것에 불과하고, 법률에 얽매인 것에 지나지 않으며, 잘해 봐야 불완전한 방식으로 머물 수 있을 뿐이다. 그래서 만약 누군가가 자신의 죄를 경찰이나 국가의 법정 판결 등과 같은 종류로 인식하는 지경에서 머문다면, 그는 죄에 대해서 진정으로 아는 바가 전혀 없는 것이다. 그가 왜 죄인인지 또 왜 죄인이어야만 하는지 등 그런 말이 의미하는 내용 자체를 깨닫지 못하고 있기 때문이다.

인간은 모두 죄인이다. 이것을 깨닫는다는 것은 그가 죄와 관련할 때만 무한해진다는 것을 의미한다. 인간은 죄인일 때만 무한해진다. 개인이 죄인으로서의 개인일 때만 신과 마주하게 되기 때문이다. 그런데도 오로지 한계 안에서 그 한계를 통해서만 규정되고 형성된 개인이라면, 비록 그가 경찰이나 공공의 의견이나 국민의 정서에 의해 죄가 없다고 판결과 판단을 받게 된다고 하더라도, 그는 이 세상에서 가장 우스운 존재가 될 것이

어지는 것이다. 더 노골적으로 말하면, 불안은 기회다. 불안은 신을 만날 기회이다. 불안을 느끼는 순간, 우리는 쓸데없이 두려움에 휩싸일 것이 아니라, 오히려 신이 나에게 손을 내밀고 있다는 사실을 깨닫고 그 불안을 진심으로 반기고 환영해야 한다.

15 여기서는 '죄'가 '두 번째 것'이라는 말을 곱씹어야 한다. 그렇다면 첫 번째 것은 무엇일까? 그것은 바로 신, 즉 신의 뜻이다. 불안은 신을 알게 했다. 신의 존재를 깨닫게 한 주역이 바로 불안이었다. 그런데 신은 좋기만 하다. 불안은 개인을 그런 식으로 좋은 쪽으로만 나아가게 내버려두지 않는다. 불안은 정반대의 현상도 인식하게 한다. 그것이 바로 '죄'다. 신을 아는 순간, 우리는 죄에 노출될 수밖에 없다. 죄를 인정하는 한 신은 필연적인 존재가 될 수밖에 없다. 그런 필연 속에서 인간은 자신의 운명을 깨닫게 되는 것이다. 운명을 아는 한 인간은 절대로 쓰러지지 않는다. 늘 신의 뜻을 바라볼 수 있는 능력이 주어져 있기 때문이다.

고, 이 세상에 존재하는 모든 것 중에서 가장 가련한 존재가 될 것이다.

한계 안에서 한계를 통해서만 형성된 개인은 아무리 긍정적 의미에서 잘 완성된 존재라 할지라도 대부분의 사람들보다 더 나을 수는 없다. 대부분의 사람들을 위한 모범은 될 수 있어도 그 이상은 되지 못한다.[16] 우리 시대의 이 세상이 보여 주는 한계 안에서 아무리 잘 돼 봐야 목사가 되는 것 외에 다른 가능성이라고는 전혀 존재하지 않는다. 하지만 목사가 된다고 해도 그런 인생이 자신에게 진정으로 도움이 될 것인가 하는 문제는 전혀 다른 것이다. 그런 삶이 자신에게 진실로 필요한 것일까 하는 질문은 스스로 해야 하는 문제일 뿐이다.

누구는 죽을 때가 되어서야 비로소 남들이 인정해 주는 그 모범적인 인생에 도달할 수도 있다. 죽음 직전에 맞이한 그런 영광이 도대체 무슨 쓸모가 있을까 하는 생각도 스스로 해야 한다. 한계에 대해서 우리는 거듭 고민해 봐야 하는 이유가 이런 문제 속에 담겨 있다. 한계를 직면할수록 우리는 수많은 다른 것들까지도 배울 것이다. 한계는 불안에 떨어야 할 대상이 결코 아니다. 게다가 한계에 대한 인식은 매우 규칙적이고 또 그 규칙에 얽매여 있는 타락한 의미에만 머물게 하는 계기가 되지 않고, 오히려 그 바깥에 그 외부에 놓여 있는 세상을 알려 주는 한계 지점이 되어 줄 것이다.

---

16 예를 들어 시험 공화국에서 아무리 시험을 잘 봐도 그는 그저 그 알량한 시험 공화국에서만 인정해 주는 모범 시민 정도에 불과할 뿐이다. 시험을 받으려 하는 그 의지 자체가 그 존재 자체를 그렇게 옹색하게 만들고 마는 것이다. 정해진 틀 안에서 아무리 날고 기어 봐야 그 틀 안에서 최고가 될 뿐이다. 선을 그어 놓은 세상에서는 선 밖에 있는 세상이 더 많다는 것을 절대로 인식할 수 없다. 같은 논리로, 현대인은 현대 이후에 대해 아는 바가 없다. 현대를 마감하고 새로운 시대를 맞이하고 싶다면 현대와 정 떼기에 돌입해야 할 것이다. 현대인이 현대를 버릴 수 있는가? 그런 질문은 상황을 전혀 새로운 국면으로 나아가게 해 줄 것이다. 예상치도 못한 상황이 벌어질 수도 있다. 선구자가 걸어간 길을 따라가다 보면 이 지점까지 이르게 된다. 여기서부터 우리는 남다른 용기를 내야 한다. 과거에는 가져 보지 못한 용기가 요구되는 것이다.

만약 누군가가 진실로 공포에 떨 수 있는 법을 터득했다면, 그런 공포를 무대 삼아 춤을 출 수도 있을 것이다. 춤의 형식에서 몸을 움직일 수 있는 것도 삶의 지혜이다. 만약 한계에 대한 불안이 장난을 치기 시작한다는 것을 눈치채고 오히려 그것을 가지고 놀 수만 있다면 상황은 돌변할 것이다. 그때가 되면 한계 안에서 자신을 형성한 개인이라 해도 결국에는 그 안에서 머무르려는 오성과 용기까지도 포기하고, 모든 것을 자발적으로 상실하는 기적이 일어날 것이다.

삶에는 수많은 가짜가 존재한다. 우울증 환자가 두려움에 휩싸일 때도 있다. 그 두려움의 대상이 아무것도 아닌데도 불구하고 그 진상을 깨닫지 못하는 것이다. 지극히 사소한 사물을 앞에 두고서도 그는 기어코 세상에서 존재할 수 있는 최고의 것을 끄집어내고야 만다. 그러고서는 그것을 최고의 것을 간주한 상태에서 진지하게 호흡하기 시작한다. 도대체 이런 사람은 자신의 삶을 통해서 무슨 짓을 하고 있는 것일까?

중요한 의미를 지닌 현실은 가능성처럼 그렇게 끔찍하지는 않다. 우울증 환자가 만들어 내는 가능성의 세계는 상상을 초월한다. 그는 온 힘을 다해 자신이 속한 가능성의 세계를 창출해 내고야 만다. 하지만 그의 그 힘이 오로지 진정한 현실, 그 중요한 의미를 지닌 현실에 대항하여 자신을 형성해 내고 있다는 사실을 깨닫지 못한다. 그가 힘을 쓸수록 심연에 이미 깊다는 의미가 내포되어 있어서 "심연 속으로 더 깊이"는 빠져드는 어처구니없는 일이 발생한다. 그가 빠져든 그의 심연은 그가 할 수 있는 만큼 깊어진다. 그가 우울하게 생각하는 만큼 심연은 더욱 혹독한 어둠을 보여 줄 것이다.

우울증 환자는 가능성을 통해서 스스로 형성된 개인과 비교한다면 그저 불완전하게 공부하는 독학자라 할 수 있겠다. 왜냐하면 그는 신을 모르고 있기 때문이다. 우울증은 한편으로는 육체적인 문제이고, 그래서 다른 한편으로는 우연성과 관련한 문제일 뿐이다.

하지만 진정한 의미에서 혼자서도 배우고 혼자가 된 상태에서도 배울 수 있는 독학자라면, 다른 저자도 말했듯이, 똑같은 열정과 관심을 가지고 오로지 신을 통해 모든 것을 배울 것이다. 혹은 이런 지식적이지만 현학적인 측면을 피하고 싶다면, 다음과 같은 다른 표현으로 말할 수도 있겠다. 즉 그는 '자신을 이용해서 자신을 일구는 자'일 것이고, 그는 똑같은 정도로 '신에게 봉사하는 자'일 것이다. 불안을 통해 죄와 관계를 맺고, 그런 관계를 통해 스스로 자신을 일궈 낸 자는, 바로 그런 이유로 인해 속죄하면서 또 오로지 그 속죄의 형식 속에서 비로소 안식을 찾을 것이다.

고민을 시작했던 이 지점에서 책을 마무리하고자 한다. 심리학이 불안과 함께 끝을 맺고자 하는 한, 불안은 교리의 문제로 넘어가기 때문이다.

심리학 대 도그마
인간을 주인공으로 하는 철학의 시작

키르케고르와 『불안의 개념』

『불안의 개념』은 1844년에 출간되었다. 키르케고르는 이 책을 통해 우리를 불안이라는 개념 앞에 세운다. 우리는 불안과 함께 존재한다. 결국 불안은 존재한다. 하지만 불안 때문에 이 삶을 포기하고 저세상으로 갈 필요는 없다. 이 삶이 힘들다고 천국에서의 삶을 동경할 필요도 없다.

아무리 힘들어도 삶의 책임은 자신에게 있다. 이 세상에 태어난 이상, 삶은 자신의 것임을 자각해야 한다. 상처 나고 어딘가 잘려 나가는 고통이 있어도 그 부족한 것을 삶의 주체라 여기고 끝까지 살아야 한다. 나이가 들고 몸에서 썩은 냄새가 풍긴다 해도, 그것이 결국 자기 자신임을 인정하며 살아야 하는 것이다. 그것이 삶을 얻은 사람의 도리이다.

사람은 존재한다. 존재한다는 말은 무엇이 이 세상에 있다는 뜻이다. 우리는 어떤 형식으로든 있는 그것에 마음을 두어야 한다. 있지도 않은 것에 마음을 쓰며 환영에 시달리거나 귀신까지 보는 일은 없어야 한다. 하지만 사람은 귀신까지 보는 존재라서 문제다. 사람은 신도 보는 존재라서 삶 자체가 이미 상당히 까다로운 문제다.

철학자 키르케고르는 사람의 삶을, 인간의 인생을, 존재자의 존재를 고민하게 한다. 그것이 무엇일까? 그것이 삶이고 인생이고 존재라는 이 말 앞에서 그는 오랫동안 고민했다. 그 고민의 흔적이 『불안의 개념』 속에 응집되어 있다. 고전이 된 이 책을 읽어 내야 하는 것은 우리의 책임이다.

사람에겐 삶이 있다

심리학은 자유를 품었지만, 신학은 도그마로 채워져 있다. 심리학은 인문학의 한 부분으로 사람의 마음을 연구하지만, 신학은 여호와 하나님의 존재를 연구한다. 심리학은 보이는 사람을 주목하고 관찰하며 설명하지만, 신학은 보이지 않는 신을 다양한 말과 논리로 설명하고 보여 준다. 보이는 것에는 한계가 있지만, 보이지 않는 것에는 한계가 없다. 심리학은 무슨 말을 해도 사람마다 각자 자기가 보는 것이 있어서 듣는 사람을 불편하게 만들지만, 신학은 무슨 말을 해 놓아도 증명할 길이 없고 확인할 길도 없어서 신비롭기만 하다.

신은 무궁무진하고 전지전능하며 완전무결하다. 신에 대한 저항은 신성모독일 뿐이다. 신에게는 그저 복종하는 것만이 답이다. 그런 신에게 향하는 열정으로 천 년의 세월이 흘러갔다. 천 년의 시간이 중세라는 이름으로 불리고 있다. 신 중심 사상이 중세의 이념으로 군림했다. 신만이 주인공이었다. 신이 있다는 그 천국을 향한 열망만이 인정받을 수 있었다. 신의 주변을 채우고 있는 천사들을 향한 욕망만이 정답이었다.

신에게는 뜻이 문제지만, 인간에게는 마음이 문제다. 하나님의 뜻은 신성한 것으로 인식되고 인정되지만, 인간의 마음은 쓸모없는 것이거나 기껏해야 하찮은 것쯤으로 인식되고 평가된다. 여호와 하나님은 계명을 주고 명령하는 주체이지만, 인간은 그 계명을 받아들이거나 그것과는 상관없이 자기 마음대로 행동하는 주체이다. 신은 전지전능하지만, 인간은 늘 한계에 직면한다. 결국 신은 신이고, 인간은 인간으로 남을 뿐이다.

'임마누엘Immanuel'은 신의 이름이다. 성경의 저자는 이 이름을 "하나님이 우리와 함께 계시다 함이라"(마태복음 1:23)라고 설명해 놓았고, 우리의 성경 번역자는 이 표현에 존칭까지 사용했다. 말은 생각의 표현이지만, 그 표현이 형식을 규정하고, 그 형식은 내용을 담아내는 그릇이 된다. 결국 함정에 빠진 것이다. 임마누엘의 함정에 정신이 매몰되고 만 것이다. '함께'가 이상한 것으로 변질되었기 때문이다.

임마누엘은 '신이 함께한다'라는 뜻이지만 신과 등급이 같아지는 것은 아니다. 인간이 신과 동급이 되는 것이 아니라는 얘기다. 임마누엘을 통해 공존할 수는 있지만, 균형이 이루어지는 것은 아니다. 이것이 문제다. 이것이 임마누엘의 상황을 고민하게 만든 것이다.

구원 상황에서 모든 사람은 천사가 된다고 했다. "사람이 죽은 자 가운데서 살아날 때에는 장가도 아니 가고 시집도 아니 가고 하늘에 있는 천사들과 같으니라."(마가복음 12:25) 천사의 존재에 개체성은 존재하지 않는다. 모두가 하나같이 똑같다. 이름도 없는 무리다. 물론 대천사라면 미카엘, 가브리엘, 라파엘처럼 이름이 주어져 있지만, 그 외의 천사들은 그저 '천사'라고만 불린다. 마치 군대의 군사들과 같은 존재다.

즉 구원 상황에서 개체의 개체성이 사라지게 된다는 것은 거의 확실하다. 게다가 신은 '빛'을 좋아한다고 말해 놓음으로써 그의 취향까지 밝혔다. "빛이 하나님이 보시기에 좋았더라."(창세기 1:4) 천국은 하나님의 나라이고, 그 나라에는 어둠이 없을 것이다. 결국 빛만 존재하는 세상에서는 무엇이 보일까? 빛밖에 없다면 보이는 것은 아무것도 없을 것이다. 어둠이 있어야 그림자가 생기고, 그림자가 있어야 명암이 확인되는데, 오로지 빛밖에 없다면 인식할 수 있는 것은 아무것도 없을 것이다. 그저 맹목만이 생각을 지배할 뿐이다.

구원 상황에서 결국 개인의 개인성은 무의미해진다. '너 자신을 알라!' 라는 명령도 무색해진다. 천사는 그런 것으로부터 자유로운 존재이기 때문이다. 철학자 키르케고르는 교회에서 공부하고, 일하며, 가르쳤던 선생이다. 그는 평생 교회의 범주 안에서 생활하다가 세상을 떠났다. 다만 그가 말하는 교회와 교회의 교리는 달랐다. 그것이 늘 그를 괴롭혔던 것이다.

선구자는 늘 욕을 먹는다. 아무도 걸어 보지 못한 길을 걷고 있기에 그의 발걸음 자체를 쉽게 이해할 수가 없기 때문이다. 그래서 선구자는 외롭기만 한 것이다. 홀로 모든 것을 짊어지고 가야 하니 힘들기도 하겠지만, 힘들다고 말하지 않는 것이 선구자의 모습이다. 그는 그의 길을 운명으로 떠안고 있다. 참고 견뎌 내며 묵묵히 걸어간다. 때로는 심한 말도 했지만, 그것조차 진심에서 우러나와 했던 말이다.

그런데도 사람들은 말이 많다. 모두 자기 입장에서 그 선구자의 행적을 해석하고 비판한다. 그가 실수했다고, 잘못을 저질렀다고, 오해했다고, 그의 생각이 짧았다고, 함부로 말해 대고 있는 것이다. 남들이 하는 말을 듣고 판단하면 실수를 거듭하게 된다. 이제 스스로 선구자의 입장이 되어 보는 것도 좋다. 선구자가 눈 위에 찍어 놓은 발걸음을 보폭까지 맞춰 가며 고스란히 따라가 보는 것도 좋으리라.

지금 우리는 키르케고르의 『불안의 개념』이라는 책을 읽었다. 이번 번역의 목적은 그의 목소리를 듣고자 함에 두었다. 누가 그의 글에 대해서 무슨 소리를 하는지에 관해서는 귀를 닫고자 했다. 키르케고르는 누가 뭐라 해도 흔들림 없이, 자기 자신을 믿고 선구자의 길을 걸었기 때문이다. 우리도 이제 그의 길을 따라가며 그를 있는 그대로 이해해야 할 때가 되었다. 그가 걸어간 길에서 그가 본 것을 바라봐야 할 때가 된 것이다.

심리학이 문제다

심리는 마음의 논리를 의미한다. 심리학은 마음의 작용과 의식의 상태를 추궁하는 학문이다. 이것은 모두 맞는 말이지만 결과를 두고 하는 말에 불과하다. 선구자에게 결과는 미래의 산물일 뿐이다. 선구자는 마음을 찾아 먼 길을 떠나야 했다. 어두운 우주 공간으로 나아간다고 할까. 아무도 가르쳐 주지 않는 길을 스스로 모색하고 찾아내야 했다. 지도에도 없는 길을 스스로 만들며 걸어가야 했던 것이다.

마음이 존재한다. 그런데 사람의 마음은 먹기 나름이라서 문제다. 정해진 것이 있는 것 같으면서도 없다. 어떤 마음을 먹느냐가 문제일 뿐이다. 우리말 중에는 '마음씨'라는 단어가 있다. 박노해 시인은 '마음씨'를 '마음의 씨앗'이라고도 표현했다. 그 씨앗이 싹을 틔우고 성장하면 어떤 존재가 될까? 거대한 나무가 될 수 있고, 작은 꽃이 될 수도 있다. 쌀이 열리는 벼가 될 수도 있고, 알레르기를 유발하는 옻이 될 수도 있다.

사람에게는 마음이 있다. 사람의 삶은 어떤 마음을 먹느냐에 따라 전혀 다른 그 무엇이 될 것이다. 좋은 마음을 품으면 좋은 사람이 될 것이고, 나쁜 마음을 품으면 나쁜 사람이 될 것이다. 하지만 그 좋고 나쁨조차 사람의 마음에 따라 전혀 다른 내용으로 결정될 수 있다. 아무리 나쁜 것이어도 좋은 마음을 품고 좋게 다루고자 한다면, 나쁜 것도 유용한 그 무엇으로 변할 것이고, 반대로 아무리 좋은 것이라 해도 나쁜 마음을 품고 다루면 좋았던 의미는 사라지고 해로운 그 무엇으로만 모습을 드러낼 것이다.

사람은 그저 무궁무진한 세상 속에 존재할 뿐이다. 키르케고르는 사람의 삶을 바라보며 바로 이 무궁무진한 세상을 발견한 것이다. 한계가 있지만 그 한계를 넘어서고 나면 끝이 보이지 않는 세상이 보일 것이다. 사람의 삶에는 한계가 주어져 있지만, 그 한계는 삶이라는 과정에서 무한히 넘어설 수 있는 대상이다. 어디까지 넘어서고 나아갈 것인가? 그것은 마음 먹기 나름이다. 어떤 마음까지 먹어 보았는가? 그것까지도 사람의 마음에 달려 있을 뿐이다.

마음이 있어서 마음도 공부해야 한다. 지금이야말로 마음을 공부하기 딱 좋은 때다. 마음에도 길이 있어서 그 길도 알아야 한다. 길은 확실히 있다. 문제는 어떤 길을 선택하고 어떻게 그 길을 걸어갈 것인가가 문제다. 마찬가지로 사람에겐 마음이 있다. 그 마음의 존재 여부에 대해 토론의 여지는 없어야 한다. 누구나 자신의 마음을 알고 있을 것이다. 그것 자체에 대해 의심하는 자는 없을 것이다.

물론 사람은 의심하는 동물이다. 사람은 자신의 마음에 대해 의심할 수 있다. 하지만 마음 자체에 대해 의심하는 것이 아니라, 어떤 마음인지를 궁금해할 뿐이다. 마음이 있는데, 그 마음이 어떤 마음인지가 문제라는 얘기다. 사람은 자기 마음도 자기가 모를 수 있다. 사람의 마음은 먹기 나름이라서, 그 말하는 순간, 그 말을 하면서도 이미 다른 생각에 빠질 수 있다.

마음을 인정하는 순간, 모든 것은 오리무중이 된다. 마음을 삶의 중심이라는 말을 꺼내 놓는 순간, 이미 모든 것은 기존의 것에서 어긋나는 말을 할 수밖에 없는 지경이 펼쳐진다. 사람은 누구나 자신의 의견을 가질 수 있고 자신의 주장을 펼칠 수 있다. 그래서 사람은 누구나 타인의 의견에 관여할 수 있고 타인의 주장에 맞설 수 있다. 사람은 자기와는 아무런 관련도 없는 사안에 대해서도 훈수를 둘 수도 있다는 얘기다. 누구든 '넌 틀렸다!'라는 말을 꺼내 놓을 수도 있다. 누구나 기존의 익숙한 말을 기준으로 삼아 날카로운 비판을 쏟아 놓을 수도 있는 것이다.

출판을 위해 가명을 써야 했다

『불안의 개념』의 작가는 가명을 사용하며 자기 자신을 숨겼다. 선구자는 자신을 이런 식으로 숨겨야 할 필요를 느꼈던 것이다. 종교개혁자 마르틴 루터도 자신의 이름이 의미하는 바를 직역하여 '엘레우테리오스 Eleutherios', 즉 '자유인'이라고 부르며 혁명을 시작했고, 바르트부르크 시절에는 '융커 외르크Junker Jörg'라는 이름으로 불리며 숨어서 지내야 하기도 했다. 또 1차 세계대전에서 패배한 조국의 청년들에게 쓴소리를 쏟아 놓아야 했던 헤르만 헤세는 『데미안』이라는 소설을 '에밀 싱클레어Emil Sinclair'라는 가명으로 출판했다. 다 나름대로 이유가 있었고, 그 이유는 충분히 납득할 수 있는 것이었다.

본명을 사용하면 자신의 신분이 노출된다는 위험이 있었기에, 작가는 자신의 이름을 숨겼던 것이다. 키르케고르는 자신의 철학적 이념을 담은 대부분의 작품을 가명으로 출판해야 했다. 시대정신에 어울리지 않는 말을 담아 놓았기 때문이다. 일견 시대정신에 저항한다는 이미지가 부각되면 그의 목숨도 위험해질 것이라고 판단해서 그렇게 일을 처리했을 가능성이 농후하다. 요즈음의 현상으로 이해하자면, 댓글을 달 때 가명을 사용하는 것과 비교하면 쉽게 납득할 수 있을 것이다.

키르케고르가 가명으로 출판한 책들 속에는 기존의 교회 권력과 맞서는 내용이 주를 이룬다. 그래서 그가 자신의 책을 가명으로 출판한 것은 당시 어설프게 기독교 행세를 하고 있는 현실적 기독교에 맞서 진정한 기독교의 이념을 위해 적극적으로 싸웠던 흔적으로 이해될 수 있겠다. 그는 말하자면 새로운 의미에서 기독교의 옹호자였고, 사람의 삶을 외면하지 않는 기독교적 인권 변호사였으며, 세상의 권력과 타협하지 않고 기독교 이념을 주장하는 철학자였다.

의견을 내는 것은 자유지만, 진정으로 의견을 자유롭게 피력할 수 있었던 시대는 그리 많지 않다. 거의 모든 시대에는 그 나름의 시대정신이 군림한다. 시대마다 금기 사항이 있기 마련이고, 선구자들은 이런 금기를 깨려고 애쓰며 역사를 탄생시키는 것이다. 하지만 그런 시대정신에 맞서서 선구자적으로 발언할 수 있는 자는 극히 소수에 불과하다. 사실 이런 발언은 많은 것을 위기에 떠넘겨야 하는 무책임한 처사가 될 수도 있다. 가족 전체를 위험 속에 빠뜨릴 수도 있다. 그래도 맞서야 한다면, 목숨을 걸어야 한다. 많은 것을 포기해야 하는 상황은 그에 따른 부차적 문제일 뿐이다.

이런 측면에서 보면, 이름 바꾸기 정도는 최소한의 전략으로 이해될 수도 있다. 진정한 이름은 가명 뒤에 숨는 것이다. 자신이 누군지 은폐의 형식으로 드러내는 것이다. 자신이 누군지 가명으로 드러내 놓기는 하지만, 그 가명으로 자신을 찾을 수 없게 하는 것이 바로 이 가명의 위력이다. 키르케고르는 1843년에 첫 작품으로 간주되는 『이것이냐 저것이냐』를 출간하는데, 그때 그는 '빅토르 에레미타'라는 가명을 사용했다. 이 이름은 '승리한 이민자'라는 뜻이다. '이방인', '외부인' 등의 정서와 이미지가 전면에 강하게 나선 것이다.

키르케고르는 같은 해에 두 권의 책을 더 출간하게 되는데, 『공포와 전율』은 '요한네스 데 실린티오Johannes de Silentio'라는 이름을, 『반복』이라는 책을 위해서는 '콘스탄틴 콘스탄티우스Constantin Constantius'라는 이름을 사용했다. 굳이 그 이름의 의미를 살펴보자면, 전자는 '침묵하는 요한네스'라고 말할 수 있겠고, 후자는 '뜻을 굽히지 않는 자' 혹은 '고집스러운 자'를 뜻한다. '요한네스'는 왠지 광야에서 '회개하라!'고 부르짖으며 예수가 등장할 수 있도록 준비했던 세례 요한을, 그리고 '콘스탄틴'은 313년 밀라노 칙령과 함께 관용 정신으로 기독교를 인정한 로마 황제 콘스탄티누스를 연상케 한다.

『불안의 개념』을 위해서는 '비길리우스 하우프니엔시스'라는 이름을 사용했다. 중세 코펜하겐의 이름이 '하운'이었고, 그것을 사용해서 이름을 지어 놓은 것이다. '코펜하겐을 뜬눈으로 지키는 보초'라고 할까. '코펜하겐의 안전을 책임지는 야경꾼'이라고 할까. 한산閑山이라는 이름의 섬 한산도閑山島에서 결코 한산하게 지낼 수 없었던, 큰 칼을 옆에 차고 높은 수루에 홀로 앉아 어두운 밤을 지켰던 이순신 장군이 떠오른다. 그런 정신이 이 민족과 나라를 지켜 준 것이다. 〈한산도가〉는 이런 천재의 안목이 담겨 있는 우리 민족의 훌륭한 예술 작품 중 하나가 된다. 이런 안목을 『불안의 개념』에서도 발견할 수 있다.

코펜하겐은 키르케고르가 태어나고 사망한 그의 고향이며, 그가 평생을 살아간 도시다. 키르케고르에게는 남다른 의미가 부여된 도시인 것이다. 그는 자신이 사는 곳을 지키려 했다. 코펜하겐은 덴마크의 수도이자 항구 도시이며, 무역을 통해 큰 부를 축적할 수 있었던 도시이다. 늘 그렇듯이 먹고살 만하면 기존의 틀에서 벗어나고자 하는 움직임이 가시화된다. 발전과 성장이 충분하다고 인식되기 시작하면, 삶의 질과 내면의 문제를 돌아보기 마련이다.

기존의 틀에서 벗어나고자 할 때, 변화에 대한 욕구가 발생한다. 삶의 방식이 바뀌는 것이다. '종교개혁'으로 번역되는 독일어 '레포어마치온 Reformation'은 직역하면 '폼form을 바꾼다'는 뜻이다. 여기서 '폼'은 형식을 뜻하고, 형식이 바뀌면 내용도 바뀔 수밖에 없다. 마찬가지로 키르케고르는 변화의 시대에 살고 있었다. 외적인 삶의 방식만 바뀌는 것이 아니라, 생각하는 삶의 영역에서도 큰 변화를 겪고 있었던 것이다.

생각이 바뀌고 있었다. 혁명은 이미 오래전부터 시작되고 있었다. 귀족과 시민이라는 갈등 구조는 19세기 전체를 채우는 내용이다. 1789년에 촉발한 귀족과 시민의 정치적 갈등은 1918년 1차 세계대전의 종식과 함께 막을 내린다. 하나의 세기 전체가 갈등으로 채워진 셈이다. 1차 세계대전, 바로 이때부터 귀족은 사실상 역사의 뒤안길로 접어들게 된다. 물론 여전히 귀족이 존재하는 나라도 있다. 하지만 대부분은 시민이 주권을 잡는 데 성공했다. 그리고 귀족이 남아 있는 나라조차도 많은 권력 혹은 대부분의 권력을 시민에게 넘겨준 상태이다.

불안은 사람의 문제다

하나님이 불안에 휩싸여 벌벌 떨었다는 이야기는 없다. 신은 불안을 느끼지 못한다. 불안은 신의 존재와는 전혀 상관없는 것이다. 신은 불안의 범주에 속하지 않는다. 신은 불멸의 존재이고 불사의 존재이며 영원한 존재일 뿐이다. 신에게는 늙어 감의 과정도, 병들어 고생했다는 말도, 죽음도 어울리지 않는다. 죽음이라는 사건 자체가 신에게는 불가능하다. 그럼에도 불구하고 불안은 존재한다.

불안은 현실과 사람의 문제다. 불안을 느끼지 않는 사람은 없다. 불안이 있으니까 사람인 것이다. 불안은 신의 문제가 아니라서 신학의 문제도 되지 않는다. 신이 불안을 느꼈다는 말은 모순이다. 불안을 느끼지 않으니까 신이라 말할 수 있는 것이다. 여기에 전형적인 구분이 형성된다. 사람 대 신이라는 이분법적 사고의 틀이 형성된다. 사람은 늘 불안과 직면한 존재이고, 신은 어떤 경우에서도 불안을 모른다는 전형적인 차이가 형성된 것이다.

'불안'으로 번역한 독일어 '앙스트Angst'에는 '불안' 외에도 '걱정', '근심', '고민', '공포' 등의 의미가 있다. '무서움'이나 '두려움'도 이 단어와 관련된 의미라 할 수 있다. 불안은 생각의 결과물이다. 생각할 수 있는 존재이기에 불안을 떠안아야 하는 것이다.

성경을 읽다 보면 '태초'에 대한 소식부터 '종말'에 대한 소식까지 전해진다. '태초'는 지나간 이야기인데 현실처럼 너무나 생생하기만 하고, '종말'은 아직 오지도 않은 현실인데 남의 일 같지 않다. 재미난 이야기는 정신을 사로잡는다. 그것이 진실을 꿰차고 진리를 독점하며 다른 생각을 하지 못하게 한다. 하나의 이야기가 마땅히 자유로워야 할 생각을 틀에 가둬 놓는 것이다.

사람은 완전하지 않기 때문에 불안해한다. 사람이 완전하지 못한 이유는 생각을 멈출 수 없기 때문이다. 생각은 멈출 수 없기 때문에 진행시킬 수밖에 없는 것이다. 자전거 타는 법 배울 때를 떠올리며 이해해도 좋겠다. 페달은 밟아야 한다. 페달 돌리기를 멈추면 자전거는 넘어진다. 쓰러지지 않으려면 끊임없이 최선을 다하고 사력을 다해 페달을 밟으며 전진해야 한다.

사람은 생각하는 존재다. 호모 사피엔스다. 생각을 멈출 수도 없고 멈춰서도 안 된다. 생각하는 존재는 생각으로 살아남을 수밖에 없다. 생각하는 존재에게는 생각이야말로 최고의 선물인 동시에 최고의 무기가 되기도 한다. 생각하는 존재에게 생각은 능력이지만, 그 능력이 때로는 사람을 지옥 속에 떨어뜨리기도 한다. 자기 자신이 처한 세상을 지옥으로 만드는 것도 또 천국으로 만드는 것도 결국 생각하는 주체가 생각하는 내용에 달려 있을 뿐이다.

무슨 생각을 할까? 그것이 늘 문제다. 지금 이 순간에도 생각은 정해진 바가 없다. 지금 이 순간 지옥을 생각할 수도 있고 천국을 생각할 수도 있는 것이다. 영원불변을 생각할 수도 있고 폭포처럼 쏟아지는 무리 속에 단 하나의 물방울 신세를 떠올릴 수도 있다. 무궁무진한 천국의 인생을 생각할 수도 있고, 끝도 없이 펼쳐진 사막의 한가운데 있는 느낌으로 생각할 수도 있다. 둘 다 무궁무진한 형식이지만 그 내용은 전혀 다르다.

생각은 늘 불안하다. 아무리 확실한 수학적 공식을 공부해도 그 공식이 사람을 안심시키지는 못한다. 아무리 확실성을 믿고 또 믿어도 그 믿음 뒤에는 훨씬 더 큰 불안감을 떠안아야 한다. 확실성을 믿었던 것에 대한 대가는 가혹하다. 당연할 것이라는 확신 속에서 형성되었던 모든 생각은 결국 물방울처럼 추락하게 될 것이고, 그것은 결국 단단한 바닥에 부딪혀 깨지는 아픔을 감당해야 한다. 망상이나 환상이 깨지는 순간 현실은 괴물처럼 다가올 수도 있다.

불안은 죄의식의 원인이다

죄의식은 고대에도 있었다. 죄의식 자체는 결코 중세의 전유물이 아니라는 얘기다. 죄를 짓고 고생한다는 이야기는 신화에서도 자주 등장하는 이야기의 형식이고 주제이다. 그런데 고대를 무너뜨리는 세대가 등장했다. 하늘의 이야기를 들려주는 세대가 등장한 것이다. 이 세대는 스스로를 '아이타스 크리스티아나Aetas Christiana', 즉 '그리스도의 시대'라고 칭하면서 신의 출현과 함께 그의 존재와 어울리는 삶의 형식을 설명하기에 이르렀다. 중세인들이 새로운 시대를 연 것이다.

고대가 지나고 중세가 시작되었다. 신들의 시대가 지나가고 신의 시대가 열린 것이다. 누구나 신의 반열에 오를 수 있는 가능성의 세계는 과거의 일이 되고, 오로지 유일신 여호와 하나님만이 신으로 군림하는 시대가 열린 것이다. 전지전능하고 완전무결한 존재가 신의 이름으로 구축되면서 어쩔 수 없이 그 정반대의 형상도 형성된다. 신이 있었고, 그 신이 인간을 창조했지만, 인간은 죄를 짓고 말았다. 이런 이야기가 기록되었고 '성경'이라는 이름으로 세상에 전해진 것이다.

중세가 연출해 낸 가장 대표적인 변화는 '죄의식'이다. 사람에겐 의식이 있고, 그 의식은 죄의식을 중심으로 하여 작동한다는 논리이다. 사람은 근본적으로 태어나면서부터 죄인이었다. 중세의 이야기들은 한결같이 모든 사람을 죄인으로 만드는 논리로 일관했다. 신화에서처럼 이야기를 이야기 수준으로 남겨 두지 않고, 이야기를 '신의 말씀'으로 숭배하면서 이상한 논리가 탄생한 것이다.

키르케고르는 불안을 독점한 기독교의 교리를 발견한다. 기독교의 이야기는 사람의 불안을 주목했고, 거기서 논리를 엮어 냈다는 사실을 발견한 것이다. '네 죄를 네가 알렸다!' 하며 윽박지르면 사람은 누구나 주눅 들수밖에 없다. 세례 요한처럼 아무 때나 아무 데서나 '회개하라!'고 외쳐 대면 누구나 회개할 대상을 기필코 찾아낼 것이다. 누구나 자신의 잘못을 잘 알고 있기 때문이다. 모든 사람은 죄인이다. 사람은 누구나 자신의 죄목을 잘 알고 있다는 것이 그 증거다.

"네가 어디 있느냐?" 신이 인간을 향해 던진 최초의 질문이다. 이 질문을 들은 인간은 "내가 벗었으므로 두려워하여 숨었나이다"(창세기 10:3)라고 대답한다. 누가 가르쳐 주지도 않았는데 인간은 스스로 잘 알고 있다. 첫째, 그는 벗었다. 즉 인간은 몸이라는 것을 가지고 있는 존재다. 그것이 말썽이다. 눈에 보이는 이 몸이 문제라는 인식이 사람을 괴롭힌다. 사람은 그것을 숨겨야 할 필요성을 느낀 것이다. 둘째, 그는 두려움을 느꼈다. 두려움은 인간에게 본연의 문제다. 눈에 보이는 이 몸 때문에 불안을 느끼고 있는 것이다.

의식의 시작 지점은 자신의 몸에 대한 인식이었다. 인식이 의식으로 발전한 것이다. 의식은 옳고 그름에 대한 판단을 근거로 하여 형성되고 진행된다. 사람에게는 당연히 의식이 문제가 될 수밖에 없다. 의식이 없다면 죽은 사람이거나 죽지 않았다고 해도 식물인간으로 인식될 것이다. 의식의 존재 여부는 사람이 사람다움을 증명하는 잣대가 되는 것이다.

그런데 그 의식 속에 죄의식이 있다. 늘 부족한 그 무엇이 문제다. 사람은 누구나 원하는 것이 있다. 아무것도 아닌 상태에서도 사람은 그 무엇인가를 원할 수 있다. 사람은 누구나 욕망을 품고 있다. 무엇을 향한 욕망인지는 중요하지 않다. 그저 사람은 사람이기에 욕망을 품게 되는 것이다. 욕망은 필요에 대한 인식을 전제하고, 그 필요는 결국 부족함에 대한 고백이 된다. 잘한 것보다 못한 것이 더 먼저 인식된다. 그것이 문제라는 얘기다.

죄의식으로부터 자유로운 사람은 없다. 부모가 사망한 시점에 자식은 자신이 불효자라는 감정에 직면한다. '더 잘 할 수 있었는데!' 하는 감정이 자신을 괴롭히는 것이다. 또 그저 '나를 이해했는가?' 하고 뜬금없이 질문을 던져 놓아도 그 질문의 파장은 끝도 없이 펼쳐진다. 아폴론 신전에 적혀 있었다는 그 유명한 말, '너 자신을 알라!'라는 문구도 사람이 자기를 모른다는 인식이 전제되기 때문에 진리의 소리처럼 들릴 수 있는 것이다.

키르케고르는 실존 철학의 선구자다

중세의 주인공은 신학이었다. 신을 연구하는 것이 학문의 주된 숙제였다. 질문도 신과 관련한 것만 허락되었다. 신 중심 사상이 중세라는 천 년의 세월을 채웠던 것이다. 신 외에는 그 어떤 것도 정당하지 않았다. 오로지 신만이 진리이고 정당성이며 빛이었다. 하지만 천 년도 지나가고, 근대가 '르네상스'라는 시대정신으로 모습을 드러낸다. '다시 태어남'이라는 말이 시대를 대변하는 말이 된 것이다.

'다시 태어남'의 전제는 그때까지 '죽어 있었다'는, 즉 사망에 대한 의식이고, 중세를 거슬러 올라가 신들의 세상이었던 고대의 정신에까지 다다르려는 의지다. 죽었던 존재가 다시 태어난다는 의식이 근대의 정신을 이끌었던 것이다. 고대는 신들의 세상이었다. 신들이라 말하면서 사람 사는 이야기를 재미나게 들려줬던 시대이다. 사람이 신이 될 수 있었던 세상이었다. 그러면서 사람의 삶을 이야기하는 형식이 학문으로 불리기 시작했다.

인문학은 근대의 학문이다. 인간 중심 사상이 근대의 정신을 채웠다. 그리고 인간의 인생을 연구한다는 뜻으로 생철학이 탄생하고, 그다음에는 눈에 보이는 현상을 연구한다는 의미로 현상학이, 또 실존을 연구한다는 의미에서 독일에서는 실존 철학이, 그리고 프랑스에서는 실존주의가 탄생한다. 이것이 인간의 인생, 사람의 삶을 연구하고자 했던 인문학에서 시작한 거대한 강물이다. 이름은 다양하게 바뀌었어도 그 내용은 늘 똑같았다.

사람의 삶이라 말하든, 인간의 인생이라 말하든 사실 큰 문제는 없다. 둘 다 같은 의미라고 보면 된다. 사람과 삶은 순수 우리말일 뿐이고, 인간과 인생은 한자어일 뿐이다. 한자어는 한자가 있다는 것 때문에 좀 더 고전적인 의미를 취할 수 있다는 장점이 있지만, 그렇다고 해서 바로 그것 때문에 사람의 삶이라는 표현을 무시한다면 그 또한 어처구니없는 실수일 것이다. 그저 둘 다 인정하면 될 일이다.

특히 실존 철학은 '엑시스텐츠필로조피Existenzphilosophie'를 번역한 말이고, 실존주의는 '엑시스텐티알리스무스Existentialismus'를 번역한 말이다. 실존 철학은 앞서 언급했듯이 주로 독일 철학자들, 특히 야스퍼스나 하이데거에 의해서 철학의 전면에 나서게 된 개념이고, 실존주의는 프랑스의 철학자들, 특히 사르트르나 카뮈 등에 의해 학문적으로 형태를 갖추게 된 개념이다. 실존 철학이 실존주의보다 시기적으로는 선배 시대에 해당한다고 보면 된다.

물론 키르케고르 이전에도 사람의 삶을 주목했던 철학자들이 더러 있었다. 가장 큰 예로 쇼펜하우어가 있다. 하지만 그는 헤겔과 동시대인으로서 낭만주의적인 방식에 물들어 있었다. 그는 밤하늘을 채운 은하수를 들먹이는 이야기로 철학서를 마감하는 형식, 일종의 신비주의 형식을 허락하고 만 것이다. 그다음에는 포이어바흐도 있었지만, 그 또한 기독교의 형식과 내용에 저항하기에 바빴지, 진정으로 사람의 삶을 챙기지는 못했다. 사람과 사람의 삶을 진정으로 챙긴 철학자는 키르케고르가 최초였던 것이다.

선구자의 운명은 늘 오해와 싸워야 한다는 것이다. 독자들은 낯선 이야기에 귀를 열기보다는 그의 실수나 허점을 찾는 데 더 혈안이 되어 있었다. 기존의 틀에서 사물을 바라보면 새로운 것은 틀린 것이 된다. 그런 식으로 발견된 틀린 것을 향해서는 양심의 가책도 없이 비판을 쏟아 낼 수 있다. 믿는 바가 있으면 그 믿음의 내용이 진리로 간주되며 그 믿음 외에는 모든 것이 가짜가 되는 것이다. 선을 그어 놓으면 그 선 안에 있는 것보다 그 밖에 있는 것이 더 많아지는 것과 같은 이치이다.

키르케고르는 고독했다. 아무도 들어주지 않는 말을 남겨 놓아야 했기 때문이다. 늘 책에는 남겨 놓지 않은 사적인 이야기가 그를 따라다녔다. 사생활이 그의 철학을 이해하는 데 방해 요소로 작용했다. 하녀의 아들이었다느니, 스스로 불안에 떨며 살았다느니, 우울증이나 정신병에 시달렸다느니, 애인과 결혼하지 않았다느니, 작품 속에는 없는 말들이 사실로 등장하여 그의 철학으로 다가설 수 있는 길목을 가로막았던 것이다. 그런 이야기가 정말 그렇게 중요한 사실이어야 할까.

이제 그의 철학 자체에 관심을 가져야 할 때가 되었다. 그가 한 말에 귀를 열어야 할 때가 된 것이다. 말귀를 알아들을 수 있는 능력을 갖춰야 할 때가 되었다는 말이다. 틀에 박힌 이야기가 아닌 자유로운 생각으로 펼쳐 놓은 자유사상가의 말에 마음의 문을 활짝 열어 놓고 다가서야 한다. 자유는 자유를 감당할 수 있는 자에게서만 힘을 발휘한다. 자유는 쟁취하고자 하는 자의 것이다. 자유는 싸우는 자에게 승리감의 형식으로 주어진다.

불안은 기회이다

불안은 사람을 자유롭지 못하게 하지만, 그 불안이 결국 자유의 가능성을 인식하게 한다. 불안을 느끼는 순간은 한계에 직면한 상태이지만, 그 상태에 머물지 않고, 그곳에서 벗어날 수 있는 생각을 거듭하게 한다. 생각은 거듭하면 할수록 더욱 깊어진다. 깊은 생각이 높은 인식을 가져다준다. 높은 인식이 삶의 깊은 의미를 찾도록 도와준다. 고생 끝에 찾아낸 의미가 삶 자체를 꽃으로 피어나게 한다.

신에게는 기회가 문제 되지 않는다. 신은 전지전능한 존재여서 기회를 기다려야 할 이유가 없다. 그는 언제든지 또 뭐든지 할 수 있는 존재다. 기회는 기회가 되지 않는 것을 전제로 한 개념일 뿐이다. 그런데 신에게는 기회가 없는 순간이라는 것이 존재하지 않는다. 신에게는 순간이라는 말조차 아무런 의미를 취하지 못한다. 신은 그저 영원한 의미에서만 인식의 대상이 될 뿐이다. 결국 신은 순간을 모른다는 얘기다.

기회는 오로지 사람의 문제다. 시간으로 채워진 것이 사람의 삶이다. 사람은 태어남과 동시에 죽음을 향해 나아간다. 죽음은 확실한데, 그 시기가 불확실하다. 사람은 언제 죽을지를 모르지만, 반드시 죽는다는 것이 문제일 뿐이다. 사람의 삶은 죽음으로 마감하지만, 그 죽음 때문에 삶이 무의미하지는 않다. 오히려 죽음 때문에 삶이 소중해진다. 끝이 있기 때문에 시작과 과정이 중요해지는 것이다.

중요한 것은 시간의 의미이다. 시간의 의미가 곧 삶의 의미이기도 하다. 한 시, 두 시, 세 시 등 수많은 시간이 나뉘어 있지만, 그 모든 순간이 의미를 취하기도 하고 무의미하기도 하다. 시간은 하염없이 흘러가기만 할 뿐 결코 멈추지 않는다. 그것이 삶이라는 현상의 수수께끼이고 신비로 움이다. 시간이 다 가고 나면, 삶도 마감되는 것이다. 하지만 죽기 전에 자신에게 주어진 운명대로 살아 보는 것이 삶에 대한 예의가 아닐까. 사람이 사람다워지려면 시간 속에서 시간을 의식하는 것이다.

기회는 준비된 자의 것이다. 준비되지 않은 자에게 기회는 불행의 씨앗이 될 뿐이다. 준비된 자에게 주어지는 모든 것은 기회가 되어 새로운 것을 얻게 해 줄 것이다. 생각하는 존재가 준비해야 할 대상은 상상을 초월한다. 아무도 생각지 못한 것을 생각해 내며 준비한 자들을 두고 우리는 선구자라 말한다. 선구자는 늘 새로운 것을 눈에 담는다. 그가 본 것은 그가 남겨 놓은 작품을 통해서만 확인할 수 있을 뿐이다.

키르케고르가 왜 굳이 '불안'을 주목했을까? 불안은 존재한다. 아무리 다른 말로 덮어 놓으려 해도 불안은 고개를 든다. 누가 불안을 느끼는 것일까? 물론 큰 범주로는 인간이다. 하지만 인간도 인간 나름이다. 그래서 '누가'라는 말에 질문의 무게가 실리는 것이다. 도대체 어떤 사람이 불안을 느끼는 것일까? 이런 질문이야말로 사람의 삶을 또 인간의 인생을 접할 수 있게 하는 최고의 질문이다.

새로움을 인식한 자가 불안을 느낀다. 평범하지 않은 것을 본 자가 불안을 느끼는 것이다. 자기 자신이 벌거벗은 줄 아는 자가 불안을 느낀다. 좀 더 줄여서 말하자면, 아는 자가 불안을 느끼는 것이다. 앎은 형식이고, 그 안의 내용은 무궁무진하다. 무엇을 알고 있는가? 사람에게는 이런 질문이 아무 때나 또 아무 데서나 던져 놓아도 의미 있는 말로 인식될 수 있다. 아는 바가 무엇인가? 이런 질문을 받으면 누구나 그 어떤 대답을 내놓을 수 있다.

불안은 무엇인가를 알아야 하는데, 그 무엇을 알지 못할 때 형성된다. 불안은 무엇인가를 이해해야 하는데, 그 무엇을 이해할 수 없을 때 사람을 괴롭힌다. 불안은 질문이 있는데 대답을 찾을 수 없을 때 사람을 궁지로 몰고 간다. 불안을 키우면 그 불안은 괴물이 된다. 불안을 느끼는 자는 스스로에게 쫓긴다. 즉 자신이 자신에게 쫓기는 꼴이 되는 것이다. 불안에 쫓기면 답이 없다. 감당할 수 없는 불안은 삶의 현장을 생지옥으로 만들 수도 있다.

하지만 반대로 감당이 되는 불안은 기회를 바라보게 한다. 늘 새로운 범주로 나아가려 할 때 사람은 불안을 느끼는 법이다. 새로운 숙제를 해결해야 할 때도 불안은 엄습할 것이다. 의지와 불안은 영원한 동반자이다. 무언가를 해내려는 의지가 강할수록 불안의 크기 또한 큰 법이다. 욕심이 큰 만큼 낭패도 크다. 하지만 큰 꿈이 큰 승리를 가져다주기도 한다. 가급적이면 큰 꿈을 꾸는 것이 더 좋다. 그 꿈을 이루지는 못해도 그 근처까지는 도달하게 해 줄 것이기 때문이다.

기회가 많을수록 변수도 많다. 기회가 많을수록 고통도 큰 법이다. 기회는 오로지 준비된 자에게만 선물로 주어진다. 준비되지 않은 자에게는 기회조차 기회로 인식되지 않기 때문이다. 인생에는 성공의 숫자보다 실패의 숫자가 더 많은 법이다. 인생은 원하는 바를 이루기 위해 보낸 시간이 원했던 바를 즐기는 시간보다 훨씬 많은 법이다. 더 이상 바랄 것이 없을 때 삶은 마침내 마지막임을 스스로 고백하는 순간이 될 것이다.

불안에 쫓기지 않고 불안을 친구로 삼으면 어떤 괴물도 물리칠 수 있다. 불안이 위로해 주면 어떤 위기도 극복할 수 있다. 불안이 터주는 길을 따라가면 운명적인 만남을 일궈 낼 수 있다. 불안의 끝에는 자신이라는 괴물이 버티고 있을 것이기 때문이다. 자신은 통제가 안 되면 괴물이 되어 존재를 위험 속에 빠뜨리겠지만, 인식하고 통제하고 나면 그 무엇보다도 뜨겁게 구원의 손길을 내밀 것이다. 불안이 내미는 손길을 인식하게 될 때 생각의 위대함도 더불어 인식하게 될 것이다.

헤겔의 도움으로 길을 찾다

키르케고르는 헤겔의 변증법을 자기 나름대로 설명하고 이용한다. 정반합의 논리를 자기 철학의 근간으로 형성해 낸다. "사랑한다, 사랑하지 않는다, 그래도 사랑한다." 이런 식으로 논리는 거듭해서 발전하는 것이다. 정의는 반대를, 반대는 합의를 필요로 한다. 마찬가지로 "불안하다, 불안하지 않다, 그래도 불안하다." 시작 지점에서의 불안은 통제가 안 되는 수준에 처해 있지만, 두 번째 불안은 감당할 수 있는 지경에 처해 있고, 그런 경우를 지난 상황, 즉 세 번째 불안의 상황이라면 그것은 새로운 범주로의 확장을 인식하게 한다.

체계를 갖춘 불안이라면 얼마든지 새로운 힘을 발휘할 것이다. 아무리 쏜살처럼 시간이 흘러가도 그것을 의식하고 있는 상황이라면 순간조차 영원처럼 인식될 수도 있는 법이다. 불안이 괴물의 얼굴을 하고 다가올 수도 있겠지만, 그것을 통제하고 다룰 수 있는 처지라면 그를 앞세워 멋진 산책도 할 수 있을 것이다. 불안이 자기 자신을 이런 식으로 이끌어 준다면 모험도 감행할 수 있을 것이다. 불안이 길을 앞서가는데 과연 그 누가 길을 막을 수 있을까.

키르케고르가 헤겔 철학을 제대로 이해했는지는 중요하지 않다. 오해했어도 그리 치명적인 실수가 되지는 않는다. 인용문이 전혀 다른 맥락에서 이해되고 있어도 상관없다. 그는 헤겔의 철학을 기반으로 하여 더 큰 그림을 그리려 했던 것이다. 그 의도를 깨닫고 그의 시선을 좇아가 주는 것이 요구될 뿐이다. 헤겔은 늘 발전의 논리로 사물을 바라보았다. 키르케고르도 그런 논리 속에서 철학적 이념을 도출해 냈다. 사람은 발전할 수 있는 동물이라는 인식을 꺼내 든 것이다.

발전하려면 발전할 대상이 요구된다. 넘어서려면 넘어서야 할 대상에 대한 인식이 요구된다. 헤겔이 발전의 목적지를 주목했다면, 키르케고르는 발전하는 주체인 사람의 삶을 주목했다. 헤겔이 낭만주의적인 시각으로 먼 곳을 응시했다면, 키르케고르는 사람의 삶이 처한 현실을 주목했을 뿐이다. 깨달음도 현실이 있는 존재에게 의미가 있다. 사랑도 살아 있는 사람에게 중요한 것이다. 결국 인식도 사람의 삶이라는 형식 안에서만 가치가 주어지는 것이다.

발전할 수 있는데도 불구하고 발전하지 않는다면 그것은 그 사람의 게으름이나 무능 탓이다. 발전하려면 한계를 알아야 하고, 그 앎의 형식 속에서 발전을 꾀할 수 있게 되는 것이다. 한계를 모르면 넘어설 수 없다. 한계를 안다는 것이 이토록 중요하다. 한계를 안다는 것은 운명을 인식한다는 얘기고, 운명과 직면한 상황이라면 상상을 초월하는 불안이 틀림없이 엄습해 올 것이다. 한계 안에 갇혀 있다는 느낌이 전하는 답답함은 생각하는 능력만큼 커질 것이다.

어디까지 갇혀 보았는가? 어떤 불안까지 품어 보았는가? 어떤 감옥에까지 들어가 보았는가? 어떤 비극적인 현상까지 감당해 보았는가? 어떤 실패까지 겪어 보았는가? 어떤 악마까지 만나 보았는가? 어떤 세상까지 접해 보았는가? 세상이 천국처럼 단 하나라고 판단하면 오산이다. 세상에는 자기가 모르는 세상도 존재한다. 그래서 자기가 아는 것만으로 세상을 바라보면 세상을 오해할 수도 있다. 마찬가지로 자기가 아는 불안만으로는 불안을 오해할 수도 있다.

불안은 아무것도 아니다. 불안은 무의 형식이다. 아무것도 아니라고 생각하는 순간 불안은 극복의 가능성을 제시해 준다. 불안을 느꼈기에 그다음에 대한 인식을 얻게 되는 것이다. 불안을 느껴 보지 못한 사람은 불안을 느꼈던 사람만이 얻게 되는 승리감을 알지 못할 것이다. 높이 나는 새가 멀리 본다고 했다. 그 높이는 오로지 오를 수 있는 정신만이 도달하는 것이다. 오르려는 노력도 없이 먼 곳을 바라보려 하는 자는 스스로 왜 답답한지도 깨닫지 못할 것이다.

사람은 발전할 수 있다. 자신을 반대할 수 있는 능력을 갖춘 사람은 자신이 원인이 된 상태에서 새로운 결과를 도출해 낼 수 있을 것이다. 자신을 아는 사람은 자신을 극복할 수 있는 것이다. 현 위치를 아는 사람은 그 위치에서 벗어날 수 있는 기회를 얻게 되는 것이다. 자기 자신이 있는 그 현 위치를 알지 못하는 사람은 자신에게 주어진 삶 자체가 오리무중처럼 여겨질 수도 있다.

삶은 발전할 기회다. 사람은 자신의 삶을 통해 발전이라는 위대한 업적을 낳을 수 있는 존재다. '나는 여기까지!' 하고 스스로 한계를 인정하는 것은 자기 잘못이다. 그것이 자기변명이고 자기합리화다. 그렇게 말하는 자가 아직 눈뜰 힘이 있고 아직 일어설 힘이 있으며 아직 밥 먹을 힘이 남아 있다면, 그것은 진정한 한계가 아니다. 한계는 끝에 대한 인식이다. 정말 더 이상 버틸 힘이 없다고 판단하면, 그곳이 바로 한계인 것이다.

하지만 한계가 기회다. 한계가 있어야 그 한계를 넘어설 수 있기 때문이다. 키르케고르는 늘 한계를 넘어서려고 애썼다. 넘어서고 나면 넘겨진 상태가 뒤에 남는다. 가고 나면 간 길이 뒤에 남겨지는 것과 같은 이치다. 얼마나 먼 길을 걸어 보았는가? 그 먼 길이 자신의 인생길이 될 것이다. 누구는 그 길을 따라 좇아 올 것이다. 그 길이 선구자의 길이다.

아담은 무죄다

성경에서 언급되는 최초의 인간은 아담이다. 그런데 그 아담이 원죄의 원인이다. 아담은 하나님이 시킨 일을 하지 않았다. 하지 말라는 것을 행하고 말았다. 그것이 그를 죄인으로 만들었다. 그가 최초의 인간이었으니, 인류에 죄를 끌어들인 장본인이고, 그의 죄는 인류 전체를 죄의 늪에 빠뜨리는 원죄인 것이다. 이것은 성경이 전하는 이야기의 전말이다.

"그러므로 한 사람으로 말미암아 죄가 세상에 들어오고 죄로 말미암아 사망이 들어왔나니 이와 같이 모든 사람이 죄를 지었으므로 사망이 모든 사람에게 이르렀느니라."(로마서 5:12) 이런 말이 성경으로 숭배받는 말이고 논리다. 아담 때문에 모든 사람이 죄의 굴레에 빠져들고 말았다. 그로 인해 죄가 세상 속에 들어오고 전 인류가 심판 아래 놓였다. 죄가 세상에 들어왔다! 키르케고르가 외쳐 댔던 말이다.

하지만 철학자는 성경을 조목조목 읽어 가며 그 전말의 오류를 파헤친다. 그 이야기에 있는 모순을 밝혀낸다. 그는 아담이 저지른 최초의 죄로 인해 죄가 세상 속으로 들어왔다는 그 논리 자체에 있는 문제를 폭로하려 한다. 아담을 최초의 범죄자로 만드는 그 이야기의 어설픈 논리를 빛 속에 드러내는 철학적 작업은 실로 세계 최초라고 해야 할 일일 것이다. 이것이 키르케고르의 철학이다.

원죄보다 앞서는 것은 무지 상태다. 선악과를 따 먹고 인식하는 능력이 주어지기 전에는 선과 악에 대한 구분 능력도 없었다. 하나님이 죄를 지목하기 전에는 진정한 평화가 아담과 그의 삶을 지배하고 있었다는 얘기다. 그런데 그런 상태가 말도 안 되는 능력을 보여 준다. 하나님이 아담을 창조하고 나서 그에게 준 능력은 이미 창조되어 있던 온갖 동물들에게 이름을 붙일 수 있는 권한이었다.

이름을 붙이는 것은 남다른 능력이다. 사물을 보는 능력이 전제되는 일이다. 볼 줄 안다는 그 능력이야말로 사람에게 가장 중요한 능력이기도 하다. 사물에 어울리는 이름을 붙이기란 정말 쉽지 않은 일이다. 하지만 아담에게는 그런 능력이 주어져 있었다. 아무것도 몰랐는데 어떻게 그런 능력이 발휘될 수 있었단 말인가? 이런 일을 할 수 있으려면 무엇인가 알고 있었다는 얘기가 되지 않는가. 키르케고르는 꼬리에 꼬리를 물고 의혹을 제기한다.

성경은 아무것도 몰랐던 아담이 하나님이 하는 말을 알아들었다는 식으로 이야기를 펼쳐 놓았다. 아무것도 모르는데 어떻게 '이렇게 하라, 저렇게 하라!'라는 얘기라든가 또 '이런 것은 하지 말고, 저런 것은 하라!' 하는 식의 말을 알아들었다는 말인가? 순진무구한 정신이 어떻게 옳은 일과 그른 일을 구별할 수 있었단 말인가? 정말 말도 안 된다. 어처구니없는 상황을 만들어 놓고 거기서 아담이라는 인물을 죄인으로 만들어 가는 그 논리 자체가 너무나 일방적이기만 하다. 무고한 사람을 죄인으로 만드는 자가 더 잔인한 것이다.

아담 때문에 모든 것이 하나님의 원래 뜻과 배치되는 상황이 벌어졌다는 식의 이야기는 허점이 너무나 많다. 하지만 이런 이야기가 중세라는 새로운 세상을 만들었다. 중세는 이런 이야기에 갇혀 다른 생각은 전혀 하지 못했고 할 수도 없었다. 다른 이야기는 이단으로 지목받아 종교재판에 서야 하는 대상이 되었다. 신이 명한 것 외에는 모든 것이 불법이 되고 만 것이다. 르네상스의 개념으로 말하자면, 빛이 없는 세상, 즉 '암흑기'였다.

이제 키르케고르가 나선다. 그가 나서야 할 때가 되었다. 전혀 다른 이야기로 사람들의 마음을 깊숙이 파고들어야 한다는 숙제가 그에게 주어졌다. 말도 익숙해야 들린다. 익숙하지 않은 소리는 들리지도 않는다. 질문도 대답해 낼 수 있는 것만 들릴 뿐이다. 능력도 없는데 해낼 수 있기를 바라는 것은 헛된 욕망이다. 그런 욕망으로 기적을 바랄 수는 있어도, 현실 속에서는 그런 기적이 적용되지 않는다.

키르케고르는 아담이 무죄임을 주장한다. 아담이 죄의식을 느끼는 것은 지극히 인간적인 것이다. 사람이 벌거벗고 있으면 부끄러움을 느끼는 것은 당연한 일이다. 그런 수치심을 독점하고, 오로지 단 하나의 이야기를 진실로 간주하고, 그런 이야기로 엮어 내는 일이야말로 독단이다. 사람이 불안을 느끼는 것도 사람이라서 그런 것일 뿐이다. 하나님 앞에서 죄를 지었기 때문에 불안을 느끼는 것이 절대로 아니다.

사람은 아무것도 아닌 것 앞에서도 불안을 느끼는 존재다. 그것은 하나님과는 무관한 일이다. 사람이 불안을 느끼는 대상은 무한하다. 상상하지 못했던 것에 대해서도 사람은 불안을 느낄 수 있다. 과거에 대해서도 또 앞으로 다가올 일에 대해서도 사람은 스스로를 불안 속에 가둬 놓을 수 있는 것이다. 하물며 현재의 현실 속에서라면 없던 형상까지 만들어 내서 벌벌 떨 수 있다. 불안이야말로 인간의 문제일 뿐이다.

세상에는 양적인 것과 질적인 것이 있다

키르케고르는 세상을 양적인 것과 질적인 것으로 구별한다. 이런 구별이 현실적인 인식을 결정해 준다는 입장이다. 그런데 성경은 오로지 단 한 명의 잘못된 행동 때문에 모든 죄가 발생하게 되었다고 간주하고, 단 하나의 죄가 온갖 죄의 원인이 된다는 식으로 설명한다. 키르케고르는 이런 일방적이고 단순한 논리에 저항한다. 단일한 죄가 다양한 죄까지 포괄하고 섭렵한다는 식의 폭력적이고 독단적인 논리에 저항한 것이다.

양적인 것과 질적인 것의 구별은 개념을 달리하며 긴 역사를 이루고 있는 이분법적 논리이다. 플라톤에게서 시작되는 형이상학적인 문제가 바로 이런 데서 발생하고 있다. 그 고대의 철학자는 현상과 본질로 나눠서 세상을 설명했다. 하지만 아쉽게도 눈에 보이는 현상은 눈에 보이지 않는 본질의 그림자일 뿐이라고 평가했다. 사람의 삶을 가치가 없는 것으로 치부하고 만 것이다.

플라톤의 제자 아리스토텔레스도 현상과 본질의 이분법적 세계관을 이

어간다. 하지만 진리가 본질 속에 있다는 주장을 거부하고 진리가 논리 속에 있다는 식으로 새로운 형이상학을 세상에 내놓는다. 그러면서 그는 논리학이니, 수사학이니 하는 학문의 가치를 드높이는 데 일조한다. 플라톤이 본질의 이데아를 알지 못하는 사람들과 싸웠다면, 아리스토텔레스는 말도 안 되는 말, 즉 궤변과 싸웠던 것이다.

이런 식의 이분법은 중세 천 년을 관통하며 이어졌다. 교부 철학자 아우구스티누스는 플라톤의 이념을 받아들여 천국에 관한 이야기를 펼쳤다. 스콜라 철학자 토마스 아퀴나스는 아리스토텔레스의 사상을 받아들여 하나님의 존재를 논리적으로 설명하는 데 주력했다. 천 년의 세월이 흐르는 동안 천국이 좋은 세상이고 구원의 세상이며 하나님의 나라라는 인식이 고착화되었다. 현상은 싫고 본질이 좋다는 식의 논리였던 것이다.

중세의 그림자는 현대에도 드리워 있다. 그런 그림자를 벗어 던지고자 애쓴 철학자들 중에 키르케고르가 단연 선구자의 면모를 보여 준다. 물론 근대의 정신은 인문학을 내세우며 시작된 것이 사실이다. 하지만 근대의 한계는 기존의 세력과 타협했다는 데 있다. 이를 두고 사람들은 르네상스의 한계라고 말한다. 교회의 세력과 영향력을 등에 업고 인간의 가치를 구가했다는 것이 르네상스의 한계였다.

키르케고르는 교회의 세력에서 완전히 벗어나 있다. 그의 사상은 기존의 교회에 있는 것과는 상관이 없었다. 그가 하는 말은 교회의 말과는 내용이 완전히 달랐다. 물론 그가 교회의 체계 자체를 부정한 것은 아니다. 그도 교회가 사용하는 말들을 그대로 사용했다. 사용하는 단어는 같았지만, 그 단어가 의미하는 바가 달라졌다고 할까. 키르케고르는 교회를 인정하지만, 기존의 교회가 아닌 교회, 즉 새로운 교회를 원했던 것이다.

철학자는 세상을 바라보는 남다른 시선을 지니고 있었다. 그의 눈에는 양적인 것과 질적인 것이라는 구별이 인식되었던 것이다. 이미 말했듯이 이것은 현상과 본질이라는 이분법적 논리를 그대로 이어가는 사상이다. 현상은 소재나 내용의 영역이고, 본질은 주제나 형식의 영역이다. 현상은 말 그대로 눈에 보이는 것의 문제고, 본질은 눈에 보이지 않는 것의 문제다. 사람은 두 가지 세상에서 동시에 살아야 한다는 것이 문제다.

눈에 보이는 세상은 우리가 자신의 삶을 살아야 하는 바로 이 세상이다. 이 세상의 문제는 늙어 감과 병듦과 죽어 감이라는 풀 수 없는 숙제로 가득하다. 이 모든 것은 운명이라는 이름으로 사람의 삶을 옥죄고 있다. 소위 생로병사의 문제는 사람의 삶이라는 현상을 쇠사슬처럼 묶어 놓는다. 이런 상황 속에서 사람들은 눈에 보이지 않는 세상을 만들어 내며 희망을 품는다. 그것이 종교의 힘이다.

종교는 완전히 새로운 세상을 좋은 세상의 이상으로 제시해 준다. 그 세상에서는 늙음도 병듦도 죽어 감도 없다고 한다. 전지전능한 신과 함께 영생을 얻게 된다고 말한다. 문제는 그런 것을 믿는 것 자체가 아니다. 그런 것을 믿는 것은 위로가 되기도 한다. 진정한 문제는 그런 것이 기준이 되어 다른 모든 것을 지배한다는 데 있다. 특정 종교 단체가 모든 세상의 현상을 지배하면, 자유는 박탈당하고 만다는 게 문제다. 독재는 언제 어디서나 부정적이다. 독단은 언제 어디서나 거부의 대상이다.

키르케고르는 양적인 것과 질적인 것의 구분이 세상을 인식하는 데 가장 중요한 것임을 가르쳐 준다. 이 가르침은 중세 천 년 동안 이런 것을 문제 삼지 않았기 때문에 낯설게 다가오는 문제가 될 뿐이다. 천국과 영생에 관련해서는 양적인 것도, 질적인 것도 전혀 문제 되지 않는다. 그런 것은 오로지 우리가 삶을 살아야 하는 지금 이 순간의 문제일 뿐이다. 살고 싶다면 양적인 것과 질적인 것을 고려하지 않을 수 없는 것이다.

성경의 진정한 의미

키르케고르는 대학에서 신학을 공부한 신학자이면서 교회 학교 선생이었다. 그는 교회의 선생이라는 사실을 숨긴 적도 없고 포기한 적도 없다. 오히려 그는 교회 선생의 신분으로서 작가 활동을 하는 데 긍지를 느끼기도 했다. 그가 집필한 책들 중 1/3은 설교집이나 종교적 연설문임을 감안하면 이런 사실은 충분히 증명되고도 남는다. 그럼에도 우리는 그가 실존 철학의 선구자로 불리고 있다는 데서 이해를 구해야 한다. 기독교적 신학을 넘어서서 르네상스적 인문학도 넘어서고 생철학과 실존 철학으로 나아가는 그 길목에 대한 이해를 선명하게 구해야 한다는 얘기다.

키르케고르의 철학에서 전형적인 것은 기독교를 품으면서 인문학으로 나아간다는 데 있다. 신을 포기하거나 버리는 것이 아니라, 신을 품으면서 인간을 지향한다는 데서 그의 철학적 이념이 돋보이는 것이다. 물론 전통적인 교리에서 보면 이 또한 이교도적이고 무신론적 이념에 불과하다는 질타를 면하기 어렵다. 하지만 새로운 시각으로 바라보면 이것은 일종의 개혁이다. 나무가 나이테를 형성하면서 몸집을 부풀려 나가듯이, 키르케고르는 전통적인 틀 안에 머물지 않고, 그 틀을 품으면서 더 큰 틀을 형성해 낸 것이다.

성경도 좋은 책이다. 인류가 만들어 낸 최고의 책이라고 인정해야 한다. 인류 역사상 최고인 동시에 최대의 베스트셀러가 성경이다. 이보다 위대한 책은 없다. 성경을 아무리 하찮게 평가해도 그것은 불멸이 되어 후대에 전해질 것이다. 성경은 읽어 볼 만한 책이다. 아니, 성경은 반드시 읽어봐야 할 책이다. 성경을 읽고 나면 세상이 다르게 보인다. 그것이 성경의 힘이다. 하늘을 바라보는 시선의 힘이 그때 진정으로 느껴지기 때문이다.

성경은 '복음'이라고 불리기도 한다. '좋은 소식', 즉 좋은 천사가 들려주는 말이라는 뜻이기도 하다. 고대 그리스어로는 '유앙겔리온$\varepsilon\dot{v}\alpha\gamma\gamma\acute{\varepsilon}\lambda\iota o\nu$'이라고 한다. '유$\varepsilon\dot{v}$'는 '좋은'이라는 뜻을 지닌 접두어이고, '앙겔리온$\alpha\gamma\gamma\acute{\varepsilon}\lambda\iota o\nu$'은 우리에게 익숙한 영어식 발음으로 '엔젤', 즉 천사를 뜻한다. 좋은 천사라면 무슨 말을 들려줄까? 좋은 사람도 있는데, 그보다 더 좋은 존재가 있다는 것이다. 그렇다면 그 좋은 천사는 무슨 말을 들려줄까? 궁금하다면 성경을 읽어 보면 된다. 좋은 것은 좋은 것으로 인정하는 것이 마땅하다. 좋은 것을 나쁘다고 말하는 것이 오히려 우스꽝스러운 일이다.

문제는 이토록 좋은 것으로도 나쁜 일을 하는 사람들이다. 성경으로 세상에서 온갖 나쁜 일들을 저지르는 사람들이다. 교회가 세상에 이로운 일을 하는 것이 아니라 세상을 험악하게 하는 데 일조하고 있다면, 그런 교회는 지탄받아 마땅하다. 그런 교회는 바뀌어야 마땅한 것이다. 키르케고르는 부패한 교회를 향해서는 비판의 목소리를 쏟아 냈던 반면, 자신이 원하고 꿈꿨던 교회에 대해서는 원대한 희망을 품고 있었다.

세상은 바뀔 수 있다. 그런 변화의 순간에 역사가 인정하는 선구자가 있다. 그 자리에 철학자 키르케고르가 인간을 위한 철학적 이념을 고수하며 굳건하게 버티고 있는 것이다. 키르케고르는 사람이 삶을 포기해서도 안 되고 포기할 수도 없다는 것을 인정하면서도 신을 향한 신앙을 품고 있다. 모순이지만 절묘한 균형 감각을 유지한다. 몸과 마음이라는 균형 속에서 이상적인 길을 찾아낸다. 현상과 본질이라는 이분법에서 어느 한쪽을 선택하는 것이 아니라 조화와 균형 속에서 새로운 해법을 도출해 낸다.

철학자는 무엇을 설명해야 할 때마다 그것이 무엇이 되었든 간에 성경 구절을 인용하면서 답을 찾았다. 그에게 성경 구절은 징검다리 같다. 그 징검다리를 하나씩 밟고 건너가다 보면 그가 인도하는 세상이 보인다. 그가 앞서 가면서 바라보았던 세상이 우리의 눈앞에 펼쳐지는 것이다. 그곳은 사람들을 겁주기 위해 온갖 사악한 이야기들을 퍼트리는 교회가 아니라, 사람들이 사는 삶의 현장에서 이로운 일을 하는 교회가 중심에 서 있는 세상이다.

세상은 춤을 출 수 있는 무대다

세상은 존재한다. 세상은 우리의 의지와 상관없이 우리에게 주어져 있다. 그것을 있는 그대로 받아들이는 것이 문제다. 세상을 아무리 나쁘게 설명해도 결국 그 세상은 바로 우리가 살아야 하는 곳이다. 세상을 나쁘게 바라보는 것은 손해일 뿐이다. 세상은 아무 잘못이 없다. 그 세상을 바라보는 우리 자신이 그 세상에 대한 모든 것을 책임져야 한다.

키르케고르는 시간에 쫓겨 사는 삶을 옳지 않은 삶이라고 평가했다. 사람은 오로지 다른 사람과 어울릴 때만 진정한 삶을 경험할 수 있다고 장담했다. 그런 삶만이 진정한 삶의 의미를 깨닫게 한다고 단언했다. 게다가 그는 왈츠를 출 수 있을 때 진정으로 삶을 체험하게 될 것이라고 말하기도 했다. 농담처럼 말했지만, 농담이 아니다. 춤을 출 수 있는가? 그의 질문 앞에서 오랫동안 머물러 있어야 한다.

키르케고르는 사람이 불안 없이 살 수 없다고 했다. 불안은 사람이라는 존재에게 본질로 형성되어 있다. 불안은 존재의 틀이 될 수도 있는 것이다. 하지만 그 틀 안에서 멋진 작품이 탄생한다. 장애가 있는 사람도 멋진 춤을 출 수 있다. 틀도 잘만 이용하면 그것에서 불멸이 될 범종이 탄생하기도 한다. 아니면 이탈리아 르네상스의 천재 첼리니Benvenuto Cellini의 작품 〈메두사의 머리를 든 페르세우스Perseo con la testa di Medusa〉처럼 신화적인 영웅이 탄생할 수도 있는 것이다.

사람은 분명 춤을 출 수 있는 존재다. 춤을 춘다는 것은 대체로 논다는 동사와 어울려 다닌다. 잘 노는 사람이 춤도 잘 춘다. 춤을 춘다는 것은 일상적인 행동으로는 해석할 수 없다. 고대 그리스의 사티로스$_{\sigma\acute{\alpha}\tau\upsilon\rho o\varsigma}$들은 무용수, 즉 춤꾼이었다. 그들은 디오니소스 제전에서 대미를 장식했다. 비극 무대에서 에로스적인 춤을 췄던 그 수수께끼 같은 현상은 인류를 향해 던져 놓은 예술의 최고 이념일 것이다.

비극 무대에서 춤을 추고, 디오니소스를 추종했던 이들이 사티로스였다. 이것은 역사적 사실이다. 사람은 춤을 추며 축제를 벌일 수 있는 존재다. 도대체 춤이 무엇인가? 사람이 춤을 추면 어떤 일이 벌어지는가? 키르케고르는 춤이라는 비유를 들어 무슨 말을 하는 것인가? 우리는 귀를 열어 놓고 그의 음성을 들어야 한다. 마음의 문을 열어 두고 그의 말이 우리의 내면으로 들어와 힘을 발휘하게 해야 한다.

순간에 쫓기는 삶은 옳지 않다고 했다. 삶도 삶 나름이라는 얘기다. 산다고 다 사는 것이 아니다. 살려면 옳은 삶을 살아야 한다. 옳지 않은 삶을 사는 것은 그런 삶을 살아야 하는 그 사람의 잘못이다. 잘못된 삶은 그 누구에게 책임을 전가할 수도 없다. 그 누구를 탓할 수도 없다. '너 때문에!'라는 말보다 어리석고 하찮은 말이 없다. '너 때문에 내가 죽겠다!'고 말하는 사람만큼 바보 같은 사람이 없다. 사람은 어떤 경우에도 춤을 출 수 있기 때문이다.

키르케고르는 공포를 춤과 관련하여 설명한다. 공포가 무대가 될 수 있다고 한다. 공포가 무대가 될 때, 그 순간 공포 때문에 행복한 춤을 출 수 있는 지경이 펼쳐지는 것이다. 행복의 근원은 공포다. 이런 춤의 형식 속에서 키르케고르 삶의 지혜를 운운한다. 참으로 쉽지 않은 지혜. 사람은 놀 수만 있다면 상황은 언제든지 돌변할 것이라고 확신한다. 이것이 철학자의 신앙이다. 춤을 출 수 있는 자에게 기적도 일어난다고 믿는다. 이것이 철학자의 솔직한 믿음이다.

기적이 일어날 것이라는 말보다 더 행복한 말이 있을까. 너무나 가슴 설레게 하는 말이 기적과 함께 실현된다. '기적이 일어날 거야!' 키르케고르는 이 말을 들려주기 위해 수많은 말을 꺼내 놓아야 했다. 빛으로 인도하기 위해 기나긴 어둠을 견뎌 내게 했던 것이다. 위대한 아침놀의 현상을 제대로 인식하려면 밤이라 불리는 그 시간을 뜬눈으로, 또 깨어 있는 정신으로 관통해 내야 한다. 어둠을 뚫고 치솟는 태양의 화살을 맞으며 위대한 인식의 세계로 들어서는 것은 정신이 연출해 내는 최고의 순간이 될 것이다.

기적은 존재한다. 이것이 인문학과 생철학 그리고 실존 철학과 실존주의의 거대한 강물이 보여 주는 빛의 소리다. 실존의 의미에서 누구보다 앞서 나갔던 선구자가 된 키르케고르의 가르침이다. 그것을 현상으로 인식하는 것은 사람이 스스로 해야 할 일이다.

'불안'도 '공포'도 '절망'도 '죽음'도 다 유용한 도구가 될 수 있다. 이들 모두 정신이 춤을 출 수 있는 무대가 될 수 있다. '불안'이 엄습해 오고, '공포'가 삶을 지배해도 괜찮다. 그것을 알고 대처할 수만 있다면, 그런 것들은 최고의 승리감이 실현되는 무대가 될 것이다. 과거의 자신을 벗어던지고 새로운 자신의 출현을 선포하는 순간이 펼쳐질 것이다. 바로 이것이 키르케고르가 말하는 기적이다.

이동용